Philippines

L'ARCHIPEL AUX MILLE PLAISIRS

Mabuhay ! Bienvenue aux Philippines ! À l'évocation de son nom mélodieux, des images de plages de sable blanc léchées par des eaux turquoise surgissent… Bonne nouvelle : la réalité est encore au-delà. Si les falaises karstiques de Palawan ou les Chocolate Hills de Bohol justifient à elles seules le voyage, l'archipel a bien d'autres trésors à offrir, à commencer par des fonds marins parmi les plus beaux du monde. Tortues, requin-baleines, bancs de sardines, dauphins…, la liste est infinie et é[illegible] amoureux de plongée et de snorkeling [illegible] spots de kit[illegible]acay, [illegible]tacle [illegible]aue e[illegible]nde d[illegible]ne co[illegible]onnent une dé[illegible] jungle luxuriante, volcans maj[illegible] de rêve. Voyager ici, c'est aussi s'adapter à un rythme moins effréné et se laisser imprégner par la joie de vivre d'une population ouverte, tolérante et curieuse, à l'identité culturelle métissée. Destination de toutes les envies et de tous budgets, le pays ravira autant les backpackers en quête d'authenticité que les amateurs de sports et les vacanciers en recherche de luxe et de farniente. Les Philippines sont la promesse d'un voyage au-delà de toutes vos attentes. Bienvenue au bout du monde, dans l'archipel aux mille plaisirs !

W0339920

Retrouvez cette offre en page 97

SOMMAIRE

6 INSPIRER

Pour vous faire rêver et vous convaincre que les Philippines sont une destination à ne pas rater. Incontournables, festivités et infos pratiques à gogo !

6 : Quand y aller ?
8 : Les bonnes raisons d'y aller
11 : Les 12 mots-clés
13 : Interview audio / vidéo
14 : Idées de séjour
22 : Pratique

37 DÉCOUVRIR

Tout ce que vous avez toujours voulu savoir sur l'archipel, de son histoire à sa géographie, en passant par la plongée sous-marine, ses arts et ses populations.

38 : Plongée sous-marine
40 : Géographie
43 : Nature
46 : Climat
47 : Environnement
49 : Histoire
56 : Les enjeux actuels
59 : Architecture
63 : Beaux-arts
66 : Musiques et scènes
69 : Littérature
73 : À l'écran
75 : Population
78 : Société
80 : Religions
82 : Que rapporter ?
84 : Sports et loisirs
86 : Gastronomie
91 : Agenda

99 LUZON

L'île principale abrite la capitale, Manille, porte d'entrée de l'archipel, mais aussi de superbes plages, montagnes, volcans et rizières vieilles de 2 000 ans.

105 : Manille
137 : Metro Manila
140 : Central Luzon
144 : Northern Luzon
168 : Western Luzon
176 : Southern Luzon

195 MIMAROPA

Les falaises de Palawan, une foule d'îles paradisiaques, des spots de plongée et des forêts vierges… C'est la carte postale des Philippines, entre terre et mer.

200 : Mindoro
208 : Romblon
210 : Palawan

253 VISAYAS

Le cœur touristique du pays : Boracay, Cebu, Bohol, Siquijor… Plages paradisiaques, îles méconnues, plongée, surf, fêtes, il y a autant d'îles que d'envies.

260 : Panay
271 : Negros
283 : Siquijor
291 : Cebu
314 : Bohol
328 : Leyte

331 MINDANAO

Entre influences espagnoles, musulmanes et indigènes, la deuxième plus grande région, tout au sud, offre aussi des îles inoubliables comme Siargao et Camiguin.

336 : Northern Mindanao
361 : Southern Mindanao
372 : Zamboanga Peninsula

379 ORGANISER SON SÉJOUR

Des conseils futés pour organiser votre voyage en toute confiance et profiter pleinement de votre séjour sans vous préoccuper d'argent, de santé ou de visa.

380 : Pratique
387 : S'y rendre
389 : Séjours et circuits
396 : Se loger
397 : Se déplacer
399 : S'informer
400 : Rester
403 : Index

Palawan.

Basco
BATAN ISLAND
VIGAN
Tuguegarao
SAGADA
Tabuk
Ilagan
BANAUE
BATAD
SAN FERNANDO
BAGUIO
LUÇON
Tarlac City
MANILLE
Mer de Chine méridionale
Batangas City
Lucena
CATANDUANES ISLAND
MAYON VOLCANO
NATURAL PARK
PUERTO GALERA
CHINE
PHILIPPINES
INDONÉSIE
AUSTRALIE

SIBUYAN ISLAND ★★
Masbate City
BUSUANGA ISLAND ★★★
CORON ISLAND ★★★★
BORACAY ISLAND ★★★
Roxas
PANAY
MALAPASCUA ISLAND ★★
Catbalogan
Borongan
TACLOBAN ★
ARCHIPEL DE BACUIT ★★★★
EL NIDO ★★★
TAYTAY ★★
BANTAYAN ISLAND ★★
LEYTE
CACNIPA ISLAND ★★★
Bacolod
NEGROS
CEBU
CAMOTES ISLANDS ★★★
PORT BARTON ★★
CEBU ★★
SAN RAFAEL ★
Kabankalan
BOHOL
MOALBOAL ★
SIARGAO ISLAND ★★★★
PUERTO PRINCESA ★
PANGLAO ISLAND ★
LOBOC ★
Surigao City
Cagayancillo
Narra
DUMAGUETE ★
LARENA ★
Tandag
APO ISLAND ★★★★
SAN JUAN ★★★★
CAMIGUIN ISLAND ★★
Bataraza
Mer de Sulu
Balabac
Ipil
MINDANAO
DAVAO ★
Kudat
Mapun
Zamboanga City
Isabela
Digos
LAKE SEBU ★
Jolo
Kota Kinabalu
Sandakan
Keningau
Lahad Datu
mer de Célèbes
200 KM

QUAND Y ALLER

JANVIER

20° / 30°

FESTIVAL ATI-ATIHAN
(KALIBO)
Plus de 55 tribus sont représentées lors de ce festival spectaculaire. À ne pas manquer : la parade de feu le dernier soir !

FESTIVAL SINULOG
(CEBU)
Grande procession en l'honneur de Santo Niño qui finit en immense parade colorée de Carnaval. L'une des plus célèbres (d'Asie) !

$ $ $

FÉVRIER

21° / 31°

PANAGBENGA FESTIVAL (FESTIVAL DES FLEURS)
(BAGUIO)

© CHEMA GRENDA - SHUTTERSTOCK.COM

Mise en valeur des groupes ethniques de la région et des traditions de Baguio avec une parade florale et un feu d'artifice.

$ $ $

MARS

21° / 32°

FESTIVAL DE KAAMULAN
(MALAYBALAY)

© PAMELA LICO - SHUTTERSTOCK.COM

7 tribus de Mindanao se réunissent pour célébrer la diversité. Danses, fabrication d'instruments, peintures sur sol, etc.

$ $

JUILLET

24° / 32°

FESTIVAL DE BINUHAT
(TAGUM)
Seule manifestation de Mindanaio 100 % dédiée à la communauté LGBTQ+. Une semaine de festivités dans une ambiance très joviale.

ANNIVERSAIRE DE L'EXIL DE JOSE RIZAL
(DIPOLOG)
Hommages au héros national qui a œuvré pour la liberté du pays et qui fut tué par les Espagnols en 1896 après 4 ans d'exil.

$

AOÛT

24° / 31°

BUYOGAN FESTIVAL
(TACLOBAN)
Festivités autour de l'abeille (*buyog*) : costumes, chorégraphies et parades. C'est l'un des temps forts de l'île de Leyte.

$

SEPTEMBRE

24° / 31°

FESTIVAL DE PENAFRANCIA
(NAGA)
Naga est assaillie de pèlerins qui viennent rendre hommage à la Vierge et participer à une impressionnante procession fluviale.

$

La saison la plus propice pour visiter les Philippines s'étend de novembre à mars (moins de 30 °C et risque de pluie relativement faible). Les mois d'avril à mai correspondent à l'été, il fait plus chaud. Durant la Semaine Sainte, le pays est en effervescence. De juin à octobre, c'est la saison des pluies, et les typhons sont fréquents. Quant aux festivités, elles n'en ont que faire de la météo : il y a tous les mois un nombre incalculable de *fiestas* !

AVRIL

22° / 33°

FESTIVAL DE HUNGDUAN
(BANAUE)
Les fermiers célèbrent la fin de la plantation du riz et le repos bien mérité. Parades, rituels, danses et chants des tribus.

$ $

MAI

24° / 34°

FLORES DE MAYO
(MANILLE)
Une des plus célèbres dévotions en l'honneur de la Vierge Marie avec une grande procession accompagnée de danseurs et musiciens.

$ $

JUIN

25° / 33°

FÊTE NATIONALE DES PHILIPPINES
(MANILLE)
Le 12 juin, on commémore la déclaration d'indépendance de 1898, marquant la fin de la colonisation. Festivités dans tout le pays.

$

OCTOBRE

23° / 31°

FESTIVAL MASSKARA
(BACOLOD CITY)

© LEONARDOVILLASIS / ADOBE STOCK

C'est un peu le Carnaval de Rio local ! Danses, parades, musique latine et masques décorés, l'ambiance y est très festive.

$

NOVEMBRE

21° / 30°

FESTIVAL DE BINABAYANI
(OLONGAPO CITY)
Un très bel hommage à la guerre entre les Aetas et chrétiens, reconstituée pour l'occasion sous la forme de danses et de rituels.

$ $ $

DÉCEMBRE

21° / 30°

FESTIVAL DES LANTERNES GÉANTES
(SAN FERNANDO)
Fabrication de somptueuses lanternes (jusqu'à 5 m de diamètre !) et défilé. L'un des festivals de Noël les plus renommés.

$ $ $

LES BONNES RAISONS D'Y ALLER

© ARISSU - ISTOCKPHOTO.COM

DIVERSITÉ DES PAYSAGES

Falaises karstiques, grottes, volcans, jungle, rizières… 7 000 îles d'une richesse rare.

PARADIS DE LA PLONGÉE SOUS-MARINE

Les fonds-marins sont parmi les plus beaux du monde et abritent une faune exceptionnelle.

© SARAWUT KUNDEJ - SHUTTERSTOCK.COM

© GALYNA ANDRUSHKO - SHUTTERSTOCK.COM

VIVRE UNE AVENTURE PERMANENTE

Surf, kite, snorkeling, paddle, kayak, rando, vélo, spéléologie… impossible de s'ennuyer.

© WIRESTOCK CREATORS - SHUTTERSTOCK.COM

L'HOSPITALITÉ DU PEUPLE PHILIPPIN

Ils sont toujours souriants et adorent échanger avec les voyageurs.

© ADAMKAZ - ISTOCKPHOTO.COM

VIBRER AU RYTHME DES FIESTAS

Pas un jour sans une fête, les Philippins ont la fête dans le sang et c'est contagieux !

© AUTHOR'S IMAGE

RENCONTRER LES TRIBUS ORIGINAIRES

Elles sont nombreuses et leur mode de vie n'a parfois pas changé depuis des siècles.

© R.M. NUNES

S'ÉMERVEILLER À PALAWAN

Les falaises karstiques de Coron et El Nido offrent un spectacle d'une beauté grandiose.

LES BONNES RAISONS D'Y ALLER

© FROLOVA_ELENA - ISTOCKPHOTO.COM

DES PLAGES PARADISIAQUES

C'est pour s'y prélasser que nombre de touristes se pressent ici… et ils ont bien raison !

© JEJIM - SHUTTERSTOCK.COM

GOÛTER UNE CUISINE GÉNÉREUSE

Riz, poissons frais, fruits et légumes : partager un repas de qualité et sans chichis.

© JAN WILLEM VAN HOFWEGEN - SHUTTERSTOCK.COM

S'IMPRÉGNER DU MELTING-POT CULTUREL

Influences espagnoles, américaines, chrétiennes et tant d'autres sont omniprésentes.

LES 12 MOTS-CLÉS

#BANCA

Les bancas sont les bateaux philippins par excellence, en bois et à moteur. Ils sont utilisés pour la pêche et pour voguer d'île en île. Il existe des bancas pouvant accueillir une personne et d'autres jusqu'à 50 personnes. Ces sortes de pirogues à balancier en bambou ont la particularité d'être très stables et peuvent sortir par presque tous les temps.

© FAZON1 - ISTOCKPHOTO.COM

#BASKETBALL

Véritable institution aux Philippines, le basketball est le sport favori de la population, on y joue partout (même dans le sable !) et chaque village, même le plus isolé, a son terrain où les matchs rassemblent habitants et quelques touristes. C'était donc une immense joie pour le pays d'accueillir en 2023 la Coupe du monde de basket masculine.

© MDV EDWARDS - SHUTTERSTOCK.COM

#FIESTA

Fêtes religieuses, anniversaires, carnavals, parades, concours de beauté, compétitions sportives, karaokés… les *fiestas* rythment et adoucissent le quotidien des Philippins. Toutes les occasions sont bonnes pour danser et chanter. C'est presque un mode de vie que la population est toujours enchantée de partager avec les voyageurs de passage.

#JEEPNEY

La Jeepney est l'un des symboles de l'archipel, qui est d'ailleurs le seul pays au monde à avoir ce type de minibus. Ce sont en fait des Jeep laissées par les Américains après la Seconde Guerre mondiale, qui ont été rénovées et souvent ornées de lumières et de décorations kitsch. La musique y est de préférence à fond. C'est local et pratique.

#KARAOKÉ

Un incontournable ! Loisir préféré des Philippins, il y en a dans le moindre petit village et des plus jeunes aux plus âgés, pas la moindre pudeur dès qu'il s'agit de prendre le micro, et il ne viendrait à l'idée de personne de se moquer même du pire des chanteurs. Si vous avez l'occasion de passer une soirée karaoké avec des locaux, foncez !

#KAMAYAN

Kamayan (« à la main ») est une pratique aussi connue sous le nom de *boodle fight*. C'est un repas gargantuesque partagé entre amis ou en famille, où sont disposés des mets (poissons, riz, légumes, crevettes, sauces, mangues) directement sur une table couverte de feuilles de bananiers. En plus d'être esthétique, c'est délicieux et très convivial.

#SABONG

Les paris sportifs font fureur et le *sabong* – combat de coqs – est l'un des « sports » les plus populaires. Chaque ville a son arène, des camps d'entraînement s'étalent le long des routes et des millions de combats sont organisés chaque année. C'est une véritable tradition aux Philippines, l'un des derniers pays à ne pas interdire cette pratique.

#SALAMAT

Si la majorité des Philippins parlent anglais, rien ne leur fera plus plaisir que de vous entendre prononcer quelques mots en tagalog (langue philippine) ou visaya (le dialecte des Visayas). Parmi les incontournables, *Salamat* signifie merci en tagalog, *Maayong butang*, bonjour en visaya et *Mabuhay*, bienvenue, est le terme utilisé pour trinquer.

LES 12 MOTS-CLÉS

#SANTO NIÑO

Représentation de l'Enfant Jésus, icône catholique vénérée par les Philippins, on trouve un Santo Niño dans toutes les maisons. Il est vénéré dans la plupart des régions et îles depuis l'arrivée des Espagnols et la christianisation du pays au XVIe siècle. Le célébrissime Sinulog Festival qui se déroule à Cebu fin janvier lui est entièrement dédié.

© DH SARAGIH - SHUTTERSTOCK.COM

#SARI-SARI

Sari-sari signifie « variété » en tagalog. Le sari-sari est l'échoppe emblématique où l'on trouve tout : épicerie, bureau de tabac, station essence, café. Ces petites huttes débordantes de produits variés parsèment la plupart des routes (même les plus isolées) et sont ouvertes plus ou moins tard le soir, en fonction de l'humeur du propriétaire.

#TYPHON

Ils font souvent leur apparition pendant la saison des pluies, entre juin et octobre. Certains d'entre eux font des ravages tandis que d'autres n'apportent que vent et pluie. Les Philippins sont habitués à faire face aux catastrophes engendrées par ces cataclysmes climatiques mais les pertes humaines et matérielles sont parfois considérables.

#TRAYSIKEL

Comprendre *tricycle* en anglais. Équivalent au *tuktuk* dans d'autres pays d'Asie, le tricycle est, comme la Jeepney, un moyen de transport typique des Philippines, souvent utilisé comme taxi. Il s'agit d'une cabine de passagers attachée sur le côté d'une moto. Bruyant, il ne manquera pas de vous épater par sa résistance dans les chemins cabossés.

© MDV EDWARDS - SHUTTERSTOCK.COM

VOUS ÊTES D'ICI, SI…

- **Vous roulez en scooter** les yeux fermés (enfin, gardez-les ouverts quand même !), partout, tout le temps, et par tous les temps.
- **Vous n'êtes pas à cheval sur les horaires** et la ponctualité, plutôt adepte de la *slow life*.
- **Vous êtes tolérant**, ouvert, curieux et plein de joie de vie.
- **Vous ne vous énervez pas** parce que votre avion ou votre bateau a du retard ou est annulé… vous savez que ça ne changera rien.
- **Vous avez le sens de la fête** et des festivités, toutes les occasions sont bonnes pour danser, chanter et fêter entre amis ou en famille (festivités religieuses, de village, soirées sur la plage).
- **Vous entretenez avec l'eau un lien très fort**, la mer est à la fois votre terrain de jeu favori (plongée, surf), à la fois vous connaissez sa force destructrice et êtes marqué par de nombreux typhons.
- **La famille relève une grande importance** pour vous et les traditions aussi.
- **Vous accordez de l'importance à l'apparence physique**. Se faire beau ou belle est parfois un impératif (en plus d'un plaisir).

INTERVIEW

MES PHILIPPINES

AVEC LAUREEN DUCHESNE, AUTEURE DU GUIDE

Qu'est-ce qui vous a menée aux Philippines ?

Je vis à Hong Kong où je travaille comme rédactrice freelance et où j'assouvis ma soif de découverte en sillonnant les pays d'Asie. Je suis tombée amoureuse des Philippines, d'abord en vacances puis en enquête de terrain, pour la gentillesse des habitants et la beauté des paysages du bout du monde.

Que gardez-vous en souvenir ?

Beaucoup de choses ! D'abord une sensation d'émerveillement constant. Les Philippines sont tellement plus que l'image que j'en avais, à savoir de jolies plages de sable blanc. Entre les rizières, les volcans, les fonds marins et les falaises karstiques de Palawan, les paysages sont infinis. Puis, bien sûr, la gentillesse et la curiosité des Philippins avec lesquels le contact est très simple puisqu'ils parlent anglais. Enfin, comme souvenir plus concret, je dirais la traversée en banca de 3 jours entre El Nido et Coron, l'un de mes plus beaux souvenirs.

Quel est votre endroit préféré ?

Je pourrais en citer plein, comme les rizières de Batad ou la plage de Duli Beach près d'El Nido. Mais disons qu'entre Siquijor et Siargao, mon cœur balance : à Siargao j'ai aimé l'ambiance surf la journée et fête le soir, les rencontres très simples entre locaux et touristes, à Siquijor j'ai adoré les couchers de soleil à Paliton Beach et arpenter l'île à en scooter. Enfin, les îles Camotes sont aussi l'un de mes coups de cœur pour leur côté hors des sentiers battus et si authentique.

Un bon conseil à donner pour découvrir le pays ?

Je conseille de bien préparer son voyage en amont, en lisant ce guide par exemple ! Avec plus de 7 000 îles, l'archipel a une foule d'activités et de paysages à offrir à ses voyageurs dont le temps est souvent réduit à deux ou trois semaines. Préparer son itinéraire en fonction de ses envies (plongée, randonnée, surf et kite, farniente) permet d'en profiter au maximum. Et louer un scooter, bien sûr !

© JESSICA CALVO

© LAURÈNE DELION

© LAURÈNE DELION

IDÉES DE SÉJOUR

Avec plus de 7 000 îles, un nombre incalculable de spots à découvrir et d'activités à pratiquer, les possibilités de séjours aux Philippines sont presque infinies. Pour limiter la frustration au moment de planifier votre itinéraire, voici quelques idées de séjours d'une à trois semaines. Toutefois, une semaine pour visiter les Philippines, c'est très court : les trajets étant longs, un minimum de deux semaines s'impose si possible. Le nombre d'îles et la durée des trajets impliquent de rester plusieurs jours pour profiter de chaque endroit. Cela étant, voici plusieurs itinéraires à titre d'inspiration : d'une semaine donc pour ceux qui, à l'occasion d'un voyage business à Manille, souhaiteraient prolonger leur séjour de quelques jours aux Philippines, jusqu'à trois semaines pour les chanceux qui peuvent prendre leur temps pour découvrir ce pays, en passant par des séjours 100 % aquatiques ou à la rencontre des peuples premiers.

UNE SEMAINE AUX PHILIPPINES (POUR LA PREMIÈRE FOIS !)

Une semaine, c'est bien le moins qu'on puisse consacrer à la découverte des Philippines. Ici, que des grands classiques peut-être, mais qui valent plus que le coup.

› Jour 1 - Manille, côté terre et mer

Le matin, longer la baie de Manille (p.114) pour se rendre au parc Rizal (p.118). Cette baie est l'un des endroits préférés des Philippins pour les promenades du dimanche. On peut côtoyer la population et voir le monument érigé en l'honneur du héros national, le Dr Rizal. L'après-midi, visite du quartier intra-muros pour s'imprégner du mode de vie colonial espagnol. Il faut se promener sur la Plaza San Luiz où des cafés, des restaurants et des magasins se sont installés. En soirée, après une ultime balade le long de la baie de Manille ★★ (p.105) pour observer le coucher du soleil, direction Malate ★★ ou Makati, deux des quartiers les plus animés de la capitale.

› Jour 2 - Manille, côté ville et shopping

Visite du cimetière chinois (p.115), qui est une ville dans la ville : il s'étend sur 40 hectares et les tombeaux sont de véritables maisons. Certains sont même équipés du téléphone, de toilettes, de l'air conditionné... L'après-midi, visite du quartier de Malate et Ermita ★★ qui s'étendent au sud du parc Rizal (p.118). Un

© H3K27 - ISTOCKPHOTO

Danse traditionnelle lors du Panagbenga Festival à Baguio.

peu plus loin, à Paranaque, découvrir le Centre culturel philippin (CCP) qui abrite l'Opéra national et le Museo ng Kalinangang Pilipino consacré à l'art et au mode de vie des divers groupes ethniques. Les expositions et les concerts y sont nombreux. Vous pouvez poursuivre la visite en découvrant le marché de Divisoria (le plus grand du pays), dépaysement garanti. De retour vers le centre-ville, halte bien méritée dans le quartier de Makati qui ne manquera pas de séduire les amoureux de shopping avec une concentration incroyable de centres commerciaux.

› Jour 3 - Puerto Galera (Mindoro)

Pour les amateurs de plongée, départ de Manille ★★ (p.105) tôt le matin via un combiné bus-ferry très pratique pour arriver en début d'après-midi à Puerto Galera ★ (p.200) ; choisir un hôtel sur la plage de Sabang ★★ (p.217) pour être au cœur de l'animation ou sur les plages (p.201) Big ou Small La Laguna pour être plus tranquille. Les resorts de la zone proposent des packages attractifs comprenant l'hébergement et la plongée.

› Jour 4 - Puerto Galera (Mindoro) : journée plongée

Il serait plus que dommage de ne pas profiter de votre séjour aux Philippines pour découvrir ses merveilleux fonds marins. Cela peut tout à fait être le cas ici à Puerto Galera (p.200), car les sorties en mer sont quotidiennes et adaptées à tous les niveaux.

› Jour 5 - Îles Calamianes

Prendre un vol à destination de Coron Town (île de Busuanga ★★★ (p.243)). Là, possibilité de faire des plongées célèbres dans le monde entier sur des épaves.

› Jour 6 - Excursion nautique

Excursion en bateau (*island hopping*) sur Coron Island ★★★★ (p.249) pour découvrir de belles plages désertes, lacs intérieurs et les fameuses falaises karstiques.

› Jour 7 - Retour à Manille

Vol retour sur Manille (p.105) avant de prendre son vol international.

L'ESSENTIEL DES PHILIPPINES EN TROIS SEMAINES

Rien de mieux que de disposer d'un peu de temps afin de pouvoir s'arrêter et contempler les nombreuses richesses qui s'offrent à vous ici. De les vivre aussi. D'autant plus si vous êtes un sportif, même en herbe. Car aux Philippines, toutes sortes d'activités – nautiques notamment – s'offrent à vous. Les familles avec des adolescents actifs ou les groupes d'amis apprécieront donc particulièrement.

› Jour 1 - Manille, de la baie au parc Rizal

Le matin, longer la baie de Manille (p.114) pour se rendre au parc Rizal (p.118). Cette baie est l'un des endroits préférés des Philippins pour les promenades du dimanche. On peut côtoyer la population et voir le monument érigé en l'honneur du héros national, le Dr Rizal. L'après-midi, visite du quartier Intramuros pour s'imprégner du mode de vie colonial espagnol. Il faut se promener sur la Plaza San Luiz où des cafés, des restaurants et des magasins se sont installés. En soirée, après une ultime balade le long de la baie de Manille ★★ (p.105) pour observer le coucher du soleil, direction Malate ★★ ou Makati, deux des quartiers les plus animés de la capitale.

› Jour 2 - Manille, le cimetière chinois à Makati

Visite du cimetière chinois (p.115), qui est une ville dans la ville : il s'étend sur 40 hectares et les tombeaux sont de véritables maisons. Certains sont même équipés du téléphone, de toilettes, de l'air conditionné… L'après-midi, visite du quartier de Malate et Ermita ★★ qui s'étendent au sud du parc Rizal (p.118). Un peu plus loin, à Paranaque, découvrir le Centre culturel philippin (CCP) qui abrite l'Opéra national et le Museo ng Kalinangang Pilipino consacré à l'art et au mode de vie des divers groupes ethniques. Les expositions et les concerts y sont nombreux. De retour vers le centre-ville, halte bien méritée dans le quartier de Makati qui ne manquera pas de séduire les amoureux de shopping avec une concentration incroyable de centres commerciaux.

En soirée, prendre le bus de nuit pour Banaue ★★★ (p.156) (10 heures de trajet).

› Jour 3 - Banaue et ses rizières mythiques

Arrivée tôt le matin, choix d'une *guesthouse* et prise de contact avec un guide pour organiser un trek. Randonnée vers les points de vue sur les rizières classées au patrimoine mondial de l'humanité de l'UNESCO.

› Jour 4 - Banaue-Pula-Cambulo

Premier jour de randonnée à travers les rizières en terrasses et arrivée dans le minuscule village de Cambulo (p.164) pour une expérience très authentique.

› Jour 5 - Cambulo-Batad

Randonnée dans les rizières pour une arrivée dans le magnifique village de Batad ★★★★ (p.161) au centre d'un amphithéâtre de rizières en terrasses. Magique.

› Jour 6 - Batad-Banaue

Randonnée jusqu'au village de Bagaan et Jeepney retour pour Banaue. On fait de nouveau son sac à dos pour partir vers Sagada ★★★ (p.151) en Jeepney. Nuit dans le paisible village de Sagada.

› Jour 7 - Sagada

Découverte des grottes de Sagada et visite dans Echo Valley (p.152) pour apercevoir les cercueils accrochés aux parois de la montagne.

› Jour 8 - Sagada-Bontoc-Vigan

Balade autour de Sagada avant de prendre une Jeepney pour Vigan ★★ (p.168), de visiter son musée puis de prendre le bus de nuit pour Vigan.

› Jour 9 - Vigan

Repos et découverte de la superbe ville coloniale.

› Jour 10 - En route pour Bohol

Départ pour l'île de Bohol en avion (via) : Manille. Découverte d'Alona Beach sur Panglao Island.

› Jour 11 - Alona Beach

Farniente ou plongée au large d'Alona Beach.

› Jour 12 - Bohol, l'intérieur des terres

Réveil avec les dauphins et découverte des Chocolate Hills (p.315) et du sanctuaire des Tarsiers.

› Jour 13 - En route pour Cebu

Après avoir rejoint Cebu ★★ (p.291)en bateau, Visite de la ville l'après-midi et notamment la croix de Magellan (p.292). Découverte de la *nightlife*.

› Jour 14 - En route pour Palawan

Vol de Cebu à Puerto Princesa ★ (p.210). Balade et nuit dans la ville.

› Jour 15 - Sabang

Excursion à la journée à Sabang ★★ (p.217) (rivière souterraine) et retour à Puerto Princesa pour la nuit.

› Jour 16 - Vers El Nido

Puerto Princesa -El Nido en bus (5h). Les paysages sont magnifiques. Nuit à El Nido ★★★ (p.225).

› Jour 17 - El Nido en banca

Tour en *banca* (bateau traditionnel philippin) d'île en île pour découvrir les lagons de l'île de Miniloc notamment.

› Jour 18 - Découverte de l'archipel de Bacuit

Kayak et snorkeling dans les îles de l'archipel de Bacuit ★★★★ (p.241).

› Jour 19 - El Nido, l'intérieur des terres

Découverte de la péninsule nord de Palawan en scooter, arrêt sur la plage secrète et paradisiaque de Duli Beach.

› Jour 20 - Envol vers Manille

Vol retour pour Manille. Fin des vacances.

DEUX SEMAINES ENTRE TERRE ET MER (POUR LES AVENTURIERS)

Deux semaines, c'est le temps idéal pour une première découverte du pays. Durant ce laps de temps, vous aurez tout le loisir de découvrir les points d'intérêt majeurs de l'archipel, en mêlant mer et montagne. Attention, néanmoins, ce séjour s'adresse en priorité aux plus aventureux d'entre vous.

› Jour 1 - Manille, le centre historique

Le matin, longer la baie de Manille (p.114) pour se rendre au parc Rizal (p.118). Cette baie est l'un des endroits préférés des Philippins pour les promenades du dimanche. On peut côtoyer la population et voir le monument érigé en l'honneur du héros national, le Dr Rizal. L'après-midi, visite du quartier Intra-muros pour s'imprégner du mode de vie colonial espagnol. Il faut se promener sur la Plaza San Luiz où des cafés, des restaurants et des magasins se sont installés. En soirée, après une ultime balade le long de la baie de Manille ★★ (p.105) pour observer le coucher du soleil, direction Malate ★★ ou Makati, deux des quartiers les plus animés de la capitale.

› Jour 2 - Manille, du cimetière chinois à Makati

Visite du cimetière chinois (p.115), qui est une ville dans la ville : il s'étend sur 40 hectares et les tombeaux sont de véritables maisons. Certains sont même équipés du téléphone, de toilettes, de l'air conditionné… L'après-midi, visite du quartier de Malate et d'Ermita ★★ qui s'étendent au sud du parc Rizal (p.118). Un peu plus loin, à Paranaque, découvrir le Centre culturel philippin (CCP) qui abrite l'Opéra national et le Museo ng Kalinangang Pilipino consacré à l'art et au mode de vie des divers groupes ethniques. Les expositions et les concerts y sont nombreux. De retour vers le centre-ville, halte bien méritée dans le quartier de Makati qui ne manquera pas de séduire les amoureux de shopping avec une concentration incroyable de centres commerciaux. En soirée, prendre le bus de nuit pour Banaue ★★★ (p.156) (10 heures de trajet).

› Jour 3 - Banaue

Arrivée tôt le matin, choix d'une *guesthouse* et prise de contact avec un guide pour organiser un trek de 3 jours. Randonnée vers les points de vue sur les rizières classées au patrimoine mondiale de l'humanité de l'Unesco.

› Jour 4 - Banaue-Pula-Cambulo

Premier jour de randonnée à travers les rizières en terrasses et arrivée dans le minuscule village de Cambulo (p.164) pour une expérience très authentique. Nuit chez l'habitant.

› Jour 5 - Cambuio-Batad

Randonnée dans les rizières pour une arrivée dans le magnifique et paisible village de Batad ★★★★ (p.161) au centre d'un amphithéâtre de rizières en terrasses. Magique.

› Jour 6 - Batad-Banaue

Randonnée jusqu'au village de Bagaan et Jeepney retour pour Banaue. Puis, on fait de nouveau son sac à dos pour partir vers Sagada ★★★ (p.151) en Jeepney. Nuit dans le paisible village de Sagada.

› Jour 7 - Sagada

Découverte des grottes de Sagada et visite dans Echo Valley (p.152) pour apercevoir les cercueils accrochés aux parois de la montagne.

› Jour 8 - Sagada-Bontoc-Vigan

Balade autour de Sagada avant de prendre une Jeepney pour Bontoc (p.150), de visiter son musée puis bus vers Vigan ★★ (p.168).

› Jour 9 - Vigan

Repos et visite de la superbe ville coloniale de Vigan.

› Jour 10 - En route vers Palawan

Vol de Vigan à Puerto Princesa ★ (p.210) (Palawan) avec escale à Manille. Balade et nuit dans la ville.

› Jour 11 - Sabang

Excursion à la journée à Sabang ★★ (p.217) (rivière souterraine) et retour à Puerto Princesa ★ (p.210), ou nuit à Sabang.

› Jour 12 - Sabang-El Nido

Rejoignez le nord de l'île en bateau ou en bus. Les paysages sont magnifiques. Nuit à El Nido ★★★ (p.225).

› Jour 13 - El Nido en banca

Tour en *banca* (le bateau traditionnel philippin) d'île en île dans l'archipel pour découvrir les lagons de l'île de Miniloc notamment. Tour du nord de Palawan en scooter, arrêt sur la secrète et paradisiaque Duli Beach.

› Jour 14 - El Nido et l'archipel de Bacuit

Kayak et snorkeling dans les îles de l'archipel de Bacuit ★★★★ (p.241). Puis, avion retour à Manille.

© TRAVNIKOVSTUDIO - ISTOCKPHOTO

Rivière Bohol.

UNE SEMAINE À PALAWAN, BIJOU DES PHILIPPINES

L'île de Palawan est bien souvent la destination phare d'un séjour aux Philippines. Ici, se côtoient *backpackers* et sportifs, familles ou voyageurs en groupe, tous en quête d'authenticité et de paysages à couper le souffle.

› Jour 1 - Puerto Princesa

Au départ de Manille, on prendra l'avion pour gagner directement Puerto Princesa. Et de là, des circuits sont organisés pour des visites aux alentours en une journée. Autrement vous pouvez louer une moto et vous arrêter à la ferme aux crocodiles. Si vous n'avez que quelques heures, consacrez-les à la visite de la ville.

› Jour 2 - Sabang

Au départ de Puerto Princesa ★ (p.210), on réalisera une excursion à la rivière souterraine de Sabang ★★ (p.217) en *banca* (le bateau traditionnel philippin) avant de retourner le soir en ville.

› Jour 3 - En route vers El Nido

Pour rejoindre le village d'El Nido, dans le nord de l'île, il faut quand même compter plus de 5-6 heures de route en minibus. Alors, même si la route est désormais en bon état, cela reste une expérience en soi !

› Jour 4 - El Nido et l'archipel de Bacuit

On ne reste pas à El Nido ★★★ (p.225). Bien au contraire, on en profite pour faire des excursions dont les possibilités sont légion dans la région. Et notamment au milieu des îles de l'archipel de Bacuit ★★★★ (p.241).

› Jour 5 - En route vers Coron

Bateau d'El Nido à Coron (Busuanga). Environ 4h. Autre option très populaire : une expédition en 3 jours/2 nuits sur un banca, snorkeling, nuits à la belle étoile, repas délicieux, rencontre des locaux, une expérience extraordinaire.

› Jour 6 - Île de Busuanga

Dans cette superbe île, on profitera de la matinée pour plonger vers les épaves de navires japonais et pour faire une partie de l'île en scooter dans l'après-midi.

› Jour 7 - Retour vers Manille

Vol de Coron (Busuanga) à Manille.

DEUX SEMAINES DANS LES ÎLES, HORS DES SENTIERS BATTUS

L'archipel philippin compte plus de 7 000 îles si belles et souvent si différentes les unes des autres qu'il est assez difficile, voire frustrant, de choisir lesquelles visiter. Pour profiter au mieux du caractère insulaire du pays, l'itinéraire suivant vous fait découvrir des îles parmi les plus jolies et authentiques.

› Jour 1 - En route vers Puerto Galera

Depuis Manille ★★ (p.105), aller en bus jusqu'à Batangas (p.181) puis prendre le bateau jusqu'à Puerto Galera ★ (p.200).

› Jour 2 - Plages de Puerto Galera

Profiter des plages paisibles et reculées de Talipanan ou Aninuan et louer un banca pour faire du snorkeling au Coral Garden.

Calamian archipelago, Palawan, Philippines.

© DELPHOTOSTOCK / ADOBE STOCK

Banca traditionnel, île de Cebu.

› Jour 3 - Pandan Island

Rejoindre Pandan island (p.207), cette île privée du Mindoro occidental est le point de départ d'une excursion de deux jours au parc marin d'Apo Reef.

› Jour 4 - Apo Reef

Excursion vers Apo Reef, le plus grand atoll de l'archipel et l'un des plus beaux spots de plongée des Philippines.

› Jour 5 - Plongée à Apo Reef

Plongée le matin à nouveau dans le parc marin. Retour.

› Jour 6 - Retour à Dumaguete

Prendre le bus ou un minivan de Sablayan (p.206) jusqu'à San José. Dans l'après-midi, vol pour Dumaguete.

› Jour 7 - Apo Island

Excursion de Dumaguete ★ (p.276) à Apo Island ★★★★ (p.281). Journée snorkeling ou plongée avec des tortues géantes, rencontre des habitants et découverte de cette minuscule île magnifique. Nuit à Dauin ★ (p.280) ou Dumaguete.

› Jour 8 - Siquijor

Ferry de Dumaguete à Siquijor ★ (p.283). Louer un scooter et faire le tour de l'île. Coucher de soleil sur Paliton Beach.

› Jour 9 - Tour de l'île

Profiter des plages désertes et arrêt aux chutes d'eau, aux grottes et à l'arbre sacré.

› Jour 10 - Cebu

Retour à Cebu en ferry.

› Jour 11 - Camotes Island

Ferry pour Camotes Island, un petit archipel encore très préservé du tourisme où règne une ambiance magique d'authenticité, des plages magnifiques et une kyrielle de grottes à explorer.

› Jour 12 - Découverte de Camotes

Exploration de l'île de San Francisco en scooter le matin. L'après-midi, expédition sur Tulang Diot, une île qui donne l'impression d'avoir atteint le bout du monde, une plage à couper le souffle et des villageois chaleureux prêts à partager un moment de convivialité avec vous. Possibilité de camper sur la plage.

› Jour 13 - Initiation à la plongée en apnée

Initiation à la plongée en apnée sur l'un des spots les plus réputés d'Asie. Farniente.

› Jour 14 - Cebu

Retour à Cebu en ferry puis bus.

SÉJOUR 100 % SPORTS AQUATIQUES

L'archipel offre un large choix d'activités aquatiques : plongée bien sûr, mais également surf, kite, ou encore snorkeling accessible au plus grand nombre. L'itinéraire suivant permet de varier les plaisirs.

› Jour 1 - Arrivée à Cebu

Arrivée aux Philippines par un vol direct pour Cebu.

© TETYANA DOTSENKO - SHUTTERSTOCK.COM

Sortie en kayak, El Nido.

› Jour 2 - Visite de Cebu

Visite de la ville, la deuxième la plus importante du pays. Surnommée « la Reine du Sud », c'est la ville la plus ancienne de l'archipel.

› Jour 3 - En route vers Malapascua

Départ tôt le matin pour Malapascua, surnommée le « paradis des plongeurs » et l'une des plus petites îles de l'archipel. Compter près de 4h en bus, puis 30 à 45 minutes de banca, le bateau traditionnel philippin.

› Jour 4 - Plongée à Malapascua

Plongée au récif de Monad (25 mètres de fond), l'un des meilleurs endroits au monde pour observer les requins-renards.

› Jour 5 - Deuxième journée plongée

Les eaux au large de Malapascua permettent de profiter de plongées variées selon son niveau.

› Jour 6 - Tour de l'île

Un troisième jour permettra d'explorer à pied l'île de Malapascua ★★ (p.307) (pas de route pavée), de s'alanguir sur ses plages de fin sable blanc et de s'imprégner de l'atmosphère préservée de l'île.

› Jour 7 - Vol vers Siargao

Retour le matin à Cebu. Puis envol pour l'île de Siargao ★★★★ (p.355) (1 heure d'avion), la capitale nationale du surf, le Bali des Philippines.

› Jour 8 - Surf à Siargao

L'île regorge de sites pour pratiquer le surf. Les plus expérimentés iront à « Cloud 9 », un spot qui accueille des compétitions.

› Jour 9 - Kitesurf à Siargao

On continue de peaufiner sa pratique du surf, ou on s'essaye au kitesurf.

› Jour 10 - Siargao

Impossible de se lasser de l'ambiance de Siargao, un jour de plus !

› Jour 11 - Legazpi

Départ en avion pour Legazpi via Cebu. Nuit sur place.

› Jour 12 - Route vers Donsol

Réveil à Legazpi (p.185), dominée par le célèbre Mont Mayon, majestueux volcan au cône parfait. Trajet en mini van pour Donsol ★★ (p.191). Compter 1 heure de route.

› Jour 13 - Requins-baleines à Donsol

Cette petite ville est devenue soudainement célèbre après la découverte de requins-baleines pouvant atteindre jusqu'à 15 mètres de long et totalement inoffensifs ! Sur place tout est mis en pratique pour protéger l'animal vénéré par les locaux. C'est en snorkeling que vous pourrez nager à ses côtés. Une expérience inoubliable.

› Jour 14 - Retour à Legazpi

Retour à Legazpi et vol pour Manille ou Cebu avant de quitter le pays.

SUR LES TRACES DES PEUPLES PREMIERS

Les minorités ethniques représentent près de 6 millions de personnes aux Philippines, avec d'innombrables dialectes. Beaucoup se sont établies avant l'arrivée des Espagnols et perpétuent leurs traditions. Partir à leur rencontre est la promesse d'un voyage inoubliable.

› Jour 1 - Manille

Arrivée à Manille ★★ (p.105), la capitale.

› Jour 2 - Arrivée sur Mindoro

Envol pour San José (1h de vol), sur l'île de Mindoro, fief d'un grand nombre de groupes indigènes. A 2h30-3h de van, hébergement à Sablayan (p.206) ou Pandan Island (p.207).

› Jour 3 - Randonnée

Mindoro. Depuis Sablayan (p.206), partez en randonnée sur les monts Igit et Baco à la découverte de la tribu des Mangyans et des tamaraws, une espèce de buffle sauvage endémique. Pour communiquer entre eux, les Mangyans utilisent depuis la période pré-espagnole une écriture syllabique sur des supports en bambou.

› Jour 4 - Pandan Island

Rendez-vous sur la petite île paradisiaque de Pandan (20 minutes de banca, le bateau traditionnel philippin).

› Jour 5 - En route vers le nord de Luzon

Retour à Manille en matinée. Le soir, bus de nuit pour la montagne et les rizières des tribus Ifugaos.

› Jour 6 - Arrivée à Banaue

Arrivée au petit matin à Banaue ★★★ (p.156)-Batad ★★★★ (p.161), destination célèbre pour ses fameuses rizières en terrasses. Contact avec votre guesthouse et un guide.

› Jour 7 - Trek dans les rizières

Les Ifugaos font partie de l'ethnie dominante des montagnes. Pour une expérience authentique, il est conseillé de faire un trek guidé de trois jours en dormant chez l'habitant. Départ de Banaue pour le trek (Pula et Cambulo (p.164)).

› Jour 8 - Deuxième jour du trek

De Cambulo (p.164) jusque Batad et ses incroyables rizières en amphithéâtre. Absolument splendide !

› Jour 9 - Retour à Manille

Dernier jour du trek. Retour à Banaue. Bus de nuit pour rentrer à Manille.

› Jour 10 - Vol vers General Santos

Envol pour General Santos (p.368) située à Mindanao ★★ (p.331), principale île du sud de l'archipel. Compter 2 à 3 heures de bus pour vous rendre à Lake Sebu ★ (p.371).

› Jour 11 - Lake Sebu

Lake Sebu, un magnifique lac sur les berges duquel vivent les ethnies b'laans et t'bolis. Leur artisanat est reconnu à travers le pays.

› Jour 12 - Retour à General Santos

Exploration des environs du lac. Retour à General Santos (p.368).

› Jour 13 - Manille

Retour à Manille.

Ethnie T'Bolis autour du lac Sebu.

SE REPÉRER / SE DÉPLACER

DE L'AÉROPORT AU CENTRE-VILLE

Depuis l'aéroport de Manille, plusieurs options pour rejoindre le centre-ville (entre 30 minutes et plus d'une heure selon le trafic) :

- **Les taxis jaunes** (*airport metered taxi*) : c'est 70 PHP puis 4 PHP tous les 300 m et ils vont partout dans Manille.
- **Les taxis blancs** : les prix sont fixés et ils fonctionnent avec un système de « coupon ». Les prix sont indiqués pour toutes les localités/villes/quartiers.
- **GRAB** : sur la gauche, au bout du terminal d'arrivée, il y a un petit stand vert pour commander un GRAB, l'équivalent asiatique de UBER. Vous pouvez aussi télécharger l'application vous-même. Compter environ 350 PHP pour rejoindre un hôtel à Manille (Makati, Ermita, etc.).

Attention, si vous avez une correspondance de vols à l'aéroport de Manille, vérifiez bien le terminal. Il y a plusieurs terminaux qui sont assez éloignés les uns des autres. Le terminal 3 est pour les vols internationaux et depuis 2023 la compagnie Cebu Pacific y opère aussi pour certains de ses vols internes.

Depuis l'aéroport de Mactan (Cebu), le trajet en Grab jusqu'à la ville de Cebu est d'environ 450 PHP et prend approximativement 30 à 40 minutes. À votre sortie de l'avion, il est très probable que des chauffeurs vous alpaguent en vous demandant si vous cherchez un taxi, refusez poliment et sortez du terminal, pour prendre un Grab ou un taxi officiel.

Pour les autres aéroports, les possibilités de transports diffèrent. À Busuanga (Coron) ou Siargao par exemple, c'est un système de vans (vous dites dans quel hôtel vous allez et on vous indique le van à prendre), les prix sont alors fixes. Dans des villes secondaires, tricycles, bus ou taxis attendent toujours à la sortie. Demander le prix avant de monter.

ARRIVÉE EN BATEAU

Avec l'avion, ce sont les bateaux que vous utiliserez le plus pour vous déplacer d'île en île.

Le fonctionnement est toujours le même. Il faut

© JUI-CHI CHAN - ISTOCKPHOTO.COM

Manille.

3484 $kgCO_2e$ / personne

Aller-retour Paris-Luzon

©THEROMB - SHUTTERSTOCK.COM

→ Le calcul de cette consommation CO_2 est fait à partir de Paris. L'idée est ici de montrer concrètement l'empreinte carbone de ce trajet, même s'il n'existe pas d'autre alternative que l'avion pour se rendre dans cette destination de manière directe.

prévoir de la monnaie pour payer d'abord le *terminal fee* (entre 10 et 20 PHP) puis vous vous verrez assigner un numéro de siège si vous avez acheté un billet à l'avance en ligne (*seat number*) et enfin il vous faudra, le plus souvent, obligatoirement enregistrer votre bagage pour 100-110 PHP (*luggage fee*). Prévoyez donc d'arriver une heure avant le départ de votre bateau, le temps de faire toutes ces formalités. Et un peu plus tôt encore si vous devez acheter votre billet sur place (surtout en période d'affluence touristique ou les week-ends).

Il y a en général trois catégories de sièges sur les bateaux : des places en extérieur sur le ponton supérieur (*open air*) et des places en intérieur (*tourist* ou *business class*). On a une préférence pour les places en extérieur (moins cher, pas de clim et jolie vue).

Bon à savoir : contrairement aux avions, on n'a jamais connu de retard ou d'annulation de bateaux. Celles-ci sont plutôt rares et sont le plus souvent dues aux conditions météorologiques (attention si vous partez durant la saison des pluies donc).

Petite spécificité locale : il est probable que vous paniquiez la première fois qu'il faudra récupérer votre bagage, on va dire que les conditions de stockage sur les ferries et de débarquement des bagages sont assez brutes. Mais encore une fois, on n'a jamais assisté à un problème, donc c'est plus drôle qu'autre chose.

Principales compagnies maritimes : OceanJet, SuperCat, FastCat, Jomalia…

Réservations en ligne via le site de la compagnie ou sur 12Go et Bookaway, plateformes sûres de réservation en ligne.

À la sortie du bateau, selon l'île ou la ville, vous prendrez un tricycle ou un taxi ou un Grab pour rejoindre votre logement. Ici aussi, penser à demander le prix avant la course.

TRANSPORTS EN COMMUN

Métro : Manille possède un réseau ferroviaire (le MRT, Metro Rail Transit) qui parcourt la métropole du nord au sud sur 17 km et 13 stations de Quezon City à Pasay City. Le prix dépend de la distance parcourue (13 PHP pour les trois premiers kilomètres + 1 PHP par kilomètre). Il n'est pas intéressant pour le voyageur et on ne le recommande pas (trop bondé, difficile de s'y retrouver et sentiment d'insécurité).

Jeepneys : c'est le transport en commun le plus utilisé et le plus iconique des Philippines. Ce sont d'anciennes jeeps militaires laissées par les Américains après la Seconde Guerre mondiale et qui ont été « recyclées » en bus. Leur utilisation n'est pas très aisée pour les voyageurs néophytes car les jeepneys n'ont pas d'horaires précis ni de route et d'arrêts précis (l'axe principal est cependant indiqué sur l'avant du bus). Leur prix est très intéressant (environ 10 PHP), on paie directement au chauffeur en montant dans la jeepney, et on annonce où l'on veut descendre en criant et tapant sur le toit. Si vous avez un doute, demandez aux autres passagers, ils seront ravis de vous aider.

Bus : c'est un autre moyen de transport très utilisé aux Philippines. Il existe des bus urbains et des bus intercités. Pour le voyageur néophyte, il est plus simple de les prendre depuis les gares routières dans les villes (Manille, Cebu, Legazpi, etc.), vous annoncez votre destination et l'on vous indiquera dans quel bus monter. Il y a également des bus de nuit qui partent de et vers Manille et Cebu essentiellement. Les horaires indiqués sont assez aléatoires (arrêts multiples, embouteillages) donc si vous prévoyez un vol après un trajet en bus, soyez prévoyants. Les prix sont très avantageux. On peut réserver les bus de nuit à l'avance en ligne et les autres se paient directement dans le bus. Niveau confort, il y a de tout, du bus climatisé au bus sans fenêtres fermées. Enfin, dans certains bus de nuit, il peut faire extrêmement froid donc pensez à prendre de quoi vous couvrir.

Tricycles : autant utilisés par les touristes que par les locaux. On les retrouve partout, en ville et dans les îles. C'est l'un des moyens de transport les moins chers et plus pratiques. À préconiser pour les distances courtes ou moyennes (moins d'1h de trajet).

VÉLO, TROTTINETTE & CO

La pratique du vélo se démocratise et se développe beaucoup dans le pays, surtout dans les villes, à Cebu par exemple. C'est un moyen économe et pratique pour éviter les embouteillages. Des pistes cyclables fleurissent ici et là mais sont souvent utilisées par les voitures et camions pour stationner. On déconseille la pratique du vélo dans les grandes villes pour des raisons de sécurité. Cependant dans le quartier intramuros de Manille, il est possible et agréable de se balader à vélo (loueur au centre).

AVEC UN CHAUFFEUR

C'est le moyen de transport le plus fréquemment utilisé par les voyageurs aux Philippines, plus dans les villes que sur les îles.

Taxis. Il est nécessaire de recourir aux compagnies de taxis officielles et de demander au chauffeur de mettre le compteur (*metered*) en route avant la course pour éviter les mauvaises surprises. Le règlement s'effectue en espèces. Si le chauffeur refuse de mettre le compteur ou d'annoncer le prix à l'avance, on n'hésite pas à sortir de la voiture ou à prendre en photo la plaque et le numéro du taxi.

Grab. Télécharger l'application Grab sur votre portable vous sera d'une grande utilité. Le service fonctionne surtout dans les grandes villes comme Manille et Cebu. Comme Uber, il vous permet de réserver une voiture avec chauffeur pour vous emmener d'un point A à un point B à n'importe quel moment du jour ou de la nuit. Les avantages sont multiples : indiquer une adresse précise, connaître le montant de la course à l'avance et surtout payer par carte de crédit.

© TUPUNGATO - SHUTTERSTOCK.COM

Jeepney.

EN VOITURE

Il est possible de louer une voiture aux Philippines via des agences comme Avis ou Hertz, dans les grandes villes. Il faut avoir plus de 21 ans et son permis international. Pensez à prendre une assurance. Cependant cela n'apparaît pas comme une option particulièrement intéressante au vu de la géographie insulaire du pays, des embouteillages incessants dans les villes et du manque d'éclairage à la tombée de la nuit.

Scooter. C'est l'un des moyens de déplacement les plus utilisés par les touristes, surtout dans les îles (à éviter dans les villes). La majorité des hôtels et guesthouses proposent un service de location, parfois elles demandent le permis mais pas toujours. Il vous permet d'être autonome à un prix très avantageux (compter 300-500 PHP par jour de location).

Règles de sécurité. Globalement les routes aux Philippines sont en bon état mais la prudence reste de mise. Le port du casque est obligatoire. Les dangers sur la route sont essentiellement les chiens et poules qui déboulent de nulle part, les dépassements, la pluie, la présence de sable ou de gravillons dans les virages, et les routes non éclairées en milieu rural de nuit.

ACCESSIBILITÉ

C'est l'un des points faibles du pays. Les trottoirs sont quasiment inexistants et rendent les déplacements à pied assez ardus, d'autant plus si on a une poussette ou qu'on se déplace en chaise roulante. Les transports ne sont pas non plus adaptés.

LES ATTRAPE-TOURISTES

Il n'y a pas de grosses arnaques à signaler. Simplement, certains chauffeurs de taxis ou de tricycles peuvent un peu gonfler leur prix. Pour éviter cela, il suffit de demander à mettre le compteur en route ou de demander le prix avant la course. Aussi, à la sortie d'un aéroport ou d'un port (à Cebu par exemple), passez les premiers chauffeurs qui vous alpaguent en vous demandant où vous allez. Ce ne sont pas toujours des taxis officiels et leur prix sera bien plus élevé, donc avancez toujours un peu plus loin.

HORAIRES

En dehors de Manille et de Cebu, il y a peu de musées aux Philippines. Ceux-ci sont en général ouverts du mardi au dimanche de 9h à 17h. Les parcs de loisirs sont souvent ouverts de 10h à 18h tous les jours. Les réserves marines ou naturelles, les grottes et les cascades répondent aux mêmes horaires quand un droit d'entrée est appliqué.

Les jours fériés nationaux. Le 1er janvier, le Nouvel An chinois (fin janvier-début février), le Jeudi et Vendredi saints en avril, le 12 juin (jour de l'indépendance), le 1er et 30 novembre, le jour de Noël (25 décembre), le 30 décembre (Rizal Day) et le 31 décembre.

A RÉSERVER

Il n'est pas nécessaire de réserver pour les musées. Pour les sites naturels, non plus. Si vous voulez être accompagné d'un guide, pensez à réserver un jour à l'avance. Les hôtels, guesthouses et auberges sont souvent de bon conseil pour organiser et réserver vos visites.

BUDGET / BONS PLANS

De nombreux musées sont gratuits comme les musées nationaux et certains musées locaux. Pour les autres, le prix d'admission n'est jamais très élevé, compter entre 20 et 100 PHP (moins de 2 €). Les réserves, parcs et attractions naturelles (grottes, cascades, plages) sont soit gratuits, soit il faut payer une taxe environnementale ou un droit d'entrée, entre 10 et 50 PHP. Pour faire un *island hopping* (un tour d'îles et de spots naturels), très célèbres à El Nido et Coron mais sur d'autres îles aussi, compter 20-30 € (1 200 – 1 800 PHP) pour un tour tout compris sur un bateau avec environ 20 personnes. Si vous voyagez à plusieurs, nous vous conseillons vivement de choisir un tour privé, cela vous permet d'éviter la foule et de vous arrêter dans des spots plus intimistes ; compter environ 50 € par personne (3 000 PHP). Pour toutes les activités, il y a souvent des réductions pour les seniors, les enfants et les étudiants sur présentation d'un justificatif.

© QINGQING - SHUTTERSTOCK.COM

Découverte de Palawan en kayak.

LES ÉVÉNEMENTS

Il a des festivals partout et tout le temps aux Philippines ! Pour avoir un aperçu des principaux, rendez-vous à la rubrique « Agenda » du guide.

VISITES GUIDÉES

Via les offices de tourisme ou les agences de voyages locales, vous pouvez trouver des visites guidées dans les villes. Sur les îles, cela est souvent moins officiel : si vous logez dans une guesthouse ou un petit hôtel, souvent les propriétaires proposent des tours guidés en scooter ou en tricycle, c'est une bonne façon de découvrir la région avec un local, compter environ 1 000 PHP la journée.

FUMEURS

La législation liée au tabagisme est assez stricte aux Philippines, surtout dans les grandes villes comme Manille et Cebu, où la tolérance est proche de zéro. Il est interdit de fumer dans la rue, dans les parcs, sur les plages, dans les gares, les terrasses, etc. La présence de cendriers est un bon indicateur. Sur les îles, la pratique est plus aléatoire.

HORAIRES

Dans les zones touristiques, la plupart des restaurants sont ouverts 7j/7 et il n'est pas nécessaire de réserver (sauf si vous voyagez en groupe). Les Philippins ont coutume de dire qu'ils ne mangent « qu'une fois par jour » : comprendre qu'ils commencent au petit déjeuner et ne s'arrêtent pas jusqu'au soir, car ils grignotent beaucoup, prennent un snack ou l'autre aux sari-sari, ou s'arrêtent aux stands de street-food. Dans les faits, vos repas seront pris un peu plus tôt qu'en France : entre 6h30 et 8h pour le petit déjeuner, 12h et 13h pour le déjeuner et 18h et 19h pour le dîner. La plupart des guesthouses ou hôtels qui ont leur propre restaurant ferment leur cuisine vers 20h-21h.

BUDGET / BONS PLANS

On paie partout en espèces, sauf dans les hôtels ou restaurants de haut standing où la carte bancaire sera acceptée. La nourriture est globalement bon marché. Pour manger pour trois fois rien, il faut s'orienter vers les stands de street food ou les petits bouis-bouis locaux. La nourriture philippine est logiquement moins chère que la nourriture occidentale. Cependant, elle n'est pas très variée et après quelques jours vous risquez de vous en lasser, dans ce cas, sachez que les Philippins sont reconnus pour leur savoir-faire en termes de cuisine *western* qu'ils réalisent très bien.

- **Quelques prix indicateurs :** un café de 20 à 80 PHP ; un repas dans la rue de 50 à 100 PHP ; un repas dans un restaurant de 150 à 600 PHP.

EN SUPPLÉMENT

Une carafe d'eau potable est offerte gratuitement dans les restaurants ou cafés (*service water*). Les 12 % de service ne sont pas forcément inclus dans les prix sur les cartes ; ils seront ajoutés au moment de l'addition. Concernant le pourboire, la pratique est un peu floue. Il n'est pas particulièrement de mise et les Philippins vous diront qu'il y a deux types de pourboires : celui que l'on donne quand le service pour lequel on paie est plus qu'à la hauteur de ce qu'on en attendait, dans ce cas vous pouvez donner environ 10-15 %, et celui que l'on donne par pitié… pas besoin de développer. Certains petits cafés et restaurants ont sur leur comptoir une *tip box* dans laquelle vous pouvez laisser un pourboire. Et globalement, dans la pratique, vous pouvez toujours arrondir et laisser la monnaie quand vous payez.

C'EST TRÈS LOCAL

De manière générale, on ne voyage pas aux Philippines pour la gastronomie locale qui n'est pas des plus raffinées et assez monotone : fast-food, poulet, porc et riz. Cependant, pour les voyageurs aventureux, la street-food est à tester, vous la trouverez partout dans les villes et le long des routes. Brochettes de viande, spé-

Brochettes de bananes caramélisées.

© PIOTR CHALIMONIUK - ISTOCKPHOTO.COM

Kare-kare.

cialités à base de riz collant et de coco (*puto*), cuisses de grenouilles, beignets de patate douce ou de banane caramélisée… il y a de quoi faire et en plus c'est très bon marché.
Concernant les couverts, pas de baguettes ici, pourtant on est bien en Asie, mais dans un pays catholique, rappelons-le. En revanche, il y a bien une spécificité au sujet des couverts : l'absence généralisée de couteau. Ce qui est assez curieux dans un pays où la population mange de la viande ou du poisson à tous les repas. Non, ici pas de couteau, juste une fourchette et une cuillère. Tous les Philippins à qui on a demandé la raison trouvaient ça drôle mais n'avaient pas vraiment d'explication : c'est juste comme ça. Soit on mange avec ses doigts soit avec une fourchette et cuillère. Par ailleurs, la cuisine philippine n'est pas spécialement épicée ou piquante. Et ils mangent énormément de viande (poulet et porc). Le végétarisme apparaît d'ailleurs comme une bizarrerie incomprise. Si vous êtes végétariens cependant, pas mal d'adresses sont renseignées un peu partout dans ce guide mais globalement, ce n'est pas le pays le plus *veggie-friendly*.

À ÉVITER

Les conditions d'hygiène ne sont pas toujours respectées (surtout pour la nourriture de rue) et il est parfois surprenant de voir des viandes ou poissons frais posés sur des tables en plein soleil et pleine chaleur. À éviter donc si vous avez l'estomac fragile.

L'eau du robinet est non potable aux Philippines, donc ne remplissez pas vos bouteilles ou gourdes avec. Les restaurants et hôtels ont des fontaines à eau ou installations filtrantes. Pour rappel, l'eau est le principal ennemi du voyageur. Statistiquement, 1 voyageur sur 2 est touché par la turista au cours des 48 premières heures, et 80 % des maladies contractées en voyage sont directement imputables à une eau contaminée. Donc contentez-vous de l'eau en bouteille, ou au mieux des fontaines à eau dans vos lieux d'hébergement. Un autre bon conseil : il existe des comprimés désinfectants. Rien n'est plus simple : un comprimé dans votre gourde ou dans votre bouteille d'un litre et vous êtes tranquille pour votre trek, ou simplement pour vous brosser les dents ou pour boire un peu d'eau en pleine nuit ou même pour laver vos fruits.

FUMEURS

Il est interdit de fumer dans les restaurants. En terrasse, c'est souvent interdit également mais dans la pratique, c'est plus aléatoire. La présence de cendrier est un bon indicateur. Sinon demandez.

LES ATTRAPE-TOURISTES

Rien à signaler. Souvent les prix des plats et boissons sont indiqués et si ce n'est pas le cas, il n'est pas dans la pratique des Philippins de gonfler leurs prix car vous êtes un touriste.

HORAIRES

La plupart des cafés et coffee shops sont ouverts tous les jours entre 7h et 22h.
Les bars sont en général ouverts tous les jours entre 17h et 2h du matin ou plus.
Les *happy hours* existent dans les grandes villes comme Manille, Cebu ou Davao. C'est en général de 16h ou 17h à 19h ou 20h.

BUDGET / BONS PLANS

Pour un café (Americano), comptez entre 50 et 150 PHP. Ils sont servis dans les cafés et coffee shops. Si vous prenez un café dans un sari-sari ou stand de street-food, il vous en coûtera 20 PHP mais ce sont des cafés en poudre et sachez que si vous commandez un café noir (*black coffee*), vous recevrez probablement un café plein de lait et de sucre.
Pour les bières, les Philippines comptent quelques bières locales reconnues comme la San Miguel ou la Red Horse. Dans un bar, comptez entre 60 et 120 PHP. Pour les bières importées comme la Corona ou Heineken, comptez un peu plus. Pour la petite anecdote, la bière belge Stella Artois est très appréciée de la jeunesse dorée de Manille et est réputée pour être chère (compter plus de 150 PHP), alors qu'en Belgique, c'est la bière bas de gamme par excellence.
Les paiements s'effectuent en espèces et il faut parfois ajouter les 12 % de service au prix indiqué. Le pourboire n'est pas obligatoire mais toujours apprécié.

A PARTIR DE QUEL ÂGE

L'âge légal pour consommer de l'alcool est 18 ans. Il est bien sûr illégal de conduire sous l'influence d'alcool et interdit de boire sur la voie publique. Durant les périodes d'élection, la vente d'alcool est interdite.

C'EST TRÈS LOCAL

Une pratique très commune aux Philippines consiste à servir les bouteilles de bière ou autres boissons couvertes d'un morceau de mouchoir ou de serviette en papier. Cela permet au client de débarrasser son goulot de toute poussière ou impureté et ainsi éviter les risques de contamination.
Si dans les villes, les bars et cafés sont légion, dans les îles et lieux plus reculés, les habitudes sont plutôt d'acheter ses boissons dans un sari-sari (petites échoppes que l'on voit partout) et de les boire sur la plage par exemple.

FUMEURS

La législation liée au tabagisme est très stricte aux Philippines. Il est interdit de fumer dans les espaces publics, dans les cafés et restaurants. Dans la pratique, certains établissements ont l'autorisation de mettre à disposition une *smoking area* ou terrasse. Il suffit de demander ou de regarder s'il y a des cendriers.

Ensaymada et café.

PRATIQUE

(SE) FAIRE PLAISIR

HORAIRES

Les centres commerciaux (*malls*) sont ouverts tous les jours entre 10h et 21h en général. Idem pour les supermarchés. Concernant les commerces plus petits, échoppes de souvenirs ou de vêtements, les horaires sont plus variables mais en général, dans les zones touristiques, ils sont également ouverts tous les jours entre 9h ou 10h et 19h. Pour acheter des souvenirs, les marchés sont une très bonne option. Chaque ville en a au moins un. Les horaires varient, ils sont soit quotidiens, soit hebdomadaires (le week-end), soit ponctuels.

BUDGET / BONS PLANS

Il y en a pour tous les budgets. L'achat de vêtements ou de chaussures dans les malls n'est pas particulièrement avantageux s'il s'agit de marques internationales de luxe ou de grandes enseignes (importées et donc soumises à des taxes). Les prix seront similaires à ceux de l'Europe. Pour rapporter des souvenirs, le bon plan est évidemment d'effectuer ses emplettes sur les marchés locaux. Pour les mini budgets, les snacks philippins constituent d'excellents souvenirs (mangues séchées, chips de bananes, confiseries, etc.). Compter entre 1 et 10 euros (entre 50 et 500 PHP). Pour les objets d'artisanat comme des hamacs, paniers ou nattes en rotin, poteries, objets sculptés en bois, etc., tout dépend de la taille et de la qualité, les prix varient entre 500 PHP et 5 000 PHP. L'idéal est d'effectuer vos achats dans les échoppes locales, hors des centres touristiques.

Moyens de paiement. En dehors des boutiques dans les *malls* où les cartes de crédit sont acceptées, la très grande majorité de vos achats s'effectueront en espèces.

SOLDES

Un voyage aux Philippines n'est pas vraiment l'occasion d'une virée shopping mais il y a effectivement des périodes de soldes toute l'année dans les moyennes et grandes enseignes des villes : le Black Friday (fin novembre), les soldes de Noël et Nouvel An (décembre-janvier) et les soldes d'été (avril-mai et juin-juillet). Dans les plus petites villes ou îles, la pratique est plus aléatoire et on trouvera plus des offres ponctuelles dans certains commerces.

C'EST TRÈS LOCAL

Les lieux. Malls, duty free de l'aéroport, boutiques de souvenirs, échoppes et magasins d'artisanat, les marchés et les sari-sari (les petites échoppes locales que l'on trouve à tous les coins de rue, le long des routes et dans chaque village ou barangay, accolées aux habitations).

Que rapporter. Des snacks philippins, de l'artisanat (poteries, sculptures en bois, hamac, objets ou fournitures en rotin), des perles, des miniatures de jeepneys, etc.

Marchandage. S'il n'est pas courant de marchander dans les grandes enseignes, pour les transports, logements et restaurants, il est possible de marchander sur les marchés et dans les échoppes locales tout en restant raisonnable et bien sûr courtois et non agressif. La pratique reste moins commune que dans d'autres pays.

LES ATTRAPE-TOURISTES

Il n'est pas dans les habitudes des Philippins de tenter d'arnaquer les touristes. Les arnaques sont donc assez rares mais il peut arriver que le prix soit un peu gonflé dans les zones très touristiques. Les transactions s'effectuent presque systématiquement en espèces, il faut donc toujours avoir des espèces sur soi. Restez prudents et attentifs sur les gros marchés de Manille et Cebu qui sont extrêmement bondés, comme le Divisoria Market, les pickpockets sont fréquents.

PRATIQUE

BOUGER & BULLER

BUDGET / BONS PLANS

Parmi les activités gratuites à pratiquer, il faut citer le basketball (le sport national, il y a des terrains absolument partout), le volleyball sur certaines plages, et bien sûr la nage en mer ou en piscine et la randonnée (même si les sentiers de randonnées balisés ne sont pas si nombreux).
Conseil pour le snorkeling : si vous avez de la place, embarquez dans vos bagages un masque et un tuba pour être indépendant et ne pas dépenser 150-300 PHP à chaque endroit pour louer du matériel de snorkeling.
Pour la plongée, les tarifs varient en fonction de la formule (demi-journée avec ou sans équipement, open-water, padi, etc.). Compter environ 50 € (3 000 PHP) pour une demi-journée de plongée, et entre 300 et 600 € pour une offre complète sur plusieurs jours (18 000 – 35 000 PHP). Certains hôtels ou resorts ont leur propre centre de plongée et proposent des packages attractifs.
Pour la pratique du surf, le prix de la location d'une planche sera d'environ 6-15 € (400 – 900 PHP) par jour (tarif régressif). Pour 2 heures avec un instructeur local (planche incluse), compter entre 6 et 17 € (400-1 000 PHP).

C'EST TRÈS LOCAL

Les paris sportifs sont très populaires aux Philippines et le *sabong* – combat de coqs – est l'un des « sports » les plus populaires. Chaque ville ou village a son arène et des millions de combats sont organisés chaque année, pour la plupart de façon illégale. Des lames de rasoir sont attachées aux pattes des coqs qui se battent jusqu'à la mort. C'est une véritable tradition aux Philippines, l'un des derniers pays à ne pas totalement interdire cette pratique, qui est, d'un point de vue extérieur, extrêmement violente et impressionnante.
Assister à un match de basketball sur l'un des innombrables terrains présents partout est une façon très simple de partager un moment de vie quotidienne avec les Philippins, dans une super ambiance.

VOS PAPIERS SVP

Quelques obligations légales sont de mise pour pratiquer la plongée sous-marine aux Philippines. En plus de votre passeport et visa, il faudra souvent montrer votre carte de certification de plongée (PADI, SSI, cmAS…). Si vous avez un carnet avec l'historique de vos plongées et de votre expérience, prenez-le aussi. Il est possible que l'on vous demande également un certificat médical d'aptitude, il est donc nécessaire de se renseigner avant le départ.

A RÉSERVER

Il n'est globalement pas nécessaire d'effectuer des réservations pour pratiquer des activités aux Philippines. Toutefois, en période d'affluence (décembre-avril) ou dans les endroits très touristiques (Coron, El Nido), pensez à réserver la veille pour le lendemain vos activités (plongée, island hopping, parcs de loisirs, etc.).

© VLADOSKAN - ISTOCKPHOTO.COM

© RAFAEL DIAS KATAYAMA - SHUTTERSTOCK.COM

Boracay.

HORAIRES

Les boîtes de nuit et clubs sont concentrés dans les villes. Les horaires sont souvent de 22h à 3h du matin ou plus. Les bars karaoké, très populaires aux Philippines, ont les mêmes horaires.

BUDGET / BONS PLANS

Pour entrer en boîte de nuit à Manille ou Cebu, il faut compter entre 200 et 1 000 PHP (avec parfois une boisson incluse). Certaines boîtes sont gratuites ou proposent la gratuité aux femmes lors de certains événements.

TRANSPORTS NOCTURNES

Sur les îles, des tricycles attendent toujours à la sortie des clubs et bars. Dans les villes, préconisez un taxi officiel ou un Grab.

C'EST TRÈS LOCAL

Les Philippines et Philippins aiment se faire beaux et s'apprêter pour sortir, jouez le jeu et faites comme eux. Surtout pour sortir en club dans les villes.

Pour une soirée très locale, vous verrez (ou entendrez) souvent, sur les plages ou dans les petits *barangays* (villages), des karaokés (une simple machine avec micro). Les locaux en raffolent et ils seront ravis de partager un moment en chansons avec vous. Le prix est dérisoire (quelques pesos/heure).

A PARTIR DE QUEL ÂGE

L'âge légal pour entrer en boîte correspond à l'âge légal pour consommer de l'alcool, à savoir 18 ans. Certains clubs n'autorisent l'entrée qu'aux plus de 21 ans. Il est possible que l'on vous demande votre passeport pour vérifier votre âge.

FUMEURS

La législation liée au tabagisme est très stricte aux Philippines. Il est interdit de fumer dans les espaces publics, dans les bars et night-clubs. Dans la pratique, certains établissements mettent à disposition une *smoking area* ou terrasse. Il suffit de demander ou de regarder s'il y a des cendriers.

LES ATTRAPE-TOURISTES

Il n'y a pas d'arnaques particulières à signaler. Toutefois, si vous sortez à Manille, il est très probable que vous vous fassiez alpaguer dans la rue par de (très) jeunes femmes qui vous proposeront un massage ou service sexuel. Il est important d'être vigilant et d'éviter ce genre d'activités qui impliquent souvent de la prostitution ou exploitation de mineures et de sombres trafics.

BUDGET / BONS PLANS

L'offre de logements disponible aux Philippines est très large, il y en a pour tous les budgets. La plupart des logements peuvent être réservés et payés en ligne à l'avance par carte de crédit. Certains plus sommaires ne proposent que le paiement en espèces à l'arrivée (prévoir en conséquent). Pour les hôtels moyen et haut de gamme, vous pourrez payer par carte sur place également, mais ce n'est pas toujours le cas, vous renseigner à l'avance.

Hostel/Auberge de jeunesse. On trouve des *hostels* partout. Pour un lit en dortoir, compter moins de 10 euros la nuit (500-800 PHP). Pour une chambre privée (avec ou sans salle de bain), compter environ 15-20 euros (1 000-1 300 PHP). Ces auberges s'adressent aux *backpackers* qui ont un budget limité. Souvent le confort est minime, le wifi et l'eau chaude sont régulièrement absents. Mais l'ambiance y est souvent *friendly* et c'est l'idéal quand on voyage solo pour faire des rencontres.

Guesthouse/Homestay. Ce type de logement, entre le *bed & breakfast* et le petit hôtel familial, est très courant aux Philippines. En général, il dispose seulement de quelques chambres (avec ou sans salle de bain privée) et propose un petit-déjeuner. Il s'adresse aux voyageurs qui recherchent un peu d'intimité, tout en voyageant avec un budget limité. Compter entre 20 et 40 euros la chambre (1 300 – 2 300 PHP).

© AMPUEROLEONARDO - ISTOCKPHOTO.COM

Hotels. Concernant les hôtels plus réguliers, tout dépend du standing recherché. Pour un hôtel au confort et aux prestations limitées, les prix commencent à 20 euros. Si vous recherchez le standing des hôtels occidentaux (literie confortable, wifi disponible, eau chaude), il faudra débourser un peu plus, à partir de 40 euros et jusqu'à 150 euros la nuit (2 300- 9 000 PHP).

Resorts. Pour les voyageurs qui ne comptent pas et qui veulent vivre le rêve du *resort* sur une île reculée, il faudra débourser entre 8 000 et 15 000 PHP (voire plus), la chambre (130-250 euros et ça peut grimper à plus de 1 000 euros pour les palaces). Y ajouter les dépenses de transfert, restauration et activités qui font rapidement grimper la note.

Bons plans. En passant par des plateformes de réservation comme Booking.com ou Agoda.com (qui fonctionne très bien en Asie), vous aurez souvent des réductions sur vos réservations, en plus d'autres avantages (service clients, annulation gratuite, etc.).

A RÉSERVER

Il est globalement possible de réserver vos logements à la dernière minute, voire en cours de voyage. Cependant, il faut savoir que cette option vous demandera du temps (pendant vos vacances) et dans les endroits plus touristiques, vous n'aurez parfois plus beaucoup de choix. Durant la haute saison, de décembre à avril, il est préférable de s'y prendre à l'avance. Dans les endroits très touristiques (El Nido, Coron, Boracay…), réservez également et si vous y voyagez durant la saison creuse (de juin à septembre), n'hésitez pas à négocier les prix, même si en général ceux-ci chutent automatiquement. Si vous vous rendez dans une destination pour un festival (à Kalibo en janvier par exemple) ou pendant la Holy Week (Semaine sainte), il est impératif de prendre vos précautions bien à l'avance, les logements sont pris d'assaut.

C'EST TRÈS LOCAL

Coupures d'électricité (et donc de climatiseur et de prises de courant), absence d'eau chaude, wifi défectueux… Se loger aux Philippines avec un budget limité réserve parfois de belles surprises. Dans certains logements bon marché, il

© FREEARTIST - ISTOCKPHOTO.COM

El Nido.

n'y a pas de douche, juste une bassine, un robinet et une écuelle pour se verser de l'eau dessus... toute une aventure (qui fait partie d'un voyage aux Philippines) !
Si vous voyagez pour le travail et avez besoin d'une connexion internet fonctionnelle, écrivez à votre établissement avant, souvent ils affichent « wifi disponible » et dans les faits il ne fonctionne pas. Pour recharger vos appareils (téléphone, appareil photo, ordinateur, écouteurs), pensez à avoir avec vous au minimum une batterie portable.
Les draps et serviettes sont fournis, et les chambres triples, voire quadruples, ne sont pas rares.
Il y a souvent une taxe de 12 % qui n'est pas toujours indiquée clairement lors de la réservation d'une chambre.
Lors du *check out*, il est fréquent que quelqu'un aille vérifier votre chambre avant de vous laisser quitter l'hôtel, prévoyez d'attendre 5 à 10 minutes.

POUR LES GOURMANDS

La plupart des logements proposent un petit déjeuner, inclus ou payant (environ 200 PHP). Invariablement, vous trouverez le petit déjeuner philippin, plus ou moins bon selon le standing de l'hôtel : riz, œufs et viande + thé ou café. Certains hôtels auront une carte plus fournie et variée (pancakes, toasts, fruits, yaourt, etc.).

FUMEURS

La législation liée au tabagisme est assez stricte aux Philippines, surtout dans les grandes villes comme Manille, Legazpi, Cebu, où la tolérance est proche de zéro. Pour les logements à proprement parler, ils disposent tous d'une *smoking area*, et en général c'est le seul endroit où vous pourrez fumer. Interdiction dans la chambre et dans les autres espaces extérieurs communs. Mais chaque hôtel a sa propre politique donc n'hésitez pas à poser la question.

ALLO ?

Pour un appel de tout pays vers les Philippines, composer le 00 + 63 + numéro de votre correspondant.

Pour un appel des Philippines vers la France, composer le 00 + 33 + numéro de votre correspondant (sans le 0) ; vers la Belgique, composer le 00 + 32 ; vers la Suisse, le 00 + 41 et vers le Canada, 00 + 1.

Pour une communication locale, composer d'abord l'indicateur téléphonique de la province puis le numéro : Albay 052 / Bohol 038 / Cebu 032 / Davao 082 / Ifugao 074 / Manille 02 / Negros oriental 035 / Puerto Princesa 048.

Utiliser sa carte SIM française est possible mais pas recommandé : si vous souhaitez garder votre forfait français, il faudra, avant de partir, activer l'option internationale en appelant le service clients de votre opérateur. Qui paie quoi ? La règle est la même chez tous les opérateurs. Lorsque vous utilisez votre téléphone français à l'étranger, vous payez la communication, que vous émettiez l'appel ou que vous le receviez. Dans le cas d'un appel reçu, votre correspondant paie lui aussi, mais seulement le prix d'une communication locale. Tous les appels passés depuis ou vers l'étranger sont hors forfait, y compris ceux vers la boîte vocale.

Les deux compagnies principales se partageant le marché des forfaits téléphoniques sont Globe (www.globe.com.ph) et Smart (www.smart.com.ph). Ne soyez pas étonné, la couverture réseau est souvent assez faible, surtout dans les îles ou endroits reculés.

À votre arrivée à l'aéroport, nous vous conseillons de prendre une carte SIM locale. Vous avez des stands Smart et Globe avant la sortie. Cela coûte environ 1 000 PHP (15-20 €) et ça vous sera bien utile pour utiliser votre GPS et contacter vos différents logements ou réserver un taxi. Même si la couverture 4G laisse souvent à désirer, c'est mieux que rien.

ACCESSIBILITÉ

L'accessibilité est un problème majeur dans le pays et contraint les personnes avec une mobilité réduite à ne pas pouvoir réellement prendre part à la vie active de la société. Pour les voyageurs à mobilité réduite, nous déconseillons donc un voyage aux Philippines, les infrastructures et transports ne sont pas aux normes.

SANTÉ

L'eau du robinet est non-potable. Pour rappel, l'eau est le principal ennemi du voyageur. Statistiquement, 1 voyageur sur 2 est touché par la turista au cours des 48 premières heures, et 80 % des maladies contractées en voyage sont directement imputables à une eau contaminée. Donc contentez-vous de l'eau en bouteille ou mieux des fontaines à eau dans les hôtels et restaurants. Un autre bon conseil : il existe des comprimés désinfectants ; rien n'est plus simple : un comprimé dans votre gourde et vous êtes tranquille pour votre trek, pour vous brosser les dents ou pour laver vos fruits.

L'abus de soleil est dangereux pour votre peau. A court terme, les coups de soleil et autres allergies solaires ne sont pas bien gênants, mais à long terme trop de soleil, c'est un vieillissement accéléré de la peau avec ses conséquences, éventuellement un cancer de la peau. Ne pas s'exposer pendant les heures les plus chaudes et mettre de l'écran solaire dès que l'on s'expose.

Moustiques. Aux Philippines, comme dans tous les pays du monde (à l'exception du continent antarctique), la piqûre de moustique fait partie du voyage. Aussi, quelques règles de prévention sont à rappeler. Utiliser des produits répulsifs adaptés aux pays tropicaux. Dès la fin d'après-midi, couvrir les jambes, les avant-bras, le cou, dormir sous une moustiquaire, etc. La climatisation, dont sont pourvus la plupart des hôtels des grandes villes, contribue également à repousser les agressions de moustiques. Si vous développez des symptômes tels que de la fièvre, des éruptions cutanées ou des douleurs articulaires, consultez un médecin, il peut s'agir de la dengue, du virus Zika ou du chikungunya.

URGENCES SUR PLACE

Police et urgences. Le numéro de la PNP (Philippine National Police) est le 911. C'est le même numéro pour joindre les pompiers ou l'équivalent du Samu.

En cas de maladie ou de problème grave durant votre voyage, consultez un pharmacien puis un médecin. L'autre réflexe à avoir est de contacter votre consulat/ambassade et votre assurance. Ils se chargeront de vous aider et vous fourniront la liste des médecins francophones (ou anglophones à défaut). En cas de problème grave, c'est aussi eux qui préviennent la famille et qui décident du rapatriement. Pour connaître les urgences et établissements aux standards internationaux : consulter les sites www.diplomatie.gouv.fr et www.pasteur.fr

- **L'ambassade de France** : +63 2 8 857 6900.
- **L'ambassade de Belgique** : +63 917 845 1869.
- **L'ambassade de Suisse** : +63 2 8 845 4545.

SÉCURITÉ

Le numéro pour toutes les urgences (police, accident, etc.) est le 911. Voyager aux Philippines ne comporte pas de risque particulier. Les vols y sont peu nombreux, cependant il faut garder vos objets de valeur et papiers d'identité ou bien les laisser dans votre chambre à l'hôtel dans votre sac ou valise avec cadenas. De manière générale, malgré la rareté des vols, la décence veut que l'on n'exhibe pas ses liasses de billets, ses bijoux en or ou son gros appareil photo dernier cri.

- **Une femme seule** aux Philippines ne rencontrera pas de problème particulier. Les Philippins en général n'ont pas de regard, de mots ou de gestes déplacés. Ils seront en revanche curieux et vous demanderont souvent pourquoi vous êtes seule, où est votre mari, etc.

Cependant, certaines zones à Mindanao, et plus particulièrement à Zamboanga, sont plus délicates. En effet, la population majoritairement musulmane est très pratiquante. Ainsi, une femme doit de préférence sortir couverte d'un foulard et ne doit pas s'asseoir à côté d'un homme dans le bus. Il est très déconseillé à une femme seule de se rendre dans cette zone. La capitale Manille n'est pas non plus très agréable à arpenter pour une femme seule.

- **Voyager avec des enfants** ne pose pas de problèmes particuliers. Les conditions sanitaires ne sont pas les mêmes qu'en Europe, mais il y a de bons hôpitaux dans les très grandes villes comme Manille ou Cebu, et on trouve tout le nécessaire (lait, couches, etc.) un peu partout. Pensez tout de même à emporter le maximum de choses avec vous. Les Philippins aiment beaucoup les enfants et ceux-ci permettent souvent de lier connaissance.
- **Pour connaître les dernières informations sur la sécurité sur place**, consultez la rubrique « Conseils aux voyageurs » du site du ministère des Affaires étrangères (www.diplomatie.gouv.fr/voyageurs). Sachez cependant que le site dresse une liste exhaustive des dangers potentiels et que cela donne parfois une image un peu alarmiste de la situation réelle du pays.

LGBTQ

La situation des communautés LGBTQIA+ est complexe. Il n'est pas rare de voir des *ladyboys* vivre tout à fait normalement et les personnes homosexuelles ne sont pas mal vues. Les jeunes générations sont beaucoup plus ouvertes et tolérantes sur toutes ces questions de genre et de sexe. Cependant les discriminations sont encore courantes, notamment pour l'accès aux soins et l'accès à l'emploi. Le pays est aussi très catholique et légalement le mariage entre personnes de même sexe n'est pas autorisé. Dans les faits, il n'est pas courant de voir deux hommes ou deux femmes se tenir par la main. Il vaut donc mieux faire preuve de discrétion.

AMBASSADE ET CONSULATS

- **Pour les ressortissants français :** l'ambassade se trouve à Manille dans le quartier de Makati, vous pouvez la joindre au +63 2 8 857 6900. Pensez également à vous inscrire sur le Fil d'Ariane avant votre départ : https://pastel.diplomatie.gouv.fr/fildariane/dyn/public/login.html. En cas de problème politique ou naturel dans le pays, vous serez directement averti et pris en charge. Et s'il vous arrive quelque chose, vos proches peuvent être contactés plus rapidement.
- **Pour les ressortissants belges** : l'ambassade de Belgique se trouve également à Makati et le numéro d'urgence pour la joindre est le +63 917 845 1869.
- **Pour les ressortissants suisses** : l'ambassade de Suisse est aussi à Makati, le numéro est +63 2 8 845 4545.

POSTE

Le temps de livraison pour un courrier standard des Philippines vers la France est d'environ deux à quatre semaines. Il en coûte entre 80 et 100 PHP pour l'envoi d'une simple lettre ou carte postale. Pour envoyer un courrier, il faut se rendre dans les bureaux de poste, ouverts du lundi au vendredi de 8h à 17h et quelques-uns le samedi matin. L'attente y est parfois très longue, mais certains hôtels peuvent assurer ce service pour vous. Il existe aussi le courrier express en une semaine et le courrier spécial en 24 heures chrono.

MÉDIAS LOCAUX

Presse locale

- ***The Philippine Daily Inquirer.*** L'un des journaux quotidiens les plus diffusés.
- ***The Manila Bulletin.*** Un autre quotidien qui couvre l'actualité.

Chaînes de télévision

- **CNN Philippines.** Chaîne d'information en continu sur les Philippines et l'international.
- **ABS-CBN.** De nombreux programmes d'actualités et de variétés.

Sites Internet

- **www.rappler.com.** Site d'information indépendant reconnu pour ses enquêtes journalistiques de qualité au sujet des problèmes sociétaux du pays.
- **https://philippines.travel**. Le site officiel du Département du Tourisme des Philippines. Toutes les actualités et informations pratiques liées au tourisme, île par île.
- **www.ouiphilippines.com**. Le blog de Joe, un francophone vivant aux Philippines depuis plus de 20 ans, ultra complet et à jour avec plein de bons plans dans tout le pays.

DÉCOUVRIR

Demandez-vous un instant ce que vous connaissez des Philippines… à part quelques vagues images de plages paradisiaques, peut-être pas grand-chose. Et pourtant, soyez bien sûr que ces 7 000 îles, aux paysages multiples, et leurs 114 millions d'habitants, aux coutumes diverses, vous réservent bien des surprises. Alors, avant d'embarquer pour un voyage inoubliable, pourquoi ne pas prendre le temps d'en apprendre un peu plus sur les particularités de l'archipel ? Imaginez une histoire riche et mouvementée, des influences culturelles diverses qui façonnent à la fois des populations, des croyances, une gastronomie et toutes les formes d'art. Imaginez des fonds marins et une géographie d'exception, terrains de jeu pour mille et une activités comme la plongée sous-marine et le surf. Imaginez, ou plutôt découvrez, tout ce que les Philippines ont à vous offrir en termes de culture, de festivités, d'histoire et de paysages.

PLONGÉE SOUS-MARINE

Eldorado de la plongée sous-marine, les Philippines abritent parmi les plus beaux fonds marins du monde. Épaves de navires dans la baie de Coron, bancs de sardines à Moalboal, requins-baleines à Tubbataha Reef, tortues géantes à Apo Island, splendides récifs coralliens disséminés aux quatre coins de l'archipel et multitude d'autres poissons colorés, les possibilités sont infinies. Que ce soit le temps d'une après-midi ou pour plusieurs jours, en simple initiation ou en vue de passer un brevet, nous vous donnons ici quelques recommandations de spots et des informations utiles pour profiter au mieux de cette richesse aquatique. Ces dernières années, les clubs de plongée pullulent dans tout l'archipel pour offrir aux plongeurs de tous niveaux des expériences insolites et inoubliables, en toute sécurité, au cœur de centaines de sites d'exception. Alors, à vos bouteilles : immersion dans les incroyables fonds marins philippins !

Des fonds marins d'exception

La configuration archipélagique des Philippines de plus de 7 000 îles, au cœur des mers de l'Asie du Sud-Est, en fait un pays très riche en faune et flore aquatiques. La fosse de Mindanao suit la côte ouest des Philippines et atteint une profondeur de presque 10 500 m. Les eaux cristallines abritent 40 000 km² de récifs coralliens, refuges d'une vie marine intense. On y décompte pas moins de 800 espèces de coraux. Ce très riche écosystème marin est cependant menacé, par la pêche à la dynamite ou les typhons, entre autres. De plus en plus, des réserves marines sont créées pour protéger et sauvegarder ces richesses. Outre les éponges, les coraux mous ou durs, les plantes lumineuses et les coquillages, il existe environ 3 000 espèces de poissons. Le pays est connu pour en abriter une des plus grandes variétés au monde : mérous, poissons-scorpions, murènes, hippocampes, chirurgiens, napoléons géants, poissons-perroquets, poissons-pierres, raies manta, pieuvres, tortues géantes, etc. Et parmi les gros mammifères marins, les dauphins, les requins, les requins-baleines ou les dugongs, en voie de disparition.

Des centaines de spots de rêve

- **La baie de Coron** est mondialement connue pour ses plongées sur épaves. Nombre de navires japonais y ont en effet été coulés durant la Seconde Guerre mondiale. Barracuda Lake est un autre site intéressant, on y découvre des formations rocheuses étonnantes, en plus des barracudas, évidemment !
- **L'archipel de Bacuit**, au large d'El Nido, offre de belles options aux plongeurs. Les tombants sont nombreux et agrémentés de coraux colorés abritant une faune dense.
- **Tubbataha Reef**, à 160 km de Puerto Princesa, est reconnu comme le plus beau site des Philippines pour la plongée et classé par l'Unesco. Les eaux y sont limpides, les tombants impressionnants. Les conditions climatiques ne permettent de s'y rendre que durant une courte période (mars-juin), ce qui permet une conservation naturelle de l'écosystème. Il n'est pas rare de croiser des requins-baleines et des raies mantas.
- **Apo Reef**. Classé à l'Unesco, le récif d'Apo est le deuxième plus grand récif corallien contigu du monde et le plus grand du pays. Près de 400 espèces de poissons dont des requins, raies manta et napoléons géants – l'un des plus gros poissons, pouvant atteindre 2 m, vivre plus de 30 ans et qui pour la petite anecdote fait partie de ces poissons qui changent de sexe en cours de vie, ils naissent femelles avant de devenir, pour certains, mâles.
- **Puerto Galera** avec ses baies, îles et îlots, est devenu un endroit touristique et très prisé pour la plongée (plage de Sabang). On y croise de nombreux poissons pélagiques et des tortues peu farouches. La passe de Verde Island est l'un des sites les plus fameux.
- **Mactan Island** (ou Lapu-Lapu, l'île de l'aéroport de Cebu) comprend une douzaine de resorts ayant chacun leur propre centre de plongée. Expéditions tous les jours et safaris à Olango, Hilatagan, Balicasag, Cabilao, Apo, etc.
- **Malapascua**, petite île à l'extrême nord de Cebu, a fondé sa notoriété sur l'observation d'une espèce endémique de requin, le *tresher shark* (requin-renard). Il est très fréquent de

© ADAM LEADERS - SHUTTERSTOCK.COM

Plongée avec un requin-baleine.

pouvoir l'admirer lors d'une plongée matinale alors qu'il se fait nettoyer.

- **Moalboal**, sur l'île de Cebu, est de plus en plus reconnu comme un spot incontournable, notamment pour vivre l'expérience de plonger au milieu d'un immense banc de sardines.
- **Alona Beach**, sur Panglao Island (Bohol), est le point de départ vers les îles de Balicasag et Cabilao. Cette dernière est réputée pour ses plongées profondes qui permettent parfois de croiser les fameux requins-marteaux, barracudas et raies. Quant à Balicasag, elle offre au plongeur un des plus beaux récifs des Visayas.
- **Apo Island** (entre Dumaguete et Siquijor), en plus d'être une merveille de petite île authentique, est un sanctuaire marin qui abrite différentes espèces de requins, des coraux splendides et surtout des tortues géantes.

Des formules pour toutes les envies

Les novices comme les plongeurs expérimentés trouvent leur bonheur et sont pris en charge par une des nombreuses structures présentes sur place. La plongée étant l'une des activités-phares des touristes, elle est très bien organisée dans tout le pays. En outre, les Philippines offrent des tarifs très attractifs. Une plongée sans équipement coûte en général entre 20 et 40 € (1 200 - 2 500 PHP), environ 50 € (3 000 PHP) pour une demi-journée de plongée avec équipement, et entre 300 et 600 € minimum pour une offre complète sur plusieurs jours (18 000 – 35 000 PHP). Sur les îles entourées de sites de plongée, il est fréquent de trouver des hôtels associés à des centres de plongée qui proposent des packages attractifs. On peut ainsi associer découverte d'une île, farniente et plongée. Pour ceux qui veulent que le séjour soit totalement orienté vers la plongée, des croisières safaris sont organisées sur plusieurs jours. Enfin, les structures internationales de formation comme PADI, SSI ou NAUI sont bien sûr implantées aux Philippines, si vous souhaitez donc passer votre Open Water ou obtenir un brevet, rendez-vous sur leur site pour avoir la liste des centres certifiés.

Consignes de sécurité et de protection

Il s'agit de respecter quelques règles de sécurité pour éviter de transformer vos vacances de rêves en accident. Tout d'abord, il faut savoir qu'un délai doit toujours être respecté avant et après un vol en avion en fonction du temps passé sous l'eau et la profondeur. Pour éviter un accident de décompression, il est recommandé de respecter 12 heures avant et après un vol pour une plongée sans décompression, et le double pour une plongée avec paliers. Cela est dû au fait qu'avec les différences de pression, les plongées augmentent le niveau d'azote dans le sang, celui-ci étant éliminé du corps progressivement, mais la pressurisation de la cabine d'avion peut augmenter ce volume de gaz et alors entraîner des accidents. Autres conseils, éviter l'alcool après une plongée, bien s'hydrater, se protéger du soleil et se reposer.

Les coraux et la faune marine sont fragiles et menacés, ils doivent plus que jamais être préservés. En tant que plongeur, il s'agit d'avoir une attitude responsable : ne pas toucher les coraux ou les animaux (encore moins en prélever) et utiliser une crème solaire à filtre minéral moins nocive pour les océans. Maintenant, il ne reste plus qu'à profiter sans risque ni pour vous ni pour la nature !

GÉOGRAPHIE

Peu de pays peuvent se targuer d'offrir une si grande diversité de paysages, pour le plus grand bonheur de leurs visiteurs. De superbes panoramas et de grands espaces de montagnes, abritant de gigantesques rizières et des forêts tropicales, caractérisent l'ensemble de l'archipel. Les plages de sable blanc succèdent aux plages de sable noir, tandis qu'à l'intérieur des terres, les volcans, plus majestueux les uns que les autres, somnolent et attendent les randonneurs aguerris. Les pitons karstiques s'élancent hors des eaux émeraude de Palawan. Les rivières et chutes d'eau, les sources chaudes ou froides, les grottes et les lacs abondent. Les récifs coralliens et les fonds sous-marins sont parmi les plus réputés du monde. Il semblerait que rien ne manque dans cet archipel aux mille paysages pour combler et éblouir n'importe lequel des voyageurs, même le plus exigeant. Encore faut-il pouvoir s'orienter au travers de ces 7 000 îles.

Survol des Philippines

Situées en Asie du Sud-Est, les Philippines sont un pays établi au sud de Taïwan et au nord-est de l'île de Bornéo. Elles sont bordées au nord par la mer de Chine, à l'est par la mer des Philippines (l'océan Pacifique), au sud par la mer de Célèbes et au sud-ouest par la mer de Sulu. Le nord du pays se trouve à 240 km de Taïwan et 1 000 km séparent les Philippines du continent asiatique et de la Chine. L'extrême sud est représenté par le groupe d'îles de Tawi-Tawi qui est à seulement 20 km de Bornéo. Pour la petite histoire, il y a 20 000 ans l'île de Bornéo et les Philippines étaient reliées par la terre, ce qui fait qu'aujourd'hui encore, elles conservent des similitudes en termes de faune et de flore.

Les Philippines s'étirent sur 2 000 km du nord au sud et sur 1 100 km d'est en ouest, avec 36 000 km de côtes – c'est le plus long littoral – et une superficie totale d'environ 300 000 km^2. Fait qui étonne souvent les voyageurs, cet archipel est l'un des plus grands du monde et regroupe plus de 7 000 îles et îlots (!), entre 7 100 et 7 600, tout dépend si la marée est haute ou basse. Il faudrait plusieurs années pour les explorer tous. Dans les faits, seules 11 de ces îles totalisent plus de 95 % des terres et une grande majorité est inhabitée (environ 5 000). Quelque 3 000 îles n'ont même pas reçu de nom officiel.

De multiples facettes

Ces milliers d'îles sont divisées en trois principaux groupes : Luzon au nord (parfois orthographié « Luçon » en français), les Visayas au centre et Mindanao au sud. Dans ce guide, par souci de clarté, la région de Mimaropa qui compte le célèbre archipel de Palawan, et appartient traditionnellement au groupe de Luzon, est traité comme un groupe à part entière. Palawan compte en effet à lui seul 1 700 îles et îlots.

- **Luzon.** C'est la plus grande île du pays, elle couvre 35 % du territoire (109 000 km^2) et abrite plus de 64 millions d'habitants, ce qui représente plus de la moitié de la population philippine. Autour d'elle, gravitent d'autres îles comme Batanes et Catanduanes. Le nord de l'île est plutôt montagneux et caractérisé par deux chaînes de montagnes : la cordillère Centrale et la Sierra Madre, séparées par une grande vallée. C'est là aussi que se trouvent les célèbres rizières de Batad et Banaue, vieilles de 2 000 ans. La partie centrale de l'île est une immense plaine traversée par deux grandes rivières, la Cagayan et la Pampanga. La région est la plus grande productrice de riz du pays. Le sud de Luzon est, quant à lui, caractérisé par le plus grand lac du pays, Laguna de Bay (presque 1 000 km^2), ses nombreux volcans et par un littoral parsemé de petites baies et péninsules.
- **Mimaropa.** L'archipel tire son nom de l'acronyme des quatre provinces qui le composent : Mindoro, Marinduque, Romblon et Palawan. Ce chapelet d'îles et d'îlots est globalement marqué par un relief montagneux couvert d'une dense forêt tropicale. L'archipel de Palawan est probablement le plus connu et touristique de toutes les Philippines. C'est là que se trouvent les célébrissimes pitons karstiques d'El Nido et Coron, ces hauts îlots rocheux, de couleur noire et couverts d'une végétation luxuriante, qui tombent à pic dans des eaux oscillant entre vert et bleu.
- **Visayas.** Le groupe est composé de centaines d'îles léchées par des plages paradisiaques et des eaux turquoise. C'est ici que le tourisme se développe le plus. Les principales îles sont Panay, Negros, Cebu, Bohol, Leyte et Samar. Les deux dernières sont parmi les plus touchées par les typhons. L'île de Cebu abrite la ville de Cebu, deuxième ville la plus peuplée après la capitale.

© ROLFST - ISTOCKPHOTO.COM

Chocolate Hills.

Ajoutons aussi Siquijor, une île aux mille beautés qui est en train de devenir une destination touristique de premier choix. Géographiquement parlant, c'est probablement Bohol qui détient la curiosité naturelle la plus remarquable : les Chocolate Hills. Il s'agit d'un agglomérat de milliers de collines coniques, dodues et couvertes de végétation qui s'étendent à perte de vue. Cette formation géologique date d'il y a plus de deux millions d'années.

Mindanao. Située tout au sud, c'est la deuxième plus grande île du pays en termes de superficie (97 500 km²) et de population (27 millions d'habitants), après Luzon. Au nord de l'île principale se trouvent les îles de Siargao, Camiguin et Dinagat. À l'extrémité sud, près de Bornéo, se déploie l'archipel de Sulu-Sulu et Samal. Le mont Apo, un volcan endormi de près de 3 000 mètres de hauteur, est le sommet le plus haut des Philippines. Il règne sur Mindanao. Les paysages sont caractérisés par des chaînes de montagnes et volcans imposantes, entrecoupées de vallées et de larges plateaux. À l'est de Mindanao, la deuxième fosse océane du monde plonge à 10 500 m de profondeur. Les pluies fréquentes et une terre riche, grâce aux volcans, favorisent une activité agricole intense (ananas, caoutchouc naturel, café, riz...). Les terres sont, d'autre part, riches en ressources minérales. On y trouve de l'or, du quartz, du zinc ou du plomb.

Divisions administratives du pays

Les Philippines sont segmentées en 17 régions, elles-mêmes divisées en 82 provinces. Il existe un gouvernement local pour chaque province, dirigée par un gouverneur. Les 148 villes recensées ont leur hôtel de ville, le *city hall*, dans lequel se trouve le bureau du maire, le *mayor*. On compte environ 1 500 municipalités et plus de 42 000 *barangays* (anciennement *barrios*).

Les *barangays* sont les plus petites divisions administratives, ils correspondent à diverses réalités telles qu'un village, un district ou un quartier. Le pouvoir et l'autonomie de ces collectivités locales s'accroissent en raison des programmes de délocalisation menés par les derniers gouvernements philippins.

Les principales villes du pays sont Manille (la capitale), Cebu et Davao. Plus précisément, Quezon City, l'ancienne capitale de 1948 à 1976, est la plus grande ville du pays et la plus peuplée. Elle appartient au Grand Manille (*Metro Manila* en anglais) qui est la région métropolitaine de la capitale, composée de 17 villes et comptant plus de 14 millions d'habitants. Souvent, le choix des noms de villes n'est guère étonnant : la ville capitale porte le même nom que sa province, comme Siquijor, Cebu, Cotabato, Romblon et Zamboanga. De même, à titre d'exemple, la ville de Roxas et la ville de Saint-Joseph se retrouvent sur l'île de Luzon, de Mindoro, de Romblon, de Panay et de Palawan. En effet, beaucoup de villes sont baptisées du nom des anciens présidents, comme la ville de Roxas (Manuel A. Roxas, 1946-1948) ou la ville de Quezon (Manuel L. Quezon, 1935-1944). On notera toutefois que l'origine de certains noms de villes et de villages fait référence à des problèmes de compréhension de langage à l'arrivée des colonisateurs espagnols. Par exemple, quand les Espagnols débarquèrent sur l'île de Leyte, ils demandèrent le nom du lieu. Et le long de la rivière par laquelle ils arrivèrent, des essaims d'abeilles grouillaient partout. Les indigènes pensèrent alors qu'ils voulaient savoir comment on disait « abeilles » et ils répondirent *buyog*. Les Espagnols répétèrent « Ah ! Buyog » et cela devient le nom de cette localité, Abuyog. Aujourd'hui, la ville d'Abuyog organise un très joli festival, le Buyogan Festival, autour de – vous l'aurez deviné – l'abeille.

Ainsi, n'hésitez pas à demander lorsque le nom d'une ville vous semble original, il y a peut-être une histoire tout aussi originale derrière. Concernant les parcs, ils sont dédiés en majorité au héros national José Rizal. Rares sont les villes qui n'ont pas leur parc Rizal sur la place centrale. Les parcs Magsaysay sont également nombreux, à la mémoire de l'ancien président Ramon Magsaysay (1953-1957).

Terres de volcans

Enfin, les Philippines ne seraient pas ce qu'elles sont sans leurs volcans. La physionomie de l'archipel est, depuis ses origines, façonnée par les différents phénomènes naturels très divers auxquels il est exposé : éruptions volcaniques, typhons, moussons, cyclones tropicaux et tremblements de terre. En effet, véritable terre de volcans, les Philippines comptent quelques 300 volcans, dont 24 qui sont considérés comme actifs. Précisons qu'un volcan est considéré comme actif quand il a connu un phénomène d'éruption durant les 10 000 dernières années.

Les origines volcaniques de l'archipel s'expliquent par son appartenance à ce que l'on appelle la ceinture de feu du Pacifique. Il s'agit d'une chaîne de volcans qui s'étend sur tout le pourtour de l'océan Pacifique, soit sur 40 000 km, et qui doit son existence à des groupements de fosses marines parmi les plus profondes du monde et à des jeux de subduction entre plaques tectoniques – c'est-à-dire qu'une plaque va glisser sous une autre et former un volcan. Ces mouvements de plaques sont aussi à l'origine de la majorité des tremblements de terre et séismes qui ont lieu sur la planète, d'où le fait qu'on entende souvent parler de cette ceinture de feu du Pacifique pour évoquer des catastrophes naturelles.

Pour en revenir à la situation des Philippines, les principaux sommets de l'archipel sont donc des volcans, qui offrent des paysages à couper le souffle. Le sud de Luzon comprend à lui seul 13 volcans en activité. Le plus actif – et l'un des plus majestueux – est le volcan Mayon, à côté de la ville de Legazpi. Avec sa forme conique presque parfaite, il fait penser au mont Fuji (le sommet enneigé en moins) et offre des randonnées merveilleuses. Il a connu 49 éruptions sur les 500 dernières années, la plus récente datant de 2018. Toujours au sud de Luzon, le volcan Taal est également connu des touristes pour sa facilité d'accès, puisqu'il est situé à seulement 60 kilomètres de Manille, la capitale. Il se présente sous la forme d'un immense cratère volcanique occupé par un lac dans lequel se trouve son cône volcanique, au cœur duquel se trouve un autre lac… Bref, c'est un peu la poupée russe des volcans. Sa dernière éruption, en 2022, avait entraîné l'évacuation de milliers de personnes. Il faut également citer le mont Apo, à 30 km de Davao, sur l'île de Mindanao dans le sud : ses 2 954 mètres d'altitude en font le sommet le plus haut du pays. Camiguin, île de Mindanao, est connue sous le nom d'« île aux sept volcans ». Avec une superficie équivalant à celle de Marseille, elle possède la plus forte densité de volcans au monde, dont le plus connu est Hibok-Hibok. Enfin, le mont Pinatubo, au nord-ouest de Manille, est tristement connu pour s'être réveillé brutalement en 1991, causant des dégâts considérables et des centaines de victimes, après plus de 500 ans de sommeil. Depuis, il est redevenu un atout pour la région puisqu'il offre des randonnées exceptionnelles et il est surveillé, comme tous les autres, par PHIVOLCS, l'agence gouvernementale qui étudie les phénomènes volcaniques, surveille les réactions et prévoit les éruptions ainsi que les tremblements de terre.

Volcan Mayon.

NATURE

Climat tropical et géographie archipélagique ont suffi à créer les conditions idéales pour accueillir une biodiversité d'une richesse exceptionnelle. C'est en effet une végétation exubérante qui habille les Philippines, où les cocotiers des cartes postales se partagent la vedette avec les manguiers, bambous, rotins, bananiers et autres orchidées. Forêts, jungles, volcans et mangroves abritent plus de 14 000 espèces d'arbres et plantes, dont un tiers sont endémiques. Du côté de la faune, du plus petit primate au plus grand poisson au monde, le pays est la demeure de plus de 35 000 espèces animales dont la moitié ne vivent qu'ici. Ainsi, l'archipel appartient à la liste restreinte (23) des pays de mégadiversité, au même titre que l'Australie ou le Costa Rica. Ils contiennent plus de 75 % de la biodiversité mondiale. Alors, en route pour découvrir ce patrimoine naturel d'exception qui a, plus que jamais, besoin d'être protégé.

Les incontournables

Dès votre arrivée, que ce soit en ville ou sur l'île la plus reculée, vous ne manquerez pas d'être surpris par le nombre impressionnant de chiens errants. S'ils sont totalement inoffensifs, ils ont la fâcheuse habitude de s'allonger au milieu des routes ou de les traverser au mauvais moment, conduisez donc prudemment et évitez toutefois de les caresser. Autre animal emblématique : le coq. Coqs fermiers ou fous du ring, ils n'ont pas une horloge dans la tête et chantent à n'importe quelle heure. On ne peut faire un pas sans rencontrer un coq dans les environs, aux abords des routes et des habitations. Vous les remarquerez inévitablement sur le toit d'une Jeepney en chemin pour une compétition quelconque. Le soir, résonne le cri des petits geckos qui s'introduisent dans les maisons. Les rencontres avec les varans et les macaques peuvent également arriver dans la forêt. Le long des routes, vous verrez régulièrement une chèvre par-ci, un cochon par-là et surtout le célèbre *carabao*. Ce buffle d'eau est l'animal domestique le plus fréquent de l'archipel. Début 2023, on en recensait 2,77 millions. Symbole de force et de persévérance, il est l'animal national des Philippines, rien que ça !

Les vedettes endémiques

Il serait impossible de citer toutes les espèces endémiques des Philippines. Les trois qui sont présentées ici sont parmi les plus célèbres et également parmi les plus menacées d'extinction, en raison essentiellement des activités humaines qui détruisent leur habitat naturel. Des mesures de protection sont prises mais ne sont malheureusement pas toujours suffisantes. C'est donc l'occasion de rappeler quelques règles : on observe les animaux en silence et sans les toucher ou même tenter de les approcher et on ne pollue pas leur environnement (mégots, bouteilles, plastique). Par ailleurs, pour augmenter vos chances d'apercevoir un spécimen rare, les services d'un guide sont hautement recommandés.

Le tarsier. Du haut de ses 15 centimètres et 100 grammes, c'est le plus petit singe au monde. Avec ses gros yeux, sa tête capable de pivoter à 180° et ses petites mains, il a des allures de gremlin. Endémique à l'île de Bohol, le tarsier est aujourd'hui protégé dans un sanctuaire où il peut être observé selon des règles très strictes car ce petit être est d'une extrême fragilité. Il peut aller jusqu'à se donner la mort s'il est en situation de grand stress.

Le tamaraw. Aussi appelé « buffle-nain », il ne vit que sur l'île de Mindoro. C'est un petit bovin brun foncé à sabots et à cornes, haut d'environ 1 m, qui vit en solitaire. Au début du XXe siècle, sa population était estimée à 10 000 individus. En 2000, ils n'étaient plus que 150. Grâce à des décisions politiques de protection, leur population (toujours en danger) est remontée à 500 en 2023. 80 % des tamaraws vivent dans le parc national des monts Iglit-Baco.

Tarsier.

© LASERLENS - ISTOCKPHOTO.COM

Aigle des Philippines.

L'aigle des Philippines. Avec 2,5 mètres d'envergure, c'est l'un des plus grands rapaces au monde. Il est appelé localement « mangeur de singes » mais cette habitude alimentaire relève plus de la légende que de la réalité. Endémique à l'île de Mindanao, il a la particularité d'être un super-prédateur, ce qui veut dire qu'il n'a aucun prédateur naturel. Malgré cela, il ne reste actuellement que 200 aigles des Philippines environ, menacés qu'ils sont par la déforestation et le braconnage.

Reptiles et oiseaux

Les reptiles sont nombreux (environ 420 espèces, dont 241 sont endémiques). Parmi les plus célèbres, le crocodile philippin est une espèce endémique qui peut atteindre 3 mètres de long et vit en eau douce à Mindanao et dans le nord de Luzon. Cette espèce préhistorique est en voie de disparition bien que des efforts soient déployés pour le protéger, notamment par la fondation Mabuwaya. On trouve également plusieurs espèces de varans ou encore des geckos, tandis que les zones arides sont plus propices aux serpents. Parmi tant d'autres, on trouvera par exemple les cobras et les pythons (qui peuvent atteindre 10 mètres de longueur). Le cigalo, un serpent de mer à l'air débonnaire, est l'un des plus agressifs. De couleur argentée lorsqu'il est jeune, il devient blanc à rayures noires à l'âge adulte et peut mesurer jusqu'à 2,50 mètres. Son venin est 17 fois plus puissant que celui du cobra. Par chance, il ne mord que très exceptionnellement. Notons également une centaine d'espèces d'amphibiens dont la majorité est indigène. Par ailleurs, les îles abritent environ 700 espèces d'oiseaux, dont des perroquets. Les superbes oiseaux colorés sont très nombreux aux Philippines. Citons à titre d'exemple le fameux *Palawan peacock* qui est un oiseau remarquable avec sa crête bleue ; c'est aussi une espèce en voie de disparition qu'on ne trouve qu'à Palawan.

Une faune marine d'exception

Les eaux philippines regorgent d'une multitude de poissons et de mammifères marins qui profitent de récifs coralliens parmi les plus beaux du monde. En effet, l'archipel est situé dans le Triangle de corail, une zone de l'océan Pacifique qui représente 1 % de la surface du globe et abrite la plus grande condensation de faune marine au monde (environ 3 000 espèces de poissons rien qu'aux Philippines). Poissons-clowns, étoiles de mer, hippocampes et foule de petits poissons colorés font partie des plus facilement observables. Les huîtres perlières sont récoltées dans l'archipel de Sulu, d'où sont extraites les perles de Sulu au lustre éclatant. Les dauphins, tortues de mer géantes et raies manta, pouvant mesurer jusqu'à 3 mètres, règnent majestueusement dans ces eaux profondes. Parmi les plus impressionnants, il faut citer le requin-baleine. Pouvant atteindre 14 mètres de long, c'est le plus grand poisson au monde (eh oui, la baleine est un mammifère), et pour le plus grand bonheur des amateurs de plongée, il est totalement inoffensif et s'observe aisément à Donsol, au sud-est de Luzon. Le dugong, avec son apparence curieuse, est quant à lui le seul mammifère marin herbivore qui vit dans les eaux de l'archipel. Il se nourrit uniquement d'algues et de plancton. Jusque dans les années 1970, toutes les îles du pays avaient dans leurs eaux des troupeaux de dugongs, mais les accidents de pêche et l'augmentation des déchets plastiques, que le dugong confond avec de la nourriture, ont presque eu raison de lui, et aujourd'hui, seuls quelques individus nagent encore au large de Palawan et de Mindanao. Il est par ailleurs devenu le premier animal marin protégé par une loi dans le pays mais il fait quand même partie des espèces les plus menacées.

Abondante végétation

La flore de l'archipel est particulièrement variée. La forêt couvrirait aujourd'hui moins de 30 % du territoire (contre 75 % au début du XXe siècle). Elle est la jungle impénétrable dans laquelle les diverses ethnies se sont réfugiées au fur et à mesure des invasions, tenant à rester à l'écart de la société. La régression intensive de la couverture forestière, due aux activités humaines, est jugée très inquiétante puisqu'avec elle disparaissent de nombreuses espèces d'animaux, entre autres. Les forêts tropicales, les bois des montagnes avec des sapins natifs au nord de Luzon, les nombreuses mangroves et les marais recèlent plus de 10 000 espèces différentes d'arbres et de plantes. Les espèces endémiques sont nombreuses. Le *narra* (Pterocarpus indicus), une espèce d'acajou au bois noble et dur pouvant atteindre 35 mètres de hauteur, est considéré comme l'arbre national. Il est utilisé pour l'ameublement et les sculptures décoratives. Les imposants manguiers sont dans un environnement idéal pour croitre et donner des fruits gourmands. On remarque aussi de superbes orchidées dans les forêts, il en existe des centaines d'espèces. La plus célèbre, ***Vanda sanderiana***, est originaire des forêts de Mindanao. Connue sous le nom de ***waling-waling*** aux Philippines, elle est elle aussi menacée de disparition à l'état naturel et a été déclarée « fleur nationale » aux côtés de la ***Sampaguita***. C'est une fleur de jasmin blanche et jaune avec laquelle sont fabriqués des colliers qui servent d'offrandes aux statuts religieuses en guide de respect. En dessous de 1 000 mètres, les bambous et les cocotiers ombragent les plaines. Les palmiers nipas et le rotin poussent partout à l'état sauvage ; vous remarquerez également de nombreux arbres fruitiers comme les papayers, les arbres de *jackfruits*, les arbres à durians, les bananiers et les abacas. Les plantations de cocotiers et de canne à sucre s'étalent à perte de vue.

Biodiversité en danger et initiatives

La biodiversité des Philippines est à la fois source d'émerveillement tant elle est riche, unique et grandiose, et à la fois source d'inquiétude tant le nombre d'espèces en voie de disparation augmente d'année en année. Il faut reconnaitre qu'en comparaison à d'autres pays, comme le Costa Rica ou certains pays européens qui mettent en place des politiques pour la préservation de leur environnement et de leur biodiversité, les Philippines sont un peu à la traine et les actions en matière de préservation prennent du temps pour se mettre en place. Toutefois, elles ne sont pas inexistantes, et citons par exemple la décision du gouvernement de fermer l'île de Boracay en 2018 pour deux années afin de restaurer l'île qui avait trop souffert du tourisme de masse. Ou encore la loi Arbor Day de 2012 qui stipule que chaque enfant philippin, d'au moins 12 ans, doit planter un arbre chaque année. Par ailleurs, les organismes et fondations de protection sont déjà nombreux et continuent de s'implanter (Waves for Water, Greenpeace, Forest Foundation…). D'autre part, les Philippines possèdent plus de 240 zones protégées (parcs nationaux, naturels, réserves…). Citons le parc national de la rivière souterraine de Puerto Princesa, classé à l'Unesco, le parc du mont Apo ou celui du volcan Mayon. Il reste à espérer que les consciences continuent de s'éveiller, que les initiatives ne cessent de fleurir rapidement, et que le tourisme responsable se développe davantage, pour pouvoir profiter de tout ce que la nature philippine a encore à offrir, sans la perturber.

© PHIL.TRIP - SHUTTERSTOCK.COM

Mont Apo.

CLIMAT

Situées sous les tropiques, les Philippines sont caractérisées par un climat tropical, donc chaud et humide, toute l'année. La température moyenne annuelle est de 27 degrés et le taux d'humidité s'élève à 80 %. Si cela peut surprendre à l'arrivée, on s'y habitue rapidement. En théorie, de novembre à mai, c'est la saison sèche qui correspond à la haute saison touristique. De juin à octobre, approximativement, c'est la saison des pluies. Durant cette mousson, plusieurs typhons sont susceptibles de traverser l'archipel, certains causant des dégâts humains et matériels importants. Il faut savoir que, quel que soit le moment, les caprices de la météo font souvent partie d'un voyage aux Philippines, d'autant plus que le dérèglement climatique s'accentue et rend les prévisions difficiles. Toutefois, rassurez-vous, il est possible de profiter de l'archipel tout au long de l'année, en choisissant bien ses îles en fonction du moment.

Plusieurs climats tropicaux

S'étirant sur 2 000 km du nord au sud et sur 1 100 km d'ouest en est, les Philippines forment l'un des plus grands archipels du monde. C'est par facilité que l'on qualifie leur climat de tropical car dans les faits, sur un territoire aussi grand, le climat varie d'un endroit à l'autre. Quatre types peuvent être distingués. Le climat tropical de type I est caractérisé par deux saisons distinctes : la saisons sèche de novembre à avril/mai et la saison des pluies de mai à octobre. Il correspond au littoral Ouest des Philippines. Le climat de type II est un peu inversé, il n'a pas de saison sèche et les précipitations y sont maximales entre novembre et janvier, il concerne l'extrémité Est de l'archipel. Le type III suit la même logique que le climat de type I mais ses saisons sont moins marquées. En termes d'espace, il touche la bande centrale de l'archipel. Enfin le climat de type IV s'applique aux régions qui subissent des précipitations de façon uniforme toute l'année, grosso modo les extrémités Nord et Sud de l'archipel.

Les typhons

De juillet à septembre (et de mai à janvier dans certaines régions), des typhons sont susceptibles de traverser les Philippines. Mais qu'est-ce qu'un typhon ? C'est l'équivalent d'un ouragan ou d'un cyclone, seul le nom change en fonction du lieu. Il s'agit d'un phénomène atmosphérique circulaire qui se forme au-dessus des océans chauds, en zone tropicale, et qui se caractérise par de fortes précipitations et des rafales de vent dépassant les 120 voire les 200 km/h. Si le mot fait peur, en réalité seuls quelques-uns causent des dégâts matériels et humains importants comme Olga en 1976, Haiyan en 2013 ou Rai en 2021. Vous avez peu de chances d'en croiser, surtout que ce sont des phénomènes prévisibles quelques jours à l'avance. La plupart ne sont que de grosses tempêtes et les Philippins y sont habitués même si leurs maisons ne leur permettent pas toujours de s'abriter correctement.

Quand partir ?

Maintenant que le climat philippin n'a plus de secret pour vous, la question essentielle est : quand partir ? Du côté des températures, rien à signaler, elles sont idylliques toute l'année, oscillant entre 25 et 35 degrés. Le mois le plus frais est janvier et le plus chaud – peut-être un peu trop selon les activités prévues – est mai. Il faut aussi prendre en compte le risque de précipitations selon les îles et les périodes.

- **De janvier à mars**, la chaleur n'est pas trop étouffante et la quasi-totalité (surtout l'ouest) de l'archipel est plutôt à l'abri des précipitations : Palawan avec Coron et El Nido, le Mindoro occidental et l'île de Luzon, où se trouve Manille, sont à préconiser.
- **D'avril à juin**, il peut faire très chaud. Les destinations sur la bande centrale des Philippines sont recommandées : sur l'île de Luzon, les rizières de Batad et Banaue, par exemple. Dans les Visayas, les îles de Cebu, Negros et Boracay, où les amateurs de plongée profiteront d'une mer particulièrement calme.
- **De juillet à septembre**, c'est la saison des typhons donc la période à éviter et pourtant… c'est le moment idéal pour aller sur l'île de Siargao, fleuron du surf et de la *slow life* ! Située au sud-est du pays, son climat est en effet inversé.
- **D'octobre à décembre**, vous pouvez voyager, comme de janvier à mars, sur la plupart des îles (Palawan, Luzon, Mindoro, Visayas). Le littoral à l'est à éviter (Siargao, Samar, Leyte).

Enfin, il faut garder à l'esprit que les Philippines font partie des pays les plus touchés par le dérèglement climatique, les précipitions y sont plus abondantes et fréquentes et les catastrophes naturelles s'intensifient. Toutefois, un voyageur averti est un voyageur équipé et l'archipel reste l'un des plus beaux pays du monde, qui vous émerveillera, peu importe la météo !

ENVIRONNEMENT

Rares sont ceux qui ont la chance d'arborer la médaille de « pays mégadivers », ce concept écologique regroupant une poignée de pays qui, ensemble, représentent plus de la moitié des espèces du globe. Les Philippines, avec leurs 7 641 îles, qui font le bonheur des espèces terrestres et marines, font partie de ces 17 VIP de l'écologie. De telles richesses attirent bien des convoitises, si bien que les orpailleurs et les agriculteurs se disputent le territoire, au mépris des environnementalistes qui tentent, au péril de leurs vies, de sauver les meubles. De leurs côtés, les eaux risquent bien d'avaler quelques-unes des pièces de ce puzzle, puisque les Philippines sont l'un des pays au monde les plus menacés par le réchauffement climatique. Heureusement, de plus en plus de nouvelles mesures politiques en faveur de l'écologie font leur apparition, même si elles ont pour l'instant bien plus une portée régionale que nationale.

L'hécatombe de la déforestation

Alors que la forêt représentait 75 % du territoire en 1950, elle ne couvrait que quelque maigres 25 % en 1990. Les raisons de cette hécatombe sont nombreuses. D'abord, l'exploitation du bois a longtemps été vue comme une porte de sortie de la pauvreté. Ensuite, les gisements miniers philippins, qui se trouvent parmi les plus importants au monde, se révèlent un cadeau empoisonné, quand les mines entraînent l'abattage massif d'arbres pour atteindre les précieuses ressources. L'agriculture industrielle, et l'agriculture traditionnelle sont aussi sur le banc des coupables. Le gouvernement vise notamment les *kaingineros*, des nomades qui pratiquent une agriculture au brûlis, très dévastatrice.

Le gouvernement se montre, ainsi, enclin à inverser la balance, si bien que depuis 2010, la forêt regagne doucement du terrain, passant de 23 % à 25,5 % du territoire aujourd'hui. Le pouvoir a mis en place à la fois une politique restrictive, interdisant, entre autres choses, l'exportation du bois depuis les provinces avec moins de 40 % de forêt ; et une implication de la population, par exemple en promulguant le devoir pour tous les étudiants de planter dix arbres par an, s'ils veulent obtenir leur diplôme. Le nerf de guerre de cette politique est le *National greening program*, lancé en 2011, ayant pour objectif le reboisement associé à la réduction de la pauvreté, la protection contre le changement climatique et la sécurité alimentaire.

Se sacrifier pour l'environnement

Dans l'archipel asiatique, certains écologistes payent leur combat de leur propre vie. Les Philippines détiennent ainsi le record asiatique du pays le plus meurtrier pour les environnementalistes. À l'échelle mondiale, seule la Colombie fait pire. En 2019, 43 d'entre eux sont morts pour leur combat, contre 30 en 2018. Ces tragiques événements ont principalement lieu sur les îles de Mindanao et de Negros, deux îles connues pour leur forte activité agricole : un secteur qui représente plus de la moitié des meurtres. Le problème vient à s'aggraver, alors que le mandat de Duterte a été deux fois plus meurtrier que celui de son prédécesseur, Benigno Aquino.

Parmi les morts, des militants écologistes, tentent d'empêcher l'abattage illégal d'arbres à Palawan, une des îles les plus riches en biodiversité, mais aussi les plus exploitées. Pour cela, ils collaborent avec les autorités pour procéder à des arrestations, et confisquent machettes et tronçonneuses, au péril de leurs vies. Un autre cas en 2020 fait état de neuf indigènes de l'ethnie Tumandok, tués pour s'être opposés à la construction du méga-barrage d'Iloilo. Ce projet philippino-coréen menace d'inonder leurs terres.

© MDV EDWARDS - STOCK.ADOBE.COM

Volcan Mayon.

La politique face au défi écologique

Très tôt, les Philippines ont vu dans leur environnement si prospère un atout de taille, et ont créé des lois pour tenter de protéger cette corne d'abondance. Le droit à un environnement sain est même inscrit dans la Constitution actuelle, datant de 1987. C'est le *Department of Environment and Natural Resources* (DENR) qui est le chef d'orchestre de la politique environnementale nationale. Il tente de limiter la destruction de l'environnement et de réhabiliter les terres endommagées, tout en multipliant les campagnes de sensibilisation. L'une de ses branches, le *Biodiversity Management Bureau* représente l'autorité en charge des 200 sites protégés.

Mais, entre protection et exploitation, la politique philippine vacille, notamment quand les lobbies viennent s'ajouter à l'équation. Ainsi, les lois de protection de l'environnement sont loin d'être aux normes internationales, notamment en matière de protection des espèces. Dans une situation économique instable, la politique penche trop souvent en faveur des entreprises privées. D'ailleurs, en 2017, la ministre de l'Environnement Gina Lopez, pourtant largement soutenue par les Philippins, a été gentiment écartée du gouvernement à cause de sa prise de position contre l'industrie minière.

L'élection récente de Ferdinand Marcos Jr. ne semble pas annoncer un gros changement en termes de politique environnementale.

Des espèces en péril

À la croisée de la terre et de la mer, le pays abrite des écosystèmes très nombreux, allant des denses forêts tropicales aux récifs coralliens, en passant par les complexes mangroves de palétuviers. Cet environnement spectaculaire donne lieu à un nombre important d'espèces endémiques, telles que le Tarsier des Philippines (*Carlito syrichta*), plus petit primate du monde, ou la *Nepenthes attenboroughii*, une fascinante plante carnivore qui ne pousse que sur le mont Victoria, le deuxième plus haut sommet de l'île Palawan. Cette dernière, à l'image de nombreuses autres espèces, est en danger critique d'extinction. Elle figure même sur la liste des 100 espèces les plus menacées au monde, accompagnées de deux autres espèces philippines : la libellule *Risiocnemis seidenschwarzi*, et la Sterne d'Orient, un superbe oiseau blanc dont on dénombre moins de 50 individus. Comble du symbolisme : l'arbre national, *Pterocarpus indicus*, et l'oiseau national, l'aigle des Philippines, figurent eux aussi sur la liste des espèces en danger. De son côté, la vie marine est elle aussi fortement menacée, que ce soit par les méthodes agressives de pêche (à la dynamite et au cyanure, notamment), ou par la pollution. Une étude de 1994 établissait ainsi que seulement 50 % des coraux étaient en bonne santé, et que 2,4 % n'avaient pas été dégradés.

L'archipel face à la montée des eaux

Les Philippines font partie des pays les plus menacés au monde face au réchauffement climatique. Deux conséquences en particulier la menacent. D'abord, le dérèglement climatique amène la multiplication des phénomènes météorologiques extrêmes, dans ce pays naturellement parmi les plus exposés au monde aux typhons, éruptions volcaniques, séismes, inondations et autres glissements de terrain. Ces événements, bien que naturels, semblent de plus en plus fréquents. En 2018, le typhon Mangkut accompagné de quelques autres catastrophes ont entraîné 4 milliards d'euros de dégâts.

De l'autre côté, les 7 641 îles qui forment les Philippines sont menacées par la montée des eaux. L'État est d'autant plus exposé qu'il est le cinquième au monde en termes de longueur de son littoral. En plus de cela, au fur et à mesure que les eaux montent, le sol s'enfonce. L'érosion est en effet l'un des principaux problèmes écologiques du pays. Alors que les eaux montent de 3 millimètres par an, les sols s'enfoncent, dans certaines localités, de six centimètres par an. Certains villages, comme Sitio Pariahan, ont déjà les pieds sous l'eau.

Les parcs naturels : trésors écologiques

Les Philippines segmentent leurs 240 aires protégées en de nombreux statuts, comme les parcs naturels, les parcs nationaux, les monuments naturels, les sanctuaires, les réserves marines… En 2018, le président Duterte a fait passer le nombre de parcs nationaux de 35 à 107, auxquels s'ajoutent 27 parcs naturels. Parmi eux, le plus grand, le Nothern Sierra Madre Natural Park, couvre à lui seul la moitié de la forêt primaire philippine. C'est donc tout naturellement qu'il est considéré comme celui à la biodiversité la plus riche. En tant que tel, il est érigé comme l'une des 10 zones de protection prioritaire du gouvernement, et a même droit à son bureau de gestion dédié, contrairement aux autres parcs.

Le Mounts Iglit-Baco National Park a beau ne même pas représenter un quart de cette superficie, il est, lui aussi, d'une importance cruciale. C'est en effet l'habitat principal du Tamarau (*Bubalus Mindorensis*), un petit buffle endémique aux Philippines et en danger critique d'extinction.

Le Mayon Volcano Natural Park abrite quant à lui un invité tout aussi prestigieux : le volcan le plus actif du pays. Malgré la colonne de fumée soufrée qui s'en échappe constamment, il abrite 104 espèces de vertébrés et une végétation luxuriante.

HISTOIRE

Théâtre de multiples invasions, l'Histoire du pays est essentiellement marquée par une longue lutte pour l'indépendance et la liberté. Après avoir vu débarquer les premiers navigateurs de l'espèce humaine, l'archipel a été placé sous le joug de la colonisation espagnole pendant près de 300 ans. Et les Philippines n'ont pas été épargnées puisque s'en sont suivis des révolutions, une guerre américano-philippine, des conflits internes et politiques et des catastrophes naturelles. Mais le pays a également vu naitre des personnalités lumineuses qui ont rayonné par leur courage et leur soif de liberté, et qui aujourd'hui encore sont considérées comme des héros nationaux. Tant d'évènements et d'influences multiples, qu'elles soient hispaniques, américaines ou chrétiennes, ont contribué à faire des Philippines, un archipel-mosaïque à l'histoire mouvementée et passionnante qui continue de s'écrire jour après jour.

Premières présences humaines

En 2018, des chercheurs découvrent des fossiles attestant d'une présence pré-humaine sur l'île de Luzon, il y a environ 700 000 ans. Jusqu'alors, les traces les plus anciennes dataient de 67 000 ans, il s'agissait d'un ossement appartenant à l'espèce *homo luzonensis* ou Homme de Callao. Les premières traces d'*Homo sapiens* remontent à 40 000 ans. Il s'agit de populations venues d'Asie du Sud-Est, des chasseurs-cueilleurs.

VERS 2500-1500 AVANT J.-C.

Les Austronésiens quittent Taïwan pour aller s'installer dans le nord des Philippines, avant de s'étendre sur tout l'archipel et de s'assimiler avec les premières populations. Ce sont possiblement les premiers navigateurs de l'espèce humaine.

VERS 800-1000 APRÈS J.-C.

Les communautés chinoises arrivent et les activités commerciales avec les peuples d'Asie du Sud-Est se développent, surtout l'Indochine et Bornéo puis la Chine. Le mélange de ces peuples s'effectue sans problèmes majeur. Les Philippins n'ont pas de langage commun, mais les dialectes principaux sont le tagalog, l'ilocano et le bicol.

Les débuts de la colonisation espagnole

En mars 1521, Fernand de Magellan, le grand navigateur portugais naturalisé espagnol, débarque près de l'île de Samar. Il fait connaître les Philippines au reste du monde et convertit peu à peu les chefs indigènes au christianisme.

1491-1542

Le Général Lapu-Lapu

Le roi Lapu-Lapu règne sur l'île de Mactan, à quelques kilomètres de Cebu, quand débarque Magellan et les colons. Il est le premier chef de tribu à avoir refusé l'évangélisation et à s'être opposé avec une vive résistance aux Espagnols. Le navigateur européen y trouva la mort. Cette bataille de Mactan, restée célèbre, symbolise le premier triomphe des Philippins pour préserver leur liberté.

1502-1572

Miguel López de Legazpi

Il est né dans une famille noble espagnole. À 26 ans, déçu par son héritage, il part pour Mexico. En 1564, il est mandaté par le vice-roi de la Nouvelle-Espagne (Mexique actuel) pour mener une expédition jusqu'aux îles des épices (Moluques). C'est ainsi que le 13 février 1565, Legazpi et son équipage arrivent aux Philippines, sur l'île de Cebu. Il y construit les bases des premières colonies espagnoles. Legazpi conquiert Manille 6 ans plus tard et le 24 juin 1571, il signe un traité de paix avec les habitants de Manille et forme une enclave espagnole (l'actuel quartier Intramuros). Il devient le 1er gouverneur général espagnol des Philippines et s'emploie à convertir les autochtones à la religion catholique. En 1572, il meurt à Manille.

1574

La première révolte philippine

Le peuple philippin ne baisse pas les bras devant la montée en puissance des conquistadors. La première révolte philippine est menée par Lakandula, le dernier roi de Manille, qui avait accueilli Legazpi. Après la mort de ce dernier, les Espagnols ne tiennent pas leurs promesses et la population est de plus en plus maltraitée. La révolte éclate, mais sans succès. En dépit des efforts réitérés des Portugais et des Hollandais pour chasser les occupants de l'archipel, les Espagnols tentent de s'y installer définitivement. Un siècle suffira à ces conquérants pour faire table rase des cultures locales.

Du XVIe au XVIIIe siècle

La domination espagnole

L'archipel reçoit le nom de l'infant Philippe, prince héritier de la couronne de Castille et futur roi sous le nom de Philippe II d'Espagne. Les îles sont baptisées « Felipinas ». Le peuple philippin, déjà habitué à accueillir les visiteurs sur son rivage, voit arriver la seconde vague de conquistadors espagnols (1564). C'est le début de 300 années de domination espagnole. Les activités principales sont alors tournées vers la mer. Le christianisme se répand à Luzon et aux Visayas, mais à Mindanao, la religion musulmane s'avère la plus forte. Les Philippins perdent petit à petit leurs langues et leurs écritures. Les croyances occultes et les clans familiaux deviennent alors les seuls refuges pendant toutes ces années sous domination espagnole. Les Philippines sont à l'époque administrées par le vice-roi du Mexique. En 1821, après l'indépendance du Mexique, Madrid exerce une souveraineté directe sur les Philippines. Toute la durée de cette occupation est marquée par de nombreuses rébellions. Plus de 100 soulèvements ont lieu, dont certains visent à renverser le pouvoir établi. Les terres sont redistribuées aux communautés religieuses qui exploitent les fermiers établis sur leurs propriétés.

XIXe siècle

Le déclin de l'Espagne

L'empire espagnol commence à connaitre des difficultés diverses et à décliner. À la fin du siècle, ce n'est plus qu'une puissance européenne secondaire et affaiblie.

1896-1898

La révolution philippine

C'est un épisode majeur de l'histoire des Philippines puisqu'elle met fin à 300 ans de colonialisme espagnol et aboutit à l'indépendance du pays, le 12 juin 1898, et à l'instauration d'une République.

EN QUÊTE DE LIBERTÉ

LA RÉVOLUTION PHILIPPINE (1896-1898)

L'histoire moderne des Philippines commence en 1864, lorsque le père Burgos dirige une des premières manifestations du nationalisme philippin, contre les moines espagnols, qu'il accuse d'occuper toutes les places aux dépens du clergé local. Cela se produit au moment où la monarchie est rétablie en Espagne, et ainsi des mesures sont prises pour combattre cette poussée du nationalisme. Dorénavant, les prêtres philippins ont l'interdiction de dire la messe : cette provocation est la plus forte ; le nationalisme se répand dans tout le pays. La révolution sous-jacente, la première d'Asie, s'organise et elle débute dès 1880 lorsque les paysans attaquent les ordres en plusieurs endroits.

La mort de José Rizal

De son côté, le jeune médecin et poète, José Rizal, sème les graines de la révolte à travers ses écrits et ses activités. Il rejette la violence et souhaite redéfinir les rapports entre la métropole et les Philippines. À Barcelone, un groupe de Philippins (entre autres José Rizal) et d'Espagnols de même tendance fonde le journal *La Solidaridad*, qui fait sensation. C'est la mort de José Rizal en 1896 qui va mettre le feu aux poudres, lorsqu'il est fusillé par les colons à Manille. Ces derniers le considèrent comme le responsable des premières insurrections nationalistes. Il devient un martyr et le héros national. Après la mort de Rizal, la révolution philippine prend son essor, d'abord avec Andres Bonifacio, puis Emilio Aguinaldo. Révolutionnaire, Bonifacio est membre de la Ligue philippine, un mouvement indépendantiste dissout en 1893 par les Espagnols. Il crée le Katipunan, une société secrète aux intentions indépendantistes fortes. À la veille de la révolution, plus de 30 000 Philippins sont membres du Katipunan qui joue un rôle important dans les débuts de l'insurrection malgré des désaccords internes.

Vers l'indépendance

Également membre du Katipunan, Aguinaldo entre en conflit avec Bonifacio et décide – dès 1897 – de se rapprocher, avec ses hommes, des Américains au moment même où ces derniers se disputent le Mexique avec les Espagnols. Il prend la tête de la lutte pour l'indépendance, mais rapidement, capitule et doit émigrer à Hong Kong. Là, il se lie avec l'amiral de l'US Navy Dewey, qui reçoit l'ordre de détruire les forces navales espagnoles en Extrême-Orient. C'est le début de la guerre hispano-américaine. Dans la nuit du 30 avril 1898, la bataille de la baie de Manille se révèle être un succès : les Espagnols sont vaincus. Le 19 mai, Aguinaldo revient d'Hong Kong et reprend la tête de la révolution. En un mois, les Philippins contrôlent Luzon et assiègent les quelque 20 000 Espagnols encore retranchés à Manille. Aguinaldo proclame un nouveau gouvernement et le 12 juin 1898, il signe la déclaration d'indépendance du pays et devient le premier Président de la République des Philippines en 1899. C'est le début de la fin de 300 ans de domination espagnole. Mais pendant ce temps, en décembre 1898, l'Espagne se voit contrainte de céder ses colonies, dont les Philippines, aux États-Unis lors de la signature du traité de Paris. La nouvelle est évidemment mal reçue par les Philippins et les tensions avec les Américains s'accentuent. Les Philippins ne veulent plus d'un colonisateur étranger et les Américains ne veulent pas abandonner leur nouvelle colonie. Ainsi, la guerre américano-philippine éclate en février 1899 et durera jusqu'en 1902. Les Américains mieux équipés remportent la victoire et le président Aguinaldo est contraint de se rendre. La première République des Philippines et l'indépendance n'auront duré que 2 ans. Il faudra attendre le 4 juillet 1946 pour que le Président américain, Harry Truman, déclare l'indépendance de l'archipel.

Les conséquences de la révolution

L'Histoire des Philippines est marquée par une longue conquête pour leur liberté. Ainsi, la révolution philippine de 1896 est considérée comme un évènement fondateur de la nation, notamment pour avoir créé un sentiment d'appartenance nationale. Et pour avoir vu naitre la première République des Philippines, donc un système politique moderne et démocratique, en parallèle du pouvoir politique donné à la bourgeoisie qui ne cessera de grandir. Certains historiens relativisent toutefois cette lecture, car au lendemain de la révolution, le peuple philippin reste peu unifié (différences linguistiques et culturelles) et les États-Unis contribuent paradoxalement à prolonger le développement du pays. Aujourd'hui, ces influences philippines, hispaniques et américaines continuent de marquer tous les aspects culturels et sociétaux du pays.

DÉCOUVRIR

1861-1896

José Rizal

Il est né près de Manille et très tôt se découvre des dons artistiques en tout genre (peinture, sculpture, littérature). Après ses études, il devient poète et docteur en médecine. À 21 ans, il part voyager en Europe où il participe à la vie intellectuelle de Barcelone, Londres, Berlin et Paris. En 1887, son premier roman intitulé *Noli me tangere* (*Ne me touche pas*) est publié à Berlin. L'œuvre dépeint les souffrances du peuple philippin sous la tyrannie espagnole. Par la suite, ses ouvrages à tendance nationaliste circulent sous le manteau dans l'archipel. En 1892, les Espagnols, qui le surveillaient, l'arrêtent et l'exile à Dapitan, au nord de Mindanao. Il y reste 4 ans avant d'être victime d'un faux procès et d'être fusillé, à 35 ans, par les autorités espagnoles le 30 décembre 1896. Il laisse derrière lui l'*Ultimo Adios*, un poème composé dans sa cellule qui est resté célébrissime aujourd'hui. Il est un héros national.

© ERWIN DIMAL - SHUTTERSTOCK.COM

José Rizal.

1898-1901

La guerre américano-philippine

Pendant que les Philippines se battent pour leur indépendance, les États-Unis signent le traité de Paris avec l'Espagne, stipulant que l'Espagne doit céder sa colonie. Les États-Unis achètent donc l'archipel. Cet accord ne plaît aux Philippins naturellement, qui à peine sortis du joug d'un empire, se voient placés sous l'emprise d'un autre. Le Président Aguinaldo se sent trahi par les Américains et déclare la guerre en 1899. Les Philippins résistent face à des Américains bien mieux équipés mais en 1901, le Président est capturé et les États-Unis déclarent la guerre officiellement terminée. En réalité, les conflits durent encore une dizaine d'années.

PREMIÈRE ½ DU XXE SIÈCLE

Vers une indépendance fragile

À la confrontation succède la cohabitation. Les Américains ne souhaitent pas commettre les mêmes erreurs que les Espagnols. Ils s'emploient alors, dans un premier temps, à lutter contre les nationalistes extrémistes et finissent par imposer un système économique complètement dépendant des États-Unis, laissant place à une période de progrès. Le parti nationaliste créé en 1907 se maintient au pouvoir, sous le contrôle américain, jusqu'en 1946. Ce parti, constituant l'élite restreinte, réclame l'indépendance mais redoute de rompre les liens économiques avec les États-Unis. Au sein de ce groupe, deux hommes, Manuel Quezon et Sergio Osmeña, s'affronteront. Mais dès le début de l'année 1929, plusieurs paramètres amènent Washington à envisager l'indépendance des Philippines : la crise économique de 1929, le mécontentement des agriculteurs américains qui redoutent la concurrence des produits philippins ou encore l'hostilité face à l'entrée de la main-d'œuvre philippine. Ainsi, en 1934, le Président Roosevelt reconnait la nouvelle Constitution des Philippines, qui entrent dans une période d'indépendance sous tutelle appelée « Commonwealth ». Manuel L. Quezon devient président.

4 JUILLET 1946

La déclaration d'indépendance

Jusqu'au début de la Seconde Guerre mondiale, les Philippines vivent en paix et ce jusqu'en 1942 où le drapeau japonais se met à flotter sur Manille. Le mouvement de résistance paysanne d'inspiration communiste, Huk, se met en place. Le Général Douglas MacArthur qui était à la tête des forces alliées dans le Pacifique, fut contraint de quitter le pays et il eut ces mots, restés célèbres « Je reviendrai ». Durant toute la durée de la guerre, les Philippines vivront sous l'occupation japonaise. En 1944, MacArthur revient avec ses troupes sur l'île de Leyte et marque le début de la libération. Et le 4 juillet 1946, l'indépendance nationale est déclarée. Manuel A. Roxas devient Président. Les États-Unis conservent cependant des privilèges commerciaux. En contrepartie d'une aide militaire, ils obtiennent la cession de 23 bases militaires pour 99 ans. Roxas est confronté à une énorme tâche : reconstruire entièrement le pays, dont l'industrie et l'économie sont ruinées.

1965-1986

La dictature de Ferdinand Marcos

Il met en place une politique intérieure qui relève la production agricole et industrielle du pays. Il est réélu en 1969 et mène alors une politique proaméricaine, ce qui lui met à dos les paysans délaissés. Devant la contestation grandissante, il proclame la loi martiale en 1972 et fait arrêter son principal opposant, Benigno Aquino. Il instaure un régime dictatorial.

1986-1992

Le mandat de Cory Aquino

L'assassinat de Benigno Aquino le 21 août 1983 va déclencher une campagne antigouvernementale qui mènera à l'élection de sa veuve, Cory Aquino. Marcos est contraint à l'exil. Mais l'apprentissage de la démocratie s'annonce difficile. D'autant que les catastrophes naturelles, comme l'éruption du volcan Pinatubo en 1991, entraînent des effets économiques désastreux qui affaiblissent le gouvernement de Cory Aquino.

Désillusions de fin de siècle

En 1992, le général Fidel V. Ramos, ancien ministre de la Défense, est élu pour un mandat de six ans. Son gouvernement essaie de reconstruire le système politique, pour venir à bout des handicaps sociaux et économiques du pays. En 1998, il cède sa place au très populaire Joseph E. Estrada. Cet ancien acteur, vice-président sous Ramos, est très médiatique. Décrit comme un homme bien entouré, qui s'intéresse aux plus démunis, il est le nouvel espoir du pays. Et ce jusqu'en 2001, lorsque accusé d'avoir touché des millions de dollars de pots-de-vin et d'avoir détourné l'argent public, il est destitué. Fidel Ramos meurt en 2022.

Crises politiques

Gloria Macapagal-Arroyo prend sa place en 2001. Elle entend mettre un terme aux problèmes de corruption et à la crise politique engendrée par les revendications du groupe séparatiste islamique MILF (Moro Islamic Liberation Front) qui sévit à Mindanao. Elle est réélue en 2004. Mais le blocage politique et institutionnel et la persistance d'un climat d'insécurité et de violence fragilisent le pouvoir, comme le montrent les combats violents qui ont lieu entre les insurgés musulmans et les forces gouvernementales.

Aux élections de 2010, Benigno « Noynoy » Aquino, fils de l'ancienne présidente Cory Aquino, est élu Président. Ce dernier s'était donné l'objectif de lutter contre la corruption endémique et de pacifier le pays en réglant la question des groupes armés au Sud. Il est décédé en 2021.

En 2016, Rodrigo Duterte, candidat *anti-establishment*, est élu président sur la promesse « d'éradiquer la criminalité » en six mois. Il mène une guerre antidrogues sans précédent, vivement critiquée à l'international pour sa violence. Des milliers de personnes auraient été tuées. La même année, Geraldine Roman devient la première personne transgenre à être élue au Congrès.

Maria Ressa

Née en 1963 à Manille, elle est devenue journaliste et essayiste et a commencé sa carrière chez CNN en se spécialisant dans les réseaux de terrorisme. Elle est connue pour avoir cofondé, en 2012, le média en ligne *Rappler* et en être encore aujourd'hui la directrice. En octobre 2021, elle reçoit le prestigieux Prix Nobel de la paix, en binôme avec le journaliste russe Dmitri Mouratov. Ce prix vise à récompenser leur travail d'investigation et de lutte contre la désinformation. Du fait de ses positions critiques, envers la politique de son pays, elle est régulièrement la cible d'accusations et de poursuites. En 2023, elle a été acquittée après avoir été accusée d'évasion fiscale.

De nos jours

Les dernières années ont été marquées par plusieurs catastrophes naturelles qui ont engendré des pertes humaines et matérielles conséquentes. En 2013, les Philippines sont frappées par le super typhon Hayian, le plus grave de leur histoire. Il cause la mort de plus de 7 000 personnes notamment sur les îles de Leyte et Samar. En 2021, le super typhon Rai (aussi appelé Odette) ravage Bohol et Siargao, entre autres (400 victimes et des dégâts toujours visibles).

Par ailleurs, entre 2020 et 2022, comme le reste du monde, les Philippines sont lourdement impactées par le Covid, avec de nombreuses conséquences notamment sur l'industrie du tourisme (- 36 % au premier trimestre 2020).

En mai 2022, Ferdinand Marcos Junior est élu Président pour un mandat de 6 ans. Il marque le retour de la famille Marcos en politique, 36 ans après que son père, l'ancien dictateur, a été évincé du pouvoir.

Sur la scène internationale, en avril 2023, les Philippines ont effectué, comme chaque année, des exercices militaires de très grande ampleur avec leurs alliés américains (près de 20 000 soldats) près de l'île de Taïwan dans le but d'endiguer l'influence de la Chine.

TOP 10

PERSONNAGES HISTORIQUES

L'histoire si particulière des Philippines regorge de personnalités fortes et avides de liberté qui ont marqué leur époque et qui, sont pour certaines, de véritables héros nationaux. Voici un aperçu de dix d'entre elles dont vous croiserez certainement la trace lors de vos péripéties dans l'archipel.

JOSE RIZAL [1861-1896]

Poète qui a joué un rôle important pour l'indépendance de son pays sous la colonisation espagnole.

© PRACHAYA ROEKDEETHAWEESAB - SHUTTERSTOCK.COM

LAPU-LAPU [1491-1542]

Roi de l'île de Mactan, il fut le premier chef à avoir résisté à l'invasion espagnole et à Magellan.

© IGORGOLOVNIOV - SHUTTERSTOCK.COM

MELCHORA AQUINO [1812-1919]

« Mère de la révolution », elle cachait et soignait des révolutionnaires blessés dans son magasin.

© JOHAN10

ANDRES BONIFACIO [1863-1897]

Il fut l'un des chefs de la révolution philippine – la première en Asie – contre les Espagnols.

© JOHAN10 - SHUTTERSTOCK.COM

MUHAMMAD KUDARAT [1581-1671]

Sultan de Mindanao, il a uni les Musulmans de sa région pour défendre la liberté philippine.

© MDV EDWARDS - SHUTTERSTOCK.COM

MARCELO H. DEL PILAR [1850-1896]

Poète satirique, connu sous le nom de plume Paridel, il s'est battu contre l'impérialisme espagnol.

© TRAVELER1116 - ISTOCKPHOTO.COM

EMILIO AGUINALDO [1869-1964]

Premier Président des Philippines, il signe la déclaration d'indépendance du pays le 12 juin 1898.

© EVERETT COLLECTION - SHUTTERSTOCK.COM

GABRIELA SILANG [1731-1763]

Première révolutionnaire, elle symbolise le rôle des femmes dans les luttes contre les Espagnols.

JUAN LUNA [1857-1899]

Peintre, sculpteur et activiste révolutionnaire, c'est l'un des premiers artistes reconnus du pays.

CORY AQUINO [1933-2009]

En 1986, elle est élue face à F. Marcos et devient la première femme Présidente des Philippines.

LES ENJEUX ACTUELS

Les Philippines ont de nombreux défis politiques, économiques et sociaux à relever. Les présidents qui se sont succédé ces dernières années n'ont pas réussi à convaincre la population qui se sent délaissée face à des jeux de pouvoir interfamiliaux et une corruption permanente. L'élection, en mai 2022, du fils de l'ancien dictateur Marcos ne semble pas être en mesure de briser ce cercle infernal. D'un point de vue économique, l'archipel connait une croissance constante mais insuffisante pour endiguer la pauvreté qui sévit et la crise du Covid a eu des conséquences désastreuses pour le pays qui tente aujourd'hui de se relever. La situation dans le Sud où sévissent des groupuscules extrémistes est l'un des enjeux internes importants, tandis que sur la scène internationale, les Philippines consolident leur alliance avec les États-Unis. Face à ces défis, les Philippins, résilients et optimistes, continuent de croire en un avenir meilleur.

Une politique éternellement controversée

Les Philippines sont une république où le président est élu par un vote populaire, pour un mandat de six ans. Après la chute du dictateur Marcos en 1986, le retour à la démocratie s'est avéré difficile. Les Philippines ont adopté la démocratie constitutionnelle en matière de gouvernement, conformément à la Constitution de 1987. Cette Constitution est très inspirée du modèle américain. Elle multiplie les contrôles de l'exécutif par le législatif et donne à ce dernier un pouvoir très important. Le système philippin implique donc un rapport de force constant et la nécessité pour le Président d'établir avec le Congrès et le Sénat des relations consensuelles. Les différents présidents qui se sont succédé n'ont pas réussi à tenir leurs promesses et à convaincre la population. Entre 2016 et 2022, Rodrigo Duterte, surnommé « le Donald Trump asiatique », a mené une guerre antidrogue, vivement critiquée à l'international, qui aurait tué plus de 30 000 personnes. Les Philippins, toujours plus désabusés et conscients des problèmes de corruption qui gangrènent leur pays, continuent tout de même de garder espoir, de s'impliquer dans la vie politique locale et de remplir leur devoir citoyen en allant voter (plus de 83 % aux dernières élections présidentielles). En mai 2022, Ferdinand Marcos Junior, le fils de l'ancien dictateur Marcos, est élu président. Sara Duterte, la fille du président sortant, est quant à elle élue vice-présidente. Dans son discours, le nouveau président a déclaré faire de la lutte contre la hausse des prix et l'augmentation de la production alimentaire ses priorités, tout en poursuivant, de façon moins violente, la lutte anti-drogue de son prédécesseur.

La situation économique

À la fin des années 1950, les Philippines étaient, en Asie, la deuxième puissance économique après le Japon. On prévoyait alors pour le pays un développement très rapide, mais l'omniprésence de la corruption et des politiques défaillantes n'ont pas aidé. Durant la dernière décennie, hors Covid, l'économie connaissait une croissance annuelle d'environ 6 %, soit l'un des meilleurs taux de la région. Ce dynamisme est notamment porté par l'investissement et la consommation des ménages qui est le principal moteur de l'économie (75 % du PIB). Point intéressant à noter : les transferts financiers des travailleurs philippins à l'étranger représentent presque 10 % du PIB (première diaspora économique au monde). Il y a environ 2 millions de *Oversea Filipino Workers* (Philippins travaillant à l'étranger) partis pour trouver un travail et un salaire honorables (en Arabie Saoudite en tête, États-Unis, Hong Kong, etc.). Ce phénomène de migration a commencé dans les années 1970, sous le régime de Marcos, qui l'encourage pour pallier le problème de chômage. La génération suivante le voit comme un mode de vie. Les femmes, surtout, quittent leur famille. Ce détachement, considéré comme un sacrifice, est un moyen de subvenir aux besoins de leur famille et d'offrir à leurs enfants un meilleur avenir. Elles effectuent le plus souvent des travaux domestiques. Les Philippins ont une autre spécialité : l'embauche au sein des équipages des grands cargos et pétroliers qui parcourent le monde.

Aujourd'hui, l'économie du pays tente de se remettre des conséquences de la crise sanitaire du Covid. Le taux de chômage qui avait alors doublé (plus de 10 %) est redescendu à 5,4 % en 2023. Mais près de 3 millions de Philippins supplémentaires étaient passés sous le seuil de pauvreté à cause de la pandémie et près d'un tiers des familles vivent encore en-dessous du seuil de pauvreté. L'indigence est flagrante à Manille où il est fréquent de rencontrer des enfants à la peau noircie par les pots d'échap-

© R.M. NUNES - SHUTTERSTOCK.COM

Le tourisme s'est développé ces dix dernières années.

pement, en quête de trésors cachés dans les ordures de la ville. La distribution des ressources reste effarante : 5 % des Philippins détiennent 80 % des richesses.

Les relations internationales

Les Philippines entretiennent des relations privilégiées traditionnelles avec les États-Unis. La situation avait légèrement changé sous la présidence de Rodrigo Duterte, entre 2016 et 2022, puisqu'il avait affiché sa volonté de prendre ses distances, au profit d'un rapprochement avec la Chine. Le nouveau président Marcos Junior a quant à lui affirmé qu'il allait rétablir une relation plus équilibrée avec les deux puissances tout en continuant de s'opposer à Pékin au sujet de la situation en mer de Chine du Sud, très riche en hydrocarbures et que plusieurs pays asiatiques, dont la Chine et les Philippines, revendiquent. Ce conflit lié à la mer de Chine méridionale se mêle au conflit lié à Taïwan dans lequel les Philippines sont un allié majeur militaire et stratégique des États-Unis. L'autre axe de la politique extérieure du pays est l'ASEAN, cinquième bloc économique du monde. Les Philippines sont un membre fondateur de l'ASEAN en 1967 (*Association of Southeast Asian Nations*). Le pays participe aussi à l'APEC (*Asia-Pacific Economic Cooperation*), au G24 et constitue l'un des cinquante et un États fondateurs des Nations unies le 24 octobre 1945. Enfin, l'autre partenaire économique majeur du pays est le Japon, deuxième partenaire commercial et premier investisseur en termes d'aide publique au développement, avec 30 % de l'aide perçue par les Philippines. L'Union européenne est un partenaire économique important (quatrième partenaire commercial) mais un interlocuteur politique à faible visibilité.

Le tourisme

L'archipel des Philippines demeure une destination peu fréquentée (par rapport à ses voisins), qui connaît cependant un développement marqué (le nombre de touristes a plus que doublé entre 2010 et 2019). La fréquentation francophone n'est pas encore très importante, mais montre une croissance indubitable. Le programme télévisé Koh Lanta tourné aux Philippines en 2007 a donné le premier élan à la venue de Français dans cette région du monde et les éditions de 2022 à Palawan et de 2023 au large de Luzon devraient confirmer cet élan. Le Japon et l'Asie du Sud-Est fournissent plus de 50 % de la clientèle, mais celle-ci se diversifie rapidement avec l'arrivée des Européens et surtout des Américains. On rencontre aussi beaucoup d'Australiens. Avant la crise sanitaire, le secteur du tourisme représentait 3 % du PIB soit environ 10,23 milliards d'euros. En 2020, ce chiffre d'affaires s'est effondré à 2,42 milliards, soit une baisse magistrale de 76 %. Seul 1 million de touristes étaient alors entrés sur le territoire. En 2021, le pays n'avait enregistré que 163 000 touristes et puis 2,02 millions en 2022. On est encore loin du taux annuel prépandémique qui s'élevait à plus de 8 millions de visiteurs.

AU SUD DU PAYS

DES CONFLITS ET DÉSACCORDS QUI PERDURENT DEPUIS DES SIÈCLES

Historiquement, les Philippins ont embrassé deux des grandes religions du monde - l'islam et le christianisme. L'islam a été introduit au XIVe siècle, peu après l'expansion des entreprises commerciales arabes en Asie du Sud-Est. Puis, au XVIe siècle, les Espagnols introduisent le christianisme et réussissent à convertir la majorité des Philippins. Aujourd'hui, l'islam est surtout présent dans la région sud du pays. Mindanao, la deuxième plus grande île après Luzon, a une population de plus de 27 millions d'habitants (70 % catholiques et 24 % musulmans). La région connait de vives tensions et conflits armés depuis des années entre l'armée du gouvernement et différents groupes indépendantistes plus ou moins extrémistes. Voici un bref tour d'horizon d'une situation géopolitique extrêmement complexe.

Arrivée des Espagnols

Dès leur arrivée, les Espagnols brandissent la statue du Saint Enfant, Santo Niño, en direction du peuple philippin. La statuette aurait, dit-on, séduit la reine Juana de Cebu, à qui Magellan l'avait offerte. Cet objet, symbole du christianisme, charme ensuite l'ensemble de la population philippine. Seuls les musulmans réagissent face à l'icône qu'ils trouvent menaçante. Ils refusent de se soumettre à la religion de ces colonisateurs qui prêchent la bonne parole sans aucune diplomatie et qui, de plus, les appellent *moros*. Pendant trois siècles, ce désaccord donne lieu à de véritables massacres ainsi qu'à des actes de piraterie et de pillage. En 1851, le sultan de Sulu finit par reconnaitre la suzeraineté de l'Espagne.

Des tentatives d'accord ratées

L'arrivée des Américains au début du XXe siècle marque un nouveau tournant. Les missionnaires se mettent à la recherche de différentes tactiques pacifistes afin de convertir les musulmans. Et ils encouragent les habitants, catholiques, de Luzon et des Visayas à émigrer massivement sur l'île de Mindanao, ce qui va pousser au déplacement de tribus musulmanes et déclencher les hostilités. Durant la Seconde Guerre mondiale, l'attention est portée sur d'autres conflits et dans les années d'après-guerre, la situation est assez pacifiste à Mindanao. Au début des années 1970, le dictateur Marcos va déclarer la loi martiale dans le pays et mener une politique offensive dans cette région. C'est ce qui va entrainer la création de groupes armés séparatistes. Les musulmans inquiétés mettent donc en place le Front national de libération moro (MNLF), un mouvement séparatiste réunissant plusieurs groupes de guérilleros, et Bangsa Moro Army, qui revendiquent l'autonomie de Mindanao. Une guerre, étalée sur dix ans, va alors provoquer la mort de milliers d'innocents. En 1996, un nouveau traité de paix est conclu entre le MNLF et le gouvernement de Fidel V. Ramos, qui nomme à des postes importants quelques membres et leaders du mouvement. Nur Misuari devient le chef de l'Autonomous Region in Muslim Mindanao, région composée de quatre provinces : Maguindanao, Sulu, Lanao del Sur et Tawi-Tawi. Beaucoup de musulmans restent cependant sceptiques devant ce type d'accord. Les mouvements musulmans persistent aujourd'hui à travers le MILF (Moro Islamic Liberation Front) ou l'organisation extrémiste Abu Sayyaf. Un vent d'optimisme souffle en 2014 lorsqu'un accord de paix est signé à Manille entre le gouvernement philippin et le Front moro de libération islamique (MILF) devant mettre un terme à dix-sept années de négociations difficiles pour établir la paix à Mindanao. Cependant le projet de loi prévoyant d'octroyer plus d'autonomie à la population musulmane dans certaines parties de Mindanao ne voit pas le jour tout de suite.

De nos jours

En mai 2017, des djihadistes ayant prêté allégeance à l'Etat islamique (Daech, Abu Sayyaf) se soulèvent et tentent de prendre le contrôle de la ville de Marawi. Il s'ensuit cinq mois de combats acharnés entre l'armée et ces groupes terroristes, plus d'un millier de morts et une ville en ruine. En janvier 2019, le gouvernement valide un vote par référendum dans la région (1,5 millions de pour et 200 000 contre) pour la création d'une région autonome dans la partie musulmane du Mindanao, achevant ainsi le processus de paix enclenché en 2014. Cette région autonome, Bangsamoro, est la seule région du pays à avoir son propre gouvernement. À ce jour, si la situation s'est un peu stabilisée, les conflits entre les forces gouvernementales et les groupes séparatistes continuent et la violence sévit toujours sporadiquement dans le sud de l'archipel (sud de Palawan, archipels de Sulu et Tawi-Tawi et Mindanao) qui reste déconseillé aux voyageurs.

ARCHITECTURE

L'archipel philippin est un authentique eldorado pour les férus d'architecture ! Tout commence avec les abris de pierre néolithiques, les paysages des rizières en terrasse et l'habitat de peuples millénaires dont les cabanes sur pilotis sont les plus fières représentantes. A l'abri de leurs systèmes défensifs, les colons espagnols, eux, ont imaginé une architecture métissée capable de résister aux assauts de la terre et dont les églises baroques et les maisons de pierre sont les fidèles témoins. Après des débuts néoclassiques grandiloquents, la période américaine est marquée par l'émergence d'un modernisme teinté d'emprunts aux richesses vernaculaires. Un phénomène qui perdure bien après l'Indépendance sous l'impulsion de célèbres architectes comme Leandro Locsin. Aujourd'hui, face aux effets d'une urbanisation incontrôlée, une nouvelle génération d'architectes a choisi de faire rimer innovation, tradition, originalité et durabilité !

Richesses millénaires

Les plus vieilles traces d'habitat aux Philippines remontent au Néolithique. Abris rocheux et grottes étaient alors travaillés pour servir tout à la fois d'habitation et de sépulture, les niches funéraires étant taillées à même la roche pour y accueillir les momies. Mais les plus célèbres trésors millénaires du pays sont bien sûr les rizières en terrasses de la cordillère des Philippines. Patiemment, les Ifugao ont érigé des murs en pierre et boue pour sculpter le paysage et dessiner ses terrasses aux courbes élégantes capables de contenir de vastes champs inondés. Au cœur de ces somptueux paysages, les Ifugao ont construit de nombreux villages peuplés de *bale*, l'une des variantes de l'habitat traditionnel typique aux Philippines : *le bahay kubo*. Si chaque peuple possède sa variante, des caractéristiques communes existent. Les matériaux organiques, légers et résistants, sont privilégiés : poteaux, sols et murs sont en bois ou en bambou, et le toit est en chaume de plantes locales (le nipa notamment, d'où le surnom de Nipa Hut que les Américains donnèrent à ces habitations). Le *bahay kubo* est sur pilotis, une surélévation qui permet de se prémunir contre les nuisibles et les inondations. Modulaire, cet habitat est pensé pour permettre une construction facile et rapide. Les panneaux muraux sont ainsi souvent préfabriqués et attachés ensuite aux poteaux de bois selon un système de tenons et mortaises, ou avec des cordes et lanières, ne nécessitant l'usage d'aucun clou. Ces panneaux muraux sont souvent percés de larges fenêtres protégées par des stores ou auvents en bois. Le toit est toujours très pentu et avec de longues avancées protectrices. La structure, de plan cubique, se divise en 3 espaces : l'espace entre les poteaux qui sert d'espace de stockage ; l'espace de vie proprement dit qui se présente sous la forme d'un grand hall que l'on peut diviser via des panneaux-écrans en bambou ou en textile ; et le toit qui peut être séparé de l'ensemble par un plafond. Cuisine et salle de bains peuvent être ajoutées sur des plateformes construites à un niveau différent. Cet habitat s'inspire directement des greniers à riz ou *alang* aux élégants pignons ornementés. Parmi les autres formes de *bahay kubo* se trouvent les *torogan* du peuple Maranao. Ces derniers sont de véritables palais royaux dont on devine l'importance au nombre impressionnant de colonnes supportant les structures (jusqu'à 56 pour certains) et à la beauté des motifs sculptés employés pour décorer poutres et poteaux. Le Kawayan Torogan à Marantao a été classé Trésor National Culturel car il s'agit là du dernier *torogan* habitable. Nombreux sont également les peuples à avoir su tirer profit de la topographie pour imaginer un habitat défensif. Les formes les plus anciennes sont les *kota*, étonnantes structures de pierre, bois et bambou entourées de tranchées. Beaucoup de villes philippines ont été bâties sur des kota, à l'image de Cotabato City, « le fort de pierre ». Le peuple Ivatan est célèbre, lui, pour ses *Ijang*, établissements défensifs en terrasse établis sur des crêtes, dont les forteresses, souvent de formes triangulaires, sont taillées à même la roche. En matière religieuse, les premières mosquées du pays ne différaient pas des huttes traditionnelles. Mais rapidement, ces dernières ont évolué, respectant les codes de l'architecture islamique (volumes simples, cour centrale, galeries abritées, dômes, minarets, jeux sur les arcatures…), tout en présentant des influences hindoues (lambrequins finement sculptés, couleurs vives), et asiatiques (toits à étages multiples aux bords recourbés rappelant les pagodes). Parmi les plus anciennes, ne manquez pas la mosquée Sheik Karimol Makhdum du XIIIe siècle à Simunul.

© AMVIN MCCARTNEY - SHUTTERSTOCK.COM

Bahay Kubo.

Colonisation espagnole

La présence espagnole est d'abord une présence religieuse indissociable d'un style unique qui habille des structures pensées pour résister aux assauts de la Terre. On parle d'ailleurs de Earthquake Baroque, littéralement « baroque des séismes » ! Cette architecture se caractérise par des édifices trapus, plus larges que hauts ; des murs latéraux épais soutenus par d'imposants contreforts assurant une plus grande résistance aux secousses ; et des robustes tours clochers aux murs s'affinant vers le haut et souvent séparées du reste de la structure pour éviter les dommages en cas de chute. Ces édifices sont réalisés en pierre (tuf ou calcaire corallin) ou en briques consolidées à la chaux ou au mortier, donnant à l'ensemble des allures de forteresse de la foi (certaines possèdent d'ailleurs leurs propres fortins !). En matière stylistique, ces splendeurs du baroque, tout en dorures, peintures en trompe-l'œil, ferronneries et marqueteries, portent également la marque d'un étonnant métissage qui s'explique par le fait que les colons espagnols n'étaient pas formés à la construction. Ce sont donc les villageois philippins et les travailleurs chinois qui leur ont prêté main-forte. C'est ainsi que s'est créé un étonnant dialogue entre iconographie biblique, motifs locaux (feuilles de palmier, ananas, saints habillés en tenues traditionnelles philippines, décors en coquillages...) et motifs chinois (travail décoratif de la brique, motif du dragon...) Parmi les dizaines de paroisses et églises considérées comme Trésors Culturels Nationaux, 4 ont été classées au Patrimoine mondial de l'Unesco (église Saint-Augustin à Manille, Santa Maria à Ilocos Sur, et les églises de Paoay et Miagao). Les Espagnols ont également développé une architecture défensive dont Intramuros, le centre historique de Manille est sans conteste le plus beau représentant. La construction de la cité fortifiée a démarré au XVIe siècle. Objectif : associer au Fort Santiago (p.116) (superbe structure crénelée en pierre volcanique, de forme trapézoïdale, et flanquée de multiples plateformes, bastions et batteries) un complexe système de remparts et fortifications, lui-même protégé par d'imposantes doubles-douves. A l'abri de ces remparts, se développe un urbanisme typiquement espagnol centré sur la Plaza Major où sont concentrés tous les pouvoirs. Mais c'est sans doute la ville historique de Vigan qui porte le plus la marque de cette urbanisme espagnol, avec son plan en damier, son organisation autour des places Salcedo et Burgos, et ses superbes rues pavées. La ville est surtout célèbre pour abriter de magnifiques exemples de l'habitat colonial par excellence : le *bahay na bato*, littéralement « la maison de pierre ». Chaque maison a son identité propre mais toutes partagent des caractéristiques communes : étage supérieur en bois surélevé et en saillie mettant notamment en valeur les fenêtres coulissantes en capiz (coquillages grattés jusqu'à la transparence et dont on fait les carreaux miniatures des fenêtres) ; poteaux de bois supportant l'étage supérieur mais intégrés dans des fondations en brique et pierre qui abritent souvent des espaces de stockage permettant la création de vides sanitaires protecteurs ; toits pentus, à pignons ou à 4 pans, en chaume, tuiles, ou zinc. En matière stylistique, ces maisons coloniales se sont fait le reflet des goûts de chaque époque, en particulier au XIXe siècle où les styles néo étaient en vogue. Ces trésors se comptent par centaines et beaucoup sont devenus des Heritage Houses ou Ancestral Houses, faisant l'objet de campagne de préservation et rénovation.

Période américaine

L'arrivée des Américains coïncide avec l'établissement d'un gouvernement civil. Partout s'élèvent des édifices gouvernementaux dans un mélange néoclassique/Beaux-Arts, leur donnant des allures de temples grecs. Une fois son assise politique et militaire assurée, le gouvernement américain fait venir le célèbre architecte et urbaniste Daniel Burnham pour repenser Manille et dessiner Baguio (nouvelle capitale d'été). Objectif : améliorer les conditions sanitaires, repenser l'urbanisme via de grands boulevards arborés, créer une cohérence esthétique en privilégiant le style Mission Revival (volumes géométriques simples, blancheur, lignes épurées…) teinté des premiers soubresauts du modernisme (modularité, absence d'ornementation), et jalonner l'espace de rappels visuels du pouvoir gouvernemental. En matière technique, Burnham a également développé des systèmes de renforcement des structures en béton, privilégié l'emploi de bois imputrescibles et anti-termites, introduit le système des blocs creux et lancé la fabrication en masse de buildings types. En parallèle, s'est développée la première génération d'architectes philippins qui ont tout de suite cherché à créer une synergie entre modernité et tradition, en s'amusant notamment avec les codes de l'Art déco. C'est le cas de Juan M. Arellano à qui l'on doit le Bulacan Provincial Capitol de Manille avec ses lignes géométriques et ses élégantes ornementations, et surtout le Manila Metropolitan Theater dont les lignes harmonieuses rappellent celles d'un orgue. Autre architecte phare de l'époque : Juan Napkill, à qui l'on doit notamment la célèbre façade du Capitol Theater avec ses formes et volumes géométriques et son lettrage en béton. Le style de Napkill emprunte les volumes simples du modernisme tout en les habillant d'ornementations et motifs faisant écho à l'histoire du pays. Un style qui ressort particulièrement dans le Rizal Shrine à Calamba, fidèle reproduction d'un bahay na bato couplée à des volumes géométriques modernes. Napkill est l'un des grands architectes philippins à avoir travaillé pour la toute puissante INC, Iglesia N Cristo, organisation religieuse célèbre pour ses églises aux extérieurs résolument néo-gothiques (motifs en trapèze et rosettes, tours et flèches élancées…) et aux intérieurs exubérants avec leurs dais et chœurs tout en dorures et ornements sophistiqués, arcatures savantes, peintures… Autre figure phare de l'époque : Pablo Antonio, considéré comme l'un des pères fondateurs de l'architecture moderne philippine. Formes et volumes géométriques affirmés, utilisation du béton et de l'acier, importance de la ventilation traversante et de la lumière naturelle modulée par des écrans solaires et des fenêtres panoramiques inclinées, lignes épurées, importance des espaces verts… : Pablo Antonio a développé une forme de modernisme tropical que l'on peut lire dans le Galaxy Theater ou le Polo Club de Manille. L'influence américaine, elle, se fait toujours sentir, notamment avec la popularisation du bungalow. Structure de faible hauteur, avec un toit pentu en fer galvanisé et des murs en béton, le bungalow est peu cher et facile à entretenir. Sa monotonie formelle est souvent compensée par des couleurs vives. Fort Drum, île fortifiée surnommée « le cuirassé de béton » avec ses pontons, tourelles et casemates blindées, ou bien encore la Navy Memorial Chapel, étonnante chapelle construite à partir d'une demi-lune (structure préfabriquée de forme semi-circulaire en tôle ondulée et couches d'acier inoxydable montée sur des arches en métal formant la charpente) comptent parmi les vestiges d'une guerre américano-japonaise qui a détruit un nombre incalculable de trésors patrimoniaux…

L'église Saint-Augustin à Manille.

© ALDARINHO - SHUTTERSTOCK.COM

Cultural center of the Philippines.

Depuis l'Indépendance

Les États-Unis et le Japon refusant de financer la restauration des multiples trésors qu'ils avaient pourtant bombardés, le pays peine à dégager des fonds pour se reconstruire. Cependant, dès les années 1950, de nouvelles grandes figures de l'architecture philippine vont continuer à développer un modernisme qui ne fait l'impasse ni sur l'identité du pays, ni sur ses contraintes climatiques. Les plus célèbres de ces architectes, tous aujourd'hui désignés comme National Artist For Architecture, sont : José Maria Zaragoza, connu pour son style aux formes dérivées de l'architecture coloniale espagnole combinée aux designs simples et sobres du style international comme le prouvent notamment le Casino Espanol de Manille et l'église Santo Domingo de Quezon ; Francisco Manosa, pionnier d'un style néo-vernaculaire faisant la part belle aux matériaux locaux et à l'héritage des *bahay kubo* ; et enfin Leandro Locsin. Surnommé « le poète de l'espace », Locsin est célèbre pour son usage expressif du béton et ses volumes flottants inspirés des structures sur pilotis. Sa première grande réalisation est la célèbre église du Saint-Sacrifice, chapelle de forme circulaire surplombée d'une coque en béton armé d'une portée de 30 m. Sous la dictature Marcos, le pays connaît un étonnant essor de la construction, appelé de ses vœux par la controversée Imelda Marcos dont les monumentales et opulentes campagnes de travaux publics cachaient en réalité un système complexe de détournement de fonds… c'est qu'il fallait beaucoup d'argent pour entretenir le faste du **Palais Malacanang** (p.117) au style américano-rococo-andalou. La plus célèbre des réalisations de l'époque est sans conteste le **Cultural Center of the Philippine** (p.136) Complex comprenant notamment le National Theater Building surnommé « le volume flottant ». Un monumentalisme qui ne doit pas faire oublier que ces architectes ont également fait figure de précurseurs en matière d'architecture écologique, proposant les premières réalisations « green » à l'image du San Miguel Corporation Headquarters Building dont les courbes inspirées des rizières en terrasse ont été dessinées par Francisco Manosa. A partir des années 1980, le pays entre dans une phase de croissance urbaine sans précédent entraînant un jeu constant de destructions/constructions au mépris du bon sens écologique et humain. C'est notamment visible à Manille où les bidonvilles se multiplient, où circulation, pollution et îlots de chaleur rendent souvent le quotidien invivable et où partout sortent de terre des tours d'habitation sans âme et des infrastructures gigantesques, dont certaines, comme le Pont Binondo Intramuros, menacent directement les trésors classés. Face à ces dérives, nombreux sont aujourd'hui les architectes à opter pour d'autres voies. On voit ainsi se multiplier des créations contemporaines étonnantes aux designs s'inspirant directement des motifs traditionnels comme le New Clark City Atheltics Stadium à Tarlac qui rappelle le Mont Pinatubo avec ses façades et poteaux en Lahar (débris volcaniques) ; la Philippine Arena de Bulacan inspirée du Narra, l'arbre-mère du pays ; et le terminal 2 du Mactan Cebu International Airport avec sa superstructure en matériaux naturels. Les tours LEED (plus haute certification en matière écologique) sont de plus en plus nombreuses, à l'image du Zuellig Building, tandis que Manille voit se multiplier les micro-cités (Bonifacio Global City, Makati City…), zones mixtes à haute densité urbaine pensées pour offrir une meilleure qualité de vie via une architecture plus durable et davantage d'espaces verts. Mais la véritable révolution est celle amorcée par l'agence Sangay spécialisée dans le développement de l'architecture de bambou. Avec son grand plafond s'élevant à 12 m, le MLR Polo Pavilion impressionne ; tant et si bien que nombreux sont les Philippins à souhaiter se faire construire des résidences en bambou… ou la revanche d'un matériau pauvre aujourd'hui anobli !

BEAUX-ARTS

Les Philippines abritent presque autant d'îles que de talents. Au cours de son histoire, les influences coloniales ont engendré des réactions contrastées. Dès le début du XIXe siècle, une veine nationaliste académique coexiste avec des envies d'originalité. A l'heure actuelle, l'art galope jusque dans les rues, sur les *rickshaws* et les devantures des boutiques, dans les musées et au grand air. On assiste à Manille à une explosion du nombre de galeries d'art. A côté des grandes galeries commerciales, des lieux tenus par des artistes réservent de surprenantes découvertes. Grand rendez-vous culturel en Asie, l'Art Fair Philippines invite à rencontrer les acteurs de la scène contemporaine. Peinture, sculpture, photographie, les artistes philippins se démarquent dans tous les domaines. Sans oublier l'art urbain, très présent dans la capitale. Et le *land art* dans les rizières ! Un programme métissé et unique qui vous enchantera à coup sûr.

Période coloniale

Bien avant la période coloniale, qui s'étend de 1521 à 1898, les peuples indigènes avaient développé leurs arts et leurs rituels. Les pratiques graphiques concernaient principalement des dessins dans les grottes et l'ornement des céramiques, et objets du quotidien.

Les Européens, menés par l'explorateur portugais Magellan, font entrer la religion chrétienne sur l'archipel. La construction des églises catholiques se base sur la croix latine, l'un des motifs repris dans la décoration des édifices. L'iconographie religieuse est traitée dans un style baroque reconnaissable à l'exagération du sentiment religieux. La dramatisation se ressent jusque dans la profusion de détails. La sculpture prend pour principal motif les saints. Ces statues sont volontiers brandies lors de processions.

Naissance de la peinture

Considéré comme le père de la peinture philippine, Damián Domingo y Gabor (1796-1834) jette les bases de l'académisme. Il diffuse ces normes au sein de l'académie artistique qu'il établit dans sa résidence de Tondo en 1821. Le lieu a pour vocation de rendre l'art plus accessible. Cette école est probablement la première académie en Asie à transmettre les techniques occidentales. La perspective, qui construit l'image par plans et rend compte de la profondeur, constitue l'apport le plus significatif de sa méthode. Son enseignement marquera plusieurs générations d'artistes philippins.

Dès ses débuts, Domingo se spécialise dans les portraits et les scènes religieuses. Il rassemble un album de costumes traditionnels, destiné aux collectionneurs. Son talent, combiné à sa facilité à s'adapter à la demande, font de lui un artiste sollicité et une référence dans l'histoire artistique des Philippines.

Tendance nationaliste

Sous l'occupation américaine (1898-1946), certains artistes se rebellent contre les codes occidentaux. La tendance, qui se veut le reflet de la culture philippine, est portée en peinture par Fernando Amorsolo.

En sculpture, l'élan nationaliste est incarné par Guillermo Tolentino (1890-1976). Sur commande du président Palma, Tolentino édifie sa gigantesque *Oblation* (l'*Offrande*) en 1935. L'homme nu (une feuille de vigne a été ajoutée ultérieurement) tend ses bras grands ouverts vers le ciel. Interprétée comme le don de soi à la Nation, la statue trône désormais sur le campus de l'Université des Philippines Diliman. Plusieurs répliques ont été réparties dans les universités du pays. Guillermo Tolentino se voit confier en 1930 la conception du Monument Bonifacio. Afin de transmettre au mieux l'émotion nationaliste, il interviewe des concitoyens ayant pris part à la Révolution contre les autorités espagnoles.

Cependant, le titre du premier Artiste Nationaliste n'a été décerné qu'en 1972 par le président Marcos. Il est revenu à Fernando Amorsolo (1892-1972), le « Grand Old Man of Philippine Art », sorte de maître vénéré. Formé aux styles espagnols, Amorsolo a recours au contre-jour et à une palette colorée pour traduire la luminosité des Philippines. Les modèles irradient sur ses toiles, comme on peut le constater au Vargas Museum, situé sur le campus de l'Université des Philippines Diliman. L'artiste, très productif, peint une dizaine de toiles par mois jusqu'à mort.

Modernisme et abstraction

L'occupation japonaise correspond à la période sombre de l'histoire des Philippines. Le modernisme, porté par Victorio Edades, Calos Francisco et Galo Hernandez, se fait à peine sentir que la majorité des œuvres d'art sont détruites.

Street art à Manille.

Mais l'après-guerre voit rejaillir les différentes avant-gardes, dont l'abstraction et la performance. Pionnier de l'expressionnisme abstrait, José Joya (1931-1995) privilégie les couleurs franches. À travers ses harmonies chromatiques, il évoque les paysages tropicaux de son île natale. Son geste plein de spontanéité laisse paraître le passage du pinceau. Il décroche en 1954 une bourse qui lui permet d'étudier en Espagne. Ses premières toiles sont figuratives. Peintre, céramiste et graveur, il explore ensuite les techniques mixtes. C'est en cela qu'il influence les talents émergents. Il est choisi en 1964 pour représenter les Philippines à la Biennale de Venise. Un choix résolument moderne. L'Ateneo Art Gallery à Manille expose l'une de ses toiles les plus connues, intitulée *Granadean Arabesque*. Le Musée National des Philippines lui a consacré une rétrospective en 2011.

Modernisme et réalité

La tendance figurative de l'expressionnisme est représentée par Ang Kiukok (1935-2005). Né de parents chinois, il reçoit la médaille de l'Artiste National en 2001. Il faut dire que depuis les années 1960, le succès commercial de Kiukok ne faiblit pas. Bien que remarqué avec ses versions cubistes et surréalistes de la Crucifixion, c'est sa série *Fishermen at Sea* qui consolide sa popularité. Cet hommage aux pêcheurs lui vaut la reconnaissance de ses contemporains. Certaines de ses œuvres sont présentées au **Cultural Center of the Philippines** (p.136).

Dans l'archipel, la photographie prend tout son sens avec Eduardo Masferré (1909-1995). Cet autodidacte originaire des montagnes de Sagada se fabrique une chambre noire qui fonctionne sans électricité. Ses photos documentent les us et coutumes de son peuple. Grâce au recueil *People of the Philippine Cordillera Photographs 1934-1956*, paru en 1988, il fait connaître la culture philippine à l'étranger.

Pacita Abad (1946-2004)

Née sur l'île de Batanes, Pacita Abad est contrainte de quitter les Philippines du fait de son activisme politique. D'abord étudiante en droit à San Francisco, c'est là qu'elle découvre sa vocation d'artiste. Sa peinture se caractérise très rapidement par des couleurs éclatantes. Sa première période demeure axée sur les questions socio-politiques et les emblèmes de la culture philippine (masques, fleurs exotiques, etc.). Puis elle met au point la technique du

« trapunto », qui consiste à coudre sur ses toiles des éléments tels que des boutons, des coquillages, du métal ou du verre. Par la suite, elle devient artiste itinérante. En parcourant l'Asie, elle renouvelle ainsi son inspiration. Son art s'enrichit de techniques et de motifs empruntés à chaque étape de ce long voyage jusqu'à ce que la maladie l'emporte.
Parmi ses 5 000 créations, Pacita a recouvert de cercles multicolores un pont de 55 mètres, l'Alkaff Bridge à Singapour. L'artiste a participé à une soixantaine d'expositions internationales.

Sculpture moderne

Le père de la sculpture moderne aux Philippines voit le jour à Bohol en 1930. Napoleon Abueva fréquente l'Université des Philippines avec le peintre José Joya. Puis, au College of Fine Arts, il devient le disciple de Guillermo Tolentino. Il expérimente tous les matériaux : bois, acier, béton, et bronze. Nombre de ses œuvres parsèment désormais le campus. En les examinant, on note une association de formes traditionnelles et abstraites. Dans un registre classique, il donne forme aux *Neuf Muses* ou à un *Groupe de Femmes* tissant le drapeau philippin. Ce pan de son travail lui a valu la distinction d'Artiste National.
A la demande du président Marcos, il signe les bas-reliefs de la croix dressée sur le mont Samat (Bataan). Ce monument commémoratif de 555 mètres est la plus haute croix d'Asie. Elle rend hommage aux soldats tombés au combat lors de la Seconde Guerre mondiale. Des escaliers permettent de grimper à l'intérieur de la croix et de profiter d'une vue exceptionnelle sur Bataan.
Dans un autre registre, les sculptures d'Agnes Arellano (née en 1949) s'inscrivent dans une recherche expressionniste. Ses réalisations mettent en valeur le corps féminin à travers le prisme de la sexualité ou du mysticisme. Issue d'une famille d'architectes renommées, Agnes Arellano étudie un an à Paris, à la Sorbonne. Elle associe des références religieuses ou poétiques pour composer ses installations les plus surréalistes. Marquée par la mort tragique de ses parents et de sa sœur dans l'incendie de leur maison survenu en 1981, elle décortique le thème du cycle de la vie, la création et la destruction. Elle puise dans ses voyages, et les cultures qu'elle découvre, son inspiration sans cesse renouvelée. Le tantrisme lui révèle son motif de prédilection, le yab-yum, ou « couple divin père-mère ».

Art urbain à Manille

Du *street-art* à Manille ? Pas qu'un peu ! Depuis 2014, la capitale accueille le MOS - festival d'art urbain. Le Meeting of Styles est la plus grande manifestation du genre en Asie. Chaque printemps, les street-artistes accourent du monde entier. Ensemble, ils échangent leurs techniques et fusionnent leurs styles.
Tout au long de l'année, les spots à connaître sont nombreux. En banlieue, à Quezon City, les murs du parking de Task Us réunissent la crème de l'art urbain philippin dont le pochoiriste GRIT, le graffeur JP Pining, et ARAL Cru.
A Marikina cette fois, on trouve le Goodfriend Bridge. Le long mur qui borde Mayor Gil Fernando Avenue a été élu par les collectifs « mur de la liberté ». Tout le monde peut venir s'exprimer. De ce fait, chacun recouvre les dessins du voisin. C'est aussi la zone de repos favorite des conducteurs de *jeepneys*.
A Manille, le Nagtahan Bridge a bénéficié de l'Urban Artscape Project. Sous la supervision des enseignants de l'université, les dix colonnes du pont haut perché ont été attribuées à cinq groupes d'étudiants. Chaque réalisation s'inspire de la culture traditionnelle sous tous ses aspects : symboles, héros nationaux, événements historiques, cyclones sont racontés sur les piliers autrefois gris béton.
N'oublions pas qu'aux Philippines, les modes de transport se transforment en œuvres d'art. A tous les coins de rue, dégainez vos appareils pour immortaliser les camions, *rickshaws, jeepneys*, bus… Ici, l'art a la bougeotte !

Art contemporain

De nos jours, nombre d'artistes philippins arrivent en bonne place sur la scène internationale. A leur tête, l'un des peintres les plus prisés est affectueusement surnommé BenCab. Benedicto Cabrera, né en 1942, est un ancien élève de José Joya. Depuis un demi-siècle, ses peintures, gravures et dessins séduisent le public. BenCab a ouvert à Baguio, son lieu de résidence, le **BenCab Museum** (p.144). Sa collection réunit une multitude d'œuvres de ses contemporains autour de ses créations personnelles. Suivant son exemple, les jeunes talents ouvrent leurs propres lieux d'exposition à Manille. Dans la capitale, on assiste à un afflux de galeries d'art.
Une sélection ? Silverlens (la respectée), The Drawing Room et Artinformal (pour les découvertes locales), Green Papaya Art Project (scène innovante), MO Space (installations).
Particularité des Philippines, le *land art* se développe dans les rizières. Une cinquantaine d'ouvriers ont créé un portrait (végétal) de Miss Univers Catriona Gray dans une rizière de Nueva Ecija. Citons les plantations de Banaue, Hungduan, Batad et Mayoyao. Côté plage, des sculptures en pierre se dressent sur Valugan Boulder Beach. Quand on vous dit que l'inspiration est partout !

MUSIQUES ET SCÈNES

Quiconque a déjà mis les pieds aux Philippines le sait, l'archipel est un endroit à part sur Terre. Si l'on pense en premier lieu à ses paysages couleur calcaire coiffés de forêts, le pays se distingue aussi de ses voisins asiatiques par sa culture infusée d'hispanisme, résultat de plus de trois siècles de colonisation. Une influence latine palpable aussi bien dans la vie sociale que culturelle du pays. La musique et la danse sont omniprésentes dans l'archipel. Dans les fêtes, les maisons, les bars, dans les Jeepney ou le bus, la musique est un compagnon indéfectible. Elle s'impose aussi comme une excellente fenêtre pour sonder l'âme philippine. Il n'y a qu'à voir une représentation de *singkil*, danse théâtrale, ou de *tinikling*, aussi acrobatique que spectaculaire, pour commencer à embrasser la richesse de l'identité philippine. Une terre de musique et une musique attachée à sa terre.

Les musiques et danses traditionnelles

Très schématiquement, on divise généralement les répertoires traditionnels philippins en trois familles : d'abord les traditions indigènes, puis les traditions d'influence hispano-européenne, également appelées « traditions folkloriques occidentalisées », et enfin les traditions d'influence américaine.

La musique des peuples autochtones est étroitement liée aux rites, cérémonies, événements majeurs de la vie : naissance, mariage, rites funéraires mais aussi plantation, récolte ou guérison tandis que celle d'influence hispano-européenne a été introduite pendant la période coloniale espagnole, comme le *subli* et le *sanghiyang*, cultes des ancêtres et des esprits assimilés à partir des traditions religieuses occidentales. Enfin, celle influencée par la période coloniale américaine reste dans les esprits pour avoir transformé la musique locale, notamment en améliorant la formation des musiciens.

S'appuyant sur plus de trois siècles de domination espagnole, c'est évidemment l'influence hispano-européenne qui est la plus palpable dans les traditions locales. On distingue par exemple l'âme espagnole au travers des *rondallas*, orchestres à cordes traditionnels nés dans l'Espagne médiévale et encore très présente en Catalogne. Mais aussi dans le *harana* et le *kundiman*, deux types de sérénades datant de la période coloniale. Dans les années 1920, les deux courants sont devenus plus populaires, des artistes comme Atang de la Rama, Jovita Fuentes, Sylvia La Torre (la « Reine du kundiman ») et Ruben Tagalog les ayant popularisés auprès d'un large public.

Cela étant dit, les formes traditionnelles musicales les plus remarquables sont celles associées à la danse. Les plus réputées - auprès des Philippins comme des touristes - sont sans doute le *Tinikling* et la *Cariñosa* (la danse nationale). Le premier est une danse très spectaculaire - exécutée au son de la *rondalla* - voyant deux ou plusieurs interprètes frapper des perches de bambou sur le sol, en coordination avec un ou plusieurs danseurs qui enjambent,

© LISYL - SHUTTERSTOCK.COM

Joueuse de kulingtang.

DÉCOUVRIR

Tinikling.

sautent et réalisent toutes sortes d'acrobaties entre lesdites perches. Singulière et épatante, c'est l'une des pratiques chorégraphiques philippines les plus emblématiques et, en conséquence, officieusement une des danses nationales.

C'est également le cas de la *Cariñosa*, danse de séduction qui se distingue par l'utilisation d'un éventail et d'un mouchoir pour amplifier les gestes galants du couple.

Plus théâtrale, une autre forme chorégraphique populaire est le *Singkil,* relatant un épisode du *Darangen* - la version maranao du *Ramayana*, la grande épopée indienne. Il est toujours accompagné du ***kulintang***, l'équivalent philippin du gamelan indonésien ou du piphat thaïlandais. Très traditionnel - et particulièrement emblématique de la musique philippine -, le ***kulintang*** est un cousin du xylophone qui peut s'apparenter à des marmites ovales en enfilade avec des couvercles. Chacune émet un son différent.

Un peu plus cantonné aux montagnes du nord de Luzon et certaines tribus de Mindanao, le *pandanggo sa ilaw* est une danse traditionnelle dérivée du fandango (pilier du folklore espagnol), tout en mouvements agiles exécutés avec une lampe à huile posée sur la tête.

La troupe folklorique philippine Bayanihan, fondée dans les années 1950, est la plus ancienne compagnie du pays et celle qui a acquis la plus grande renommée internationale. Elle s'est produite sur les scènes de 700 villes sur tous les continents et demeure toujours très attachée à son rôle de préservation autant que de valorisation des traditions chorégraphiques du pays. La compagnie est réputée pour son exécution parfaite du *tinikling* et du *singkil*.

Véritable trésor national, il est bon de noter que les danses traditionnelles inspirent et infusent largement dans la pratique contemporaine. Agnes Locsin, très célèbre chorégraphe et danseuse philippine, s'inspire par exemple beaucoup des danses des Bagobos.

L'archipel regorge de rendez-vous folkloriques pour approcher de près les musiques et danses philippines, à commencer par Bolibong-Kingking évènement qui leur est consacré, le Festival de Hungduan, en avril, qui célèbre la fin de la plantation du riz, le Festival Kadayawan Sa Dabaw, fête de l'abondante récolte de fruits et d'orchidées, le Festival des Lanzones qui met à l'honneur ce fruit tropical très sucré et ressemblant au litchi, ou encore le Festival de Naliyagan, six jours de manifestations socioculturelles des tribus de la vallée d'Agusan.

N'oublions surtout pas de mentionner le festival Ati-Atihan de Kalibo, le plus réputé de l'archipel. C'est l'une des fêtes les plus spectaculaires, en l'honneur du Santo Niño, parcourue de défilés incessants.

La musique populaire

Dans les années 1970, la popularité mondiale de la musique folk, du rock et du reggae ont coïncidé avec la guerre du Vietnam et la dictature de Marcos aux Philippines. Une époque qui a vu la musique traditionnelle devenir un véhicule pour la contestation, comme en témoigne la carrière d'Heber Bartolome, artiste visage de la résistance à la dictature de Marcos dont l'œuvre convoqua inlassablement les nombreuses traditions musicales philippines.

C'est aussi à cette époque que des artistes plus « grand public » tels que Freddie Aguilar ont connu le succès en introduisant de la musique traditionnelle dans le rock. Chanteur le plus populaire des Philippines, il est l'auteur de textes très engagés écrits en tagalog, comme sa chanson *Bayan Ko* (« Mon Pays ») - qui fut même l'hymne d'un mouvement de révolte contre le président Marcos en 1986.

Les années 1970 sont une période d'ébullition pour l'archipel. C'est également à cette époque qu'apparaît le *Manilla Sound*, un courant de soft-rock accrocheur, lisse et accessible, très influencé par la musique américaine (mais écrit en tagalog), souvent considéré comme la facette souriante de l'ère Marcos. Un mouvement qui a profondément marqué la musique locale et en a initié un autre : l'OPM.

L'Original Pilipino Music est un terme qui désignait à l'origine un type de chansons pop philippines, principalement des ballades. Aujourd'hui, le terme est devenu un fourre-tout pour toute la musique populaire composée et interprétée par des Philippins. Dans les années 1970, les artistes d'OPM populaires étaient les pionniers Danny Javier et son groupe APO Hiking Society, Nora Aunor, la « Superstar » nationale, ou encore Claire dela Fuente, considérée comme la reine de la chanson en tagalog aux côtés de Rico J. Puno. Petit à petit, ces idoles ont été quelque peu supplantées par d'autres telles que Régine Velasquez (une star : plusieurs millions d'albums vendus aux Philippines en plus de trente ans de carrière), Kuh Ledesma qui s'exporte très bien ou encore Lea Salonga, connue dans le monde anglophone pour être la voix de deux princesses Disney : Jasmine dans *Aladdin* (1992) puis Fa Mulan dans *Mulan* (1998).

Icône encore et toujours, impossible de ne pas mentionner cet artiste hors du commun que fut Levi Celerio. Pilier de l'héritage populaire philippin, les compositions de cet homme simple savaient exalter les sentiments nationaux sur des mélodies entêtantes. Extrêmement prolifique, il reste célèbre pour le gigantisme de sa discographie (plus de quatre mille œuvres), ses chants de Noël immortels et sa capacité à jouer de la musique harmonieusement avec rien d'autre qu'une feuille d'arbre (oui, oui). Il fut reconnu « artiste national de littérature et musique » en 1997, soit la plus haute distinction accordée aux artistes philippins.

Notons également que le pays a cultivé depuis les années 2010 une réponse locale à la K-pop et la J-pop : la *Pinoy Pop* (ou « P-Pop »). Grâce à la croissance économique rapide du pays et l'augmentation des investissements vers les artistes et labels, la qualité du genre a connu une croissance qui n'a d'égale que ses ventes. Stylistiquement, la recette est peu ou prou la même qu'en Corée ou au Japon avec des adaptation au marché national. Parmi les artistes de musique P-Pop célèbres qui pilotent le genre figurent 4th Impact, Sarah Geronimo ou encore SB19. Quelques icônes de l'OPM, comme Regine Velasquez, essayent également de pénétrer ce marché.

Les musiques actuelles

Depuis la naissance du genre, l'archipel a toujours adoré le rock. Mais récemment une jeune garde ose un peu plus et pratique un post-rock au son très atmosphérique. Après les pionniers Legarda, Moscow Olympics ou Monochrome, les bons groupes foisonnent comme Odd portés par un son aérien et minimaliste, riche en atmosphères vaporeuses ; Tide/edit plus « math rock » et percuté ou encore Earthmover, à la fois progressif et frénétique.

Ici aussi, le hip-hop a trouvé une terre d'accueil. Les Philippines sont d'ailleurs réputées pour avoir hébergé la première scène hip-hop d'Asie, apparue au début des années 1980, ce qui s'explique en grande partie par les liens historiques du pays avec les États-Unis. Ici les pionniers se nomment Francis M, Andrew E. ou Gloc-9, des vétérans qui ont pavé la route à la nouvelle vague d'artistes plus trap comme Abra, Shanti Dope ou Ex Battalion.

Depuis quelques années, la scène philippine se modernise et se professionnalise à tel point que le label américain Def Jam a ouvert une branche locale et que des rappeurs philippins comme Ez Mil parviennent à se faire remarquer aux États-Unis.

© FROLOVA_ELENA - SHUTTERSTOCK.COM

Festival Ati Atihan.

LITTÉRATURE

En paléontologie, les Philippines et surtout l'île de Luçon semblent décidées à défier notre imagination puisque coup sur coup furent annoncées la découverte d'os taillés datés de 700 000 ans qui attestent que l'archipel était alors déjà peuplé, et celle de rien de moins qu'une espèce humaine inconnue vieille de 67 000 ans. Autant dire que lorsque le premier Européen débarqua – Magellan, en mars 1521, qui y décédera peu après – les autochtones n'avaient guère besoin de se forger une culture, celle-ci bénéficiant d'ailleurs d'influences multiples dues au commerce et aux migrations, qu'elles soient par exemple chinoises, indiennes ou malaisiennes. Le XXe siècle ne sera pas non plus exempt d'un vrai brassage des civilisations : les Américains, nouveaux colons, durent céder face aux Japonais, qui à leur tour se résolurent à l'indépendance philippine en 1946. Les langues et littératures furent marquées par ces métissages, choisis ou contraints.

Des mythes à la religion

Si les Négritos et les Austronésiens (que d'aucuns reconnaissent comme les premiers navigateurs de l'histoire mondiale !) sont peut-être les deux peuples les plus connus de l'archipel, de nombreuses autres tribus ont elles aussi laissé un important héritage culturel. Nous pourrions ainsi évoquer les Ilocanos, de la région des Ilocos (nord-est de Luçon) qui composèrent une épopée : *Biag ni Lam-and* (*La Vie de Lam-ang*) qui fit l'objet d'une retranscription pendant l'ère coloniale, grâce au poète Pedro Bukaneg (env.1592-1630) qui la dicta de mémoire, mais était sans aucun doute largement antérieure à celle-ci. Transmise à l'oral de génération en génération, certains chercheurs soulignèrent que l'histoire avait évolué, incorporant autant des éléments rappelant le *Ramayana* hindou que des références à la religion catholique. Elle n'en finit d'ailleurs pas de s'adapter à la modernité puisqu'elle a été portée à l'écran en 2012 ! Un second poème épique est tout aussi inestimable : l'*Handiong* (du nom du personnage principal) qui, pour sa part, trouve son origine dans la région de Bicol. Sauvegardé et traduit en espagnol par le missionnaire franciscain Bernardino de Melendreras (1815-1867), ce récit, malheureusement fragmentaire, décrirait, selon les estimations, la région telle qu'elle était il y a 4 500 ans. Sans prétendre à l'exhaustivité, nous pourrions enfin citer le *Hudhud*, corpus créé par la communauté Ifugao (Luçon), qui a été classé au Patrimoine culturel immatériel de l'UNESCO en 2008, ou encore *Twaang*, héros récurrent des chants des Bagobos habitant le sud de Mindanao. Cette île n'a d'ailleurs rien d'anodin car si c'est elle qui vit débarquer Magellan en 1521, c'est aussi elle qui assista aux combats entre les musulmans et les Espagnols, un conflit qui donna à Tomás Pinpin l'envie d'éditer le premier journal de l'archipel, *Sucesos Felices*, qui parut par deux fois, en 1637 et 1639. Cet imprimeur, né à Aubucay vers 1585, publia également le premier livre en tagalog (langue endémique désormais appelée philippin), *Arte y Reglas de la Lengua Tagala*, rédigé par Francisco Blancas de San Jose.

À ses débuts, la littérature philippine se résume en effet à des ouvrages pratiques, mais elle se consacre aussi abondamment à la religion, comme le démontrent le poème rimé *Pasyon* de Gaspar Aquino de Belen (XVIe siècle) qui évoque la Passion du Christ et la foultitude de pièces dramatiques répondant à des typologies très précises, des Moriones, jouées déguisés et masqués, aux Senákulo qui dépeignent la mort de Jésus, sans oublier les Salubong (interprétées à Pâques) ou les Pangangaluwa (préférées à la Toussaint). Les divertissements plus légers ne sont pas oubliés mais se cantonnent à des contes ou chansons (corridos, awit), à des comédies prônant l'amour courtois, ou à des joutes verbales (duplo).

De l'oralité à l'écrit

L'oralité constitue donc l'ADN de la prime littérature philippine, mais c'est d'elle que va naître l'un de ses poètes fondateurs : José de la Cruz, dit Huseng Sisw (1746-1829), un surnom (que l'on peut traduire par José le Poussin) qu'il gagna parce qu'il avait l'habitude de se faire payer en volatiles les poèmes d'amour qu'on lui commandait. Il ne verra pas ses œuvres imprimées mais elles sont devenues des classiques (*Awa ng Pag-ibig*, *Clarita*, *La Guerra Civil de Granada*, etc.), il a également laissé l'image d'un érudit autodidacte, tout autant à l'aise en tagalog qu'en espagnol, en grec qu'en latin, qui débuta sa carrière sur scène, la poursuivit en déclamant des vers inégalables et l'acheva en formant Francisco Balagtas y de la Cruz (1788-1862), l'un des pères de la poésie philippine. Ce dernier écrivait dans sa langue maternelle, le tagalog, ce qui n'avait rien d'évident à une époque où le gouvernement colonial alla même jusqu'à imposer que les natifs philippins endossent des noms à consonance espagnole. Balagtas aura à d'autres occasions maille à partir avec le pouvoir en place, il écopera de plusieurs peines de prison dont la première, suite à une rivalité amoureuse, lui inspirera son chef-d'œuvre, *Florante at Laura*.

Le sort s'acharnera contre lui jusqu'après son décès puisque ses manuscrits seront détruits lors d'un incendie. Seul *Florante at Laura*, précédemment publié, échappera à la disparition, et ce n'est que grâce à la mémoire de ses enfants que pourront être reconstituées cinq des dix comédies qu'il avait composées. Il leur avait pourtant fait promettre, sur son lit de mort, de ne jamais devenir écrivains…

Le parcours de Remigia Salazar (1805-1860), dont le nom de naissance était Talusan et fut lui aussi victime du décret de 1849, prouve bien les tensions qui régnaient en cette fin du XIXe siècle entre les autochtones et les colons. En effet, les imprimeries et l'édition étaient jusqu'alors aux mains des Espagnols, la censure était de mise et les informations locales soigneusement éludées, le premier périodique officiel (*Del Superior Gobernio*, 1810) faisant fi de tout ce qui aurait pu susciter le moindre sentiment patriotique, ou le plus infime désir d'indépendance. Pour autant, dès les années 1930 naît un mouvement contestataire, principalement porté par des femmes, « las mujeres fuertes ». C'est dans cette dynamique que va s'inscrire l'engagement de Remigia Salazar qui deviendra en 1845 la première femme éditrice, ayant récupéré l'imprimerie de son mari, Cándido López – qui lui-même fut le premier à publier une écrivaine native, Luisa Gonzaga de Léon – lorsque celui-ci décéda brutalement. Même si ses publications seront principalement religieuses, 10 des 29 ouvrages qu'elle éditera seront dans sa langue maternelle, le hiligaïnon. Surtout, elle donnera naissance au premier journal libre de Manille, *La Esperanza*, qui paraîtra de 1846 à 1850, une gageure au vu des pressions qu'elle subira. À sa suite viendra Leona Florentino (1848-1884) qui sera bannie et exilée par son mari à cause de ses idées féministes. Sa poésie a néanmoins fait l'objet d'une reconnaissance posthume puisqu'elle fut la première Philippine à intégrer l'*Encyclopédie Internationale des Œuvres des Femmes* en 1889.

L'engagement marque donc cette période charnière de l'histoire des Philippines, et c'est son combat pour l'indépendance qui vaudra à José Rizal une mort prématurée à 35 ans. En effet, il sera condamné et exécuté par le pouvoir colonial en 1896, accédant ainsi au statut de héros national et laissant derrière lui une œuvre que nous avons la chance de pouvoir découvrir en français grâce aux éditions Classiques Garnier qui ont réédité en 2019 *Noli me tangere : roman tagal*, écrit en castillan et initialement paru en 1887 à Berlin. Dans cette même veine révolutionnaire, Aurelio Tolentino écrira une pièce anti-impérialiste, *Kahapon, Ngayon at Bukas* (*Hier, aujourd'hui et demain*). Jouée sur la scène du Teatro Libertad de Manille le 14 mai 1903, elle coûtera à son auteur une arrestation par les forces américaines qui s'étaient invitées sur l'échiquier politique philippin et avaient racheté l'archipel en 1898, conformément aux termes du Traité de Paris. Tolentino ne sera gracié qu'en 1912, il reprendra alors l'écriture théâtrale. Quant aux Philippines, elles n'accéderont à une semi-autonomie qu'en 1935.

XXe et XXIe siècles

Alors qu'un nouvel occupant s'est emparé de l'archipel, l'espagnol qui jusqu'alors était la langue prédominante est interdit au profit de l'anglais. Le tagalog n'obtiendra une reconnaissance officielle qu'en 1937, et ce n'est que 50 ans plus tard qu'il deviendra langue nationale (sous le terme plus générique de philippin). Ce brassage linguistique entraînera une certaine confusion – ou un certain enrichissement, selon le point de vue – dans la littérature. Ainsi, Fernando María Guerrero (1873-1929) et Antonio Abad (1894-1970) resteront de fervents défenseurs de l'espagnol – le premier sera d'ailleurs le représentant local de l'Académie royale de la langue espagnole de Madrid, le second l'un des premiers récipiendaires du Premio Zóbel (par deux fois, en 1928 et 1929) pour ses romans (*El último romantico*, *El Campeon*, *La Vida secreta de Daniel Espena*). Au contraire, Zoilo Galang (1895-1959) fera le choix d'écrire en anglais et publiera en 1921 le premier roman philippin dans cette langue, *A Child of Sorrow*. Il s'attellera ensuite à un recueil de contes folkloriques, *Tales of the Philippines*, et surtout à une vaste encyclopédie consacrée à son pays natal.

Cette relative période de flottement achevée, les écrivains anglophones s'aguerriront, tout autant dans la forme que dans le fonds, et oseront suivre des courants plus audacieux. Villa José García (1908-1997), surnommé Doveglion (contraction de Dove, Eagle, Lion : pigeon, aigle, lion), fera sensation avec son style moderniste : outre les rimes inversées qu'il expérimentera, il prendra en effet l'habitude de faire suivre chacun de ses mots d'une virgule. Le novelliste Manuel Arguilla remportera quant à lui le concours littéraire du Commonwealth en 1940. Quatre ans plus tard, il sera capturé et exécuté par les Japonais, devenant l'un des symboles d'un nouveau conflit extrêmement meurtrier qui hantera longuement l'œuvre de l'auteure féministe Estrella Alfon (1917-1983). Bienvenido Santos (1911-1996), qui durant la Seconde Guerre mondiale avait suivi le gouvernement américain en exil, abordera abondamment la question de la diaspora dans ses nombreux romans dont *The Man who (thought he) looked like Robert Taylor* et *What the Hell for You Left Your Heart in San Francisco ?* Mais l'Histoire n'en avait pas encore fini avec les Philippines qui auront encore à subir une longue période de dictature dans les années 1970. Le passé deviendra alors le sujet de prédilection des écrivains, à l'instar de Francisco Sionil José (1924-2022) qui en cinq tomes racontera l'histoire d'une famille, de 1880 à aujourd'hui, dans *La Saga de Rosales* disponible en français chez Fayard, de Lualhati Bautista qui évoquera le gouvernement Marcos dans *Dekada'70*, lauréat du Prix Palanca, ou d'Ambeth R. Ocampo qui fera revivre la figure tutélaire de José Rizal dans plusieurs dizaines d'essais.

Rizal Mémorial Library & Museum, dédié à José Rizal.

TOP 10

LECTURE

Les Philippines n'ont pas attendu l'arrivée des Espagnols, ni celle des Américains, pour déployer, à l'oral comme à l'écrit, leur langue dans un imaginaire qui leur est propre. Ensuite, la littérature s'inspirera (et s'opposera) aux colons, s'enrichissant d'un biais politique et réaliste qui malheureusement nous échappe souvent, au vu du trop faible nombre de traductions.

L'INCROYABLE AVENTURE DE MAGELLAN À LA CONQUÊTE DES OCÉANS

Une biographie romancée de l'explorateur qui, en 1521, découvre les Philippines… et y trouve la mort. Dès 9 ans.
Pascale Hédelin et Nancy Pena, *éditions Bayard jeunesse.*

LA SŒUR DE SOLEDAD

Un policier se retrouve face à une énigme : la jeune femme dont il doit annoncer la mort à sa famille est devant lui, bien vivante. Qui est alors dans le cercueil ?
Jose Dalisay, *éditions du Mercure de France.*

REGARDS D'ENFANTS DES RUES

Réalisées dans les bidonvilles de Manille, ces photographies ont gravé à jamais les visages des enfants qui y grandissent, malgré tout.
Frédéric Granotier, *éditions JDH.*

RÉVOLUTION AUX CONFINS

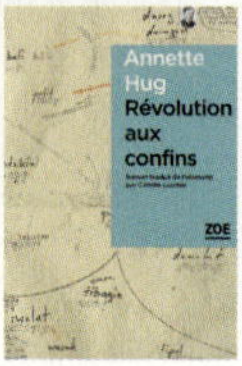

Une tranche de vie de José Rizal, écrivain et scientifique, à qui son engagement pour l'indépendance coûta la vie à 35 ans.
Annette Hug, *éditions Zoé.*

LAV DIAZ : FAIRE FACE

Un bel ouvrage, riche et complet, consacré au réalisateur philippin qui, par ailleurs, donne une interview inédite et dévoile son journal de tournage.
Collectif, *éditions Post-éditions.*

DES NOMADES À L'ARRÊT

Une étude anthropologique qui s'intéresse aux Blaan, pourtant traditionnellement chasseurs et nomades, qui ont dû trouver refuge dans le cratère de Malbulen.
Antoine Laugrand, *éditions Academia.*

ELI, ELI

Drôle de destination pour un voyage, mais c'est pourtant dans les bidonvilles de Manille que l'auteur devra se rendre pour affiner ses réflexions sur la misère, et le tourisme qu'elle engendre.
Wojciech Tochman, *éditions Noir sur Blanc.*

NOS CŒURS SI LOIN

Américaine d'origine philippine, l'autrice campe un personnage qui a fui l'archipel, mais que son passé va finir par rattraper.
Elaine Castillo, *éditions La Croisée.*

LEYTE

Une bande dessinée historique qui retrace le drame qui s'est joué en 1944 dans le golfe de Leyte, soumis aux assauts des kamikazes japonais.
Jean-Yves Delitte, *éditions Glénat.*

LA CUISINE DES PHILIPPINES : LA CUISINE MAISON DE MAMAN

Du bœuf sinigang au poulet arroz caldo, du poisson-lait grillé aux crevettes rebosado, autant de recettes à découvrir en livre numérique.
Margarita Marquis, *éditions Publibook.*

A L'ÉCRAN

Arrivé dans l'archipel dès 1897, le cinéma s'inscrit depuis longtemps dans l'histoire nationale. Au rythme des régimes, ou en opposition avec ceux-ci, le septième art s'y est construit à partir des littératures locales, des légendes mais aussi autour des réalités qui ont été et sont celles du pays encore aujourd'hui. Ayant subi tour à tour les censures espagnoles, américaines et dictatoriales, le cinéma philippin a su se construire malgré tout pour atteindre les grands festivals internationaux, tout en maintenant avec son public une relation autour de genres aussi divers que la comédie musicale, le drame et le film d'action. L'archipel a aussi été le cadre de grands tournages, comme le mythique *Apocalypse Now*, et a vu défiler des stars comme Chuck Norris, Kate Beckinsale, ou Jeremy Renner. Prenez le temps de découvrir ces films, récompensés à Venise ou à Cannes : vous en sortirez grandi, et plus à même de comprendre les réalités du pays.

Une histoire du cinéma d'abord franco-espagnole

Dès le 13 janvier 1897, le cinéma débarque dans la capitale avec la projection d'un *Espectaculo Scientifico*, au salon de Pertierra à Manille. Quelques mois plus tard, c'est au tour des frères Lumière de conquérir le pays avec leurs productions, qui sont apportées à Manille par le biais d'un soldat espagnol. Dans ses valises, il transporte 30 films, et a la ferme intention d'établir un lieu de cinéma dans l'archipel, malgré la guerre qui se dessine. À cette époque, la seule et unique salle de la ville, aujourd'hui disparue, se trouve sur le coin d'Escolta Street et de San Jacinto. Durant les années 1910, les cinéastes et opérateurs internationaux parcourent le pays et captent la réalité de la nouvelle occupation américaine. C'est en 1919 que José Nepomuceno, connu comme le père fondateur du cinéma philippin, réalise son premier film. *Dalagang Bukid* ou *La Jeune fille du pays* raconte l'histoire d'une jeune femme forcée à marier un riche vieillard, alors qu'elle est amoureuse d'un jeune étudiant sans le sou. Aujourd'hui perdu, le film reste tout de même considéré comme un accomplissement dans l'histoire cinématographique du pays, et son succès au début des années 1920 définit le standard des productions à venir. C'est aussi Nepomuceno qui, en 1933, produit le premier film entièrement sonorisé, *La Dague d'Or*. Celui-ci n'est cependant pas le tout premier film sonore du pays, ce titre revenant à *L'Aswang* (1930), une œuvre en tagalog directement inspirée des légendes horrifiques du monstre éponyme, bien connu dans la mythologie philippine.
La Seconde Guerre mondiale et l'occupation japonaise mettent un coup d'arrêt à la production nationale, qui repart de plus belle au lendemain du conflit. Ce premier âge d'or démarre dès 1948, avec les films *Timbu Mata* (1948), *Leonora* (1951) ou *Princesse Tirana* (1951), tous trois tournés en visayan. C'est également à cette époque que le duo Mat Ranillo et Gloria Sevilla gagne en popularité au travers d'énormes succès nationaux comme *Utlanan* (*La Frontière,* 1952) ou *Carmen* (adapté d'une pièce radiophonique en 1953). Le cinéma tagalog n'est pas en reste, avec de nombreuses productions se centrant autour des problématiques rurales et sociales. C'est à cette période que le cinéma philippin gagne ses premières reconnaissances mondiales, alors que *Genghis Khan* de Manuel Conde (1952) se voit sélectionné à Venise, puis à Cannes.
Les années 1960 voient un déclin de la qualité des productions nationales, plutôt orientées vers la recherche de profit au travers de remakes hollywoodiens sans grand intérêt esthétique. Mais des cinéastes comme Gerardo de Leon continuent néanmoins à réaliser des films de qualité, à l'instar de cette nouvelle adaptation du roman à succès *Noli Me Tángere* (*Ne m'oublie pas*), qui sera récompensée en 1961 de la statuette du Meilleur Film lors de la 10e édition des FAMAS, cérémonie des trophées philippins du cinéma.

© ANNA ART - STOCK.ADOBE.COM

Apocalypse Now de Francis Ford Coppola a été tourné principalement sur l'île de Luçon.

DÉCOUVRIR

© XAVIER LORENZO - STOCK.ADOBE.COM

El Nido, décor du film « Jason Bourne Legacy », de Tony Gilroy.

Avec la mise en place de la dictature du président Marcos, la censure s'installe dans le pays. De nombreux artistes réussissent malgré tout à travailler, et contribuent à un second âge d'or du cinéma national. Parmi eux, la cinéaste Marilou Diaz-Abaya (1955-2012) réalise son premier film *Tanikala* (*Chaînes*) en 1980, puis *Brutal* la même année. Ses œuvres critiquent violemment le régime dictatorial de l'époque, et cet aspect social autant que militant parcourt l'ensemble de son œuvre, dont le film le plus connu est sans doute le biopic *José Rizal* (1999), héros national de la lutte contre les Espagnols.

Aujourd'hui, le cinéma philippin est soutenu par une puissante commission du film, aidant la production nationale tout en attirant les tournages internationaux. Manille accueille chaque année depuis 1975 le Metro Manila Film Festival, où se révèlent les talents nationaux autour de genres de plus en plus divers. Des artistes comme Brillante Mendoza, Lav Diaz ou Sean Ellis contribuent quant à eux à la renommée internationale du cinéma philippin, avec des œuvres comme *Taklub* (2015), *The Woman who left* (2015), ou *Metro Manila* (2013), tous trois récompensés dans les grands festivals européens.

Tournages internationaux notoires

Tout connaisseur de Francis Ford Coppola connaît l'aventure incroyable que fut le tournage d'*Apocalypse Now* (1979), réalisé en grande partie aux Philippines, à tel point que celui-ci a fait l'objet du passionnant documentaire *In the Heart of Darkness* (1991). Parmi les mésaventures que dût subir le cinéaste, la disparition des hélicoptères servant au film et gracieusement prêtés par l'armée philippine n'est pas la moindre. Ceux-ci étant également utilisés pour lutter contre les rebelles hostiles au régime, il n'était pas rare qu'une scène doive être reportée, faute de moyen de transport. Une véritable épopée, pour un film désormais culte grâce notamment aux performances de Martin Sheen et Marlon Brando. Parmi les lieux emblématiques du tournage, vous reconnaîtrez aisément Baler Bay, mais aussi la rivière Pagsanjan. En 1984, c'est au tour de Chuck Norris de faire halte sur l'archipel, pour le tournage de *Portés disparus* (1984). Un film d'action peu subtil mais croustillant, tourné dans les régions de Quezon et de Laguna. Deux ans plus tard, c'est le cinéaste Oliver Stone qui débarque aux Philippines pour *Platoon*, nouveau film avec pour cadre la guerre du Vietnam. La jungle de la province de Luzon servira de décor aux péripéties de Charlie Sheen, Willem Dafoe et Forest Whitaker, dans ce drame de guerre devenu incontournable pour les fans du genre.

A la fin des années 1990, le pays sert de décor pour le thriller *Bangkok aller simple* (1999), avec Claire Danes et Kate Beckinsale dans les rôles titres, racontant l'histoire de deux Américaines piégées par un trafic de drogue thaïlandais. Tourné en grande partie à Manille, vous pourrez y reconnaître des lieux emblématiques comme le Coconut Palace, le Sanctuaire Fabella ou encore le Cotton Club. Plus récemment, c'est *The Bourne Legacy* (2012) avec Jeremy Renner et Rachel Weisz, qui a été tourné dans la région paradisiaque de El Nido. De quoi agrémenter votre périple d'une petite dose de cinéma, entre deux cocktails.

POPULATION

De nos jours, la population de l'archipel est d'un peu plus de 114 millions de personnes (2023), ce qui en fait le 13e pays le plus peuplé au monde. Le pays a connu une explosion démographique depuis les années 1960. Cet État insulaire, aujourd'hui démocratique, connut comme d'autres la colonisation et de nombreuses invasions. Découvertes au XIIIe siècle par les datus, les chefs traditionnels, originaires de Bornéo, elles n'apparaissent qu'en 1521 sur la mappemonde, grâce au célèbre navigateur Fernand de Magellan. D'abord colonisées par les Espagnols, elles furent ensuite dominées par les Américains. Le brassage des peuples et des cultures en fait aujourd'hui un pays en perpétuelle recherche de son identité, tiraillé entre l'Orient et l'Occident, entre ses propres traditions et une modernisation irrésistible. La diversité des ethnies et des langues en fait également un pays riche et intéressant à découvrir.

Croissance démographique

À l'image du reste du monde, les Philippines connaissent une importante explosion démographique : alors que l'archipel comptait moins de 30 millions d'habitants en 1960, la population dépasse les 114 millions en 2023 ! Aujourd'hui, près de la moitié de la population, environ 47,5 %, est urbaine. Et la population rurale tend à diminuer d'année en année : elle était de 70 % dans les années 1960. Effectivement les villes offrent de meilleures opportunités de travail et de salaires que les zones rurales et isolées. L'archipel a une densité de population moyenne de 370 habitants/km² qui varie énormément d'une région à l'autre. Elle atteint 43 000 habitants/km² pour la ville de Manille ! L'espérance de vie moyenne est de 71,7 ans avec un écart important entre les femmes dont l'espérance à la naissance est de 74,7 ans et les hommes pour lesquels elle n'atteint que 68,7 ans.

Cette croissance démographique entraine une croissance de la population dans les grandes villes du pays à commencer par la capitale, Manille. En effet, avec 30 millions de personnes, l'aire urbaine étendue de Manille (appelée Metro Manila), sur Luzon, où siège le gouvernement, abrite plus de 20 % de la population de l'archipel. Elle est en quatrième position des agglomérations les plus peuplées du monde derrière Tokyo, Sao Paulo et Jakarta. Cette forte densité dans l'agglomération de Manille accentue des problèmes conséquents liés à des manques d'infrastructures, de logements, de transports en commun et des embouteillages monstrueux et des problèmes majeurs de pollution bien sûr. L'île de Luzon, dans sa totalité, compte quant à elle, la moitié de la population philippine, donc plus de 60 millions d'individus. Ce qui en fait la quatrième île la plus peuplée du monde.

Une population toujours jeune mais vieillissante

Les Philippines ont connu, entre 2017 et 2023, la plus grande baisse du taux de fécondité jamais enregistré dans le pays. En 2017, la moyenne était de 2,6 enfants par femme, en 2023, elle est descendue à environ 1,9 enfant par femme. Il faut garder en tête que cette période correspond à la période COVID et était donc probablement une période d'incertitude. À titre de comparaison, le taux de natalité en France est de 1,8 enfant par femme.

Les Philippines font partie des pays asiatiques à maintenir depuis très longtemps une population jeune. L'âge médian, bien qu'il soit en perpétuelle augmentation – il était de 20,5 ans en 2000 et de 16,5 ans en 1960 – est actuellement de 25,7 ans. En comparaison, l'âge médian au Japon, dont le vieillissement de la population est avéré, est de 48,7 ans. L'association de ces données (la baisse du taux de fécondité et la jeunesse de la population) est plutôt prometteuse pour l'avenir des Philippins. En effet, cette population jeune est sur le marché du travail et contribue à la croissance économique du pays. D'autre part, comme il y a moins d'enfants par ménage, cela permet à chaque enfant de recevoir plus de la part des parents, ce qui peut aussi aider la population à sortir de la pauvreté, malheureusement élevée dans le pays (plus de 25 %).

Toutefois, d'un point de vue global, il faut rappeler que la population mondiale a franchi la barre des 8 milliards d'individus en 2022 et continue d'augmenter de façon considérable, ce qui accentue les problèmes environnementaux, d'inégalités ou encore d'accès à l'alimentation. Pour la situation des Philippines, plusieurs propositions de lois ont déjà tenté d'encadrer le taux de croissance en incitant à limiter le nombre de naissances par femme, mais ces propositions se heurtent continuellement à l'opposition de l'Église catholique, dominante dans le pays. Seules des politiques de planning familial ont pu voir le jour pour développer, tant bien que mal, une éducation sexuelle dans le pays.

Dans les rues de Manille.

Melting-pot culturel

Les origines des Philippins sont essentiellement apparentées aux populations de l'archipel malais et indonésien avec aussi des influences chinoises, arabes et bien évidemment espagnoles et américaines. D'une longue histoire de domination coloniale occidentale, entrecoupée de visites de marchands et de négociants, est né un peuple qui présente un mélange unique d'Orient et d'Occident. Le caractère philippin est en fait un peu de toutes les cultures réunies. Le bayanihan, ou l'esprit de parenté et de camaraderie qui fait la renommée des Philippins, viendrait de leurs ancêtres malais. Les relations familiales étroites seraient héritées des Chinois. La piété vient des Espagnols qui ont introduit le christianisme au XVIe siècle. L'hospitalité, chère aux yeux de la majorité des Philippins, fait de ce peuple une légende en Asie du Sud-Est. Il est rare de trouver, en effet, des gens aussi hospitaliers qui apprécient la compagnie de leurs visiteurs occidentaux. Enfin, malgré ses progrès économiques, le pays n'en reste pas moins en voie de développement.

Une diversité linguistique remarquable

Les Philippines sont un pays extrêmement riche d'un point de vue linguistique, avec pas moins de 170 langues parlées à travers les 7 000 îles. Le philippin, aussi appelé filipino ou tagalog, est la langue nationale et officielle aux côtés de l'anglais, qui est aussi largement utilisé et constitue le moyen d'enseignement dans l'enseignement supérieur. À noter que le pays est la quatrième nation anglophone du monde. Le tagalog (ou philippin) est en fait la langue qui est utilisée au niveau national comme langue de communication, dans les médias par exemple et entre les différents groupes ethniques. Comme toute langue vivante, le tagalog est en développement constant grâce à des emprunts aux autres dialectes philippins et à des langues non indigènes pour diverses situations, entre des locuteurs de différents milieux sociaux, et pour des sujets de conversation et des discours savants. À l'école, les cours sont enseignés en anglais et en tagalog mais dans la vie de tous les jours, chacun utilise le dialecte de sa ville ou région, et il n'est pas rare pour un Philippin de maitriser plusieurs dialectes, en plus des deux langues officielles.

Il n'existe pas moins de 130 dialectes, conséquence des nombreux groupes ethnolinguistiques qui peuplent le pays. Les dix plus importants sont parlés par 90 % de la population : le tagalog (Luzon, Mindoro, Palawan, Marinduque), le cebuano (Cebu, Bohol, Leyte, Negros, Mindanao), l'ilocano (Luzon), l'ilonggo (Panay, Romblon, Masbate, Negros, Guimaras, Mindanao), le bicolano (Luzon, Masbate), le pampangueño (Pampanga, Tarlac), le pangasinan (Luzon), le waray (Samar, Leyte) et le batangas (Rizal, Laguna, Mindoro). Il s'agit en vérité de langues régionales et de termes génériques. Par exemple, dans les faits, le bicolano n'existe pas en tant que tel, c'est en fait un terme générique pour désigner l'ensemble des dialectes bicolano. Ainsi à Legazpi, sur Luzon, on parle le bicolano de Legazpi, et à Daraga (la ville juste à côté), on parle le bicolano de Daraga. Et aussi étonnant que celui puisse paraitre, les deux langues sont aussi proches que l'allemand l'est de l'italien !

La centaine d'autres dialectes, aussi appelés langues indigènes, sont parlées par des communautés beaucoup moins importantes que les dix principaux, ce qui fait qu'elles sont aujourd'hui considérées comme étant en danger d'extinction. Cela s'explique par leur caractère oral, l'absence de documentation et d'études à leur sujet et le désintérêt de plus en plus marqué des jeunes qui préfèrent se concentrer sur l'anglais et le tagalog. Des politiques de préservation sont mises en place (enseignement, enregistrement d'histoires orales, études) pour conserver ces langues qui font partie intégrante du patrimoine et de la culture du pays. Les 130 dialectes ont une origine commune et sont étroitement apparentés. Cependant, ceux qui les utilisent ne se comprennent pas entre eux. Les membres des tribus ont leur propre dialecte. Certaines tribus comprennent et parlent un peu le tagalog, mais pas l'anglais. D'autres, en revanche, ont plus de facilités en anglais qu'en tagalog. Les plus favorisés sont les habitants des Visayas. Ils parlent le cebuano, l'ilonggo et bien sûr le tagalog. Les habitants de Luzon se sentent lésés car ils ne comprennent pas les dialectes visayans. Dans les régions qui ont connu des vagues d'émigration, la pratique des mélanges entre dialectes – cebuano, tagalog, anglais et autres – est très courante dans la conversation. Habitués à jongler avec les mots et les langues, les Philippins ont inventé le *taglish*, un mélange de tagalog et d'anglais, une déformation rentrée dans les mœurs. Même les présentateurs de télévision l'utilisent.

Minorités ethniques

La population des Philippines regroupe plus de 6 millions d'habitants appartenant à ce que l'on appelle les tribus philippines, les communautés culturelles ou les groupes ethniques. Certains termes péjoratifs étaient employés à leur égard par les colons, comme « primitifs », « non civilisés », « sauvages ». Après 350 ans de colonisation espagnole et 50 ans de colonisation américaine, un grand nombre de minorités ethniques ont conservé intacte leur spécificité. Ces communautés ou microsociétés se distinguent entre elles par des différences de traditions, de mode de vie et de langage. Les coutumes ancestrales demeurent au cœur de la vie quotidienne. Les croyances, pour la plupart animistes, sont la source de divers rites et cérémonies. 60 % de ces communautés sont musulmanes et localisées sur Mindanao. Le degré d'intégration sociale de ces communautés est parfois très faible, bien souvent les tribus ne respectent que l'autorité de leur chef. La justice est faite à partir de leur propre morale. À titre d'exemples, citons les Negritos du centre de Luzon, les plus anciens aborigènes du pays ; les tribus montagnardes sur Luzon comme les Ifugaos, Kalingas et Bontocs ; les Mangyans, divisés en 7 sous-groupes, de Mindoro ; les diverses tribus de Palawan comme les Bataks, les Tagbanuas ou les Tau't Batus qui n'ont été découverts qu'en 1978. Depuis, ils sont dans une sorte de réserve naturelle délimitée pour protéger le mode de vie pacifiste de cette société animiste en harmonie avec la nature. Ils vivent depuis des siècles, repliés dans la vallée de Signapan, au pied (nord-ouest) du mont Mantalingajan, la montagne la plus élevée de l'île (2 054 m). L'île de Mindanao regroupe la plus importante part de minorités culturelles, composée de nombreuses ethnies païennes et musulmanes. Les musulmans sont aussi appelés Moros, le nom que les Espagnols donnaient aux Arabes d'Andalousie. Ces derniers occupent le centre, l'ouest et le sud de Mindanao ainsi que l'archipel de Sulu. Le sud-est de Mindanao, autour de Davao, comprend le plus grand nombre de tribus indigènes de l'île de Mindanao comme les Bagobo, Manobo, Ata et Mandaya.

Femmes de l'ethnie Ifugao.

SOCIÉTÉ

Pour comprendre l'organisation de la société aux Philippines, il est intéressant de délaisser son prisme occidental pour adopter un regard neuf. Ne vous étonnez pas, par exemple, de tous ces gens qui papotent sur le pas de leur porte ou qui font des siestes qui semblent éternelles. Ce qui peut apparaitre comme de la nonchalance est en fait une autre façon de vivre, avec un rythme et des attentes différentes, dans un État marqué par la pauvreté. S'il est évident que chaque pays a ses codes et ses particularités, il faut cependant éviter de tomber dans le manichéisme. Le cas des Philippines est en ce sens intéressant puisque la vie sociale y oscille sans arrêt entre conservatisme et progressisme, tout à la fois marquée par ses diverses influences culturelles et religieuses. Sans tirer des généralités, voici un aperçu de l'organisation du pays au niveau de l'éducation, de la famille et de la situation des femmes et des personnes LGBTQ+.

Les enfants

Avec plus de 32 millions d'enfants âgés de 14 ans et moins, il faut s'attendre à rencontrer ces petits chérubins partout. Choyés par des parents gagas, ils occupent une grande place dans la société. Bons vivants, les enfants s'amusent avec un rien, toujours à l'affût d'un nouveau jeu : ainsi, les courses de roues équilibrées à l'aide de bâtonnets et les courses à pied sur la plage vont bon train. Très dégourdis, ces marmots prennent très tôt l'habitude de participer aux tâches domestiques. Si le gouvernement a adopté ces dernières années plusieurs lois en faveur de la protection des enfants (dont 13 lois sur la cybercriminalité et l'exploitation des enfants, une loi contre le mariage des enfants, une pour l'éducation des enfants avec un handicap), le pays a encore de nombreux défis à relever pour leur bien-être. Car, par exemple, près d'un million d'enfants vivrait dans la rue et 3 % des enfants seraient forcés à travailler.

© LORDRUNAR - ISTOCKPHOTO.COM

L'éducation

L'école est obligatoire entre 5 ans et 17 ans et l'année scolaire commence en juin et se termine en mars ou avril. L'école est une préoccupation pour les parents, qui ont parfois du mal à assumer le coût de la scolarisation des enfants. En effet, les écoles publiques – gratuites – n'ont pas toujours bonne réputation, surtout à partir du secondaire. C'est pourquoi les parents doivent souvent envoyer leurs enfants dans des écoles privées, qui sont nombreuses mais chères, et dont le niveau est souvent plus élevé. Malgré cette inégalité et cette différence de niveau entre les établissements publics et privés, le pays maintient une éducation de bonne qualité par rapport à ses voisins, avec moins de 3 % d'illettrés âgés de plus de 15 ans. L'éducation, calquée sur le modèle américain, se découpe comme suit : école primaire (*elementary school*), secondaire ou collège (*high school*), écoles supérieures et universités (*colleges, universities*). Toutefois, même si une amélioration est notée (augmentation du nombre d'écoles et de professeurs), l'éducation aux Philippines est encore loin d'être exemplaire : il y a toujours trop d'enfants qui ne vont pas à l'école car ils travaillent ou parce qu'ils n'y ont pas accès, c'est surtout le cas dans les zones rurales. Parallèlement, le pays comptabilise, en 2023, 327 000 infrastructures pour l'école primaire, et seul un tiers de ces écoles est en bonne condition. Les autres doivent être rénovées. Un manque de place et de matériel est aussi constaté.

La condition des femmes

Politiciennes, scientifiques, portes-parole, maires de villes et villages, journalistes influentes… : de nombreuses femmes accèdent à tous les postes clés. Cette présence des femmes sur la scène publique est un indicateur important des avancées pour l'égalité des genres. Les Philippines font exception en Asie du Sud-Est sur les questions de la condition des

Famille intergénérationnelle.

femmes, puisqu'elles ont obtenu, par exemple, le droit de vote en 1933, avant même l'indépendance du pays. À titre de comparaison, en France, les femmes n'ont obtenu le droit de vote qu'en 1944. Cette réalité ne doit pas occulter que la condition des femmes aux Philippines reste très précaire (inégalités salariales, inégalités des chances, discriminations, sexisme, cantonnées au foyer familial, prostitution, etc.). Et le poids de l'Église catholique notamment se fait ressentir. Ainsi, les Philippines restent l'un des seuls pays à ne pas avoir de loi sur le divorce et à interdire l'avortement (sans exception pour les cas de malformation, inceste ou viol). Chaque année, plus d'un million d'avortements sont pratiqués de façon clandestine et plus de 2 000 femmes meurent de complications. En résumé, il reste de nombreux progrès à faire pour améliorer la condition des femmes.

La structure familiale

Le mariage est une fin en soi, un passage obligé, une tradition, une culture. Dès l'âge de 18 ans, rares sont ceux qui y échappent. Certains attendent impatiemment leur majorité, d'autres ne s'en donnent même pas la peine et se marient avec le consentement mutuel de leurs parents. Avoir plusieurs enfants est la suite logique de l'événement. Face à ce conformisme social, le célibataire intrigue. Il fait l'objet d'une certaine suspicion. Cependant, la nouvelle génération est moins conformiste. Certains jeunes Philippins vivent même en concubinage. Les divorces sont interdits (à quelques exceptions près et sous condition de procédures très longues et coûteuses). Dans ces conditions toutefois, peu nombreux sont celles et ceux qui sortent du modèle traditionnel de la famille. Et le sens de la famille, très poussé, se transmet de génération en génération. Ceci explique en grande partie que rares sont les jeunes qui éprouvent, à l'âge de leur majorité (18 ans), un besoin d'indépendance. L'insécurité de l'emploi et les difficultés de la vie quotidienne les poussent à rester au sein de la famille. En conséquence, il n'est pas rare que plusieurs générations vivent sous le même toit.

La communauté LGBTQ+

Les relations entre personnes de même sexe n'ont jamais constitué un crime et sont donc fort heureusement légales dans le pays. À l'exception de zones rurales ou conservatrices, la communauté LGBTQ+ est plutôt bien intégrée. Les associations sont nombreuses et les avancées sont constantes, malgré la pression de l'Église. Par exemple, en 2016, Geraldine Roman devenait la première femme transgenre élue au Congrès, et plusieurs villes ou villages ont, à leur tête, une personnalité homosexuelle. Cependant, il reste de nombreux problèmes de discrimination, d'inégalité et de violences à résoudre pour atteindre une acceptation et une égalité totales.

L'hospitalité philippine

En évitant de tomber dans l'écueil des stéréotypes et des clichés nationalistes, on peut tout de même constater que dans l'ensemble, les Philippins marquent par leur hospitalité et leur joie de vivre. Tristement habitués aux catastrophes naturelles comme les typhons ou tremblements de terre, ils font aussi preuve d'une grande résilience face à cette nature qu'ils savent indomptable. Le *Bayanihan*, un concept très ancré dans la culture philippine, désigne tout à la fois l'esprit de camaraderie, de communauté et d'aide mutuelle. Face aux difficultés du quotidien ou face aux catastrophes naturelles justement, ils sont solidaires et toujours prêts à rendre service aux autres.

RELIGIONS

La religion et les croyances font partie intégrante de la vie quotidienne aux Philippines. Le pays est le seul État catholique d'Asie et le poids de l'Église est partout sensible. C'est la colonisation espagnole qui a laissé cet important héritage catholique. De nos jours, 79 % des Philippins appartiennent à l'Église romaine catholique et 9 % sont protestants ou adhérents à d'autres communautés chrétiennes indépendantes. La plus importante des minorités religieuses est représentée par les musulmans, qui comptabilisent environ 6,5 % de la population ; et quelque 2 % sont animistes. La foi omniprésente du peuple philippin est fortement marquée par la tolérance et le respect de l'autre. Et il n'est pas rare pour les Philippins de concilier leur foi religieuse principale et d'autres croyances, rituels païens et légendes locales. Enfin, cérémonies, messes, festivals : les religions rythment le calendrier du pays.

Ferveur catholique

Le christianisme, plus précisément la foi catholique romaine, a été introduit dès le XVIe siècle avec l'arrivée de Ferdinand Magellan et des colons espagnols en 1521. Encore aujourd'hui, la fascination exercée par le Christ, considéré comme victime d'une oppression politique, est toute puissante, et près de 80 % de la population est catholique. On retrouve l'icône de l'enfant Jésus, Santo Niño, dans toutes les maisons. Parfois même, des autels sont installés dans la salle de séjour, pour la prière. Les chapelets, les phrases de la Bible et surtout la mention « *God bless you* » se retrouvent souvent accrochés aux rétroviseurs des Jeepney, des tricycles ou des voitures individuelles. Certains Philippins se signent même quand le véhicule démarre ou quand il passe devant une église. Il va sans dire que les Philippins sont très pratiquants : les églises sont bondées toute la journée et des processions nocturnes sont régulièrement organisées. La dévotion prend des proportions impressionnantes, qui frisent parfois le mysticisme. Ainsi, tous les ans, à San Fernando, pendant la Semaine Sainte, des fidèles se crucifient pour reproduire la passion du Christ en s'infligeant les mêmes souffrances. Les fêtes religieuses de la Semaine Sainte donnent lieu à des dévotions toutes particulières. Les sculptures sur bois défilent, montrant le Christ souffrant et des vierges pathétiques. La lueur des cierges et le silence du recueillement qui s'impose laissent place à une ambiance particulière. Les silences ne sont alors rompus que par les prières et les sons des tambours. Les chants expriment la foi, la douleur et l'espoir du peuple philippin.

© ANTONIO V. OQUIAS - SHUTTERSTOCK.COM

Mosquée de Cotobato.

Autres communautés chrétiennes

Le protestantisme a été introduit par les premiers missionnaires presbytériens et méthodistes qui sont arrivés avec les soldats américains en 1899. Aujourd'hui, le protestantisme est le troisième groupe religieux du pays (5,5 % de la population), derrière l'Islam. Au début du XXe siècle, deux églises philippines indépendantes ont été organisées et sont encore importantes aujourd'hui. Il s'agit de l'Aglipayan (Église indépendante philippine) du nom de son fondateur, Gregorio Aglipay, et de l'Iglesia ni Cristo (Église du Christ), fondées respectivement en 1902 et 1914. L'église Aglipayan mélange la liturgie catholique avec des traditions philippines, et elle s'est exportée dans des pays comme les États-Unis, le Canada ou l'Australie, où la communauté philippine est très présente. L'Iglesia ni Cristo préconise une adhérence plus stricte aux enseignements de la Bible et ses membres sont par exemple tenus de ne pas boire, fumer ou parier. Le nombre de ses fidèles a considérablement augmenté, avec près de 3 % de la population. Ses églises, avec

Église Sainte-Anne à Molo.

leur architecture unique et imposante, sont des points de repère dans presque toutes les grandes villes.

Importance de l'Islam

L'Islam a été introduit aux Philippines au XIVe siècle lors des échanges commerciaux entre les Arabes et l'Asie du Sud-Est et a résisté à l'évangélisation des colons espagnols. Aujourd'hui, c'est le deuxième plus grand groupe religieux du pays, derrière le catholicisme. 6,5 % de la population serait musulmane. La majorité vit dans le sud du pays, dans la région de Mindanao et des îles alentour, où un tiers de la population est musulmane. Les communautés musulmanes font face à de nombreux problèmes de discrimination et de pauvreté, en plus d'être confrontées à des conflits qui sévissent depuis très longtemps entre notamment le gouvernement et des groupuscules extrémistes et séparatistes présents dans le sud de la région.

Les rituels païens

Les aborigènes païens sont des Anito – « *anito* » veut dire « esprit ». Le culte de l'anito consiste à faire des offrandes et à formuler des incantations. Les offrandes, appelées « *halads* », sont des victuailles disposées sur un autel, une petite plate-forme en branchages et feuilles de palmier surélevée dans un arbre. Le culte des esprits est cultivé et bien ancré. Ainsi, l'homme de la tribu utilise le poison de certaines plantes pour attraper les poissons dans la rivière. Il arrive parfois qu'il soit atteint d'une étrange maladie. L'homme pense alors qu'il a offensé les esprits de la rivière ; il faut donc les apaiser en effectuant des rituels, appelés « *babaylans* », pendant lesquels le prêtre du village brûle de l'encens et chante sur le bord de la rivière. Il se rend ensuite devant l'autel pour faire participer l'esprit de la rivière aux offrandes. Les rituels en concordance avec la nature se répètent. Un créateur suprême du nom de Mambabaya équilibre la terre et l'espace. On vénère les rochers, les montagnes, les arbres et les rivières. La vie spirituelle est très liée aux catastrophes naturelles, tels que les typhons, les raz-de-marée, les éruptions volcaniques ou les tremblements de terre : tous ces phénomènes renvoient au mysticisme et à la superstition.

Superstitions

Toutes sortes de superstitions ont cours aux Philippines. Les phénomènes surnaturels suscitent toujours l'intérêt de la population. Les Philippins sont en effet très sensibles à toutes sortes de croyances qui relèvent de la religion animiste, présentes à travers les légendes des anciens et des membres des ethnies. Les histoires sont racontées avec beaucoup de verve et semblent pimenter le quotidien : on croit ainsi à la magie des Anting-anting, des talismans soigneusement préparés par les sorciers et destinés à conjurer le mauvais sort (on vous en offrira peut-être en signe d'amitié) ; on croit aux pouvoirs des sorciers wack-wack de Siquijor ; on croit aux dons des guérisseurs de Baguio ; on croit aux fantômes, aux revenants, aux fées et aux monstres mythologiques. Mais plus encore, on croit à l'Aswang maléfique et surpuissant qui prend la forme d'un chien, chat ou cochon et surprend les femmes enceintes et les enfants la nuit. Dans le même registre, on croit à la Manananggal, femme tronc qui survole et surveille les maisons des femmes enceintes, et lorsque ces dernières sont endormies, sa langue géante transperce le toit des maisons et capture les bébés… Ce mélange de superstition et de folklore est encore très vivant de nos jours.

QUE RAPPORTER ?

Il est temps de penser aux souvenirs que vous souhaitez rapporter de votre voyage, pour vos amis, familles ou vous-même ! Bonne nouvelle, l'artisanat aux Philippines est assez abondant, surtout dans les endroits touristiques et sur les marchés mais aussi le long des routes entre deux villages. Il est toutefois nécessaire de rappeler que les magasins dans les lieux touristiques ou les vendeurs à la sauvette pratiqueront des prix plus élevés pour des produits de moindre qualité. Préférez l'artisanat local et traditionnel dont les minorités ont le monopole. Bois, rotin, feuilles de palmiers, fibres végétales, abaca, bambou… les matériaux naturels sont véritablement mis à l'honneur. Vêtements, bijoux, statuettes, nattes, tissus, perles, bibelots, poteries, couteaux voire tout simplement quelques snacks typiques, ou pour les plus ambitieux un meuble, chaque voyageur trouvera de quoi combler ses envies.

Tissus et broderies

Les fibres végétales sont très utilisées pour confectionner des vêtements et des accessoires. Les minorités ethniques sont les premières à utiliser ces fibres végétales pour produire différents articles, alliant travail manuel avec leurs traditions. Leur savoir-faire est réputé dans tout le pays. Le *jusi* est de la soie de banane ; la *piña*, de la fibre d'ananas. La *ramie* est une sorte de lin, appelée aussi « herbe chinoise » (type d'ortie). L'incontournable *abaca* est le chanvre de Manille. Produit sur Luzon et Mindanao, c'est une matière première de grande qualité qui est utilisé avant tout pour la fabrication des filets de pêche et dorénavant pour la fabrication de vêtements en lin, tapis et sacs tissés à la main, qui constituent d'excellentes idées de cadeaux. Le design, les matériaux et les couleurs inspirent le travail des stylistes de mode et des décorateurs renommés de Manille. Les tissages à la main des tribus de Mindanao sont reconnus dans le pays. Par exemple, les femmes de la tribu des T'boli, sur les rives du lac Sebu sur Mindanao, sont réputées pour leurs magnifiques tissus brodés et tissés à la main, les *t'nalak*. La légende raconte que c'est une déesse qui envoie les motifs à tisser aux femmes T'boli en rêve durant leur sommeil. Traditionnellement, le *t'nalak* est utilisé pour les mariages et naissances, mais grâce à la croissance du tourisme, cet artisanat peut se développer davantage. Tout au sud de Mindanao, les Yakans, originaires de l'île de Basilan, sont considérés comme les plus fins tisserands du pays. Une semaine est le temps moyen pour réaliser un mètre carré de tissu.

© PONDPONY - SHUTTERSTOCK.COM

Mangues séchées.

Souvenirs en bois et autres matériaux naturels

Les matériaux naturels en général sont à l'honneur dans l'artisanat des Philippines, dont les traditions et les savoir-faire remontent parfois à plusieurs siècles. On utilise beaucoup le bois ainsi que les feuilles de palmier et les herbes diverses, le rotin et le bambou. Parmi les idées originales à rapporter : les hamacs en rotin ou les nattes en feuilles de palmier, aussi appelées *banig*. Le *banig* est une natte tissée à la main que les Philippins utilisent généralement comme matelas ou tapis de sol. On voit parfois le long des routes, sur certaines îles, des femmes découper des bandes de feuilles de palmier, les faire sécher, parfois les colorer et puis les tisser. Il existe des nattes de toutes les couleurs et ornementées de motifs splendides. Le tressage de paniers en rotin ou en bambou est une autre forme d'artisanat très populaire dans l'archipel, on retrouve des paniers de toutes tailles et formes qui servent à l'origine de contenants de stockage et de transport, et aujourd'hui d'éléments décoratifs. Si vous souhaitez rapporter un objet plus artistique, les sculptures en bois constituent un très bon souvenir. Statuettes, masques, jeux d'échec, instruments de musique

© LISYL - STOCK.ADOBE.COM

Porte-monnaies en abaca.

et autres objets décoratifs sont particulièrement renommés. Les ustensiles de cuisine en bois de narra sont de superbes pièces réalisées par les montagnards du nord de Luzon. Pour les meubles en bambou ou mobilier en rotin, répandus dans toutes les régions, le mieux est de les faire fabriquer sur commande précise car les standards philippins ne sont pas toujours adaptés aux intérieurs européens.

Perles et bijoux

La culture des perles est très active dans le pays, qui est d'ailleurs le deuxième plus gros producteur de perles du monde derrière le Japon. Les perles des Philippines (aussi appelées perles des mers du Sud) sont réputées pour leur qualité, leur grande taille et leur couleur dorée qui fait penser à de l'or. Les fermes perlières les plus connues se trouvent pour la plupart sur Mindanao et à Palawan, où l'on trouve par exemple les fermes de la célèbre compagnie Jewelmer, fondée par le Français Jacques Branellec en 1979, et qui produit environ 700 000 perles par an, vendues entre 150 et 300 € l'unité et donnant du travail à plus d'un millier de Philippins. Parmi les quelques pièces en vrac à rapporter chez soi : les bijoux en perles bien sûr et les bijoux tribaux fabriqués à base de coquillages, de bois ou de graines.

Poteries et bibelots divers

L'art de la poterie aux Philippines remonte à plusieurs milliers d'années. Les jarres fabriquées en argile servaient à l'origine à conserver les restes d'un défunt, avant de prendre d'autres fonctions, comme la cuisson et la conservation des aliments. Aujourd'hui, l'artisanat de la poterie est toujours très développé, notamment au nord de Luzon, dans les villages aux alentours des rizières de Banaue ou dans la région de Sagada. Les statuettes religieuses à l'effigie de la Vierge Marie ou de l'Enfant Jésus et les images saintes foisonnent. Plutôt amusantes, elles offrent un souvenir symbolique. C'est le cas également des Jeepneys miniatures. Ces anciennes jeeps militaires abandonnées par les Américains après la guerre et réhabilitées en transport en commun sont un symbole ultime de l'archipel, et en rapporter une miniature constitue un souvenir simple et efficace.

Snacks et produits locaux

Les Philippins sont friands d'en-cas sucrés et salés à toute heure du jour et de la nuit, comme des fruits secs, des chocolats, des gâteaux, etc. Pas étonnant, donc, qu'on en trouve une variété exceptionnelle. Chaque ville ou village a ses spécialités et le meilleur moyen de les découvrir reste de parcourir les marchés locaux. La star nationale des snacks, c'est sans aucun doute la mangue séchée. Le pays est réputé pour la douceur et la qualité de ses mangues (certains disent même que c'est ici que l'on trouve les meilleures) et les mangues séchées sont tout simplement à tomber. C'est un souvenir léger, bon marché et original. Dans le même registre, les *polvoron*, des sortes de biscuits sablés friables aux divers parfums, font saliver les enfants et les adultes. Côté boissons, vous pouvez toujours rapporter quelques bières locales, comme la bière San Miguel, que l'on trouve partout, ou du rhum. Le plus connu est le rhum Tanduay, du nom de la rue Tanduay à Manille, l'emplacement originel de la distillerie. Enfin, l'huile de coco est très réputée aux Philippines et est considérée comme un produit miracle et multifonctions : elle est utilisée comme huile de cuisson, en cosmétique pour les coups de soleil, les cheveux et la peau, comme huile de massage, etc.

SPORTS ET LOISIRS

Aux Philippines, le sport le plus populaire est le basket-ball et l'on trouve des terrains un peu partout dans l'archipel. Évidemment, les Philippins sont passionnés par la boxe anglaise et se sont largement enflammés pendant les années de gloire de Manny Pacquiao au début du millénaire. Les élites, elles, pratiquent aussi régulièrement le polo, le golf ou le tennis. Du côté des sports traditionnels, il convient de citer le *jaï alaï* (la pelote basque) ou le *sepak-takraw*, sorte de foot-volley pratiqué sur un terrain de badminton. Côté activités, c'est la plongée sous-marine qui remporte tous les suffrages et on débarque du monde entier pour plonger. Sessions de farniente et sports nautiques sont également au programme, et les surfeurs trouveront des spots pour se faire plaisir un peu partout. Sur terre, des superbes randonnées attendent les marcheurs, que ce soit sur des volcans, entre les rizières ou dans la jungle.

Le basket-ball, le sport national

Le basket est le sport favori des Philippins. Il y a des terrains dans tous les villages du pays. Depuis 1975, il existe une ligue professionnelle organisée par la PBA (Philippine Basketball Association). En septembre 2023, les Philippines accueillent la Coupe du monde de basket-ball, conjointement avec le Japon et l'Indonésie, et espèrent faire mieux que leur 32e place lors de la dernière édition.

Très populaire boxe anglaise

La boxe est un sport très populaire dans tout l'archipel. De nombreux boxeurs philippins se distinguent régulièrement au niveau international, dans le sillage de la légende Manny Pacquiao, qui est adulé par tous les Philippins. Véritable héros national, il est l'un des deux seuls boxeurs (avec l'Américain Oscar de la Hoya) à avoir détenu les titres mondiaux (WBA, WBC, IBF ou WBO) dans 6 catégories de poids différentes. Il a été élu boxeur de la décennie 2000-2010.

Les sports de balle traditionnels

Le *jaï alaï* est l'héritage des colons basques depuis plus d'un siècle. Cette pelote est très appréciée par les Philippins, bien qu'elle soit de moins en moins pratiquée. La rapidité du jeu étant stupéfiante (les balles peuvent atteindre les 300 km/h), les joueurs sont obligés de se protéger d'un casque. Et les parties font l'objet de nombreux paris.

Le *sepak-takraw*. Ancien sport national né aux Philippines, le *sepak-takraw* (*takraw* : balle de rotin), également très physique, est fort prisé : deux équipes de trois personnes se renvoient une balle de rotin, s'aidant de la tête, des pieds, de la poitrine et des genoux, au-dessus d'un filet tendu à un mètre du sol sur l'équivalent d'un terrain de badminton.

Le karaoké, loisir incontournable

Le karaoké est sans conteste le loisir préféré des Philippins. Il y en a dans le moindre petit village et, des plus jeunes aux plus âgés, pas

DÉCOUVRIR

la moindre pudeur dès qu'il s'agit de prendre le micro… Et il ne viendrait à l'idée de personne de se moquer même du pire des chanteurs. A vous de trouver un tube international à fredonner !

La plongée sous-marine, l'activité reine

Les Philippines sont célèbres pour abriter parmi les plus beaux fonds sous-marins du monde. En effet, ils offrent une faune abondante de poissons tropicaux multicolores, mais également des espèces plus rares telles que dauphins, baleines, requins-baleines ou le dugong en voie de disparition. Les tarifs particulièrement bas attirent les plongeurs du monde entier. Sur les îles entourées de sites de plongée, il est fréquent de trouver des hôtels associés à des centres de plongée qui proposent des *packages* attractifs.

Farniente et sports nautiques

Le pays compte plus de 7 000 îles paradisiaques qui font le bonheur des voyageurs. Le Robinson souhaitant s'isoler du reste du monde peut trouver un confetti inhabité ; les amateurs de stations balnéaires n'ont que l'embarras du choix ; le plongeur est au paradis… Peu de pays peuvent se targuer d'offrir une si grande diversité d'îles. Et certaines des plages du pays sont probablement parmi les plus belles d'Asie, dans l'archipel des Visayas ou l'archipel de Bacuit notamment. Dans les Visayas, l'île de Boracay est le symbole du tourisme balnéaire des Philippines. Elle est célèbre pour sa longue plage de sable blanc, White Beach, sans doute l'une des plus belles du pays. La province de Cebu - Bantayan Island notamment - est également très courue. On pourra aussi aller poser sa serviette sur les plages de rêve de El Nido ou de Coron Island dans la province de Palawan. Kitesurf, windsurf, parachute ascensionnel, paddle, snorkeling, ski nautique, wakeboard ou jet-ski, les activités ne manqueront pas sur toutes les plages touristiques de l'archipel.

Une destination surf

Le surf est une activité relativement récente aux Philippines. Son essor date des années 1990 et est dû en grande partie aux compétitions de haut niveau rassemblant des champions internationaux et aux nombreuses photos parues dans les magazines spécialisés. La United Philippine Surfing Association (UPSA) est l'association qui organise le championnat local. Les principaux spots se trouvent sur la côte nord-ouest de Luzon à San Juan, sur la côte est de Luzon à Baler et à Daet (Bagasbas Beach), à Puraran sur l'île de Catanduanes. La côte sud-est de Samar offre également quelques spots. Enfin, comment ne pas évoquer Siargao Island, la capitale du surf aux Philippines ? L'île regorge de spots pour surfer. Les plus expérimentés iront rider « Cloud 9 » à General Luna, un tube légendaire qui accueille régulièrement des compétions.

© JONATHAN - STOCK.ADOBE.COM

Surf sur l'île de Siargao.

De superbes randonnées

Un vigoureux relief volcanique confère aux Philippines des paysages d'une grande beauté. Les *sierras* tombent abruptement dans la mer, les rivières rugissent au fond d'humides canyons, et le riche climat tropical favorise la croissance de jungles qui montent à l'assaut des montagnes.

Les volcans font donc le bonheur des randonneurs. Le plus haut et le plus exotique est le Mount Apo National Park sur Mindanao. Le plus majestueux, avec son cône parfait, est le mont Mayon au sud de Luzon dans le Mayon Volcano National Park. Le volcan Kanlaon, très large et accidenté, se trouve au Negros occidental. Au nord de Manille, le mont Pinatubo offre de beaux paysages de sable et de cendres. Enfin, le lac Taal avec son volcan, au sud de Manille, fait l'effet d'une île dans l'île. Immanquable !

En dehors des volcans, les marcheurs pourront aussi se faire plaisir dans les rizières, notamment celle de Banaue. C'est l'une des attractions majeures des Philippines inscrites au patrimoine mondial de l'Unesco, et souvent qualifiée de « huitième merveille du monde ». Ces rizières sont vieilles de deux mille ans et s'élèvent jusqu'à 1 500 m d'altitude. Une quinzaine de kilomètres plus loin, les villages de Banggan et Batad sont des étapes merveilleuses pour des randonnées au milieu de rizières. Le village de Batad est en particulier célèbre pour ses rizières en amphithéâtres, sans doute le panorama le plus spectaculaire tant les terrasses de riz semblent s'échapper vers le ciel. À 25 minutes à pied de Batad, vous pourrez aussi vous rendre aux chutes de Tappiyah (Tappiya Waterfall) qui se terminent dans une immense piscine naturelle. Époustouflant !

Et, un peu partout dans l'archipel (notamment dans la province de Palawan), les marcheurs pourront s'aventurer dans la jungle où de nombreux sentiers les attendent.

GASTRONOMIE

Brassage unique de saveurs asiatiques et hispaniques, avec une touche d'influence américaine, la cuisine des Philippines, peu connue en France, offre pourtant bon nombre de spécialités délicieuses et hautes en couleur. Morcelée en quelques 7 640 îles entre la mer de Chine méridionale et l'océan Pacifique, cet archipel volcanique fait un usage généreux de légumes et de fruits savoureux, d'épices et de condiments variés, de viande, de volaille, d'une foule de poissons et de fruits de mer, sans oublier le riz, pierre angulaire de la cuisine locale. Presque 500 ans de présence espagnole ont laissé des traces visibles dans le plus grand pays catholique d'Asie, où l'on adore le cochon de lait, le chorizo et la paella. Sans oublier des échanges commerciaux très anciens avec la Chine, introduisant dans l'archipel, nouilles, sauce soja, chou, etc. On note aussi cette dualité est-ouest avec des pâtisseries aux accents à la fois ibériques et asiatiques.

Produits caractéristiques

Peuplées par un nombre spectaculaire de groupes ethniques, les Philippines possèdent une histoire riche et complexe. Avant même la présence espagnole, les différents États qui composaient l'archipel commerçaient déjà avec leurs voisins : empire de Chine, Japon, Siam, sultanat de Brunei, etc. Avec la prise de pouvoir par l'Espagne, le pays conserva son statut de puissance marchande en Asie avec Manille comme centre névralgique. La capitale était l'un des points de départ de la route commerciale Manille-Acapulco, au Mexique, qui connectait alors les deux continents. En plus des métaux précieux, épices et objets rares, les galions espagnols permirent l'introduction en Asie de nombreuses plantes agricoles du Nouveau Monde : pomme de terre, tomate, cacao, piment, courge, maïs, etc.

Pilier de la cuisine philippine, le riz est consommé à tous les repas et il est servi de manière quasi automatique avec chaque plat. Il est cuit à la vapeur, généralement nature, mais il peut être parfois sauté dans de l'huile avec divers condiments. Les nouilles – appelées « *pancit* » – se déclinent en plusieurs variétés comme les *canton* (aux œufs), les *bihon* (vermicelles de riz), les *sotanghon* (vermicelles de haricots mungo), les *odong* (épaisses à la farine de blé), etc. La patate douce, le taro (tubercule), le manioc et l'igname violet (*ube*) font partie des féculents les plus appréciés.

Parmi les légumes les plus courants, on retrouvera divers légumes-feuilles comme les épinards d'eau, le chou chinois (*pak choi* et *pe-tsaï*) mais également aubergines, haricots-kilomètre, gombo (okra), carotte, courge, tomate, etc. La noix de coco est aussi bien utilisée pour son lait que son eau, sa chair et son huile. Les mangues et les papayes vertes bien acidulées sont râpées et conservées dans une saumure vinaigrée et épicée (*atchara*). Le fruit du jacquier (*langka*) possède une chair filandreuse qui rappelle la texture de la viande effilochée.

Les trois viandes les plus consommées sont le poulet, le porc et le bœuf. La chèvre, le buffle d'eau (*carabao*), le canard et le gibier (cerf notamment) sont plus rares. L'influence espagnole a favorisé la confection de certaines charcuteries comme la *longganisa* (saucisse), le *pinuneg* (boudin noir), le *tocino* (lard) ou encore le chorizo de Cebu, en forme de petites boules, finement épicé. Les produits laitiers sont appréciés, notamment certains fromages frais comme le Kesong Puti au lait de bufflonne.

Avec plus de 35 000 km de côtes, la cuisine philippine est indissociablement liée aux produits de la mer : mérou, maquereau, espadon, thon, cabillaud, marlin, sans oublier crevettes, crabes, seiches, calamars, moules, palourdes, huîtres et ormeaux. Les algues (*damong dagat*) sont également prisées. Dans les cours d'eau, on pêche le tilapia et le poisson-chat. Le bangus (*milkfish*), considéré comme le poisson national, est souvent salé, séché et fumé, prenant alors le nom de *tinapa*.

La cuisine locale fait usage d'un vaste assortiment d'épices et de condiments : oignon, échalote, ail, gingembre, citronnelle, curcuma, poivre, laurier-sauce, anis étoilé, etc. Le tamarin est apprécié pour sa pulpe brune et aigre alors que les longues feuilles de *pandan* possèdent un goût délicat entre noix de coco et vanille. Les graines de roucou, au léger goût de noix de muscade, sont utilisées pour leur couleur orangée. Si les locaux mangent moins pimenté que certains de leurs voisins, on utilise abondamment du *siling haba* (long piment vert modérément piquant) et du *siling labuyo* (minuscule piment rouge ou vert, généralement de moins de 1 cm, très pimenté).

La saveur aigre est prisée et on utilise du vinaigre de canne à sucre sans modération. Le *calamansi* est un hybride naturel entre la mandarine et le kumquat. Ce petit agrume de la taille d'une grosse cerise est présent partout aussi bien pour garnir les plats de viande que pour donner un peu de peps à un bière bien fraîche. La sauce soja ou *toyò* est largement utilisée, souvent mélangée avec du jus de *calamansi* et un soupçon d'échalote et de piment hachés, donnant la fameuse sauce *toyomansi*. Le *patis* (sauce de poisson fermenté) est très commun, tout comme la pâte de poisson (*bagoóng isdâ*) ou de krill (*bagoóng alamáng*) fermentée, au goût puissant. Le surprenant ketchup de banane – composé de pulpe de banane, sucre, vinaigre et épices – est apparu dans les années 1940. Certains plats sont adoucis avec du sucre *muscovado*, un sucre de canne pur et non raffiné, à la forte teneur en mélasse.

Les repas du quotidien sont le plus souvent pris dans les *turo-turo* (accumulation de marmites sur de petits étals dans la rue) ou dans de petites cantines bon marché. On mange trois fois par jour : petit déjeuner (*almusál*), déjeuner (*tanghalían*) et dîner (*hapúnan*). L'après-midi, on profite de la *merienda* (goûter), comme en Espagne ou en Amérique latine. Occupation américaine oblige, les *fast-foods* sont très présents dans tout le pays et fort appréciés de la population.

Traditionnellement, les Philippins mangeaient avec les mains, mais la présence espagnole puis américaine a renforcé l'utilisation de couverts, et on mange aujourd'hui avec fourchette et cuillère comme dans d'autres pays d'Asie du Sud-Est. Il est rare de trouver des couteaux en dehors des restaurants internationaux. Toutefois on organise encore de grands banquets appelés *kamayan* ou *salu-salo* où une multitude de mets sont disposés sur des feuilles de bananiers. Les convives se servent ainsi avec une main et déposent la nourriture dans l'autre main avant de l'apporter à la bouche.

Les classiques de la cuisine philippine

On retrouve sur les marchés, les stands de rue et bien sûr au restaurant, un grand nombre d'amuse-bouches. Le plus typique est le *lumpia* ou *lumpiang*, d'origine chinoise, équivalent local d'un nem. On retrouvera plusieurs variantes comme le fameux *lumpiang shanghai*, frit, garni de porc haché et de légumes, mais il existe des versions sans viande (*lumpiang gulay*) ou fraîches, composées d'une crêpe fourrée de bâtonnets de légumes et de viande ou de crevettes précuites, à la manière d'un rouleau de printemps (*lumpiang sariwa*). Frais également, le *lumpiang ubod* contient du cœur de palmier. Le *dynamita* est une variété de *lumpiang* contenant un piment entier lui-même farci de fromage ou de viande hachée. Citons aussi le *rellenong alimango* (crabe farci) et les *camaro rebosado* (beignets de crevettes). L'*empanada ilocos* est un chausson à base de pâte orange – colorée au roucou – garni de saucisse et d'œuf dur.

Si le riz est présent à tous les repas comme accompagnement, il peut aussi être préparé comme plat principal. Citons ainsi le *silog*, un classique au petit-déjeuner, composé de *sinangag* (riz frit à l'ail) et d'*itlog* (œuf au plat). Le tout est garni de viande, donnant son nom au plat ainsi composé : *tapsilog* (avec du *tapa* : viande marinée hachée), *longsilog* (avec de la *longganisa*), *hamsilog* (avec du jambon), *chiksilog* (avec du poulet frit), etc. L'*arroz caldo* est un porridge de riz crémeux garni de poulet, oignon frit et œuf dur.

DÉCOUVRIR

Lumpiang Shanghai.

© BRENT HOFACKER - STOCK.ADOBE.COM

Adobo.

Autre classique directement influencé par l'Espagne : la *paelya* est un terme général pour désigner les plats à base de riz jaune (teinté au roucou et non au safran, que l'on n'utilise pas aux Philippines), garni de viande, légumes et fruits de mer. La principale différence vient de l'utilisation de riz gluant, donnant une préparation plus dense et collante que le riz bomba, utilisé pour la paella traditionnelle. On ajoute également des œufs durs en garniture. La recette la plus classique est ainsi appelée « *arroz a la valenciana* ». Le *bringhe* contient en plus du lait de coco alors que la *paella negra* est teintée à l'encre de seiche.

L'influence chinoise hokkien, venant du sud-est de la Chine, est perceptible notamment via des recettes variées à base de nouilles. Elles se composent généralement d'un mélange de légumes, de viande et/ou de fruits de mer avec comme nom la variété utilisée : *pancit canton* (plat de nouilles de blé aux œufs), *pancit bihon* (plat de vermicelles de riz), etc. On retrouve également le *pancit palabok* avec des vermicelles napées d'une sauce épicée garnies de crevettes, d'œuf dur et de porc haché, ou les *pancit habhab*, garnies de carottes, de chou, de chayote (variété de courge) et de morceaux de viande. On notera également les *siopao asado*, des brioches vapeur fourrées de porc au caramel effiloché.

Plat de fête incontournable, le *lechon*, ou cochon de lait, est très populaire. Il se déguste à l'occasion des événements marquants, anniversaires, mariages ou festivals. Le jeune cochon est fourré de citronnelle et parfois d'ail, d'oignons et de piments, puis cuit plusieurs heures à la broche. La peau – devenue très croustillante – est particulièrement prisée. Le *lechon kawali* désigne des tranches de poitrine de porc frites, consommées telles quelles, ou, comme dans le cas du *pinakbet*, cuites avec des légumes et du *bagoong* (pâte de crevettes). On compte une multitude de recettes de porc comme le *crispy pata* (jarret de porc frit parfumé de sauce soja, piment et vinaigre) ou le *bicol express* (poitrine de porc dans une sauce pimentée au lait de coco). Souvent servi à Noël, l'*hamonado* est une recette de porc confit avec jus d'ananas, poivre noir, laurier, sauce soja, ail et vinaigre. Variante du *puchero* espagnol, la *pochera* est une sorte de pot-au-feu avec poitrine de porc, pois chiches, tomate, maïs, pomme de terre, chou, etc.

Mais il existe une multitude d'autres recettes de viande en sauce, dont le plat national philippin : l'*adobo*. Cette spécialité de viande de porc ou de poulet (parfois de poisson) est cuite dans un mélange très aromatique de sauce soja, vinaigre, poivre noir, laurier, avec une très généreuse quantité d'ail. Le *kare-kare* est un ragoût de viande (queue de bœuf, jarret de porc, pieds de veau et parfois abats) avec des légumes variés, le tout cuit dans une sauce à base de beurre de cacahuète, oignon, ail et pâte de crevettes. *Afritada*, *mechado*, *caldereta* et *menudo* sont quatre plats de viande en sauce assez similaires, garnis de pommes de terre, carottes, tomate, sauce soja. On notera que l'*afritada* contient souvent du poulet et que le *menudo* est généralement préparé avec de la viande et du foie de porc, alors que la *calderata* est plutôt pimentée.

Composé d'un bouillon acide, parfumé de tamarin, le *sinigang* contient diverses viandes et/ou poissons ainsi que plusieurs légumes, qui se déguste avec du riz. Il s'agit d'un des plats les plus populaires de l'archipel, où il est présent dans la quasi-totalité des régions. A l'inverse, le *tiyula itum* vient uniquement de l'ethnie Tausug dans l'archipel des Sulu. C'est une soupe de bœuf ou de viande de chèvre finement épicée qui doit sa couleur presque noire à l'utilisation de noix de coco grillée. Enfin, le *bulalo* est une soupe de jarret de bœuf et d'os à moelle avec du maïs et du chou.

Les Philippins sont des adeptes du barbecue, ainsi les grillades et autres brochettes de viande et d'abats font largement partie des classiques de la *street food* locale. Citons par exemple le poulet *inasal*, longuement mariné dans un mélange de jus de *calamansi*, poivre, vinaigre et graines de rocou, puis grillé à la perfection au-dessus des braises. C'est une variante du *lechon manok*. Ce plat se compose d'un poulet entier poulet parfumé d'ail, de laurier, d'oignon, de poivre noir, de sauce soja et de *patis* (sauce de poisson), avec parfois un peu de sucre roux. Il est farci de citronnelle et rôti au charbon de bois. C'est un plat très populaire aux Philippines et il est facilement disponible dans les restaurants en bordure de route. Autre classique, le *bistek tagalog* se compose de lanières de bœuf cuites lentement dans de la sauce soja, du jus de *calamansi* et beaucoup d'oignons. Enfin, le *sisig* est un mélange de tête et de poitrine de porc et de foie de poulet, le tout haché et sauté avec du jus de *calamansi*, de l'oignon et des piments.

Largement utilisé, le lait de coco entre dans la composition d'une multitude de plats comme le *ginataan*. En réalité, ce terme englobe diverses recettes à base de légumes cuits dans du lait de coco et garnies de viande, poissons ou fruits de mer. La plus connue est le *ginataan manok* au poulet. Mais on retrouvera aussi d'autres variantes : *kuhol* (escargot d'eau et légumes-feuilles), *labong* (pousses de bambou avec parfois viande ou fruits de mer), *isda* (avec poissons et légumes feuilles), *langka* (fruit de jacquier et fruits de mer), *ampalaya* (melon amer ou margose, et poisson), etc. Le *piaparan* se compose de viande (généralement du poulet) ou de fruits de mer, dans une sauce épaisse au lait de coco et au curcuma, le tout garni de noix de coco râpée. Très populaire également, le *pininyahang manok* est un ragoût de poulet avec ananas, légumes variés et lait de coco.

Les recettes de poissons et de fruits de mer ne manquent évidemment pas. Citons par exemple le *sinugno* (tilapia grillé au lait de coco) et le *sinanglay* (poisson farci, enveloppé de légumes-feuilles, de citronnelle et de *pandan*, puis cuit dans une sauce épicée au lait de coco). Sur les étals des marchés on trouvera couramment des *fishballs* (boulettes de poisson). Spécialité de Mindanao, le *kinilaw* se compose de thon cru ou de marlin bleu, mariné dans du vinaigre de coco, mélangé à du jus de *calamansi* et du gingembre, agrémenté de concombre, de tomate ou de poivron. C'est un plat très frais, qui n'est pas sans rappeler le ceviche sud-américain. L'*inihaw na panga ng tuna* se compose d'une mâchoire de thon laquée de sauce soja, vinaigre, piment et *calamansi*. Le *paksiw* est une préparation généralement à base de poisson (parfois de porc) poché dans un bouillon très vinaigré avec oignon, ail et gingembre. Enfin, le *halabos na hipon* se compose de crevettes cuites avec de l'ail et un trait de soda citron avec parfois une noix de beurre.

Comme dans de nombreux pays asiatiques, certains plats peuvent déconcerter nos palais occidentaux. On notera ainsi quelques spécialités comme le *dinuguan at puto*, une soupe de viande et d'abats de porc cuits avec sang de porc, oignon, ail, etc. Le *betute* est une recette de grenouilles entières, frites, farcies d'un mélange à base de porc haché. Inhabituelle, mais agréablement fraîche, l'*ensaladang lato* – parfois appelée *kinilaw na guso* – est une salade à base d'algue du genre *Caulerpa lentillifera*, mieux connue sous le nom de caviar vert ou *umibudō*. Le *kamaro* est un plat de courtilières (une espèce de grillon) sautées avec de l'ail et du vinaigre. Traditionnellement, la viande de chien était consommée aux Philippines, mais sa vente est interdite depuis 1998, même si la loi n'est pas forcément toujours respectée, notamment dans les provinces de la Cordillère Centrale, au nord de Luçon. Le *balut* est probablement la spécialité la plus déstabilisante du pays. Cet œuf de canne fécondé est incubé jusqu'à formation d'un fœtus. L'œuf est ainsi cuit à la vapeur puis dégusté avec un peu de sel ou un trait de vinaigre pimenté. Le fœtus et le jaune d'eau sont très appréciés avec une bière, tout comme le bouillon naturellement formé à l'intérieur de la coquille pendant la cuisson.

Desserts et boissons

Comme dans la plupart des pays d'Asie du Sud-Est, les desserts et pâtisseries aux Philippines sont confectionnées avec l'incontournable trio riz-coco-banane. On notera par exemple le *galapóng*, une pâte de riz fermenté qui sert de base à de nombreuses desserts comme le fameux *bibinka*, un gâteau assez dense et moelleux, à base de riz et de lait de coco. Il existe de nombreuses variantes avec de la farine de manioc ou même garni de banane ou de fromage frais. Les *puto* sont d'autres gâteaux de riz cuits à la vapeur que l'on parfume par exemple avec des feuilles de *pandan* (on parle alors de *puto pandan*), ce qui leur donne une couleur verte. D'autres, comme les *puto bumbong*, sont préparés avec du riz gluant violet et cuits dans des tubes en bambou. Le *kutsinta* est un gâteau vapeur à la pâte de riz – un peu gélatineux – coloré au roucou. On le nappe parfois de *latik* (caramel de lait de coco). Le *sapin-sapin* est un flan vapeur à la farine de riz gluant et au lait de coco, composé de couches de différentes couleurs.

Le *halo-halo*, très rafraîchissant, est également un grand classique et on peut le trouver partout, à tout moment de la journée. Il contient de la glace pilée, du lait concentré sucré, de la glace à l'igname violet (*ube ice cream*), des haricots rouges sucrés, diverses gelées, des fruits, de la noix de coco, le tout servi dans un grand verre. On notera également le *champorado*, un porridge de riz au cacao et au lait concentré, que l'on sert – étrangement – avec du poisson séché. Le *turon* – rien à voir avec le nougat espagnol – est une sorte de rouleau de printemps frit à la banane, alors que l'*ensaymada* est bien d'origine espagnole et se présente sous forme d'une brioche au sucre, fourrée de crème vanillée. Le *leche flan* est un riche flan aux œufs, venant également d'Espagne. Les *pastillas de leche* sont des confiseries à base de lait en poudre et de lait concentré. La *buko pie* est une tourte fourrée d'une garniture à base de noix de coco fraîche, de sucre et de lait.

Les fruits tropicaux sont délicieux et juteux, abondants et variés. C'est l'occasion de déguster papayes, ananas, agrumes, mangues bien sucrées alors que les mangues vertes se mangent avec du sel en crudités. Il existe vingt variétés de bananes : banane plantain (*saging*), naines, rouges, vertes, en légumes ou en dessert. Il faut aussi goûter le *mangostan* à la pulpe très sucrée, le *caimito* ou *star apple*, le *marang* à la chair délicate ou encore le durian, à la pulpe jaune et crémeuse que les locaux adorent. Les étrangers trouvent généralement que son goût oscille entre un camembert trop fait et de l'oignon, avec l'odeur qui va avec. À goûter pour se faire un avis. Les fraises sont appréciées en montagne.

Tous ces fruits rentrent dans la composition de nombreuses boissons fraîches comme le jus de *calamansi*, bien acidulé, dont le goût rappelle la mandarine et le citron vert. Le *buko* désigne l'eau de coco que l'on sirote directement dans le fruit – encore vert – fendu en deux d'un coup de machette. Les sodas sont extrêmement populaires. Une longue présence espagnole puis américaine a fait des Philippins d'importants consommateurs de café. La qualité du café est très variable, même si de plus en plus de *coffee shops* ouvrent dans les grandes villes, et on peut boire de bons cafés du cru, par exemple à Luzon et dans les montagnes près de Sagada et Baguio. La variété la plus prisée provient des montagnes de Batangas, connue sous le nom de *kapeng barako*. La consommation de thé est finalement plus récente. Le *salabat* est une infusion au gingembre censée soigner le mal de gorge. On apprécie aussi le thé glacé *tanglad* à la citronnelle. Le *tsokolate* est un chocolat chaud, populaire pendant la saison de Noël.

La consommation d'alcool est importante aux Philippines, d'autant plus que le prix des boissons alcoolisées est en général très abordable. La bière locale la plus appréciée est la classique San Miguel, très légère, que l'on retrouve absolument partout. Mais il faut essayer aussi la Cerveza Negra, brune, ainsi que la Red Horse, forte, également fabriquée par la compagnie San Miguel. Citons également la Beer Na Beer. Le pays possède une importante production de rhum dont le célèbre Tanduay. On notera également le gin local (Ginebra San Miguel).

Il existe une multitude de vins de palme portant le nom générique de *tubâ*, préparés avec diverses espèces de palmiers. Le *lambanog* (noix de coco) et le *laksoy* (palmier nipa) sont distillés, de couleur blanche – laiteuse ou claire – avec un degré d'alcool important (entre 40 et 50°). La *bahalina* tire sa couleur ambrée de l'utilisation d'écorce de palétuvier. Le *kinutil*, mélange de vin de palme, lait concentré, jaune d'œuf et cacao, est l'équivalent locale d'un lait de poule. On notera également le *tapuey*, le vin de riz gluant produit par les Visayas, et le *basi*, le vin de canne à sucre agrémenté de baies et d'écorces des Ilocanos.

© ARTRAN - ISTOCKPHOTO.COM

Halo-halo.

AGENDA

Le carnaval d'Ati-Atihan à Kalibo, les fameuses célébrations de Santo Niño ou encore le Sinulog festival de Cebu ne sont qu'un aperçu des milliers de festivités qui font vibrer toutes les îles des Philippines chaque année. Il n'est d'ailleurs pas rare, lors d'un voyage, de se retrouver par hasard au cœur d'une procession ou d'un carnaval en traversant une ville ou l'autre. Si la plupart sont des cérémonies religieuses datant de l'époque espagnole, d'autres célèbrent des événements historiques ou honorent la saison des récoltes, toujours avec costumes hauts en couleur, percussions et tambours, chants et danses traditionnelles. Participer à l'une de ces fêtes est probablement le meilleur moyen de partager la culture et l'esprit philippin. Alors, bienvenue dans l'archipel des festivals où chaque mois apporte son lot de *fiestas* qui viennent rythmer et colorer la vie quotidienne des Philippins !

FESTIVAL ATI-ATIHAN

KALIBO

Plusieurs jours autour du troisième week-end de janvier.

C'est le festival le plus célèbre du pays et l'un des plus spectaculaires ! D'origine païenne, c'est devenu, il y a 786 ans, l'une des premières célébrations en l'honneur du Santo Niño. Tiis-Tiis, Tigayons, Libtong Boys, Borongas... plus de 55 tribus sont représentées, chacune arborant des costumes typiques et outrageusement colorés, qui suivent en cadence les tambours et les percussions des musiciens. Le dernier soir, la parade de feu voit défiler les milliers de participants à la lueur de torches en bambou enflammées. À ne pas manquer !

DINAGYANG

ILOILO

Dernier week-end de janvier.

La fin du mois de janvier est placée sous le signe de l'Enfant Jésus (Santo Niño). Il est fêté dans plusieurs villes de l'archipel telles que Manille, Dumaguete ou Dipolog. Dinagyang est l'un des plus attendus et fréquentés de l'archipel. Au programme, pléthore d'évènements dont le plus attendu est un concours de danse au cours duquel les tribus présentent leurs chorégraphies – des plus impressionnantes – en arborant des costumes traditionnels plus jolis et extravagants les uns que les autres. Le tout aux sons des orchestres et sous le regard ébahi des visiteurs.

FESTIVAL SINULOG

CEBU

Le troisième dimanche de janvier.

Ce festival est l'un des plus beaux et des plus célèbres de l'archipel (voire de l'Asie !). Cette fête en l'honneur de l'Enfant Jésus, Santo Niño, également le saint patron de Cebu, commence par une grande procession solennelle, qui s'anime au fur et à mesure, pour finir en immense parade colorée de Carnaval, rythmée par les tambours et les percussions. Concours de costumes, de danses ou de rituels, les évènements ne manquent pas, et le long des routes, stands de maquillages et de *street-food* voient défiler la foule en liesse. Un véritable moment de joie !

ART FAIR PHILIPPINES

MANILLE

https://artfairphilippines.com

Un week-end à la mi-février.

Chaque année, depuis 2013, Manille expose ce que la scène artistique philippine a de meilleur à offrir en termes d'art contemporain. Expositions dans le domaine de la photo, du digital, des arts visuels ou de la performance, conférences thématiques, visites guidées, projections de films, workshops... un programme qui ravira tous les amateurs d'art. En parallèle, s'organisent également dans la capitale, « 10 jours d'art », dans d'autres musées ou galeries d'art et perçus comme une expansion de ce que la Art Fair propose le week-end (visites, expos).

PANAGBENGA FESTIVAL [FESTIVAL DES FLEURS]

BAGUIO

www.panagbengaflowerfestival.com

Durant tout le mois de février.

Panagbenga signifie « saison de floraison » en kankanaey, le dialecte de la Cordillère. Durant plus d'un mois, de nombreux évènements et animations mettent en lumière les traditions et l'histoire de la ville de Baguio et de la région de la Cordillère. Au programme : marché aux fleurs, conférences, grandes parades florales et présentation culturelle des groupes ethniques de la région. La fête se termine en beauté par l'élection de la reine du festival et par un feu d'artifice.

FESTIVAL DE HUNGDUAN

BANAUE

Troisième semaine d'avril.

En avril, quand la plantation du riz se termine dans les célèbres rizières de la municipalité d'Hungduan, les fermiers fêtent l'événement. Il est alors interdit de se balader dans les rizières. Le repos bien mérité [*tungoh*] est prétexte à un festival, aussi connu sous le nom de Tungoh ad Hungduan, qui donne lieu à 3 ou 4 jours de festivités durant lesquelles se déroulent, entre autres, parade, démonstration d'arts et de rituels des différentes tribus et compétitions de sports. Le festival se termine en apothéose par une longue nuit de danses et de chants traditionnels.

FESTIVAL DE KAAMULAN

MALAYBALAY

De mi-mars à mi-avril.

Le festival de Kaamulan tient son nom d'un terme indigène qui signifie « se rassembler ». Il est organisé par sept tribus du nord de Mindanao qui se réunissent pour célébrer la diversité et l'unité. Danses de rues, concours d'équitation, fabrication d'instruments, peintures sur sol ou encore présentation de rituels ethniques, c'est l'occasion idéale de découvrir et de partager le temps d'un instant les modes de vie de ces tribus qui n'ont pas beaucoup changé depuis des siècles. Un festival des plus authentiques qui vous fera voyager.

PAHIYAS FESTIVAL

LUCANA

Le 15 mai.

Il a lieu en l'honneur de saint Isidore le Laboureur, le saint patron des fermiers. Les habitants décorent leurs maisons de produits agricoles [bananes, feuilles de riz...] et invitent les visiteurs à partager de la nourriture et des rafraîchissements. Le matin, des spectacles de danse animent la ville. L'après-midi, une procession composée d'une fanfare fait suite à la messe. Enfin, après son passage dans les rues [à cette occasion, le curé bénit les maisons], les habitants distribuent les décorations de leurs maisons qui sont toutes comestibles.

CUTUD LENTEN RITES

SAN FERNANDO

Le vendredi saint.

Si les festivités liées à la Semaine Sainte sont légion aux Philippines, San Pedro Cutud, un barangay de la ville de San Fernando au nord de Manille, a acquis une renommée des plus atypiques [pour ne pas dire « gore »]. En effet, chaque année, le vendredi saint, des croyants, majoritairement des hommes, s'y pressent, garnis de couronnes d'épines pour venir y reproduire la Passion du Christ à coups de flagellations et autres crucifixions. L'Église elle-même ne cautionne pas cette pratique, mentionnée ici plus à titre informatif qu'incitatif, bien sûr.

FLORES DE MAYO

MANILLE

Durant tout le mois de mai.

Ce festival dont le nom signifie « fleurs de mai » en espagnol est l'une des nombreuses dévotions en l'honneur de la Vierge Marie. On le célèbre à Manille, mais aussi dans plusieurs autres villes des Philippines. Durant tout le mois de mai, les églises et leurs abords sont particulièrement animés, on assiste à des défilés de somptueux costumes réalisés par de grands couturiers, et le festival se termine par *Santacruzan*, une grande procession accompagnée de danseurs et musiciens et qui reproduit la quête de la Croix Sacrée par sainte Hélène.

FÊTE NATIONALE DES PHILIPPINES

MANILLE

Le 12 juin.

La fête nationale commémore la déclaration d'indépendance que le général Emilio Aguinaldo a signée le 12 juin 1898, marquant de la sorte la fin de la colonisation espagnole. L'hymne national et le drapeau philippin avaient été alors chanté et brandi pour la première fois. Même si cette date est souvent rediscutée (par rapport au 4 juillet 1946), le 12 juin reste un jour férié et chaque année un grand défilé est organisé à Manille ainsi que des festivités partout dans le pays.

ANNIVERSAIRE DE L'EXIL DE JOSE RIZAL

DIPOLOG

Deux dernières semaines de juillet.

C'est à Dapitan, à quelques kilomètres de Dipolog (Mindanao), que le Dr. José Rizal, poète et médecin, avait été exilé en 1892 par les autorités espagnoles, avant d'être fusillé en 1896, à seulement 35 ans. Depuis, chaque année, des hommages (baptisés *Revisitamos Dapitan 1892)* sont rendus à celui qui a joué un grand rôle dans l'émancipation du peuple philippin et qui est devenu un véritable héros national. Pour cet anniversaire, shows culturels et historiques.

PINTADOS-KASADYAAN FESTIVAL

TACLOBAN

Le 29 juin.

C'est l'un des festivals les plus attendus de la ville. Son nom fait référence aux tribus des îles de Leyte et de Samar, les Pintados. Pour l'occasion, les différentes communautés se rassemblent à Tacloban et présentent chacune leur propre culture et folklore. Les peintures corporelles et tatouages sont essentiellement mis en valeur, des danses de rues dans des costumes incroyables prennent également place et bien sûr un traditionnel concours de beauté si cher aux Philippins !

BUYOGAN FESTIVAL

TACLOBAN

Dernière semaine d'août.

Le festival tient son nom du terme *Buyog* qui signifie « abeille » et qui a aussi donné son nom à Abuyog, la ville où se déroulent les festivités, à quelques kilomètres de Tacloban. Réputé pour être l'un des meilleurs festivals de l'archipel, le Buyogan Festival fait la fierté des habitants de l'île de Leyte. Pour l'occasion, des parades sont organisées au cours desquelles les participants défilent dans des costumes d'abeilles, tous plus beaux les uns que les autres, et produisent des chorégraphies imitant les mouvements de cet insecte majestueux.

FESTIVAL DE BINUHAT

TAGUM

La troisième semaine de juillet.

Binuhat Festival, c'est, entre autres, la fête des « Ladyboy » à Tagum. Cette manifestation, la seule du genre de Mindanao, est dédiée à la communauté LGBTQ+ qui se rassemble pour l'occasion dans une ambiance très joviale. Le terme « *binuhat* » signifie « création » en langue philippine. Le but de ce festival : montrer ses talents et sa fierté au grand jour, sensibiliser à la cause LGBTQ+ et surtout s'amuser. Carnaval de rue haut en couleur, concours extravagants et exhibitions artistiques rythment cette semaine de *fiesta*.

FESTIVAL DE PENAFRANCIA

NAGA

Deuxième et troisième semaines de septembre.

C'est la plus grande fête mariale d'Asie du Sud-Est. Des milliers de personnes se dirigent alors vers Naga pour rendre hommage à Notre-Dame de Penafrancia. La semaine des festivités commence par la *Translacion* (qui a lieu le deuxième vendredi du mois) : la statue de la Vierge Marie est alors portée lors d'un pèlerinage dans la cathédrale de Naga. Au neuvième jour du festival, la statue est transportée dans la basilique mineure via une impressionnante procession fluviale sur la rivière Naga ; toutes les barques sont colorées et attachées entre elles et tirent le banca de la Vierge.

FESTIVAL MASSKARA

BACOLOD CITY

Tout le mois d'octobre et particulièrement le dernier dimanche.

Le Masskara festival est l'un des plus gros événements des Philippines. Souvent comparé au Carnaval de Rio, il attire plusieurs milliers de visiteurs chaque année. Sans caractère religieux ou historique, il fut conçu au début des années 1980 simplement pour remonter le moral de la population locale, alors au plus bas en raison de la dépression économique. Les sourires joyeux des masques et les danses expressives animent les parades géantes rythmées par des musiques latines. Le point d'orgue est une compétition de danse, à ne pas manquer.

FESTIVAL DE BINABAYANI

OLONGAPO CITY

Le 30 novembre.

Le Binabayani festival rend hommage à la guerre qui eut lieu à Masinloc (localité à 60 km de Olongapo) entre les Aetas et les chrétiens. *Binabayani*, en dialecte local, signifie « bravoure ». Cette bataille est reconstituée sous la forme de danses et de rituels, chaque année, le jour de San Andres, le saint patron de la ville. Les participants défilent alors en costumes traditionnels époustouflants de beauté. Certaines légendes racontent que si le Binabayani n'est pas célébré, un malheur comme une catastrophe naturelle se produira.

FESTIVAL DES LANTERNES GÉANTES

SAN FERNANDO

Le week-end précédent le réveillon de Noël.

La ville est réputée pour être la capitale de Noël du pays, c'est donc tout naturellement qu'elle organise l'un des festivals de Noël les plus renommés. Le concept tourne autour de la fabrication de lanternes géantes par les habitants des différents barrios (sortes de quartiers). Elles doivent être fabriquées avec des matériaux locaux et certaines atteignent plus de cinq mètres de diamètre. Ensuite vient le défilé de ces lanternes multicolores au design unique, organisé dans les barrios et accompagné par des groupes de danseurs et de musiciens.

LUZON

L'île de Luzon, la plus grande, celle qui abrite la moitié de la population philippine, et qui est si souvent délaissée par les visiteurs. Luzon, c'est avant tout la capitale. L'intimidante, la désordonnée et tentaculaire Manille. Porte d'accès au pays pour la majorité des voyageurs, elle impressionne, elle désarçonne mais elle ne laisse jamais indifférent. À quelques kilomètres, le centre de Luzon, immense plaine traversée par deux grandes rivières, le mont Pinatubo, la plongée dans la baie de Subic. Luzon c'est aussi le nord, montagneux et empreint de mysticisme. Là où s'étalent les célèbres rizières de Batad et de Banaue, vieilles de 2 000 ans, mais aussi les peuples Ifugaos, leurs coutumes et légendes. Le sud de Luzon, quant à lui, est caractérisé par ses volcans, dont le majestueux mont Mayon, et par un littoral parsemé de péninsules et d'îles comme Catanduanes ou les Caramoan. Une île qui va vous surprendre...

Itbayat
ITBAYAT ISLAND
BATAN ISLAND
Basco
SABTANG ISLAND
Mer de Chine méridionale
Calayan
Claveria
Aparri
LAOAG
Batac
VIGAN
Tuguegarao
Tabuk
Candon
BONTOC
BATAD
Ilagan
SAGADA
BANAUE
CAMBULO
BANGAAN
MAYOYAO
Santiago
San Fernando
Bayombong
BAGUIO
ALAMINOS
LUÇON
San Jose
Palayan
Tarlac City
MONT PINATUBO
ANGELES
BARRETTO
SAN FERNANDO
Balanga
QUEZON CITY
LAS PIÑAS
ANTIPOLO
MANILLE
ANGONO
CORREGIDOR ISLAND
KAWIT
PAGSANJAN
LOS BAÑOS
VILLA ESCUDERO
Lubang
BATANGAS
Calapan
Mamburao
Sablayan
Kalibo
Busuanga
Coron
100 KM

CHINE
LUZON
PHILIPPINES
INDONÉSIE
AUSTRALIE
Luzon
Mer des Philippines
Daet
CATANDUANES ISLAND ★
Libmanan
NAGA
Tabaco
MAYON VOLCANO NATURAL PARK ★★
LEGAZPI
Sorsogon City
DONSOL ★★
San Jose
Masbate City
Calbayog
Catbalogan

PAGES

105 ## MANILLE

137 ## METRO MANILA

Metro Manila, Kalakhang Maynila en tagalog, est aussi appelé Grand Manille ou région de la capitale nationale (NCR). C'est la région métropolitaine de la capitale, qui en plus de la ville de Manille, compte 16 autres villes, dont Quezon City et Las Piñas pour une superficie totale de 636 km². Administrativement, elle n'appartient à aucune province car c'est une région à part entière et le centre administratif, économique, culturel et politique du pays. Avec plus de 14 millions d'habitants, c'est l'aire urbaine la plus peuplée du pays et l'une des plus densément peuplées du monde également. Un habitant sur dix des Philippines vit ici. Metro Manila n'a pas un intérêt touristique majeur.

137 ### QUEZON CITY

139 ### LAS PIÑAS

140 ## CENTRAL LUZON

La région de Central Luzon encadre pratiquement Manille. Les visiteurs s'y rendent surtout pour attraper leur vol à l'aéroport de Clark. Toutefois la province de Zambales, où l'on trouve la ville d'Olongapo et la baie de Subic, entre autres, est également réputée des Manillais et de quelques touristes, pour ses beaux paysages, ses plages et son volcan Pinatubo. La région plaira aussi aux plongeurs puisque la baie abrite d'intéressantes épaves, vestiges des différentes occupations espagnole, japonaise et américaine.

140 ### SAN FERNANDO

140 ### ANGELES

MONT PINATUBO ★★

141 Situé à 100 km au nord-ouest de Manille, le majestueux volcan Pinatubo est tristement célèbre pour s'être réveillé subitement en 1991 après avoir dormi plus de 500 ans. Son éruption fit près de 1 000 victimes. Depuis, le volcan est surveillé et on y fait d'incroyables randonnées.

141 ### OLONGAPO CITY

142 ### BARRIO BARRETTO

144 ## NORTHERN LUZON

Les provinces du nord de Luzon, et notamment celles de la Cordillère, offrent des paysages, une atmosphère et surtout une expérience culturelle uniques. Dans la région de Banaue, elles sont le théâtre de la huitième merveille du monde, les sublimes rizières en terrasses, patrimoine de l'Unesco. En gagnant le nord de Luzon, le décor devient montagneux et verdoyant. Les sapins remplacent les arbres tropicaux et le climat est très agréable. Les chaînes de montagnes culminent à 2 000 m d'altitude. Cette région réunit quatre provinces, dont Benguet avec la ville de Baguio, l'entrée du grand nord. Au nord de Benguet, la province des Montagnes et la province d'Ifugao sont nichées sur les flancs de la cordillère centrale, tandis que la province Kalinga-Apayao, la plus septentrionale, reste une région très peu développée et accessible. Les peuples des montagnes gardent leurs distances avec les habitants des plaines, fidèles à leurs traditions séculaires. La résistance farouche des Igorots (mot définissant les peuples de la montagne) face à l'influence espagnole reste légendaire. Les autorités qui se sont succédé dans le pays n'ont jamais pu obtenir le ralliement de ces minorités. L'agriculture, à laquelle s'adonne plus de la moitié de la population, est l'activité principale de la région. La meilleure saison, pour visiter les montagnes de Luzon, s'étale de novembre à mai. Que ce soit par la route ou par les sentiers de trek, cette région, aux identités culturelles si marquées, offre des panoramas à couper le souffle.

PAGES

A l'extrême nord de l'île de Luzon s'égrènent les 11 îles de Batanes qui regroupent environ 20 000 habitants, à Batan (l'île principale), Sabtang et Itbayat. Les autres îles, Ditarem, Adekey, Vuhus, Misanga, Dinem, Mavudis, entre autres, sont inhabitées. Situées à 160 km de Luzon, ces îles sont parfois oubliées des cartes.

144 **BAGUIO** ★

150 **BONTOC**

SAGADA ★★★

151 Charmant village perché dans la montagne et qui a su conserver ses traditions et rituels. Célèbre pour ses cercueils suspendus et ses grottes immenses, parmi les plus populaires du pays.

BANAUE ★★★

156 Village perché à flanc de montagne, Banaue est entouré de rizières en terrasses à perte de vue. Vieilles de plus de 2 000 ans, ce sont les plus vieilles du monde, elles sont inscrites à l'Unesco. C'est aussi le point de départ de nombreux treks dans les villages ifugaos alentour. Sublime.

BATAD ★★★★

161 C'est l'un des plus beaux endroits du pays : un village ifugao traditionnel lové au creux de somptueuses rizières en terrasses, peut-être les plus belles de la région. Un incontournable.

160 **MAYOYAO**

164 **BANGAAN**

164 **CAMBULO**

BATAN ISLAND ★

165 Batan est l'île principale des îles Batanes, la plus petite et la plus septentrionale des provinces du pays. C'est ici que se trouve l'aéroport – à Basco, la capitale de l'île – la porte d'entrée de Batanes. Des paysages du bout du monde, qui font penser à l'Écosse. Pour les amoureux de la nature.

167 **SABTANG ISLAND**

167 **ITBAYAT ISLAND**

●● WESTERN LUZON

168

Cette grande région à l'ouest de Luzon est souvent délaissée par le voyageur étranger, au profit des montagnes de la cordillère et de ses rizières en terrasses. Pourtant, cette région s'enorgueillit de vrais paradis naturels comme le parc des Hundred Islands, de plages paradisiaques comme Pagudpud, au nord de Laoag, de petits bijoux d'architecture coloniale (la ville de Vigan et les églises autour de Laoag), sans oublier les vagues de La Union que les surfeurs apprécient particulièrement. Moins fréquentée, la côte ouest de Luzon en est d'autant plus accueillante et authentique.

VIGAN ★★

168 Étape incontournable du nord-ouest de Luzon, Vigan est une ville à l'architecture incroyable. Elle est d'ailleurs classée au Patrimoine de l'Unesco comme l'exemple le plus parfait de ville coloniale espagnole en Asie. Ses ruelles pavées, ses calèches, ses demeures hispaniques en grosses pierres... Vigan a un charme unique.

171 **LAOAG**

PAGES

173 ALAMINOS
174 SAN FERNANDO ★

●● SOUTHERN LUZON

176

Le sud de Luzon est une région assez oubliée par les voyageurs, non car elle est difficile d'accès, bien au contraire, mais parce que les attractions touristiques sont assez dispersées. Il faut donc avoir beaucoup de temps ; mais, si on a du temps, chaque province est un véritable régal ! Rizal, nommée d'après le héros national, est une province réputée pour ses randonnées et ses sites facilement accessibles depuis Manille, le temps d'une escapade hors de la capitale le week-end. Antipolo et Angono, village d'artistes, sont les principales cités. La province de Cavite, quant à elle, est située au sud-ouest de Manille. Elle est la porte d'entrée de la baie de Manille et a joué un rôle important dans l'indépendance du pays. Située au sud-est de Manille, Laguna est réputée pour les chutes d'eau de Pagsanjan et le volcan Makiling. La province abrite également le plus grand lac du pays sur sa bordure sud, le Laguna de Bay. Enfin, la région la plus au sud-est est connue sous le nom de Bicol. Elle se divise en six provinces, dont celle d'Albay, ayant pour ville principale Legaspi. Trois montagnes dominent la région : le majestueux mont Mayon, le volcan actif au cône parfait, le mont Masaran et le mont Malinao. Cette région est moins fréquentée par les voyageurs. Enfin, la sauvage île de Catanduanes, au large de Bicol, défie les vents et offre un cadre idyllique aux amateurs de surf.

176 ANTIPOLO
177 ANGONO
177 KAWIT
178 TAGAYTAY ★

Tagaytay surplombe le lac Taal et son célèbre volcan, superbe et bouillonnant. C'est une escapade paisible et facilement accessible depuis Manille (1h30). Il y règne une certaine douceur de vivre très appréciée des habitants de la capitale.

180 CORREGIDOR ISLAND
181 BATANGAS

À seulement 2-3 heures de route de la capitale, Batangas - et plus précisément la petite cité balnéaire d'Anilao - est très connue et appréciée des plongeurs.

182 VILLA ESCUDERO
182 LOS BAÑOS
183 PAGSANJAN
184 NAGA
185 LEGAZPI
190 MAYON VOLCANO NATURAL PARK ★★

Avec sa forme conique parfaite qui fait penser au mont Fuji, le mont Mayon est le volcan emblématique des Philippines. Majestueux et somnolant, c'est aussi l'un des plus actifs. Les jours de beau temps, c'est un paradis pour les randonneurs.

191 DONSOL ★★

Charmante petite ville, célèbre car on peut y nager avec des requins-baleines, le plus gros poisson au monde, en toute liberté. Une expérience unique !

193 CATANDUANES ISLAND ★

MANILLE

Il faut bien avouer que Manille n'a pas vraiment bonne presse auprès des voyageurs… Ni auprès des Philippins d'ailleurs, qui viennent rarement vivre dans la capitale par plaisir, mais plutôt pour les opportunités d'emplois qu'elle offre. Embouteillages, pollution, bruit incessant, pauvreté, urbanisme douteux, la première arrivée dans la tentaculaire Manille peut parfois être un choc. Et pourtant, la capitale reste un passage quasi obligé lors d'un voyage aux Philippines et une première porte d'accès à la culture et à la vie locale (bien que le reste du pays soit plus intéressant). Vous trouverez ici des conseils pour appréhender la capitale sereinement, des idées de visites (oui, il y en a !) et des adresses pour vous loger et vous restaurer. De quoi appréhender la capitale sereinement et avec le sourire car si Manille manque de charme, une chose est sûre, elle ne laisse personne indifférent.

C Street
Kalayaan
D Street
O Street
E Street
P Street
South Avenue
M Street
P. Ocampo Street
Main Street
G Street
Main Street
Q Street
Metropolitan Avenue
Suez Street
Kakarong Street
Ecoville Street
M Street
I Street
O Street
J Street
Nicanor T. G
Calatagan Creek
Bagtikan Street
Yakal Street
Ayala Avenue Extension
Malugay Street
190
Senator Gil J. Puyat Avenue
Senator Gil J. Puyat Avenue
H. V. Dela Costa Street
H. V. Dela Costa Street
Bautista
YUCHENGCO MUSEUM
Tordesillas
Urban Avenue
L. P. Leviste Str
Ayala Avenue
Salcedo Street
San Agustin Stree
Valero Street
Valero Access Road 3
V. A. Rufino Street
Sotto Street
Bolanos Street
Esteban Street
MUSIC 21 PLAZA
FAMILY KTV ROOM
J. Victor Street
Rodriguez Street
Rada Street
Castro Street
Carlos Palanca Street
Gil Street
Chino Roces Avenue
Adelantado Street
V. A. Rufino Street
Nieva Street
Perea Street
S. Javier Street
SAINT ILLIAN'S INN
Legazpi Street
Gallardo Street
Gamboa Street
HERALD SUITES
Drop Off
THE SPA
Fernando Street
Gamboa Street
GREENBELT
SENTRO
Soria Street
J. Victor Street
Aguirre Street
Trasierra Street
CAFÉ BRETON ARMORICA
Jimenez Street
PEOPLE'S PALACE
Benavidez Street
BALI HAN
AZUTHAI
RAF
Don Bosco Street
Arnaiz Avenue
Juan Luna Street
300 M

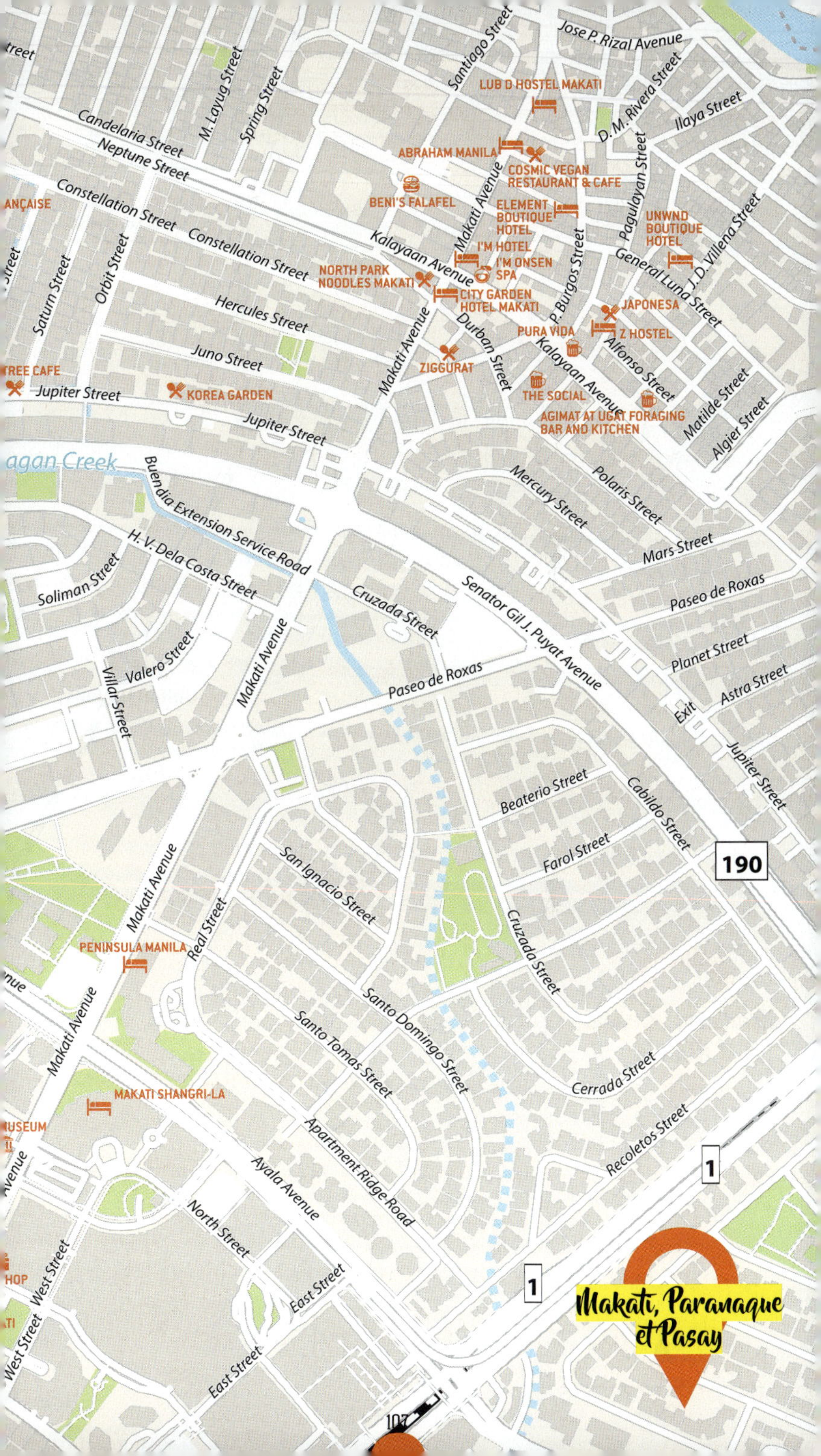
Makati, Paranaque et Pasay
Jose P. Rizal Avenue
Santiago Street
LUB D HOSTEL MAKATI
D. M. Rivera Street
Ilaya Street
ABRAHAM MANILA
COSMIC VEGAN RESTAURANT & CAFE
Pagulayan Street
BENI'S FALAFEL
ELEMENT BOUTIQUE HOTEL
UNWND BOUTIQUE HOTEL
J.D. Villena Street
Makati Avenue
I'M HOTEL
I'M ONSEN SPA
General Luna Street
P. Burgos Street
NORTH PARK NOODLES MAKATI
CITY GARDEN HOTEL MAKATI
Kalayaan Avenue
JAPONESA
PURA VIDA
Z HOSTEL
Durban Street
Alfonso Street
ZIGGURAT
THE SOCIAL
Matilde Street
Algier Street
AGIMAT AT UGAT FORAGING BAR AND KITCHEN
Candelaria Street
Neptune Street
M. Layug Street
Spring Street
Constellation Street
Saturn Street
Orbit Street
Hercules Street
Juno Street
Jupiter Street
KOREA GARDEN
TREE CAFE
ANÇAISE
agan Creek
Buendia Extension Service Road
H. V. Dela Costa Street
Soliman Street
Valero Street
Villar Street
Mercury Street
Polaris Street
Mars Street
Paseo de Roxas
Planet Street
Astra Street
Exit
Senator Gil J. Puyat Avenue
Cruzada Street
Beaterio Street
Cabildo Street
Farol Street
190
San Ignacio Street
Real Street
PENINSULA MANILA
Santo Domingo Street
Santo Tomas Street
Cerrada Street
Recoletos Street
Apartment Ridge Road
Ayala Avenue
MAKATI SHANGRI-LA
USEUM
North Street
East Street
West Street
HOP
1

Intramuros, Ermita et Malate
MUSEO NI JOSÉ RIZAL
THE MANILA COLLECTIBLE CO.
FORT SANTIAGO
TESOROS
CATHÉDRALE DE MANILLE
BUREAU OF IMMIGRATION
Arroceros Forest Park
150
Mehan Garden
ÉGLISE SAINT-AUGUSTIN
BARBARA'S HERITAGE RESTAURANT
CASA MANILA
BARBARA'S COFFEE SHOP
THE PAPIER TOLE SHOP
BAMBIKE ECOTOURS
WHITE KNIGHT
THE ROYAL CAFE MANILA
THE BAYLEAF INTRAMUROS
PLAZA SAN LUIS COMPLEX
BALUARTE DE SAN DIEGO
SILAHIS ARTS AND ARTIFACTS
ILUSTRADO
Jones Bridge
Quezon Boulevard
Carlos Palanca Street
Muralla Street
Andres Soriano Avenue
Beaterio Street
Legazpi Street
Anda Street
Solana Street
Real Street
Arzobispo Street
Santa Potenciana Street
Victoria Street
Muralla Street
Padre Burgos Avenue
15th Street
16th Street
Railroad Street
Bonifacio Drive
Santa Lucia Street
San Marcelino Street
Teodoro F. Valencia Circle
Maria Orosa Street
Kalaw Road
25th Street
THE MANILA HOTEL
CAFE ILANG-ILANG
HERITAGE MUSEUM
PARC RIZAL
MUSEE NATIONAL DES PHILIPPINES
Kalaw Avenue
United Nations
United Nations Avenue
Parade Avenue
Alhambra Street
MIRAMAR HOTEL
MUSEO PAMBATA
BAYVIEW PARK HOTEL
HARBOR VIEW RESTAURANT
RED PLANET MANILA BAY
MANILENOS SIZZLING HOUSE
COWBOY GRILL
ASIAVENTURE
DADS SAISAKI KAMAYAN
MANILA LOTUS HOTEL
Marcelo H. del Pilar Street
Adriatico Street
Roxas Boulevard
R. Salas Street
SHAWARMA SNACK CENTER
NEW COAST HOTEL
ROBINSONS PLACE MALL
TAMBAYAN CAPSULE HOSTEL
A. Mabini Street
PEARL GARDEN HOTEL
Manila Bay Dolomite Beach
DIAMOND HOTEL
RED PLANET MANILA MABINI
CASA ARMAS
BEDROCK BAR & GRI
MALATE PENSIONNE
CAFE ADRIATICO
BISTROT REMEDIOS
ÉGLISE DE MALATE
ARISTOCRAT
DOLOMITE BEACH
Madre Ignacia Street
Baie de Manille
500 M

SE REPÉRER SE DÉPLACER

Il faut admettre que Manille n'est pas la ville la plus agréable pour se balader. Comme ses rues sont en dessous du niveau de la mer et que sa plaine est exposée aux pluies torrentielles, elle est souvent victime d'inondations. En saison sèche, ce n'est pas mieux, la chaleur associée à la pollution rend l'atmosphère irrespirable. D'autant plus que la moitié des véhicules du pays se regroupe ici, ce qui fait que Manille est constamment encombrée. Mais rassurez-vous, il existe quand même des moyens d'arpenter la capitale. Votre meilleur ami pour les courts trajets ? Indéniablement le tricycle. Les taxis et VTC vous seront d'une grande utilité pour les trajets un peu plus longs ou pour rejoindre l'aéroport. Nous déconseillons l'usage du métro, très peu utile dans le cadre d'un voyage et souvent bondé. Par contre, n'hésitez pas à grimper dans une des nombreuses jeepneys, probablement le transport le plus typique !

NINOY AQUINO INTERNATIONAL AIRPORT

Ninoy Aquino International Airport
✆ +63 2877 1109
www.miaa.gov.ph
À 7 km au sud de la ville. Compter entre 30 minutes et 1h30 pour rejoindre le centre de Manille.

L'aéroport NAIA se divise en 4 terminaux, dans des bâtiments distincts (vérifiez bien votre terminal). Le terminal 1 est pour les vols internationaux, sauf Philippine Airlines (PAL), le terminal 2 est surtout utilisé par la compagnie PAL. D'autres grandes compagnies aériennes l'utilisent ; le terminal 3 accueille des vols internationaux et vols domestiques (Cebu Pacific). Enfin le terminal 4 (à 20 minutes) est pour les vols internes à hélices des compagnies locales (PAL et Cebu).

GRAB

www.grab.com/ph/transport/taxi/

GRAB est une application mobile très populaire dans les pays d'Asie du Sud-Est dont les Philippines. Nous vous conseillons de l'installer sur votre portable dès votre arrivée à l'aéroport. Elle est surtout utilisée comme application de transport VTC sur le même modèle que Uber. L'avantage par rapport à un taxi classique c'est que vous connaissez le montant de la course à l'avance, que vous pouvez entrer une adresse précise et que vous êtes certain, dans les grandes villes comme Manille et Cebu, de trouver un chauffeur à toute heure du jour et de la nuit. Un *must*.

TAXIS DE MANILLE

Environ 40 PHP de prise en charge puis 3,50 PHP tous les 300 mètres.

C'est le moyen de transport le plus utilisé par les voyageurs dans la capitale. Il est indispensable de n'utiliser que les taxis de compagnies officielles (ils sont en général jaunes ou blancs) et de demander au chauffeur de mettre le compteur (*metered*) en route avant la course pour éviter les mauvaises surprises. Si le chauffeur refuse de mettre le compteur ou d'annoncer le prix à l'avance, on n'hésite pas à sortir de la voiture ou à prendre en photo la plaque et le numéro du taxi. Le règlement s'effectue en espèces et il est de bon ton de laisser sa monnaie.

TRICYCLES DE MANILLE

Comme dans le reste de l'archipel, c'est l'un des moyens de transport les plus utilisés et les plus pratiques pour effectuer de courtes distances dans la capitale à un prix dérisoire. Par ailleurs, à l'entrée d'Intramuros, des chauffeurs de tricycles (qu'ils aiment appeler leurs « Lamborghini ») proposent des tours guidés du quartier historique avec des arrêts et explications aux principaux points d'intérêt (350 PHP/30 minutes). Pour un aperçu global il faut compter 1h-1h30. Si on parle anglais, c'est une façon sympa de découvrir le cœur historique.

LES QUARTIERS DE MANILLE

Manille, jeune et très vivante, est à l'image du pays, pleine de contrastes. C'est le mélange des influences espagnole, asiatique et américaine à l'origine de son métissage culturel qui fait le véritable charme – assez bien caché, il faut l'admettre – de la capitale du christianisme en Asie. Très étendue et sans aucune harmonie urbanistique, on parle plus d'un agglomérat de quartiers que de véritable centre-ville. Il est vrai que Manille, bruyante et polluée, ne présente pas un intérêt exceptionnel. Et il est d'ailleurs rare qu'elle retienne l'attention du visiteur. Cependant, c'est une première approche de la culture philippine. On peut ainsi flâner dans la jungle urbaine, observer, et s'attarder dans l'Intra-muros, se promener dans le parc Rizal, avant d'aller profiter des magnifiques couchers de soleil sur la baie. Le soir, la capitale s'anime et les nuits s'affolent, surtout à Makati.

Histoire

À l'origine, Manille était occupée par une petite colonie tribale implantée sur les rives de sa baie. Son nom (en tagalog *Lungsod ng Maynila*) vient du mot *may*, qui veut dire « il y a », et de la plante aux fleurs blanches appelée *nilad*, qui pousse sur les berges de la rivière Pasig. Quand les premières communautés marchandes s'y installent, le commerce prend son essor à partir du XIIe siècle. Des négociants originaires de différentes péninsules et des pays environnants, comme les pays arabes, la Chine, l'Inde, le Japon, Bornéo, Java ou Sumatra, sont attirés par la situation de Manille, qui offre un superbe port naturel. La ville devient alors un lieu d'échanges et de trafics en tout genre (dépôts de soie, porcelaines, perles, fer, plomb, cuivre). C'est à la jonction de deux régions favorables à l'agriculture – la plaine alluviale et marécageuse, au nord, et les terres volcaniques, au sud-ouest – que Manille prospère. L'agglomération s'agrandit peu à peu, à la suite d'invasions successives. En raison de sa situation stratégique, elle est proclamée capitale du pays le 24 juin 1571 par le premier gouverneur général des Philippines, Miguel López de Legazpi (1565-1572), au service de l'Espagne. Les colons prennent la place et fortifient la ville sur les ruines de la colonie musulmane du prince Rajah Soliman, à la suite de la bataille de Bangkusay. Elle prend

© HOLGS - ISTOCKPHOTO.COM

Vue sur Manille.

© NIKADA - ISTOCKPHOTO.COM

Gratte-ciel du quartier de Makati.

le nom d'Intramuros. Quelques années après sa création, la ville fortifiée de Manille, *El insigne y siempre leal ciudad* (la belle cité à jamais fidèle) comme l'appellent les Espagnols, est menacée car très convoitée. Les pirates chinois, les navires de guerre portugais et hollandais cherchent à déstabiliser ses occupants. Manille est occupée par les troupes britanniques de 1762 à 1764. Les révoltes se multiplient. À la fin du XIXe siècle, elle devient le refuge des célèbres combattants pour la liberté, comme José Rizal, Andres Bonifacio, les prêtres Gómez et Burgos.
En 1898, les Espagnols quittent définitivement Manille, mais l'année suivante éclate la guerre américano-philippine qui va durer jusqu'en 1901. Manille devient alors le siège du gouvernement civil américain. En 1935, le gouvernement autonome de Manuel Quezon s'y établit. Pendant la Seconde Guerre mondiale, les Japonais bombardent la ville, l'église Santo Domingo et d'autres sites historiques. Leurs troupes d'occupation font régner la terreur de 1942 à 1945. Le général Douglas MacArthur tient finalement la célèbre promesse « Je reviendrai » qu'il avait prononcée avant de quitter le pays. Il revient pour le libérer en 1945, au prix de sanglants combats. À la fin de la guerre, la ville est en majeure partie détruite. Sa reconstruction va se faire sans trop de planification, comme on pourra en juger aujourd'hui. La tentative de décentralisation en 1948 avec le déplacement officiel de la capitale à Quezon City (à 15 km de Manille) fut un échec. Manille fut menacée de perdre son titre de capitale administrative, jusqu'en 1976. Cette même année, elle reprit sa place de première ville du pays et la grande région métropolitaine fut proclamée capitale.

Intramuros

Intramuros est le quartier central et historique de la ville, le seul témoignage de son passé. C'est souvent la partie de Manille que les voyageurs retiennent car elle possède ce charme et cette quiétude qui manquent tant au reste de la ville. On peut s'y cultiver, s'y promener à pied et à vélo, y boire un verre et faire du shopping dans les nombreuses boutiques d'artisanat. Si l'on ne doit faire qu'une seule visite à Manille, c'est sans hésitation celle-là.
À l'origine, il a été construit par les colons espagnols, et les murs délimitent la ville telle qu'elle était à l'époque. Fondée en 1571 par Miguel López de Legazpi, Manille (Intramuros) fut rapidement fortifiée et demeura inviolée jusqu'à l'arrivée des Japonais et des combats. En effet, la Seconde Guerre mondiale ne l'épargna pas et la laissa en ruines. À l'intérieur des enceintes, on peut se promener entre ces vestiges de l'époque coloniale, de belles églises, des remparts, des donjons et des rues pavées. On peut aussi faire une halte devant quelques demeures bourgeoises de style espagnol restaurées, telles que Casa Manila ou Casa Blanca situées toutes deux dans les charmants passages du San Luis Complex. Ces demeures ont été transformées en hôtels, en petits magasins d'artisanat ou en cafés. Flâner dans leurs cours pavées ou s'asseoir autour de leurs fontaines, loin du bruit de Manille, est reposant et permet de replonger dans l'histoire de la ville. Aujourd'hui, Intramuros vit au gré des allées et venues des touristes mais aussi des quelque 2 500 étudiants qui côtoient les écoles et universités situées à l'intérieur.

LES QUARTIERS DE MANILLE

Binondo

Un brin plus excentré, mais assez intéressant, c'est le Chinatown de Manille. Séparé d'Intramuros par la rivière Pasig, Binondo est un authentique quartier chinois. On y mange de la soupe de serpent, des nouilles et l'on y trouve toute sorte d'encens. Les bijoutiers vendent des pierres de jade, des montres en or et des bracelets en argent. Le commerce sous toutes ses formes est très présent. Les magasins d'herbes médicinales sont nombreux. Les petits restaurants et les maisons de thé abondent. On peut aussi contempler les temples bouddhistes et de vieilles bâtisses à l'architecture très originale. Encore plus au nord, l'étonnant cimetière chinois, véritable ville dans la ville.

Ermita

Ermita est le quartier immédiatement attenant à Malate, et où l'on trouve le parc Rizal, qui comme Intramuros, fait lui aussi la part belle aux rappels historiques en plus d'être une halte verte dans cette ville très polluée. Ici, les grands malls ont toute leur place. Et c'est un peu le cœur de la ceinture touristique, avec de nombreux restaurants, des bars, des magasins de souvenirs, des galeries d'art et des infrastructures hôtelières de qualité variable. Toutefois, cette partie de la ville n'est pas particulièrement agréable mais a l'avantage de permettre au voyageur de trouver ses repères et d'être proche de sites d'intérêt comme Intramuros. En outre, la promenade au bord de la baie de Manille en fin de journée permet d'apprécier les très beaux couchers de soleil.

Malate

Malate est le prolongement d'Ermita. Il est prisé pour sa longue promenade le long de la baie où l'on retrouve le centre culturel des Philippines (CCP) et Metropolitan Museum of Manila, ainsi que son enfilade d'hôtels et de malls. On notera que la grande place Remedios Circle à Malate est le point de rencontre de tous les touristes et de la jeunesse de Manille. Malate c'est le Thamel (à Katmandou) ou la Khao San Road (à Bangkok) de Manille : soit le quartier des *backpackers* et des jeunes de manière général. Là vous trouverez tout : des bars, des supermarchés, des agences de voyages, des hôtels pour petits budgets, des restaurants et encore des bars et des boîtes de nuit. Malate dort peu, car tous ces établissements sont ouverts 24h/24. Ajoutez à cela sa position proche des principaux points d'intérêts de la ville et vous obtiendrez un cocktail détonant.

Makati

On ne se rend pas à Makati pour admirer les vestiges historiques de la ville, mais bien plus pour apercevoir son nouveau visage. On vous conseille de vous promener autour de l'Ayala Center, notamment vers la Greenbelt. Il y a comme une douce impression hong-kongaise qui s'échappe de ses nombreux passages piétons suspendus. Allez faire un tour également vers P. Burgos et ses ruelles avoisinantes comme Don Pedro où l'on voit ses dernières années fleurir des bars, restos et boîtes de nuit branchés. Makati c'est tout à la fois le centre d'affaires de Manille, un haut lieu de la vie nocturne et l'un des quartiers privilégiés par les expatriés. C'est la partie très dynamique de la ville, reflet de la modernité en marche aux Philippines. C'est le quartier branché, avec ses gratte-ciel prétentieux, ses boutiques de luxe et ses alléchantes galeries marchandes. Les immenses centres commerciaux, très modernes, sont bondés à longueur de journée. Businessmen et jeunesse dorée s'y côtoient. Ce quartier bon chic bon genre est le fief des plus beaux immeubles résidentiels du pays. En résumé, on y passe pour tâter le pouls du futur de Manille.

Pasay

Pasay est le quartier entre Makati et Parañaque, plutôt calme et agréable. Situé à la fois près de l'aéroport domestique, à la fois pas très loin du quartier Intramuros. Il n'y a pas grand-chose à faire, mais on y trouve restaurants et magasins dont le MOA, le Mall of Asia, le plus grand du pays.

Parañaque

Parañaque est en réalité une municipalité entre Pasay et Las Pinas, le long de la baie, à l'ouest. Elle est davantage considérée comme un quartier de Manille. Elle abrite l'aéroport et nombre de gares routières (le transport aux Philippines est assez chaotique).

La ville aujourd'hui

Aujourd'hui, la ville de Manille appartient donc au Grand Manille, aussi appelé Région de la capitale nationale (NCR) ou Metro Manila en anglais. Cette région métropolitaine de la capitale est composée de 17 municipalités – dont Quezon City qui, avec 3,3 millions de personnes, est la ville la plus peuplée des Philippines – et compte plus de 14 millions d'habitants (chiffre qui peut presque doubler selon les méthodes de calculs et les zones prises en compte). Metro Manila est aujourd'hui une métropole en pleine croissance et c'est l'une des agglomérations urbaines les plus densément peuplées au monde. Si, comme le reste du pays, elle comprend un taux de lettrés de plus de 99 %, cela n'empêche pas un taux de chômage important. Pourtant, la capitale est indéniablement le centre économique, politique et culturel du pays. Et sa situation favorable, à l'embouchure d'un port naturel (le plus important de l'archipel), en fait un point de rencontre sur le plan international. La ville est par ailleurs coupée en deux par le fleuve Pasig, qui permet au Laguna de Bay, grand lac situé au sud-est, de déverser ses eaux dans la baie. La capitale, qui se relève doucement après des années Covid qui ont mis à mal son économie, est confrontée à de nombreux défis de taille (pauvreté, pollution, urbanisme, etc.).

À VOIR / À FAIRE

Manille est une ville difficile à apprécier. Elle risque tout simplement de dérouter le visiteur profane qui arrive pour la première fois aux Philippines avec des images de cocotiers plein la tête. Et c'est vrai qu'en dehors du quartier historique d'Intramuros, du parc Rizal et du musée Ayala, il n'y a pas de sites majeurs qui méritent une visite pour les voyageurs qui ne passent que peu de temps aux Philippines. Toutefois, après un long périple en avion, il peut être intéressant de se poser un jour ou deux dans la capitale, avant de repartir et de débuter le véritable voyage. Pour celles et ceux qui choisiraient cette option, nous avons dressé une liste de sites d'intérêt dans chacun des quartiers. On oublie souvent que la capitale, au-delà de ses malls, regorge d'églises et de musées, et constitue une porte d'entrée de la culture philippine. Pour un dépaysement garanti, n'hésitez pas à aller visiter le grand marché de Divisoria.

OFFICE DU TOURISME

351 Senator Gil Puyat Street
✆ +63 028 459 5200
https://beta.tourism.gov.ph/
Ouvert du lundi au samedi de 7h à 18h.

Le bureau de l'office du tourisme à Manille n'est pas vraiment une mine d'informations, mais on pourra éventuellement vous renseigner si vous avez une question précise. Il ne faut pas en attendre beaucoup d'aide pour organiser son voyage. Toutefois, il peut être intéressant de faire un tour sur les différents sites internet du Département du tourisme des Philippines pour être au courant des événements au fil de l'année et des actualités touristiques au moment de votre venue, voire d'idées de choses à faire ou à voir dans la capitale.

PHILIPPINES À LA CARTE

✆ +33 6 51 38 70 91
www.philippinesalacarte.com
Tous les services sont à la carte. Devis sur demande.

Voici une jeune agence créée par des Français qui ont eu envie de partager l'amour qu'ils portent pour leur nouveau pays de résidence. Avec des bureaux basés El Nido et des partenaires dans les Visayas et le Nord de Luzon, l'Agence assure sa présence sur l'Archipel. Cette agence vous propose des tours en bateau dans le secteur d'El Nido et de sortir des sentiers battus, en garantissant un service client de qualité et fiable. En quelques mots assurer un service à la française, avec une immersion complète dans la culture et la nature à des prix compétitifs.

EXPLORE MANILA TOURS

✆ +63 905 404 1330
https://exploremanilatours.com/
Visite guidée entre 2 et 3h30 dès 4 000 PHP.

Se laisser embarquer par un guide local pour une visite authentique et approfondie de la ville peut être une excellente idée, surtout dans une capitale comme Manille qui peut, de prime abord, impressionner voire intimider certains voyageurs. Explore Manila Tours propose plusieurs visites thématiques d'une demie-journée : visite historique de la ville avec un guide qui est aussi un véritable conteur d'histoires, cours de cuisine philippine, ou encore différents *food tours*, axés sur le quartier de Chinatown ou la street-food en général.

OLD MANILA WALKS

✆ +63 2 8711 3823
https://oldmanilawalks.com/
À partir de 1 500 PHP / personne pour un tour de 2-3 heures.

Old Manila Walks existe depuis 2005 et s'est imposé comme le principal organisateur de visites guidées dans les quartiers historiques. L'objectif des différents guides experts est de promouvoir Manille, son histoire et sa culture, auprès des locaux et des touristes de passage. Ils proposent plusieurs tours de 2 à 4 heures dont une visite commentée du quartier historique d'Intramuros, pour les férus d'histoire ; un *food tour* dans le quartier chinois, Binondo ou une visite insolite dans le cimetière chinois. Vous ne verrez plus Manille de la même façon !

BAIE DE MANILLE ★

La baie de Manille, de 2 000 km², s'avance depuis la mer de 48 km dans les terres. Elle abrite le port de Manille et est connue pour la bataille qui s'y déroula entre les Espagnols et les Américains en 1898. En 2023, elle est déclarée « zone morte » en raison de sa pollution extrême. Une longue promenade permet de la longer : on la contemple par exemple depuis le Mall of Asia ou plus loin sur la Dolomite Beach. La baie est l'endroit idéal pour admirer des couchers de soleil, qui sont, il faut bien l'admettre, assez époustouflants.

CASA MANILA

Plaza San Luis Complex

Ouvert du mardi au dimanche de 9h à 18h. Entrée 75 PHP (tarif réduit 50 PHP).

La Casa Manila, c'est à la fois le nom de la maison et du musée qu'elle abrite. C'est l'une des maisons qui constituent le joli passage San Luis. Construite dans les années 1970, son architecture est inspirée des maisons du quartier chinois de Binondo du milieu du XIXe siècle. La façade un peu bigarrée est très belle. Dans le musée, un intérieur reconstitué qui montre comment pouvait vivre une riche famille à la fin de la période coloniale. Avec du mobilier d'Europe et de Chine, des lustres clinquants, des porcelaines et des dorures, témoins d'un luxe certain.

BALUARTE DE SAN DIEGO

Sta. Lucia St

Ouvert tous les jours de 8h à 18h. Adulte 75 PHP (tarif réduit 50 PHP).

C'est l'une des plus anciennes fortifications de l'ancienne ville de Manille. À l'origine, vers 1586, c'était un fort circulaire en étoile. Il a plusieurs fois été détruit et reconstruit après les différentes guerres et tremblements de terre. Aujourd'hui, c'est un site archéologique et de mémoire important. Du haut des fortifications, on a une très belle vue sur le parc Rizal, le Manila Hotel et les tours de Manille. Au pied de la tour de garde, un charmant jardin, qu'on vous invite à explorer : il recèle de coins bucoliques complètement insoupçonnés.

CATHÉDRALE DE MANILLE ★

132 Beaterio St

http://manilacathedral.com.ph/

Ouverte 7j/7 de 7h à 17h. Accès libre.

Située au cœur d'Intramuros, la basilique-cathédrale de l'Immaculée-Conception est le siège du diocèse de Manille. La structure actuelle est une reconstruction car elle avait été partiellement détruite durant la Seconde Guerre mondiale (en fait, il s'agit de la septième version depuis la structure originale édifiée en 1571). Les Philippins se souviennent encore de la visite du pape François en 2015 qui avait célébré la messe ici. Sa coupole est immense et ses vitraux racontent la christianisation. De nombreux mariages y sont célébrés chaque week-end.

MANILLE

Baie de Manille.

CIMETIÈRE CHINOIS ★

Aurora Avenue

Ouvert tous les jours de 7h30 à 19h. Entrée libre. Un guide est proposé à l'entrée.

Situé tout au nord du quartier chinois de Binondo, le cimetière fut fondé au milieu du XIXe siècle par Lim Ong et Tan Quien Sien (don Carlos Palanca) dans le but de faciliter la tâche d'un grand nombre de Chinois qui n'étaient pas autorisés, par les colons espagnols, à être enterrés dans les cimetières catholiques espagnols. Le cimetière, très pittoresque, couvre une superficie de 54 hectares. Le respect des ancêtres et des morts est très important dans les communautés chinoises. Ainsi, loin d'être un cimetière ordinaire un peu austère, dédié à la mort et au recueillement, celui-ci est un véritable village dans la ville où les tombes sont des maisons, aménagées parfois avec tout le confort nécessaire (frigo, climatiseur, plaques de cuisson, salle d'eau) pour que les familles des défunts soient bien installées lorsqu'elles viennent visiter leurs morts. On estime même qu'environ 6 000 personnes vivent ici, dans les mausolées, en attendant des jours meilleurs. Tous les samedis, le cimetière résonne de la présence de ses visiteurs qui animent le lieu : chants, odeurs de faux billets et d'encens qui brûlent. Ses rues sont composées de mausolées richement ornés de marbre, de fer forgé et de vitraux, plusieurs même de style Art déco. Un monument abrite les cendres des personnes incinérées sur deux étages et, au troisième, les os de ceux qui retourneront sur leur terre natale, la Chine. Les plus pauvres sont enterrés en terrasse sur la partie gauche du temple bouddhiste. Une visite détonnante !

DOLOMITE BEACH ★

Roxas Boulevard

Gratuit. Ouvert tous les jours jusqu'à 18h.

Située le long du boulevard Roxas, voici une plage gratuite dont l'intérêt unique est d'y aller pour contempler le coucher du soleil, entre 17h et 18h. Paradoxalement, il est fréquent qu'un garde de sécurité demande à tout le monde de quitter la plage à ce moment car elle ferme à 18h, donc c'est un peu dommage mais ça n'enlève rien à la beauté du coucher de soleil ! Entre la plage et le boulevard derrière, une sorte de petit marché avec des stands de street food et de gadgets, très local. Il y a une passerelle pour retourner vers Ermita. À faire !

ÉGLISE DE BINONDO

Plaza San Lorenzo Ruiz

Construite vers 1596 par des frères dominicains, elle est un parfait exemple de l'architecture coloniale espagnole. Elle fut gravement endommagée pendant la Seconde Guerre mondiale, mais fut restaurée en 1972. Seules quelques fondations et la tour octogonale du clocher rappellent la structure originale. Cette église située au cœur du quartier de Binondo a une importance particulière dans l'histoire catholique du pays puisque San Lorenzo Ruiz, premier saint philippin canonisé en 1987, s'y est formé. L'église comme la place portent son nom en hommage.

ÉGLISE DE MALATE

A l'angle de Remedio Street et M.-H. del Pilar Street,

Elle fut construite au XVIe siècle et reconstruite au XIXe. Il s'agit d'un bâtiment à l'architecture musulmane et baroque qui est l'une des églises les plus anciennes en dehors de la ville fortifiée. Elle fut fondée par des moines augustiniens en l'honneur de Nuestra Señora de los Remedios. Encore aujourd'hui, les mères d'enfants malades viennent implorer Notre-Dame-des-Remèdes et allumer des cierges pour leurs enfants. En 2023, l'église, vieille de plus de 400 ans, est déclarée « bien culturel d'importance » par le Musée national des Philippines.

ÉGLISE DE QUIAPO

Fondée en 1586, elle est très populaire. Cette église était à l'origine construite en bambou et en nipa par des missionnaires franciscains. Sa structure actuelle date de 1930. Elle est connue dans tout le pays pour la célébration du Nazaréen noir, cette statue représentant le Christ et censée réaliser des miracles. La fête est suivie par des millions de personnes chaque année. Par ailleurs, le quartier de Quiapo, l'un des plus vieux de Manille, est aussi habité par une large population musulmane, d'où la présence de la grande mosquée d'Or et de la mosquée Verte.

ÉGLISE SAINT-AUGUSTIN ★

General Luna

Ouverte de 8h à 17h. Fermée le lundi. Entrée libre.

Construite entre 1571 et 1607, elle est la plus vieille église en pierre du pays. Pur joyau baroque de l'époque coloniale, elle a été endommagée à de nombreuses reprises suite à différents tremblements de terre et aux bombardements de 1945. À l'intérieur, on admire ses peintures en trompe l'œil réalisées au XIXe siècle par des artistes italiens. Les quatre panneaux de sa superbe porte en bois retracent la vie de saint Augustin. Miguel López de Legazpi y repose dans un tombeau près de l'autel principal. En 1993, l'Unesco la déclare Patrimoine de l'humanité.

HERITAGE MUSEUM ★

1 Rizal Park

✆ +63 2 8527 0011

www.manila-hotel.com.ph/

Gratuit. Ouvert tous les jours de 7h à 22h sur demande. S'adresser au lobby du Manila Hotel.

Un tout petit musée qui retrace l'histoire du Manila Hotel, ce lieu chargé d'histoire et témoin de la destruction de la ville par les Japonais. Depuis 1912, il a vu défiler de nombreuses personnalités comme le général MacArthur, le Prince Charles, Neil Armstrong et Marlon Brando. C'est aussi l'occasion de visiter ce palace où, dès l'entrée dans l'immense lobby, on fait un saut dans le temps : retour au début du siècle. Le personnel est en costume et un pianiste inonde la salle d'une douce mélodie avec son piano à queue. Une véritable ambiance Grand-Hotel.

FORT SANTIAGO ★

Fort Santiago

https://visitfortsantiago.com/

Ouvert tous les jours de 8h à 23h. Adulte 75 PHP (tarif réduit 50 PHP).

C'est l'un des sites historiques les plus renommés de la capitale. La construction du fort débuta en 1571 et dura plus de 150 ans. De là-haut, tous les mouvements dans la baie de Manille pouvaient être observés. Et à mesure que Manille, colonisée, prenait de l'importance et s'enrichissait grâce au commerce, le fort Santiago, lui aussi, prenait de l'importance et devenait petit à petit une merveilleuse vitrine de succès espagnol dans cette région d'Asie. Le fort fut le théâtre d'évènements douloureux puisque c'est ici que périrent de nombreux soldats comme par exemple celui qui deviendra un véritable héros national, le Dr José Rizal. Le poète révolutionnaire y passa ses derniers jours avant d'être exécuté par les Espagnols, le 30 décembre 1896. Le fort Santiago est aussi connu sous le nom de Shrine of Freedom ; il fut nommé ainsi en 1950 en souvenir des héros philippins emprisonnés et tués ici sous les dominations espagnole puis japonaise. Partiellement reconstruit après la Seconde Guerre mondiale, c'est devenu un symbole de la révolte des Philippins contre les différents occupants, et un lieu de promenade pour les locaux et les visiteurs de passage. Des tables sont disponibles pour pique-niquer et l'on peut monter sur les vestiges des remparts qui offrent de très belles vues sur Manille. On y trouve également un théâtre en plein air, le Rajah Soliman Theater, en hommage au chef des musulmans du Manille pré-colonial, et le musée Rizal. Une visite incontournable (surtout pour les férus d'histoire) !

Fort Santiago, Manille.

MUSEE NATIONAL DES PHILIPPINES ★

P. Burgos Drive, Rizal Park
✆ +63 2 8298 1100
www.nationalmuseum.gov.ph/
Ouvert de 9h à 18h du mardi au dimanche. Gratuit.

Situé à l'extrémité est de Rizal Park, le musée national comprend les musées des beaux-arts, d'histoire naturelle, du peuple philippin, etc. C'est l'un des musées les plus intéressants de Manille. De nombreuses collections et expositions temporaires retracent l'histoire riche et variée des Philippines. Il est facile d'y passer la journée et c'est une très bonne porte d'entrée à la culture du pays. Surtout que l'offre culturelle est assez réduite hors de la ville, donc on en profite !

MUSEO NI JOSÉ RIZAL

Fort Santiago
Ouvert du mardi au vendredi de 9h à 18h, le lundi de 13h à 17h. Gratuit.

Un intéressant musée sur le héros national José Rizal dont la mort a inspiré les luttes pour l'indépendance des Philippines. Restauré en 2014, on y montre des objets lui ayant appartenu lorsqu'il était emprisonné durant deux mois avant d'être exécuté le 30 décembre 1896. Parmi les objets exposés, il y a des livres et des manuscrits, des lettres, des sculptures, des tableaux, mais aussi des souvenirs ramenés de ses nombreuses expéditions en bateau et des objets de sa maison à Calamba. Les projections vidéo permettent de se remémorer l'ambiance de l'époque.

MUSEO PAMBATA

Roxas Boulevard corner South Drive
✆ +63 2 8772 3451
Ouvert du vendredi au dimanche de 10h à 17h. Entrée à 300 PHP.

Il est situé dans le Parc Rizal. Et c'est le musée préféré des enfants. Il est composé de huit chambres à thème et qui montrent les travaux d'artistes philippins, répliques de bateaux, églises et maisons miniatures, réplique de jungle. Le musée organise régulièrement des activités pour les enfants durant les week-ends comme des spectacles de marionnettes, des conteurs d'histoires, et d'autres *workshops* créatifs. Bref, de nombreuses activités récréatives pour en apprendre un peu plus sur les traditions et coutumes philippines tout en s'amusant.

PALAIS DE MALACANANG

J.-P. Laurel Street
✆ +63 2 784 4286
Ne se visite plus.

Dans le district de San Miguel, sur la berge droite de la rivière Pasig, se dresse Malacañang Palace, une grande demeure de style colonial, achevée en 1802. Les nobles espagnols, les gouverneurs de Manille, les gouverneurs américains et enfin certains des présidents philippins y ont résidé successivement après que le Palais du Gouverneur dans Intramuros a été détruit par le séisme de 1863. Aujourd'hui encore c'est officiellement la résidence principale et le lieu de travail du président des Philippines, même si dans les faits, ils n'ont pas tous vécu là-bas.

PARC PACO

Paco Park
Ouvert tous les jours jusque 17h. Entrée 10 PHP.

En 1807, des épidémies de choléra frappèrent Manille. On ordonna alors la construction d'un cimetière, dans lequel on devait payer 20 pesos pour y enterrer les défunts, trois ans renouvelables. Le 30 décembre 1896, José Rizal, le héros national, fut enterré ici. En 1912, on cessa les inhumations et les familles des défunts enterrés durent exhumer leurs ancêtres et les déplacer vers d'autres cimetières... Drôle d'histoire. En 1966, le cimetière du parc Paco est déclaré parc national et devient un lieu de promenade apprécié de la population.

PLAZA SAN LUIS COMPLEX ★

Plaza San Luis

Voici peut-être l'endroit le plus charmant et paisible de toute la capitale. Au cœur d'Intramuros, juste en face de l'église Saint-Augustin, la Plaza San Luis est une sorte de micro-quartier composé de neuf maisons à l'architecture d'inspiration coloniale (elles ont été reconstituées dans les années 1970), reliées entre elles par un entrelacs de ruelles, de patios et de passages couverts. Elles abritent aujourd'hui musées, restaurants et boutiques de souvenirs et il s'en dégage une douce ambiance d'antan. Un passage incontournable.

PARC RIZAL ★

Parc Rizal

Le parc Rizal, de 58 ha, est un lieu incontournable : à la fois lieu de détente favori des promeneurs et des familles philippines, à la fois lieu chargé d'histoire. Considéré comme l'un des plus grands parcs d'Asie, il s'étend de Taft Avenue à la baie de Manille. Il était appelé Bagumbayan Field ou Luneta pendant la période coloniale, ce qui signifie « petite lune » et fut utilisé par les Espagnols comme lieu d'exécution de Philippins révolutionnaires. Le parc porte désormais le nom de Rizal National Park en l'honneur du héros national, José Rizal, exécuté ici même en 1896. Sa mort avait entraîné la révolution philippine. Parmi les évènements historiques qui se sont déroulés dans le parc, il faut citer la déclaration d'indépendance du pays vis-à-vis des États-Unis en 1946, les manifestations contre le président Marcos dans les années 1970-80, ou encore les impressionnantes Journées mondiales de la Jeunesse en 1995 où une marée de 5 millions de fidèles (!) s'est déversée pour assister à la messe du pape Jean-Paul II. Enfin, chaque année, des festivités ont lieu le 12 juin pour l'Indépendance et le 31 décembre.

Au quotidien, dès le lever du jour, sur ses pelouses, on croise des amateurs de taï-chi ou des joggeurs qui profitent de la fraîcheur matinale. C'est aussi l'endroit de prédilection d'énergumènes en tout genre : prédicateurs, beaux parleurs et joueurs d'échecs. Ils sont installés près de Central Lagoon et donnent au parc une atmosphère particulière. On peut faire le tour à pied, depuis la baie de Manille, dans le sens des aiguilles d'une montre, on rencontre les curiosités suivantes :

- **La sculpture Delfonso Marcello.** La plus belle vue du parc. Sur la baie de Manille, le coucher de soleil est magnifique.
- **Le Manila Hotel.** Le plus traditionnel et le plus luxueux des hôtels de Manille. Construit en 1912, c'est le premier hôtel 5-étoiles des Philippines. Il fut notamment la résidence du général MacArthur. Une visite (ou une nuit) incontournable.
- **Le monument Rizal.** Il est certainement le plus significatif des monuments du parc et est inspiré de la mort de Rizal. Son poème d'adieu est inscrit sur une plaque en différentes langues.
- **Le drapeau philippin.** A côté du monument Rizal, flotte le mât du drapeau des Philippines, à 31 m de hauteur. Il symbolise l'indépendance du pays, libéré du joug américain le 4 juillet 1946. Il représente aussi le kilomètre 0, qui est le point de référence pour calculer les distances aux Philippines.
- **La fontaine Rizal.** Offerte en signe d'amitié par l'Église protestante d'Heidelberg en Allemagne.
- **L'auditorium.** En plein air, il accueille des évènements et concerts.
- **Jardins chinois et japonais.** Le jardin chinois est assez joli, le jardin japonais juste à côté est un peu plus sommaire mais tout de même agréable.
- **L'orchidarium.** Situé à l'angle de Maria Orosa et de P. Burgos Street, il regroupe des orchidées locales et d'autres espèces de plantes.
- **Carte géographique.** En relief, les 7 000 îles des Philippines.
- **National Museum of the Philippines.** Situé à l'extrémité est de Rizal Park, l'un des musées les plus intéressants pour découvrir l'histoire de l'art philippin.

En résumé, le parc Rizal est une véritable oasis de calme dans la jungle urbaine qu'est Manille. Il n'est pas particulièrement magnifique mais c'est un lieu très important pour tous les Philippins donc il vaut le détour si on passe une journée dans la capitale. Il se combine très bien avec la visite d'Intramuros juste à côté.

Le Parc Rizal.

AYALA MUSEUM ★

Greenbelt Park
✆ +63 945 567 4221
www.ayalamuseum.org
Ouvert du mercredi au dimanche de 10h à 18h. Entrée : 650 PHP (tarif réduit : 350 PHP).

© KIM DAVID - SHUTTERSTOCK.COM

Le musée Ayala qui existe depuis 1974 a été rénové en 2019. C'est l'un des plus beaux musées de la ville. Parmi ses collections, acquises au fil des ans, on retrouve essentiellement de l'archéologie, de l'histoire, des beaux-arts et de l'iconographie. À travers ses différentes galeries et expositions, on parcourt l'histoire et la culture des Philippines de l'époque précoloniale à la Seconde guerre mondiale en passant par les grands voyages. Des expositions consacrées à des artistes ou thématiques particulières sont régulièrement organisées. À voir.

CIMETIÈRE AMÉRICAIN

Fort Bonifacio
www.abmc.gov/Manila
Ouvert tous les jours de 9h à 17h.

C'est un lieu de commémoration et d'histoire important et assez bouleversant par sa grandeur. C'est le cimetière où la majorité des soldats américains qui ont perdu la vue durant la Seconde Guerre mondiale, soit durant l'opération en Nouvelle-Guinée, soit aux Philippines, sont enterrés. Au total, plus de 16 000 tombes de soldats américains et 500 de soldats philippins. Les tombes sont disposées en plusieurs arcs de cercle. Des cartes et panneaux de la guerre sont gravés sur les murs rappelant les faits, ainsi que le nom des milliers de soldats américains disparus.

LIBINGAN NG MGA BAYANI [LE CIMETIÈRE DES HÉROS]

Fort Bonifacio

Situé à côté du cimetière américain dans le quartier de Fort Bonifacio, le *Libingan ng mga Bayani* (Cimetière des Héros) est un lieu de commémoration important en hommage aux plus de 33 000 soldats philippins qui sont morts à Bataan, à Corregidor et à d'autres endroits pendant la Seconde Guerre mondiale. Le cimetière abrite aussi les tombes du Soldat Inconnu, des présidents philippins dont Fidel Ramos décédé en 2022, d'artistes philippins et d'autres personnalités.

METROPOLITAN MUSEUM OF MANILA ★

30th St., Bonifacio Global City
✆ +63 2708 7828
https://metmuseum.ph/
Ouvert du mardi au samedi de 10h à 16h. S'inscrire en ligne un jour à l'avance. Gratuit.

Le Metropolitan Museum of Manila est l'un des musées les plus importants de la capitale. C'est le premier musée des Philippines à exposer de l'art contemporain. Installé depuis 45 ans à Malate, il a déménagé en 2021 dans le nouveau quartier branché de Bonifacio Global City. L'institution a à cœur de mettre en avant des artistes philippins contemporains et de les faire dialoguer avec des artistes internationaux. Leur credo ? L'art accessible pour tous. Riche programmation en ligne.

YUCHENGCO MUSEUM

Ayala Avenue Corner Senator Gil J. Puyat Avenue
✆ +63 2 8889 1234
https://yuchengcomuseum.org/
Ouvert du lundi au samedi de 10h à 18h. Entrée 100 PHP (tarif réduit 50 PHP).

Ouvert au cœur de Makati en 2005, le musée Yuchengco avait d'abord été pensé pour abriter les collections d'art de l'ambassadeur des Philippines à l'ONU, Alfonso Yuchengco, homme d'affaires, collectionneur, mécène et défenseur de l'éducation aux Philippines, décédé en 2017. Aujourd'hui, on y vient pour explorer l'histoire du pays à travers ses arts et ses artistes comme le célèbre peintre et muraliste Botong Francisco. Vous trouverez dans la boutique du musée des cartes postales, catalogues et autres produits autour des expositions.

SE LOGER

On trouve à Manille toute la gamme traditionnelle des hôtels, du plus modeste au plus luxueux. Cependant il est vrai qu'il est parfois difficile de trouver une adresse pour petit budget au bon rapport qualité-prix. Bon plan : la plupart des hôtels, notamment ceux de luxe, pratiquent des tarifs promotionnels qui peuvent réduire le coût de moitié, en réservant sur leur site, environ 20-30 jours à l'avance. Pour un séjour résolument culturel et une ambiance très calme, vous pourrez choisir l'un des quelques hôtels situés dans le quartier Intramuros. Pour un séjour plus moderne et branché, le quartier de Makati et ses nombreux hôtels sauront vous satisfaire. Enfin, pour les voyageurs un peu plus *roots*, les quartiers d'Ermita et Malate proposent autant d'auberges de jeunesses et d'hôtels que nécessaire. Nous avons sélectionné pour vous quelques adresses pour rendre votre passage dans cette capitale tentaculaire le plus agréable possible.

ABRAHAM MANILA €

7840 Makati Avenue Corner P. Guazon Street
www.french.hostelworld.com
Dortoir (mixte ou femmes) à partir de 800 PHP. Chambre double avec sdb à partir de 1 800 PHP. Petit-déjeuner inclus.

Située au cœur de l'effervescence du quartier de Makati, à proximité des nombreux bars, restaurants et magasins, l'auberge de jeunesse Abraham est le point de chute idéal pour tous les voyageurs solo et/ou aventureux et fêtards. Le personnel est aux petits soins, le bar-restaurant sur le toit offre une belle vue sur la ville, et les chambres privées et les dortoirs sont tout à fait convenables. Les lits en dortoir comportent d'ailleurs un rideau pour plus d'intimité. Un très bon rapport qualité-prix et un endroit où l'on se sent bien.

CROSSROADS HOSTEL MANILA €

76 Mariveles
✆ +63 947 8957 600
www.crossroadshostelmanila.com
Lit en dortoir à partir de 600 PHP. Wifi.

Le Crossroads Hostel Manila est l'une de ces auberges urbaines très bien située. La gare MRT est à seulement 150 m, ce qui vous donne une mobilité pour aller à l'aéroport international Ninoy Aquino (MNL). Il se trouve également à quelques minutes du SM Megamall, le plus grand centre commercial du pays. Enfin, vous trouverez des cafés, un centre de remise en forme, un mur d'escalade et un centre de trampoline à 5 minutes à pied. L'auberge propose 30 lits dans six dortoirs (mixtes, femmes ou hommes). Petit déjeuner continental inclus.

LUB D HOSTEL MAKATI €

7820 Makati Ave
✆ +63 2 854 16358
https://lubd.com/
Lit en dortoir dès 500 PHP, chambre double avec sdb privée dès 1 800 PHP. Restaurant, bar, petit-déjeuner. Wifi.

C'est le nouveau rendez-vous incontournable des *backpackers* à Manille ! Une auberge idéalement située au cœur de Makati et qui offre tout le calme nécessaire pour appréhender la capitale. Des chambres privées au design résolument moderne, des dortoirs confortables, des prix tout doux et un restaurant qui sert une cuisine internationale de qualité, à déguster sur le rooftop qui offre en prime une très belle vue sur Makati. Tout est fait pour faciliter les échanges entre voyageurs, et des soirées et activités sont régulièrement organisées. On adore !

MAKATI APARTELLE €

4411 Montojo Street
✆ +63 2 8897 4219
www.makatiapartelle.com
Un prix unique pour toutes les chambres : 1 085 PHP.

Ces petits appartements représentent un très bon rapport qualité-prix à Makati. Parfaitement meublés, avec une salle de bains privée et une kitchenette, ils sont bien situés et sont donc une autre option intéressante, entre l'auberge et la location entre particuliers, si on reste plusieurs jours en ville. Personnel sympathique et proche de l'aéroport. Rien d'intéressant à mentionner concernant la décoration ou le confort qui est tout à fait sommaire, mais pour celles et ceux qui font attention à leur budget, c'est parfait ! On aime bien.

MALATE PENSIONNE €

1771 Adriatico Street
✆ +63 2 8523 8304
www.malatepensionne.com
Chambre double avec petit-déjeuner à partir de 1 700 PHP. Wifi.

L'établissement existe depuis 1974, ce qui en fait en soi une valeur sûre dans sa gamme de prix. Les 52 chambres sont globalement basiques mais certaines possèdent un certain charme avec leurs boiseries et leur parquet. Les parties communes de cette *guesthouse* possèdent un certain charme, et cet établissement représente un véritable havre de paix dans la zone. On a l'impression de rentrer dans une petite hacienda et le jardin est très agréable. De plus, quelques *coffee shops* avoisinent l'établissement, pour le plaisir des accros au café.

OLA ! HOSTEL €

1030 P. Ocampo corner Enrique Street
✆ +63 2 8805 4710
www.french.hostelworld.com
Lit dans dortoir mixte à partir de 500 PHP. Chambre double avec sdb privée à partir de 2 000 PHP. Wifi. Petit-déjeuner.

L'auberge Ola ! Hostel comporte un total de 27 chambres réparties sur 5 étages. Des dortoirs de 4, 6 ou 8 lits avec un casier pour chaque voyageur. Les chambres privées ainsi que les dortoirs ont un climatiseur fonctionnel. La décoration est un peu défraîchie mais l'ensemble reste très propre et confortable, c'est un bon rapport qualité-prix pour les voyageurs qui recherchent une bonne affaire plutôt que du luxe. Il y a un restaurant-bar sur le rooftop où il est facile de rencontrer d'autres personnages. Le personnel est très amical.

MYSTAY HOTELS €

23 Kalayaan Avenue
✆ +63 917 836 2207
www.mystay.ph/hotels
4 adresses à Manille. Chambre double à partir de 1 500 PHP.

© REIGINE

Le MySTAY Hotel BGC East est particulièrement convoité par une clientèle de jeunes voyageurs et des couples. Il propose une connexion wifi gratuite dans l'ensemble de ses locaux et des chambres climatisées, avec lit double ou lits jumeaux. Calme, l'adresse est idéale pour s'extraire de l'agitation de la capitale, les chambres sont décorées sobrement, dans un style contemporain. Chaque matin, un petit-déjeuner asiatique est servi moyennant un supplément. Un espace de coworking ainsi qu'une salle de gym sont également à disposition.

RED PLANET MANILA MABINI €

1740 A Mabini street
✆ +63 2 8708 9888
www.redplanethotels.com
Chambre double à partir de 1 550 PHP. Wifi.

Hôtel propre, lumineux et moderne avec des chambres de taille modeste. Attention toutefois, il est situé dans une rue très animée d'un quartier très pittoresque. Le contraste entre le confort de l'hôtel et la précarité des rues environnantes peut surprendre (comme souvent à Manille). Le personnel est agréable et efficace. D'autres établissements du groupe Red Planet sont disséminés dans la ville et proposent le même standing : des adresses sécurisées, basiques mais confortables pour un prix tout à fait correct. Une valeur sûre dans cette gamme de prix.

BAYVIEW PARK HOTEL €€

1118 Roxas Boulevard corner United Nations Avenue
✆ +63 2 8526 1555
www.bayviewparkhotel.com
Chambres doubles à partir de 3 200 PHP. Petit déjeuner inclus. Wifi.

Situé à proximité de l'ambassade américaine et non loin d'Intramuros, dans le quartier Ermita, cet hôtel plutôt moderne, quoi qu'un peu défraichi, compte pas moins de 280 chambres dotées de tout le confort nécessaire pour que vous puissiez passer un séjour agréable, sans toutefois vous ruiner. Du côté des accommodations, le Bayview Park a tout des grands étoilés : un personnel aux petits soins, un restaurant, une salle de gym, une piscine et même des massages. Le rapport qualité-prix est vraiment très honnête pour cette catégorie d'établissements.

CITY GARDEN HOTEL MAKATI €€

7870 Makati Avenue corner Durban St.
✆ +63 2 899 1111
www.citygardenhotelmakati.com/
Chambres doubles à partir de 2 800 PHP. Wifi.

Le City Garden Hotel offre tout le confort attendu d'un établissement 3-étoiles, mais comme souvent avec les logements à Manille, le charme ou l'originalité n'est pas au rendez-vous. Il dispose d'un restaurant-bar et d'une belle piscine sur le toit du building offrant une vue dégagée sur Makati. Les clients ont également accès au spa, sauna et centre fitness. Une bonne adresse qui vous offrira toujours un peu de répit au milieu du brouhaha incessant de la capital. Du reste, un tarif bien raisonnable pour les prestations offertes.

I'M HOTEL €€

7862 Makati Avenue
✆ +63 2 755 7888
https://imhotel.com
Chambre double à partir de 5 700 PHP. Accès au spa et à la piscine inclus. Wifi. Restaurant, Petit-déjeuner.

En plein Makati, un hôtel 5-étoiles résolument urbain, tendance et moderne. On adore la piscine à débordement sur le toit où règne une ambiance très lounge ainsi que le bar sur le rooftop branché qui attire une foule de locaux et de touristes. L'aménagement intérieur est réussi : sophistication et pièces d'art au rendez-vous ! Le grand plus du lieu ? L'immense spa *onsen* (c'est-à-dire à la façon japonaise), le plus grand des Philippines, qui promet de vous offrir une parenthèse de détente. Promotions intéressantes sur le site internet.

ELEMENT BOUTIQUE HOTEL €€

4950 Guerrero Street
✆ +63 2 8805 1360
www.elementboutiquehotelmakati.com
Chambre double à partir de 3 780 PHP, petit-déjeuner biologique inclus. Restaurant, bar, wifi.

En plein cœur du bouillonnant quartier de Makati, voilà un vrai *boutique hotel* comme on les aime : du style, du design, de l'art et du bon goût ! Tenu par des propriétaires franco-philippins, on reconnait l'influence hexagonale, notamment dans la cuisine aux accents méditerranéens servie dans un cadre boisé à la décoration mi-végétale mi-industrielle et à la qualité du pain et des croissants faits maison ! Pour couronner le tout, l'ambiance musicale est sympa et le service attentif. Les chambres, mêlant bois et béton ciré, sont confortables et modernes.

MANILA LOTUS HOTEL €€

1227 A. Mabini St. cor. P. Faura St
✆ +63 2 8522 1515
www.manilalotus.com/
Chambres doubles à partir de 2 240 PHP. Petit déjeuner inclus. Wifi. Restaurant.

Très bon rapport qualité-prix pour cet hôtel qui propose des chambres claires, fonctionnelles et bien tenues où le charme de l'ancien se mêle au confort contemporain. Le lobby et le bar sont sympathiques. A disposition : un centre d'affaires, une salle de gym, un bain à remous et un centre de bien-être proposant des massages. Certaines chambres ont leur propre balcon, leur baignoire et/ou leur kitchenette. Le personnel est super et le petit déjeuner sous forme de buffet tout à fait correct. Une très bonne adresse dans cette gamme de prix.

HERALD SUITES €€

2168 Don Chino Roces Avenue
✆ +63 917 315 9247
www.heraldsuites.com
Chambre double à partir de 4 000 PHP. Wifi.

L'hôtel, construit sur le modèle d'une hacienda, offre des chambres qui associent charme et modernité. On est loin du tumulte de la ville et pourtant bien au cœur de celle-ci. Les chambres de standing variable sont dans un style contemporain et offrent une literie moelleuse, certaines possèdent une vue dégagée sur la capitale tumultueuse. On trouve également un restaurant et un bar ainsi qu'une petite piscine perchée sur le toit de l'hôtel où il est agréable de terminer la journée en se délectant d'un coucher de soleil. C'est une adresse très agréable.

MIRAMAR HOTEL €€

United Nations Avenue, Roxas Boulevard
✆ +63 998 794 1535
www.miramarhotel.ph
Chambre double à partir de 2 600 PHP. Chambre familiale à partir de 7 200 PHP. Wifi.

Ce petit établissement, renommé auprès des amateurs d'Art déco, a su conserver le charme des années 1930, du moins sur sa façade et dans certaines des parties communes. Mais plusieurs chambres (les plus basiques) ont quand même un côté un peu vieillot et mériteraient un petit rafraîchissement. L'hôtel est situé à deux pas du parc Rizal et du plus grand centre commercial d'Asie. Le bistrot Michelle attenant sert une honnête cuisine. Enfin, le personnel est disponible et agréable. Un petit hôtel sans prétention, avec tout de même une touche Art déco remarquée.

ORCHID GARDEN SUITES €€

620 Pablo Ocampo Sr. Street
✆ +63 2 8516 0888
http://orchidgardensuites.com
Chambres doubles à partir de 3 800 PHP. Wifi.

En pleine agitation de la ville, cette bâtisse de style art-déco construite en 1935, détruite durant la guerre et reconstruite, est une petite oasis urbaine. Les chambres sont un peu vieillottes mais les parties communes, dont le lobby, nous transportent immédiatement dans une autre époque et la petite piscine dans le jardin exotique possède un charme suranné. Le Cafe Alicia aux tons bleus est charmant ainsi que le Tutso Bar. Un lieu chargé d'Histoire et de charme qui a d'ailleurs déjà été nominé à un prix de l'Unesco pour la préservation du patrimoine culturel.

PEARL GARDEN HOTEL €€

1700 Adriatico Street
✆ +63 2 8525 1000
www.pearlgardenhotel.net
Chambres doubles standard à partir de 3 500 PHP. Wifi.

Bien décorées, les chambres ont un parquet en bois et sont agrémentées d'un minibar, de la TV câblée et d'un coffre sécurisé. Elles sont agréables, modernes et distinguées bien que dépourvues de quelconque originalité. L'hôtel possède un lounge confortable et un petit business center. On peut y organiser ses excursions. Le personnel est en outre bien aimable. Une très bonne adresse, centrale et dotée d'un très bon rapport qualité-prix. L'emplacement est également idéal si vous devez rejoindre l'aéroport relativement rapidement.

RED PLANET MANILA BAY €€

Arquiza corner Alhambra Streets
✆ +63 2 8244 0888
www.redplanethotels.com
À partir de 2 000 PHP / chambre double. Wifi. Pas de restauration.

Cet hôtel très récent est situé à proximité de Manila Bay et Dolomites Beach, idéal pour aller voir le coucher du soleil. Le parc Rizal est également accessible à pied et l'aéroport est à 40 minutes en voiture. Rapport qualité-prix très correct. Chambre lit double ou deux lits simples. Le service est sommaire mais courtois, il n'y a pas de restaurant ou de petit-déjeuner. La chambre est très bien, sans grand charme mais propre, calme et la literie est confortable. On recommande pour une nuit ou deux au calme, dans le tumulte de la ville.

SAINT ILLIAN'S INN €€

7461 Santillan St. Brgy. Pio Del Pilar
✆ +63 2893 0754
www.saintilliansinn.com
Chambre double à partir de 2 950 PHP, petit déjeuner inclus. Wifi.

Petit hôtel proposant des chambres correctes avec l'air conditionné et les sanitaires privés. Bien situé, il est très calme, et même si les chambres sont un peu étriquées, l'ensemble fait l'affaire pour ceux qui préfèrent un logement à la décoration un peu plus rustique que celle parfois aseptisée des hôtels plus modernes. Une adresse avec un prix intéressant pour la position centrale, mais pas vraiment un bon rapport qualité-prix étant donné les prestations quasi inexistantes. Le petit déjeuner philippin est sommaire mais correct.

THE BAYLEAF INTRAMUROS €€

Muralla corner Victoria Streets
✆ +63 2 5318 5000
www.thebayleaf.com.ph
Chambre double à partir de 4 160 PHP. Wifi. Restaurants.

Emplacement de choix, puisque c'est l'une des très rares adresses pour se loger dans le quartier historique d'Intramuros. Ce bel hôtel moderne offre l'un des plus beaux rooftops de la ville, un panorama à 360° qui permet de profiter des couchers de soleil époustouflants. Les 57 chambres sont spacieuses et confortables mais veillez à en obtenir une avec vue pour profiter au mieux de l'endroit. Prestations à la hauteur du standing. Plusieurs restaurants sur place, ce qui n'est pas négligeable car Intramuros ne regorge pas d'adresses où se restaurer.

UNWND BOUTIQUE HOTEL €€

5396 General Luna
www.unwndstays.com/
Chambre double à partir de 4 700 PHP. Dortoir à partir de 1 500 PHP.

C'est un concept original, il faut bien l'admettre : une auberge de jeunesse, oui, mais de luxe. Sa façade graphique et aérée donne le ton. Derrière, un hôtel pas très grand mais bien aménagé qui abrite des dortoirs (avec rideau individuel pour un peu d'intimité) et des chambres doubles voire des suites avec salle de bain privée et une décoration plutôt bohème et colorée inspirée des voyages. Sur le roofotop ensoleillé, un bar et restaurant à l'atmosphère décontractée et joviale. L'hôtel propose aussi un spa et des massages.

WHITE KNIGHT €€

General Luna Street
✆ +63 2 7117 0802
www.whiteknighthotel-intramuros.com
Chambres doubles à partir de 3 900 P. Wifi. Café, restaurant.

Voici une adresse qui complète très bien l'offre hôtelière de Manille et surtout le quartier d'Intramuros où l'offre hôtelière est quasi inexistante. Le White Knight, situé dans le très charmant passage Plaza San Luis, propose 29 chambres décorées avec le charme de l'ancien dira-t-on. Quoi qu'il en soit, elles sont bien équipées et surtout très propres, pour un rapport qualité-prix assez intéressant. Si l'on recherche le calme d'Intramuros et une ambiance historique, c'est une adresse incontournable. On aime bien. Pour un séjour espagnol !

THE HERITAGE HOTEL MANILA €€€

Roxas Boulevard, corner Epifanio de los Santos Ave
✆ +63 2 8854 8888
www.millenniumhotels.com
Chambres doubles à partir de 5 000 PHP. Wifi. Restaurant, bar, piscine.

L'hôtel classé 4-étoiles jouit d'une position centrale et proche des terminaux de l'aéroport. Il propose une piscine, une salle de sport et pour les joueurs, un casino, à deux pas du centre commercial Mall of Asia. Les 450 chambres sont décorées dans un style design contemporain avec une touche artistique. Le personnel est courtois et disponible comme il est attendu dans un établissement de ce standing. Pas de mauvaise surprise, une valeur sûre en somme.

CENTURY PARK HOTEL €€€

599 P. Ocampo Street
✆ +63 2 8528 8888
www.centurypark.com
Chambre double à partir de 6 400 PHP, petit-déjeuner inclus. Wifi, piscines, restaurants.

Cet hôtel 5 étoiles de grand luxe dispose de deux immeubles et de 500 chambres. Toutes sont équipées des commodités d'usage pour son standing et certaines comportent même un balcon avec vue. A disposition des clients de l'hôtel : trois piscines extérieure et intérieure dont une de taille olympique (ce qui est assez exceptionnel), un bain à remous, un piano-bar et plusieurs restaurants offrant des cuisines variées ainsi qu'un club de gym et un centre de bien-être. Bref, la grosse artillerie. Nombreuses promotions intéressantes sur le site internet.

MAKATI SHANGRI-LA €€€

Ayala Avenue corner Makati Avenue
✆ +63 2 8813 8888
Chambres doubles à partir de 10 000 PHP.

Tennis, club de sport, spa, nombreux restaurants, 700 chambres… Le Shangri-La est résolument un hôtel de tous les superlatifs ! Une institution à Makati. Au troisième étage, un petit jardin en plein cœur de la ville vaut vraiment le détour. On peut s'y relaxer et, pour les gourmands, déguster ses spécialités de glaces et de crêpes flambées. L'hôtel qui était fermé depuis le début de la pandémie a réouvert en 2023. Deux autres adresses de même standing vous attendent : Shangri-La The Fort près de Bonifacio Global City et Edsa Shangri-La.

DIAMOND HOTEL €€€

Roxas Boulevard cor. Dr. J. Quintos St.
✆ +63 2 8528 3000
www.diamondhotel.com
Chambre double à partir de 7 500 PHP. Suite à partir de 20 000 PHP. Wifi, restaurant, etc.

Voici une autre institution de l'offre hôtelière 5-étoiles de la capitale. Le Diamond Hotel, situé face à la baie de Manille, est inondé chaque soir par les couleurs du coucher de soleil. Le style y est celui d'un Grand-Hotel, clinquant, frôlant parfois le kitsch. On y rencontre en majorité des touristes japonais. Il y a une piscine, un centre de bien-être, des restaurants et l'hôtel propose encore quelques chambres pour les fumeurs. Un établissement qui trône fidèlement depuis de nombreuses années sur la baie mais qui mériterait bien un petit rafraîchissement.

NEW COAST HOTEL €€€

1588 Pedro Gil St. cor MH Del Pilar Malate
✆ +63 2 8252 6888
https://newcoasthotels.com/
Chambres doubles à partir de 7 500 PHP. Wifi. Restaurant, bar, spa, piscine.

Anciennement New World Manila Bay Hotel, le New Coast Hotel en impose avant même d'y entrer, grâce à sa façade magistrale d'acier jaune et de verre. À l'intérieur, une foule impressionnante de services, tout ce que l'on attend d'un hôtel de luxe, des restaurants de plats sur le pouce au plus haut de gamme, une piscine extérieure de 25 mètres ou encore un centre de bien-être. Les 300 chambres très fonctionnelles sont décorées dans un style moderne et design. Une adresse au luxe qui n'est pas ostentatoire, idéale que ce soit pour un séjour business ou loisir.

OKADA MANILA €€€

New Seaside Drive, Entertainment City Parañaque City ✆ +632 8888 0777
www.okadamanila.com/
Chambre à partir de 10 800 PHP la nuit selon la catégorie et la période. Restaurants, spa, casino, bars, piscines.

Tout le confort du grand luxe avec une magnifique vue sur la baie de Manille ! En plus de ses 993 chambres et suites (de 60 à 565 m²) décorées avec élégance, ce resort compte un centre de remise en forme, un spa, un barbershop, un salon de beauté et 3 piscines. Pour les enfants ont été développés 8 espaces de loisirs. Enfin, un jardin de 3 000 m² permet de prendre l'air en plein Manille. Pour varier les plaisirs, il faut aussi essayer les 14 restaurants de l'hôtel, tester la boîte de nuit Cove, assister aux différents spectacles et surtout visiter le casino.

SOFITEL PHILIPPINE PLAZA MANILA €€€

Roxas Boulevard
✆ +63 2 8573 5555
www.sofitelmanila.com/
Chambres doubles à partir de 6 000 PHP. Wifi. Restaurants, bar, petit-déjeuner, piscine.

L'hôtel 5-étoiles bénéfice d'un environnement agréable bien qu'un peu excentré dans le quartier de Pasay. Il offre une jolie vue sur la baie de Manille et ses magnifiques couchers de soleil. Les chambres décorées de bois sombre sont modernes et les salles de bain très spacieuses. Le lobby est impressionnant et le bar lounge attenant idéal pour prendre un verre. Très jolie piscine flanquée d'un pool bar. Le restaurant Spiral, et son buffet international, est l'un des meilleurs en ville.

THE PENINSULA MANILA €€€

Corner of Ayala and Makati Avenues
✆ +63 2 8887 2888
www.peninsula.com
Chambres doubles à partir de 10 000 PHP. Wifi. Restaurants. Spa. Piscine.

On dit que cet hôtel 5-étoiles a le lobby le plus beau de tous les hôtels de Manille. Et c'est vrai que dès l'entrée, on est plongés dans un autre monde, un Manille historique du début du XXe siècle. Une nouvelle aile a été aménagée, les chambres y sont encore plus luxueuses. Le service est excellent. Des boutiques proposent des cigares, des vêtements ou encore des produits philippins à un prix en adéquation avec le standing de l'hôtel. Une magnifique piscine, un centre de fitness et des bars et restaurants complètent les infrastructures de haut niveau.

THE HENRY HOTEL €€€

2680 F.B. Harrison Street
✆ +63 2 8807 8888
https://manila.thehenryhotel.com
Chambre double à partir de 6 300 PHP. Restaurant et petit-déjeuner. Wifi. Excursions.

The Henry Hotel est un sanctuaire tropical au cœur du bouillonnant quartier de Pasay. La propriété, bâtie au siècle dernier dans un style colonial élégant, possède ce charme unique des bâtisses historiques. Tout en conservant l'authenticité du lieu, l'aménagement joue sur le côté vintage avec une multitude de touches de décoration années 50. Le jardin luxuriant abrite une jolie piscine cachée dans la verdure. Déjeuner dans le restaurant ou sur la véranda bercé par le vent des ventilateurs rétros est magique. Une adresse irrésistible pleine d'une joyeuse nostalgie.

RAFFLES MAKATI €€€

1 Raffles Drive, Makati Avenue
✆ +63 2 7795 0777
www.raffles.fr/makati/
Suite à partir de 18 000 PHP. Petit-déjeuner inclus, restaurant, bar. Wifi. Piscine, spa.

Etablissement de luxe, chef-d'oeuvre architectural et emplacement idéal en plein coeur du quartier de Makati, à moins de 3 minutes des principaux centres commerciaux de la ville et à 5 minutes du musée Ayala. Moderne et élégant, le Raffles Makati offre, sur 30 étages, des services d'exception et une restauration de grande qualité. Les suites, avec vue, sont à la fois prestigieuses et modernes tout en conservant un cachet historique qui leur confère un charme intime et confortable. Bienvenue dans l'ultra-luxe où toutes vos envies peuvent être comblées.

THE MANILA HOTEL €€€

1 Rizal Park
✆ +63 2 8527 0011
www.manila-hotel.com.ph/
Chambres doubles à partir de 7 500 PHP. Petit-déjeuner inclus. Wifi. Plusieurs restaurants et bars. Piscine. Spa.

Plus qu'un hôtel, c'est une institution de Manille et des Philippines. C'est le plus ancien hôtel 5-étoiles de la capitale. Il comprend plus de 500 chambres, dont plusieurs suites qui sont de véritables lieux d'Histoire. Chaque chambre a une vue sur la baie de Manille ou sur le parc Rizal, voire les deux. L'hôtel offre toutes les prestations que l'on peut attendre d'un établissement de très haut standing : plusieurs restaurants, une piscine, un spa, un lobby de charme et des jardins... L'ambiance début de siècle y est magique. Tout simplement iconique !

SE RÉGALER

Il est vrai qu'il n'est pas facile de dresser un portrait alléchant de l'offre culinaire de la capitale tant elle semble n'être envahie que de chaînes de fast-food et d'effluves de poulet frit. Hélas pour les fins gourmets, non, Manille n'est pas la capitale de la gastronomie ! Mais alors que faire ? On en profite pour vivre comme un local, en s'arrêtant aux stands de street-food pour manger des cacahuètes grillées délicieuses, du maïs ou des *fish balls*. Voire on teste les enseignes locales de fast-food comme l'incontournable Jollibee. Ou alors, on suit les recommandations du Petit Futé et on prend son mal en patience. Rassurez-vous, le reste des Philippines aura bien mieux à vous offrir. Astuce pour les plus frileux, les hôtels 5 étoiles, qui sont légion, proposent des buffets internationaux et gargantuesques, ouverts à tous. Pour les autres, on a déniché quelques adresses pour (quand même !) vous régaler lors de votre passage.

Fish balls.

ARISTOCRAT €

423 San Andres Street
✆ +63 2524 7671
Ouvert 24h/24. Plats entre 200 PHP et 500 PHP.

On y propose des sp
écialités philippines et chinoises : *sinigang* (soupe amère), jarret de porc (*crispy pata*) et le très populaire poulet au barbecue. Depuis, cette adresse a fait plein de petits un peu partout dans la capitale. Un restaurant comme les Philippins les aiment tant : grande salle animée, une ambiance décontractée et familiale plus une carte fournie et pleine de spécialités de viandes, le combo parfait aussi bien pour le petit-déjeuner que pour le lunch et le diner. Bon marché. Un grand classique à Manille depuis 1936.

BARBARA'S HERITAGE RESTAURANT €€

Gen. Luna Street
✆ +63 2 8527 4083
Ouvert tous les jours de 11h à 21h. Plats entre 250 PHP et 500 PHP. Buffets midi et soir.

À l'entrée du charmant passage San Luis, dans une vieille bâtisse coloniale où tout respire le XIXe siècle, on sert une très bonne cuisine philippine mais aussi espagnole. Paella aux fruits de mer, viandes grillées, poulet Adobo, nouilles... Essayez le *seafood Amelie*, un feuilleté de coquilles Saint-Jacques, crevettes et viande de crabe, servi avec un médaillon de bœuf. Le midi, on sert un buffet à prix raisonnable. Le soir, un spectacle de danses traditionnelles anime le dîner.

BISTROT REMEDIOS €€

1911 M. Adriatico Street
✆ +63 2 8573 1273
Ouvert tous les jours de 11h à 15h et de 18h à 21h (23h le week-end). Plats entre 200 et 700 PHP.

Aux dires des nombreux gastronomes habitués des tables de la capitale, c'est le meilleur restaurant de spécialités philippines de la ville. Qui sommes-nous pour contredire ! Dans un décor raffiné de bistro philippin des années 1990 et aux mains d'un personnel chaleureux, vous dégusterez des plats traditionnels qui mettent (enfin !) en valeur les qualités culinaires des Philippines. Soupes, Sisig, lechon, Adobo, Pancit... c'est l'occasion idéale de tester l'une des nombreuses spécialités locales. Ne manquez pas le riz cuit à la noix de coco. À découvrir !

CAFE ADRIATICO €

1790 M. Adriatico Street
✆ +63 917 808 5184
Ouvert 7j/7 de 7h à 22h. Plats entre 300 et 500 PHP.

Ce restaurant dans le genre bistrot du coin à la décoration un peu vintage, est installé stratégiquement sur le rond-point de Malate. Sur la carte bien fournie, on retrouve à la fois toutes les spécialités philippines (Adobo, viandes grillées ou en sauce, riz à l'ail, spécialités de poisson, etc.) mais également une cuisine espagnole et méditerranéenne plutôt simple et des grands classiques internationaux, steak frites, omelettes et salades. C'est rapide et efficace. Autres adresses dans la ville. Une adresse très appréciée des Philippins.

CAFE ILANG-ILANG €€€

1 Rizal Park
✆ +63 2 8527 0011
www.manila-hotel.com.ph/
Matin : 1 550 PHP, midi : 2 795 PHP et soir : à partir de 2 945 PHP. Réservation recommandée. Tenue smart casual.

Choisir d'aller manger dans l'un des restaurants du Manila Hotel, c'est déjà l'occasion de s'imprégner de ce lieu historique. Le Cafe Ilang-Ilang, devrait, en plus, combler tous les palais puisqu'il propose des buffets du monde entier, à volonté : pizzas comme en Italie, sushis faits minute, fruits de mer frais, spécialités philippines comme le cochon de lait, plats coréens et un comptoir à desserts magistral, le tout dans une ambiance décontractée. C'est l'alliance parfaite entre l'élégance du Palace iconique et la promesse d'une expérience culinaire réussie !

CASA ARMAS €€

573 J. Nakpil Street
✆ +63 2 8536 1839
Ouvert 7j/7 de 10h à 22h. Plats entre 300 et 800 PHP.

Ne vous fiez pas à l'aspect extérieur de ce restaurant, quelque peu anodin. L'intérieur, avec ses murs en briques rouges apparentes, ses tables en bois couvertes de nappes blanches, et son comptoir de bistro rappelle l'Espagne bien sûr. L'ambiance (souvent avec un concert de musique live, le soir) y est agréable. Dans l'assiette, on a l'embarras du choix. On se délectera avant tout de quelques très bonnes tapas avant de s'attaquer à une paella (la spécialité) ou alors aux cochons de lait rôtis. Une adresse authentique et sans prétention.

DADS SAISAKI KAMAYAN €€

523 Merchant Building Padre Faura cor. Adriatico St.

✆ +63 2 8528 1724

Ouvert 7j/7 de 11h30 à 14h30 et de 18h à 22h (à partir de 11h le week-end). Buffet à partir de 758 PHP.

Dans ce restaurant réputé pour sa bonne cuisine philippine, on mange à l'étage avec les doigts, à la manière traditionnelle ; en outre, on est servi par un personnel costumé et qui vient chanter quelques classiques philippins. Sous forme d'un immense buffet qui propose tous les classiques philippins mais aussi des plats internationaux, à volonté. Les moins aventureux peuvent toujours diner au rez-de-chaussée où les couverts sont acceptés. Si c'est votre anniversaire durant le mois, c'est gratuit pour vous si vous venez avec deux accompagnants.

KANTO FREESTYLE BREAKFAST €

2466 Leon Guinto St

✆ +63 919 478 8055

Ouvert 7j/7 et 24h/24. Autres adresses dans la ville. Entre 60 et 200 PHP.

Tous les jours et à toute heure du jour et de la nuit, ce restaurant sert des petits-déjeuners mêlant cuisine philippine et cuisine américaine. On retrouve toutes les spécialités locales à base de poulet et porc, mais également toute une carte de pancakes et de gaufres que l'on peut agrémenter de différents *toppings* (sauces chocolat, caramel, oreo, fruits, etc.) ainsi qu'une large sélection de boissons. C'est bon, c'est pas cher et le cadre est sympa.

HARBOR VIEW RESTAURANT €€

South Gate A, Rizal Park

✆ +63 92 7164 2207

Ouvert 7j/7 de 11h à 22h. Plats entre 200 et 800 PHP.

Dans un cadre assez exceptionnel puisque le restaurant est en plein air, sur pilotis, au bord de la baie de Manille, on peut déguster des spécialités de poissons et des plats philippins. A essayer : les crevettes frites (*nilasing na hipon*), les jarrets de porc (*crispy pata*) ou le *sizzling Gyudon* (de l'émincé de bœuf en sauce). On peut aussi choisir son poisson ou son crabe et le faire cuire comme bon nous semble. Les prix sont un peu élevés pour une qualité et un service pas incroyables mais le lieu rattrape le tout, surtout au moment du coucher du soleil.

MANILENOS SIZZLING HOUSE €

Arquiza Street, corner Alhambra St

✆ +63 965 407 7940

Environ 200 PHP le plat. 60 PHP la boisson.

Au rez-de-chaussée du Red Planet Hotel Manila Bay, voici un petit restaurant sans prétention qui ne paie pas de mine mais où l'on sert une cuisine tout à fait honnête. À la carte, toutes les spécialités philippines habituelles, poulet frit, poulet adobo, sisig à base de joue de porc, chopsuey, le tout accompagné de riz et de légumes de bonne qualité. Côté sucré, goutez le fameux halo-halo à base de glace. Les prix sont très corrects, la qualité aussi et le personnel est accueillant. Petit plus : on y sert également un petit-déjeuner philippin traditionnel.

ILUSTRADO €€

744 General Luna Street

✆ +63 939 920 6822

Ouvert 7j/7 du petit-déjeuner au diner. Entre 600 et 1 000 PHP le plat. Petit-déjeuner : environ 500 PHP.

Un restaurant renommé qui sert une cuisine philippine et espagnole matinée d'influences internationales, souvent bonne, parfois inégale : chevreuil au vinaigre et sauce soja (Adobadong Usa), ragoût de chèvre (Kalderetang Kambing) et ils sont surtout reconnus pour leur paella. On dîne au cœur d'Intramuros, dans une décoration colorée qui rappelle l'époque coloniale (vieille maison du XIXe siècle restaurée). Adjacents, un café et une salle de spectacles. Menus spéciaux proposés pour les occasions comme la fête des pères ou la Saint-Valentin.

SHAWARMA SNACK CENTER €

484 Salas Street

✆ +63 2 8521 2121

Ouvert 7j/7 de 8h à 1h. Plats entre 190 et 450 PHP.

Situé à proximité du boulevard Roxas et de la Dolomite Beach, c'est une adresse sans prétention et sans chichi mais qui mérite que vous vous y arrêtiez si vous passez dans le coin à l'heure du déjeuner. Les amateurs de kebabs, houmous, falafels, taboulés et shawarmas ne peuvent repartir de Manille sans y goûter ici. C'est une cuisine simple et sur le pouce mais réalisée avec de bons produits et les portions sont généreuses. Les prix sont tout à fait corrects et l'ambiance y est sympathique. Une bonne adresse pour manger sur le pouce, en somme !

AZUTHAI €€

900 Milkyway Building
✆ +63 2 8817 6252
www.azuthai.com
Ouvert 7j/7 de 11h30 à 14h30 et de 17h à 21h. Plats entre 400 et 1 000 PHP.

Azuthai sert une cuisine thaï familiale préparée selon les recettes de la Cheffe Watee. La carte est bien fournie et les plats copieux, de quoi faire le bonheur des amateurs du pays du sourire. On recommande les délicieux gâteaux aux poissons et aux crevettes, ou la salade croquante de canard pour commencer. Et si vous avez envie de goûter un poisson local, le *apahap* à la vapeur et au citron vert est tout simplement divin. Les desserts sont aussi très réussis, ne partez pas sans tester la mangue au riz gluant. Service attentionné et souriant.

BENI'S FALAFEL €

5343 General Luna Street
✆ +63 905 337 0095
Ouvert 7j/7 de 9h à 2h. Plats entre 150 et 500 PHP.

Petit restaurant qui sert une cuisine méditerranéenne à un coût très raisonnable. À la carte, le pain pita avec falafels et sauce tahina reste un grand classique, et pour les autres, il y a une large sélection de pitas, shawarma, samusas, houmous, shakshuka, babaganush aux aubergines, etc. Fait assez rare à Manille pour être renseigné, il y a de nombreuses options végétariennes et même vegan. Le personnel est charmant et accueillant. C'est une adresse simple mais efficace pour manger sur le pouce à toute heure du jour et de la nuit.

CORNER TREE CAFE €

150 Jupiter Street
✆ +63 2 8897 0295
www.cornertreecafe.com
Ouvert tous les jours de 11h à 22h. Plats autour de 400 PHP. Réservation conseillée.

Petit restaurant situé à l'ombre d'un grand arbre (d'où son nom) qui sert une cuisine végétarienne délicieuse. Ici, on aime les choses naturelles : les légumes frais, les préparations saines, le personnel sympathique, le tout dans une ambiance cosy et simple. La maison sert de généreux plats végétariens, *vegan* ainsi que des plats sans gluten qui raviront même les carnivores. Menu bien varié, inspiré de toutes les cuisines du monde : tofu teriyaki, couscous aux légumes, spaghettis et lasagnes, burger au tofu et aux noix, salade méditerranéenne, soupes et sandwichs.

COSMIC VEGAN RESTAURANT & CAFE €

4980 P. Guanzon
✆ +63 946 770 0000
https://cosmic.com.ph/
Ouvert de 10h à 17h. Fermé le mardi. Plats entre 200 et 300 PHP.

Voici une adresse qui fait du bien dans le paysage culinaire un peu monotone de Manille : un restaurant végan, oui, mais un restaurant philippin quand même ! Quand il a ouvert en 2018, Cosmic avait à cœur de rendre accessible la cuisine végétarienne aux Philippins si peu habitués à ne pas manger de viande. Et le pari est réussi puisque l'endroit (devenu depuis 100 % végan) est toujours rempli et une seconde adresse a ouvert à Pasig. Au menu, les classiques revisités et délicieux !

JAPONESA €€€

8464 Don Pedro & Corner Jacobo St
✆ +63 917 168 2024
Ouvert tous les jours. Réservation recommandée. Plats et tapas entre 200 et 800 PHP. Cocktails : 400 PHP.

Tout à la fois restaurant de cuisine fusion japonaise-péruvienne et bar à cocktails, voici une adresse chaudement recommandée ! Côté restaurant, que des produits frais de qualité : ceviches de saumon et autres poissons, une multitude de tapas revisitées à la japonaise avec des saveurs originales de yuzu, purée d'edamame, sésame, des yakitoris de champignons et de poulet, des sushis faits maison à tomber. Les cocktails aussi sont d'une grande originalité et présentés avec élégance. Ambiance festive les soirs de week-end et service très friendly ! On adore.

KOREA GARDEN €€

128 Jupiter Street
✆ +63 949 053 8567
https://koreagardenph.com/
Ouvert tous les jours de 10h à 21h. Plats entre 300 et 700 PHP.

Le Korea Garden c'est avant tout une histoire de famille. Celle de Kim Chung Ae, qui quand elle est tombée amoureuse d'un soldat philippin en 1952, a quitté son pays pour venir s'installer à Manille. C'est alors qu'elle commença à cuisiner pour ses amis, puis sa famille et de fil en aiguille, un restaurant vit le jour en 1974. Depuis 50 ans, on prépare ici, avec beaucoup de soin, tous les grands classiques de la cuisine coréenne (il y a même un menu végétarien) dans une ambiance comme à la maison. *kimbap*, *bibimbap*, *mandu*... Un régal ! C'est un incontournable.

LAS FLORES €€€

Ground Floor, 1 Mckinley Place
✆ +63 916 619 3365
www.bistronomia.ph
Ouvert tous les jours de 11h à 22h (23h le week-end). Plats entre 500 et 1 500 PHP. Réservation recommandée.

Ici, on revisite les classiques de la cuisine catalane et espagnole avec beaucoup de talent. Pas étonnant donc que Las Flores fasse beaucoup parler de lui et attire le tout-Manille (le concept s'est d'ailleurs développé et des Las Flores fleurissent un peu partout dans la ville). Le décor, à la fois chaleureux et moderne, a été pensé dans tous les détails alors que la terrasse extérieure est idéale pour siroter l'un des nombreux cocktails signature parfaitement exécutés. Dans l'assiette, on recommande les tapas plutôt originales et la paella au riz noir.

SENTRO 1771 €€

G/F Greenbelt 5, Ayala Center
✆ +63 2 7757 3941
https://sentro1771.com/
Ouvert 7j/7 de 11h à 21h. Plats entre 400 et 800 PHP.

Ce restaurant sert une cuisine locale dans un décor à la fois moderne et chaleureux. Il y a également une terrasse. À la carte des spécialités philippines comme le porc adobo, des poissons frits ou en sauce, du poulet grillé, du cochon de lait (lechon), calamar, des spareribs sauce ail et miel, etc. La carte contient des photos donc même si vous n'y connaissez rien, il sera plus simple de faire votre choix. Une bonne adresse pour (re) découvrir une savoureuse cuisine philippine ! Il y a plusieurs Sentro 1171 dans le reste de la ville.

NORTH PARK NOODLES MAKATI €

1200 Makati Avenue Corner Kalayaan Ave
✆ +63 919 913 8757
www.northpark.com.ph/
Ouvert du dimanche au mercredi de 9h à 2h, du jeudi au samedi 24h/24. Plats entre 150 et 500 PHP.

Ce restaurant est divisé en deux parties : le rez-de-chaussée dont l'atmosphère ressemble à un fast-food et offre le thé avec le repas. A l'étage, le concept est différent : on mange assis sur des poufs et il y a une carte des vins et alcools assez variée. Il y a par ailleurs un DJ qui passe de la musique d'ambiance. Les tarifs sont très abordables pour l'un comme pour l'autre et la spécialité de la maison est la soupe de nouilles sous toutes ses formes ; elles sont délicieuses.

TOMATITO SEXY TAPAS BAR €€

BGC Corporate Center
✆ +63 915 588 4803
www.bistronomia.ph
Ouvert 7j/7 de 11h à 22h (23h vendredi et samedi). Plats entre 500 et 1 500 PHP.

Inspiré de l'univers du flamenco et des bars à tapas des années 1980, le décor est vif, dans les tons rouges, chaud, festif et latin. Du côté des papilles, on se régale d'une multitude de tapas à partager, aussi jolies qu'appétissantes, ou de spécialités ibériques classiques mais toujours créatives. Une longue carte de cocktails, de Gin Tonic et de vins. Une ambiance animée pour une soirée haute en couleur ! Tomatito a fait ses preuves et s'impose désormais comme l'un des meilleurs dans le paysage des restaurants « espagnols modernistes » de Manille.

PEOPLE'S PALACE €€

Greenbelt 3, Ayala Center
✆ +63 2 7729 2888
www.peoplespalacethai.com/
Ouvert 7j/7 entre 11h et 22h. Plats entre 400 et 900 PHP. Réservation recommandée.

Dans une ambiance chic et détendue notamment sur la terrasse très agréable, le People's palace sert une cuisine thaïlandaise des plus raffinées et offre un service aimable et efficace. Au menu : currys faits maison, pad thaï, soupes thom yum, etc. Tout peut être décliné en version végétarienne. Pour le dessert, craquez pour le mango sticky rice. Des plats frais et délicieux dans un cadre charmant, on recommande vivement mais mieux vaut réserver car l'adresse est réputée pour être l'un des meilleurs restaurants thaïlandais à Manille.

ZIGGURAT €

G/F Sunette Tower Building, Durban Street, à l'angle de Makati Avenue
✆ +63 2 8897 5179
www.zigguratcuisine.com/
Ouvert 7j/7 de 10h à 22h. Plats entre 200 et 400 PHP.

On retrouve une ambiance méditerranéenne aussi bien à l'intérieur qu'à l'extérieur du restaurant. Le personnel est très aimable. On peut y fumer le narguilé tout en dégustant du pain oriental accompagné de viande halal ou d'houmous. A essayer : ragoût d'agneau, moussaka grecque, souvlaki (bœuf et poulet mariné avec légumes et tzatziki), toutes sortes de curries, des salades du Moyen-Orient et du thé et café des quatre coins du monde.... Bref, une cuisine IMAM comme ils disent : indienne, méditerranéenne, africaine et moyen-orientale.

FAIRE UNE PAUSE

Que ce soit pour échapper à la chaleur et à l'animation ambiante de Manille, pour faire un break gourmand ou simplement parce que c'est l'heure de l'apéro, aucun problème ! La capitale ne manque pas d'adresses. En journée, pour boire un café – contrairement au reste de l'archipel où ce n'est parfois pas une mince affaire -, Manille regorge d'endroits où le café est excellent – une limonade rafraîchissante, un thé glacé ou un milkshake gourmand, vous trouverez légion de petites enseignes charmantes, parfois cachées au détour d'une ruelle dans le quartier historique d'Intramuros, ou même dans un ancien garage au cœur de Makati. Et quand la nuit arrive, les bars dans les rues et sur les toits vous attendent. Le mieux reste de prendre de la hauteur et de profiter des nombreux rooftops de la capitale, que ce soit pour profiter du coucher du soleil sur la baie ou pour siroter un cocktail signature au son d'un concert live.

AGIMAT AT UGAT FORAGING BAR AND KITCHEN

Alfonso, corner Fermina
✆ +63 927 114 3880
www.destileriabarako.com/agimatatugat
Ouvert 7j/7 de 17h à 3h (2h du dimanche au mardi). Cocktails : environ 400 PHP.

Niché au cœur de Poblacion, ce bar est réputé pour être l'un des meilleurs endroits où boire un verre (et de préférence un cocktail !) dans la capitale. Ils ont d'ailleurs leur propre distillerie depuis 2016 et confectionnent des liqueurs et alcools originaux et uniques à base de plantes locales. Il y a des happy hours de 17h à 20h, une carte de cocktails très fournie et certains sont très originaux. La préparation des cocktails est d'ailleurs un spectacle en soi.

BEDROCK BAR & GRILL

Adriatico Street
✆ +63 949 946 9549
Ouvert tous les jours jusqu'à 2h. Boissons à partir de 90 PHP.

Vitres teintées, staff agitant la tête… nous vous ne vous êtes pas trompés de porte : voici bien le bar rock de ce côté-ci de la ville. Chaque soir, un groupe – plus ou moins professionnel – pour vous faire vivre des soirées remplies de riffs de guitare, de reprises de Nirvana et de musique qui fait vibrer les tympans. La programmation varie selon les soirs, notre avis aussi en conséquence. Dans tous les cas, c'est un bon endroit pour commencer la soirée entre amis, si on aime ce genre d'ambiance, animée et pas *fancy* pour un sou.

BARBARA'S COFFEE SHOP

Plaza San Luis Complex
Ouvert tous les jours. Environ 100 PHP la boisson.

Caché au bout de la charmante allée de San Luis, elle-même très discrète depuis la rue principale en face de l'église San Agustin, ce café est décidément bien secret. Niché au cœur d'une alcôve, il semble tout droit sorti de l'époque espagnole, avec sa jolie décoration vieillotte et son mobilier de bois. On recommande pour se désaltérer en cours de journée et non pour manger. Déguster une boisson rafraîchissante sur son patio si romantique et si calme, c'est oublier, le temps d'un instant, qu'on est dans une des villes les plus denses et bruyantes du monde.

CAFÉ BRETON ARMORICA

Greenbelt 3, Ayala Center
✆ +63 2 7757 4125
Ouvert 7j/7 de 9h à 21h. Plats entre 200 et 350 PHP.

Dans cette crêperie, devenue un peu une institution et toujours bondée, les serveurs qui portent des bérets vous servent des crêpes accompagnées de cidre. Parfait si vous êtes déjà nostalgiques ou simplement si vous voulez changer de la cuisine philippine. Côté sucré, essayez la crêpe aux mangues (avec glace à la mangue au-dessus !) et côté salé, vous pouvez tenter la Dracula à base d'ail, fromage et tomates. Les créatifs pourront également créer leurs propres crêpes. Les noms en français sur la carte à eux seuls valent le détour.

COWBOY GRILL

Arquiza St
✆ +63 2 8525 1474
www.cowboygrill.ph
Ouvert tous les jours de 10h à 2h. Boissons à partir de 100 PHP.

Il s'agit d'un bar-restaurant où plusieurs groupes de musique se succèdent tous les soirs pour assurer des concerts live. L'ambiance y est un peu bruyante quand même, mais aussi chaleureuse. Les grillades arrosées de bière sont la spécialité. Et les plateaux de snacks à partager sont assez alléchants. Le nom vous donne le ton, on est sur un bar 100 % philippin, avec une ambiance très locale, bien loin des nouveaux bars à cocktails et autres endroits branchés qui pullulent dans le quartier. On vous laisse vous faire votre propre avis...

PURA VIDA

8456 Kalayaan ave, corner of Dona Carmen
✆ +63 927 676 3736
https://puravidamnl.com/
Ouvert tous les jours de 18h à 4h. Boissons à partir de 150 PHP.

C'est le premier (et seul) bar costaricain de Manille. Sans surprise, l'ambiance y est relax, la palette de couleurs jaune, vert, rouge est dominante et la musique latine et reggae, régulièrement en concerts live, est reine. La programmation musicale est d'ailleurs actualisée chaque semaine, voir sur leurs réseaux sociaux. La terrasse est très agréable et est donc sans surprise vite occupée le week-end par des touristes comme des locaux. On y vient pour les cocktails, la musique, la terrasse et bien sûr l'ambiance... *pura vida*.

ENCARAMADA ROOFTOP BAR

Seaside Boulevard corner J.W. Diokno Boulevard
✆ +63 288408000
Ouvert du mercredi au samedi de 17h à 23h. Boissons : environ 300 PHP.

Niché sur le toit du TRYP, à côté du grand Mall of Asia, l'Encaramada jouit probablement de l'une des plus belles vues à 360° sur la baie de Manille. À l'heure du coucher du soleil, le spectacle est un véritable enchantement. Côté atmosphère, pas de musique trop forte ou de brouhaha, l'endroit est idéal pour boire un verre au calme après une journée fatigante à avoir arpenté les rues de la tumultueuse Manille. Sur la carte, des cocktails, bières, vins et jus de fruits rafraîchissants, plus quelques tapas. On y vient avant tout pour la vue.

THE ROYAL CAFE MANILA

Plaza San Luis
✆ +63 917 300 0410
Ouvert 7j/7 de 7h à 20h. Boissons : environ 150 PHP.

Une nouvelle adresse pour les fans de café ! Dans le passage San Luis, ce bar à café moderne et tendance affiche une décoration soignée avec des tableaux accrochés sur ses murs en bois et briques blanches. C'est l'endroit idéal pour une petite halte au calme. Quelques pâtisseries alléchantes, des cookies, toutes les variations de cafés possibles et d'autres boissons comme une limonade à l'hibiscus délicieuse ou des milkshakes divers et variés. Les prix sont assez bon marché. Une adresse sans prétention mais pleine de charme.

PAPAKAPE

5641 Ampere St
www.papakape.com
Ouvert de 7h à 11h et de 16h à 20h. Fermé le lundi. Boissons entre 80 et 180 PHP.

Papakape, qui signifie en tagalog « offrir du café », est un ancien garage qui a été rénové sous forme de cahute en verre qui abrite un bar à café. Avec un tout petit jardin à la végétation luxuriante, caché au cœur de Makati. Les quelques tables sont très agréables, et il y fait très calme. Du côté de la carte, des cafés essentiellement mais aussi quelques jus et thés glacés. Les cafés sont peu nombreux mais certaines recettes sont assez originales et gourmandes comme le café infusé au gingembre et décliné en versions chaude ou froide.

THE SOCIAL

5770 Ebro Street
✆ +63 917 727 0072
Ouvert du mardi au dimanche de 18h à 2h. Cocktails à partir de 200 PHP.

Au cœur de Poblacion, l'ancien quartier rouge devenu l'endroit qui bouge, The Social est un espace convivial et atypique en plein air. Structuré autour de conteneurs bariolés reconvertis, il se compose de trois stands de nourriture du monde, d'un *pop up store* et d'un bar sur deux étages où, une fois la nuit tombée, locaux et touristes de passage se mélangent pour faire la fête. Avec sa grande fresque murale, la déco est clairement *urban street* et l'art est le maître-mot. Ambiance détente pour une soirée à la bonne franquette.

(SE) FAIRE PLAISIR

Pour le shopping à Manille, le visiteur aura l'embarras du choix. Il y a bien sûr les marchés de rue comme l'historique Divisoria Market, où pullulent une foule de Manileño et quelques touristes à la recherche d'une expérience locale et vivifiante ; les nombreux et gigantesques centres commerciaux (*malls*) qui sortent de terre comme des champignons, toujours plus grands, toujours plus clinquants ; et les boutiques d'artisanat et de textile du quartier d'Intramuros. Sans oublier les antiquaires, concentrés à Ermita, dans la longue rue M.H. del Pilar. On y trouve des porcelaines de Chine, jarres anciennes, bijoux, tissages antiques du nord de Luzon, meubles, gravures et bois sculptés, peintures, vaisselles, accessoires. Alors si vos plus beaux souvenirs seront sans aucun doute ceux gravés dans votre mémoire (et dans votre appareil photo), un passage dans la capitale peut être l'occasion d'une virée shopping agréable.

GREENBELT

Greenbelt Park
✆ +63 2 7795 9595
www.ayalamalls.com
Ouvert tous les jours de 11h à 21h (22h vendredi et samedi).

Situé au cœur de Makati, Greenbelt Mall réunit cinq centres commerciaux différents, numérotés de 1 à 5 et reliés entre eux. Mêlant sa structure moderne à la végétation rafraichissante du parc Greenbelt qui l'entoure, il s'étend sur 25 hectares. C'est l'un des centres commerciaux les plus hauts de gamme de la capitale et c'est vrai qu'il y règne une ambiance plus paisible que dans les autres. On y retrouve tous les magasins de prêt-à-porter de marques locales et internationales ainsi que beaucoup de restaurants branchés, de bars et de cinémas.

SM MALL OF ASIA

Seaside Blvd
www.smsupermalls.com
Ouvert 7j/7 de 10h à 22h.

On est au cœur de la démesure : avec pas moins de 600 000 m^2 et plus de 3 500 magasins, ce centre commercial est indéniablement le plus grand des Philippines et l'un des plus grands d'Asie ! Encore un paradis, du moins pour les amateurs de shopping et de divertissement. On y trouve aussi un cinéma IMAX, des restaurants, massages, instituts de beauté... Le tout situé le long de la mer, il y a d'ailleurs une longue promenade sur la baie de Manille où il est agréable de flâner et siroter un verre à l'heure du coucher du soleil.

ROBINSONS PLACE MALL

Pedro Gil, cor M. Adriatico St
www.robinsonsmalls.com
Ouvert tous les jours de 10h à 22h.

C'est un important centre commercial, très populaire, qui constitue un bon point de repère puisqu'il est situé au cœur du quartier touristique d'Ermita, près du parc Rizal et de la baie de Manille. Sur sept étages, plus de mille boutiques, de marques locales et internationales, côtoient de nombreux bars et restaurants ainsi qu'un bowling et un billard. Il y a aussi un grand supermarché. Comme la plupart des malls, il est dépourvu de charme mais ces endroits constituent des lieux de vie à part entière pour les Philippins, il est donc intéressant d'y faire un tour.

SM MEGAMALL

EDSA corner Doña Julia Vargas Ave.
www.smsupermalls.com
Ouvert tous les jours de 10h à 22h.

C'est l'un des plus grands malls d'Asie avec sa façade de 1 km de longueur qui fait communiquer cinq bâtiments et est relié à d'autres centres commerciaux dont Shangri-La Plaza Mall. En bref, on est encore ici au cœur de la démesure. Et pourtant il s'agit bien d'un phénomène qui fait partie intégrante de la culture philippine et plus globalement asiatique : les *malls,* véritables lieux de vie pour la population locale. Dans celui-ci on retrouve une patinoire, près de 1 000 boutiques, un cinéma IMAX et foule de restaurants dont un *food court* monumental.

BALIKBAYAN HANDICRAFTS SHOP

1200 Makati Ave
✆ +63 2 8817 2433
https://balikbayanhandicrafts.com.ph
Ouvert tous les jours de 10h à 19h.

Ce magasin propose un panorama assez représentatif de ce que l'artisanat philippin a de mieux à offrir. Naturellement, l'idéal reste d'acheter localement, dans les différentes régions que vous visiterez, mais ici vous avez l'avantage du choix. Et du choix, il y en a ! Entre les beaux paniers en osier, les bijoux de perles, les sculptures et objets en abaca, les tissus brodés, les accessoires de cuisine... Le tout est d'une grande qualité et à des prix corrects.

THE PAPIER TOLE SHOP

Plaza San Luis
✆ +63 2 536 8692
Ouvert tous les jours de 11h à 18h.

Caché dans l'une des alcôves du charmant passage San Luis dans Intramuros, voici une petite boutique d'artisanat des plus charmantes. The Papier Tole Shop ravira toutes celles et ceux qui aiment fouiller et chiner et découvrir des endroits un peu hors du temps. N'hésitez pas à prendre le temps de discuter avec le vendeur qui est aussi artiste. C'est un peu la caverne d'Ali Baba, où vous trouverez bibelots, livres et jolies cartes postales. Une chose est sûre, ça change des innombrables centres commerciaux qui parsèment la ville !

SILAHIS ARTS AND ARTIFACTS

744 General Luna Street
✆ +63 2 527 2111
www.silahis.com
Ouvert tous les jours de 10h à 18h.

Sur trois étages et plusieurs espaces, le centre Silahis existe depuis presque 60 ans et est renommé pour son savoir-faire et son expertise. Cet immense magasin, qui ressemble plus à un musée qu'à un magasin de fournitures, recèle de centaines d'objets d'artisanat, de meubles en rotin, d'antiquités et autres bibelots et objets en tout genre, provenant des différentes régions de l'archipel. Offrez-vous un aperçu de l'artisanat philippin en poussant la porte de cette grande demeure.

GRAND MARCHÉ DE DIVISORIA

Binondo et Santa Cruz
Ouvert tous les jours. S'y rendre de préférence le matin.

Attention, agoraphobe, s'abstenir ! Bienvenue sur le plus grand marché de rue de la capitale et l'un des plus anciens. Un lieu bigarré, bruyant et animé, où la foule se bouscule. Réputé pour son éclectisme, ses variétés d'étoffes et de tissus, on y trouve de tout, bijoux, chaussures, souvenirs, alimentation, mais aussi nombreux produits de contrefaçon. Il se situe sur la rive nord de la rivière Pasig. S'y rendre est une véritable expérience, attention toutefois à vos effets personnels.

TESOROS

General Luna Street
Ouvert tous les jours de 10h à 18h.

L'heure du départ approche, et vous n'avez pas eu le temps de remplir vos sacs à dos de souvenirs pour vous-même et pour vos proches ? Alors profitez de votre flânerie dans Intramuros et au Fort Santiago pour passer par cette charmante boutique. Jolies cartes postales, tote-bags, éventails, autres bibelots et objets d'artisanat local, décorations murales en bois, paniers en rotin, nombreux bijoux, vêtements traditionnels... Nul doute que vous y trouverez votre bonheur ! Le tout dans un cadre très mignon et vous pouvez même vous installer pour boire un café.

THE MANILA COLLECTIBLE CO.

Chamber #8, Fort Santiago
✆ +63 2 230 9710
Ouvert tous les jours de 9h à 18h.

Petite boutique et espace culturel niché dans une salle voutée vieille de 400 ans au sein du Fort Santiago. Ici, on met en valeur l'artisanat autochtone préhispanique, des marques 100 % philippines et des œuvres d'artistes locaux. On y déniche aussi bien de l'artisanat traditionnel, du textile ethnique cousu main que des pièces plus modernes (bijoux, sacs...) qu'on pourrait trouver dans les boutiques européennes branchées. Une bonne adresse dans Intramuros pour vos cadeaux souvenirs.

BOUGER & BULLER

Manille offre une multitude d'activités pour bouger ou se détendre lors de votre passage. À commencer par les innombrables instituts dédiés au bien-être et à la relaxation que l'on trouve dans la totalité des hôtels de haut standing. Au programme, massages et soins en tout genre, accès aux piscines, hammam et sauna. Si vous n'êtes pas un ou une adepte de ces lieux en Europe, c'est l'occasion idéale de tester : pour un prix presque dérisoire, vous avez des prestations d'excellente qualité ! Ensuite, pléthore de visites guidées à pied ou à vélo sont organisées (le plus souvent en anglais). Les plus connues étant celles du quartier historique d'Intramuros et les *food tours* dans le Chinatown de Manille, le quartier de Binondo. Les locaux qui proposent ce genre de services ont à cœur de redorer l'image de leur ville. Vous trouvez leur contact sur le site de l'office de tourisme d'Intramuros par exemple.

BAMBIKE ECOTOURS

Real St.cor, m General Luna St

www.bambike.com/ecotours

Ouvert 7j/7, de 9h à 18h. 100 PHP/heure (réduction senior et étudiants). Ecotour guidé entre 1 000 et 1 800 PHP.

À la fois loueur de vélos et guide touristique, Bambike est situé au cœur d'Intramuros à l'entrée du passage San Luis. Les vélos sont beaux, flambant neuf et confortables. Soit on loue un vélo seul soit on part en tour guidé en petit groupe (de 5 à 10 personnes maximum). Différents tours sont proposés, entre 1h30 et 2h30, certains intègrent le coucher du soleil. C'est une idée originale et écolo, on visite à son rythme et on voit plus de choses. En plus, le quartier d'Intramuros se prête particulièrement bien à une flânerie à vélo.

I'M ONSEN SPA

7862 Makati Avenue Corner Kalayaan Avenue

✆ +632 7755 7877

www.imonsenspa.com/

Ouvert 7j/7 de midi à 2h du matin. Soins et massages à partir de 2 000 PHP / 60 minutes.

Le I'M Onsen Spa est le plus grand institut de relaxation de Manille, réparti sur 6 étages au sein de l'M Hôtel. Il promet une expérience totale de détente et de bien-être, à un prix très abordable en comparaison de la qualité des prestations proposées. Il y a une multitude de soins et de massages, et l'on va même jusqu'à choisir le type de cabine (suite de couple, VIP, etc.) que l'on souhaite. Accès au hammam, au sauna et aux bains Onsen réputés pour leurs propriétés thérapeutiques, les seuls de Manille. Différentes formules avec repas sont possibles.

PHILIPPINE ARENA

Philippine Arena Complex

✆ +63 917 887 1148

www.livenation.ph/

Agenda et tarifs en fonction des événements, mis à jour sur la page Facebook.

La Philippine Arena est le plus grand stade couvert au monde ! Il est situé à une vingtaine de kilomètres au nord de Manille et peut accueillir environ 55 000 spectateurs. Matchs de basket, concerts et spectacles, le calendrier est varié. La PBA (Philippine Basketball Association), qui est l'équipe la plus soutenue par les Philippins, y dispute des matchs régulièrement et la Coupe du monde de basket 2023 s'est tenue en partie ici. Alors, pourquoi ne pas profiter de votre passage pour vous immiscer dans l'ambiance locale et aller assister à un match de basket ?

THE SPA

1 Paseo de Roxas

✆ +63 8840 1325

www.thespa.com.ph/

Ouvert tous les jours de midi à 20h (22h le week-end). Compter dans les 1 500 P pour un massage d'une heure.

The Spa a une plusieurs instituts dans la capitale, dont un au Shangri-La Plaza, ce qui témoigne de la qualité et du savoir-faire de l'établissement. On y fait, dit-on, les meilleurs massages de la ville, dans une ambiance très soignée. Vous y trouverez toutes les sortes de massages, de soins et de gommages possibles : que ce soit du visage, du corps ou des pieds, dynamique ou relaxant, rajeunissant ou lymphatique, aux pierres chaudes, au miel ou au marc de café... C'est un véritable havre de paix pour une parenthèse de détente.

SORTIR

On peut dire que la capitale des Philippines ne dort jamais et une chose est sûre, on ne s'ennuie pas le soir à Manille. À condition toutefois de respecter quelques règles : rester avec des personnes de confiance, surveiller son verre et rester dans les zones dites touristiques. À Makati, l'ambiance est animée et les bars et boîtes sont légion. Greenbelt est noir de monde les soirs de week-end, P Burgos et ses ruelles alentour comme Don Pedro sont animées tous les soirs. À Malate, la vie nocturne est concentrée sur le boulevard Roxas, à Mabini et Marcelo H. del Pilar. C'est un peu moins guindé qu'à Makati. Enfin, les amateurs de *nightlife* se doivent d'aller au Palace, cet immense complexe entièrement dédié au monde de la nuit dans le quartier branché de Bonifacio Global City. La capitale abrite également de multiples adresses de karaokés et de shows en tous genres. En bref, laissez-vous porter par le monde de la nuit de Manille !

THE ISLAND AT THE PALACE

Uptown, 9th Ave
https://thepalacemanila.com/
Ouvert du jeudi au dimanche à partir de 20h. Boissons à partir de 180 PHP.

Au cœur du quartier de Bonifacio Global City, le Palace est un immense complexe de divertissement (le plus grand du pays !) qui réunit pas moins de cinq bars et clubs. The Island est l'un de ceux-là. Nichée sur le toit et inspirée des clubs de plage de Bali ou de Saint-Tropez, l'île a cette originalité de contenir une piscine qui lui confère un certain cachet. Autour de celle-ci, une grande piste de danse où se déhancher et plein de petits bars (shots, tequila, rhum...). Le lieu festif idéal avant de continuer la nuit au Xylo, le club n°1 du Palace.

CASINO CITY OF DREAMS

City of dreams, corner Macapagal Ave, Aseana Ave
✆ +632 8800 8080
www.cityofdreamsmanila.com/
Ouvert 24h/24.

Avant même d'entrer, on est happé par l'immensité délirante et le faste de l'endroit. Le casino du gigantesque complexe City of Dreams (qui regroupe plusieurs hôtels, centre commercial, restaurants, etc.) a ouvert en 2015 et est accessible à tous les joueurs (majeurs bien sûr). Pas moins de 365 tables vous attendent, avec tous les jeux habituels comme le blackjack, le baccarat, la roulette ou le poker, ainsi que plus de 1 600 machines à sous. Tout est réuni pour passer une bonne soirée façon Las Vegas dans la capitale des Philippines.

CULTURAL CENTER OF THE PHILIPPINES (CCP)

Roxas Boulevard
✆ +63 2 532 6112
www.culturalcenter.gov.ph
Ouvert du mardi au samedi de 9h à 18h + pour les représentations. Programme en ligne.

Le Cultural Center of the Philippines (CCP) a pour mission de promouvoir et de préserver les arts philippins sous toutes leurs formes et ce depuis presque 60 ans. Le bâtiment moderne mais un peu austère de l'extérieur abrite une multitude d'espaces d'exposition, de représentation et de création. On peut y voir tout type de spectacles (danse, musique, théâtre), des installations, des films, etc. Le calendrier en ligne est complet et détaillé. L'occasion de rencontrer l'art philippin.

MUSIC 21 PLAZA FAMILY KTV ROOM

2166 Chino Roces Avenue
✆ +63 8251 0475
https://music21plaza.ph/
Ouvert le lundi à partir de 15h, du mardi au samedi 24h/24 et le dimanche jusqu'à 3h du matin.

On vous l'a dit, les Philippins sont des fans absolus de karaoké, en ville dans des endroits comme celui-ci, jusque sur les plages les plus isolées où l'on trouve des caissons de karaoké qui semblent sortis d'une autre époque. Alors, c'est l'occasion de vous essayer à cet art si particulier. Des packages avec plusieurs heures de musique et de chansons, des boissons et des snacks sont proposés. C'est la promesse de passer une soirée (ou une nuit !) typiquement philippine.

QUEZON CITY

Plus vaste municipalité du pays (3,3 millions d'habitants quand même), Quezon City est généralement peu fréquentée par les visiteurs. Et pourtant, la ville présente quelque curiosités. Elle est connue pour ses centres commerciaux et sa vie nocturne animée mais on voit aussi fleurir de plus en plus de restos et hôtels branchés de-ci de-là. Son dynamisme vient principalement de ce qu'elle héberge la plus grande université de Manille. Les avenues Tomas Morato et Timog constituent la zone touristique de Quezon City.

Transports

On se rend facilement à Quezon City depuis le centre de Manille en taxi (environ 450 PHP) ou jeepney (10 PHP).

QUEZON MEMORIAL CIRCLE

Quezon Memorial Circle

C'est un immense parc de 27 hectares, le plus grand de tout Quezon City. Il forme comme une sorte d'énorme rond-point encerclé par la route. Au milieu du parc se dresse le Quezon Memorial, il s'agit d'une statue de 66 mètres de hauteur, érigée en l'honneur de Manuel L. Quezon, le premier président des Philippines dans la période d'indépendance sous tutelle appelée « Commonwealth » en 1934. Le parc est très prisé des Philippins qui l'appellent le Circle et qui viennent y faire du sport, pique-niquer ou simplement se retrouver et se reposer.

ART IN ISLAND

175 15th Ave

© +63 2 7795 6256

Ouvert de 11h à 19h30 (20h30 vendredi et samedi). Fermé le lundi. Adulte 850 PHP, enfant 600 PHP.

À mi-chemin entre le musée interactif et le parc de loisirs, Art in Island a ouvert en 2014 et fait depuis le bonheur des enfants (et de tous ceux qui ont gardé leur âme d'enfant). On l'appelle aussi le musée du selfie, comme ça, ça vous donne le ton. À l'intérieur, sur 4 000 m², des dizaines d'œuvres murales qui jouent sur les illusions d'optique pour créer des scènes en 3D dans lesquelles les visiteurs s'immergent. Se retrouver dans la bouche d'un tyrannosaure ou sur une passerelle suspendue dans le vide, c'est un peu kitsch mais aussi très drôle !

SHOE MUSEUM OF MARIKINA

JP Rizal Street

Ouvert du lundi au vendredi de 7h30 à 16h. Entrée : 50 PHP.

Le ville de Marikina (on parle plus de ville à part entière que du quartier de Quezon City, logique pour une ville de 3,3 millions d'habitants) est connue pour être la capitale de la chaussure aux Philippines. On se rendra à ce musée de la Chaussure pour « admirer » la gigantesque collection de chaussures (quelque 300 paires quand même !) d'Imelda Marcos, l'épouse de l'ancien président-dictateur Marcos. On en apprend également davantage sur les processus de fabrication des chaussures et il y a un petit marché à côté pour... trouver chaussure à son pied.

NINOY AQUINO PARKS AND WILDLIFE CENTER

Elliptical Road

Ouvert tous les jours de 7h à 17h.

S'il y a bien un endroit qu'on ne s'attend pas à trouver au milieu de la jungle urbaine qu'est Quezon City, c'est bien un immense parc protégé de 24 hectares et pourtant il en existe un ! Ce jardin zoologique et botanique à côté du mémorial Quezon suscitera l'intérêt des amoureux de la nature : on s'y occupe notamment d'animaux sauvages confisqués ou blessés. Il y a aussi une aire de jeux pour les enfants. Le parc est très apprécié des familles pour des pique-niques.

CODA LINES BUS

P. Tuazon Blvd

www.codalinesbus.com/

Réserver en ligne et se présenter au guichet pour retirer son billet. Trajets réguliers. Banaue : 10h, 1 000 PHP.

Compagnie notamment pour les trajets de nuit vers Banaue et les rizières. La gare de Quezon n'est pas très agréable mais il y a toujours du monde donc pas de souci de sécurité, les taxis la connaissent bien. Être là au moins 30 minutes à l'avance. Il y a des bus avec et sans toilettes, donc ne buvez pas trop ; prenez de quoi vous couvrir car la climatisation va parfois TRÈS fort ; prendre aussi des boules Quies (le chauffeur peut laisser sa musique à fond pendant tout le trajet... un concept original pour un bus de nuit). Horaires très aléatoires, être patient.

THE COCOON BOUTIQUE HOTEL €€

#61 Scout Tobias corner Scout Rallos Streets
✆ +63 2 8 208 4748
www.thecocoonhotel.com
Chambre double à partir de 4 900 PHP. Petit-déjeuner inclus. Wifi.

The *Cocoon boutique hotel* porte bien son nom. Cet hôtel de charme est en effet un petit cocon cosy dans la jungle urbaine de Quezon. Les propriétaires, défenseurs de l'environnement, ont tout pensé pour rendre la propriété la plus verte et responsable possible, chapeau ! C'est confortable et charmant, on s'y sent bien d'autant plus que la piscine, entourée de plantes, et le spa sont des petits délices. Bravo à l'équipe pour le service irréprochable.

SEDA VERTIS NORTH HOTEL €€€

Vertis North, Sola corner Lux Drives
✆ +63 2 7739 8888
https://vertisnorth.sedahotels.com/
Chambre double à partir de 6 000 PHP. Promotions sur leur site.

Un hôtel 5-étoiles de plus de 400 chambres dans le cœur de Quezon City, proche de tous les transports et commodités. L'hôtel tient son nom de *seda* qui signifie « soie » en tagalog et c'est bien l'expérience qu'ils proposent, un séjour tout doux, dans un écrin d'élégance et de calme. Le design des chambres est moderne et épuré. On y retrouve tout ce qu'on attend d'un établissement de ce standing : une magnifique piscine extérieure, un bar sur le toit, une aire de jeux, un institut de massage et bien-être et évidemment un restaurant.

GUBAT QC €

Bonsai Society, President Carlos P. Garcia Ave
✆ +63 966 627 1522
Ouvert du mardi au dimanche de 11h à 21h. Plats environ 200 PHP.

Derrière une porte en bambou, voici une adresse gourmande bien cachée. Les plats sont préparés dans une sorte de cahute et des tables en bois sont disposées sous une terrasse semi-couverte au cœur d'une végétation tropicale très agréable. La carte est assez réduite mais bonne : spécialités philippines habituelles (riz, adobo, viandes, fruits de mer) et quelques plats occidentaux. En plus, Gubat se veut zéro déchet, les plats sont servis sur des feuilles de bananiers et on est invité à manger avec les mains. C'est pas cher, c'est bon et c'est original.

FARMER'S MARKET

Araneta Center
Ouvert tous les jours jusque 19h.

Il s'agit de l'un des plus grands et célèbres marchés de la ville et de la région de Manille. Et c'est aussi l'un des mieux organisés. On y trouve absolument de tout ou presque : fruits et légumes frais, poissons du jour, viandes, fleurs, plantes, desserts typiquement philippins... Les étals débordent, tous plus colorés les uns que les autres, les odeurs se mêlent au brouhaha général, c'est un véritable lieu de vie. Si tout cela vous met en appétit, c'est l'occasion idéale de goûter à toutes ces curiosités gourmandes et de découvrir un bout de vie locale !

GATEWAY MALL

General Aguinaldo Ave
Ouvert tous les jours de 10h à 21h (22h vendredi et samedi).

Un immense centre commercial avec toutes les marques internationales (Uniqlo, Adidas, Lacoste, Levi's…), un food court avec peu d'intérêt (sauf si on adore les fast-foods philippins), des restaurants et des cafés dont un qui a sa terrasse dans le patio extérieur au centre du mall, entouré de végétation. Pas très intéressant en soi, l'endroit peut être un bon point de chute si vous avez un bus de nuit à prendre de Quezon pour Banaue par exemple, la station est proche et vous pouvez faire un peu de shopping et vous restaurer avant de quitter la ville. Pratique.

LUZON

LAS PIÑAS

La ville de Las Piñas est située à 12 km au sud du parc Rizal, soit de 30 à 45 minutes du centre de Manille. Las Piñas est divisée en trois zones qui sont celles de la baie de Manille, de Coastal Margin et du plateau de Guadalupe. Ancien village de pêcheurs, la ville est surnommée le « lit de sel des Philippines » car depuis le XVIIIe siècle, elle est connue pour sa fabrication de sel. Puis elle s'est développée autour du commerce de construction des jeepneys.

Transports

Au départ de Taft Avenue, le long du parc Rizal, des bus et jeepneys effectuent le trajet en permanence pour quelques pesos.

SARAO MOTORS

249 Diego Cera Ave

Ancienne usine de fabrication de fameuses Jeepneys, le numéro 1 des transports publics aux Philippines. Sarao transformait les Jeep des GI américains laissées après la guerre et devint la plus grande usine de Jeepney du pays. Même si aujourd'hui la production est terminée, l'usine est devenue un atelier de réparation, ouvert aux visiteurs et des artistes continuent à façonner les carrosseries pour en faire des œuvres d'art. Pour l'anecdote, Jeepney viendrait de *jeep-knee* car quand on est dans une Jeepney, nos genoux (*knees*) touchent toujours ceux des voisins.

ÉGLISE SAINT-JOSEPH

1742 Quirino Avenue

Ouvert de 8h à 16h. Fermé le lundi.

L'église fut construite en 1819. Pour la bâtir, on utilisa des pierres volcaniques. L'église fut restaurée entre 1971 et 1975 par les architectes Francisco Mañosa et Ludwig Alvarez. Elle est célèbre pour abriter un orgue de bambou unique : un chef-d'œuvre fait de bois et de bambou qui selon les experts produit un son unique qui ne peut être égalé par aucun instrument dans le monde. Cet orgue de 5 m de hauteur fut construit par le père espagnol Diego Cera qui utilisa 832 tuyaux de bambou et 122 de métal. La fabrication débuta en 1816 et s'acheva en 1824.

FLOUR JAR MANILA

Development Corporation, Unit C Pilar, Rose Ave

✆ +63 945 268 7840

Ouvert de 11h à 19h (20h le week-end). Fermé le lundi.

Un café qui est aussi une boulangerie. L'intérieur est assez petit, calme et très cosy, avec une décoration un peu bohème-chic. Les pâtisseries sont extrêmement appétissantes : cookies, cheesecake, donuts, carrot cake et autres gâteaux plus alléchants les uns que les autres. Les cafés sont très bons et les autres jus de fruits frais et milkshakes également. En plus, le personnel est très amical. Il y a aussi quelques plats salés comme de super nachos, des pâtes et des sandwichs. Une bonne adresse à Las Piñas depuis presque dix ans.

Sarao Jeepney Factory.

SAN FERNANDO

Cette petite ville, plus paisible qu'Angeles, se trouve à quelques kilomètres seulement de sa voisine. Elle ne présente pas d'intérêt majeur mais est célèbre dans le monde pour les scènes de flagellation et de crucifixions publiques qui ont lieu chaque année, le Vendredi saint, sous les yeux d'une masse de touristes, philippins et étrangers, venus admirer ces dévoués à l'extrême. Ces pratiques sont réprouvées par l'Église du pays. Attention, ne pas confondre San Fernando Pampanga (ici) et San Fernando La Union (au nord vers Vigan).

Transports

Des Jeepneys assurent la liaison avec Angeles (30 minutes, 40 PHP).

CLARK AIRPORT

Taxi entre centre-ville et aéroport : environ 200 PHP.

Situé à 5 km du centre d'Angeles, il s'est considérablement développé ces dernières années et en 2021 il était même nommé au Prix de Versailles pour devenir le meilleur aéroport. Bien plus petit que celui de Manille, certains voyageurs préfèrent y atterrir avant de partir sur le reste de l'archipel. Cebu Pacific et Philippine Airlines assurent des vols domestiques. Vers l'international, Air Asia propose des vols vers Kuala Lumpur et Kota Kinabalu (sur Bornéo). Tiger Airways vole vers Singapour, Séoul et Macau. Cebu Pacific se rend à Singapour, Bangkok et Séoul.

ANGELES

Connue pour ses nuits agitées, Angeles conserve toujours une influence américaine, plus de trente ans après le retrait des militaires et le pillage de la base aérienne de Clark en 1991. Bars de nuit, clubs et hôtels bon marché sont légion dans cette ville surnommée le « plus grand bordel d'Asie » (notamment sur Fields Avenue, qui compte de nombreux hôtels de passe). On ne peut même pas parler d'ambiance festive tant elle est empreinte d'une tristesse certaine : l'atmosphère est vraiment glauque. On ne conseille vraiment pas sauf pour se rendre à l'aéroport de Clark, de plus en plus prisé par les compagnies aériennes low cost en provenance d'Asie.

Transports

Il est possible d'aller à Angeles en taxi depuis Manille, dans ce cas, comptez un peu plus d'une heure pour environ 1 500 PHP/personne. De nombreux bus effectuent également la liaison Manille-Angeles. Philippine Rabbit organise des liaisons directes depuis les gares de Cubao, Quezon City (Araneta City Bus Port) et de Avenida, Manille. Comptez 2 heures de trajet, entre 4h et 20h30 (les horaires sont irréguliers) jusqu'à Angeles en passant par Dau. Les bus de Victory Liner à destination de Baguio, Pangasinan ou Ilocos s'arrêtent à Dau. Environ 200 PHP le trajet/personne.

À Angeles City, l'aéroport n'est qu'à 10 minutes de la ville. Et l'application de VTC Grab fonctionne.

PRIME ASIA HOTEL €€

23 Narciso Street
www.primeasiahotel.com/
Chambre double à partir de 2 600 PHP.

Situé à quelques minutes de l'aéroport Clark et à 2 heures de Manille, cet hôtel 4-étoiles est parfait pour les voyageurs en transit, qui prennent un vol depuis Angeles. Il offre tout le confort nécessaire, deux restaurants, un spa et une très jolie piscine avec vue. Les chambres sont modernes et confortables. Le personnel est à l'écoute. Le rapport qualité-prix pour des prestations de ce standing est très bon. Une bonne adresse pour ceux qui ne font que passer et ne souhaitent pas prendre part à la vie nocturne douteuse de la ville.

ANGELES BEACH CLUB HOTEL (ABC) €€€

Don Juico Avenue
© +63 45 625 6524
www.abchotel.ph
Chambres doubles à partir de 7 000 PHP.

Un hôtel 5-étoiles de grand confort, proposant une piscine tropicale, un bar lounge sur le toit où les fêtes ne terminent jamais (superbes couchers de soleil). Les chambres sont super kitsch et sont très bien équipées. Il y une navette gratuite pour l'aéroport. L'Angeles Beach Club Hotel - ABC, comme son nom le laisse supposer, est au cœur de la vie festive et nocturne d'Angeles, donc pas pour tout le monde, loin de là. Ambiance festive et luxueuse.

MONT PINATUBO ★★

Après plus de 500 ans de sommeil, le Pinatubo, situé sur l'île de Luzon au nord-ouest de Manille, a commencé à montrer des signes de réveil en avril 1991 (secousses sismiques et fumerolles). Alors qu'on le croyait éteint, il démontra qu'il n'en était rien puisque survint le 15 juin 1991 une puissante éruption. Les nuages de cendres opacifièrent l'atmosphère durant plusieurs jours, rendant l'air difficilement respirable. Les retombées de cendres dévastèrent, en outre, les cultures situées sous les vents dominants, tout comme les écoulements de lave qui dévalèrent depuis le sommet dans la plupart des vallées environnantes. Les éléments s'acharnèrent sur les Philippines car au même moment le typhon Yunya traversa le pays. Ses pluies torrentielles, se mélangeant aux cendres de l'éruption, déclenchèrent de puissantes coulées de boue dévastatrices (appelées *lahar*). Il y eut entre 800 et 1 000 victimes. Aujourd'hui, le mont Pinatubo est redevenu un atout pour la région puisqu'il offre des randonnées exceptionnelles et il est surveillé, comme tous les autres volcans, par PHIVOLCS, l'agence gouvernementale qui étudie les phénomènes volcaniques et peut prévoir les éruptions. Toutefois, les dépôts de cendres sont régulièrement remobilisés par les fortes pluies de la saison humide et se transforment en torrents de boue, apportant leur lot de dévastations.

Tourisme

C'est à partir de la ville d'Angeles ou de Manille que sont organisés les trekkings à destination du mont Pinatubo et de ses versants aux paysages lunaires. La meilleure période pour effectuer des treks s'étend de novembre à mars. Il est possible de partir sur les flancs du volcan pour une demi-journée ou d'affronter les 8 kilomètres d'ascension du volcan pour les marcheurs les plus confirmés. Des équipements peuvent être loués auprès de la majeure partie des tour-opérateurs qui mettent également à la disposition des randonneurs des guides expérimentés.

▸ **Comment ?** De nombreuses agences proposent des circuits depuis Manille et Angeles (moins chers). Les plus aventuriers gagneront Capas Town (20 km au nord d'Angeles, nombreux bus depuis Angeles, ou depuis Manille, environ 2 ou 3 heures), puis Santa Juliana (1 heure en Jeepney ou en tricycle, on peut aussi louer un 4x4). Là-bas, on peut trouver des guides locaux moins chers.

MAJESTIC MOUNT PINATUBO TOUR & HOMESTAY

New Clark City, Capas, 2315 Tarlac
✆ +63 942 320 1252
Tarif de groupe (12 personnes/+) à partir de 2 700 PHP/personne/week-end. Infos et réservation via Whatsapp.

Sonia a lancé son agence de voyage/guesthouse il y a quelques années. Avec une équipe de guides professionnels, elle organise des expéditions tout compris (transfert, repas, jeep, trek et nuit) au Mont Pinatubo, en groupe privé ou partagé. Certaines, sur deux jours, partent directement de Manille, d'autres d'Angeles, Subic Bay ou Tarlac City. Le trekking jusqu'au cratère du volcan requiert une certaine forme physique et ne s'adresse donc qu'aux voyageurs un minimum sportifs.

OLONGAPO CITY

La péninsule d'Olongapo, aussi appelée Subic Bay Freeport Zone, est une ville à côté de la ville. Ouverte au tourisme depuis quelques années, la base réunit toutes les activités et toutes les structures nécessaires : des entreprises (sociétés de recherche et de développement de mass media et d'électronique), une université, des écoles, des centres commerciaux et des hôtels de toutes les gammes. Olongapo est le point de départ pour les excursions sur la côte de Zambales. La ville en elle-même n'a rien d'extraordinaire, sauf son marché et sa situation géographique (entourée de montagnes, à proximité du mont Pinatubo). On y vient essentiellement pour la plongée.

Tourisme

Les activités écotouristiques sont très présentes. Des treks sont organisés à travers la jungle qui recouvre les deux tiers de la péninsule. Très belles balades en perspective. Les guides sont les indigènes Aetas, qui participent à des programmes préventifs de protection de l'environnement. Pour plus de renseignements, voyez auprès de l'Office de Tourisme (Subic Bay Exhibition & Convention Center).

Transports

En bus, de Manille, il faut compter 3 heures 30 de trajet avec les bus Victory Liner qui ont plusieurs départs par jour. Les bus partent de Caloocan, Pasay, Cubao et Sampaloc. Compter 3 heures 30 de trajet pour environ 200-300 PHP. De Baguio, des bus de la même compagnie effectuent aussi le trajet. Compter 7 heures de route pour environ 400 PHP.

Se déplacer. À l'intérieur de la base, on peut circuler en Jeepney. Le prix du trajet est variable, entre 8 et 28 PHP. Les destinations sont reconnaissables grâce à un code couleur.
- Orange : de Gordon Heights à Pagasa.
- Jaune : de Sta. Rita à la porte principale (Main Gate).
- Rouge : de Gordon Heights à la porte principale.
- Beige : de Gordon Heights à Bajac-Bajac.
Marron : de Cabalan au marché.
- Vert : de Mabayuan au marché.
- Bleu : de Subic à la ville d'Olongapo.

BARRIO BARRETTO

Barrio signifiant quartier, Barrio Barretto est administrativement un quartier d'Olongapo. Dans les faits cette station balnéaire de la baie de Subic est considérée comme une petit ville à part entière. L'atmosphère y est différente ; plus modeste que sa voisine, Barretto est réputée pour ses plages, appréciées des amateurs de sports nautiques et de plongée. Il y a plusieurs centres de plongée installés qui proposent des expédition sur les épaves par exemple. Son petit marché sur Rizal Street est l'occasion de se plonger dans une ambiance plus « rurale ». On trouve sur la route principale plusieurs hôtels, bars et restaurants. Des Jeepney assurent la navette entre la ville et Olongapo.

CHERRY MIDTOWN HOTEL OLONGAPO €

2 Afable Street corner 18th Street East
✆ +63 47 222 0787
Chambres doubles à partir de 1 400 PHP. Wifi.
A deux pas des terminaux de bus et du centre de l'animation, des chambres lumineuses et simplement décorées à l'intérieur d'une petite tour en verre. L'hôtel était quelque peu défraichi mais a fait l'objet de rénovations en 2022 et offre maintenant des chambres avec climatisation, literie correct et douches avec eau chaude... bref tout le confort nécessaire attendu d'un 3-étoiles. L'ensemble fait l'affaire pour un court séjour. Le personnel est prévenant.

BAIE DE AGNAEM

Agnaem Cove
Voici une très belle plage, entourée de montagnes couvertes de verdure, un peu hors des sentiers battus, et à laquelle on accède par un trajet d'environ 20 minutes depuis Pundaquit. Magnifique crique, l'endroit est parfait pour pêcher, faire du *snorkeling* ou encore s'adonner aux plaisirs de la plage. Le meilleur moment pour s'y rendre est en fin d'après-midi : la luminosité sur la mer de Chine y est alors la plus belle. Il y a des possibilités pour faire quelques randonnées et pour camper et passer la nuit à la belle étoile sur la plage.

© ARTPHANEUF - ISTOCKPHOTO
Etal du marché de Barrio Barretto.

CAPONES ISLAND

Pour s'y rendre en bateau de Pundaquit (village côtier près de San Antonio, à 1h de Subic Bay), compter 1 000 PHP.
Capones Island est célèbre pour être encerclée par de belles plages de sable blanc, sur lesquelles s'amoncellent d'étranges formations rocheuses. Il y a aussi des plages du même type dans des grottes, mais leur exploration est réservée uniquement aux plongeurs expérimentés. Car l'autre atout de Capones Island c'est sa vie sous-marine où poissons côtoient des fonds coralliens de toute beauté. On y vient pour faire du snorkeling ou de la plongée sous-marine et sur terre, il est aussi possible de faire quelques randonnées, notamment jusqu'au phare (non-accessible).

SAN SALVADOR ISLAND

On s'y rend en bateau via les hôtels ou via les pêcheurs locaux.

Les belles plages de sable blanc léchées par des eaux turquoises offrent de superbes vues du matin jusqu'au coucher du soleil. San Salvador Island est réputée auprès des touristes (locaux surtout) pour la beauté de ses eaux transparentes et peu profondes dans lesquelles il est facile de plonger avec juste son masque et tuba. Les fonds marins de l'île et la biodiversité marine avaient été fortement endommagés par la pollution, mais les habitants se sont mobilisés et aujourd'hui l'île est une ferme corallienne et les fonds sont protégés.

CAPONES VISTA BEACH RESORT €

Plage de San Antonio
✆ +63 47 611 2511
www.caponesvista.com
Chambres doubles à partir de 3 500 PHP. Wifi.

Situé en face de Capones Island, à Pundaquit. Ce resort, reconnaissable à ses bungalows au jaune vif, offre des chambres qui sont confortables et installées autour d'une grande piscine au bord de la plage. Il est entouré de végétation, et est un réel petit coin de paradis. Parmi les services proposés : un restaurant avec une carte généreuse et des excursions qui peuvent être organisées sur les célèbres îles d'alentour, Camara, Capones Island et Anawangin Cove.

SIT-N-BULL BAR & GRILL RESTAURANT €€

58 RH 5 National Hwy
Plats entre 250 et 500 PHP.

Large sélection de plats pour ce restaurant qui mêle les classiques de la cuisine philippine à des plats d'influences américaine et mexicaine (tacos, pizzas...). Les rations sont généreuses et les hamburgers sont les plus commandés. Il y a également quelques plats végétariens à la carte. Rien d'extraordinaire tant au niveau du lieu que dans l'assiette mais c'est une adresse qui est appréciée des locaux et des visiteurs de passage depuis plus de dix ans.

D'OÙ VIENNENT LES ÉPAVES DE SUBIC ?

La baie de Subic a joué un rôle important dans l'histoire du pays. En 1868, les officiers espagnols décident de transférer le siège naval de Cavite à Subic Bay. On entreprend alors de draguer le marécage existant et de créer une île, séparée de la ville par un canal. Après la guerre hispano-américaine, Subic est abandonnée et devient un refuge de contrebandiers. En 1899, l'armée américaine reprend la direction du chantier naval d'Olongapo. La Seconde Guerre mondiale éclate. Les Japonais attaquent Subic en 1941. Et en 1944, les troupes américaines débarquent pour libérer le pays. En signe de reconnaissance, l'accord de 1947 offre la jouissance de 16 installations militaires (incluant Subic et l'administration d'Olongapo) aux bases militaires américaines pendant 99 ans. En 1951 débute la construction d'une station navale et aérienne, stratégique pour contrôler les opérations du Sud-Ouest Pacifique. En 1991, l'Irak envahit le Koweït. Subic joue son rôle dans la guerre du Golfe, témoin d'une des plus grosses opérations militaires américaines entreprises depuis la guerre du Vietnam. En juin de cette même année, l'éruption du Pinatubo recouvre la base d'une épaisse couche de cendres. En septembre, le Sénat philippin vote contre les bases et rejette l'accord de 1947. Les Américains ont un an pour se retirer. La baie de Subic est déclarée *Free Port and Special Economic Zone* et, en 1992, le dernier bateau américain quitte la base navale, marquant la fin de 94 ans de présence militaire américaine dans le pays.

ARIZONA SUBIC DIVE SHOP

47, RH 5 National Hwy
✆ +63 472 244 557
www.arizonadivesubic.com/
Plongée à partir de 3 000 PHP/personne. Tarifs sur le site internet.

Cette très bonne école de plongée fait partie du Arizona Resort qui a 33 chambres avec vue sur la baie de Subic. Le centre propose de passer son PADI, des plongées récréatives avec ou sans équipement et bien sûr des expéditions en bateau. Ils sont spécialisés dans la plongée sur épave. En effet la baie de Subic a abrité la plus grande base navale américaine hors des USA et a également été occupée par les Espagnols et Japonais. Vingt vestiges couvrant une période de plus de 100 ans somnolent dans les fonds marins de la baie pour le plaisir des plongeurs.

BAGUIO ★

Blottie dans la vallée de la Cordillera dans la province de Benguet, et à 250 km au nord de Manille, Baguio s'élève à 1 500 m d'altitude. Elle est réputée pour être LA capitale d'été des Philippins qui accourent ici pour échapper à la chaleur étouffante de Manille. La clémence du climat et les senteurs de pins en font le lieu de villégiature favori des touristes locaux durant la période estivale. On vient y profiter de la nature luxuriante des alentours. La haute saison bat son plein pendant le carême. L'économie de la cité s'ancre dans le tourisme. L'artisanat abonde, notamment le tissage, le travail du bois et des métaux, la confection. Les terrains fertiles autour de la cité sont parfaitement adaptés à l'agriculture, et les récoltes abondantes – riz, légumes, café, agrumes et fleurs – sont vendues sur le marché de Baguio. La saison des fraises, une des spécialités de la ville, s'étale de janvier à mars. Baguio est également renommé pour les « guérisseurs de la foi ». Ce n'est toutefois pas un arrêt obligatoire dans un parcours touristique limité par le temps mais ce peut être une ville étape pour les visiteurs qui se rendent dans le nord de Luzon. Les Philippins sont fans en tout cas !

Se loger

La ville enregistre plusieurs centaines de milliers de visiteurs chaque année en été. Pensez à vous y prendre à l'avance pour vos réservations des mois de mars, d'avril et de mai.

Transports

Le terminal principal des bus se trouve au cœur de la ville (attention le terminal de Lizardo est situé ailleurs), non loin du marché et du SM City Mall.

- **De/vers Manille**. Départs réguliers dès 5h. 500 PHP pour 6 heures.
- **De/vers l'aéroport de Clark**. Navette jusqu'au terminal de Dau à Angeles (100 PHP) puis bus de Victory Liner vers Baguio (départs réguliers, 4h30).
- **De/vers Vigan (puis Laoag)**. Départs réguliers (6 heures, 340 PHP).
- **De/vers Sagada**. Départs réguliers de 5h à 13h pour 220 PHP. 5 heures. Les paysages sont grandioses.
- **Se déplacer sur place :** en jeepney (environ 15 PHP, elles vont partout en ville et alentour) ou en taxi. On peut en louer à la journée pour 2 000 PHP.

BAGUIO MUSEUM

Governor Pack Road corner Harrison Road
✆ +63 444 7451

Ouvert de 9h à 17h sauf le lundi. Entrée à 40 PHP (enfant 20 PHP).

Ce petit musée, sans prétention, est situé dans le Governor Park. Il propose une approche vivante de la vie des différentes tribus du centre de la Cordillère, des provinces des montagnes. Il regorge d'informations intéressantes (en anglais, par contre). Des objets artisanaux (sculptures sur bois, paniers, bijoux, poteries et outils de tissage, articles de journaux) y sont exposés. Son architecture est par exemple inspirée des maisons traditionnelles ifugaos avec le toit pyramidal et les colonnes en bois pour surélever la hutte.

BELL CHURCH

Bell Church Road

Entrée 75 PHP. Ouvert de 6h à 17h.

C'est plein nord que se trouve l'Église Bell ou temple bouddhiste, sous l'égide d'une communauté œcuménique mêlant bouddhisme, confucianisme, taoïsme et christianisme. Des prêtres chinois peuvent faire des prédictions aux visiteurs. On y trouve des pagodes, des dragons, le traditionnel étang de carpes koï et même un sanctuaire renfermant l'image de Notre-Dame de Lourdes après avoir monté deux cent cinquante-deux autres marches jusqu'à Lourdes Grotto. On y a une très belle vue sur la ville puisqu'elle se trouve au sommet de la colline.

BENCAB MUSEUM

Km. 6 Asin Road, Tadiangan
✆ +63 74 442 7165
www.bencabmuseum.org

Ouvert du mardi au dimanche de 9h à 18h. Entrée 200 PHP (tarif réduit 150/120 PHP).

Situé à 15 minutes de Baguio, ce musée expose une collection permanente de l'artiste national Benedicto Cabrera, considéré comme l'artiste le plus vendu de sa génération d'artistes philippins. Peintures du maître, collection d'arts indigènes et œuvres d'artistes philippins contemporains. Une boutique de souvenirs, un café et un petit sentier forestier complètent l'ensemble, bien agréable. Musée intéressant qui réussit à fusionner art et nature, situé dans un cadre naturel assez exceptionnel, au cœur des montagnes. Plaira aux amateurs d'art contemporain !

BURNHAM PARK

Legarda-Burnham-Kisad

L'un des parcs les plus connus du pays. Centré sur un lagon artificiel, ce parc porte le nom de l'urbaniste américain Daniel Burnham qui avait élaboré les plans de la ville de Baguio. Le parc, véritable coulée verte de plus de 32 hectares, au cœur de la ville, est l'un des refuges des citadins qui aiment s'y retrouver pour pique-niquer, se balader ou profiter du lac. Le terrain est aussi propice aux concerts et les allées fleuries attirent les cyclistes et les amateurs de rollers. On trouve aussi des terrains de tennis, de football et de basket, et un orchidarium.

EASTER WEAVING ROOM, INC.

Easter Road, Guisad. 2

✆ +63 74 619 0043

https://easterweavinginc.com/

Ouvert tous les jours de 8h à 17h.

La salle de tissage de cette école construite en 1905 par des missionnaires protestants, au nord de la ville, est la meilleure vitrine des productions artisanales de la région. On peut y découvrir le tissage tel que les habitants des montagnes le pratiquent depuis des siècles. EWRI a à cœur de promouvoir l'art indigène, en particulier l'art Igorot et l'art du tissage. La société propose aussi d'autres produits d'artisanat local comme des sculptures en bois ou des paniers en rotin.

CAMP JOHN HAY

Loakan Road

✆ +63 74 4240931

https://campjohnhay.com/

Entrée gratuite (activités payantes). Ouvert tous les jours de 6h à 19h.

S'étendant sur 690 hectares de forêts et de collines, cette ancienne base militaire américaine est devenue un centre de loisirs et d'activités récréatives ouverte au public, avec des hôtels, restaurants, centre de shopping, un terrain de golf réputé, des courts de tennis, bowling, piscine et piste de course. Mais aussi, un sanctuaire de papillons, éco-trail dans la forêt, rappel, paintball, parc d'accrobranche et de tyrolienne... La liste est longue et vous donne une idée de tout ce que vous pouvez faire ici, notamment avec des enfants.

MARCHÉ DE BAGUIO

Magsaysay Avenue

Ouvert tous les jours jusque 19h.

En descendant la Session Road, la rue la plus vivante du centre-ville, on tombe sur le marché public, qui s'étale le long de Magsaysay Avenue. Le marché est une attraction très populaire, énorme, avec de multiples sections, très bien fournies. On y trouve de tout, notamment des fleurs superbes et sampaguitas, des noix de cajou, des cacahuètes grillées, des confitures, des fraises, des vêtements, des tennis, des tongs. Il regorge de fruits et légumes frais qui proviennent des fermes de La Trinidad et de Benguet. Un incontournable pour tâter le pouls de la ville !

LUZON

© KNAPJAMES - ISTOCKPHOTO

Baguio City.

MINES DE BALATOC

Balatoc Mines, Itogon, Benguet

Visite à 250 PHP. Ouvert tous les jours de 8h à 15h.

Ce site minier, aussi connu sous le nom de mines d'Itogon, est l'une des attractions touristiques qui illustrent le mieux le monde de la mine et l'héritage culturel des Itogon de Benguet. Les tunnels interconnectés sont entretenus par la société Benguet Gold Operations, qui organise des visites guidées de l'endroit. Attention, les claustrophobes s'abstiendront. Pour les autres, c'est une visite interactive qui permet de vivre l'expérience de miniers sous terre. Il y a un petit train et le guide fournit des éléments d'histoire pendant la visite.

LE TRÉSOR DE YAMASHITA

Depuis des années, des chercheurs de trésors ont creusé des trous et des petites grottes, parfois sous les maisons des habitants, dans le but de trouver le célèbre trésor de Yamashita, mais en vain. Certains historiens disent que le général japonais aurait enterré lingots d'or et autres merveilles dans les montagnes à la fin de la Seconde Guerre mondiale. En 1961, Roxas, un chasseur de trésor, trouva d'ailleurs un bouddha d'or à Baguio, ce qui lui valut les foudres du président Marcos qui saisit le trésor et l'emprisonna. Les Philippins étant de grands amateurs de légendes, on se délecte de ces histoires qui continuent d'inspirer des films, jeux vidéo et romans.

MINES VIEW PARK OBSERVATION DECK

À 4 km du centre de Baguio.

Gratuit.

C'est l'un des spots touristiques incontournables de Baguio. Accessible en jeepney ou tricycle. Le parc d'Observation des mines constitue un superbe point panoramique qui offre des vues splendides sur Baguio, la vallée, les forêts et les montagnes. Il y a quelques vendeurs ambulants sur place. Faites un vœu en lançant une pièce de monnaie dans les vieilles mines. L'endroit est particulièrement apprécié en fin d'après-midi au moment où le soleil colore le paysage.

MONT PULAG ★

Mount Pulag National Park

Située à Kabayan, cette montagne culmine à 2 922 m au-dessus du niveau de la mer ; c'est le plus haut sommet de l'île de Luzon et le deuxième du pays, après le mont Apo dans la province de Mindanao. Pulag signifie « chauve » en dialecte ibaloi. Une procession annuelle s'y déroule entre février et avril. Les quatre jours de randonnée qui mènent au sommet permettent d'avoir une superbe vue sur la vallée du fleuve Cagayan, sur les chaînes de la Sierra Madre et de la Cordillère, ainsi que sur l'océan Pacifique et la mer de Chine.

MOMIES DE KABAYAN

Kabayan

On se rend à Kabayan, en van, depuis Slaughterhouse Area. Départs le matin. Compter 3h (80 km) pour 150 PHP.

La ville de Kabayan est connue pour ses sites d'ensevelissement qui parsèment les collines avoisinantes. Genoux repliés sur les corps encastrés dans des troncs d'arbres évidés, les momies datent d'au moins 500 ans et sont censées appartenir au groupe Ibaloi. Pour parvenir aux grottes, il faut un guide et marcher longuement sur des sentiers difficiles. On peut se rendre à celle de Timbac ou bien au rocher de Tinongchol. Celui-ci a la hauteur d'une maison de trois étages et renferme des momies centenaires dans des cavités creusées dans la roche.

MONT SANTO TOMAS

Tuba, Benguet

La montagne Santo Tomas est un stratovolcan potentiellement encore actif. Elle culmine à 2 260 mètres d'altitude dans la province de Benguet. On accède à son pied en voiture depuis Baguio en environ 1 heure et la vue y est déjà très belle. La montagne offre une randonnée de 15 km parsemée de grottes, dont certaines furent creusées par des chercheurs d'or, d'argent et de cuivre. Le sommet offre une magnifique vue du golfe de Lingayen. Compter entre 2 heures 30 et 3 heures pour l'atteindre. Il faut partir au lever du soleil et accompagné d'un guide.

LES QUATRE LACS DE KABAYAN

Kabayan

Hormis ses grottes et ses momies, Kabayan est aussi connu pour être entouré de quatre lacs au milieu des forêts de pins et de chênes et au pied du fameux mont Pulog : le lac Tabeyo, le lac Incolos, le lac Bulalakaw et le lac Datep-Ngapos. Tout comme le village, ces lacs sont entourés de légendes mystérieuses qu'un guide vous racontera avec plaisir. Il est possible de faire des randonnées accessibles aux débutants et depuis le camping. Le soir, le ciel étoilé est magnifique.

3BU HOSTEL €

121 Upper Bonifacio St.
✆ +63 956 627 9521
www.3buhostel.com/

Lit en dortoir 500 PHP, mini-hutte individuelle 650 PHP.

Très chouette ambiance dans cette auberge de jeunesse assez atypique. Dans les dortoirs, les lits sont bien isolés, avec rideaux et parois, ce qui offre plus d'intimité et de confort. Les draps sont fournis et les sanitaires en commun sont relativement propres. En plus des dortoirs classiques, il est possible de dormir dans des mini-huttes, des sortes de tipis intérieurs... ça change, c'est sympa. C'est un très bon rapport qualité-prix, recommandé surtout pour les backpackers ou en solo. Proche des gares routières pour arriver ou partir vers Manille par exemple.

TAM-AWAN VILLAGE ★

366-C Pinsao Proper
✆ +63 74 446 2949
https://tamawanvillage.com/

Ouvert tous les jours de 9h à 17h. Entrée 60 PHP (tarif réduit 40 PHP).

Tam-Awan signifie « point de vue » en ilocano. Ce village d'art, en plus d'être lui-même très pittoresque, offre effectivement de très beaux points de vue sur les montagnes. Le village composé de petites huttes promeut les artistes locaux et régionaux. On peut participer à des ateliers, acheter les œuvres produites sur place par les artistes, et même vivre l'expérience de dormir dans des huttes traditionnelles. Il y a également un charmant café qui sert des plats traditionnels philippins et typiques de la région comme une soupe au poulet. On recommande !

HOTEL 45 €

Bagumbayan Rd
✆ +63 917 700 8805
http://hotel45baguio.com/

Chambres doubles à partir de 1 550 PHP.

Situé à proximité du SM City Mall et donc des bus ainsi que des autres points d'intérêt de la ville. Très bonne situation. C'est un établissement économique au rapport qualité-prix assez correct. Les chambres sont plutôt vieillottes et dépourvues de charme mais elles sont décentes et il y a de l'eau chaude. L'accueil est agréable. Il y a du wifi disponible (surtout dans le lobby). Globalement, l'ensemble est plutôt convaincant sans être transcendant. Il fait l'affaire pour une nuit ou deux. Un petit-déjeuner est offert aux clients.

THE MANSION HOUSE

Leonard Wood Road

Ouvert au public quand le président n'y est pas. Gratuit.

Achevé en 1908, le manoir est la résidence estivale des chefs d'Etat philippins. Cette demeure abrite aussi un mini-musée où l'on trouve quantité de souvenirs et d'œuvres d'art que les gouverneurs généraux américains et les présidents ont rassemblés au cours des années. Sa grille en fer forgé parfaitement ouvragée s'inspire du palais de Buckingham à Londres. La résidence jouxte Wright Park, où l'on peut louer des chevaux pour une balade dans les sentiers abrités par les pins. L'endroit est apprécié pour son côté romantique et paisible, ses jolis jardins.

BURNHAM SUITES €€

Kisas Road
✆ +63 74 4242211 15
www.burnhamsuitesbaguio.com/

Chambre double à partir de 4 200 PHP.

Bien situé, cet établissement d'une autre époque a le charme de l'ancien : meubles anciens, antiquités, artisanat, des parquets et escaliers en bois qui grincent... Hélas, les infrastructures semblent elles aussi un peu d'époque : moquette usée, sanitaires très désuets, et on évitera les chambres standard du bas (bruyantes et avec beaucoup de moustiques) et qui donnent sur la rue. Mais si vous pouvez loger dans les autres chambres, un choix correct (quoique un peu cher pour le standing proposé), avec wifi et un café-resto attenant.

CASA VALLEJO €€

Upper session road
✆ +63 74 424 3397
Chambres doubles à partir de 3 750 PHP.

A 5 minutes à pied du terminal de bus Victory Liner, la Casa Vallejo est un hôtel historique qui date de 1909, ce qui en fait l'un des plus anciens hôtels de tout Luzon. Cette ancienne demeure aux influences hispaniques offre un cadre charmant pour cet établissement cossu. Les chambres sont bien entretenues mais un peu petites et toutes n'ont pas la climatisation (tarifs un peu élevés pour un ventilateur !). La Casa Vallejo est aussi réputée pour son restaurant adjacent, le Hill Station et enfin, des cours de yoga sont organisés.

MICROTEL BY WYNDHAM BAGUIO €€

Upper Session Road
✆ +63 74 619 3333
www.microtel-baguio.com
Chambres doubles autour de 4 300 PHP, petit-déjeuner inclus. Wifi.

Situé stratégiquement juste derrière le terminal des bus de Victory Liner, ce grand hôtel plutôt moderne avec sa façade bleue propose des chambres spacieuses, relativement confortables (surtout aux étages supérieurs) et assez propres. Le restaurant attenant sert des spécialités espagnoles. Le personnel est serviable et sympathique. Globalement un bon rapport qualité-prix pour cet hôtel 3-étoiles qui propose un service de qualité, sans prétention.

THE MANOR HOTEL AT CAMP JOHN HAY €€€

Loakan Road
✆ +63 74 424 0931
https://campjohnhay.ph
Chambres doubles à partir de 9 000 PHP.

Dès l'arrivée dans ce grand manoir perché au milieu des montagnes où l'air est frais, il règne une atmosphère agréable. C'est l'un des établissements luxueux les plus appréciés des environs. Il offre plusieurs types de chambres, au milieu d'un parc tranquille. La salle du restaurant est à voir : tout respire l'histoire coloniale de Baguio. Massage, golf, feu de camp. Tous les samedis soir, on donne des concerts de jazz au piano bar. Tout est réuni pour passer un bon séjour.

FARMER'S DAUGHTER €

Long Long Benguet Rd
✆ +63 74 661 4384
Ouvert tous les jours de 9h30 (10h le week-end) à 16h30. Plats environ 200-300 PHP.

À deux pas de l'incontournable Tam-Awan Village, le Farmer Daughter s'inscrit dans la même veine puisqu'il est installé dans une sorte de hutte traditionnelle ifugao avec un toit de chaume. Baguio se modernise et voit affluer tout un lot de restaurants de cuisine western. Ici, on a la volonté de rester ancré dans la région et de proposer des plats authentiques de la Cordillère. Beaucoup de viandes fumées donc (kinuday) mais aussi le pak-pako, une salade à base de fougères et de légumes, et la soupe pinikpikan. Une véritable expérience culinaire !

OH MY GULAY €

108 Session road, Lazotea 5th floor
✆ +63 74 446 0108
Ouvert de 11h à 19h (20h le week-end). Fermé le mardi. Plats environ 200 PHP.

Au dernier étage de, on tombe sur cette oasis de bois et de verdure. Il s'agit du restaurant végétarien le plus populaire de Baguio, à prix très doux. On sert une cuisine simple, à base de pâtes, nouilles et riz rouge local. Les ingrédients sont frais et locaux. La carte compte également un burger à la fleur de bananier (KKK sliders). Par temps dégagé, le balcon offre une belle vue sur le centre-ville. Une fois par mois, des expositions sont organisées et toutes les œuvres sont à vendre au profit du Victor Otezya Community Art Space. Vaut le détour !

ROSE BOWL €

88 Upper General Luna Road
✆ +63 74 442 4213
Ouvert tous les jours de 10h à 20h. Plats entre 250 et 550 PHP.

Restaurant à la longue trajectoire à Baguio, réputé pour sa cuisine fusion chinoise, philippine et américaine de qualité, à base de produits frais. Un grand choix de soupes, de viandes, de nouilles, de riz… et en plus, une large sélection de plats végétariens. Le chopsuey serait l'un des meilleurs aux Philippines dit-on ! A deux pas du Burnham Park, il jouit d'une position centrale dans la ville. Il convient aux gros appétits… ou à ceux qui aiment partager. Le service est rapide, efficace et aimable. Une adresse recommandée.

CAFE BY THE RUINS €€

25 Chuntug Road
© +63 966 528 9072
Ouvert tous les jours de 7h à 21h. Plats entre 200 à 300 PHP.

Situé près du parc Burnham, c'est l'un des plus anciens restaurants de Baguio. Il a été construit sur les ruines d'une ancienne maison de gouverneur. L'atmosphère y est à la fois rustique, à la fois chaleureuse avec toutes ces œuvres d'art et cet artisanat. L'adresse ne désemplit pas au fil des ans et est populaire aussi bien auprès des étrangers que des Philippins. On y sert des spécialités philippines comme le *longsilog* (morceaux de porc marinés, riz frit à l'ail, œuf sur le plat), *pain kamote* (patate douce de la cordillère)...

HILL STATION €€

Casa Vallejo, Upper Session Road
© +63 915 829 2166
https://hillstationbaguio.com
Ouvert tous les jours de 8h à 22h. Plats entre 250 et 600 PHP.

Situé dans la Casa Vallejo, un hôtel historique de 1909, ce restaurant à l'ambiance de chalet chic ne manque pas d'allure. On y sert une cuisine qui mélange parfaitement influences philippine et internationale. Ils sont particulièrement réputés pour leur paella Negra et paella Valencia, leurs crevettes pimentées et du côté des spécialités philippines, le Bistek filipino avec des oignons caramélisés et une sauce soja citronnée. Aussi une carte de petits-déjeuners et de desserts. Hill station a également ouvert Bistro à Camp John Hay.

MARIO'S RESTAURANT €€

8 Loakan Road
© +63 905 297 3384
http://marios.com.ph/
Ouvert tous les jours de 11h à 22h. Plat entre 300 et 1 000 PHP.

Ambiance conviviale et volontiers romantique pour ce très bon resto et sa terrasse agréable. Sur la carte on retrouve une large sélection de produits de la mer, de viandes mais aussi des pâtes et des salades. On apprécie les gambas à l'ail, les coquilles Saint-Jacques de Nouvelle-Zélande ou le saumon fumé. A découvrir également : le *cochinillo*, un cochon rôti des grands jours. Les desserts sont également à ne pas manquer, à condition d'aimer les gâteaux bien sucrés et gourmands. Le dimanche, un grand buffet à volonté est proposé en guise de lunch.

BAGUIO CRAFT BREWERY

4 Ben Palispis Hwy, km 4
© +63 962 052 7750
www.baguiocraftbrewery.net
Ouvert tous les jours de 15h à 2h. 200 PHP pour une bière.

Fondée en 2014, la première brasserie artisanale de Baguio offre un large choix de bières pression pour tous les goûts. IPA, fruitées, blondes et brunes, c'est une alternative bienvenue au monopole de San Miguel. De l'extérieur, le bâtiment situé le long de l'autoroute ne paie pas de mine. A l'intérieur, on découvre au-dessus du bar un toit-terrasse vitré décoré de plantes grimpantes, avec un panorama imprenable sur Baguio et ses environs. Parfait pour débuter la soirée sans chichis. Divers plats agrémentés de bière sont également servis. Une belle découverte.

CHOCO-LATE DE BATIROL

Igorot Park, Camp John Hay
© +63 917 877 1427
Ouvert tous les jours de 8h à 21h. Chocolat chaud à partir de 130 PHP.

Situé en plein cœur du parc dans un cadre luxuriant, Choco-late de Batirol sert un délicieux chocolat chaud, concocté à l'ancienne à partir de cacao de Pampanga, « la capitale culinaire des Philippines ». Parfumé à la cannelle, amande, Cointreau® (nos préférés), kalhua (café) ou encore fraise, ce chocolat onctueux se déguste encore mieux avec une bibingka, gâteau de riz cuit dans une feuille de bananier. Service souriant sur de grandes tables en bois. Une pause gourmande particulièrement appréciée par temps de brume, ou après avoir crapahuté toute la journée.

MAHARLIKA LIVELIHOOD CENTER

Magsaysay Avenue, Corner Abanao St
Ouvert tous les jours de 8h à 18h30.

C'est un grand marché couvert, le plus ancien de Baguio, dans lequel on trouve de tout. C'est assez sombre et exigu mais pour ceux qui aiment les ambiances de caverne d'Ali Baba, cet endroit est pour vous, vous pourriez bien faire quelques trouvailles intéressantes avec un peu de patience. Il réunit des boutiques d'artisanat igorot, ifugao, bontoc et kalinga et des sculptures en bois, spécialités de la région, des stands de bibelots, vêtements, antiquités, etc.

BONTOC

Bontoc est la capitale de la province des Montagnes. Située à 146 km au-dessus de Baguio et à 396 km au nord de Manille, le village s'élève à 870 m d'altitude et est divisé en deux par la sinueuse rivière Chico, qui irrigue les terres avoisinantes. Bontoc est la terre des Igorots, plus connus dans la région sous le nom de coupeurs de têtes. Cette tradition effrayante a aujourd'hui disparu sous la pression de l'Église et du gouvernement. Leur vie traditionnelle et leurs nombreux rituels sont amplement détaillés au sein du très intéressant musée de Bontoc.
La commune est le point de départ vers le village de Sagada, les sources chaudes de Mainit et pour les expéditions en pays Kalinga et Apayao. La route, très escarpée, traverse une végétation luxuriante et de superbes rizières.

Se loger

Généralement, on ne reste à Bontoc que le temps de changer de bus entre Sagada et Banaue ; le temps de visiter le musée en quelque sorte. Pourtant, un arrêt à Bontoc peut être sympa et dépaysant. Ici, pas d'hôtels mais quelques homestays, par exemple Vilma's Homestay (+63 905 701 1448).

Transports

- **De/vers Banaue** : 2 heures pour 150 PHP.
- **De/vers Baguio** : Départs tous les jours. Comptez 6 heures de route pour 250 PHP.
- **De/vers Manille** : Cable Tour propose un départ par jour de Quezon City à 12h30. Compter 10 heures de route pour 650 PHP. Retour à 15h.
- **En ville,** on peut sans difficulté se déplacer à pied.

LES BONTOCS

Les Bontocs font partie des Igorot, l'ethnie dominante des montagnes, avec les Ifugaos. Ces tribus étaient autrefois ce qu'on appelle des coupeurs de têtes. Vous entendrez souvent parler de cette tradition macabre. Les Bontocs organisent en effet leurs propres jugements et se soumettent à des règles spécifiques et strictes. Les membres se réunissent souvent dans l'Ato, le conseil du village. Là, les Anciens prennent des décisions et on y discute des problèmes qui peuvent survenir dans la tribu. Les adolescents y sont convoqués pour recevoir la tradition orale. Le système de l'Ato est toujours d'actualité. Enfin, le tapuy est l'alcool de riz qui accompagne leurs rituels.

GRAVURES RUPESTRES D'ALAB

Alab

Fermé (au moins temporairement) au public.

À Alab, dans la commune de Bontoc, se trouve un immense rocher recouvert de gravures de flèches, d'arcs et de représentations humaines. Ces rochers symboliseraient les guerriers enterrés dans les grottes au pied du rocher. Ces pétroglyphes, de plus de 3 000 ans, auraient été sculptés par les premiers habitants de Bontoc et dateraient d'au moins 1500 av. J.-C. Ce sont les plus importantes gravures rupestres de la Cordillère et les secondes du pays.

BUSCALAN TATTOO VILLAGE

Buscalan, Kalinga

Tatouage entre 300 et 1 000 PHP.

Le village de Buscalan est célèbre auprès des Philippins et des voyageurs internationaux car il est la terre natale de l'artiste tatoueuse Apo Whang-Od. Véritable légende du pays, elle a même été en couverture de *Vogue* en avril 2023 ! Elle appartient à la tribu Kalinga et c'est la dernière et plus ancienne des tatoueuses traditionnelles. À l'heure où nous écrivons ces lignes, elle a 107 ans. Elle tatoue toujours à l'aide d'un pic et de cendre. Un beau souvenir pour les plus aventureux, une expérience unique aussi pour les autres !

MUSÉE DE BONTOC

Guinaang Rd, Omfeg

Ouvert tous les jours de 8h à 12h et de 13h à 17h (fermé dimanche). Entrée 120 PHP.

Fondé en 1911, par la mère Basil Gekière, missionnaire belge, le musée abrite une collection d'objets qui donnent un aperçu des modes de vie des 7 tribus de la Cordillère. Des photographies, relatant les coutumes indigènes sont exposées. Les traditions des Igorots, des Bontocs, des Kalingas, des Kakaneys de Benguet, des Ilongots, des Aetas et des Ibalois sont passées à la loupe. Des répliques de maisons traditionnelles, dans le jardin du musée, mettent en valeur les anciens outils, les jarres, les porcelaines, les bijoux antiques et les costumes traditionnels.

RIZIÈRES DE MALIGCONG ★

Maligcong

Elles font partie des plus belles rizières de l'archipel ! On y accède à pied, en 3 heures, au-dessus de Bontoc. Elles sont construites en escaliers, avec des murets de pierre pour les soutenir. Le trek doit s'effectuer avec un guide. Une fois arrivé là-haut, de préférence tôt le matin, une vue époustouflante de beauté s'offre à nous, souvent avec une mer de nuages qui se dissipe peu à peu, sur les montagnes, le village de Bontoc et la rivière Chico. C'est le calme absolu, le lieu semble figé dans le temps, pas encore atteint par la frénésie de la vie moderne.

SOURCES D'EAU CHAUDE DE MAINIT

1 heure en Jeepney jusqu'à Mainit. Ou 3 heures à pied de Bontoc à Mainit (18 km).

Les sources chaudes du village de Mainit (*mainit* veut dire « chaud » en tagalog), sur les hauteurs de Bontoc, constituent une expédition agréable, hors des sentiers battus. La légende raconte que le village de Mainit serait situé sur un volcan endormi. Il y a plusieurs sources d'eau chaude et les habitants ont construit des bassins artificiels pour en profiter. On peut y tremper ses pieds, la piscine d'eau de soufre est connue pour ses propriétés thérapeutiques et relaxantes.

CABLE CAFE AND RESTAURANT €

Chico River Street, Poblacion

✆ +63 998 974 7398

Ouvert tous les jours 24h/24. Plats environ 150 PHP.

Le Cable Cafe est l'un des seuls endroits ouverts le soir à Bontoc, c'est là l'un de ces gros avantages. Dans l'assiette, il ne faut rien en attendre de spécial. Mais bon, c'est mieux que rien et ça fait l'affaire ! D'autant que c'est un passage obligé puisque c'est ici, dans le bureau juste à côté, que vous pourrez acheter vos billets de bus pour retourner à Manille par exemple. Sympa pour boire un verre ou manger un peu avant de prendre le bus juste à côté !

CAJA PIZZA €

Loc-ong

✆ +63 949 360 9376

Ouvert tous les jours de 9h à 19h30. Plats environ 350 PHP.

Le premier vrai restaurant de Bontoc et c'est une pizzeria qui sert des pizzas cuites au four. Parce que la route de montagne poussiéreuse, ça creuse ! Une heureuse surprise et une halte bienvenue qui manquait dans le village. Au menu, la classique margherita mais pour les plus aventureux, surtout des recettes d'inspiration philippine voire indiègne mêlant ananas et bacon, 4-viandes, ou encore la Longganisa à base de saucisse pimentée, quelques options végétariennes et aussi des pâtes. C'est une adresse cosy et appréciée dans le village.

SAGADA ★★★

Sagada est un village authentique, situé à 18 km à l'ouest de Bontoc, à 415 km de Manille via Baguio. Isolé, perché à 1 500 m au sommet de la montagne, ce charmant village si paisible a su préserver ses traditions. Ainsi, les habitants et la jeune génération de cette paisible communauté ont conservé leur nom traditionnel, auquel sont ajoutés le prénom actuel et l'indispensable surnom usuel attribué à la plupart des Philippins. De même, les traditions funéraires et les rituels qui les accompagnent sont encore pratiqués aujourd'hui. C'est pourquoi les cercueils des défunts sont empilés ou suspendus à l'entrée des nombreuses grottes. La visite des grottes est d'ailleurs l'attraction touristique principale de Sagada. Elles sont reconnues comme les plus variées de l'archipel. Vous n'aurez aucun mal à vous loger ici, sauf en période de vacances scolaires.

Argent

Il y a un distributeur de monnaie mais nous vous conseillons d'apporter des espèces avec vous.

Transports

- **De/vers Bontoc** : Jeepneys régulières (45 minutes, 45 PHP) de 8h30 à 17h.
- **Vers Banaue** : un van/jour à 9h à l'office du tourisme (300 PHP). Ou Jeepney pour Bontoc, puis Jeepney jusqu'à Banaue. 3h, 300 PHP.
- **De/vers Baguio** : plusieurs départs par jour en bus à partir de 6h30. Comptez 6 heures de route pour 220 PHP.
- **De Manille :** 3 départs par jour à 20h, 21h et 22h de Quezon City (12h, 1 000 PHP).

LES GROTTES, UNE VISITE INCONTOURNABLE ?

Partout sur l'archipel, on trouve des grottes comme celles de Sagada qui sont de véritables attractions. Mais alors, visite incontournable ? Oui, mais pas pour tout le monde. Il faut d'abord se demander si on a envie de passer plusieurs heures sous terre. Ce n'est pas commun : une fois entré, il est difficile de faire demi-tour. Aussi les conditions de sécurité sont parfois limites, les claustrophobes doivent donc éviter. Pour les autres, voici des conseils pour apprécier au mieux : porter des chaussures antidérapantes, avoir une lampe de poche, éviter la foule, vivre l'expérience plutôt que de prendre des photos, écouter le guide (ne pas visiter une grotte sans guide).

CERCUEILS SUSPENDUS D'ECHO VALLEY

Hanging Coffins

Guide obligatoire.

© ARNAUD BONNEFOY

De nombreux Philippins viennent ici le week-end car les cercueils suspendus sont parmi les sites-phares de Luzon. Depuis plus de 2 000 ans, les habitants de Sagada pratiquent un rite funéraire assez unique. Ici, les morts ne sont pas enterrés mais au contraire, les cercueils sont suspendus aux parois des falaises car placés en hauteur, les esprits ont plus de chance d'atteindre l'au-delà. Certains cercueils ont plus d'un siècle. Il faut savoir que cette coutume tend à s'éteindre.

GROTTE DE BALANGAGAN

800 PHP/guide (de 1 à 5 personnes).

À 1h30 à pied du village en direction de Suyo, elle est appréciée pour ses formations minérales, stalagmites et stalactites. Il est possible d'aller en voiture jusqu'à Suyo et de marcher 20 minutes jusqu'à la grotte. La grotte de Balangagan a notamment servi de lieu de sépulture aux tribus Igorot, on peut encore y voir plusieurs cercueils près de l'entrée et d'autres coincés dans les stalagmites. Traverser les salles avec un guide qui vous raconte toutes les légendes locales associées au lieu est une expérience intéressante mais déconseillée aux claustrophobes.

OFFICE DE TOURISME DE SAGADA

✆ +63 945 638 9936

https://sagada.gov.ph/

A côté de l'hôtel de ville. Ouvert tous les jours de 6h à 17h.

Voilà un office de tourisme très utile. C'est eux qui s'occupent de coordonner les différentes associations de guides accrédités et de fixer les prix des expéditions (vous êtes donc sûrs d'avoir un prix honnête si vous passez par eux). Plusieurs balades proposées pour découvrir la région, à travers Echo Valley, les cercueils suspendus, la rivière souterraine et les cascades de Bokong. C'est ici aussi que vous paierez la taxe d'environnement en arrivant (50 PHP).

GEORGE GUESTHOUSE & RESTAURANT €

South Road

✆ +63 920 521 6183

http://georgesagada.blogspot.com

Chambres doubles à partir de 500 PHP.

« Your home in Sagada » ainsi se définit l'une des plus vieilles adresses de la ville. Et c'est plutôt vrai ! Ambiance familiale (venez pour le diner ou le petit déjeuner et vous aurez une idée assez précise de ladite ambiance) pour cette guesthouse bien tenue. Les chambres sont belles et on préfèrera celles ne donnant pas sur la rue. On y trouvera surtout un sentiment de bien-être, dû en grande partie à la générosité du personnel. On recommande.

GROTTE DE SUMAGUING [BIG CAVE] ★★★

L'entrée est à environ 50 m en dessous de la route et à 1,65 km du centre-ville.

Réservez les services d'un guide à l'office du tourisme pour cette visite : 500 PHP/pers.

C'est l'une des plus grandes et plus populaires grottes de Sagada ; elle nécessite environ 2h30 de visite pour explorer toutes les chambres, plus impressionnantes les unes que les autres. En s'y rendant, on jouit aussi d'une superbe vue sur les rizières en terrasses de Kapayaw et l'on voit dans les parois rocheuses les cercueils suspendus. Attention : l'eau dans la grotte peut parfois être assez haute (à hauteur d'épaule). Prenez vos précautions.

SAGADA HOMESTAY €

Besoa Road
✆ +63 917 821 9588

Chambre double à partir de 2 000 PHP. Cottage pour 4 personnes à partir de 2 500 PHP.

Chambres très simples, propres et confortables. Etablissement convivial avec toutes ses boiseries, très calme, un peu au-dessus du Log Cabin (raccourci juste après sur la gauche, portique bleu). Une véranda, accessible à l'étage depuis la pièce commune, offre une vue magnifique sur toute la vallée. Le wifi est accessible sur la terrasse. Certaines chambres vous réservent une superbe vue sur le village et la vallée et constituent selon nous le meilleur plan pour les couples à Sagada. Bon rapport qualité-prix pour cette guesthouse.

ROCK INN AND CAFE €€

Staunton Rd
✆ +63 905 554 5950

Lits en dortoir à partir de 500 PHP. Chambre double avec salle de bain à 2 500 PHP. Cueillette d'oranges 50 PHP/30 min.

Etablissement au calme, sur la route en venant de Bontoc. L'ambiance y est très cosy et conviviale. Le bois est présent partout dans le mobilier et la décoration, ça crée une atmosphère de refuge de montagne. L'ensemble est très propre et bien entretenu. Le restaurant est agréable et sert une cuisine des plus honnêtes. Rock Inn c'est aussi une orangeraie où l'on vient pour cueillir des oranges, elle a acquis sa réputation comme ça et chaque année d'octobre à décembre de nombreux visiteurs viennent pour ça. L'odeur d'agrume y est alors exquise.

SAINT JOSEPH RESTHOUSE €

Staunton Rd
✆ +63 956 146 8899

Chambre double (avec salle de bain commune) à 500 PHP, chambre double (salle de bain privée) à partir de 1 000 PHP.

Cet bel hôtel chaleureux, bien entretenu par l'église épiscopale de Sagada, est le premier lieu où il fut possible de se loger à Sagada, ce qui en fait un lieu assez important dans l'histoire de la ville. Il y a aussi un restaurant qui dispose de grandes tables qui permettent aux visiteurs de faire connaissance et de communiquer plus facilement. Les chambres sont bien entendu sommaires, mais propres. Et la vue superbe sur les rizières et les montagnes fait vite oublier ce léger manque de confort. Un petit havre de paix après une journée d'expédition.

BANA'S COFFEE €

South Road

Ouvert tous les jours de 7h à 19h. Plat environ 400 PHP. Café environ 150 PHP.

Bienvenue au Bana's Coffee, spécialiste du café Arabica cultivé dans la région. Ici, on vous servira de délicieuses tasses de café du cru, torréfié. Le goût est incomparable. Et le café se retrouve jusque dans les plats, ce qui donne des saveurs originales. En plus, l'endroit dispose d'une magnifique petite terrasse et d'une très belle vue sur la vallée. Il est également agréable pour ceux qui ont besoin de travailler (prises et wifi) ou qui veulent simplement se détendre un moment. On peut également acheter du café moulu ou en grain. Un endroit en café massif !

Sagada.

GAIA CAFE €

South Rd
✆ +63 949 137 6777
Ouvert tous les jours de 10h à 18h (fermé mercredi). Plats autour de 150 PHP. Boissons entre 50 et 120 PHP.

Premier restaurant vegan et zéro-déchet de Sagada, Gaia sert une cuisine inventive. On peut également y goûter du café préparé à partir de soja ou de riz. L'endroit est devenu célèbre depuis le tournage d'un film à l'eau de rose local en 2014, depuis il ne désemplit pas. Le service peut y être particulièrement long à midi, lorsque les touristes viennent y déjeuner en remontant des grottes. Pour combler l'attente, le restaurant / café-librairie jouit d'une belle vue sur les rizières en contrebas et abrite une petite boutique de souvenirs.

LOG CABIN €

Besao Road
Ouvert tous les jours de 8h à 21h. Plat environ 200 PHP.

On peut dire que le Log Cabin c'est un peu une institution à Sagada puisque les visiteurs affluent dans ce restaurant depuis 1991. Restaurant où l'on sert des plats occidentaux riches en saveurs, dans un petit chalet plein de charme. La cuisine est très bonne, on y sert surtout des viandes mais également d'autres recettes qui changent régulièrement. Un chef français vient parfois y cuisiner durant les week-ends (buffet à volonté en saison à 350 PHP). Il est conseillé de faire une réservation surtout en haute saison où le restaurant peut être plein. Bonne adresse.

YOGHURT HOUSE €

South Road
✆ +63 908 112 8430
https://yoghurt-house.business.site/
Ouvert tous les jours de 7h30 à 20h30. Plats entre 150 et 300 PHP.

C'est l'un des lieux de rendez-vous des locaux et visiteurs de passage à midi et le soir. Les yaourts et les petits gâteaux y sont excellents, mais on trouvera également sur la carte un large choix de plats, surtout à base de viandes. Il y a aussi des sandwichs, salades, pâtes et currys... tout le monde devrait y trouver son compte. Les plats sont très bons. En deux mots : excellente table, notre cantine le midi à Sagada. L'accueil est chaleureux, par contre prévoyez d'être patient, on peut parfois attendre longtemps son plat.

SAGADA CELLAR DOOR

A une vingtaine de minutes de marche du centre en remontant la rue.
✆ +63 91 7554 1345
Ouvert tous les jours de 17h à 22h (16h le week-end) pour les boissons. Diner sur réservation.

Si vous venez en groupe, ne ratez pas l'occasion de savourer ce buffet typique préparé avec la participation du chef Aklay (son surnom local), un Français installé sur place et pâtissier de formation. Andrew et Binggirl, couple d'Igorot, vous accueillent chez eux dans leur confortable chalet. Au menu : saucisses fumées et bières faites à partir d'ingrédients locaux, au coin du feu. Cette brasserie artisanale cachée dans les pins est aussi ouverte à tous en fin d'après-midi pour boire une bière. Une expérience très conviviale !

STRAWBERRY CAFÉ

South Road
✆ +63 927 584 6053
Horaires variables, appeler avant. Environ 80-100 PHP.

Un charmant café à la façade fantaisiste et accueillante. C'est un petit coin sympa pour prendre des petits-déjeuners tardifs ou même des déjeuners (quand c'est bien ouvert...les horaires ne sont pas fixes). On y propose de très bonnes omelettes, longganisa, ou encore poulet à déguster avec du riz local et à un prix très raisonnable. Et surtout... Amateurs et amatrices de fraises, cet endroit sera votre nouveau paradis : quand c'est la saison, les fraises cultivées sur place sont dans tous les plats (yaourt, pancakes, milkshakes...) !

SAGADA WEAVING 1968

Staunton Rd
✆ +63 917 639 7429

Sagada est connu pour son art du tissage qui fut très convoité pendant sa période faste, entre autres par les collectionneurs français qui ont offert des sommes exorbitantes. Les modestes créateurs de Sagada n'ont pu y résister. Et cela contribua peu à peu à la disparition de ces pièces maîtresses, héritages des ancêtres (tapisseries antiques et bijoux). La fabrique Sagada Weaving tente toutefois de rendre ses lettres de noblesse à cet artisanat et vend des accessoires et étoffes tissées sur place, c'est d'ailleurs impressionnant de voir les ouvriers à la tâche.

LUZON

BANAUE ★★★

Banaue se situe à 1 200 m d'altitude, d'où une température souvent fraîche. Le cœur du village est composé de hauts bâtiments en béton suspendus à flanc de falaise. L'ensemble est assez impressionnant avec les montagnes en arrière-plan. Banaue tente de préserver ses pratiques et coutumes ancestrales, et malgré le développement du tourisme, le quotidien ici semble toujours hors du temps. Banaue vaut surtout pour sa situation, entouré de somptueuses rizières en terrasses à perte de vue. A l'aube, quand les brumes caressent les montagnes, ou au coucher du soleil lorsque les teintes rosées forment des halos au sommet des montagnes, on est alors imprégné de l'atmosphère mystérieuse de ce lieu. La population est très accueillante. Ceux qui ont un peu plus de temps peuvent s'intéresser à la grande richesse de la culture ifugao mise en péril, par le tourisme en quelque sorte, car la population se détourne de ses pratiques anciennes, naturellement tentée par les revenus plus importants promis par cette industrie récente.

Argent

Retirez de l'argent avant de partir pour le Nord et Banaue. Il n'y a qu'un distributeur dans le village.

Pratique

Les bus de nuit de Manille arrivent vers 5h du matin à Banaue, en face de l'office de tourisme. Quelqu'un de votre guesthouse vous attendra. Prévoyez de la monnaie pour vous enregistrer à l'office de tourisme et payer l'*environnemental fee* (50 PHP).

Se loger

Presque toutes les guesthouses se concentrent au même endroit à Banaue : à savoir, autour du marché central (quand vous sortez du bus, descendez les marches et dans la rue principale prenez soit à gauche, soit à droite). Elles proposent presque toutes les mêmes prix (à quelques pesos près) et les mêmes chambres. On optera donc pour une guesthouse proposant une vue sur les rizières à l'arrière. Seules les guesthouses les plus récentes disposent de chambres avec prises électriques à l'intérieur, sinon vous pouvez en général recharger vos gadgets électroniques à la réception.

Chaque guesthouse assure un service de cuisine, mais qui ferme à 20h30 dernier délai. Ne soyez pas en retard, les cuisiniers n'attendent pas ! Il y a également la possibilité de se restaurer sur le pouce au marché, mais ce dernier ferme à 18h30.

Tourisme

▶ **Nous vous conseillons de vous rendre directement à l'office de tourisme**, c'est ici que se trouve le bureau des guides officiels. Cela vous évitera d'avoir recours aux services d'un « faux » guide : ils sont nombreux à attendre les touristes à la station de bus.

▶ **Tous les points d'intérêts dans les alentours** de Banaue sont accessibles, et n'importe quelle « excursion » s'organise aisément. Dès votre descente du bus, vous serez proprement assailli par les rabatteurs pour un hôtel ou un tour. Pour ces derniers, sachez que les prix sont fixes (ils sont affichés dans chaque guesthouse et à l'office du tourisme) et que même s'ils peuvent vous paraître excessifs (pour Hapao par exemple), souvenez-vous que vous ne venez pas ici tous les jours !

▶ **Banaue est le départ de la plupart des treks dans la région**. La majorité des guesthouses proposent à leurs clients d'organiser leurs excursions. Compter environ 45 euros la journée (avec guide et transport). Il est aussi possible de faire des treks sur 3 jours ou plus dans les rizières et splendides villages alentour (il faut alors être assez sportif et ne pas avoir le vertige), à réserver.

Transports

On ne peut accéder à Banaue que par la route.

▶ **De Manille.** Le trajet dure environ 10 heures. Ohayami Trans assure des départs de Manille tous les jours de 20h30 à 22h. Des bus Coda Lines partent de Quezon de 20h à 22h30. Le trajet coûte dans les 800 PHP et l'arrivée à Banaue est prévue vers 5h du matin. Pour le retour, le bus Ohayami repart à 17h30. Le bus Coda repart à 15h30. Pensez à réserver vos billets en ligne. Prévoyez des vêtements chauds pour le bus, la climatisation va souvent très fort.

▶ **De Baguio.** Il y a des trajets quotidiens (compter de 8 à 9 heures de voyage). Ohayami propose deux départs à 20h et 21h.

▶ **De Bontoc.** Tous les jours, 4 départs par jour (2 heures de trajet). En sens inverse, trois départs tôt le matin. Autre option : la Jeepney quotidienne à 8h depuis le marché de Banaue (150 PHP).

▶ **Vers Sagada.** En bus ou en van, comptez 3 heures de trajet pour 300 PHP.

▶ **Pour flâner dans le village de Banaue**, vos pieds seront amplement suffisants, mais pour visiter les points de vue et autres rizières, pensez à prendre un tricycle.

BANAUE VIEWPOINT ★★★

À 4 km du village, sur la route pour Bontoc.

Ces rizières, considérées comme la 8e merveille du monde et classées à l'Unesco, ont 2 000 ans. Ce sont les plus vieilles rizières du monde. Le Viewpoint offre le meilleur panorama sur ces terrasses qui se dressent telles des marches vers le ciel. Des Ifugaos y sont en costume traditionnel et tirent rétribution des photos des touristes (donner 30 PHP si cet « échange de bons procédés » ne vous rebute pas). Descendez quelques marches et avancez au bout des premières rizières, la vue y est d'autant plus impressionnante.

Un site d'une beauté rare, en danger. Le site et la vue sont absolument grandioses et d'une beauté rare. Mais quand on voit les rizières de Batad ou de Hapao, celles de Banaue interpellent. Il n'y a en fait presque plus de véritables rizières : certaines sont transformées en potager, d'autres très rares sont toujours consacrées à la culture du riz et la majorité est tombée en désuétude, et se recouvrent d'herbe. Cet abandon s'explique par le fait que les fermiers vieillissent, la plupart sont déjà décédés et les nouvelles générations n'ont ni l'envie ni le temps de s'en occuper, ils font des études et ont d'autres ambitions. Il faut les comprendre, le travail dans les rizières est éreintant (plantation, récolte, entretien des murets, des systèmes d'irrigation, chaleur, effort physique, charges à porter). Ils sont pourtant conscients que ce paysage exceptionnel constitue un site touristique majeur et qu'ils en ont donc besoin. Ils attendent que le gouvernement et l'Unesco prennent des mesures de préservation.

LA HUITIÈME MERVEILLE DU MONDE

Il est parfois difficile de s'y retrouver entre les différentes rizières d'Ifugao. Si on entend souvent parler des rizières de Banaue, les autres méritent tout autant une visite ! Vieilles de plus de 2 000 ans, les rizières d'Ifugao sont classées au patrimoine de l'Unesco. Elles sont souvent nommées « rizières de Banaue » mais en réalité le site s'étend sur quatre municipalités qui forment à elles toutes ce patrimoine : Banaue (incluant celles de Batad), Mayoyao, Hungduan (celles de Hapao) et Kiangan. Elles déferlent sur les montagnes comme de soyeux drapés verts. Leur longueur totale atteint 20 000 km (elles pourraient encercler la moitié du globe) ! Grâce au génie des premiers Ifugaos, les montagnes ont été modelées avec un système de murs de pierre et de terre. La connaissance de la nature et la technicité des Ifugaos ont beaucoup intrigué et impressionné. L'existence des terrasses est pourtant restée méconnue pendant la colonisation espagnole. La culture du riz accapare les agriculteurs ifugaos de génération en génération. Leur lourde mission est de préserver ces terrasses. Le travail est très éprouvant physiquement. Ils restent courbés de l'aube au crépuscule, en parcourant des kilomètres. La plantation s'effectue en février ; la récolte en juillet. De juillet à septembre, on nettoie les terrasses ; en décembre, on prépare la terre pour la plantation. On ne peut rester insensible à une telle œuvre humaine, qui témoigne du riche savoir des Ifugaos, qui ont su dominer la nature tout en la préservant.

Rizières en terrasses de Banaue.

LES IFUGAOS

Ifugao vient de *ipugo*, en dialecte ifugao : *i* qui signifie « peuple » et *pugo* « montagne ». Les Ifugaos sont les « gens de la montagne », les habitants d'Ifugao. Le terme désigne aussi la langue et la province d'Ifugao, qui s'étend sur 250 000 hectares aux pieds de la Cordillère. Selon la mythologie, le peuple de Banaue descend de la déesse Kabunynan qui leur donna des montagnes et du riz. Les Ifugaos construisirent les rizières en terrasses pour remercier les dieux de leur avoir donné cette nourriture sacrée. Les Ifugaos sont la plus grande tribu des montagnes, constituée de six groupes et leur population s'élève à 207 000 individus, dont près de 20 500 vivent à Banaue. Les membres des tribus ifugaos pratiquent toujours le culte des dieux ; le plus important se nomme *Maknonpan*. À cette occasion, des animaux sont sacrifiés, servant d'offrandes pour apaiser les dieux. Le rite funéraire tient également une place importante. Les célébrations et cérémonies sont nombreuses et toujours accompagnées du traditionnel vin de riz, le *tapuy*. Les Ifugaos habitent des *native houses*, maisons de bois surélevées sur des troncs d'arbres bagués de disques en pierre pour décourager les rats. Le haut du toit pyramidal contient la réserve de riz. On accède par une échelle à l'intérieur divisé en plusieurs espaces, pour cuisiner et dormir. Vers Banaue, certains Ifugaos sont revêtus de leur plus beau costume traditionnel, attendant patiemment les touristes qui, en échange d'une photo, leur donneront quelques pesos.

RIZIÈRES DE HAPAO ★★★

A 45 minutes en tricycle depuis Banaue. Enregistrement à l'OT de Hungduan, guide obligatoire.

Situé à une vingtaine de kilomètres de Banaue, Hungduan est un petit village de 1 000 habitants renommé pour ses rizières. Leur visite, accompagnée obligatoirement d'un guide local, s'organise très simplement via votre guesthouse de Banaue. L'endroit est tout simplement sublime. Accompagné d'un guide qui vous fournira foule d'informations, on traverse les rizières en marchant sur les murets en pierres qui séparent les parcelles. Ces rizières datent également d'environ 2 000 ans et font partie du site de l'Unesco. C'est une expérience magique. Elles s'étalent en escalier de part et d'autre de la rivière, au creux des montagnes. La meilleure période est de janvier à mai. Juillet et août c'est la saison des pluies, mais si vous y passez en août vous pourrez assister au festival Punnuk (pas de jour précis car marque la fin de la saison des pluies). Il se déroule dans les rizières et dans la rivières, les trois villages de la vallée dont Hapao s'affrontent lors de jeux et défilent en costumes traditionnels.

Il faut compter 2 heures de balade dans les rizières accompagné des explications de votre guide sur le processus de plantation et de récolte du riz. Les rizières de Hapao contrairement à celles de Banaue sont toujours toutes utilisées par les différents propriétaires et donc entretenues, ce qui les rend particulièrement belles. Attention toutefois si vous avez le vertige, il y a des chemins moins hauts et étroits que d'autres mais signalez-le à votre guide à l'avance car ce ne sera peut-être pas très agréable pour vous.

HAPAO HOT SPRING

Hapao rice terraces

Nichée au fond de la vallée qui abrite les sublimes rizières d'Hapao, on y accède après 1h de marche. On traverse la rivière par un petit pont pour arriver à ces sources naturelles d'eau chaude. Dans une petite piscine naturelle, des bulles se forment. Il y a une légère odeur de soufre car c'est ce qui crée les bulles. Sur place, des cabines pour se changer (penser à prendre son maillot et garder un œil sur ses affaires). C'est très agréable de se baigner dans une eau si chaude naturellement. Il paraîtrait que le soufre a en plus des bienfaits pour le corps.

OFFICE DE TOURISME

Sur la place du marché.

✆ +63 917 411 6191

Environnemental fee à payer à l'arrivée à Banaue : 50 PHP.

Situé au centre du village de Banaue, c'est là que les bus arrivent. L'office de tourisme n'est pas particulièrement utile, vous passerez surtout par votre guesthouse pour organiser vos visites. Toutefois, ils peuvent fournir au visiteur une carte des environs (20 PHP), arranger des transports privés et vous trouver un guide officiel dont les tarifs sont fixés : il faut compter autour de 1 500 PHP par guide pour une journée. Cela vous évitera d'avoir recours aux services d'un « faux » guide (qui peuvent attendre les touristes à la station de bus).

BOGAH LODGE (HOMESTAY) €

Batunbinongle

✆ +63 927 112 4308

https://bogahhomestay.weebly.com/

8 chambres. Chambre double à partir de 1 200 PHP. Salle de bain privée, transports, tours guidés, restaurant, wifi.

Entre la vue époustouflante sur les rizières et l'hospitalité de Denwil, Joel et leur famille, Bogah Lodge a des allures de petit paradis. Bogah signifie « riz » en ifugao. La nourriture est très bonne, les hôtes font également office de guides (de grande qualité !) pour organiser vos journées. Ici pas de chichis, des chambres sommaires et chaleureuses, une ambiance de grande famille, il est aisé de discuter avec les autres voyageurs sur la grande terrasse. Un petit ruisseau passe en dessous, très apaisant. Notre adresse coup de cœur à Banaue.

AU FAIT, COMMENT FABRIQUE-T-ON DU RIZ ?

Les rizières sont remplies d'eau venant du haut des montagnes : grâce à un système d'irrigation, dès qu'une parcelle est remplie, l'eau se déverse dans celles d'en dessous. Les plants de riz, avant d'être plantés en rizières, sont d'abord plantés en vrac dans une parcelle appelée *nurserie*, ça fait des grosses touffes vertes. Après environ 2 mois, le fermier va sélectionner les plants qui sont sains et va les repiquer, à la main, en rizières. Quand des grains de riz apparaissent au bout des tiges (un peu comme du blé), on les coupe avec une machette. On les fait sécher au soleil ou près d'un feu et puis on les bat pour enlever l'enveloppe du grain et séparer les grains.

KOREEN GUESTHOUSE €

Poblacion (Banaue Center)

✆ +63 927 648 7718

Chambres doubles à partir de 900 PHP.

Inaugurée en 2016, voici l'adresse la plus proche du terminal de bus (idéal lors d'une arrivée en bus de nuit à 5 heures du matin) et à proximité des magasins et restaurants. Les chambres, au mobilier en bois et à la décoration rustique, sont confortables, elles bénéficient d'une salle de bain privée, du wifi et de prises électriques (presque un luxe à Banaue). Les propriétaires seront ravis de vous aider à organiser vos excursions, pensez à les prévenir à l'avance car ils s'éclipsent de temps à autre de la réception. Un très bon prix.

UYAMI'S GREENVIEW LODGE & RESTAURANT €

Poblacion (Banaue Center)

✆ +63 917 591 0981

http://ugreenview.wordpress.com/

Chambres doubles à partir de 1 200 PHP.

Le personnel est fort sympathique et le restaurant offre une vue très agréable sur les rizières et la rivière. On peut ici organiser ses treks, des guides travaillent au sein de la guesthouse, et acheter de l'artisanat. Les chambres, tout en bois, sont simples mais charmantes, dans l'esprit de Banaue. Le restaurant convivial sert une très bonne cuisine. C'est une adresse centrale et populaire que ce soit pour dormir, se restaurer ou organiser une sortie.

RICE HOMESTAY BANAUE €

De l'autre côté du pont.

✆ +63 927 112 4308

Chambre double double à partir de 1 400 PHP.

Ouverte début 2016 en contrebas de la vallée, cette guesthouse est accolée à une autre, Bogah Lodge Homestay, les deux appartiennent aux mêmes propriétaires. Elles sont réputées (à raison !) pour offrir les meilleures chambres de Banaue. Il y a quatre chambres en tout, authentiques et chaleureuses : préférez celles à l'étage car celles du bas donnent sur le restaurant terrasse. L'endroit est paisible, la nourriture est très bonne et il n'y a pas de frais additionnels par un matelas et personne additionnelle dans les chambres.

HIWANG NATIVE HOUSE INN & VIEWDECK €€

Hiwang, Gohang, Nueva Vizcaya

✆ +63 921 642 8704

Hutte à partir de 3 500 PHP.

Si vous souhaitez vivre l'expérience de dormir dans une *native house*, c'est-à-dire l'habitat traditionnel des villages d'Ifugao, c'est l'endroit qu'il vous faut ! Plusieurs huttes avec chacune sa salle de bains et une vue époustouflante. Les propriétaires sont aux petits soins et peuvent vous organiser toutes vos excursions dans les rizières alentour. Un petit-déjeuner est servi le matin, et la cerise sur le gâteau : il est possible de demander à allumer un feu devant votre hutte.

POURQUOI LES IFUGAOS ONT-ILS LES DENTS ROUGES ?

Vous verrez souvent les Ifugaos cracher rouge, rassurez-vous il ne s'agit pas de sang ! Les Ifugaos, surtout les hommes, utilisent à la place du tabac une préparation à mâcher très addictive, le *moma*. Elle se prépare avec du *betelnut* (une grosse noix) qu'on enroule dans une feuille de bétel qui sent la menthe, une feuille de tabac et de la poudre blanche faite à partir de… coquilles d'escargots. Ils la chiquent et la crachent à longueur de journée. Elle devient rouge au contact de la salive et colore les lèvres et les dents. Cette substance coupe-faim aurait des propriétés antiseptiques et relaxantes. Il va sans dire qu'elle fait des ravages sur la santé.

NATIVE VILLAGE INN €€

Près du village de Uhaj, à 9 km du centre
✆ +63 915 614 7778
Cottage à partir de 2 400 PHP. Petit-déjeuner inclus.

Cet établissement très original surplombe les rizières de Hapao, à quelques kilomètres de Banaue et offre des vues à couper le souffle. Les huttes sont très simples mais chaleureuses et les sanitaires communs sont bien tenus et propres. Il y règne une bonne ambiance, internationale. Excellent accueil des propriétaires, Graham et Monina, apprécié. Au restaurant, on dégustera son petit-déjeuner continental le matin et une cuisine de très bonne composition le reste de la journée. Une bonne adresse, un peu à l'écart de Banaue pour encore plus de dépaysement.

7TH HEAVEN'S CAFE & LODGE €

Poblacion (Banaue Center)
✆ +63 921 873 4179
Ouvert de 8h à 16h. Plats entre 150 et 300 PHP.

À proximité de l'office de tourisme. Sur un étroit balcon baigné par le soleil, on y déjeune pendu à son tabouret, les yeux rivés sur le superbe panorama surplombant la ville. La carte est variée (cuisine western et philippine), la cuisine est très bien réalisée (petits-déjeuners, sandwichs, riz, viandes et options végétariennes). Et les portions sont gourmandes. En saison, goûtez au pechay sauté, le chou local. Les chambres sont sommaires mais jolies et avec salle de bain privée.

BANAUE VIEW CAFE €

Viewpoint
✆ +63 927 112 4308
Ouvert tous les jours de 7h à 17h. Plats environ 180 PHP.

Voici une adresse dont le secret semble encore bien gardé puisque même notre guide, lors de notre passage en mars 2023, ne le connaissait pas. Situé dans les hauteurs de Banaue, près du Viewpoint, ce café-restaurant très cosy et chaleureux jouit d'une vue exceptionnelle sur les rizières que vous pourrez apprécier depuis sa terrasse. On y déguste des petits-déjeuners très bons (pancakes, omelettes et café !) ainsi que des spécialités philippines comme le chopsuey (plat de légumes), des viandes et des curry, le tout accompagné… de riz, bien sûr !

LAS VEGAS LODGE & RESTAURANT €

✆ +63 926 121 6348
Chambre à partir de 700 PHP. Plats environ 200 PHP.

Leo n'a jamais mis les pieds en Amérique mais chante Elvis avec cœur. Accessoirement c'est aussi lui qui mitonne et assure le service en famille dans cette petite *eatery*. On adore la décoration kitsch mêlant tissus Igorot, rideaux à froufrous et boules à facettes. Un de nos restaurants préférés de Banaue, aussi bien fréquenté par les touristes que les locaux. Les chambres sont dans le pur style de Banaue, à savoir rudimentaires et confortables. Bon rapport qualité-prix.

MAYOYAO

À 44 km de Banaue, Mayoyao est entourée de rizières en terrasses sur lesquelles le visiteur a une vue splendide dès son arrivée ; c'est le départ de la fameuse randonnée vers le mont Amuyao, haut de 2 702 m. Les rizières de Mayoyao font partie du site inscrit au patrimoine de l'Unesco. C'est une randonnée difficile mais inoubliable. Un superbe panorama sur la province des Montagnes vous attend au sommet. Selon la légende, le premier couple ifugao, Bugan et Wigan, aurait trouvé refuge à cet endroit pendant le déluge qui inonda quarante jours la province. Ils auraient été les seuls survivants et auraient donné naissance au peuple ifugao.

VILLAGES IFUGAOS

Itinéraire au départ de Banaue. Possibilité d'acheter de l'artisanat. Prévoir de la monnaie.

Bocos, sur la route de Banaue à Mayoyao, montre des habitations décorées de crânes de buffles. Plus loin, vers Batad, Matanglag est réputé pour ses fondeurs de bronze, qui travaillent des statuettes et amulettes. Pour les Ifugaos, ces pendentifs en argent ou bronze représentent la chance et la fertilité. En contrebas de la route, Poi-Tan, est connu pour sa culture traditionnelle parfaitement préservée. Dans ce village très joli, bordé d'une rivière, les problèmes sont résolus par un conseil d'anciens et les habitants s'adonnent à la sculpture sur bois.

BATAD ★★★★

Batad est assurément l'un des plus beaux endroits des Philippines, un incontournable pour tout voyageur dans le nord de Luzon. Les panoramas sur les rizières, notamment au lever et au coucher du soleil, sont spectaculaires. Des paysages indescriptibles, grandioses, irréels. Et lové au creux de ceux-ci, le village de Batad. Il semble avoir traversé les époques sans avoir pris une ride : des maisons natives sur pilotis, pas de réseau, juste le bruit de la rivière qui coule en contrebas et le chant des coqs. Ici pas de voiture, pas de tricycle, rien, le calme. Seulement 500 âmes discrètes, qui vivent quasi en autarcie, et quelques touristes courageux, parfois les rires des enfants qui résonnent depuis l'école perchée en hauteur, parfois l'écho d'une radio qui grésille. Et qu'on se le dise, Batad se mérite… En effet, il n'est pas aisé d'y accéder. Mais quelle satisfaction, une fois qu'on y est. Véritable coup de cœur pour ce lieu !

Argent

Pas de distributeurs ni de banques à Batad… Prenez vos précautions.

Pratique

Rares sont les voyageurs qui s'aventurent seuls à Batad. Si vous arrivez via un bus de nuit à Banaue par exemple, on vous déconseille de réserver votre première nuit à Batad (1 heure de tricycle, 20 minutes de marche). Le plus simple reste d'organiser une journée d'excursion via votre guesthouse de Banaue (45 € transport, guide et repas) ou un trek sur plusieurs jours qui vous fera passer par Batad où vous logerez.

Tourisme

Sur le sentier pour arriver au village, il faudra vous enregistrer. Il est possible qu'on vous propose aussi de faire une donation. Ce n'est pas obligatoire mais sachez que cet argent sert à la restauration et à l'accessibilité des rizières (construction des murets qui relient les parcelles).

Transports

Il n'y a pas si longtemps, Batad était accessible uniquement à pied. C'est toujours le cas mais la route a été prolongée, ce qui réduit le temps de marche à 20 minutes. Un tricycle vous déposera directement au début du sentier. En règle générale, votre chauffeur fait également office de guide. Sinon des guides vous attendront au début du sentier.

LUZON

Les terrasses de riz de Batad.

RIZIÈRES DE BATAD ★★★★

1 000 PHP/guide (soit via votre guesthouse soit au début du sentier) ; 2 800 PHP tout compris depuis Banaue.

Ces rizières en amphithéâtre s'étendent à perte de vue et offrent un spectacle grandiose, quelle que soit la saison, nappées de brume ou baignées de soleil. S'y promener est un véritable plaisir (à condition de ne pas avoir le vertige). En compagnie d'un ou d'une guide ifugao, vous montez et descendez sur les murets qui séparent les parcelles. Vous croiserez sans doute des locaux les bras chargés de victuailles et des écoliers filant à grandes enjambées à l'école. C'est une expérience unique mais qui nécessite une bonne condition physique.

Une invention de génie ? Les rizières de Batad sont, avec celles de Banaue, sur la liste du patrimoine de l'Unesco. Reflet du génie des premiers habitants, elles déferlent sur la montagne comme de soyeux drapés de couleur verte. On dit que si elles étaient mises bout à bout, elles encercleraient la moitié du globe. Leur longueur totale atteint tout de même 20 000 km ! Grâce à l'audace des premiers Ifugaos, les montagnes ont été modelées, avec un système de murs de pierre ou de terre qui peuvent s'élever jusqu'à 23 m. Les terrasses furent construites il y a 2 000 ans quand les membres de ces tribus ont entrepris de les tailler et de les sculpter à l'aide d'outils rudimentaires. Construites et créées par des hommes libres sur lesquels aucune autorité n'exerça son pouvoir et sans avoir recours à l'esclavage, ces terrasses sont viables grâce à un parfait système d'irrigation. Les sources et les ruisseaux de la montagne sont canalisés dans des rigoles. Les canaux strient les rizières descendant jusqu'à la base de la montagne. Les bambous percés de quelques trous répandent l'eau à travers les plantations ; ainsi elle ne s'évapore pas. La connaissance de la nature et la technicité des premiers Ifugaos ont beaucoup intrigué et impressionné. L'existence des terrasses est pourtant restée méconnue pendant la colonisation espagnole. José Rizal, par exemple, n'avait pas eu connaissance de cette réussite.

La culture du riz accapare les agriculteurs ifugaos de génération en génération et leur lourde mission est de préserver ces terrasses intactes. Le travail est très éprouvant physiquement. Ils restent courbés de l'aube au crépuscule, après avoir parcouru des kilomètres. La plantation s'effectue en février ; la récolte en juillet. De juillet à septembre, on nettoie les terrasses ; en décembre, on prépare la terre pour la plantation. On ne peut rester insensible à une telle œuvre humaine, qui témoigne du riche savoir des Ifugaos, qui ont su tirer parti de la nature tout en la préservant.

TAPPIYA WATERFALL

Ces grandes chutes d'eau se trouvent à une heure de marche assez ardue des rizières de Batad : ne partez pas en tongs (même si ces dernières devraient vous servir pour marcher dans l'eau une fois arrivé !). La cascade de Tappiya se jette dans une immense piscine naturelle entourée de falaises couvertes de végétation tropicale. Il est très agréable de s'y baigner après la marche. L'endroit est magique. Pendant la saison des pluies, l'eau peut monter jusqu'à 2 mètres ; mais durant la saison sèche, vous n'aurez qu'un filet d'eau dans la rivière.

BATAD PENSION AND RESTAURANT €

✆ +63 917 508 7818

Chambres doubles à partir de 450 PHP. Restaurant.

Les propriétaires, lui est sculpteur sur bois (œuvres en ébène absolument superbes), elle, est professeure à l'école locale. Ils en connaissent un rayon sur la région ! Ils ont un restaurant dans lequel ils proposent des plats variés et très bons. Les huit chambres sont rudimentaires et convenables. Les sanitaires sont... basiques (comme partout à Batad). Organisation de treks. Excellent prix pour une excellente adresse qui offre une vue à couper le souffle sur les rizières.

BATAD VILLAGE HOMESTAY €

✆ +63 93 5959 1897

www.batadvillagehomestay.weebly.com

Chambre double à partir de 400 PHP.

Au cœur du village de Batad, une guesthouse charmante qui propose des chambres sommaires mais confortables et des sanitaires corrects (pas toujours d'eau chaude mais comme partout à Batad). La cuisine proposée est très bonne (on conseille le chopsuey de légumes avec le riz local bien sûr) et la vue depuis la terrasse à l'étage est tout simplement incroyable de beauté et de quiétude. N'hésitez pas à vous y arrêter uniquement pour manger. Cerise sur le gâteau, vous pouvez visiter une *native house* et même fabriquer votre propre riz, une expérience géniale !

Les rizières de Batad.

HILLSIDE INN AND RESTAURANT €

✆ +63 917 757 4411

Chambre double à partir de 1 800 PHP. Petit-déjeuner inclus.

Des chambres offrant des panoramas exceptionnels sur les rizières, c'est là encore une fois le gros point fort. Elles sont très basiques et en général, il n'y pas d'eau chaude (chose habituelle dans la région). L'espace restaurant jouit d'une vue tout aussi magnifique et la cuisine est bonne. En haute saison, il arrive qu'on joue de la guitare sur la véranda. Adresse correcte pour dormir après un trek, même si on trouve que les prix sont un peu élevés par rapport aux autres pensions.

RAMON'S NATIVE HOMESTAY €

✆ +63 935 130 2911

Chambre double à partir de 1 000 PHP.

Juste en dessous de Batad Pension, des chambres très rudimentaires dans des huttes traditionnelles (sans électricité). L'une d'entre elles est un vrai musée de l'art ifugao (avec crânes d'animaux dont des singes, des lapins, des cerfs et des sangliers) : c'était la maison du grand-père de Ramon il y a plus d'un siècle. La nourriture est très bonne. Ramon fait partie des anciens du village, il est donc très respecté et a beaucoup de choses à vous apprendre. Une bonne adresse pour vivre une expérience 100 % locale. Prix correct.

CAMBULO

Cambulo, à deux heures de marche de Batad, est un village ifugao calme et typique au milieu de belles rizières en terrasses. Les villageois sont moins habitués aux touristes.

Transports

Le village est situé à 15 km de Banaue sur la route de Bangaan et Mayoyao. On s'y rend depuis Batad (en longeant la chute d'eau, via le chemin qui mène au point de vue) ou depuis Banaue en suivant les pas d'un guide. Cambulo fait régulièrement partie des étapes des fameux treks en 3 jours.

BANGAAN

Tout petit village pittoresque, avec des maisons traditionnelles intactes, qui offre des vues imprenables sur les rizières.

Transports

Bangaan est situé à 2 km de la jonction pour Batad. On peut y accéder en Jeepney ou en tricyle. Mais les plus courageux s'y rendent depuis Batad, à pied. Une excellente alternative d'ailleurs au sentier qui descend du Saddle vers Batad (pour repartir vers Banaue par exemple), même si ce trek dure 2 heures 30. A Batad, il faut gagner la petite rivière en contrebas, la franchir, prendre un pont sur la gauche puis la première bifurcation sur la droite ; ensuite, c'est tout droit.

LUZON

© AUTHOR'S IMAGE

Village de Bangaan.

BATAN ISLAND ★

À l'extrême nord de l'île de Luzon s'égrènent les 11 îles de Batanes qui regroupent environ 20 000 habitants, à Batan, Sabtang et Itbayat. Batan est l'île principale où l'on trouve l'aéroport et la majorité des infrastructures touristiques qui sont pour la plupart modestes. Les autres îles sont inhabitées. Situées à 160 km de l'extrémité nord de Luzon, ces îles constituent la plus petite province des Philippines. Elles semblent presque ne pas appartenir aux Philippines tant les paysages (patchworks de champs vert intense et de haies naturelles), le climat et les habitants sont différents. Ces derniers, appelés les Ivatans, parlent une langue du même nom, également très différente du tagalog ou des autres dialectes. L'allure des maisons (à Sabtang notamment) rappelle les villages gaulois : des murs de pierres calcaires enfoncés dans le sol et coiffés de toits de chaume. Les habitations sont en effet adaptées aux typhons qui déferlent tous les ans entre juin et septembre. Avril et mai sont les mois les plus propices à la visite des îles de Batanes, destination aussi étonnante que pittoresque.

Argent

Il y a quelques distributeurs à Basco, mais faites le plein de monnaie avant de venir à Batan.

Transports

L'avion est le seul moyen de venir aux Batanes. L'aéroport se situe à Basco sur Batan. Le billet d'avion pour venir est parmi les plus chers de l'archipel. À l'aéroport, 350 PHP de frais d'écotourisme à payer.

- **Il pleut beaucoup** sur ces îles. L'intensité oblige parfois les avions à rebrousser chemin. Il est fortement déconseillé de s'y rendre entre juin et septembre.
- **Il y a foule pour se rendre aux Batanes,** contrairement à ce que l'on pourrait croire : pensez à réserver au plus tôt.
- **Pour se déplacer entre les îles, des bateaux** (*faluwa*) assurent les liaisons, mais ils peuvent être annulés si les conditions météorologiques sont trop mauvaises. La mer est toujours très agitée.
- **Sur place**, on peut louer un scooter ou se déplacer en tricycle et jeepney.

ÉGLISE SAN JOSE DE IVANA

Ivana

Ouverte tous les jours.

Ivana se situe à 14 km au sud de Basco. Dédiée à saint Joseph, cette église catholique fut construite en 1775 et témoigne des qualités d'artisanat des Espagnols et des Philippins. Sa façade blanche a été restaurée après avoir été endommagée par le tremblement de terre de 2000. C'est aussi à Ivana que l'on peut voir la House of Dakay, la plus ancienne maison de Batanes, classée à l'Unesco. Son ancienne gardienne, Lola Idan, est restée célèbre pour avoir été l'une des personnalités les plus photographiées de l'archipel, jusqu'à sa mort en 2014.

MARLBORO COUNTRY (RACUH A PAYAMAN) ★

Mahatao

Superbe trek de 3 heures entre Imnajbu et Mahatao, via le Marlboro Country.

C'est un immense paysage de pâturages vallonés et de prairies verdoyantes qui rappellent les Highlands écossais. Les seuls « habitants » que l'on rencontre sont quelques carabaos (buffles d'Asie) sauvages. Il n'y a rien aux alentours, si ce n'est une magnifique vue panoramique sur la mer. À Tukun, où se dresse une station météorologique, on jouit d'un panorama à couper le souffle sur la mer méridionale de Chine et l'océan Pacifique. Un incontournable des Batanes.

MONT IRAYA

Basco

C'est un volcan endormi mais toujours actif qui culmine à 1 000 m d'altitude, plus haut point des Batanes. Sa dernière éruption date de 1454. Le mont Iraya a souvent la tête dans les nuages, pour les Ivatans, peuple local, ce halo de nuages se forme quand quelqu'un de cher à la communauté disparait. Il est possible d'escalader le volcan si le temps le permet : compter 2 heures jusqu'au site de camping, puis 1 heure vers le sommet ; on redescend en 1 heure 30 min environ. Un guide est indispensable car le sentier n'est pas toujours bien dégagé et indiqué.

PHARE DE BASCO

Naidi Hills

Gratuit et ouvert au public.

Après 15 minutes de marche ou un court trajet en tricycle, on arrive au sommet des collines de Naidi où trône un phare, de 20 mètres de hauteur, qui offre une vue à 360° sur la ville de Basco, la mer, le mont Iraya et les falaises de l'île. Le phare a servi de base aux Américains pour leurs télégraphes durant l'occupation japonaise. En 1941, le phare a d'ailleurs été bombardé et il n'a été reconstruit qu'en 2003. Le site avec les ruines de l'ancien phare est toujours accessible. Au coucher du soleil, la vue est époustouflante.

BATANES SEASIDE LODGE & RESTAURANT €€

National Road

✆ +63 999 992 4977

Chambre double à partir de 3 150 PHP. Petit-déjeuner inclus. Packages avec nuit, tours et repas disponibles.

Surplombant la baie de Basco, l'hôtel est apprécié des touristes étrangers et philippins pour son emplacement et son très beau panorama. C'est notamment une adresse recommandée pour les groupes. Les chambres disposent de l'air conditionné. Lydia se démène pour que ses clients se sentent ici comme à la maison, loin de leur maison. On organise toutes sortes d'excursions sur Batan et les autres îles, de la plongée et des soirées... Karaoké bien sûr !

BATANES RESORT €

Amboy Street, Kayhuvokan

✆ +63 998 531 1908

Package tout inclus à partir de 13 500 PHP/personne pour 3 jours.

Situé à deux kilomètres du centre, le Batanes Resort (qui n'a de *resort* que le nom) propose six maisons en pierre, avec deux chambres dans chacune d'elle, inspirées des maisons traditionnelles Ivatan. Perchées sur une colline dominant la mer, elles ont été récemment rénovées et sont donc confortables avec climatiseur et douche. L'hôtel propose des packages de 3 jours ou plus incluant le logement, les repas et les activités. Option pratique pour découvrir la région sans se prendre la tête. Superbes vues sur la mer méridionale de Chine.

FUNDACION PACITA €€€

Brgy. Chanarian

✆ +63 928 997 4137

Chambres doubles à partir de 9 000 PHP. Petit-déjeuner inclus.Réservation via Facebook ou Instagram.

Sans l'ombre d'un doute, LA meilleure adresse des Batanes. Les suites sont très bien décorées (par des artistes locaux), et les vérandas privées délivrent des vues somptueuses sur la mer. Question confort, rien à dire, on est au-delà des standards de l'île. Les couples apprécieront. L'hôtel s'implique dans de nombreux projets de préservation de la culture Ivatan. Un minimum de deux nuits est requis. Les repas sont aussi d'excellente qualité. Beaucoup de charme ! Un must lors d'un voyage aux Batanes, pour y dormir, pour y manger ou simplement pour contempler.

SHANEDEL'S INN & CAFE €

669 national road, corner Abad St

✆ +63 939 912 7097

www.shanedelsbatanes.com/

Plats entre 180 et 350 PHP. Chambre avec ventilateur dès 650 PHP. Chambre double avec climatisation dès 2 300 PHP.

Un bed & breakfast bien tenu par Dely qui vous réserve un excellent accueil. Les chambres, à la décoration sommaire, sont équipées soit d'un ventilateur soit de la climatisation et possèdent chacune un joli balcon avec vue sur la mer. Si les chambres sont assez banales, l'adresse est appréciée pour sa jolie salle de restaurant qui offre un très beau panorama. Il règne ici une bonne ambiance et la cuisine si elle est simple n'en reste pas moins très correcte. Une adresse que l'on recommande surtout à l'heure du coucher du soleil.

DIVE BATANES

72 Chajajas Street

✆ +63 998 043 4910

www.divebatanes.com/

Venez vous ressourcer avec Emmanuel, natif de l'île et Douglas, tous les deux PADI *dive masters* certifiés ! Ce centre de plongée vous propose de la plongée avec bouteille ou masque et tuba sur des jardins de coraux préservés. Vous pouvez également y passer votre PADI, brevet de plongée. Pour ceux qui préfèrent garder les pieds sur terre, il y a aussi des locations de vélos, des treks et des excursions en bateau. Enfin il est possible de vous loger et nourrir au Dive Batanes Lodge & Restaurant attenant où il règne une ambiance décontractée.

SABTANG ISLAND

C'est une île parfaite pour les amoureux de la nature qui y verront des plages de sable blanc, des montagnes et des canyons profonds. La plage la plus connue est Nakabuang Beach (pour ses formations rocheuses photogéniques).

Se loger

Peu de choix : l'office du tourisme de San Vicente (la ville principale) loue des chambres. On peut aussi demander à dormir chez l'habitant. Conditions sommaires mais de superbes moments en perspective ! En effet, la plupart des touristes viennent à Sabtang pour la journée : y passer la nuit a quelque chose de magique et de fantastique, un moment que vous n'êtes pas prêt d'oublier ! Il est également possible de loger dans le homestay du phare de Sabtang (+63 919 675 3132), le confort y est sommaire mais l'environnement incroyable.

Se restaurer

A San Vicente, on peut manger au Pananayan Canteen : compter 250 PHP par personne pour déjeuner, incluant riz jaune (turmeric rice), tatus ou crabes de cocotiers, langoustes et jus de coco (buko juice).

Tourisme

- **Les amateurs de vieilles pierres** doivent visiter Savidug (une forteresse), puis Chavayan (qui compte de nombreuses maisons traditionnelles Ivatan). Compter 10 km depuis le débarcadère à San Vicente, soit environ 1 heure 30 de marche.
- **Il existe d'autres sentiers sur l'île**, notamment entre San Vicente et Nakanmuan, tout au nord (1 heure de marche au maximum), ou entre Chavayan et Sumnaga, d'où part une route goudronnée vers Nakanmuan. On pourra vous donner plus d'infos à l'office du tourisme de San Vicente.

Transports

- **Plusieurs départs quotidiens depuis Basco** en *faluwa* (1 500 PHP) ou ferry (départ à 6h30 et retour à 13h, 750 PHP). Environ 30-40 minutes. Les derniers retours en *faluwa* s'effectuent vers 14h30 : plus tard, les vagues sont souvent trop fortes.
- **Pour faire le tour de l'île**, on peut louer une Jeep (environ 1 500 PHP) ou un scooter (1 000 PHP).

SAVIDUG ET CHAVAYAN

À 10 km de San Vicente

À 1h30 de marche depuis l'embarcadère de San Vicente (10 km). Infos sur les sentiers à l'office de tourisme.

Les amoureux des vieilles pierres doivent gagner Savidug puis Chavayan. Ces deux villages abritent des maisons traditionnelles en pierre Ivatan. Ces maisons sont extrêmement robustes et conçues pour résister à la vingtaine de typhons qui frappent les Batanes chaque année. Les habitants vivent ici paisiblement, surtout de la pêche et un peu de l'agriculture. Il est possible d'acheter les fameux couvre-chefs typiques des femmes (vakul), au Sabtang Weavers Association, pour environ 400 PHP. Les hommes portent des vestes (kanayi) et des chapeaux (salakut).

ITBAYAT ISLAND

Vous pensiez avoir atteint le bout des Philippines ? Vous n'étiez pas encore arrivé jusqu'à Itbayat, l'île habitée la plus septentrionale du pays, plus proche de Taïwan que des Philippines ! Une toute petite île de 4 000 habitants, île corallienne entourée de falaises abruptes et non de plages, à la végétation aride, aux paysages sublimes. L'île est avant tout un sanctuaire marin et une réserve naturelle, les voyageurs qui s'y rendent doivent adopter un comportement respectueux envers la nature et les habitants.

- **Points d'intérêt majeurs** : le Turungan Hill, un site funéraire important, où l'on dit que les premiers Austronésiens débarquèrent de Taïwan il y a 4 000 ans, ainsi que les caves de Turungan, où les premiers habitants devaient loger. Les caves de Kumayasakas et leur source d'eau naturelle. La vue du mont Riposed et du mont Karoobulan, sur le lac Kayaywan. On peut aussi visiter le parc naturel de Rapang Cliff, avec ses falaises, ses forêts et ses pâturages.

Se loger

Il n'y a pas d'hôtel, seulement quelques *homestays* très rustiques, par exemple Cano's Homestay (+63 919 300 4787). L'accès à l'électricité est limité et les pannes fréquentes.

Transports

Quand la mer le permet (la houle est souvent impressionnante), 3h depuis Basco en *faluwa*, le bateau traditionnel à moteur (450 PHP).

LUZON

VIGAN ★★

Située à 130 km de San Fernando (La Union), au nord-ouest de Luzon, où l'empreinte coloniale est plus évidente qu'ailleurs, Vigan est une ville très intéressante sur le plan architectural. Elle a d'ailleurs été inscrite au Patrimoine mondial de l'humanité par l'Unesco en tant que meilleur exemple préservé de ville coloniale espagnole en Asie. Capitale d'Ilocos, c'est une ville à l'influence ibérique et chinoise très prononcée, la seule ayant conservé autant de richesses coloniales. Vigan, le « grand village du XVIIIe siècle » dans lequel on se balade en calèche, a vu naître cent cinquante châteaux en bois et en pierre. C'était aussi une étape sur la célèbre route de la soie qui reliait l'Asie, l'Arabie et l'Europe. On y troquait alors de l'or et du bois. Cité espagnole depuis sa capture en 1572 par Juan de Salcedo, elle vécut de nombreux troubles anticolonialistes, comme avec la résistance de Diego Silang en 1762 (il fut assassiné, et sa femme, qui prit alors le pouvoir local, finit pendue). Si Vigan est aussi belle, c'est parce que les Etats-Unis n'eurent pas l'occasion de la bombarder pendant la Seconde Guerre mondiale, les troupes japonaises ayant quitté la ville peu auparavant. Un séjour de deux à trois jours est vite passé. Qu'on se le dise : nous aimons beaucoup Vigan !

Quartiers

Le Mestizo District rassemble les plus beaux exemples d'architecture coloniale de Vigan. Construites par des marchands chinois, ces superbes bâtisses témoignent d'un syncrétisme intéressant, mélange d'influences hispano-mexicaines et chinoises, comme sur la célèbre rue piétonne Crisologo à voir absolument, tout comme la rue Plaridel. On peut admirer les toits en tuiles, les parquets en bois et les fenêtres coulissantes en bois et coquilles de capiz (*Placuna placenta*), un coquillage endémique connu aussi sous le nom de « vitre nacrée ». Le capiz, moins cher que le verre, était très résistant aux intempéries. Les cinéphiles reconnaîtront les rues du film *Né un 4 juillet* avec Tom Cruise.

Se restaurer

Pour les plus petits budgets, rendez-vous sur la place Burgos. Tous les soirs au menu des différentes paillottes de *street food* : *empanadas* (gros beignets en demi-lune fourrés aux légumes, à l'œuf, et parfois à la *longganisa* de Vigan), *arroz caldo* (soupe de riz au poulet), *okoy* (pancake salé à la crevette locale), *miki* (soupe de nouilles à la viande et à l'œuf), etc. Très populaire.

Transports

- **Avion.** Il n'y a pas de vol direct. L'aéroport se situe à Laoag, à 2 heures de route de Vigan.
- **Bus.** On peut venir de Manille, mais aussi de Baguio (trajet idéal pour terminer en beauté un parcours dans le nord de Luzon, après Banaue et Sagada).
- **De/vers Manille.** Il faut compter de 8 à 10 heures de route, avec Farinas Trans et Aniceto Bus Line. Compter entre 650 et 900 PHP selon le confort du bus.
- **De/vers Baguio.** De 5 à 6 heures de bus pour un peu plus de 300 PHP. Partas effectue la liaison régulièrement.
- **De/vers San Fernando.** 3 heures de trajet environ.
- **De/vers Laoag.** Compter 2 heures de route et 160 PHP. Départs très réguliers avec Partas.

Église de San Vicente à Vigan.

© ARNAUD BONNEFOY

La cathédrale de Saint-Paul de Vigan.

CATHÉDRALE DE SAINT-PAUL

Nueva Segovia St. corner Burgos St.
✆ +63 77 674 2392

La cathédrale Saint-Paul de Vigan est connue pour son architecture baroque et plus précisément « baroque des tremblements de terre », un style architectural propre aux Philippines. Par exemple le clocher a été construit à côté du corps principal de l'église pour qu'il ne s'écroule pas à l'intérieur en cas de séisme. Elle fut construite par les Augustiniens entre 1790 et 1800. Elle est réellement gigantesque. On peut y voir la tombe de Leona Florentino, poétesse ilocano, première femme de lettres du pays (sur une colonne près de l'entrée sur la Plaza Burgos).

ÉGLISE DE SANTA MARIA

4 Santa Maria, Burgos Road

Elle est à 1 heure au sud de Vigan. Elle fait partie des églises baroques les plus célèbres des Philippines et a d'ailleurs été inscrite sur la liste du Patrimoine mondial de l'Unesco. Bâtie à la fin du XVIIIe siècle, elle servit de forteresse pendant la révolution philippine de 1896. Elle appartient au mouvement architectural qui caractérise les églises philippines de l'époque coloniale, le baroque de tremblement. Face aux tremblements de terre, les églises étaient construites plus basses, avec des murs épais en argile et mortier et le clocher souvent à part.

ÉGLISE DE BANTAY

Bantay

Elle fut construite en 1590, puis rénovée en 1950 suite à un tremblement de terre. Elle est célèbre pour son architecture mêlant style néo-gothique et style roman. Son clocher ou beffroi, à l'écart sur une butte, servait d'observatoire pendant la guerre (*bantay* signifie « garder »). On peut y grimper (94 marches) pour jouir d'une belle vue sur Vigan et la mer méridionale de Chine au loin. Il y a cinq cloches de différentes tailles ; on les sonnait chacune lors de divers événements : messe, mariage, baptême, enterrement ou alerte à l'approche d'un ennemi.

MUSÉE DU PADRE BURGOS

Burgos St

Ouvert du mardi au dimanche de 8h30 à 11h30 et de 13h30 à 16h30. Entrée libre.

Ce musée se situe dans l'ancienne demeure du martyr Padre José Burgos, exécuté par les Espagnols en 1872. La visite permet de se familiariser avec l'histoire de la province et du mode de vie des habitants de l'époque (poteries, outils, vêtements, bijoux). On y verra aussi les 14 peintures d'Esteban Villanueva (un homme d'affaires et artiste autodidacte), réalisées en 1821, qui évoquent la révolte *Basi* de 1807. Le *basi* est un vin de canne à sucre : cette révolte fit suite à l'interdiction par les Espagnols de toute manufacture de *basi* dans les provinces d'Ilocos.

LUZON

RG JAR FACTORY

Gomez St. corner Liberation Boulevard
✆ +63 977 854 4339
Ouvert tous les jours de 8h à 17h.

Cette fabrique de poterie a hérité du nom de Pagburnayan (jarre d'acier) car les jarres qu'elle produit sont aussi dures que le métal et sonnent pareil lorsqu'on les cogne. Le procédé de fabrication est simple : un mélange de sable, d'argile et d'eau est obtenu après 4 heures de piétinement avec un carabao (buffle) ; la boue est sculptée puis laissée à sécher pendant une semaine à l'air frais. Les pots sont cuits 24h dans un grand four de 50 m de longueur. Vous pouvez visiter l'atelier, acheter des articles en terre cuite et même vous essayer à la fabrication.

VILLA ANGELA HERITAGE HOUSE €€

26 Quirino Boulevard
✆ +63 91 9315 6122
https://ourheritagehomes.com
4 chambres. Chambre double à partir de 4 500 PHP. Petit-déjeuner inclus. Wifi.

Construite en 1870, c'est l'une des maisons d'époque les mieux préservées de Vigan. Toutes les chambres et tous les meubles sont authentiques. Tom Cruise y a logé lors du tournage du film *Born on the fourth of July* (*Né un quatre juillet*, réalisé par Oliver Stone en 1989) ; les propriétaires de la maison en sont très fiers. L'endroit est parfait pour ceux qui ont toujours rêvé de dormir dans un lit à baldaquin en bois et dans une ambiance d'antan. Recommandé.

GRANDPA'S INN €

#1 Bonifacio Street Corner Quirino Blvd
✆ +63 917 580 2118
Chambres doubles à partir de 2 180 PHP. Petit déjeuner inclus. Wifi.

Cet hôtel de taille moyenne (26 chambres) se trouve dans un cadre chaleureux, niché dans une ancienne demeure coloniale restaurée à la manière d'un musée. Murs en briques de terre cuite, poutres apparentes et vieux bois. Les petites chambres sont agréables (éviter si possible celles du rez-de-chaussée, étriquées qui manquent de lumière), même si les salles de bains mériteraient d'être rénovées. L'hôtel possède également un café-restaurant agréable, donnant sur la rue, où l'on mange une bonne cuisine. Un bon rapport qualité-prix.

HOTEL LUNA €€€

V. Delos Reyes cor. Gen. Luna Street
✆ +63 917 564 0727
www.hotelluna.ph
Chambres doubles à partir de 5 850 PHP. Petit-déjeuner inclus. Wifi.

Un bijou dans la ville ! Logé dans une ancienne bâtisse à l'architecture incroyable, l'hôtel Lunal a réussi à allier avec goût, le caractère historique de la demeure et le confort moderne. Il propose des chambres spacieuses à la décoration d'époque charmante, ainsi que d'excellents équipements, dont une jolie piscine lovée dans le grand patio intérieur. On apprécie la décoration, composée de pièces d'art, traditionnelles et contemporaines, et d'authentique artisanat et mobilier philippins. L'un des hôtels les plus prestigieux de Vigan.

VIGAN PLAZA HOTEL €€

Mena Crisologo Street
✆ +63 77 722 8552
www.viganplazahotel.com
Chambres doubles à partir de 3 000 PHP. Autres tarifs en ligne.

L'emplacement de cette ancienne bâtisse coloniale construite en 1970 est parfait pour rayonner dans la ville. Les chambres, de la chambre double au dortoir 6 lits en passant par la suite, disposées autour d'une cour intérieure avec une adorable fontaine, ont tout le confort nécessaire. L'ensemble a ce charme de l'ancien monde avec une touche de modernité. Possibilité de louer des vélos, moyen idéal et original pour découvrir Vigan. Sur place, le Café Bigaa sert une cuisine ilocana (bagnet, *longganisa*, poisson grillé) des plus savoureuses.

CAFE LEONA €

1 Calle Crisologo
✆ +63 922 879 1833
Ouvert tous les jours de 10h à minuit. Environ 300 PHP par personne.

Au Café Leona, dans la célèbre rue Crisologo, on sert une cuisine ilocana sutout comme le *Bagnet* (poitrine de porc frit), mais également des plats japonais et italiens. Le restaurant est en fait l'ancienne demeure de la célèbre poétesse ilocana Leona Florentino. À l'intérieur, la décoration nous plonge immédiatement quelques siècles en arrière, chaque recoin semble être une scène de vieux film. On peut aussi manger en terrasse. C'est une institution à Vigan, une bonne adresse mais très touristique, attendez-vous à faire la queue.

HIDDEN GARDEN €

Bulala Centro
✆ +63 967 442 6514

Ouvert tous les jours de 6h à 18h (21h le week-end). Plats entre 150 et 450 PHP.

Un peu à l'écart du centre de Vigan, ce café-restaurant caché dans un jardin de plantes tropicales et rafraichissantes est un charmant havre de paix. Joliment décoré, avec ses meubles rustiques, dans un jardin bien entretenu, certains viennent y acheter des plantes et des fleurs, il y a aussi des bonsais. On y sert surtout des spécialités ilocanas authentiques dans une ambiance relaxante. Les jus de fruits très frais sont bon marché et délicieux. Le soir ou le week-end, il est préférable de réserver, il y a parfois du monde.

CALLE BREWERY €€

11 Calle Encarnacion
✆ +63 956 297 9373

Ouvert tous les jours de 11h à 23h. Plats entre 510 et 1 300 PHP.

Situé au cœur de Vigan, dans une grosse bâtisse ancienne, aux poutres apparentes, Calle Brewery a ouvert en 2018 avec un concept plutôt original et qui semble plaire puisque le restaurant ne désemplit jamais. L'idée est de proposer des bières artisanales, fabriquées directement dans une micro-brasserie sur place (que l'on peut d'ailleurs visiter) et de les accompagner d'une cuisine essentiellement ilocana, à base de viande et surtout de fruits de mer frais et savoureux. Le mariage est une réussite. Le tout servi sans chichi sur un plateau.

CRISTY'S LOOMWEAVING (ATELIER DE TISSAGE)

Camangaan, ✆ +63 77 722 6171

Il s'agit d'un petit atelier de tissage de textiles tout à fait artisanal et traditionnel. Il est possible de faire une visite guidée pour en apprendre davantage sur le processus de fabrication, en regardant en direct l'artisan au travail, des articles en vente dans le magasin, et dans la plupart des boutiques de souvenirs dans Vigan. Il y a une boutique adjacente idéale pour faire quelques emplettes et acheter des souvenirs. Une visite très intéressante.

LAOAG

Avec 112 000 habitants, Laoag est la capitale de la province d'Ilocos Norte. Fréquentée par des marchands chinois et japonais de longue date, elle fut visitée vers 1580 par des missionnaires Augustiniens. Elle est surtout connue pour avoir été le fief de l'ancien dictateur Marcos et de sa famille, qui continue encore et toujours à régenter la vie politique locale. Les habitants en sont très fiers. Il existe de nombreux sites d'intérêt autour de Laoag, notamment la plage de Pagudpud et les églises baroques. Comme la ville dispose d'un aéroport avec des vols quotidiens pour Manille, elle constitue un excellent point de chute dans le nord de Luzon, après un circuit vers Banaue, Sagada, Baguio et Vigan.

Transports

- **De/vers Manille en avion :** Philippine Airlines et Cebu Pacific proposent des vols quotidiens. L'aéroport se situe à 7 km à l'ouest du centre. On s'y rend en Jeepney en un petit quart d'heure (25 PHP) ou en tricycle (100 PHP).
- **De/vers Manille en bus** : Nombreux bus, compter 10 à 14 heures de route (700 PHP). Les compagnies à privilégier sont Fariñas et Partas. Les bus « super deluxe » de Fariñas partent la nuit (850 PHP).
- **De/vers Baguio** : Partas propose trois trajets quotidiens pour Baguio. Compter 6 à 7 heures de trajet pour un peu plus de 500 PHP. Tous les bus font un arrêt à Vigan.
- **Se déplacer.** Aucun problème pour se déplacer en ville, les tricycles sont légion ici aussi.

DUNES DE SUBA ★

La Paz Sand Dunes

Les amateurs de paysages uniques doivent se rendre aux dunes de Suba (entre Laoag et Paoay), un désert de sable dans une région tropicale. Certaines dunes atteignent 800 mètres de largeur. C'est un peu le Sahara des Philippines (en exagérant à peine...). Des scènes de *Mad Max* et de *Né un 4 juillet* y ont même été tournées. Il est possible de louer des véhicules tout-terrain ou des buggys mais l'activité-phare est moins polluante et moins chère : si vous avez toujours rêvé de pratiquer le ski ou le surf dans le sable... vous allez pouvoir réaliser votre rêve ici !

ÉGLISE DE PAOAY

Paoay

Cette superbe église a été déclarée Patrimoine de l'humanité par l'Unesco en 1993. Elle fut construite au XVIIIe siècle dans un style « baroque des tremblements de terre », influences gothiques et chinoises, avec des briques et des coraux maintenus par du mortier et du jus de canne à sucre (les murs sont épais de 1,67 m). Elle servit de poste d'observation pendant la révolution contre les Espagnols et contre les Japonais pendant la Seconde Guerre mondiale. En 2000, une excavation mit au jour un squelette d'homme préhistorique et des fragments de céramiques.

SINKING BELLTOWER

Bonifacio Street

La cathédrale de Laoag fut construite en 1580, puis restaurée vers 1880 après des tremblements de terre, du feu et des typhons. Sa tour de 45 mètres construite par les pères Augustiniens en 1612, elle est de style « baroque des tremblements de terre ». Le clocher comporte six cloches de tailles différentes. Les Anciens racontent qu'on pouvait jadis entrer avec un cheval : aujourd'hui, même un homme de taille moyenne doit se baisser pour pénétrer dans la tour. Celle-ci s'enfonce en effet dans la terre meuble, d'où le nom qu'on lui a donné, tour de clocher coulant.

ÉGLISE SANTA MONICA

Sarrat

C'est la plus grande église de la région d'Ilocos (137 m de longueur). Construite entre 1669 et 1679 dans un style « baroque des tremblements de terre » (clocher séparé), toute de briques vêtue, elle possède un pont qui la relie au couvent voisin. Les Espagnols y torturèrent des rebelles philippins, tout comme le firent les Japonais pendant la Seconde Guerre mondiale. Irène Marcos, fille de l'ancien dictateur Marcos, restaura l'ensemble à l'occasion de son mariage en 1983. Toutefois, un tremblement de terre la détruisit à nouveau. Elle fut à nouveau restaurée.

THE GUEST HOUSE LAOAG €

Brgy 13, Magat Salamat Street East

✆ +63 947 974 1241

Chambre double à partir de 1050 PHP.

C'est plutôt un bon rapport qualité-prix que vous trouverez dans cet établissement. L'endroit est calme, les chambres, sans grand charme, offrent le confort nécessaire et attendu à ce prix là. Le personnel est quant à lui très serviable et accueillant, il pourra vous aider pour vos excursions dans les environs. Un petit-déjeuner est proposé le matin. L'emplacement est peut-être le petit bémol si on ne voyage pas avec un véhicule privé mais des tricycles passent dans la rue et vous amèneront où bon vous semble. Une adresse à envisager pour une nuit ou deux.

LUZON

PAGUDPUD

Pagudpud

Vans réguliers de Laoag (Claveria Van Station) à Pagudpud. 1h30, 120 PHP.

À 72 km de Laoag et forte de 26 000 habitants, Pagudpud est la station balnéaire la plus réputée du nord de Luzon. On la décrit volontiers comme la « Boracay du nord ». Vous vous rendrez compte que cette réputation est un peu surfaite. Les trois plages bordées de cocotiers n'en sont pas moins très agréables : Saud Beach a la faveur des hôtels, Pansian Beach est presque déserte et Blue Lagoon, avec son sable blanc et sa mer azur, séduit les adeptes du farniente et attire aussi son lot de surfeurs, qui apprécient ses vagues, entre juillet et novembre.

FORT ILOCANDIA RESORT €€

Barangay 37 Calayab

✆ +63 77 670 9001

www.fortilocandia.com.ph

Chambres doubles à partir de 4 500 PHP.

Ce grand établissement offre un confort correct, une foule de services et de nombreuses activités sur place et dans la région. Une galerie avec des petites boutiques, plusieurs restaurants servant une excellente cuisine (cantonaise, chinoise, philippine ou western, au choix !), une piscine et un casino sont à la disposition des clients. Si l'architecture de l'hôtel, en briques rouges et disposé en carré autour d'un immense patio de verdure, est vraiment belle, l'intérieur du fort est vieillissant et perd un peu de son charme. Dommage.

LA PRECIOSA €

Brgy 2, F. Julian Street, Arabella Events Place
✆ +63 905 665 1240
Ouvert tous les jours de 9h à 22h. Plats entre 120 et 300 PHP.

À La Preciosa, on sert principalement une cuisine ilocana typique de qualité. On apprécie le *bagnet* (porc frit), *dinengdeng* (soupe de légumes et de poisson grillé) ou *pinakbet* (des légumes du cru mijotés avec du poisson *bagoong* et des chicharons de porc). C'est très bon. En dessert, la star locale c'est le gâteau à la carotte (couvert littéralement de carottes râpées). Côté ambiance, la décoration semble ne pas avoir été changée depuis bien longtemps, ça donne une touche d'authenticité et de nostalgie, pourquoi pas. Une bonne adresse et pour un bon prix.

ALAMINOS

On ne fait que passer à Alaminos, dans la province de Pangasinan. L'objectif de tous étant de se rendre à Lucap, la municipalité adjacente qui est, elle, la porte d'entrée pour découvrir le merveilleux parc national des Hundred Islands.

Transports

- **De/vers Manille.** Alaminos est à 250 km de Manille (5h, 400 PHP). Les bus Philippines Rabbit, Five Star et Victory Liner ont des départs quotidiens, toutes les heures (le plus souvent le matin).
- **De/vers Baguio.** Des bus font la liaison directe (3h, 220 PHP).
- **De/vers Lucap.** Alaminos est à 3 km de Lucap et de la côte. Un tricycle coûte environ 80 PHP.

ISLAND TROPIC HOTEL €

Blvd. St., Barangay
✆ +63 999 517 8411
https://islandtropichotel.com/
Chambre double à partir de 1 600 PHP. Petit-déjeuner inclus.

Il est situé idéalement juste à côté de l'Office de tourisme et de l'embarcadère d'où partent les *island hopping* dans les Hundred Islands. Cet établissement 2-étoiles propose des chambres simples et fonctionnelles, la literie n'est pas des plus confortables. Un petit-déjeuner est servi. Il y a également un restaurant attenant où on sert entre autres des produits de la mer. Le personnel est amical et peut vous aider à organiser vos excursions dans les Hundred Islands ou dans d'autres sites comme la plage Patar de Bolinao connue pour son récif corallien.

PARC NATIONAL DES HUNDRED ISLANDS ★

Bureau du parc national ✆ +63 75 551 2505
Bateaux de Lucap entre 6h et 17h (1 400 PHP/5 pers.). Entrée 200 PHP/jour. 200 PHP de caution pour les déchets.

Au nord-ouest de Luzon, la province de Pangasinan abrite un chapelet de 123 îles éparpillées dans le golfe de Lingayen. L'érosion des vagues à la base de chacun de ces confettis leur a conféré une forme de carapace de tortue ou de champignon. Ces îles représentent le vaste parc naturel marin du nom de Hundred Islands et couvrent une surface de 17 km^2. Il été classé parc national en 1974 (le premier des Philippines !). Il est agréable de naviguer entre les îlots : l'eau devient plus claire à mesure que l'on s'éloigne de la côte, il ne faut toutefois pas s'attendre à de belles eaux turquoise comme on en trouve dans l'archipel des Visayas. Pratiquer le *snorkeling* reste agréable bien que la pêche à la dynamite ait endommagé une grande partie des coraux. Voici les principales îles du site :

- **Marcos Island** : jolie plage, eau turquoise, idéale pour la baignade.
- **Governor Island :** il y a un superbe point de vue sur Hundred Islands. Il y a aussi une guesthouse.
- **Quezon Island** : cette île mérite de s'y attarder. Des pavillons et barbecues sont installés pour pique-niquer ou passer une nuit. N'oubliez pas de vous munir d'un équipement de snorkeling pour aller explorer les splendides cultures de bénitiers géants (*taklobo*) qui se trouvent à 30 m, du côté est de l'île de Quezon. Des centaines, plus ou moins ouverts, sont visibles à 3 m de profondeur. L'Institut des sciences marines protège ces coquillages géants menacés par la dynamite utilisée par les pêcheurs dans la zone.
- **Children's Island :** cette île, adaptée aux enfants (sable et eau calme) offre des tables de pique-nique, des huttes et des tentes pour passer la nuit. Il faut faire ses provisions car il n'y a pas de restaurant. Des barbecues sont disponibles.
- **Organisation de la journée.** Vous avez le choix entre prendre un bateau régulier qui vous amènera sur trois îles (deux que l'on visite en une quinzaine de minutes et une troisième où l'on peut passer plus de temps) ou prendre un service boat (un peu plus cher) mais on visite les îles de son choix. Il faut dans tous les cas se mettre d'accord avec le conducteur du bateau sur le programme de la journée si l'on souhaite faire du snorkeling (location du matériel, 250 PHP), se baigner au bord de jolies plages... Vous pouvez aussi louer des kayaks en tandem (250 PHP), ou essayer l'une des tyroliennes (250 PHP).
- **Office de tourisme.** Il se trouve sur la gauche de l'embarcadère de Lucap. On peut y obtenir des renseignements pratiques et louer un bateau.

MAXINE BY THE SEA €

Lucap
✆ +63 921 642 8551
www.maxinebythesea.com
Plateau de fruits de mer 2 615 PHP. Prix à la carte en ligne. Chambre double dès 4 100 PHP. Petit-déjeuner inclus.

Installé depuis plus de 30 ans au bord de l'eau à Lucap, Maxine by The Sea est l'une des bonnes adresses du coin. On y vient autant pour son agréable terrasse qui s'avance sur la mer et offre une belle vue sur les Hundred Islands que pour déguster du crabe et des langoustes, sur des plateaux de fruits de mer frais et alléchants. Et à des prix bien raisonnables au vu de la qualité et quantité ! C'est également un lodge où il est possible de passer la nuit dans l'une des neuf chambres (même si on a une préférence pour le restaurant).

SAN FERNANDO ★

San Fernando est la capitale de la province de La Union, surnommée par les locaux et habitués « ElYu » (de son acronyme L.U. prononcé à l'anglaise). Vous ne connaissez pas La Union ? C'est la capitale du surf sur l'île de Luzon. Depuis une dizaine d'années, les jeunes, philippins et de plus en plus d'étrangers, affluent à ElYu, pour prendre des vagues et profiter de l'ambiance « surf » qui y règne. Coffee shops bohème-chic, bars branchés, restaurants et hôtels pullulent, dans une *vibe* à mi-chemin entre Siargao et Boracay. San Juan, petite localité située un peu au nord de San Fernando, est principalement connue pour ses plages propices à la pratique du surf, tandis que Bauang est très appréciée pour la beauté de son site.

Sports / Loisirs

La bonne saison, pour venir faire du surf, s'étend d'octobre à juin (très chaud en avril et mai). La location d'une planche de surf coûte 200 PHP/heure. Compter 400 PHP/heure pour un cours.

Transports

- **De/vers Manille.** Des bus Partas, Viron et Dominion vont à San Fernando (6h, 600 PHP), très régulièrement, y compris de nuit.
- **De/vers Baguio.** Des bus Partas font le trajet quotidiennement (2h, 110 PHP).
- **De/vers Vigan.** Avec les bus Partas (3h, 250 PHP). Le bus continue vers Laoag (5h, 380 PHP).
- **Sur place,** de nombreuses Jeepney font le trajet depuis San Fernando jusqu'à San Juan ou Bauang (30 minutes, 18 PHP).

TEMPLE MA-CHO

Ouvert tous les jours de 8h à 17h.

Le temple Ma-Cho surplombe la mer depuis sa colline. Cette pagode, singulier exemple de syncrétisme religieux (taoïste et catholique), témoigne de l'importance de l'influence chinoise sur la ville. C'est le premier temple taoïste du pays, construit en 1975. À l'intérieur, une multitude d'œuvres et de décorations chinoises et taïwanaises. L'effigie de la Vierge de Caysasay y est amenée lors de la fête de la Vierge en septembre. Il y a si peu de temples aux Philippines, seul pays d'Asie principalement catholique, alors autant en profiter.

LUZON

© ALEX TRAVELER - SHUTTERSTOCK.COM

Parc National des Hundred Islands.

URBIZTONDO BEACH

San Juan

Située à San Juan, Urbiztondo Beach est la plage principale et la plus connue pour surfer à La Union. Il ne faut pas vous attendre à une magnifique plage de sable blanc, eau turquoise et cocotiers comme ailleurs dans l'archipel, ici, on vient pour surfer avant tout. Sur place, vous trouverez tout ce qu'il faut pour louer une planche, avec ou sans guide (on conseille d'en prendre un, ça facilite beaucoup la prise de vagues). Le long de la plage, quelques hôtels, bars et restaurants. Le soir, le coucher de soleil est tout simplement exceptionnel.

THE CIRCLE HOSTEL LA UNION €

Brgy Urbiztondo, San Juan
✆ +63 917 583 8123

Lit en dortoir 675 PHP. Petit-déjeuner. Wifi.

The Circle est une chaine d'auberges de jeunesse et celle de La Union est particulièrement agréable. Attention, rien de luxueux ou classe, bien au contraire ! Telle un mini village de huttes en bambous dans lesquelles se trouvent les dortoirs, les sanitaires communs qui sont bien entretenus, cette auberge est à quelques mètres de la plage. Il y règne une ambiance particulière conviviale et détendue. Le restaurant sert une cuisine simple mais très bonne. Très bon rapport qualité-prix.

SAN JUAN SURF RESORT €€

Urbiztondo, San Juan
✆ +63 917 887 5470
www.sanjuansurfresort.ph

Chambre double à partir de 4 000 PHP. Petit déjeuner inclus. Wifi.

Ce resort, situé directement sur la plage Urbiztondo, propose un vaste choix de chambres, des standards avec ventilateur aux villas avec vue sur l'océan. L'Australien qui tient les lieux depuis 2003 est un passionné de surf et son école de surf est réputée pour être l'une des meilleures de La Union. On peut louer des planches, acheter tout type de matériel ou prendre des cours. Il y a un bar et un restaurant avec vue sur l'océan, qui sert une très bonne cuisine. L'ambiance y est vraiment *chill*. Le lieu idéal pour les surfeuses et surfeurs.

SEBAY SURF CENTRAL RESORT €€

National Highway
✆ +63 917 640 1118
https://sebaysurfcentral.com/

Chambre double à partir de 2 800 PHP.

Un hôtel ouvert de longue date à quelques pas de la plage. Les chambres sont simples et bien entretenues. Le soir, on profite du joli bar-restaurant qui est sur la plage, on peut jouer au billard, se délecter d'un magnifique coucher de soleil et se régaler d'excellents fruits de mer. Il y a régulièrement des activités et concerts organisés les week-ends, idéal pour sympathiser avec les autres voyageurs. Et bien sûr, location et cours de surf sont disponibles ! Une valeur sûre.

EL UNION COFFEE

MacArthur National Highway
✆ +63 945 483 4825
https://elunioncoffee.com/

Ouvert tous les jours sauf le mercredi de 8h à 18h. Cafés à partir de 120 PHP.

Une adresse incontournable pour les amateurs de café mais pas que ! On y sert aussi des plats gourmands et originaux (le sandwich au fromage grillé est recommandé) et des cookies. Côté café, ils sont tous délicieux. Alors, un bon café et un encas, le tout dégusté sur une ravissante terrasse près de la plage... que demander de plus ? Si l'ambiance n'était pas encore assez séduisante, sachez que des concerts sont régulièrement organisés. Attendez-vous à peut-être devoir faire la queue, cette petite cabane à café est un peu victime de son succès.

RED CLAY PAGDAMILIAN

#14 Mc Arthur Highway
✆ +63 92 9233 9730
http://redclay.weebly.com/

Ouvert du lundi au samedi de 9h à 19h et dimanche de 14h à 19h. Cours à partir de 250-350 PHP/heure.

Red Clay, c'est avant tout une histoire familiale qui a commencé en 2001. Au début, il s'agissait d'une petite entreprise qui fournissait les autres potiers de la région, puis de fil en aiguille, ils ont commencé à vendre eux-mêmes des céramiques et les gens se sont intéressés au processus de fabrication, donc ils ont organisé des visites des ateliers. Aujourd'hui, c'est toujours un peu tout ça mais en plus on peut s'essayer soi-même à l'art de la poterie à travers les ateliers. Le cadre en plein air est ravissant. Activité relaxante qui plaira à tous.

ANTIPOLO

Capitale de la province de Rizal, Antipolo est une ville en pleine expansion (plus de 890 000 habitants) située à 25 km de Manille, où il continue de faire bon vivre. Peu habitués à voir des visiteurs étrangers, les habitants se montrent très curieux. Les établissements hôteliers de la zone sont également réputés pour leurs spas.

Transports

- **Bus.** A partir de Manille, il faut prendre le bus ou un FX au coin de Shaw Boulevard et d'Edsa à Mandaluyong, ou bien au terminal de bus d'Ayala Center (45 minutes, 40 PHP).
- **Jeepney.** Le trajet est moins confortable et un peu plus long, mais aussi un peu moins cher.

OUR LADY OF ANTIPOLO MEMORIAL

Notre-Dame de la Paix et du Bon Voyage, aussi connue sous le nom de Vierge d'Antipolo est une image en bois de la Vierge Marie très célèbre aux Philippines. Elle est conservée dans l'église d'Antipolo, qui voit chaque année des milliers de pèlerins se presser en été pour admirer l'icône. L'histoire raconte que cette icône miraculeuse a voyagé huit fois entre Manille et Acapulco et a sauvé plusieurs personnes en les prévenant des catastrophes à venir.

CHUTES D'EAU DE DARANAK ET BATLAG ★

Ouvert tous les jours de 8h à 17h. Entrée 50 PHP (Daranak) et 100 PHP (Batlag).

Les chutes d'eau de Daranak, hautes de 14 mètres et entourées d'une nature enchanteresse, sont reconnues pour leur beauté qui attire régulièrement des tournages de films et de publicités locales. L'endroit est également apprécié pour les pique-niques. Un petit pont de bambou amène le visiteur jusqu'à d'autres cascades plus petites. Non loin de là se trouvent les chutes de Batlag, tout aussi belles, mais encore un peu plus sauvages. La végétation les entourant est magnifique.

LORELAND FARM RESORT €€

Sitio Loreland
✆ +63 2 696 0101
www.loreland.com.ph/
Chambres doubles à partir de 4 200 PHP.

Un établissement qui s'adresse principalement à des familles à la recherche d'un endroit où se relaxer le temps d'un week-end où l'on peut se délecter dans la charmante piscine que les enfants apprécieront particulièrement pour ses toboggans et autres modules. Ce n'est pas l'hôtel le plus moderne mais le personnel est attentif et l'endroit offre des prestations de qualité pour des petits budgets. Il est réputé pour accueillir également régulièrement des réceptions de mariage. Un havre de paix facilement accessible depuis Manille.

HINULUGANG TAKTAK

Route Taktak
Ouvert tous les jours de 8h à 17h. 100 PHP.

Dans les années 1970, ces chutes d'eau de 22 mètres ont connu une grande popularité auprès de la population locale qui venait s'y baigner et pique-niquer le week-end en famille. Le manque de préservation et la pollution des villages en amont ont lentement conduit à la ruine ce joyau naturel. En 2000, elles ont été classées zone protégée, ont été fermées un temps, puis réouvertes au public en 2015. Il est maintenant déconseillé de s'y baigner mais elles constituent toujours un lieu très touristique et sont devenues un parc d'activités (pas très authentique).

MOUNT PURRO NATURE RESERVE €€

Purok 5, Barangay Calawis
✆ +63 949 398 1799
www.mountpurronaturereserve.com/
Dortoir 1 000 PHP, tente 1 350 PHP, hutte à partir de 4 000 PHP. Restaurant.

Si vous êtes un amoureux ou une amoureuse de la nature et que vous avez toujours rêvé de dormir dans une cabane dans les bois alors cet endroit devrait vous plaire ! Toto et Baby, grands écologistes dans l'âme, ont créé cette réserve naturelle, y ont planté des arbres et construit des petites cabanes et huttes en bambou dans le but de protéger leur nature et d'en faire profiter les autres. On vit ici en totale harmonie avec la nature, ses sons et ses odeurs : c'est relaxant à souhait.

ANGONO

Situé à 30 km à l'est de Manille et à quelques kilomètres d'Antipolo, dans la province de Rizal, on découvre Angono, le village des artistes. Considéré comme la capitale de l'art des Philippines, il abrite plusieurs galeries d'art en tout genre : antiquités, peintures, sculptures et arts religieux. Le village a effectivement vu naître deux grands artistes nationaux : un musicien, Lucio San Pedro, et Carlos Botong Francisco, l'un des plus grands peintres philippins du XXe siècle. Et cette réputation n'est pas volée puisque c'est aussi à Angono que se trouvent des pétroglyphes datant de 2 000 ans av. J.-C., qui sont parmi les plus anciens du pays.

MUSÉE DE LA FAMILLE BLANCO

312 B A Ibanez St.

✆ +63 286510048

Ouvert du mardi au dimanche de 9h à 17h. Entrée 150 PHP.

Ce musée appartient à l'une des plus célèbres familles d'artistes du pays : la famille Blanco dont la mère, le père et leurs sept enfants sont tous devenus de grands artistes. Dans des styles différents, ils réalisent surtout des peintures de la vie quotidienne, rurale, et des paysages. Ce musée privé abrite une large collection de 400 œuvres. Très sympathique, le personnel se fera un plaisir de vous orienter et de vous donner quelques explications.

BALAW-BALAW RESTAURANT & ART GALLERY €€

11 Doña Justa Subd

✆ +63 2651 0110

https://balawbalawresto.webs.com/

Tous les jours de 10h à 20h30. Plat environ 300 PHP.

C'est une institution d'Angono. Le restaurant Balaw-Balaw tient son nom de la spécialité à base de riz, poisson et crevettes fermentées dans du vin de coco. La cuisine (nombreuses spécialités de la région de Rizal comme le canard *Itik*) est délicieuse, la décoration traditionnelle et raffinée. En attendant son plat, on peut s'attarder dans sa galerie d'arts folkloriques et d'antiquités. Des expositions d'artistes locaux sont régulièrement organisées.

NEMIRANDA ARTHOUSE

10 Doña Elena Street

✆ +63 2 8451 1580

Ouvert du mardi au dimanche de 9h à 18h.

Nemiranda, né en 1949, est l'un des grands peintres contemporains philippins. Il aborde surtout la culture de son pays et les légendes locales dans ses œuvres. A l'université de Santo Tomas à Manille, il obtient le premier prix de peinture en 1970 et participe à une cinquantaine d'expositions internationales (en Italie, aux Etats-Unis, à l'Unesco ou aux Galeries Lafayette à l'occasion de la visite de Cory Aquino en France, en 1989). Il compte plusieurs expositions en solo. En 1975, il fonde le Centre culturel d'Art visuel et multiplie les initiatives pour promouvoir et diffuser l'enseignement de la peinture. En fervent défenseur de la famille et des valeurs traditionnelles, il transmet son savoir à ses nombreux enfants, qui suivent avec brio les traces de leur père. Son œuvre est composée de sculptures murales sur bois, qui retracent des événements historiques. Les peintures réalistes, révélatrices de son œil critique et aiguisé, dépeignent la vie traditionnelle et religieuse philippine. Les travaux quotidiens aux champs ou à la maison sont au cœur de son œuvre figurative. Le mode de vie des minorités de Mindanao est un autre thème apprécié de Nemiranda. La cathédrale d'Edsa est décorée de ses fresques. Petit à petit, il a transformé sa maison en centre d'art, construit uniquement avec des matériaux naturels. C'est à la fois une école, un atelier et un lieu de rendez-vous pour les artistes. Les œuvres sont à vendre. Il y a également un café qui propose quelques plats locaux. L'endroit est calme et agréable. Belle visite.

KAWIT

Kawit, 110 000 habitants, est située dans la province de Cavite, sur la péninsule dans la baie de Manille, au sud-ouest de Manille. La ville a une grande importance historique puisqu'elle a vu naître le héros national, Emilio Aguinaldo. Et surtout c'est ici que le même Aguinaldo a déclaré l'indépendance des Philippines le 12 juin 1898.

Transports

Plusieurs bus effectuent la liaison pour Kawit (autour de 60 PHP, environ 45 minutes, 35 km). Départs fréquents de Parañaque sur Wakas Street. D'autres bus (de 80 à 120 PHP) sont au départ de Taft Avenue ou de Vito Cruz Street, près de Harrison Plaza à Malate.

MAISON D'EMILIO AGUINALDO

Aguinaldo Shrine and Museum

Ouvert du mardi au dimanche de 9h à 16h. Entrée gratuite, donations bienvenues.

Cette maison à l'architecture coloniale espagnole a été transformée en musée. Elle fut construite en 1849 et est le lieu de naissance de ce héros national. C'est de la fenêtre de cette maison que le drapeau philippin fut hissé pour la première fois : ce fut le 12 juin 1898, le jour où fut proclamée l'indépendance des Philippines. Un passage souterrain a récemment été découvert, à l'arrière du jardin. Il devait servir de ralliement au mouvement révolutionnaire.

TAGAYTAY ★

La ville de Tagaytay, située à 65 km de Manille, est la deuxième capitale d'été des métropolitains après Baguio. Du haut de ses 700 m d'altitude, la ville surplombe le célèbre volcan Taal, l'un des plus actifs. Les points de vue sont magnifiques et valent le détour. Le charme de Tagaytay réside dans le panorama qu'elle offre sur le lac Taal, mais les visiteurs de Manille, locaux ou expatriés, apprécient également les températures plus clémentes et sa douceur de vivre. Pas de pollution ou d'encombrements, car il n'y a pas à proprement parler de centre-ville. L'église, la mairie, le marché et les hôtels sont dispersés parmi les champs en fleurs et les plantations de cocotiers.

LAC TAAL ET SON VOLCAN ★

Talisay

Environnemental fee : 100 PHP.

Le volcan Taal se présente sous la forme d'un complexe volcanique composé d'une vaste caldeira de 15 km par 20 km, occupée par le lac Taal. Le lac Taal est la 3e étendue d'eau la plus importante du pays (235 km²). C'est au centre du lac, sur l'île-volcan ou volcan Taal, qu'ont été répertoriées les éruptions historiques. Vulcano Island est constituée d'un cône dont le cratère sommital est, lui aussi, empli par un lac. Il est considéré comme le plus petit volcan actif du monde. En effet, les éruptions les plus puissantes sont à même d'engendrer des tsunamis dévastateurs (1 330 victimes en 1911). L'éruption de 1965 a dévasté 60 km² et tué une centaine de personnes. Une activité éruptive en 1976 et 1977 avec des fumerolles et des projections a généré l'évacuation des populations. Entre 2020 et 2022, le volcan est à nouveau entré en éruption, avec une forte activité sismique, obligeant des milliers de personnes à évacuer et l'aéroport de Manille à suspendre les vols.

En 2023, il réouvre au public et constitue toujours une importante attraction touristique. La balade s'effectue en une journée quand les conditions le permettent. Sur le cratère, une montée d'une heure mène jusqu'au sommet d'où l'on peut admirer le lac intérieur et ses fumerolles. Il est également possible de faire une balade à cheval (500 PHP environ).

S'y rendre. De Tagaytay, prendre une Jeepney (60 PHP, toutes les heures, 20 minutes) ou un tricycle (300 PHP) jusqu'à Talisay, petit village au bord du lac. De Talisay, prendre une banca pour se rendre jusqu'au cratère.

PEOPLE'S PARK IN THE SKY

Calamba Rd

✆ +63 916 232 8427

Entrée 30 PHP.

Le People's Park, qui est l'ancien Palace in the Sky de la famille Marcos, domine le lac Taal et la vue y est magnifique. Ce palais fut construit sous son règne, dans les années 1980. Et pour sa famille, il exige tout le luxe nécessaire : immense salle de réception, piscine, salle de massage... Ce projet est désapprouvé par la population qui se révolte devant cet étalage de richesses. En février 1986, lors du soulèvement contre le dictateur, l'armée s'empare du palais et distribue le mobilier aux habitants. Il ne reste aujourd'hui que des vestiges à l'abandon.

CABINS BY ECO HOTEL €€

Nasugbu Hwy, Silang Junction South

✆ +63 998 918 7257

https://ecohotels.com.ph/cabins/

Chambre double à partir de 4 400 PHP.

Cet hôtel construit en 2015 était à la base un projet pour rendre service aux citoyens et montrer comment il était possible d'utiliser des matériaux recyclés dans la construction. Les chambres qui font un peu penser à des cabines de bateau en bois sont cosy et agréables (les chambres doubles sont tout de même un peu petites vu le prix). Sur le toit-terrasse, un café-restaurant où vous pourrez déguster un bon repas tout en profitant de la superbe vue sur le lac et le volcan, du matin au soir. C'est le gros plus de cet établissement.

NARRA HILL BED & BREAKFAST €€

Laurel, Batangas
✆ +63 46 481 8916
www.narrahill.com/
Chambre double à partir de 5 500 PHP. Petit-déjeuner inclus. Restaurant.

Le Narra Hill est l'un des plus beaux endroits où loger dans la région. Il est d'ailleurs réputé comme lieu de mariage et vu le cadre paradisiaque, ça se comprend. Isolé dans les montagnes, ce pavillon offre 6 chambres *kubos*, inspirées des maisons natives et qui offrent toutes une vue imprenable sur le lac. Jardins luxuriants, cascade, piscines à débordement, bar avec vue… C'est un véritable enchantement de tous les sens, parfait pour déconnecter (oui, pas de wifi ici !).

CLUB BALAI ISABEL HOTEL €€€

Fairways Drive ✆ +63 917 134 0532
www.balaiisabel.com
Chambre double à partir de 5 500 PHP. Petit-déjeuner inclus. Wifi. Offres promotionnelles sur Internet.

Situé sur les berges du lac Taal, voici l'un des complexes hôteliers 3-étoiles les plus populaires et le plus proche du lac Taal. La végétation luxuriante donne l'illusion d'être dans un village bien loin de l'agitation urbaine de Tagaytay, sur les hauteurs. Les animations et activités sont multiples et on trouve même une chapelle sur place. Le week-end, il peut y avoir du monde mais c'est tellement grand qu'on ne s'y sent jamais à l'étroit. Les chambres sont tout à fait confortables et agréables. Peut-être le plus luxueux dans sa catégorie.

TAAL VISTA HOTEL €€€

Km 60, Aguinaldo Highway
✆ +63 46 413 1000
www.taalvistahotel.com
Chambres doubles à partir de 6 400 PHP. Petit-déjeuner inclus. Wifi.

Sur la route nationale, le Taal Vista offre une superbe vue sur le lac et un confort très appréciable. Des spectacles traditionnels y sont fréquemment organisés. Quatre restaurants pour satisfaire même les palais exigeants, des buffets petit-déjeuner réputés et une cuisine fraiche et locale. Les chambres sont confortables, jolies et modernes. Elles jouissent d'une vue incroyable sur le lac ou sur les montagnes. Bref, un endroit relaxant, où l'on se sent bien et qui vaut son prix. C'est sans aucun doute l'un des meilleurs établissements de la région.

ROSARIO (EX JOSEPHINE) €

Km. 58 General E Aguinaldo Highway
Ouvert de 8h à 21h. Compter 400 PHP par personne.

L'ancien restaurant de buffet Josephine, une institution de Tagaytay, est devenu en 2023 Rosario Restaurant, avec toujours la même volonté de faire découvrir la cuisine de la région, avec des produits frais et une ambiance « repas de famille ». On peut y déguster des plats philippins exquis : *shrimpcharon* (crevettes frites marinées au rhum), *kilawing puso ng saging* (mélange de bananes, porc, crevettes) pour pas très cher, en admirant la superbe vue sur le lac et le volcan Taal, soit depuis le restaurant climatisé, soit depuis son magnifique jardin.

SONYA'S GARDEN RESTAURANT €

Barangay Buck Estate, Alfonso
✆ +63 917 703 3442
www.sonyasgarden.com
formule buffet à volonté (midi et soir) : 1 065 PHP. Petit-déjeuner buffet : 950 PHP.

Ce restaurant, un peu caché dans la végétation, est un véritable havre de paix, en plus de servir, sous forme de buffet à volonté, une nourriture délicate et excellente. Il tient son nom du fait qu'ici, les plats sont préparés avec des légumes provenant directement du jardin. C'est délicieux. L'établissement propose aussi des formules Bed & Breakfast avec bien sûr le petit déjeuner et déjeuner ou dîner inclus. Une bonne adresse pour se mettre au vert.

ANTONIO'S €€€

Purok 138 Barangay Neogan
✆ +63 917 899 2866
https://antoniosrestaurant.ph
Ouvert du mardi au dimanche de 11h30 à 13h et de 17h30 à 19h. Réservation impérative. Prix en ligne.

Ce restaurant haut de gamme est une institution, tout ce que Manille compte de beau monde y vient juste pour déjeuner ou dîner dans un cadre enchanteur. L'intérieur est décoré avec goût de mobilier en bois d'inspiration philippine. La terrasse extérieure, très belle, illuminée en fin de journée, offre une magnifique vue sur le lac Taal. En outre, c'est une des meilleures tables du pays, la cuisine d'inspiration européenne est raffinée, à la carte des viandes d'exception (le confit de canard est divin) et un menu qui varie selon l'inspiration du chef.

LOUMARS CAFE

Santa Rosa - Tagaytay Rd
✆ +63 927 003 8093

Ouvert tous les jours de 8h à 22h (minuit le week-end). Tarte à 300 PHP (50 PHP la part).

Sans doute dans le bus du retour essaiera-t-on de vous vendre une *buko pie*, ou tarte à la noix de coco. La plus savoureuse est celle de chez Loumars, réputée pour sa pâte croustillante et sa belle couleur dorée. Disponible partout à la vente à Tagaytay. Une spécialité toute philippine à absolument essayer ! Chez Loumars, on sert aussi des très bonnes tartes aux fruits et également une large sélection de plats philippins. L'endroit est très sympathique, tout en bois de rotin et bambou, ouvert sur la nature. Ambiance conviviale.

MÉMORIAL DE LA GUERRE DU PACIFIQUE

Le mémorial se trouve au centre de l'île et en est le point culminant. Il fut construit en 1968 par les Américains en hommage aux soldats philippins et américains de la Seconde Guerre mondiale. Là-haut, on trouve aussi un petit musée, une sorte de caserne reconstituée qui abrite des souvenirs de guerre. C'est un endroit chargé d'histoire qui intéressera ceux qui souhaitent en apprendre plus sur la période de la Seconde Guerre mondiale aux Philippines.

TAAL LAKE YACHT CLUB

Barrio Sta. Maria ✆ +63 917 1231 403
www.tlyc.com

Ouvert tous les jours de 8h à 17h. Cours de voile dès 350 PHP/heure. Location de bateau dès 2 100 PHP. Détails en ligne.

Situé sur les rives de lac Taal, à 15 minutes de Tagaytay, le Taal Lake Yacht Club est le lieu de rendez-vous des voyageurs de passage. C'est un endroit très agréable où l'on peut camper au calme, prendre un verre au Hobie Bar et manger sur le pouce un sandwich. Mais surtout, les amateurs de voile (ou novices en soif d'apprendre) seront comblés puisque le Taal Lake Yacht Club propose des locations à la journée (notamment vers Volcano Island) ainsi que des cours (canoë, Oz Goose, Hobie Cat…). Possibilité aussi d'excursions en banca ou speedboat au volcan.

TUNNEL DE MALINTA

Il fut le quartier général du gouvernement philippin en exil de Manuel Quezon mais aussi du général MacArthur. Achevé en 1922, le tunnel principal mesure 250 mètres de longueur et 7 mètres de largeur, une vingtaine de tunnels plus petits y sont attachés à gauche et à droite. Il fut ensuite équipé pour servir d'hôpital de guerre souterrain, avec plus de 1 000 lits. Canons et autres installations ainsi que du matériel militaire sont exposés au public. Des visites nocturnes sont possibles, et on propose parfois des spectacles son et lumière.

CORREGIDOR ISLAND

Des agences de voyages organisent des tours pour visiter cette île de 5,5 km², située dans la baie de Manille et qui fut l'un des sites militaires les plus importants d'Asie. L'ancien petit village de la période espagnole, doté d'un phare pour signaler l'entrée dans la baie, devint un point stratégique pour les Américains, qui la transformèrent en île fortifiée. Pendant la Seconde Guerre mondiale, Corregidor constituait un site stratégique de défense contre l'invasion japonaise. Outre ses vestiges de la guerre, « The Rock », comme elle est surnommée, offre de très beaux paysages.

CORREGIDOR FOUNDATION INC.

✆ +63 288 233 281
https://corregidorisland.com.ph/

C'est l'organisation qui s'occupe de gérer Corregidor Island. Si vous souhaitez visiter cette île historique, c'est à eux qu'il faut s'adresser. En effet, il n'est pas possible de se rendre sur Corregidor via un transport public mais seulement via un tour organisé. Sur leur site, on retrouve le panorama de ce que l'île a à offrir en termes d'activités (tour à vélo, visites de monuments, exposition, nature, kayak), de transports (bateaux, tour en tram), etc.

BATANGAS

En dehors des célèbres couteaux de Batangas dont on peut voir des exemplaires au marché, on vient à Batangas, et plus précisément à Anilao, petite cité balnéaire à côté, pour découvrir parmi les plus fameux sites de plongée du pays, une trentaine. Les poissons et coraux y sont nombreux. Il faudra compter entre 1 500 et 7 000 PHP par personne pour deux plongées, selon le nombre de plongeurs, location du matériel en sus. Le week-end, il y a foule et il n'est pas difficile de se joindre à un groupe déjà constitué. Tous les hôtels proposent des sorties plongée, parfois des cours et des baptêmes. Une destination idéale à 2 heures à peine de la capitale.

SOMBRERO

C'est l'un des plus beaux sites de plongée des environs. Sombrero Island tient son nom de la forme de l'île qui fait penser à un chapeau. Les jours de pleine lune, le courant peut y être violent. Mais c'est aussi l'un des meilleurs spots pour la macrophotographie sous-marine car de très nombreux poissons-clowns y ont élu domicile et y évoluent au milieu d'éponges géantes et de coraux et gorgones colorés. Sans oublier les tortues et les raies. Le spot, immense, est accessible aux plongeurs de tous niveaux et même en snorkeling.

BUBBLES ET SECRET BAY

Le site de Bubbles est assez original. Ici, on ne vient pas pour admirer les coraux ou poissons colorés mais plus pour observer un phénomène naturel intéressant, celui de bulles d'air chaudes qui sortent du sol sablonneux. Elles proviennent de l'activité volcanique du sol qui est très chaud par endroits. Le spot est aussi régulièrement visité par des raies, mérous et tortues. Pas très loin, Secret Bay est l'un des incontournables d'Anilao, et abrite des créatures rares et colorées, fascinantes à observer, même lors de plongées nocturnes.

THE CATHEDRAL

C'est un site de plongée connu de la réserve marine d'Anilao. La particularité de ce site de plongée est qu'une grande croix (bénie par le pape Jean-Paul II) y a été installée en 1983 à la demande du président Ramos, elle est lovée entre deux gros rochers, ce qui peut faire penser à une cathédrale. Les coraux, gorgones et poissons y sont nombreux : pour cause, les plongeurs peuvent y pratiquer le *fishfeeding*, c'est-à-dire nourrir les poissons. Le site est accessible aux plongeurs débutants et il est même possible d'y faire des plongées de nuit.

LUZON

MABINI SHRINE (MÉMORIAL MABINI)

Mabini avenue

Ouvert de 8h à 16h30. Fermé le lundi. Entrée libre.

Il s'agit d'une réplique de la maison d'Apolinario Mabini, l'un des leaders intellectuels de la révolution philippine de 1898. Pendant l'occupation américaine, cette maison devint le quartier général intellectuel de la première République philippine. Vous pouvez visiter cette réplique faite de bambous et de nipas, maison typique de la classe moyenne pendant cette période. Dans le musée adjacent, vous découvrirez des biens personnels et des écrits de Mabini.

RUSTIQUE RUE €

Sitio Balitian Bagalangit

✆ +63 961 402 3440

https://rustiquerue.com/

Lit en dortoir à partir de 700 PHP. Petit-déjeuner inclus.

Une auberge de jeunesse qui s'adresse aux petits budgets (chose rare dans le paysage hôtelier d'Anilao). Comme son nom l'indique, rien de très luxueux. Les dortoirs ou chambres sont installés dans des huttes en bambou qui se marient parfaitement avec leur environnement naturel. C'est rustique mais tout à fait charmant. Il y a des sites de plongée à cinq minutes à pied. Le jardin, la terrasse et le bar-restaurant sont très agréables. Tout est fait pour que les voyageurs échangent entre eux. Le personnel vous fera vous sentir comme chez vous.

ANILAO AWARI BAY €€€

Brgy. Solo, Anilao Mabini
✆ +63 917 720 3915
www.anilaoawaribay.com
Chambre double à partir de 6 600 PHP. Petit-déjeuner inclus. Tarifs en ligne.

Inauguré en 2014, l'établissement le plus luxueux du coin dispose d'excellentes installations avec une multitude d'activités, une belle piscine compensant l'absence d'une vraie plage, du kayak et des sorties plongée bien sûr. Pour les chambres, il y en a pour tous les goûts : de la superbe chambre moderne et confortable avec vue sur la baie, aux suites familiales, il est même possible de passer la nuit dans des petites maisons typiques Ifugao en bois, pour celles et ceux qui cherchent quelque chose de plus original. À vous de choisir.

AQUAVENTURE REEF CLUB €€€

Sitio Looc, Barangay Bagalangit
✆ +63 919 999 0416
https://aqua-venture.com/
Chambres doubles à partir de 7 800 PHP. Petit-déjeuner inclus.

L'Aquaventure Reef a été intégralement rénové en 2019, des espaces extérieurs (piscine, accès à la plage, terrasse) aux commodités intérieures (chambres et restaurant), tout a été repensé. Les chambres sont mignonnes avec un petit côté ryokan japonais, la literie est confortable. Très bien placé, l'Aquaventure Reef se trouve à proximité des plus beaux sites de plongée et sera donc un excellent point de chute pour les voyageurs qui viennent pour cette raison. Un restaurant-buffet est proposé tous les jours. Une chose n'a pas changé : le superbe coucher du soleil.

VILLA ESCUDERO

La Villa Escuador est une célèbre *hacienda* consacrée à la culture du riz et aux plantations de cocotiers. Ce domaine agricole de 8 km² abrite aujourd'hui l'un des hôtels 5 étoiles les plus anciens et les plus réputés de tout l'archipel. Il se situe à une dizaine de kilomètres au sud de San Pablo (Laguna) et à 2h30 de Manille (bus jusqu'à Lucena 150 PHP puis tricycle 20 PHP).

Tourisme

Visites guidées à la journée (1 800 PHP) incluant les attractions principales comme le musée, les radeaux et le lunch au restaurant de la cascade. Il est possible de réserver sur le site internet du resort (conseillé surtout en week-end).

VILLA ESCUDERO PLANTATIONS & RESORTS

Km 91, Tiaong, Quezon
✆ +63 2523 0392
http://villaescudero.com/
Chambres doubles à partir de 10 400 PHP. Repas inclus.

C'est l'un des plus anciens et populaires resorts du pays. En plus d'y séjourner on peut aussi venir à la journée pour visiter cet étrange musée qui ressemble à une église rose et qui abrite une énorme collection d'antiquités, voguer sur la rivière sur des radeaux en bambou, faire du vélo ou profiter de la piscine. Il ne faut pas manquer le lunch au Labasin, le restaurant où l'on mange un traditionnel *boodle fight* philippin, les pieds dans l'eau au bord d'une magnifique cascade.

LOS BAÑOS

Situé à 63 km de Manille, Los Baños est renommée pour ses sources d'eau chaude où il est possible de se baigner au pied du mont Makiling, un volcan inactif entouré d'une aura mystique. De nombreux hôtels bordent la route, chacun proposant ses *hot springs*. On pourra y passer quelques heures au retour d'une excursion au lac Taal ou aux chutes Pagsanjan par exemple.

Transports

À Manille au départ de Gil Puyat Avenue (Buendia avenue), prendre un bus pour Santa Cruz et descendre à Los Baños. Départs toutes les 15 minutes de 3h30 à 22h (environ 3 heures de trajet pour 150 P).

MONT MAKILING ★

Entrée à 10 PHP. Guides sur place.

Ce volcan endormi, haut de 1 000 mètres, abrite plus de 2 000 espèces de plantes et est idéal pour les trekkings (4-5 heures pour atteindre l'un des sommets). Il est également sacré aux yeux des Philippins en raison des nombreuses légendes mystiques qui l'entourent à commencer par celle de son nom. C'est ici que vivrait Maria Makiling, la *diwata* (fée) la plus célèbre de la mythologie philippine. Esprit de la nature, on l'invoque lors de catastrophes naturelles. Et si un randonneur disparait par exemple, on dit que c'est elle qui, tombée amoureuse, l'a emmené...

CITY OF SPRINGS & SPLASH MOUNTAIN RESORTS €€

147 N. Villegas Street ✆ +63 49 536 0731
www.splashmountain.com
Chambres doubles à partir de 2 200 PHP. Petit-déjeuner inclus. Entrée à la journée à partir de 80 PHP.

Il s'agit en fait de deux resorts : Splash Mountain (comprenant Splash Hotek, Oasis Hotel et The Suites Hotel) et City of Springs, 1 km plus loin. Tous deux sont situés au pied du mont Makiling. On y vient pour se prélasser dans les eaux thermales et jouir d'un environnement accueillant et convivial. Toutes sortes de chambres (un peu vieillottes) sont disponibles, certaines avec une très jolie vue sur le lac. Il n'est pas nécessaire d'y passer la nuit : on peut juste venir en journée.

PAGSANJAN

Pagsanjan est situé à 92 km au sud-est de Manille. Les chutes de Pagsanjan, également appelées chutes de Magdapio ou encore Cavinti (du nom du village d'où part le sentier de randonnée), constituent l'attraction principale du village et de ses environs. C'est dans ce paysage paradisiaque qu'a été tourné *Apocalypse Now* (ou du moins des scènes finales), le film mythique de Francis Ford Coppola sur la guerre du Viet Nam.

Transports

Prendre un bus du terminal de Cubao ou de Senator Gil Puyat Avenue à Buendia pour Santa Cruz (de 2 à 3 heures de trajet) puis une Jeepney ou un tricycle (20 minutes).

CASA MARINA BED & BREAKFAST €€

Km 92 General Taino Street National Highway
✆ +63 49 253 5034
www.casamarinabnb.com/
Chambre double à partir de 4 300 PHP. Petit-déjeuner inclus.

Ce ravissant Bed & Breakfast est situé le long de la rivière Pagsanjan, dans un cadre paisible, propice à la détente. Les chambres sont joliment décorées, elles sont accueillantes et la literie est confortable... En résumé, on est certains d'y passer une bonne nuit. Le petit-déjeuner est un vrai régal, servi au bord de la rivière. La petite touche en plus : les charmants propriétaires sont de véritables mélomanes, il y a toujours une douce mélodie dans les airs.

CHUTES DE PAGSANJAN ★

Pagsanjan
270 PHP pour le canyoning, 1 200 PHP pour le banca. Ouvert de 7h à 15h.

On les appelle communément les chutes de Pagsanjan, du nom du village en aval mais elles sont aussi localement connues sous le nom de Magdapio. Selon vos envies, aptitudes et budget, plusieurs options sont envisageables pour découvrir ces incroyables chutes, parmi les plus célèbres des Philippines. L'option la plus commune est la remontée des rapides en banca (la pirogue philippine) depuis le village jusqu'à atteindre la cascade principale où l'eau tombe de 120 mètres de haut (c'est l'équivalent d'un immeuble de 40 étages !). Les *boatmen* vous font remonter la rivière en poussant la barque à travers les rapides avec une agilité hors du commun. Au bout d'une heure, une heure et demie, on parvient à la grande cascade. Impressionnante. Et derrière celle-ci : la grotte du Diable et une grande piscine naturelle. Un supplément d'environ 100 PHP est alors demandé pour avoir le privilège de passer sous la cascade en pirogue. Ne pas manquer cette expérience amusante, il est même possible d'y prendre un bain (rafraichissant !). Un pourboire aux *boatmen/guides* est plus que bienvenu. Attention cependant, la remontée n'est pas praticable à toutes les saisons – s'il y a peu ou trop d'eau, les bateaux ne passent pas et il est impossible de parvenir jusqu'à la grande cascade. L'autre option moins chère mais plus sportive est d'y aller à pied avec un guide et un équipement de sécurité. Attention il y a un rappel vertical pendant 20 minutes.

▶ **Conseil futé** : on recommande de faire la visite en semaine et tôt le matin pour éviter la foule.

CALLE ARCO €

Route nationale
✆ +63 49 501 4584
Ouvert tous les jours de 10h à 22h. Plats entre 150 à 300 PHP.

C'est dans une ancienne maison rénovée, à la décoration soignée, authentique et personnelle, que la Calle Arco a posé ses valises. Voici un très bon restaurant qui propose essentiellement une cuisine philippine traditionnelle et quelques plats *western*. On recommande volontiers le *sinigang na baka na may langka*, une soupe de bœuf au tamarin. L'endroit est très apprécié des familles locales qui aiment venir profiter de la grande terrasse du restaurant (souvent bien remplie du coup... mais c'est bon signe !). Un bon rapport qualité-prix.

NAGA

La ville de Naga est située à 380 kilomètres au sud de Manille et à 100 kilomètres au nord de Legaspi City. Cette ville de 210 000 habitants tient son nom du narra, un arbre qui couvrait les environs quand les Espagnols découvrirent la ville en 1573. Elle s'est imposée comme centre religieux, administratif et économique de la région de Bicol. C'est aussi un centre universitaire réputé, qui confère à la ville une ambiance animée. Enfin, la ville de Naga est mondialement connue pour accueillir le plus grand pèlerinage consacré à la Vierge-Marie d'Asie du Sud-Est. En septembre, des milliers de pèlerins défilent jusqu'au sanctuaire Penafrancia, les festivités durent deux semaines (inutile de préciser que si l'on souhaite se rendre à Naga durant cette période, il faut s'y prendre à l'avance).

Transports

- **Avion.** L'aéroport est situé à Pili, 15 km au sud de Naga. Vols réguliers de/vers Manille. Le vol dure 45 minutes. Pour rejoindre le centre-ville en taxi, comptez 350 PHP.
- **Bus.** De/vers Manille, environ 8 heures. Départs très réguliers de EDSA Cubao à Manille. De nombreuses compagnies de bus assurent cette liaison (700 PHP).
De/vers les destinations régionales, des vans et des Jeepneys assurent les différents trajets. 180 PHP pour Tabaco (2h de route), 130 PHP pour Daraga (2h), 150 PHP pour Legazpi (2h).

PARC NATIONAL DE CARAMOAN ★★

Caramoan National Park

Le parc national des îles Caramoan, est niché dans la péninsule du même nom au nord-est de Naga. C'est l'un des endroits les plus sauvages de toutes les Philippines. Ses falaises de calcaire qui plongent dans la mer, sa végétation sauvage, ses plages de sable blanc et ses eaux turquoise ont un air d'El Nido et Coron dans le nord de Palawan. En résumé : sublime. Caramoan, si le nom vous dit quelque chose, c'est peut-être parce que le tournage de *Koh Lanta* y était passé en 2008 et y est revenu plus récemment en 2023 pour la 24e édition de l'émission culte. Entre les deux, de nombreuses versions du *Survivor* nord-américain s'y sont également déroulées. Et Caramoan est en quelque sorte un peu devenu le « paradis » de la télé-réalité. Toutefois, il existe encore de belles opportunités pour les aventuriers, notamment autour de Caramoan et de Paniman. Les îles les plus belles sont : Lahuy, Matukad, Pitogo, Sabitang Laya, Minalahos, Lahus, Hunongan, Gota, Cotivas et Tinago.

- **Activités.** Il y en a pour tous les goûts, du traditionnel *island hopping* pour explorer les îles en bateau, à la plongée en passant par les nombreuses grottes et plages à explorer.
- **S'y rendre.** Depuis peu, on se rend au parc national de Caramoan directement par voie terrestre. Depuis Naga : en bus direct (5h, 260 PHP) ou van jusque Sabang Port (1h30, 150 PHP) puis bateau jusqu'au port de Guijalo (2h, départs de 6h à 11h, 120 PHP). Ensuite, tricycle jusqu'à Caramoan (30 minutes, 120 PHP).

MONT IRIGA ET LAC BUHI ★

Iriga City

Le mont Iriga, aussi connu sous le nom de mont Asog, est un volcan actif (enfin, il dort depuis 1642 !) de 1 200 mètres d'altitude. Les flancs du volcan Iriga sont recouverts d'une végétation luxuriante très dense. Sur sa partie est, le lac Buhi, dont la formation est issue de la dernière éruption du volcan, trône fièrement. Ce petit lac est connu pour abriter le tabius, endémique aux Philippines, c'est le plus petit poisson alimentaire commercialisé au monde (3 millimètres !). Il est utilisé dans la préparation de mets raffinés.

NAGA LAND HOTEL €

61 Elias Angeles St
✆ +63 54 473 2111
www.thenagalandhotel.com
Chambres doubles à partir de 1 400 PHP.

Pour un prix raisonnable, cet hôtel offre un éventail complet de services avec des chambres très spacieuses pour la plupart. Il est facilement accessible depuis l'aéroport avec une navette et est situé en plein centre de Naga (attention à la circulation et au bruit) donc de nombreux restaurants, une épicerie et un centre commercial sont situés à proximité. Un café-restaurant ainsi qu'un petit-déjeuner sont disponibles sur place. Aussi possibilité de massage. C'est un rapport qualité-prix correct, pour un établissement 3-étoiles.

VILLA CACERES €€

Magsaysay Avenue
✆ +6354 473 6530
www.villacacereshotel-naga.com
Chambres doubles à partir de 4 000 PHP. Petit-déjeuner inclus. Wifi.

Il s'agit très probablement de l'un des meilleurs hôtels de la ville de Naga. Il y a une piscine, une salle de gym et un spa. Les cinquante chambres sont dans un style un peu ancien, mais bien élégantes et confortables : écran plat, air conditionné, accès Wifi... Les suites, quant à elles, se parent d'un salon, d'un bain bouillonnant et d'une baignoire dans la salle de bains. Il y une grande piscine à l'extérieur et un restaurant où sont servis des repas sous forme de buffet. Le personnel est accueillant. Et bon emplacement.

LEGAZPI

Située dans la région de Bicol, à environ 550 km de Manille, cette ville de 210 000 habitants, blottie au pied du volcan Mayon, a un charme tout à fait particulier. Entre plaines, volcan, palmiers, côtes et plages, la star du paysage est sans aucun doute le majestueux volcan Mayon. Legazpi est la destination idéale pour ceux qui veulent vivre au rythme des Philippines authentiques, loin des sites touristiques.

Parcourir en tricycle ou en voiture les abords du volcan, s'arrêter à un sari-sari le long de la route, goûter à la street-food (*banana fried*, *puto*), ou encore profiter de l'absence des touristes pour faire plus ample connaissance avec les locaux. Ici, même dans le brouhaha du centre-ville, la vie semble plus calme, au pied du plus haut volcan des Philippines, somnolant. Legazpi ravira les amateurs de nature et de treks et ceux qui ont du temps pour s'écarter des circuits touristiques.

Se restaurer

Les spécialités culinaires de la région de Bicol sont en général très épicées, par comparaison avec celles des autres régions de l'archipel, peut-être à cause de l'influence des immigrants indiens qui y résident. Le célèbre *bicol express*, tiré du nom du train qui effectuait la liaison de Bicol à Manille, n'est autre qu'un petit piment qui accompagne presque tous les plats. A savoir : la rapidité du piment à brûler la langue est bien supérieure à celle du train ! Le lait de coco est utilisé à toutes les sauces. Les *pili nuts* sont des friandises originaires de la région, faites à base de noix de cajou. Les *tabius* sont les plus petits poissons comestibles du monde, dégustés séchés, frits ou en assaisonnement. On les pêche uniquement dans la région de Bicol.

Tourisme

La région vaut surtout pour l'ascension du mont Mayon et la découverte des requins-baleines à Donsol. Si vous avez toutefois un peu plus de temps, nous citons quelques autres sites au-delà de Legazpi.

- **A Legazpi même,** vous pouvez jeter un coup d'œil à la Liberty Bell dans le parc de Peñaranda. C'est le symbole de la libération de l'oppression japonaise, construite par les Américains en 1945. Le monument sans tête, situé devant la poste, est dédié aux héros inconnus morts pendant l'occupation japonaise. C'est une donation de don Buenaventura de Erquiaga, un philanthrope espagnol.

Transports

- **De/vers Manille :** vols quotidiens vers Bicol international Airport (1h, 3 000 PHP). Autre moyen, le bus de nuit, 13 heures, départ de Manille à 16h (autres horaires disponibles).
- **De l'aéroport à Legazpi** : taxi ou Grab (350 PHP), tricycle (120 PHP).
- **En ville :** en tricycle ou en jeepney (11 PHP).

La ville aujourd'hui

Son petit port dans le golfe d'Albay, où fourmillent les bateaux de pêche et ceux qui exportent le coprah, servit de point d'ancrage aux bateaux venant du Mexique, au XVIe siècle. Les activités principales sont tournées vers la mer et l'agriculture. L'artisanat est très riche. Les usines de fibres végétales se trouvent dans la banlieue. Legazpi est aussi le centre de l'artisanat d'abaca, un arbre qui ressemble au bananier, avec lequel on réalise des accessoires, des textiles, des chemises et aussi des meubles.

Par ailleurs, en novembre 2006, la ville a été sérieusement touchée par le typhon Durian, qui entraîna des inondations et des coulées de boue (*lahar*) dévastatrices du volcan Mayon, entré en éruption mineure quelques mois auparavant. Plus de 1 000 personnes sont décédées. Aujourd'hui, le volcan est bien mieux surveillé et les consignes d'évacuation ont été renforcées, ce genre de drame ne peut plus arriver.

CASCADES DE BUSAY [MALILIPOT] ★

Malilipot

Entrée à partir de 10 PHP.

Un très beau site situé à 20 km au nord de Legazpi, dans la municipalité de Malilipot. La cascade de Busay est en réalité multiple puisqu'on ne compte pas moins de sept chutes pour un total de 243 mètres. La plus grande mesure 91 mètres, et elles se jettent en escalier dans des petits bassins d'eau. Sur place, un parking et des aires de pique-nique, l'endroit est très prisé des locaux les week-ends. Si l'eau est assez froide, il est quand même agréable de s'y baigner.

FARMPLATE

FarmPlate, Daraga

✆ +63 920 923 5273

Ouvert tous les jours de 8h à 21h (22h le week-end). Entrée 85 PHP, enfants 60 PHP.

Ce serait l'un des endroits les plus « heureux » de Bicol, et c'est vrai que cet éco-lieu est très apprécié des habitants. Dans les hauteurs de Daraga, FarmPlate est une sorte de grand parc récréatif, où l'on trouve des tables de pique-nique, une petite ferme, une jolie chapelle et même quelques roulottes qui proposent des en-cas et des boissons. Il faut venir en fin d'après-midi, un jour de beau temps. Le coucher du soleil sur le volcan Mayon, sur cette plaine entourée de palmiers, les guirlandes qui s'illuminent... : il y règne un peu une ambiance californienne.

CHUTES D'EAU DE MALINAO [VERA FALLS] ★

Malinao

Ces superbes chutes d'eau sont situées à environ 1 heure de route de Legazpi, dans la localité de Malinao, au pied du mont Malinao. La cascade principale haute de 25 mètres est de toute beauté, tout comme ses mini-chutes d'eau qui en découlent. L'eau du bassin, profond d'environ 2 mètres, est assez rafraichissante mais agréable pour une courte baignade. L'endroit est toujours très paisible bien que ce soit l'un des plus beaux spots de la région d'Albay.

GROTTE DE HOYOP-HOYOPAN ★

Baranguay Cotmon

300 PHP pour le guide et les lampes torches. Tour environ 30 minutes.

Cette grotte est grande, très sombre évidemment et certains passages sont assez étroits. Il y a des alcôves dans les parois dans lesquelles sont nichées des centaines de chauves-souris, des immenses stalactites et stalagmites, c'est fascinant de pouvoir explorer un tel endroit (sur trois étages quand même !) dans un cadre aussi isolé (il y a rarement foule de touristes ici). On traverse des sources d'eau sur des petits ponts. D'autant plus impressionnant quand on sait que cette grotte était jadis sous les eaux de la mer. Claustrophobes, s'abstenir.

ÉGLISE DE DARAGA

Daraga Church

Cette église résulte d'un mélange d'architectures romane et baroque. Elle fut construite en 1773 avec des pierres volcaniques par des missionnaires franciscains. Du haut de la colline, elle domine Daraga. Son impressionnante façade en roche volcanique est recouverte d'inestimables sculptures religieuses et était à l'origine totalement noire. Pour s'y rendre, on peut prendre l'une des nombreuses Jeepney en provenance de Legazpi. Du parking, on profite d'une très belle vue dégagée sur le volcan Mayon et ses alentours. Visite rapide mais intéressante.

LEGAZPI BOULEVARD

Legazpi Boulevard

Le « Boulevard », comme on l'appelle à Legazpi, est en fait le front de mer de la ville. Il y a une promenade pour s'y balader et plusieurs restaurants et bars. C'est plus sympa et animé en fin de journée ou en soirée que durant la journée. Quand la vue est dégagée, c'est du Boulevard que l'on a la célèbre vue de carte postale sur Legazpi, la mer et le volcan Mayon en fond. Au début du Boulevard, le Victory Village, un village de pêcheurs qui squattent des terres publiques sans autorisation, attise la curiosité de certains voyageurs qui vont le visiter...

MUSEO DE LEGAZPI

Legazpi City Hall, Rizal Avenue

Ouvert du lundi au vendredi de 9h à 17h. Gratuit.

Ouvert en 2019, le musée de la ville de Legazpi est le seul musée de la région de Bicol. Malgré son jeune âge, ce n'est pas le plus moderne des musées, avec ses grands panneaux jaunes (il est même ringard, disons-le) mais les informations sont claires et intéressantes. La visite se fait assez rapidement, en 1 heure, et est parfaite pour en apprendre davantage sur l'histoire de la ville en développant les grandes ères (époques pré-coloniale, espagnole, japonaise, américaine, la visite du pape Jean-Paul II, etc.). Intéressant pour un après-midi pluvieux par exemple.

RUINES DE CAGSAWA

Cagsawa

Parking à l'entrée. Entrée 30 PHP.

Cagsawa est l'un des meilleurs endroits pour admirer le volcan Mayon. Les ruines de cette église baroque du XVIe siècle rappellent la plus grosse éruption du volcan, survenue le 1er février 1814, faisant 1 200 morts. Elle a détruit les villages de Cagsawa, de Camalig et de Budiao, les recouvrant d'une épaisse couche de cendre et de lave, emportant tout sur son passage. Beaucoup de boutiques souvenirs qui entourent le site et le dénaturent un peu et les ruines ne sont pas très bien conservées. Toutefois cela reste un lieu d'histoire rare et intéressant.

PLAGE DE PUTSAN ★

Tiwi

© ERICK BELEN - SHUTTERSTOCK.COM

Située à Tiwi, à un peu plus d'une heure de Legazpi, la plage de Putsan est à l'origine de l'industrie de céramiques et de poteries de la région de Bicol encore en activité actuellement. Cette plage est effectivement constituée de sables volcaniques, utilisés pour fabriquer de l'argile rouge et contrastant avec les plages de sable blanc. D'ailleurs, rendez-vous au centre PhilCeramics de Putsan où vous pourrez observer les potiers en activité et pourquoi pas acheter quelques céramiques. Une excursion agréable si vous rayonnez dans la région.

SOLONG ECO-PARK

Camalig

Ouvert tous les jours. Entrée 40 PHP.

Situé à une quinzaine de kilomètres de Legazpi, à Camalig, Solong Eco-Park a ouvert au public en 2017. L'endroit est idéal pour les familles ou les amoureux de la nature et sportifs (mais c'est aussi un endroit très calme et relaxant). On y vient pour découvrir les plaisirs de la spéléologie dans la grotte Crystal par exemple. Et surtout on monte au sommet de la Solong Hill pour profiter d'une vue incroyable sur le volcan Mayon mais surtout sur les Quitinday Hills, des collines bossues et couvertes de verdure... comme les célèbres Chocolate Hills de Bohol.

BICOL BEYOND

P&B Residences Building, Block 3 Lot 6

✆ +63 917 882 0042

https://bicolbeyond.com/

Une agence de voyage locale et sérieuse pour vous aider à organiser toutes vos excursions dans les environs de Legazpi et dans la région de Bicol. Ils proposent des expéditions à la journée comme un trek au volcan Mayon (quand la météo le permet) ou une visite de Legazpi ainsi que des formules sur plusieurs jours pour aller voir les requins-baleines à Donsol, plonger à Ticao ou explorer les îles Caramoan. Les tarifs sont dégressifs en fonction du nombre de personnes et ils sont assez réactifs par email. Pensez à vous y prendre à l'avance.

LUZON

GRAND CENTRAL TERMINAL

En face du SM City

Gare de minibus située en face de l'immense centre commercial SM City. Les vans desservent les villes de la région de Bicol (Naga, Donsol, Pilar, Tabaco…) et partent quand ils sont remplis (environ 12-15 personnes). On peut parfois attendre longtemps, ça fait partie de l'expérience. Quoi qu'il en soit, n'hésitez pas à vous annoncer à n'importe quel chauffeur du terminal et à lui dire où vous allez, parfois un bus allant dans une autre ville passera par votre destination. Compter par exemple environ 1h30 de Legazpi à Donsol (120 PHP).

CASITA AURORA B&B €€

Doña Aurora Street

✆ +63 926 189 8092

4 chambres. Chambre double 2 750 PHP. Wifi. Petit-déjeuner.

Cette *casita* aux allures d'ancienne demeure coloniale est une réelle oasis de calme au cœur de Legazpi. Décorée avec goût et une foule de touches personnelles (comme les tableaux de l'hôte elle-même), et ouverte sur l'extérieur, on s'y sent à la fois bien comme à la maison et déconnecté comme en vacances. Le petit-déjeuner est fait maison avec des produits frais, il est délicieux. C'est un super point de chute pour rayonner dans la région de Bicol dont les hôtes adorables, Elizabeth et Martin, parlent avec beaucoup de passion. On recommande !

JDL RESIDENCES HOSTEL €

Saint Paul Street, Along 5th Street

✆ +63 942 099 5530

Lit en dortoir à partir de 470 PHP, chambre double à partir de 950 PHP. Sdb commune.

Une adresse hautement recommandée, surtout pour les voyageurs solo ou backpackers. L'endroit est simple, les chambres sont tout à fait sommaires et rudimentaires, tout comme les sanitaires (cela dit, ils sont propres). Mais la résidence a un atout majeur : son toit-terrasse sur lequel vous pourrez prendre votre petit-déjeuner, rencontrer les autres voyageurs et duquel surtout vous aurez une vue grandiose sur le superbe volcan Mayon, et ça, ça n'a pas de prix. Le personnel est très sympathique et vous aidera à passer un bon séjour dans la région.

HOTEL VENEZIA €€

Renaissance Garden, F. Aquende Dr

✆ +63 977 814 7375

www.hotelvenezia.com.ph

Chambres doubles à partir de 2 600 PHP. Petit-déjeuner inclus. Wifi.

Un très bon hôtel-boutique de 40 chambres, situé dans une sorte de lotissement au calme et à proximité de l'aéroport. L'ensemble est élégant et distingué quoique peut-être un peu démodé. Le confort est tout à fait acceptable. Certaines chambres disposent d'une véranda avec une vue sur le majestueux volcan Mayon. On y trouve également une piscine et un grand restaurant dans lequel le matin on sert un petit-déjeuner sous forme de buffet. Le personnel est aux petits soins. Un très bon rapport qualité-prix pour cet hôtel 3-étoiles.

LEGAZPI TOURIST INN €

Cor. Quezon Avenue, Lapu-Lapu St.

✆ +63 927 354 7118

Chambre double (avec ventilateur) à partir de 800 PHP, avec climatisation à partir de 1 700 PHP (petit-déjeuner inclus).

Un petit hôtel sans prétention proposant des lits en dortoir ou des chambres (avec ou sans climatisation). Elles sont propres et confortables, avec télévision et wifi. Aucune fioriture au niveau de l'ambiance, de la décoration ou des prestations, mais juste un endroit simple où passer une nuit ou deux sans se ruiner. L'hôtel jouit d'une position très centrale dans la ville, et vous donne donc un accès rapide à des restaurants ou autres lieux. C'est un rapport qualité-prix très honnête. Il y a également un café et un lobby agréable.

THE MARISON HOTEL €€

Corner Imelda Roces Ave

www.themarisonhotel.com

Chambre double à partir de 5 200 PHP.

Ouvert en 2019, le Marison Hotel, avec sa belle façade éclairée et incurvée à l'angle de la rue, n'est « que » un 3-étoiles mais il a l'ambition des plus grands. Et le pari est réussi puisque effectivement les prestations proposées sont au-delà des attentes d'un 3-étoiles : un personnel charmant, poli et disponible, des chambres confortables au design contemporain (un peu impersonnel aussi c'est vrai), certaines offrant une vue sur le volcan, un petit-déjeuner très bon, un restaurant et même une petite piscine. Bref, tout est réuni pour passer un bon séjour.

BOKLAN FOOD CENTER €

66 Elizondo Street
✆ +63 52 8202 743
https://boklan.com/
Ouvert tous les jours de 8h30 à 20h30. Plat environ 220 PHP.

Même si c'est difficile à croire en voyant sa devanture défraichie jaune et verte, entre le fast-food et le supermarché, ce restaurant est l'une des institutions de la ville depuis 1993 ! Et rien ne semble avoir changé ici, dans la décoration ou dans l'assiette, depuis 30 ans, pour le plus grand bonheur des habitants nostalgiques et des voyageurs de passage. Il est réputé pour sa cuisine chinoise et philippine dont ses délicieux *pancits*, les meilleures nouilles de la région ou encore son lapu-lapu aigre doux, un plat traditionnel chinois de poisson.

RED LABUYO RESTAURANT €

Sta. Maria Street
✆ +63 926 408 2535
Ouvert tous les jours de 10h à 21h30. Plats environ 280 PHP. Boissons entre 70 et 200 PHP. Réservation conseillée.

Situé à côté de l'église de Daraga, le Red Labuyo propose une nourriture d'inspiration internationale (pâtes, frites, salades…), rien de révolutionnaire dans l'assiette qui peut toutefois être bien exécutée. Le personnel est accueillant. Mais alors, le plus de ce restaurant ? C'est surtout pour son cadre unique que l'on recommande cet endroit : le toit-terrasse offre assurément l'une des plus belles vues de Legazpi sur le volcan Mayon, y siroter un verre ou même prendre un repas en fin de journée vous promet un moment très agréable.

CHEF IAN'S CAFÉ €

Barangay Bantayan, Tabaco City
✆ +63 920 229 9508
Ouvert du mercredi au dimanche de 11h à 19h. Plats environ 350 PHP.

Une adresse bien secrète que l'on est fière de vous faire découvrir ! Derrière une façade grillagée qui ne paie pas de mine, dans une ruelle à l'écart de la route (on l'a dit, c'est caché !), un joli patio et un café à la décoration un peu bohème-chic. C'est surtout pour la cuisine du chef Ian que l'on vient : des pâtes (les pennes gratinées tomate, fromage et pesto sont exquises) et des spécialités plus locales, cuisinées à la perfection par cet ancien chef d'un restaurant d'hôtel étoilé à Manille qui a tout quitté pendant le Covid pour venir ici. On adore !

SMALL TALK CAFÉ €

15 Doña Aurora St
✆ +63 917 624 9279
Ouvert tous les jours de 11h à 20h (21h le week-end). Plat environ 300 PHP.

Réputé auprès des touristes et des locaux comme l'un des meilleurs restaurants de la ville, Small Talk Café existe depuis 1999. On y sert une cuisine variée avec des spécialités locales de Bicol et des plats internationaux, le choix est vaste. De l'entrée au dessert, les prix sont raisonnables, l'attente peut parfois être un peu longue mais ce n'est pas ce qu'on retient. Le personnel est aimable et attentif et la décoration qui mixe mobilier en bois et murs colorés est chaleureuse. Il y a des options végétariennes, ce qui est toujours appréciable aux Philippines.

LAKSHMI FOOD HOUSE €

Tandang Sora St
De 11h à 20h du lundi au samedi. Environ 150 PHP/personne.

Voici un restaurant végétarien et végan (assez rare à Legazpi). Situé dans un ancien garage et ouvert sur la rue, c'est vrai qu'il ne paie pas de mine et pourtant ! Voici une adresse familiale qui sert une nourriture excellente et des classiques de la cuisine philippine revisités en version végétarienne et ça, ça n'arrive pas tous les jours donc il faut en profiter ! Le *sizzling sisig* est bluffant (normalement un plat typique à base de porc) et convainc même les carnivores. Burger délicieux aussi. Adresse trop sympa et prix plus que raisonnables !

ZOE'S KITCHEN €

Legazpi Boulevard, Puro
✆ +63 917 887 7911
Plat entre 140 et 500 PHP.

Zoe's Kitchen est idéalement situé sur le fameux Boulevard. Ce restaurant, qui nous a été recommandé par des locaux (on ne se serait probablement pas retourné devant sinon), sert une cuisine plutôt internationale un peu revisitée à la sauce philippine comme pour les *sisig pasta*. On trouve un peu de tout : viandes, poissons, burgers, pizzas (plutôt bonnes), pâtes, quesadillas mexicaines, etc. Le restaurant possède une terrasse au deuxième étage de laquelle on a une jolie vue sur le front de mer : y aller à midi ou en fin de journée pour en profiter.

BLACK SCOOP CAFÉ

574 Rizal St
https://black-scoop-cafe.edan.io/
Ouvert tous les jours de 9h à 23h. Environ 150 PHP la boisson.

Situé sur la route principale, Black Scoop Café est une adresse sympathique et moderne où l'on croise la jeunesse de Legazpi à la sortie de l'école puisque les adolescents viennent s'attabler ici avec un bubble tea ou un milkshake. Soit ils se détendent soit ils font leurs devoirs, dans une ambiance décontractée. Il y a un grand choix de cafés (qui est très bon, d'ailleurs) et de boissons plus originales et gourmandes (cafés frappés, milkshakes, etc.). En cas de petit creux, il y a divers gâteaux, et les cookies sont très bons.

QUENTO

219 Lakandula Dr ✆ +63 999 157 4693
Ouvert tous les jours de 17h à 1h. Entrée payante les soirs de concert live (100 PHP). Terrasse. Boissons dès 85 PHP.

Bar assez grand, à l'atmosphère un peu lounge. Il se remplit doucement à partir de 18h, même en semaine. L'ambiance y est très conviviale, les jeunes de Legazpi s'y retrouvent pour boire un verre entre amis tout en écoutant un concert live. Choix des bières habituelles, cocktails, et quelques plats à partager. Le staff est très sympathique. Le plus : la terrasse en hauteur. Mention spéciale pour les cacahuètes grillées données pour grignoter : elles rappellent celles des vendeurs de street-food de Manille et sont délicieuses.

MARCHÉ DE DARAGA

General Luna
Ouvert tous les jours toute la journée.

Véritable bazar asiatique couvert dans lequel on trouve de tout ! Se faufiler dans ses allées exiguës est une expérience de tous les sens, entre les odeurs de poissons, les poulets qu'on découpe, les étals gourmands de fruits exotiques, et le brouhaha ambiant. Le marché de Daraga est aussi réputé pour l'artisanat qui y est très présent, des articles en fibres d'abaca notamment. Les spécialités sont les sacs, les paniers et les chaussures. Profitez en aussi pour essayer les friandises locales à base de *pili nuts*, une sorte de noix de cajou de la région de Bicol.

MAYON VOLCANO NATURAL PARK ★★

C'est le plus majestueux de tous les volcans des Philippines. « Mayon » est dérivé de *magayon* et veut dire « beau ». Situé entre les villes de Legazpi et de Tabaco, le mont Mayon est l'un des volcans les plus actifs du pays, célèbre pour son cône parfait qui pointe au cœur de la végétation luxuriante et fait penser au mont Fuji. Son cratère culmine à 2 453 m et la lave creuse des ravines le long de ses versants, il somnole tout en fumant continuellement.

Balade

Sauf alerte et selon la météo (ce qui rend les choses assez imprévisibles), on peut faire l'ascension du volcan (surtout entre février et mai). Le trek est assez sportif et prend deux jours aller-retour. Deux refuges sont à la disposition des marcheurs, le premier après 2h de montée (depuis le début du sentier à Buyoan), le second 2h30 plus tard. Le plus simple peut être de passer par une agence : une excursion d'une journée avec guide coûte environ 4 500 PHP, pour deux jours environ 6 000 PHP. Il existe une autre possibilité de profiter du volcan. Le Mayon Skyline Hotel, perché sur le versant nord du Mayon, n'est pas un hôtel en service mais un point de vue intéressant sur le volcan, les jours dégagés.

Histoire

Depuis 1600, le volcan est entré environ 50 fois en éruption. La plus spectaculaire et catastrophique a eu lieu en février 1814. La lave s'est répandue du côté de Daraga, détruisant l'église de Cagsawa. 73 000 personnes ont été déplacées et 1 200 trouvèrent la mort. En 2013, 4 randonneurs sont morts à la suite

Mayon Volcano natural park.

d'une éruption sans aucun signe pouvant la prédire. En 2018, après deux semaines d'activité, le volcan entra de nouveau en éruption ; plus de 55 000 personnes furent évacuées. Plus récemment, en 2023, un jet privé s'est écrasé après avoir survolé le volcan. Aujourd'hui, le Mayon est surveillé par le Phivolcs, l'institut de sismologie, et les activités sont anticipées.

DONSOL ★★

Ravissante petite localité, Donsol, dans la province de Sorsogon, est devenue célèbre tout à coup en janvier 1998, quand un certain Romir Aglugub (un instructeur PADI) découvrit que les gros poissons qui peuplaient les eaux au large n'étaient pas dangereux, comme le pensaient les autochtones, mais que c'étaient des requins-baleines inoffensifs et... magiques ! Depuis, Donsol s'est autoproclamée « capitale mondiale pour l'observation des requins-baleines ». On accède à ce village balnéaire par une route serpentine bordée d'une végétation particulièrement luxuriante et parsemée de huttes traditionnelles, de sari-saris, de chiens errants et de carabaos et bien sûr des enfants à la sortie de l'école en uniforme, bref, tout un condensé des particularités des Philippines mais dans une atmosphère plus calme et authentique. Le long de la côte, plusieurs resorts défilent discrètement.

Se loger

La plupart des adresses ferment entre juin et décembre. En haute saison, de février à avril-mai, les places sont rares et il faut réserver au plus tôt.

Tourisme

- **Les requins-baleines** sont connus sous le nom local de *butanding* et se nourrissent exclusivement de plancton. Malgré leur puissance, ce sont des poissons placides qui ne rechignent pas à voir les amateurs de snorkeling nager à leur côté. Côtoyer ces monstres marins est une expérience absolument grandiose et inoubliable ! La période la plus propice pour les observer s'étend de février à mai, même si les premiers individus arrivent courant novembre. En 2009, les premiers bébés requins-baleines ont pu être observés (une première dans le monde). Pour nager avec les requins-baleines (snorkeling uniquement, la plongée est interdite), il faut s'enregistrer au Centre de visiteurs, dans le barangay Dancalan. Il faut suivre des règles strictes. Tous les bateaux doivent être autorisés par le Centre, qui en limite le nombre par jour. A éviter pendant la semaine sainte, c'est alors bondé. Attention : il faut louer le matériel de snorkeling en sus (300 P environ), et pendant la très haute saison il n'y en a parfois plus à disposition. Prenez vos précautions.
- **L'autre activité phare est la plongée sous-marine**. On pourra voir des raies manta.

Transports

- **De/vers Legaspi :** prendre un van au Grand Central Terminal, environ 1h30, 120 PHP. Attention, le dernier van de Donsol à Legaspi part à 14h. Si vous avez un avion à prendre de l'aéroport de Legazpi, nous vous conseillons de prendre votre dernière nuit d'hôtel à Legazpi et non à Donsol.
- **Du terminal de vans à Donsol,** pour aller voir les requins-baleines, il faut prendre un tricycle pour rejoindre le Whale Shark Registration Center (50 PHP). Parfois le chauffeur du van veut bien vous y déposer directement.

LUZON

DONSOL TOURISM OFFICE

Visitor's Center, Dancalan
✆ +63 977 632 8427

Attention, il faut payer en espèces, prévoir à l'avance car le ATM sur place est souvent en panne.

Pas besoin de passer par une agence pour organiser votre sortie d'interaction avec les requins-baleines : il suffit de rejoindre l'office de tourisme, de s'enregistrer, de compléter un bateau de 6 personnes (ou d'en partager le prix), de payer l'*environnemental fee* et la location du matériel de snorkeling et puis de partir à l'aventure. Avant la sortie en mer, le personnel, sympathique, vous montre une vidéo de promotion contenant également les règles de sécurité pour ne pas nuire au bien-être de l'animal, qui est ici protégé et préservé.

WHALE SHARK INTERACTION ★

Tourism Office, Visitor's Center

✆ +63 968 624 6202

5 000 PHP/bateau 6 pers, 300 PHP environnemental fee, 300 PHP location masques, tubas et palmes. Bateau de 7h40 à 14h.

Nager avec des requins-baleines de 20 mètres de long ? Si ce n'était pas déjà un rêve, ça devrait le devenir à la simple évocation de cette expérience exceptionnelle... Bienvenue à Donsol, l'un des rares spots au monde où l'on peut entrer en interaction avec celui qui est considéré comme le plus gros poisson du monde (la baleine étant un mammifère), dans un cadre incroyable. Ici, les requins-baleines (*butanding* en tagalog) ne sont pas nourris pour être attirés comme à Oslob, ils vivent leur vie tranquillement en liberté, suivent le plancton. C'est à nous de nous adapter à l'animal et pas l'inverse (c'est le principe même de l'écotourisme et ça on adore !). Le revers de la médaille de ce tableau parfait ? Vous n'avez aucune garantie que les requins-baleines pointeront le bout de leur nageoire le jour où vous y serez. Mais disons que cette incertitude fait partie de l'expérience, la pimente. Sachez quand même que la meilleure période s'étend de mars à mai, et que dès décembre il est possible d'en voir. Quand il pleut par exemple, ils restent dans le fond. Voilà, à vous de décider. L'excursion à Donsol et les 3 heures en bateau restent un moment agréable, saupoudré de l'adrénaline et de l'excitation de croiser la route de ces gros poissons. Et si vous faites partie des *happy few* qui ont la chance de nager avec eux, alors le plaisir n'en sera que décuplé. En résumé : une expérience recommandée quand on a du temps devant soi car elle prend facilement 3-4 jours et il n'y aucune certitude de voir ces somptueux animaux marins !

AMOR FARM BEACH RESORT €

Dancalan

✆ +63 909 518 1150

Chambre double à partir de 1 500 PHP (avec ventilateur).

L'Amor Farm Beach Resort est situé sur la route principale, à proximité du village et juste en face de la mer. On apprécie son jardin luxuriant et la bonne ambiance qui y règne, grâce au staff hyper gentil et aux activités qui y sont régulièrement organisées. Ils organisent aussi des sorties plongée. Les chambres sont sommaires mais tout à fait convenables pour le prix. Le restaurant sert une bonne nourriture et puis le cadre est vraiment très joli avec ces palmiers et ces petites huttes. Le soir, le coucher de soleil y est superbe.

GIDDY'S PLACE DIVE RESORT €

54 Clemente Street

✆ +63 917 848 8881

www.giddysplace.com/

Chambres doubles à partir de 2 500 PHP. Petit-déjeuner inclus. Wifi.

Voici une très bonne adresse pour loger à Donsol ! Située au centre-ville (et donc pas sur la plage), elle offre un niveau de confort très appréciable et une foule de services : piscine (utilisée pour les cours de plongée), centre de plongée, spa, restaurant ouvert toute la journée et tard le soir, kayaks, observation des lucioles la nuit sur la rivière Ogod... Bref, une adresse un peu évidente. On en oublierait presque les chambres, qui sont somme toute simples mais correctes.

Donsol.

ELYSIA BEACH RESORT €€

Pangpang
✆ +63 917 547 4466
www.elysia-donsol.com
Chambres doubles à partir de 3 300 PHP.

Probablement l'un des meilleurs hôtels dans sa catégorie. Les bungalows, alignés autour de la piscine, sont charmants et confortables, la décoration est simple mais moderne et il y a l'air conditionné et une literie correcte. D'aucuns considèrent que ce resort est le plus confortable de Donsol. Il donne directement sur la plage, où se trouve le restaurant et où il est agréable de déguster un délicieux cocktail en fin de journée, face au coucher du soleil. La nourriture est bonne. C'est un hôtel paisible, à l'image de Donsol.

BARACUDA BAR & RESTAURANT €€

Dancalan
✆ +63 915 414 3260
Ouvert tous les jours. Plats entre 200 et 300 PHP.

Restaurant tenu avec passion par la pétillante Juliet. Dans l'assiette, le menu varie d'un jour à l'autre. En fait Juliet vous montre la pêche du jour puis vous laisse choisir le poisson qui finira dans votre assiette. On ne peut plus frais et local ! Le tout dans un cadre paradisiaque puisque cette grande hutte en rotin, illuminée de ses guirlandes le soir, donne directement sur la mer. Poisson grillé et coucher de soleil... une soirée d'exception en perspective.

CATANDUANES ISLAND ★

Cette île du Pacifique de 1 512 km² pour 270 000 habitants, située au nord-est de Legazpi et du volcan Mayon, représente une destination rêvée pour les aventuriers et les amateurs de surf. On la surnomme « *The Land of the Howling Winds* », terre des vents hurlants. Située directement sur le chemin des typhons venant du Pacifique, la côte est de l'île est renommée auprès des surfeurs expérimentés pour sa vague « Majestics », qui peut atteindre 10 m de hauteur, sur la plage de Pururan Bay. Pour les surfeurs débutants, il est également possible de s'entraîner sur de plus petites vagues (de 1 m à 2 m), notamment sur la plage de Coconut Point, à Twin Rocks près d'Igang. La meilleure saison pour le surf débute en juillet et se termine vers novembre. C'est aussi la période des typhons, qui peuvent être très violents.

Transports

- **Avion**. La compagnie Cebu Pacific assure quatre vols par semaine de Manille à Virac. Compter 1 heure 10 de vol.
- **Bateau**. Depuis Legaspi ou Naga, se rendre en bus à Tabaco. De là plusieurs ferries par jour pour San Andrés, à 7h, 9h et 13h. Compter 3 heures de navigation. Des Jeepneys peuvent ensuite vous mener à Virac pour 20 PHP par personne. Des ferries font aussi le trajet de Tabaco à Virac : compter 4 heures de navigation. Départs à 6h et 11h40 environ.

BINURONG POINT

Brgy. Guinsaanan, Baras
Frais environnementaux 70 PHP, guide 250 PHP.

Situé à une heure de Virac, le point de vue de Binurong est dans le baranguay de Guinsaanan. Une fois arrivé là-bas, il faut encore faire un petit trek assez simple de 20 minutes pour arriver au point de vue. Et là, il ne vous reste plus qu'à profiter de la vue éblouissante qui s'offre à vous, des pâturages verdoyants, des falaises escarpées, la mer agitée... Les plus courageux se lèveront tôt pour venir contempler d'ici le lever du soleil, vous ne serez pas déçu. Enfin, pour la petite info, en bicolano *binurong* signifie « guérison ».

EMMALYN PARADISE RESORT €

8 Purok 5, San Rafael St
✆ +63 930 533 4927
http://paradise.resort.tripod.com/
Bungalow à partir du 2 000 PHP.

Cet établissement en bord de mer a une jolie vue. Emmalyn accueille ses clients avec soin, elle vous aidera à organiser votre séjour, en louant un scooter ou en vous suggérant des idées de sorties de plongée voire des expéditions dans les environs, comme un *island hopping* dans les îles Camaroan. Cet hôtel 2-étoiles est un peu défraichi mais le prix est vraiment bon marché, et le confort est correct. Il est également ouvert en journée pour ceux qui veulent profiter de ses petites huttes de pique-nique sur la plage, du restaurant et de la piscine ou plage.

LUZON

PASSEPORT

MIMAROPA

Mimaropa, acronyme des quatre provinces qui le composent (Mindoro, Marinduque, Romblon et Palawan), est la région à l'ouest des Philippines. Si c'est avant tout l'archipel de Palawan qui attire les visiteurs, là où les pitons karstiques d'El Nido et Coron tombent à pic dans des eaux émeraude et turquoise, il ne faut pas oublier les récifs coralliens mondialement connus comme Tubbataha et Apo, qui suscitent l'admiration et le désir de tous les plongeurs. Mais Mimaropa, c'est également plus de 1 700 îles dont beaucoup sont couvertes de forêts vierges et entourées de splendides plages, de montagnes majestueuses, et habitées de tribus indigènes comme les Mangyans à Mindoro. En quête d'authenticité et d'un voyage hors des sentiers battus, Mimaropa sera votre terrain de jeu idéal, tout en étant une étape incontournable pour celles et ceux qui foulent les terres et les mers des Philippines pour la première fois.

CHINE
PHILIPPINES
MIMAROPA
INDONÉSIE
AUSTRALIE
Mer de Chine méridionale
San Vicente
PORT BARTON
Cabayugan
SAN
Bacungan
Narra
PUERTO
PRINCESA
Napsan
Sofronio Española
Quezon
Bataraza
Rizal
Rio Tuba
Buliluyan
Balabac
100 KM

Batangas City
BATANGAS
San Pascual
PUERTO GALERA
Calapan
Catanauan
Mamburao
Santa Cruz
SABANG
Pinamalayan
PANDAN ISLANDS
SABLAYAN
Apo Reef
ROMBLON ISLAND
Romblon
SIBUYAN ISLAND ★★
Odiongan
SAN JOSE
BULALACAO
LAUIT ISLAND
Tara
DIMAKYA ISLAND
Busuanga
BUSUANGA ISLAND ★★★
SANGAT ISLAND
CORON ISLAND ★★★★
Culion
CARABAO ISLAND
Malay
Caluya
BORACAY ISLAND ★★★
KALIBO
Roxas
Ibajay
Linapacan
ARCHIPEL DE BACUIT ★★★★
Agutaya
L NIDO ★★★
iminangcong
CUYO ISLANDS
PANAY
Passi
Lambunao
TAYTAY ★★
Cuyo
San Jose
ILOILO
Araceli
CNIPA
.AND ★★★
ROXAS
SIPALAY
Cagayancillo
Cavili
Mer de Sulu
Mimaropa

PAGES

200 ## ● ● MINDORO

Mindoro est la septième plus grande île des Philippines. Bien que proche de la capitale, elle est encore très peu touristique, exception faite de sa station balnéaire, très populaire, Puerto Galera. Selon la légende, les premiers habitants l'avaient baptisée *Minas de oro*, en raison de son sol riche en or. C'est toujours la terre des tribus manguyans, qui vivent dans les montagnes et constituent environ un tiers de la population de l'île. Ils produisent un très bel artisanat. En 1950, l'île fut divisée en deux provinces afin d'accélérer son développement : le Mindoro occidental et le Mindoro oriental, qui sont délimités par une frontière naturelle, la chaîne de la montagne Halcon, qui s'étend du nord au sud. Les équipements se développent lentement à cause de l'épaisse forêt tropicale et des montagnes qui couvrent l'intérieur de l'île. Le Mindoro oriental est la province la plus proche de Metro Manila (130 km au sud de Manille). La pêche et l'agriculture sont les activités traditionnelles. Puerto Galera attire de nombreux touristes, venus de Manille et d'ailleurs, profiter de ses sublimes fonds marins et de ses belles plages. Quant au Mindoro occidental, plus étendu, il est très peu peuplé et développé. Les infrastructures touristiques sont rares mais des sites de plongée fameux attirent quelques étrangers. Le récif Apo, par exemple, est considéré comme l'un des meilleurs sites de plongée sous-marine du pays. Il ressemble à un atoll avec deux lagons séparés par un étroit bras de mer au fond sablonneux et riche en corail arborescent. En résumé, l'île de Mindoro est destinée en priorité aux aventuriers en quête de nature et aux amateurs de plongée.

200 **PUERTO GALERA** ★
204 **BULALACAO**
206 **SAN JOSE**
206 **SABLAYAN**
207 **PANDAN ISLAND**

208 ## ● ● ROMBLON

En plein centre de l'archipel, la province de Romblon est connue pour ses nombreuses carrières et sa production de marbre, qui sont au cœur de son économie. Cette province est constituée d'une vingtaine d'îles et d'îlots. Située au sud de Luzon et au nord de Panay, entre Mindoro et Masbate, elle est proche également de certains sites très touristiques comme Boracay. Elle comprend 310 000 habitants. Un dialecte visaya est parlé par 86 % de la population ; on parle aussi l'hiligaynon et le bantonanon. Les Manguyans de Mindoro et les Negritos de Panay sont les habitants originels de Romblon. Quelques tribus vivent encore dans les montagnes de Tablas et à l'intérieur des terres de Sibuyan. Les îles les plus importantes de cet archipel sont, en ordre de taille, Tablas, Sibuyan et Romblon. Sibuyan, en particulier, est reconnue pour son écosystème très préservé et ses merveilles naturelles. Une province peu touristique qui intéressera ceux et celles qui sont à la recherche des Philippines sauvages, loin des sites populaires, sans pour autant lésiner sur la beauté des paysages.

208 **ROMBLON ISLAND**
209 **SIBUYAN ISLAND** ★★

210 ## ● ● PALAWAN

Au sud-ouest des Philippines, l'île de Palawan s'étend entre l'île de Mindoro et le nord de Bornéo. De forme longiligne, bordée d'eaux turquoise, elle sépare la mer de Chine de la mer de Sulu. Palawan s'étend sur 450 km du nord au sud, et 50 km en largeur. Elle fait partie des 1 768 îles et îlots qui forment la province du même nom, la plus vaste province des Philippines. Surnommée « la dernière frontière », à cause de sa configuration géographique, Palawan est, par sa faible population et son apparence de paradis inexploité, l'île sauvage par excellence, une véritable réserve écologique, recouverte d'une jungle tropicale impénétrable et demeurée presque intacte.

PAGES

Elle est prisée pour la beauté de ses paysages, la splendeur de ses fonds marins et ses falaises karstiques à couper le souffle. Aujourd'hui, le nord de l'île est de plus en plus fréquenté. Les îles de la baie de Taytay, au nord de Puerto Princesa, la capitale, le paisible village de Port Barton, et surtout les eaux cristallines de l'archipel de Bacuit au large du gros village d'El Nido sont enchanteresses. Les îles Calamianes, et notamment l'île de Coron, constituent certainement l'un des plus beaux endroits des Philippines. Elles demeurent très préservées et représentent l'endroit rêvé pour les amateurs d'aventure et de plongée. C'est indéniablement un incontournable de tout voyage aux Philippines.

210 **PUERTO PRINCESA** ★

217 **SABANG** ★★

Ce petit village situé en bord de mer, à 70 km au nord-ouest de Puerto Princesa, abrite l'entrée de la rivière souterraine de Puerto Princesa, l'une des grottes les plus spectaculaires au monde que l'on peut parcourir en canoë sur plus de 4 kilomètres.

219 **SAN RAFAEL** ★

220 **PORT BARTON** ★★

222 **CACNIPA ISLAND** ★★★

223 **ROXAS**

223 **TAYTAY** ★★

224 **FLOWER ISLAND** ★★★

225 **EL NIDO** ★★★

Dans le nord de Palawan, El Nido est un ancien village de pêcheur devenu site touristique incontournable. Au-delà de ses rares plages encore désertes et de son village animé, il est la porte d'entrée pour l'archipel des Bacuit, l'un des plus beaux au monde.

241 **ARCHIPEL DE BACUIT** ★★★★

C'est l'archipel qui a rendu célèbre El Nido dans le monde entier, pour ses immenses pics karstiques, ses lagons et ses eaux émeraude. Un incontournable de tout voyage aux Philippines.

243 **BUSUANGA ISLAND** ★★★

Porte d'entrée de l'archipel des Calamianes, Busuanga abrite Coron Town où se retrouvent les voyageurs avant d'aller découvrir Coron Island ou de plonger dans la baie. L'intérieur de l'île est encore très sauvage, entre étendues de forêts et terres arides.

249 **CORON ISLAND** ★★★★

Peut-être l'île la plus connue de l'archipel, celle qui figure sur toutes les brochures touristiques tant sa beauté est inouïe avec ses falaises calcaires verticales, ses eaux émeraude, ses lagons et ses plages de sable blanc. Un incontournable des Philippines.

252 **DIMAKYA ISLAND**

252 **SANGAT ISLAND**

252 **CALAUIT ISLAND**

252 **CUYO ISLANDS**

PUERTO GALERA ★

Située sur l'extrémité de la côte nord-est de Mindoro, cette station balnéaire, connue comme « la perle de Mindoro », est facilement accessible depuis Manille. Puerto Galera est nichée au fond d'une baie presque fermée, succession de criques et de plages. Sa baie figure d'ailleurs régulièrement sur les listes recensant les plus belles baies du monde. Cette côte découpée et baignée d'une eau claire abrite des jardins coralliens et une faune marine d'exception (murènes, raies pastenagues, barracudas, tortues de mer, poulpes et autres petits poissons tropicaux). C'est donc avant tout une destination qui attire les plongeurs. En dehors des plages, pour le repos de l'âme ou les amateurs de sports terrestres, d'autres attractions sont proposées, comme les randonnées en forêt, sur les terres des tribus Mangyans. Les montagnes environnantes permettent d'agréables treks. On regrette un peu le fait que le développement mal maîtrisé de la zone ait fait perdre de son charme au site, désormais très construit et fréquenté. Mais cela reste une très bonne destination pour la plongée sous-marine.

Le Mindoro oriental est la province la plus proche de la capitale (130 km au sud de Manille). Elle est située à 45 km au sud de Batangas, bordée au nord par le passage et l'île de Verde et, à l'est, par le détroit de Tablas. La province, rurale à 70 %, est entourée de 38 îlots et îles. La pêche et l'agriculture (riz, fruits et légumes) sont les activités traditionnelles. Les tribus Mangyans, réfugiées sur les hauteurs, sont au nombre de six, et appartiennent à des groupes linguistiques divers : iraya, alangan, tadyawan, buhid, hanunoo et tao-buhid. Ils produisent un très bel artisanat en matériaux naturels. Calapan, la capitale du Mindoro oriental, n'offre pas d'attrait particulier pour le voyageur. Dans ses environs, le site de Puerto Galera contraste avec ses multiples activités et son infrastructure touristique très développée. Le Mindoro oriental offre des plages de sable blanc, des récifs de corail, de magnifiques chutes d'eau, des rivières et des forêts.

Se loger

La sélection d'hébergements proposée est très loin d'être exhaustive, tant le nombre d'établissements est important sur la côte. Les prix s'envolent durant la haute saison de décembre à avril. La plupart des hôtels situés sur les plages proposent un service de restauration. Beaucoup ont leur propre centre de plongée sous-marine (particulièrement sur la plage de Sabang). Ils offrent aussi diverses activités comme des randonnées ou des visites de villages. Les hébergements sont majoritairement concentrés sur la plage de Sabang et de White Beach. Peu de gens décident de rester à Puerto Galera même. Ceux qui souhaitent un peu plus de calme privilégieront Small La Laguna et Big La Laguna. Pour un isolement plus grand encore et de plus belles plages, il faut choisir Talipanan ou Aninuan Beach.

Se restaurer

Vous n'aurez aucun mal à trouver un restaurant à Puerto Galera, et ce même tard dans la soirée. La majorité d'entre eux se concentrent à Sabang Beach, mais pas seulement. Il est important de préciser également que tous les resorts ont leur propre restaurant.

Sortir

Vous trouverez toute la panoplie du parfait clubbeur sur Sabang Beach et White Beach où les clubs et autres bars se succèdent.

L'heure joyeuse à Puerto Galera. Comme dans toute cité balnéaire qui se respecte, les bars sont nombreux et ils essayent tous d'attirer le chaland. L'*happy hour* est unanimement pratiquée par tous, de 14h à 19h.

Sports / Loisirs

Autour de Puerto Galera sont regroupés vingt-cinq sites de plongée, dont la fameuse île de Verde (murs de 30 mètres). Il existe des sites pour les plongeurs débutants comme pour les plongeurs expérimentés. Les nombreux clubs de plongée proposent tous des cours. Les clubs cités sur la plage de Sabang sont des valeurs sûres. Compter environ 1 500 PHP par plongée et 3 000 PHP pour un baptême d'initiation.

Transports

De/vers Manille : prendre un bus jusqu'à Batangas (3h, 200 PHP). Il faut ensuite monter dans l'un des nombreux bancas qui assurent la liaison avec Puerto Galera (1h, 200 PHP + 50 PHP pour la taxe environnementale et 30 PHP pour le *terminal fee*). Info futée : la solution de loin la plus simple est de passer par une agence qui propose un combiné bus-ferry qui fait gagner du temps et ne coûte pas beaucoup plus cher.

Se déplacer. Jeepneys et tricycles sont nombreux. Ou alors location de scooter à la journée (500 à 600 PHP).

MONT HALCON

C'est le vingt-troisième sommet des Philippines, à 30 kilomètres au sud-ouest de Calapan. Il culmine à 2 616 mètres, ce qui en fait également le point culminant de toute l'île de Mindoro. Il offre de superbes panoramas et peut être gravi en sept jours (aller-retour), mais c'est une ascension réservée aux marcheurs aguerris. On peut y accéder en Jeepney depuis Puerto Galera en 2 heures environ. Il abrite une biodiversité extrêmement riche, et est un habitat de prédilection pour la tribu des Alagans et pour le tamaraw, le buffle endémique en voie d'extinction.

TAMARAW FALLS

Western Nautical Hwy

L'accès aux chutes est permis de 7h à 17h.
Entrée : 30 PHP.

Du haut de ses 31 mètres, c'est la plus haute cascade de la province, à Vilaflor, sur la route qui mène à Calapan (15 km du centre-ville de Puerto Galera). Cette série de petites cascades se jette dans une piscine naturelle où un bain est très revigorant. L'environnement et les vues valent le détour, surtout en semaine quand l'endroit est désert. Les chutes sont nommées en l'honneur du tamaraw, ce buffle-nain emblématique et endémique à l'île de Mindoro. Il est fortement menacé d'extinction, aujourd'hui il ne resterait que quelques centaines d'individus.

PLAGES DE PUERTO GALERA ★

La plage de Sabang est le spot idéal pour les amoureux de snorkeling et de vie nocturne avec ses nombreux bars. Les bancas y sont nombreux et gênent un peu la baignade. À marée basse, les bateaux sont échoués sur le récif et les algues tapissent la plage ; elle retrouve néanmoins un peu de son charme à marée haute. Son principal atout demeure ses fonds coralliens et sa multitude de poissons colorés.

Il peut être agréable d'emprunter le chemin qui, traversant une belle palmeraie, mène à l'Escarceo Point, à 2 km à l'est de Sabang où se trouve un phare abandonné de 14 m, d'où l'on peut admirer un magnifique panorama, en particulier au lever et au coucher du soleil. Il faut suivre la route depuis le marché et ne pas hésiter à demander aux habitants la direction du *lighthouse*.

Depuis Sabang, il est facile de marcher jusqu'à Small La Laguna, puis **Big La Laguna** en longeant la mer vers l'est et en passant sur les digues aménagées (de 10 à 20 minutes, en évitant d'effectuer le trajet à marée haute). Ces deux plages sont plus tranquilles et propices au snorkeling. La plage d'**Aninuan** est toutefois la plus paisible.

À 7 km à l'ouest de Puerto Galera, se trouve la fameuse plage de White Beach, la plus belle de la région. Très populaire, elle est prise d'assaut par les Philippins en haute saison (avril-juin). Elle devient plus intéressante hors saison, malgré les nombreux resorts construits le long de la plage. La plage isolée de **Talipanan**, à 30 minutes, est très calme et agréable, vous passerez par le village mangyan pour vous y rendre.

MIMAROPA

La plage de La Laguna.

BAMBOO HOUSE BEACH LODGE €

Talipanan Beach

✆ +63 917 562 0992

Chambres doubles à partir de 1 890 PHP. Petit-déjeuner inclus.

Accueil familial et décontracté pour cette adresse en retrait de l'agitation. L'établissement comprend des chambres simples installées dans des authentiques huttes en bambou et nippa. Il y a possibilité de se restaurer sur place avec un choix classique de plats philippins très bien réalisés. L'ensemble est propre et bien tenu, et conviendra aux voyageurs à la recherche d'authenticité et de tranquillité. L'emplacement sur la plage est idyllique. Le soir, il est agréable de regarder le coucher de soleil installé dans un des hammacs.

BADLADZ BEACH & DIVE RESORT €€

Small Tabinay

✆ +63 939 914 8819

http://badladz.com/

Chambres doubles à partir de 2 800 PHP. Petit-déjeuner inclus. Appartement : 7 700 PHP.

Sur le quai même, cette petite adresse propose des chambres agréables (certaines jouissent même d'une jolie vue sur la baie). Un studio pouvant accueillir jusqu'à quatre personnes est aussi disponible pour ceux qui recherchent un peu plus d'autonomie. Nombreuses activités dont des cours et sorties plongée. Le restaurant mexicain situé en front de mer sert une cuisine fraiche, aux saveurs différentes de ce qu'on trouve habituellement aux Philippines. Une bonne adresse.

BIG APPLE DIVE RESORT €€

Sabang Beach

✆ +63 9083550246

www.divebigapple.com

Chambres doubles à partir de 1 950 PHP.

Directement sur la plage de Sabang, le Big Apple propose des chambres correctes et bien tenues, dans un style authentique. Mais surtout un nombre impressionnant d'activités dont beaucoup sont consacrées à la plongée (cours, PADI, plongées récréatives...). Dive center oblige, on apprécie la piscine qui sert autant pour les entrainements que pour la détente. On aime bien l'ambiance au bar et dans le restaurant qui – fait assez rare – sert 24h/24 et où l'on propose un barbecue tous les jours. Ambiance conviviale, bien pour rencontrer des gens. On recommande.

CLUB MABUHAY €€

✆ +63 917 631 3844

www.clubmabuhay.com/eng/

Chambres doubles à partir de 5 000 PHP. Packages hébergement et plongée disponibles, infos sur le site Internet.

Sur la plage de Sabang, ce resort est magnifiquement placé : il est donc en cela très agréable et assez calme. Les chambres, à la décoration un peu vieillotte mais confortables, offrent une belle vue sur la piscine ou la mer. Le restaurant sur place propose essentiellement une bonne cuisine coréenne, ce qui change un peu. Il y a bien sûr des forfaits plongée qui sont proposés ainsi que d'autres activités comme un pique-nique sur la plage, une excursion aux cascades Tamaraw ou encore une journée au golf de Puerto Galera. Un bon établissement.

OUT OF THE BLUE €€

Small La Laguna Beach

✆ +63 906 289 4220

www.outoftheblue.com.ph/

Chambres doubles à partir de 5 250 PHP. Petit-déjeuner inclus. Wifi.

Surplombant la petite plage de Small Lalaguna, Out of the blue est un resort familial et intimiste. Les villas allient influences méditerranéenne (beau carrelage en terracotta) et locale avec tout le confort possible. Le reste de la propriété est tout aussi plaisant avec deux piscines (l'une en hauteur, l'autre au niveau de la mer), une superbe vue sur la baie, une équipe attentionnée et professionnelle et enfin le restaurant Verandah, réputé être l'un des meilleurs de Sabang, dont la carte mélange plats occidentaux et locaux pour tous les appétits !

SCANDI DIVERS €€

Big La Laguna beach

✆ +63 917 656 7380

https://scandidivers.com/

Chambres doubles à partir de 3 200 PHP.

Sur Big La Laguna (donc plus au calme), cet hôtel, également centre de plongée, propose des prestations de bonne qualité et les échos des plongeurs sont très bons. Les chambres sont jolies, propres et fonctionnelles. Certaines offrent une très belle vue sur la mer. La vue panoramique depuis le restaurant en *rooftop* est chouette. Il y règne une bonne ambiance d'autant plus que le personnel est très attentif, notamment les instructeurs de plongée particulièrement professionnels et sympathiques. Un beau séjour dans un établissement de confiance en perspective.

SUNSET AT ANINUAN BEACH RESORT €€

✆ +63 920 931 8924
www.aninuanbeach.com
Chambres doubles à partir de 5 500 PHP. Petit-déjeuner inclus.

En face de la mer, cet établissement propose des jolies chambres spacieuses, toutes donnant sur la plage. Il y a aussi des villas indépendantes qui offrent plus d'autonomie aux voyageurs long séjour. Une piscine et un restaurant en bord de mer bien agréables. Le personnel est disponible et efficace, et les prestations d'une grande qualité. Le soir, on profite d'un superbe coucher du soleil et pourquoi pas du spa où des massages sont proposés. Une bonne adresse pour être au calme.

WHITE BEACH RESORT €€

White Beach
✆ +63 917 632 8546
Chambres doubles à partir de 1 900 PHP.

Sur la plage de White Beach, cet hôtel économique propose des chambres très sommaires mais correctes pour cette gamme de prix. Il y a également une navette gratuite qui est mise à disposition des clients pour aller jusqu'à Puerto Galera. Pour être au calme durant la semaine (moins le week-end où beaucoup de gens affluent sur la plage pour profiter des nombreux bars et restaurants). On recommande surtout pour celles et ceux qui ne sont pas à cheval sur le confort mais veulent jouir d'un bon emplacement, directement en front de mer.

ATLANTIS DIVE RESORT €€€

Sabang Beach
✆ +63 43 287 3066
www.atlantishotel.com
Chambres doubles à partir de 10 300 PHP.

L'Atlantis est l'un des établissements historiques de Sabang à l'architecture de style méditerranéen. Les chambres sont confortables et bien conçues. La piscine est surtout utilisée pour les initiations à la plongée. Le restaurant de l'hôtel sert une très bonne cuisine. L'hôtel est totalement tourné vers la plongée avec son excellent centre PADI 5-étoiles qui permet de prendre des cours ou aux plongeurs confirmés de profiter au mieux de leur séjour en découvrant les meilleurs sites de plongée. Une excellente adresse depuis des années.

LUCA'S CUCINA ITALIANA €

Talipanan Beach
✆ +63 916 417 5125
Ouvert tous les jours de 7h à 22h30. Plats entre 150 et 400 PHP.

Idéalement situé sur la jolie plage de Talipanan, ce restaurant italien est un peu la référence de Puerto Galera quand on est pris d'une envie irrépressible de pizza ! On y prépare de très bonnes pizzas cuites au feu de bois, la pâte est fine et croustillante, la taille très généreuse. D'autres spécialités italiennes sont proposées à la carte comme des pâtes, sandwichs, fromages. Également des petits-déjeuners et des spécialités de fruits de mer. Belle terrasse pour patienter qui donne directement sur la plage (l'attente peut être longue).

MANALO'S LODGE & RESTAURANT €

White Beach
✆ +63 43 287 3602
Ouvert tous les jours de 6h à minuit. Plats environ 200 PHP.

C'est un restaurant typiquement local, donc sans chichis et avec une ambiance très familiale. On y prépare une cuisine simple mais faite maison et de qualité. Essentiellement des plats philippins, les habituels petits-déjeuners à base de riz, de viande et d'œuf, des nouilles pancit, des plats de viande et de poissons. Tout est bon et les prix sont très attractifs. Mentionnons enfin la terrasse avec vue sur la baie. Des chambres sont également à disposition.

CAPT'N GREGGS €€

Sabang Beach
✆ +63 918 963 61 52
www.captngreggs.com
Ouvert tous les jours de 7h à 21h. Plats entre 200 et 500 PHP.

Voici un bar restaurant décoré comme un bateau avec une belle terrasse sur la plage dont l'une des spécialités est d'allumer un barbecue tous les soirs et de proposer des grillades. Spécialisé dans les viandes, les végétariens ne sont pas pour autant délaissés, il y a notamment des bonnes brochettes de légumes à la sauce Satay. On y apprécie aussi ses crevettes (succulentes). Également des chambres disponibles. Très couru par les voyageurs et surtout très apprécié des habitants du coin. C'est l'une de nos adresses préférées pour l'ambiance et la qualité des plats.

RESTO VERANDA €€

White Beach
✆ +63 906 566 3625
https://resto-veranda.business.site/
Ouvert du mercredi au lundi de 10h30 à 21h30.
Plats entre 350 et 700 PHP.

Le resto Veranda est considéré comme le meilleur restaurant de Puerto Galera. Attention, à ne pas confondre avec le restaurant Verandah du resort Out of the Blue qui est lui aussi considéré comme l'un des meilleurs (décidément !). Dans un cadre superbe, directement sur la plage, on y sert une cuisine fusion asiatique et européenne. La sélection est large et devrait ravir tout un chacun, pâtes, pizzas, risotto, soupes, même une fondue, poissons fraichement pêchés... On apprécie le raffinement des plats et leur présentation soignée. Une adresse prisée, à raison.

TOKO'S RESTAURANT €€

Sabang Beach
✆ +63 43 287 3066
Plats environ 600 PHP.

Dans l'enceinte de l'Atlantis Dive Resort, le restaurant Toko's est réputé comme l'un des meilleurs restaurants de la plage, avec sa terrasse ombragée juste au bord de l'eau. On y propose une cuisine essentiellement internationale de qualité, qui varie tous les jours. Avec une spécialité, le wok mongol à base de viande goûtue. L'ambiance y est certes un peu plus distinguée mais aussi conviviale. Le service est soigné et attentionné. Egalement au menu, une large sélection de cocktails et autres boissons non-alcoolisées. On recommande.

ACTION DIVERS

Small Lalaguna Beach
✆ +63 920 224 8665
www.actiondivers.com
Tarifs des plongées en ligne.

C'est l'un des tous premiers centres de plongée tout-inclus à avoir ouvert à Puerto Galera, il y a déjà 30 ans. Depuis, il n'a fait que confirmer sa réputation grâce au professionnalisme de ses instructeurs, à des services personnalisés et des équipements de qualité, et à des prix très attractifs. Nombreux cours, certificats PADI, et sorties de plongées récréatives sont proposés pour découvrir les fonds marins exceptionnels des environs. Très bonne réputation et instructeurs expérimentés. Excellent rapport qualité-prix. On recommande.

PACIFIC DIVERS

White Beach
✆ +63 947 602 7298

Idéalement situé sur White Beach, Pacific Divers est parmi les pionniers de la plongée à Puerto Galera et le premier club de plongée francophone de Mindoro, tenu par Didier Parra, connu pour son professionnalisme et son expérience (plus d'une trentaine d'années). Didier, accompagné de son équipe d'instructeurs tous très sympathiques et professionnels, propose de découvrir plus d'une trentaine de spots de plongée autour de Puerto Galera, parmi les plus beaux des Philippines. Formation PADI disponible. Débutants ou plongeurs confirmés, allez-y les yeux fermés.

PONDEROSA GOLF CLUB

Mt Malisimbo
✆ +63 93 9990 61651
www.puertogaleragolf.com/index.html
Ouvert tous les jours de 8h à 18h.

À 600 m d'altitude, il offre une jolie vue panoramique sur les montagnes et la mer. C'est un golf 9-trous. Sur place, il y a un bar, un restaurant et quelques logements à disposition, à 15 minutes de la route principale, au niveau de White Beach. L'ambiance y est décontractée. Au-delà du golf, l'endroit constitue une halte agréable pour tous types de voyageurs, on peut y faire quelques randonnées avant de s'attabler au restaurant où les plats philippins et internationaux sont très bons, tout en profitant de la vue et de la brise rafraichissante.

BULALACAO

Bulalacao est l'un des plus anciens villages de Mindoro, situé à la pointe sud, entre San Jose et Mansalay. Il compte 45 000 habitants. Il est difficile d'accès depuis la province du Mindoro occidental. De San Jose, la route qui traverse la montagne est pittoresque en Jeepney, mais presque impraticable à la saison des pluies (de juin à novembre).

Transports

- **Avion.** L'aéroport de San Jose est à 45 minutes.
- **Bus de Puerto Galera.** Il n'y a pas de bus direct, il faut donc aller à Calapan.
- **Bus de Calapan.** Départs toutes les 2 heures (4h).

MIMAROPA

LES TRIBUS MANGYANS

VOYAGE À TRAVERS LEURS CULTURES

Les Mangyans sont les premiers habitants de Mindoro. Débarquées sur l'île il y a 600 ou 700 ans, ces tribus rassemblent aujourd'hui entre 100 000 et 280 000 personnes sur l'île. Vivant dans les forêts d'altitude à l'intérieur des terres, elles conservent leurs coutumes et modes de vie même si ceux-ci sont de plus en plus malmenés, notamment par l'abattage illégal d'arbres qui anéantit leurs terres.

Les différents groupes

Les Mangyans sont les peuples indigènes de Mindoro, ils sont divisés en sept groupes ethnolinguistiques d'origine malaise et polynésienne, six d'entre eux résident dans la partie du Mindoro oriental : les Hanunoos, les Buhids, les Alangans, les Tadyawans, les Ratagnons, les Gubatnons, les Bangons. Ils ont chacun leur propre dialecte et vivent retirés dans les forêts sur les terres publiques du gouvernement. Ils ne prennent pas vraiment part à la société administrative des basses-terres. Autrefois pêcheurs côtiers qui marchandaient avec les Chinois, les Mangyans se sont rabattus sur l'agriculture en raison des invasions incessantes. Ils représentent 15 % de la population de Mindoro et comptent 30 % d'illettrés. Ils sont nombreux à s'être convertis au catholicisme mais les forces spirituelles sont toujours omniprésentes et dominent la forêt. Les deux esprits, le bon et le mauvais, ont aussi leur importance. Les Mangyans croient à la réincarnation et en l'existence d'un être supérieur dont la présence se manifesterait par des phénomènes physiquement observables ; la mort serait le moment où l'on cesse de respirer, l'âme prendrait alors la forme d'un être humain, celle d'un chat, d'un cochon ou d'une panthère.

Les Hanunoos, les vrais Mangyans ?

Les Hanunoos se considèrent comme les vrais Mangyans, car *hanunoo* signifie « réel » et « vrai ». Ils ont un dialecte et une écriture qui leur sont propres, mais ils parlent un peu le tagalog. Les Hanunoos utilisent une écriture syllabique préservée depuis la période pré-espagnole, avec laquelle ils communiquaient entre eux sur des supports en bambou. Comme bien d'autres tribus mangyans, les Hanunoos pratiquent le *kaigin*, qui consiste à brûler des espaces de forêt pour les transformer en terres cultivables. Ces terres sont ensuite fréquemment abandonnées, car leur régénération est réduite, ce qui provoque une déforestation très rapide. Les Hanunoos cultivent des plantations de café, de patates douces, de maïs et d'arbres fruitiers (mangues, papayes, bananes, noix de coco). La terre cultivée n'appartient pas à la famille, mais à la communauté. Ils vivent aussi de leur artisanat. Leur habillement est très sommaire. Les hommes sont vêtus d'une fine bande de tissu sur le devant, attachée par la ceinture qui tient la pochette du coupe-coupe. Ils portent tous une amulette en bandoulière, en feuilles de palme. Les femmes sont vêtues de couvertures tissées en guise de pagne. Les cheveux, les poignets et le cou sont ornés de bijoux en tressage de perles, dans les tons jaunes et rouges. Beaucoup de parents sont contre l'école, qui va à l'encontre de leur culture traditionnelle. Les enfants connaissent des problèmes d'intégration à la ville, c'est pourquoi des écoles primaires sont établies depuis peu au sein même des communautés. Dans celle d'Agong (site hanunoo près de Bulalacao), une école élémentaire a été construite à l'initiative des missionnaires qui soutiennent la tribu. Les enfants y apprennent toutes les matières, y compris leur écriture syllabique traditionnelle. Les volontaires chrétiens ont également mis en place un programme de vaccination, comme dans d'autres communautés mangyans. La dysenterie se fait de plus en plus rare et la mortalité infantile recule grâce aux mesures employées pour lutter contre les maladies.

Les Hanunoos se marient très tôt, souvent avant 18 ans, et les compagnes ou compagnons sont choisis. Les autres membres de la famille n'ont plus le droit d'intervenir sur cette décision. Les demandes en mariage laissent place aux rituels pour conquérir la future épouse. Le mariage hanunoo est monogame, mais quelques concessions sont faites à la polygamie, avec l'acceptation de la première femme.

Peut-on rencontrer les Hanunoos ?

Pour rencontrer les tribus mangyans, deux points de départ sont intéressants : les villages de Bulalacao et de Mansalay. Dans ces villages, la vie rurale coule comme un long fleuve tranquille. Les structures sont encore rudimentaires et les habitations très pauvres. La proximité des montagnes et des tribus mangyans attire quelques visiteurs avides de découvrir les cultures indigènes de l'île de Mindoro.

VILLAGE HANUNOO

Prendre la route vers San Roque et s'arrêter à Banti. De là, 45 minutes à pied pour rejoindre le sitio Agong.

Agong se trouve à 18 km de Bulalacao et compte une cinquantaine de familles hanunoos. Ils fabriquent des paniers souples en bambou décorés de dessins géométriques, qui sont parmi les plus beaux des Philippines. Demandez un guide à la mairie ou au couvent de Bulalacao. Un membre de la tribu, descendu faire quelques emplettes à la ville, peut vous accompagner. Des bénévoles se démènent pour préserver les coutumes de cette tribu tout en leur rendant la vie plus facile. L'éducation des enfants est une des priorités et une école a d'ailleurs été créée à Agong.

SAN JOSE

San José est l'un des points d'entrée du Mindoro occidental, c'est ici que se situe le seul aéroport de l'île. On y passe. Rarement plus. Les infrastructures touristiques du Mindoro occidental sont rares mais des sites de plongée fameux attirent quelques étrangers : autour de l'île Ambulong et le récif Apo. Très réputé, il est considéré comme l'un des meilleurs sites de plongée du pays. Il ressemble à un atoll avec deux lagons séparés par un étroit bras de mer au fond sablonneux et riche en corail arborescent. L'île d'Apo renferme un lagon aux eaux peu profondes. Ce récif se situe à 36 km à l'ouest de Mindoro.

Argent

Ici se trouvent les derniers distributeurs avant de vous enfoncer dans le Mindoro.

Transports

Le Mindoro occidental, plus étendu en superficie que le Mindoro oriental, est très peu peuplé et développé. La province est bordée au nord par le chenal de Verde et au sud par le détroit de Mindoro. Pendant la saison des pluies, les seuls modes de transport possibles sont le bateau et l'avion. Toutefois, certaines routes commencent à être goudronnées.

- **De/vers Manille**. Vols quotidiens.
- **En bateau de/vers Batangas** (sud de Luzon). Ferry pour Calapan (3h, 300 PHP) puis bus jusque San Jose (3h, 150 PHP).
- **De/vers Coron**. Ferry pour Bulalacao (5h) puis bus jusque San Jose (3h).
- **De/vers Sablayan.** Bus (2h30, 150 PHP).

SABLAYAN

Sablayan, au milieu de la côte ouest, est une petite ville accueillante, à l'embouchure de la rivière de Sabang. Elle fait face aux îles de Pandan et est l'un des points de départ pour le récif d'Apo, célèbre site de plongée.

Argent

Il n'y a pas de distributeur, prévoyez large.

Tourisme

Pour vous rendre au récif d'Apo, passez par le Sablayan Tourism Office (+63 998 546 5917, ouvert 7j/7 jusque 17h).

Transports

- **De/vers San José :** prendre un bus ou une Jeepney, départs réguliers et trajet de 2h30.

FERME-PRISON DE SABLAYAN

À 15 km du centre-ville, une prison sans barreau, à l'image de celle de Palawan, près de Puerto Princesa, ouverte aux visiteurs. Les prisonniers obtiennent un lopin de terre qu'ils cultivent en famille. Leur activité artisanale leur permet de travailler le bois et le rotin. Les produits fabriqués sont vendus dans la région. Sur place, il est possible de faire des randonnées en forêt avec un prisonnier qui est aussi guide. Une expérience étonnante qui peut aller au-delà de la simple curiosité déplacée et devenir une vraie rencontre.

PARC NATIONAL DES MONTS IGLIT-BACO

Des balades assez sportives peuvent s'effectuer sur les hauteurs de Sablayan, à travers les monts Iglit et Baco. Classé parc national, ce domaine est une importante réserve (au nord-ouest du mont Iglit) qui abrite la communauté des Alangans, une autre tribu mangyan, et différentes espèces animales et végétales, notamment le tamaraw, un buffle sauvage plutôt agressif et délicat à approcher (cousin du docile carabao) qui n'évolue que dans l'île de Mindoro.

PARC NATUREL D'APO REEF ★★★

https://www.apo-reef.com/

Droit d'entrée : 950 PHP (visiteur), 3 500 PHP (plongeur) + 1 500 PHP pour un guide et frais de bateau.

Classé à l'Unesco, le récif d'Apo est le deuxième plus grand récif corallien contigu du monde (après la barrière de corail en Australie) et le plus grand des Philippines. C'est pour plonger au cœur de ce magnifique parc naturel que l'on se rend à Sablayan essentiellement. Le récif est constitué de trois îlots, Apo Island, Apo Manor et Cayos del Bajo, encerclés de plages de sable blanc. Sur Apo Island, un phare offre un point de vue à 360 degrés, c'est superbe. Près de 400 espèces de poissons dont des requins, raies mantas et napoléons géants – l'un des plus gros poissons, pouvant atteindre 2 mètres, vivre plus de 30 ans et qui fait partie de ces poissons qui changent de sexe en cours de vie, ils naissent femelles avant de devenir pour certains mâles. Mais aussi, ce sont plus de 200 espèces de coraux qui habitent ces fonds marins vertigineux. Situé à 34 kilomètres de Sablayan, il faut à peu près deux heures en banca pour rejoindre Apo Reef. Étant donné qu'Apo Reef est très exposé aux conditions climatiques, il est parfois impossible de s'y rendre, notamment pendant la saison des pluies. Privilégiez donc la saison d'octobre à mai. Si le récif est renommé auprès des plongeurs comme étant l'un des plus beaux sites de plongée du pays. Apo Reef est également un paradis naturel pour tous les autres, puisque se promener sur les plages de sable blanc d'Apo Island, contempler les oiseaux, monter sur le phare, se baigner dans ces eaux cristallines ou faire du kayak constituent autant de formes d'envoutement.

ADVENTURE CAMP BEACH RESORT €

Punta Poblacion

✆ +63 995 340 7818

www.sablayanadventurecamp.com

Chambres doubles à partir de 1 300 PHP. Petit-déjeuner inclus. Tarifs des activités en ligne.

Au sein de cet adventure camp qui donne sur un vaste jardin, vous trouverez des chambres fonctionnelles, simples au demeurant, installées dans de grands bungalows traditionnels. Les prix sont raisonnables. Et le personnel est très chaleureux et disponible pour vous aider à organiser toutes vos activités. On se sent ici comme à la maison, l'ambiance y est détendue et conviviale. La structure principale abrite le restaurant qui sert une bonne cuisine, un bar et le centre de plongée.

EMILY HOTEL AND RESTAURANT €

813 Gozar Street

✆ +63 926 737 4710

Chambres doubles avec ventilateur à partir de 300 PHP.

Une adresse spartiate, à la façade peu avenante mais qui peut dépanner et convenir à celles et ceux qui voyagent avec un budget réduit car c'est l'une des adresses les moins chères de la ville. Les chambres et sanitaires sont rudimentaires mais le personnel est agréable et rend l'endroit moins morose. Il est situé près du marché et du centre-ville et surtout à deux pas de l'embarcadère d'où partent les bateaux pour rejoindre Pandan Island. Pour une nuit de transit, il fait l'affaire.

PANDAN ISLAND

Deux petites îles sont visibles de Sablayan. Une seule est développée : Pandan Grande Island, une île privée tenue par des Français depuis des années. On fait le tour de l'île en une heure en prenant son temps. Diverses activités sont proposées, comme le canoë-kayak, mais bien sûr c'est pour la plongée que l'on vient. Le resort est aussi un centre de plongée reconnu qui organise des excursions pour partir à la découverte du fameux récif d'Apo.

Transports

Pour rejoindre l'île, la traversée en bateau est rapide depuis la rivière Sabang, en face d'Emily Hotel. Des bateaux attendent. Compter 20 minutes de traversée et 200 PHP.

PANDAN ISLAND RESORT €

✆ +63 939 388 73 08

www.pandan.com

Chambres doubles à partir de 2 100 PHP (diner inclus). Pension complète 750 PHP. Tarifs plongée sur le site.

Les bungalows faits de bambou ne font qu'embellir ce décor de rêve. Porte d'entrée de l'Apo Reef, on y vient avant tout pour la plongée (Apo Reef, safari, cours, PADI...), même s'il est possible de faire d'autres activités. Le site est paradisiaque, le restaurant délicieux. L'ambiance générale y est tranquille et amicale. Les propriétaires sont français et se feront un plaisir de vous faire découvrir les merveilles naturelles alentour. Il est également possible d'y venir en tant que visiteur à la journée (300 PHP). Un coin de paradis... au cœur du paradis.

MIMAROPA

ROMBLON ISLAND

L'île de Romblon est l'une des plus intéressantes de la province. D'à peine 42 km de circonférence, on en fait le tour en scooter en une demi-journée. Les structures touristiques sont encore peu présentes, ce qui contribue au charme ambiant. L'île vit au rythme de son activité principale, l'industrie du marbre, qui emploie 70 % de la population. Le marbre est partout : il revêt les sols des offices publics, sert de presse-papier sur les bureaux administratifs. On le retrouve en bloc, le long des routes, aux abords des ateliers de découpage. Les tailleurs de pierre et les sculpteurs sont concentrés vers Cajimos et Ilauran. Les carrières de l'île sont une matière première inépuisable pour les centaines de sculpteurs. Au-delà du marbre, l'île plaira aux voyageurs en quête d'un séjour hors des sentiers battus, dans un cadre naturel préservé, entouré de plages époustouflantes de beauté.

Argent

Il y a bien la présence d'un distributeur mais nous vous conseillons quand même de prendre des précautions.

Transports

- **Avion.** Plusieurs vols par semaine de/vers Manille à destination de l'île de Tablas (Tugdan Airport).
- **Bateau de/vers Batangas (sud de Luzon) :** Montenegro Lines propose des départs vers Odiongan, Romblon et Sibuyan tous les jours (700 PHP).
- **Se déplacer entre les îles.** Des bateaux effectuent régulièrement les traversées (200 PHP).

FORTS DE SAN ANDRES ET SANTIAGO

Les forts de San Andres et Santiago dominent la ville. Ils ont été construits en 1650 pour faire face aux invasions des pirates, des Moros et des Hollandais. Tout comme la cathédrale Saint-Joseph, presque en face de l'école de Romblon, non loin de la place principale, les deux forts furent construits avec des blocs de corail. L'autel de la cathédrale, datant du XVe siècle, est byzantin. Elle abrite une collection d'icônes et de peintures religieuses anciennes.

MONT BONTOC

C'est le pic le plus élevé de l'île. Pour avoir un aperçu des îles environnantes, on n'est pas obligé de l'escalader. Il suffit de prendre la route pour l'International Telecommunications (ITT), qui s'élève à 600 m d'altitude. La balade est agréable à partir de Lonos, à travers les champs. On peut redescendre directement sur la ville de Romblon. Les militaires s'occupent de cette station météo, surveillent le satellite émetteur et l'énergie solaire. Quand le ciel est dégagé, tôt le matin, on peut même apercevoir le volcan Mayon.

BON BON BEACH ★

Les plages sont confinées à l'ouest de l'île. Quelques-unes sont aménagées de resorts très tranquilles et pleins de charme, dans un style traditionnel. Les petits hôtels se construisent peu à peu. Les plages les plus fréquentées se trouvent après San Pedro, comme à Ginablan. La plus belle plage de Romblon, Bon Bon Beach, s'étend tel un ruban de sable au milieu d'eaux cristallines, c'est magnifique, avec son sable blanc immaculé. Très peu fréquentée en raison de son isolement, elle se situe en retrait de la route, à environ 3 km du centre-ville (barangay Suwa).

SAN PEDRO BEACH RESORT €

Talipasak
✆ +63 928 273 0515

Cottages pour deux personnes avec douche et toilettes à 1 000 PHP. Réservation par téléphone.

Ce petit établissement est plein de charme. C'est un endroit rêvé pour convoler en amoureux. Les jolis cottages traditionnels en bambou et nippas, très tranquilles, surplombent la belle plage qui fait face à un très beau récif de corail. Dans les chambres, on a droit à du marbre par terre (bien sûr !) et il y a même de l'eau chaude. On y loue aussi du matériel de snorkeling et le restaurant sur place propose une très bonne cuisine... Un très bon rapport qualité-prix. Bref, une bonne adresse, avec une vraie impression de bout du monde.

THE THREE P BEACH RESORT & DIVE CENTER €€

Babangtan, Lonos
© +63 956 596 7579
https://the-three-p.com/
Chambres doubles à partir de 2 200 PHP. Packages et autres tarifs sur le site internet.

Un bel hôtel qui vise surtout une clientèle attirée par la plongée. La famille propriétaire est également passionnée de plongée et propose de nombreuses expéditions aux alentours pour les amateurs de macro-photographie ou simplement pour ceux qui souhaitent explorer des fonds peu connus ou prendre des cours. Du côté des chambres, elles sont sobres mais fonctionnelles, marbrées bien sûr et confortables. Le restaurant sert une très bonne cuisine. Un beau séjour en perspective.

KAWAYAN CAFE €

Barangay San Pedro Ginablan
© +63 947 713 4308
Ouvert du jeudi au mardi de 10h à 20h. Plats entre 150 et 300 PHP.

À proximité de la route principale, en direction de la plage de San Pedro, ce café-restaurant est tout nouveau dans le paysage gastronomique de Romblon et pourtant, il promet déjà de belles surprises. Tenu par un couple franco-philippin des plus enthousiastes, l'endroit est tout à fait charmant, avec une sympathique terrasse surélevée et des tables en bois. Mais surtout on vient et revient ici pour la nourriture puisque tout est délicieux, du chicken burger avec son bun fondant aux profiteroles en dessert en passant par le filet de thon grillé. À tester.

SIBUYAN ISLAND ★★

Située à une heure en bateau de Romblon, Sibuyan est la plus sauvage, la plus montagneuse et encore la moins développée des îles de la province. Elle est surnommée la « Galapagos de l'Asie » en raison de sa nature ultra sauvage et préservée ; l'île est couverte à 33 % de forêts primaires. L'eau de ses rivières, notamment celle de Cantingas, est considérée comme l'une des plus pures au monde. Les forêts sont luxuriantes et les cascades impressionnantes, comme celles de Cataja. Le mont Guiting-Guiting, plus haut sommet de l'île, culmine à plus de 2 000 mètres et vient compléter ce tableau paradisiaque. Sibuyan est définitivement une île magique qui plaira aux amoureux de la nature. L'activité principale des habitants (environ 64 000 pour 445 km^2) est tournée vers le travail du bois et l'industrie du rotin. Les espèces d'arbres sont nombreuses, comme le narra, le *mahogany*, le yakal ou l'*iron wood* (bois de fer) appelé « tiga », que l'on ne trouve que sur cette île. Un collège polytechnique dispense des cours dans le cadre des métiers du bois. Il existe un petit office du tourisme sur la place principale de Magdiwang.

Se loger

À Sibuyan, les sites touristiques n'existent presque pas. Les resorts se font rares. Les hébergements de Magdiwang, petit port agréable d'où l'on peut accéder au mont Guiting-Guiting, ont un caractère intime, de petite taille, et sont simples et corrects.

MONT GUITING-GUITING ★

© +63 42 567 5032

Le plus haut pic de la province de Romblon se situe ici sur l'île de Sibuyan. Le mont Guiting-Guiting s'élève à 2 050 mètres au cœur de l'île, envahi à perte de vue par une flore luxuriante et variée. L'ancien président Ramos l'avait déclaré Parc National en 1996. Il abrite une biodiversité extrêmement riche dont de nombreuses espèces endémiques en raison de son isolement. Certaines de ses plantes sont utilisées pour la recherche médicale. Des orchidées bordent le chemin. On y découvre aussi des espèces rares de rongeurs, des chats-léopards – une espèce en voie d'extinction –, de minuscules chauves-souris. Il est impossible de se lancer dans l'ascension de la montagne sans un guide qui connait le terrain. En effet, un trek peut être entrepris en plusieurs jours mais il est considéré comme l'un des plus difficiles des Philippines (difficulté 9/9) et sur le chemin, il vous faudra parfois escalader des parois rocheuses vertigineuses et glissantes, parfois faire usage de cordes. Bref, à réserver aux personnes bien entrainées, et pour les autres, on se contentera d'admirer le Guiting-Guiting de loin, ce qui est déjà magnifique.

▶ Un paradis en danger. Depuis plusieurs années, les habitants de Sibuyan et des associations pour la protection de l'environnement tentent de s'opposer à de grosses entreprises minières qui cherchent à extraire des gisements de nickel sur l'île. Début 2023, des affrontements ont eu lieu alors que les habitants avaient érigé une barrière humaine pour empêcher les camions d'une entreprise de passer.

PUERTO PRINCESA ★

Puerto Princesa est la capitale de l'île de Palawan depuis 1872. Elle est située au centre, sur la côte est. Elle compte 320 000 habitants. Cette ville paisible, empreinte de langueur, est assez agréable à vivre, malgré la cohorte de tricycles qui l'encombre quotidiennement. Il reste quelques édifices coloniaux et on peut faire un tour au bord de l'eau pour voir s'aligner les maisons de pêcheurs sur pilotis. La ville possède quelques magasins d'artisanat et un grand marché. Elle n'a pas de sites historiques particulièrement intéressants, excepté sa cathédrale qui la domine et qui est au cœur du festival en l'honneur du saint patron local le 8 décembre. Ce même jour, les indigènes Tagbanuas de Palawan célèbrent le Pagdiwata, un festival et une action de grâce exprimée par des rituels et offrandes aux dieux. On l'aura compris : Puerto Princesa est avant tout une porte d'entrée pour explorer l'île. C'est le point de départ pour Sabang et la rivière souterraine, et Tubbataha Reef Marine Park (à 180 km au sud-est) pour les plongeurs.

Argent

Il y a de très nombreux distributeurs à Puerto Princesa. Mais attention (on ne le répètera jamais assez !), ce sont quasiment les seuls de l'île. Prenez vos précautions.

Transports

- **Avion.** Puerto Princesa est le principal point d'entrée dans la province et est desservie par les principales compagnies aériennes philippines. On ne peut pas aller plus au sud par avion. Les vols de Manille ou Cebu (1h10) sont fréquents et plutôt bon marché.
- **Bateau.** De/vers Iloilo (Panay). Départ jeudi et dimanche à 19h (24h, 1 500 PHP). On peut aussi s'arrêter à Cuyo Island et attendre le prochain bateau. Dans tous les cas, si on poursuit directement, on a 5 heures d'attente pour se balader sur Cuyo.
- **Bus/Jeepney.** Le terminal des bus et des Jeepneys se situe à San José (New Market) à 10 minutes en tricycle du centre-ville (100 PHP). Il est difficile de parler d'horaires précis, les bus et vans partent quand ils sont pleins. Il est préférable de se rendre tôt à la station de bus, de demander d'où part le prochain bus pour votre destination, s'installer et attendre docilement.
- **De/vers El Nido.** Puerto Princesa est reliée à El Nido, via Roxas et Taytay (5h en van, 6-7h en bus).
- **De/vers Sabang.** Préférez les vans à la Jeepney et aux bus (2h, 350 PHP).
- **Se déplacer.** En ville, le moyen le plus courant est le tricycle.

BAIE DE HONDA

Island hopping environ 1 500 PHP. Droit d'entrée 150 PHP.

Ces îles constituent un lieu de promenade idéal pour la journée. La baie se situe à Santa Lourdes (Tagburos), sur la côte est de Palawan, à 10 km des quais de la capitale, et est constituée de plusieurs îlots près desquels affleurent des récifs bordant de magnifiques plages, lieux de prédilection des nageurs et plongeurs. Ces terres répondent aux noms de Cowrie Island (coquillages) ; Bat Island, habitat des chauves-souris que l'on voit suspendues aux mangroves ; Lu-Li Island, visible seulement à marée basse (dérivé de *lulubog-lilitaw* qui signifie « flottant » et « coulant ») ; Meara Island, île privée paisible ; Starfish Sandbar Resort, connu pour son banc de sable blanc et ses eaux claires peuplées d'étoiles de mer (on peut y camper si l'on dispose de son propre matériel) ; Snake Island et sa longue étendue de sable blanc de la forme d'un serpent ; Pandan Island au sable blanc et ses récifs de coraux ; Senorita Island, lieu d'élevage du poisson lapu-lapu ; Arrecife Island, sable blanc et hôtel de luxe (le Dos Palmas Island Resort).

- **S'y rendre.** Des Jeepneys et des tricycles effectuent la route Puerto Princesa-Tagburos quotidiennement (40 minutes). Sur le port Santa Lourdes de Tagburos (10 km au nord de Puerto Princesa), des pêcheurs louent leurs bateaux à moteur pour un tour des îles (*island hopping*). La plus proche est atteinte en 30 minutes. Toutes les agences de voyages de Puerto Princesa organisent également des journées d'excursion dans la baie de Honda : ce n'est pas hors de prix et tout est inclus !

IWAHIG PRISON AND PENAL FARM

South Road

Entrée gratuite (donation bienvenue). Ouvert de 10h à 16h.

Cette prison est sans barreau et basée sur la confiance, les détenus y travaillent et y vivent en communauté. Dans cette ferme pénitentiaire qui s'étend sur 26 000 ha, 2 400 détenus cultivent du riz. D'autres fabriquent des sacs et souvenirs artisanaux que les visiteurs sont invités à acheter. Certains ont même le droit de vivre dans des maisons avec leur famille. N'hésitez pas à solliciter un prisonnier pour qu'il vous guide. Une expérience peu commune qui peut en intéresser certains.

JARDIN DE PAPILLONS

Palawan Butterfly Eco-Garden and Tribal Village

Ouvert tous les jours de 8h30 à 17h. Entrée : 60 PHP.

Il permet d'observer une multitude de papillons philippins et de découvrir d'autres espèces comme les mantes religieuses et les scorpions géants. Y aller de préférence un jour ensoleillé. Les guides présents sur place donnent une foule d'informations sur l'importance de protéger ces espèces et leur environnement. En effet, la plupart sont menacés comme le bearcat de Palawan (une sorte de chat...ours) ou le crocodile d'eau salée. Sur place, il est également possible de rencontrer les membres d'une tribu indigène et d'en apprendre plus sur leur mode de vie.

MUSÉE DE PALAWAN

Old City Hall Building, Mendoza Park

✆ +63 48 433 2963

Ouvert du lundi au samedi de 8h30 à 17h. Entrée : 50 PHP.

Il permet de mieux connaître l'histoire, la culture, la musique, les arts et l'artisanat de Palawan et de ses populations. En effet, plus de quatre-vingt groupes ethniques différents vivent à Palawan, chacun avec ses coutumes et modes de vie singuliers. On y trouve également des expositions de collections archéologiques, géologiques et ethnologiques. Vous pourrez y observer des jarres et porcelaines, des outils préhistoriques, des objets découverts dans les grottes de Tabon et des antiquités de l'ère espagnole trouvées près de Cuyo.

CORAZON TRAVEL & TOURS

Junction 1, Bgy. San Miguel

✆ +63 998 970 8790

www.travelwithcorazonph.com/

Située au cœur de Puerto Princesa, l'agence Corazon travel & tours propose plus de 15 excursions et de nombreux services tous situés sur l'île de Palawan. Plutôt flexible, vous y trouverez des chauffeurs et des guides, sur terre en en mer, en privé ou en groupe, et à des prix compétitifs. L'équipe est professionnelle et disponible pour répondre à toutes vos attentes. Parmi les tours à ne pas manquer : la balade aux lucioles nocturne et la rivière souterraine en kayak ou encore la journée d'excursion dans les îles de la baie Honda.

© DR

© DR

MIMAROPA

PLAGE DE NAGTABON

Nagtabon Beach
Droit d'entrée 10 PHP.

Nagtabon Beach est une magnifique étendue de sable blanc, longue de plus de 800 mètres et bordée d'eaux cristallines. Elle se trouve à une heure de route de Puerto Princesa. Encore préservée de l'afflux de touristes, il y règne une certaine douceur de vivre qui invite à la détente et à la contemplation. Celle de couchers de soleil merveilleux, par exemple. Attention entre octobre et février, les vagues sont trop fortes mais sinon il est possible d'y nager et surfer. Un camping n'est pas loin pour ceux qui veulent prolonger le plaisir.

STELLAR GROUNDS

Rizal Drive corner Rengel Street
✆ +63 977 700 6026
Ouvert tous les jours de 11h à 23h.

Stellar Ground est une sorte de grand parc où l'on vient se détendre, passer une journée ou soirée en famille ou entre amis. Sur une vaste place à l'ombre d'acacias centenaires, quelques stands proposent diverses nourritures du monde. On trouve également sur place de petites boutiques d'artisanat typique de Palawan et certains soirs des concerts de musique jouée par des groupes locaux. C'est un endroit, apprécié par les enfants car il y a quelques aires de jeux, où il fait bon flâner et où l'on peut dénicher de jolis souvenirs.

GREEN TURTLE BACKPACKERS GUESTHOUSE €

San Jose New Market, Purok San Fransisco
✆ +63 939 902 2356
Lit en dortoir à partir de 570 PHP.

Une auberge super pratique quand on transite par Puerto Princesa avant de continuer vers le nord. Le personnel est très gentil et de bon conseil, les dortoirs sont tout à fait corrects, propres et bien tenus, et c'est le cas des sanitaires en commun aussi. On apprécie particulièrement le petit rideau à chaque lit qui permet d'avoir un peu d'intimité. Il y a une terrasse très agréable où le petit-déjeuner est servi et où il est facile de rencontrer d'autres gens. Bon marché.

TUBBATAHA REEFS NATURAL PARK ★★★

Tubbataha Reefs Natural Park and World Heritage Site
5 000 PHP/jour. Accessible de mars à juin.

Ce parc maritime de 97 000 hectares a été inscrit au Patrimoine de l'humanité par l'Unesco en 1993 et est depuis un véritable sanctuaire naturel sous haute protection. Situé à 180 km de Puerto Princesa dans la mer de Sulu, il est, d'après les spécialistes, le nec plus ultra de la plongée au Philippines, et l'un des plus beaux spots au monde. Le commandant Cousteau disait d'ailleurs qu'il s'agissait de l'un des plus beaux endroits qu'il ait vus. Totalement inhabité, excepté par quelques gardes-côtes, les plongeurs ne peuvent s'y rendre que de mi-mars à mi-juin quand les conditions climatiques sont bonnes (il faut aussi avoir conscience des risques que supposent une telle expédition dans un lieu si isolé. En avril 2023, un navire de plongeurs y a par exemple fait naufrage). Traditionnellement, les bateaux partent de Puerto Princesa au soir pour arriver au petit matin et ils restent 5 jours sur place. Il faut compter environ 10 000 PHP par jour (tout inclus), plus 5 000 PHP de droit d'entrée par jour. Sous l'eau, on se retrouve face à des récifs vertigineux tels des montagnes sous-marines, avec une visibilité pouvant atteindre les 30 à 45 mètres. Le site est couvert à 75 % de splendides coraux. Plus de 1 200 espèces, dont beaucoup sont menacées, vivent dans ces eaux, comme par exemple des raies mantas ou des tortues, des dauphins, des requins-baleines et des requins gris par centaines. C'est définitivement l'un des spots de plongée les plus majestueux du pays voire du monde.

MIMAROPA

ACACIA TREE GARDEN HOTEL €€

Manolo Street
✆ +63 917 894 3003
Chambres doubles à partir de 2 600 PHP.

Un peu à l'écart du centre-ville, voici une bonne adresse si vous décidez de rester à Puerto Princesa pour quelques jours. Ici, entre la piscine, petite mais relaxante, et les différentes salles à thème (salle de billard, salle de fléchettes ou encore salle d'échec), tout est fait pour que vous vous sentiez dans ce cocoon comme à la maison. Un restaurant sert en continu. À noter que l'établissement se trouve à proximité de l'aéroport (350PHP/tricycle) et peut donc être un bon point de chute si vous avez un vol tôt le lendemain. On aime bien.

AT HOME €€

5300 Angel Cabanag Street
✆ +63 920 437 45 40
athomepalawan.wixsite.com/athome
Chambre double à partir de 3 500 PHP. Petit-déjeuner compris. L'établissement n'accepte pas les moins de 18 ans.

Dans ce charmant B&B écolodge tenu par deux Français, rien n'est laissé au hasard. Les matériaux sont naturels (bambou tressé, bois et isolation en fibre de coco), la piscine est faite dans un container recyclé, l'eau est chauffée à l'énergie solaire et les menus du dîner sont faits uniquement avec des produits frais du marché. On y vient pour se ressourcer, profiter du lit king size de la chambre et de sa terrasse privative. Un espace de massage, un bain à remous et une terrasse dédiée au yoga et au sport sont à disposition. Instants de bonheur garantis !

ATREMARU JUNGLE RETREAT & SPA €€

Purok Madahon
✆ +63 91 5846 4895
www.atremaru.com
Chambre double à partir de 3 300 PHP. Petit-déjeuner inclus.

Un éco-hôtel unique, au cœur de la jungle, Atremaru Jungle Retreat offre une vue imprenable sur la Baie d'Ulugan. Parfait pour les amoureux de la nature en quête de sérénité, l'établissement propose 9 villas indépendantes avec vue sur l'océan et 3 suites. Piscine, randonnées dans la réserve dont une menant à une plage déserte, massage… Et puis le restaurant de l'hôtel qui propose une très bonne cuisine fusion asiatique-occidentale complétée par une offre de cocktails au bar.

HALIKA TOURS

335 Rizal Avenue
✆ +63 917 809 9303
Ouvert du lundi au samedi de 9h à 19h. Les contacter pour plus d'infos.

Cette agence est spécialisée dans les réservations de groupes pour les circuits, en mettant l'accent sur les circuits éducatifs et écologiques, en particulier dans le nord et le sud de Palawan : mariages, camps scientifiques, expéditions de plongée sous-marine ou en apnée, expéditions de pêche, trekking dans la jungle et les mangroves, observation nocturne de lucioles, kayak ou simplement détente dans des hamacs sur la plage. Halika conçoit vos circuits d'aventure et de bien-être pour vivre une aventure unique à la montagne ou au bord de cascades.

© DR

© DR

MIMAROPA

PALAWAN, DERNIÈRE FRONTIÈRE

Il y a 20 000 ans, avant que le niveau de la mer ne monte, Palawan était reliée à Bornéo par une bande de terre à présent submergée. À l'arrivée de Magellan et des Espagnols au XVIe siècle, l'île était sous le contrôle des sultans de Jolo et de Bornéo.

Aux origines. Le nom Palawan viendrait de l'expression chinoise *pa lao yu* qui signifie « terre d'asile ». L'île a longtemps été peuplée de colons d'origine proto-malaise, dont les tribus des Bataks, les Pala'wans et les Tagbanuas, toujours présents aujourd'hui. L'île est devenue célèbre en 1978 quand on a découvert, au sud, une tribu très ancienne, les Taut-Batus, isolée depuis des milliers d'années et aujourd'hui protégée.

Faune et flore. Géologiquement liée à Bornéo, elle l'est donc aussi en ce qui concerne la faune et la flore. Palawan, avec ses nombreuses espèces endémiques, est un paradis pour les botanistes. Sa faune, qu'elle soit terrestre ou marine, est très abondante et variée. Les récifs de corail et les eaux transparentes enthousiasment les plongeurs, les photographes et les biologistes. Depuis 1967, la province entière est déclarée sanctuaire animalier. Et depuis 1990, la Palawan Biosphere Reserve est l'une des plus grandes réserves naturelles marines et terrestres du pays. Les falaises d'El Nido et les grottes des îles Coron et Pabellones abritent d'innombrables nids d'hirondelles, ingrédient pour le mets de roi qu'est la soupe orientale du même nom. En forêt, il existe une immense variété d'animaux encore peu connus. Elle abrite aussi de superbes espèces de papillons, la plus spectaculaire étant le *Papilio trojano*, un géant que l'on ne trouve qu'à Palawan. L'exploration des eaux de Palawan réserve d'autres émotions : les épaves de la Seconde Guerre mondiale entourant l'île de Busuanga, dans la baie de Coron, constituent l'un des joyaux de la plongée sous-marine aux Philippines.

Aujourd'hui. Palawan comprend une population d'environ un million d'habitants, dont au moins 60 000 appartiennent aux tribus indigènes. En tant que plus grande province du pays (17 000 km^2), Palawan est assez peu peuplée, en raison de son éloignement des autres îles du pays qui lui vaut son surnom de dernière frontière. Toutefois, le nord de Palawan est de plus en plus touristique (Taytay, Bacuit, El Nido, Coron, Calamianes...) tandis que le sud l'est beaucoup moins en raison de possibles risques de terrorisme et de piraterie en mer de Sulu.

MIMAROPA

BALAY TUKO GARDEN INN €€

Purok Bayanihan, San Manuel Road
✆ +63 917 551 0971
www.balaytukogardeninn.com
Chambre double à partir de 1 700 PHP. Petit-déjeuner inclus.

C'est un petit paradis, un hôtel sobre et confortable au milieu d'un grand jardin tropical fleuri et verdoyant avec des arbres centenaires et une piscine couverte. Ce petit hôtel de famille est situé dans un quartier résidentiel, paisible loin de la circulation, du bruit et de la pollution du centre-ville. Joël le propriétaire, francophone, vit à Palawan depuis 1992, il connaît tous les bons coins de l'île et se fera un plaisir de vous les partager ou de vous initier à sa passion pour la voile sur la baie de Puerto Princesa.

CITYSTATE ASTURIAS HOTEL €€

South National Highway ✆ +63 48 433 9744
www.asturiashotel.ph
Chambres doubles à partir de 5 000 PHP. Petit-déjeuner inclus.

C'est un grand établissement, situé à proximité de l'aéroport. Disposées sur deux étages et entourant une très belle piscine, les chambres sont confortables, d'un standing relativement élevé et à la décoration sobre et élégante. Certaines ont même une baignoire. Il y a également un bain à remous et des animations musicales sont organisées certains soirs de la semaine. De plus, des tables de billard ou de ping-pong sont à la disposition des clients. Le personnel est courtois et disponible. Une bonne adresse pour une nuit ou deux.

DEEP FOREST GARDEN INN €€

Abueg Road ✆ +63 92 0946 7828
www.deepforestinn.com
Chambres doubles à partir de 1 600 PHP. Promotions en ligne.

Tenu par Jean-Pierre, un Suisse qui vit à Palawan depuis des lustres (il possédait le Coco Island Resort), cet établissement à l'écart – un peu kitsch pour certains – propose des chambres sommaires et confortables avec sanitaires privés, air conditionné et une véranda dans certaines qui apporte luminosité. il y a également une vaste salle de restaurant-bar et une grande piscine qui fera la joie des enfants. Insolite : le jeu d'échecs dans l'eau ! Il est possible d'organiser le transfert depuis et vers l'aéroport. Une bonne adresse pour les petits budgets.

HIBISCUS GARDEN INN €€

Manalo Extension
✆ +63 48 434 1273
www.hibiscusgardeninn.com
Chambre double à partir de 4 450 PHP.

Ce très beau boutique hôtel offre 14 chambres spacieuses et confortables qui entourent un patio, suivi d'un jardin tropical agrémenté d'une agréable piscine. Le tout d'inspiration méditerranéenne dans un cadre verdoyant et reposant. Situé non loin de l'aéroport et du centre-ville où tout se passe. Très bons choix de petits-déjeuners servis dans le jardin. Hibiscus a aussi un restaurant qui offre entre autres pizzas cuites au feu de bois, fruits de mer et pêche du jour. L'hôtel est tenu par Thierry, un Marseillais enthousiaste qui vit ici depuis plus de 30 ans.

HOTEL CENTRO €€

San Pedro National Highway
✆ +63 048 434 1110
www.hotelcentro.ph
Chambres doubles à partir de 3 000 PHP. Petit-déjeuner inclus. Wifi.

Un peu à l'écart du centre-ville, ce complexe hôtelier se distingue par des prestations plutôt haut de gamme dans sa catégorie de prix. Notamment avec son spa et sa piscine. Doté d'une centaine de chambres, l'établissement est convoité par les hommes d'affaires de la région qui y organisent des séminaires. L'immeuble est sans charme mais les chambres spacieuses et confortables. Pour manger vous aurez le choix entre la grande salle de restaurant et la terrasse du bar aux prix plus abordables. Un service de navette gratuite depuis et vers l'aéroport est prévu.

HOTEL FLEURIS €€

Lacao Street
✆ +63 9151790975
www.hotelfleurispalawan.com/
Chambres doubles à partir de 4 800 PHP. Wifi.

C'est l'un des pionniers dans l'offre hôtelière de Puerto Princesa. Idéalement situé au cœur de la ville, à proximité des commerces et restaurants, l'hôtel Fleuris propose des chambres impeccables et spacieuses, au confort moderne et à la décoration soignée. Alors que de l'extérieur l'établissement n'a rien d'exceptionnel, il propose une très belle halte et un petit café japonais y est attenant. Le personnel est aux petits soins pour vous organiser des transferts ou excursions. Une adresse de confiance pour séjourner à Puerto Princesa.

HORIZON SUN CHARTERS

San Pedro
✆ +63 915 516 2116
www.seaplanes.ph
Vol « Honda Bay Scenic » d'environ 20 minutes à partir de 7 500 PHP. Vol vers El Nido à partir de 12 500 PHP.

C'est en 2015 que le capitaine Raymond Schwab fonde cette agence de voyage en hydravion après avoir été pilote pour une grande compagnie aérienne pendant plus de 30 ans, faisant de lui un véritable expert dans son domaine. Aujourd'hui sécurité et responsabilité sont les mots d'ordre de son agence de voyage si originale. Ressentir le frisson du décollage et de l'atterrissage sur l'eau, survoler des paysages hors du commun et découvrir les plus beaux coins de Palawan... voilà ce qui vous attend. Une expérience inoubliable en somme.

© RAYMOND

© RAYMOND

MIMAROPA

PUERTO PENSION INN €€

35 Malvar Road

✆ +63 48 433 2969

Chambres doubles à partir de 2 080 PHP. Petit-déjeuner inclus. Wifi.

Situé en plein centre de Puerto Princesa, sur la route menant au port, cette auberge est construite uniquement en matériaux locaux et naturels comme le bois et le bambou, ce qui lui confère un charme rustique. L'ensemble est joliment décoré et plutôt paisible. Préférez les chambres à l'étage qui offrent une vue sur la mer et le port situé à l'arrière de l'hôtel. Le restaurant est au dernier étage avec également une belle vue panoramique. Le personnel est disponible et peut vous aider à organiser vos excursions autour de la ville. Un bon rapport qualité-prix.

CAPTAIN RIBS €€

295 Manalo Extension Road

✆ +63 926 712 1244

Ouvert du mardi au dimanche de 17h à 22h. Plats entre 220 et 500 PHP.

Que vous ne passiez que quelques heures ou une partie de votre séjour à Puerto Princesa, Captain Rib's est toujours une bonne idée (pour les amateurs de viande, surtout). C'est l'un des arrêts incontournables à Palawan. Situé idéalement à proximité de l'aéroport, ce restaurant franco-philippin a su se démarquer grâce à une cuisine simple, bon marché et gourmande, une convivialité débordante et remarquée et un cadre très agréable. Comme vous en doutez, ici les ribs sont la spécialité, mais vous pourrez déguster tout type de grillades et de bons petits plats.

BALINSASAYAW CHICKEN GRILL €

A. Rengel Road

✆ +63 48 434 5804

Ouvert tous les jours de 9h à 22h. Plats entre 150 et 350 PHP.

Dans un décor tropical (dont un petit pont qui enjambe un ruisseau où paissent des tortues), on mange sous de petites huttes au toit de chaume. Au menu, des spécialités philippines comme le calamar frit, *kare kare* (ragoût de légumes, bœuf, tripes dans une sauce à la cacahuète), porc *sizzling, sisig* (grosso modo de la tête et du foie de cochon) ou encore *adobong kangkong* (ragoût d'épinards au vinaigre). On y mange aussi du poulet grillé à toutes les sauces !

KALUI RESTAURANT €€

369 Rizal Avenue

✆ +63 48 433 2580

Ouvert du lundi au samedi de 11h à 14h et de 18h à 22h. Plats entre 130 et 395 PHP.

L'une des meilleures adresses de la ville, tant au niveau du décor que de la cuisine. Une décoration stylée toute en bois et bambou, une ambiance cosy et arty où l'atmosphère est vraiment agréable. Du côté des fourneaux, la cuisine est soignée (à noter toutefois que certains la trouvent inégale), on y vient surtout pour déguster des produits de la mer frais comme du lapu-lapu, des écrevisses, du homard ou du crabe. À des prix tout à fait raisonnables au vu de la qualité. Réservations indispensables (votre hôtel peut s'en charger). À ne pas manquer.

KA INATÔ €

North National Highway

✆ +63 917 553 1721

Ouvert tous les jours de 9h à 20h. Plats entre 100 et 250 PHP.

Il existe deux branches de ce restaurant qui offre une grande variété de plats philippins à Puerto Princesa, l'une près de l'aéroport avec une décoration plus authentique, colorée et artisanale et l'autre en centre-ville dans un cadre un peu plus impersonnel. Les Philippins adorent y aller surtout pour manger du poulet grillé mais vous pouvez aussi vous laisser tenter par le *sizzling* de poulet ou les plats de fruits de mer. Notez que la carte propose quelques desserts comme le buko, ce qui est plutôt rare aux Philippines. Une bonne adresse pour manger local.

KINABUCHS GRILL & BAR €€

348 Avenue Rizal

✆ +63 48 434 5194

Ouvert tous les jours de 16h à 23h. Plats entre 180 et 430 PHP.

C'est un grand restaurant typiquement philippin avec ses nombreuses tables en bois et ses chaises en rotin. Idéal pour venir entre amis ou en famille, en groupe, l'ambiance y est conviviale et souvent animée. Côté cuisine, il propose des classiques philippins et occidentaux tels que *pusit* grillé (poulpe), salade de mangue verte, steak de marlin bleu ou encore le *tamilok* (aphrodisiaque local). On peut y dîner *al fresco*, regarder des retransmissions sportives sur écran géant, jouer au billard… Sympathique également pour venir boire un verre. Une bonne adresse.

ITOY'S COFFEE HAUS

178 Rizal avenue

✆ +63 48 433 5182

Ouvert tous les jours de 7h à 20h. Autour de 120 PHP pour un café ou un dessert.

Adresse agréable pour un petit-déjeuner ou déjeuner. Il est possible de manger à l'extérieur, au calme sur l'agréable terrasse située à l'arrière de la boutique. Les prix sont raisonnables pour les petits-déjeuners et les plats de pâtes mais les boissons à base de café sont un peu plus chères qu'ailleurs. Sa situation, proche de l'aéroport, sur l'avenue Rizal, et le wifi efficace en font un endroit pratique pour une pause travail et/ou détente. Le personnel est particulièrement gentil et accueillant, et l'ambiance est agréable.

CHEZ ROSE BEACH BAR

BM Beach

✆ +63 48 433 4307

Ouvert mercredi jeudi et dimanche de 14h à 22h. Vendredi et samedi de 22h à 5h.

Sur la plage de BM, Chez Rose est un petit bar de plage typique, sorte de cahute en bambou et fibre de coco et une cabane en dur plus grande avec terrasse. L'endroit est idéal pour se prélasser entre amis autour d'un bon milkshake, d'une bière fraiche ou même d'un cocktail. Il y a souvent des dj's sets ou même de la musique live et bien sûr des chaises pour se détendre les pieds dans le sable. D'autre part, il se dit que les meilleures soirées de Puerto Princesa ont lieu au 2e étage de Chez Rose qui se transforme en club le week-end.

TIKI RESTO BAR

Rizal Avenue

✆ +63 48 434 1797

Ouvert tous les jours de 17h à 2h.

Avouons-le d'emblée, ce n'est pas le bar le plus branché ou fun des Philippines, mais à Puerto Princesa c'est une adresse renommée et fréquentée par la jeunesse locale et nombreux voyageurs de passage. L'endroit est apprécié pour sa nourriture mi-américaine mi-philippine (ailes de poulet frit, lechon, pizzas...) mais surtout car tout les soirs, un groupe vient jouer en live. Et le week-end, des soirées plus endiablées sont organisées comme les incontournables soirées mousse. Avis aux amateurs et amatrices... Ambiance tropicale.

SABANG ★★

Généralement, les voyageurs quittent rapidement Puerto Princesa pour se rendre à Sabang et découvrir la fameuse rivière souterraine (Puerto Princesa Subterranean River National Park). Sabang est un petit village en bord de mer, situé à 77 kilomètres de Puerto Princesa, et qui bénéficie d'un paysage montagneux magnifique. James Cameron y a même tourné certaines scènes d'*Avatar*. Mais Sabang, c'est surtout le point de départ pour visiter la spectaculaire rivière souterraine (anciennement appelée rivière Saint-Paul), longue de 8 kilomètres au sein d'un parc national. Créé en 1997, le parc couvre 5 753 ha de terres et 292 ha de fonds marins. Son point culminant est le mont Saint-Paul (1 028 m). Ce parc national abrite une forêt tropicale où l'on peut découvrir une grande variété d'arbres et d'animaux. On peut observer plus de 150 espèces d'oiseaux multicolores, des macaques (le seul singe philippin omnivore), le binturong, des reptiles, des écureuils et des varans qui nettoient la forêt et se nourrissent de fruits et d'insectes. Au sein de ce site protégé se trouve la rivière souterraine. Creusée dans la montagne, elle est constituée de cavernes et est hérissée de stalagmites et de stalactites. En se laissant entraîner au fil de l'eau dans ce tunnel, on a une impression vernienne de voyage au centre de la Terre : c'est spectaculaire !

Argent

Il est impossible de retirer de l'argent et il n'y a pas de banque dans ce petit village. Bien penser à venir avec de l'argent liquide !

Transports

- **De/vers Puerto Princesa.** Les minivans sont l'option la plus confortable. 2h de voyage, départs réguliers depuis le terminal de San José.
- **De/vers Taytay et Roxas.** Prendre un bus ou une Jeepney à destination de Puerto Princesa et descendre à la jonction de Salvacion. Prendre alors une Jeepney allant à Sabang.
- **En bateau** de/vers Port Barton et El Nido. Il est préférable d'entreprendre ces traversées durant la saison sèche, de décembre à avril. Location de bateau à Port Barton (4h, 1 200 PHP/pers.) et à El Nido (9h, 2 200 PHP/pers.).
- **Se déplacer.** Aucun problème pour se déplacer à pied à Sabang : le village est minuscule !

MIMAROPA

JUNGLE TRAIL

De Sabang, il existe un sentier de randonnée d'un peu plus de 5 kilomètres, le Jungle trail, pour celles et ceux qui souhaitent se rendre à pied à l'entrée de la rivière. On y parvient en longeant la plage de Sabang après le Daluyong. Il est interdit de s'engager sur les sentiers après 15h. Comptez environ 2 heures pour accéder à l'entrée de la rivière. On peut aussi choisir de prendre le bateau à l'aller et rentrer à pied ou inversement. Dans tous les cas, il convient de payer le droit d'entrée au bureau du quai de Sabang avant d'entamer la marche.

RIVIÈRE SOUTERRAINE ★★★

Permis obligatoire à retirer à l'Underground River Booking Office à Puerto Princesa. Rivière ouverte de 8h à 16h.

La seule et l'unique, la rivière souterraine de Puerto Princesa ! Inscrite depuis 1999 au patrimoine mondial de l'Unesco et désignée comme l'une des Sept Nouvelles Merveilles de la Nature depuis 2012. C'est l'un des ensemble de grottes les plus spectaculaires du monde, que vous allez pouvoir arpenter en canoë. Expérience hors-norme assurée ! Après avoir été déposé par le bateau à l'entrée, on se voit remettre un gilet de sauvetage et un casque. Un guide emmène les visiteurs sur une petite embarcation. La balade sur la rivière dure 45 minutes. Armé d'une lampe torche, le conducteur pagaye à l'arrière de la petite embarcation et plaisante au sujet des formes des stalagmites et stalactites. Les visites dans la grotte ont lieu entre 8h et 16h. Lorsqu'il pleut, les eaux deviennent troubles, voire boueuses, et la visite est alors moins agréable. Préconisez donc un jour de temps sec si vous le pouvez. Pour les passionnés, il est recommandé de solliciter au préalable une visite approfondie de la rivière.

Pratique. Si vous ne souhaitez pas passer par une agence qui s'occupe de l'excursion de A à Z à partir de Puerto Princesa, il est possible de se rendre à la rivière souterraine en solo. Dans ce cas, il faut impérativement acheter un permis, si possible un jour plus tôt, auprès de l'Underground River Booking Office à Puerto Princesa (250 PHP). Une fois à l'embarcadère de Sabang, vous prenez un bateau jusqu'à la rivière (15 minutes). Les plus aventureux peuvent également rejoindre l'entrée à pied via le Jungle Trail (5 km, 2h).

TOUR DANS LA MANGROVE

Droit d'entrée 300 PHP.

En suivant les panneaux pour accéder aux sentiers de randonnée, on traverse la rivière Poyuy Poyuy, au départ de laquelle il est possible d'aller visiter en petit bateau la mangrove avec un guide du parc qui pourra vous donner des informations notamment sur le rôle important des mangroves pour la préservation de tout l'écosystème. Compter 45 minutes de navigation et allez-y de préférence au petit matin (pas plus tard que 9h) pour observer les oiseaux et autres espèces du parc naturel. N'oubliez pas votre lotion anti-moustiques.

BAMBUA NATURE PARK RESORT €

sitio Sabang
✆ +63 916 263 3208

Chambres doubles à partir de 1 400 PHP.

Une très agréable guesthouse dans un magnifique cadre naturel entre montagnes et forêts tropicales, à 10 minutes à pied de la plage de Sabang. L'établissement est engagé dans la protection de l'environnement. Très bien décorée et dotée d'un point de vue époustouflant. Idéal pour s'éloigner de l'agitation de l'avenue principale de Sabang et profiter des paysages. Possibilité de manger sur place. Offre de packages comprenant repas et excursions. On recommande.

CAFE SABANG €

sitio Sabang
✆ +63 977 269 0409

Comptez entre 70 et 270 PHP pour déjeuner. Chambre double à partir de 600 PHP.

Difficile de ranger le Café Sabang dans une case. Cette *guesthouse* tenue par une famille franco-philippine offre des chambres à très petits prix et une carte tout aussi modeste dans une ambiance écolo-récup très chaleureuse et détendue. Les pizzas faites maison avec les herbes du jardin peuvent se déguster dans un des petits salons aménagés. Silay et son mari Mark peuvent aussi vous organiser des treks pour vous faire découvrir autre chose que la rivière souterraine. Un endroit singulier et charmant qui vaut plus pour son accueil que pour son confort.

DABDAB TOURIST INN €

✆ +63 949 469 9421

Chambre double à partir de 2 000 PHP.

Situé à l'extrémité de la plage, 300 mètres à gauche de l'embarcadère quand on est face à la mer, cet ensemble de bungalows offre un cadre paisible en pleine forêt à deux pas du centre de Sabang. Les huttes construites en bambou et en nippa sont propres, certaines ont une décoration murale assez.... hallucinogène et pour les moins chères d'entre elles, le confort est rudimentaire. Toutes sont néanmoins dotées d'un balcon avec un hamac. Le cadre charmant et la tranquillité distinguent cet établissement des autres guesthouses qui longent la plage.

DAYUNAN TOURIST INN €€

✆ +63 916 797 9297

Chambres doubles à partir de 2 000 PHP. Petit-déjeuner inclus.

Au centre de Sabang, juste derrière la place du parking, cet hôtel a peut-être moins de charme que les cottages en bois sur la plage mais il offre des chambres un peu plus confortables et plus propres, sans risques d'intrusions de moustiques ou de cafards. Le petit-déjeuner est inclus dans le prix de la chambre et le wifi fonctionne mais uniquement à l'accueil. Sobre et pratique, cette adresse est un bon compromis entre les resorts de luxe et les bungalows qui offre un confort encore plus rudimentaire. Une adresse pour dépanner.

DALUYON BEACH & MOUNTAIN RESORT €€€

Sitio Sabang

✆ +63 48 433 6379

www.daluyonbeachandmountainresort.com

Chambres doubles à partir de 6 000 PHP. Petit-déjeuner inclus. Wifi.

Voici un très bel établissement doté de bungalows duplex avec toit de chaume, et entièrement « écologique » puisque le tout fonctionne en autonomie à l'énergie solaire. La décoration intérieure, chic et authentique, est une réussite. Pour manger, le restaurant propose une cuisine de qualité, des options végétariennes et la pêche du jour. Autour de la piscine. Quelques hamacs sur la plage pour rêvasser et siroter un cocktail au coucher du soleil. Une bien belle structure.

ASIANO GOURMET CUISINE €€

en face de la station eco oil gas

✆ +63 956 629 3877

Ouvert tous les jours de 9h à 21h30. Plats entre 250 et 500 PHP.

Asiano Gourmet Cuisine c'est un peu le restaurant qu'il manquait à Sabang ! Déjà de l'extérieur, cette grosse hutte en bois et bambou avec sa belle terrasse accueillante et son mobilier en bois a quelque chose de très typique et accueillant. Et dans l'assiette, c'est encore mieux, des produits frais et de qualité comme les poissons, des plats philippins savamment réalisés et gourmands à souhait, des options végétariennes à foison... Le tout dans une ambiance conviviale, c'est l'endroit où s'arrêter pour manger et boire un verre à Sabang.

PAWIKAN RESTAURANT €€

Ouvert tous les jours de 6h à 22h. Plats entre 400 et 700 PHP.

L'offre hôtelière et restauratrice de Sabang n'étant pas très développée, il faut se rabattre sur les restaurants attachés à toutes les guesthouses et hôtels. Le Pawikan est le restaurant du meilleur resort de la ville. On y sert une cuisine fusion philippine et italienne dans un cadre des plus agréables et élégants. Au menu, entres autres, lasagne, curry végétarien, tofu et aubergines, des pizzas, des burgers, et des plats de viandes et de poissons frais du jour bien sûr. Idéal pour boire un verre en soirée également. On recommande.

SAN RAFAEL ★

San Rafael, minuscule village côtier au nord-est de Puerto Princesa, est surtout connu pour être le point de départ de longues randonnées, notamment vers l'ouest de Palawan, jusqu'à Sabang, le parc national de Saint-Paul et la rivière souterraine. Forêts tropicales luxuriantes, vie sauvage préservée sont les facettes intéressantes de ce trek exigeant. On traverse une grande variété de magnifiques paysages. Les sources froides et les ruisseaux en cascades abondent. Un guide compétent et fiable ainsi qu'une bonne condition physique sont requis pour ce trek de deux à trois jours qui n'est pas très simple mais qui offre de superbes panoramas.

PORT BARTON ★★

Port Barton, charmant village (6 000 habitants) de la municipalité de San Vicente, est à 155 km au nord-ouest de la capitale Puerto Princesa. Sa plage principale, Itaytay, est lovée dans la pittoresque baie de Pagdanan. Encore peu courtisé par les touristes il y a peu, Port Barton est aujourd'hui en plein développement et voit de plus en plus de voyageurs affluer en quête d'un séjour à Palawan peut-être plus authentique qu'à El Nido. C'est un point de départ idéal pour visiter une multitude de petites îles alentour. On adore ! Alors, convaincu ? Dépêchez-vous d'aller profiter du calme et de la tranquillité de ce havre de paix avant qu'il ne devienne un passage obligé de tout voyage à Palawan.

Argent

Depuis peu, il y a deux distributeurs mais ils ne fonctionnent pas toujours, prenez vos précautions avant d'arriver.

Tourisme

À l'arrivée, il faut s'acquitter d'une taxe environnementale de 50 PHP à l'office du tourisme.

Transports

- **De/vers Puerto Princesa.** 4 heures en bus (250 PHP) et 3 heures en van (350 PHP). Départs réguliers.
- **De/vers El Nido.** 5 heures en van (600 PHP). Départ à 8h, 13h et 17h (mêmes horaires depuis El Nido).

ISLAND HOPPING À PORT BARTON

Environ 1 500 PHP par personne (tout inclus).

L'une des activités phares est le island hopping : on navigue d'île en île pour faire du snorkeling, prendre le soleil et déjeuner d'un poisson grillé. Il y a 4 circuits différents (mais assez semblables tout de même) : A, B, C et D. Tous commencent vers 9h et incluent un déjeuner. Un arrêt à Paradise Island est très recommandé : beaux coraux, plage paradisiaque, un bon spot pour déjeuner. German Island est également un stop à ne pas louper, pour nager avec les tortues le matin !

WHITE BEACH ★★

À 30 minutes de marche via un chemin assez caillouteux ou à 10 minutes en bateau depuis la plage principale de Port Barton (environ 150 PHP), on arrive à White Beach. C'est l'une des plus belles plages de Palawan. Sable blanc, palmiers, eaux turquoise et tout ça rien que pour vous... un véritable rêve ! Attention toutefois à la baignade, les eaux sont réputées pour abriter de nombreuses méduses, parfois très petites. Préférez donc plutôt une flânerie dans le sable avant de pique-niquer. Le soir, le coucher de soleil est sublime.

CHUTES D'EAU DE PAMUAYAN

Entrée gratuite (donation bienvenue).

Port Barton est entouré de plusieurs chutes d'eau, notamment celle de Pamuayan. D'une hauteur de 8 mètres, elle s'écoule dans un bassin où il est possible de se baigner (l'eau y est assez froide). L'accès à cette dernière nécessite une heure et demie de marche vers le nord de Port Barton (vous pouvez demander à un des villageois de vous servir de guide) ; sinon optez pour y aller en moto ou scooter en 20 minutes. Une excursion sympathique en pleine nature, où vous ne croiserez pas grand-monde. Pensez à prendre un pique-nique.

COCORICO HOSTEL €

Rizal Street

✆ +63 956 471 3307

Lit en dortoir à partir de 660 PHP.

C'est la première auberge de jeunesse digne de ce nom à Port Barton et déjà CocoRico s'inscrit comme le rendez-vous des backpackers de passage dans la cité balnéaire. L'ensemble est très joli, la décoration alliant le charme des *native houses* et la modernité du béton ciré, a un côté chic dans l'air du temps. Les dortoirs sont confortables (rideau à chaque lit), les sanitaires communs sont agréablement propres et pratiques. Au restaurant, du petit-déjeuner au dîner tout est excellent, les week-ends l'ambiance est festive. *The new place to be* à Port Barton !

GREENVIEWS RESORT €

Rizal Street

+63 967 245 0876

Chambres doubles à partir de 1 500 PHP.

L'une des adresses les plus agréables de Port Barton. Treize bungalows en bambou et nippa disséminés dans un très bel environnement, à proximité de la plage et récemment rénovés. Au restaurant, une très bonne cuisine est servie, sans chichi mais savoureuse, du poisson essentiellement, et d'autres spécialités philippines. L'établissement peut arranger des packages à la carte comprenant hébergement, excursions et repas. Discrets sur internet et les réseaux, n'hésitez pas à pousser leur porte lors de votre passage, vous ne le regretterez pas.

AUSAN BEACH FRONT COTTAGES €€

Rizal Street

+63 0929 4440 582

www.ausanbeachfront.com

Chambre double à partir de 1 550 PHP. Petit-déjeuner inclus.

Entre les chambres simples, les cottages avec vue sur la mer ou les cabanes dans les arbres, Ausan propose un vaste choix d'hébergements à la décoration, disons, originale. L'atout principal de cet établissement est sa situation idéale, directement sur la plage. 10 chambres sur 14 sont équipées d'une douche avec eau chaude. Il y a un restaurant sur la plage et la possibilité de réserver des tours. En somme, un lieu parfait mais un confort un peu sommaire.

RUBIN €€

Rizal Mabini Street

+63 905 642 2860

www.rubin-resort.com

Chambres doubles à partir de 3 100 PHP.

À 35 mètres de la plage, c'est le premier et encore l'un des seuls resorts de Port Barton avec une piscine. Les bungalows aux toits de chaume et en nippa sont très simples et pas spécialement modernes mais ils disposent tous d'une petite terrasse qui donne sur la piscine. Bien que n'étant pas du tout luxueux, c'est l'un des hôtels les plus chics de Port Barton. Les propriétaires et le personnel sont amicaux et peuvent vous être d'une grande aide pour organiser vos excursions à Port Barton et alentour. Un établissement paisible et accueillant.

PARROTS BOUTIQUE RESORT €€

Bonifacio Street

+63 929 970 7703

Chambres doubles à partir de 4 150 PHP. Petit-déjeuner inclus.

© ANDREA

Situé tout près de la plage principale d'Itaytay, cet hôtel est l'un des seuls à avoir une piscine à Port Barton, pour le plus grand plaisir des clients. On adore l'architecture de l'établissement, un peu façon hôtel des Cyclades, avec ses murs lisses blancs arrondis, ses beaux volumes, le mobilier incrusté. Associé au toit de chaume en nippa, l'ensemble a beaucoup de cachet. À l'intérieur, les chambres sont minimalistes, propres et confortables. Le personnel est aux petits soins et le restaurant sert une très bonne nourriture. Définitivement une bonne adresse.

SUMMER HOMES BEACH RESORT €€

Mabini Street

+63 929 887 8824

https://summerhomespalawan.com

Chambres doubles à partir de 2 400 PHP. Petit-déjeuner inclus. Wifi.

Summer Homes est situé sur la plage principale de Port Barton, Itaytay Beach. Certaines chambres, sous forme de petits bungalows colorés, ont d'ailleurs leur propre terrasse et une vue sur la mer. C'est une bonne option pour les petits budgets, les bungalows sont rudimentaires mais agréables. Les chambres sur l'arrière restent correctes. Le personnel est amical et aidant, vous pouvez organiser vos sorties plongée ou *island hopping*. Adresse au calme sur la plage.

AYETTE'S BAMBOO BALAI BALAI €

Risal Street

+63 966 802 8115

Ouvert tous les jours de 8h à 22h. Plats entre 100 et 200 PHP.

Ce restaurant situé à l'angle de la même rue que la guesthouse du même nom (les contacter pour avoir les tarifs des chambres) propose une sélection de plats traditionnels philippins. Vous y trouverez par exemple des plats végétariens (nouilles, chopsuey, curry de légumes...), ce qui est assez rare aux Philippines mais également des plats de viandes et de poissons. Tout ce qu'il y a de plus classique aux Philippines, ni plus ni moins. Une bonne adresse, pour les petits budgets.

PORT BARTON EASY DIVING

+63 966 195 0833

Ouvert tous les jours de 8h30 à 19h.

Anciennement Easy Dive, Port Barton Easy Diving est maintenant sous la houlette du Dive Master Ronie Somerano qui plonge depuis plus de 20 ans. Ce magasin de plongée / centre d'excursions est l'un des pionniers à Port Barton. Fort de son expérience, Ronie accompagne ses clients sur pas moins de douze sites de plongée et trois épaves à découvrir dans les environs. Cours, baptêmes, certifications PADI. Il a à cœur de transmettre son amour pour les fonds sous-marins. Ce centre se situe au sud de la plage, 200 mètres après l'hôtel Deep Moon resort.

GACAYAN RESTAURANT €

Balestero street

+63 909 151 1769

Plats entre 100 et 350 PHP.

Situé juste dans la rue juste en face de l'office du tourisme, ce restaurant, qui certes ne paie pas de mine mais est bien connu des habitués, propose un vaste choix de plats typiquement philippins à tous petits prix et aux portions copieuses. De nombreux touristes long séjour en font leur cantine du midi. L'établissement est aussi bien utile pour y prendre un petit-déjeuner philippin à un prix dérisoire. La cuisine qui donne directement sur la salle de restaurant apporte un peu de chaleur à l'endroit très sommaire mais coloré.

CACNIPA ISLAND ★★★

De nombreuses îles sur Palawan sont propices à la plongée ou au snorkeling, notamment l'île de Cacnipa, située entre Caruray et Port Barton, à environ 60 km au nord de Puerto Princesa et 15 km de Port Barton. Avec un peu de chance, vous pourrez apercevoir des tortues et autres poissons (surtout tôt le matin). Sa plage de sable blanc et ses eaux cristallines sont propices à la détente, sa jungle sauvage offre un beau terrain de randonnée.

Transports

- **De/vers Port Barton.** Appelez l'hôtel pour qu'on vienne vous chercher et comptez 400 PHP par personne pour 45 minutes de trajet.

BESAGA BEACHFRONT BED & BREAKFAST €€

Rizal street, Purok Pag-asa

+63 915 847 3515

Ouvert tous les jours de 7h à 22h. Plats environ 200-730 PHP. Tarifs chambres sur demande.

Une adresse assez récente et déjà incontournable. C'est vrai que le Besaga a tout pour plaire : de jolies tables de pique-nique en bois disposées sur la plage, entre les palmiers, les guirlandes lumineuses en soirée : tout est réuni pour passer un excellent moment. Du petit-déjeuner au diner, des plats philippins réalisés avec finesse et gourmandise comme le poisson grillé ou le curry végétarien au lait de coco... Un restaurant cosy et bon qui fait aussi office de chambres d'hôtes.

COCONUT GARDEN ISLAND RESORT €

+63 977 216 6269

www.coconutgardenislandresort.com

Tarifs sur demande (environ 1 500 PHP la chambre).

Le seul hôtel de cette île paradisiaque est d'un très bon rapport qualité-prix et offre une retraite agréable. Le propriétaire suisse prend soin de cet hôtel situé sur une magnifique plage de sable blanc. Le restaurant sert une bonne cuisine peu onéreuse. C'est une île idéale pour un séjour en amoureux et pour ceux qui aiment la nature, le farniente, le snorkeling, le kayak, et les balades dans la jungle. Très bonne ambiance le plus souvent. On recommande.

ROXAS

Roxas est un village tranquille, à 142 km de Puerto Princesa, sur la côte est. C'est une halte sur la route pour El Nido si celle-ci vous parait trop longue. Roxas s'ouvre sur une baie parsemée d'îlots, dont Green Island et ses algues, Stanlake Island, qui renferme le sanctuaire d'oiseaux de Tabon, et la superbe Coco Loco, entourée d'un récif corallien.

Transports

- **De/vers Puerto Princesa.** Il y a des départs dès 6h du terminal San José (2h30, 300 PHP).
- **De/vers Port Barton.** Il faut traverser l'île dans sa largeur (1h, 100 PHP en Jeepney). Il y a au moins un départ par jour, le matin.

ÉGLISE ET FORT DE SANTA ISABEL

La ville est réputée pour son église vieille de 300 ans et son fort augustinien Santa Isabel, construit par les Espagnols en 1667, achevé en 1738 et transformé en poste militaire pendant l'occupation américaine. Il renferme une petite chapelle, un canon resté intact et un joli jardin. L'église est à trois minutes à pied du fort. Beau panorama sur le port, la ville, les lettres « TAYTAY » qui rappellent celles de Hollywood (mêmes dimensions, d'ailleurs !). Superbe au coucher du soleil.

TAYTAY ★★

Taytay (90 000 habitants) fut la première capitale de Palawan et se situe à 215 km au nord de Puerto Princesa, sur le détroit de Malampaya. Peu de voyageurs font l'effort de s'y arrêter. Pourtant, elle jouit d'un beau site, de superbes excursions alentour et de plages méconnues. Nul doute que l'offre hôtelière va rapidement se développer. Alors, venez-y avant le rush !

Transports

- **De/vers Puerto Princesa.** Les bus et vans pour El Nido s'arrêtent à Taytay. Départs entre 6h à 18h. 5 heures.
- **De/vers El Nido.** Départs de bus, jeepneys et vans de 6h à 18h. 1 heure.

ISLAND HOPPING À TAYTAY ★★

Environ 1 500 PHP / journée (tout inclus).

C'est l'une des activités à faire quand on s'arrête un jour ou deux à Taytay. Rendez-vous au port, où des bancas traditionnels peuvent vous emmener pendant une journée à la découverte des superbes îles de la baie de Taytay toutes plus belles les unes que les autres. L'île Élephant est connue pour son lagon caché au creux d'une grotte et dans lequel il est possible de se baigner. Isla Banca, quant à elle, est entourée d'eaux pures et cristallines qui abritent un jardin corallien à couper le souffle. Vous aurez peut-être la chance d'être seul sur ces îles.

DETROIT DE MALAMPAYA

Malampaya était utilisé par les Tagbanuas pour signifier « riche en poissons ». Une autre excursion recommandable (de préférence au petit matin ou en fin d'après-midi) mène au détroit (Sound) de Malampaya, une zone protégée depuis 2000, sur la côte Ouest, en route vers El Nido. On peut y observer les dauphins Irrawaddy, des proches parents de l'orque. L'espèce, selon le WWF, est en danger critique d'extinction définitive. Notamment menacés par la pollution et les filets de pêche, leur population n'est plus qu'estimée à une trentaine d'individus.

KUYAWYAW FALLS

Brgy. Cataban Tay Tay

Entrée à 500 PHP + 200 PHP pour le guide.

Situées à mi-chemin entre El Nido et Taytay, les chutes Kuyawyaw sont surtout prisées des touristes philippins mais très peu des touristes étrangers car l'endroit n'est pas mentionné dans les guides. Il faut compter 30 minutes en scooter depuis Taytay. Un guide est obligatoire (ce que l'on regrette un peu car il n'est pas nécessaire et ça revient assez cher). Il vous suffit de suivre le cours de la rivière pour atteindre les 3 chutes d'eau ouvertes au public. Cette rapide excursion peut constituer une halte rafraichissante avant d'atteindre El Nido.

LAC DANAO

À 10 km au sud de Taytay

Le lac Danao (aussi appelé lac Manguao) provient de l'affaissement d'un volcan et est rempli d'eau douce d'où émergent quelques îles. Avec une superficie de 6,7 hectares, c'est le plus grand lac d'eau douce de Palawan. Paradis pour les ornithologues, on peut y observer plus de 120 espèces d'oiseaux. Comptez deux heures sur place, vous aurez le choix entre une randonnée dans la jungle alentour, une balade en bateau sur le lac (environ 1 500 PHP) et un pique-nique. C'est un endroit agréable pour une pause tranquille en pleine nature.

FLOWER ISLAND ★★★

Parmi tant d'autres îles plus ou moins éloignées de Taytay, on en trouve une particulièrement agréable. Flower Island est une île privée depuis plus de 30 ans, le sable blond immaculé de ses plages est entouré de récifs coralliens intacts et d'une eau translucide. Les propriétaires de l'hôtel ont à cœur de protéger cet environnement exceptionnel. Un paradis pour les amoureux de la nature.

Transports

Pour s'y rendre, le seul resort de l'île organise vos transferts, soit depuis le port de Taytay, soit depuis le village d'El Nido. Elle se trouve à 3 heures de banca au nord-est de Taytay.

CASA ROSA SEAVIEW INN & RESTAURANT €

Poblacion

✆ +63 918 530 1924

casarosaseaviewinnandrestaurant.com

Restaurant ouvert de 7h30 à 20h. Plats entre 250 et 450 PHP. Chambres doubles : tarifs sur demande.

Perché sur une colline, l'établissement offre une vue à couper le souffle sur le fort de Santa Isabel et la baie de Taytay. L'ambiance y est particulièrement agréable. Si vous voulez visiter les îles aux alentours, voir les dugongs et les dauphins d'Irrawady ou le lac Danao, l'hôtel organise des excursions. Que dire du restaurant ? On y sert une cuisine philippine et western très bien réalisée. Adobo, pizza... faites votre choix ! La meilleure adresse, de loin.

© ARNAUD BONNEFOY

Flower Island, un vrai paradis à Palawan.

PEM'S PENSION AND RESTAURANT €

Rizal street ✆ +63 917 829 5959

Chambres et cottages entre 960 et 1 700 PHP. Petit-déjeuner inclus. Plats entre 200 et 350 PHP.

La Pem's pension est une bonne alternative si la Casa Rosa est complète par exemple. Certains cottages offrent une vue directe sur le fort de Santa Isabel. Les chambres sont équipées d'un ventilateur et les cottages d'air conditionné. Le wifi est disponible au restaurant et le personnel très accueillant peut s'occuper de vous organiser des tours dans les environs. Au restaurant, les spécialités habituelles philippines et une sélection de sandwichs. Correct.

FLOWER ISLAND BEACH RESORT €€€

Big Budacan Island

✆ +63 917 635 4431

www.flowerislandresort.com

Chambre double à partir de 10 000 PHP. Petit-déjeuner et activités inclus. Wifi. Packages sur demande.

L'hôtel de cette île privée propose des bungalows tout confort, un accès direct à la plage et un restaurant de qualité. Il est aussi possible de dormir dans une tour panoramique, au sommet de la colline (la vue est à couper le souffle), afin d'y admirer le lever et coucher du soleil. Sur ce même sommet, un spa et un bar ont ouvert leurs portes. Possibilité de plongée, snorkeling et visite d'une ferme perlière. Une adresse envoûtante et eco-friendly. Un coup de cœur.

EL NIDO ★★★

Le village d'El Nido, connu pour être le point de départ vers l'archipel de Bacuit, a bien grossi ces dernières années en raison de l'afflux des touristes, chaque année plus nombreux à venir profiter de ce paradis. Situé à 240 km au nord de Puerto Princesa, El Nido vient du nom des nids d'hirondelles (les *salanganes*) que l'on trouve dans les excavations des falaises calcaires – « nid » se traduisant par *nido* en espagnol (ces nids, denrée prisée, peuvent se vendre jusqu'à 3 000 $/kg en Asie, surtout en Chine). El Nido regroupe en fait 18 petits villages de paysans et de pêcheurs. Ce site d'une beauté à couper le souffle a pris un certain essor touristique ces dernières années (notamment auprès d'une clientèle française qui en a découvert les charmes avec l'émission *Koh Lanta* qui s'est déroulée à Palawan en 2007) et voit ses eaux de plus en plus polluées. Malgré tout, El Nido, classé réserve naturelle depuis 1992, a su préserver ses richesses naturelles aux alentours. Certes, il n'y a presque plus de plages vierges à El Nido même, mais on continue toutefois à apprécier les couchers de soleil sans équivalents, tout en sirotant un cocktail attablé à l'un des petits restaurants du bord de mer. De plus, le centre de El Nido est constitué d'à peine quelques rues : on peut tout y faire à pied. Il y règne véritablement une certaine douceur de vivre, surtout à la basse saison. Et que dire des paysages de Bacuit ou de la pointe nord de Palawan ? Magnifique, tout simplement. Une étape à El Nido pour découvrir l'archipel des Bacuit est un incontournable de tout voyage à Palawan, voire aux Philippines. On adore.

Argent

Il n'y a que deux distributeurs d'argent à El Nido mais il n'est pas rare que les cartes européennes ne passent pas ou qu'ils soient vite à court de liquide compte tenu du nombre de touristes. De plus, les retraits sont limités à 10 000 PHP (+ frais bancaires). Mieux vaut donc prendre ses précautions avant de débarquer à El Nido, d'autant plus qu'ici la majorité de vos dépenses s'effectueront en espèces.

Se loger

L'hébergement à El Nido est dans l'ensemble assez bas de gamme et pas toujours d'un bon rapport qualité-prix. Mais la donne change et de nouveaux resorts de luxe sont construits tous les ans surtout à Corong-Corong et Calaan qui jouxtent El Nido. Quelques auberges de jeunesse ont ouvert ces dernières années. Vous aurez donc le choix entre des hostels à petit prix, des pensions pas toujours confortables à prix moyen et des resorts de luxe.

Transports

- **Avion. De/vers Manille :** Les liaisons vers El Nido sont plus coûteuses que vers toute autre destination car la compagnie Air Swift est une compagnie privée qui dessert en majorité les établissements de luxe situés dans l'archipel voisin. La compagnie propose 4 vols par jour (1h20). L'aéroport desservant El Nido s'appelle Lio Airport. Prendre un tricycle pour rejoindre le centre (15 minutes, 250 PHP).
- **De/vers Cebu** : Air Swift propose 2 vols par jour de et vers Cebu (1h40).
- **Bateau. De/vers Coron** (Busuanga). Plusieurs compagnies de ferry (Montenegro et Phimal Fast Ferry par exemple) proposent le trajet plusieurs fois par jour (4h, 2 000 PHP). Attention, réservez plusieurs jours à l'avance en haute saison (février-mai). Des agences proposent également des expéditions en plusieurs jours pour rejoindre les deux îles (une expérience géniale).
- **En bus de Puerto Princesa.** La compagnie Cherry Bus propose 9 départs par jour du terminal des bus de 7h à 22h (7h, 600 PHP).
- **En van de Puerto Princesa** (plus rapide mais moins d'espace) : la compagnie Lexxus Shuttle Trip propose 8 départs par jour au départ de votre hôtel, de l'aéroport ou du terminal des bus de 7h à 17h30 (5h, 500 PHP).
- **Se déplacer sur place.** À pied dans le village et en tricycle pour de plus longs trajets. La plupart des établissements proposent également la location de scooter.

MIMAROPA

ILLE CAVE

New Ibajay

Parking 25 PHP, entrée 100 PHP (guide).

Sur la côte Est, dans le village d'Ibajay, sur la route en direction de Sibaltan, comptez environ 45 minutes en scooter. La route pour y accéder est un peu caillouteuse. La grotte d'Ille relève une importance historique particulière depuis que des archéologues y ont découvert des ossements d'animaux, poteries et outils qui attestent d'une présence humaine sur Palawan il y 12 000 ans. Ouverte au public, on y accède via un sentier assez sportif et accompagné d'un guide qui connaît les lieux et vous donnera les explications nécessaires.

ISLAND HOPPING À EL NIDO ★★★★

Au prix d'un tour, il faut ajouter la taxe environnementale de 200 PHP valable 10 jours (parfois elle est incluse).

Une excursion dans l'archipel de Bacuit (*island hopping*) est souvent LA raison de venir à El Nido et peut-être même aux Philippines. La baie de Bacuit et ses îlots plus ou moins grands sont en effet d'une beauté à couper le souffle. Entre l'incroyable verticalité des rochers karstiques d'un gris sombre, les lagons aux eaux turquoise, les plages immaculées et la végétation luxuriante jamais touchée par l'homme, c'est tout simplement un mélange de couleurs inédit, un paysage parmi les plus beaux au monde que l'on a devant ses yeux.

▶ **Il est très simple de faire un tour des îles.** La plupart des hôtels peuvent l'organiser et de nombreuses agences ont essaimé ces dernières années. Il existe quatre parcours différents standardisés qui permettent de répartir les visiteurs sur les différents sites. Un tour typique part à 9h et revient à 16h. Le déjeuner – souvent très bon (légumes, poissons frais, fruits) – est toujours compris ainsi que le transfert de/vers l'hôtel. Le matériel de snorkeling ou kayak est soit inclus soit en supplément.

▶ **Les tarifs** sont globalement alignés, même si certaines agences tentent de brader un peu leur prix pour attirer le chaland. On vous conseille de vous en tenir aux suggestions de votre hôtel ou aux agences officielles réparties dans le centre de El Nido. On part en général sur une grande banca depuis le port de El Nido, enclavé dans ses falaises, c'est déjà incroyablement pittoresque. Attention, pour atteindre le bateau qui part le plus souvent de la « plage » d'El Nido, il faut souvent marcher dans l'eau (gardez vos chaussures surtout) ou même nager, mieux vaut être prévenu. Certains prestataires proposent les circuits en bateaux rapides (speedboat) : c'est plus rapide, on va plus loin et on passe plus de temps dans l'eau ou sur la plage. L'idéal serait de faire un circuit en banca et un autre en speedboat. On peut choisir de faire un tour en groupe (15-20 personnes) ou de manière privée. Un tour privé est certes plus cher (environ 65 € par personne pour un groupe de 4) mais est synonyme d'intimité et de liberté.

▶ **Tour A :** Seven Commando Beach, Big Lagoon, Shimitzu Island, Paayong Payong et Secret Lagoon. 1 200 PHP/personne/groupe ; 12 000 PHP/2 personnes/privé.

▶ **Tour B :** Entatula Isla, Snake Island, Cudognon Cave, Cathedral Cave et Papaya Beach. 1 300 PHP/personne/groupe ; 11 500 PHP/2 personnes/privé.

▶ **Tour C :** Helicopter island, Hidden Beach, Cagbatang Island, Secret beach et Matinloc shrine. 1 400 PHP/personne/groupe ; 12 000 PHP/2 personnes/privé.

▶ **Tour D :** Cadlao Lagoon, Paradise Beach, Pasindigan Cove, Buka Island et Small Lagoon. 1 200 PHP/personne/groupe ; 11 500 PHP/2 personnes/privé.

▶ **L'avis Petit Futé.** Les tours A et C sont les plus populaires (notamment du fait du Big Lagoon dans le tour A et de la Hidden Beach dans le tour C), vous ne serez donc pas les seuls, loin de là… Les tours B et D permettent un peu plus de solitude même si cela est rare – inexistant, avouons-le – dans cet archipel de rêve. Si vous pouvez vous le permettre, nous conseillons un *island hopping* privé, vous ne le regretterez pas, votre guide n'hésitera pas à s'éloigner des spots touristiques car il connait les heures d'affluence. La cerise sur le gâteau serait de partir très tôt le matin pour arriver sur les sites avant tout le monde ! Dans tous les cas, même si vous choisissez l'option en groupe et en journée, cela n'enlèvera rien à cette expérience unique qui restera magique.

MIMAROPA

Island Hopping à el Nido.

LIO BEACH

Lio Beach
https://www.lio.ph/
Au bout d'une belle route entourée de palmiers, à 15 minutes de El Nido, Lio Beach est une petite plage surprenante et pleine de charme, à l'écart de la foule et qui offre pourtant une foule de services. Sur place, plusieurs bars et restaurants, la possibilité de louer des kayak et des paddles, un terrain de volley-ball et des chaises longues pour se détendre. Le soir, il y a régulièrement des concerts. Ne pas manquer le coucher du soleil, avec la silhouette des îles avoisinantes au loin, simplement sublime. Un bon spot pour passer une journée fun et relaxante.

EL NIDO BOUTIQUE & ARTCAFE

Serena Street
✆ +63 920 902 6317
www.elnidoboutiqueandartcafe.com
Ouvert tous les jours de 7h à 22h.
L'adresse tout-en-une très pratique ! Pour des infos à jour concernant les hébergements et les transports. Pour réserver tout un panel d'excursions : tour des îles, kayak, randonnée ou pêche. Pour la jolie boutique de souvenirs, bienvenue à l'Art Café. Parce qu'ils font office de bureau de change également. Et le restaurant sert des plats végétariens. En somme, c'est l'endroit incontournable pour organiser votre séjour si vous ne vous y êtes pas pris à l'avance.

PLAGE DE CORONG CORONG

Corong-Corong
C'est une longue plage de sable blanc rapidement accessible depuis le centre d'El Nido, en tricycle voire à pied. Il y a pas mal de bateaux et la baignade n'est pas idéale, surtout à marée basse, mais on y vient surtout pour les magnifiques couchers de soleil, pour le panorama pittoresque sur les îles alentour et sa longueur, plus de 600 mètres, est propice à une flânerie bien agréable. Cependant, plusieurs restaurants, bars et hôtels se sont installés le long de la plage. Ça reste une superbe plage sur laquelle il est intéressant de faire une halte.

PLAGES DE NACTAN ET DULI ★

Duli Beach
La plage de Nacpan se situe à 20 km au nord d'El Nido. Cette immense plage paradisiaque autrefois désertique, est de plus en plus courue par les touristes mais elle est si grande que sa nouvelle popularité ne nuit pas encore au plaisir de s'y prélasser. On vous conseille de louer un scooter pour vous y rendre. En chemin, faites donc une halte aux chutes de Nagkalit-kalit. La plage de Duli se situe encore plus au nord, à 45 minutes d'El Nido en scooter. Encore plus sauvage que Nacpan, peu fréquentée et avec de belles vagues pour surfer. Sur place un restaurant.

PLAGE DE MAREMEGMEG [LAS CABANAS] ★

Las Cabanas Beach
Voici sans doute l'une des plus belles plages d'El Nido. Précipitez-vous là-bas pour profiter du coucher de soleil et surtout de la beauté de ce site pittoresque, de son sable blanc et de ses eaux cristallines. Idéal pour se prélasser le temps d'une journée loin du tumulte la ville. Sur place, quelques restaurants, bars et resorts se sont installés, dénaturant un peu la plage. Toutefois l'ambiance y est encore paisible, simplement vous ne serez plus seuls pour en profiter.

TARAWIS EL NIDO ISLAND TOURS

Corner Calle Amboy Rizal Street
✆ +63 917 423 8764
www.tarawiselnidoislandtours.com
Ouvert tous les jours. Tours à partir de 1 200 PHP.

Tarawis Island Tours est l'un des leaders des voyages et des visites à El Nido. Sur place, ils offrent leurs services aux voyageurs de passage et ont acquis au fil des années une sacrée réputation notamment pour leur professionnalisme et leur courtoisie inégalée. Ils proposent des activités d'île en île à El Nido, comme de la plongée en apnée, du kayak, de la plongée sous-marine, mais également des hébergements en hôtel, parmi d'autres services. Leurs prix sont très abordables.

UMI TRAVEL AND TOURS

Hama Street
✆ +63 999 713 4480
Ouvert tous les jours de 7h30 à 22h.

UMI Travel and Tours est une agence de voyages agréée située à El Nido et spécialisée dans la région et les autres destinations de Palawan de votre choix. Elle propose des packages à prix fixes mais également l'hébergement, les transferts et les transports selon vos besoins. Les guides sont professionnels et enthousiastes, ils feront de votre expédition une aventure hors pair, les repas préparés sur le banca sont frais et délicieux, et ils fournissent tout le matériel nécessaire (masque, tuba, chaussures d'eau, gilet). Une bonne agence locale.

NATIV' EXPLORATION PALAWAN

Pops district
www.nativexplorationpalawan.com

Certaines expériences n'arrivent qu'une fois dans une vie. Cinq jours à naviguer entre El Nido et Coron, d'île en île, presque toujours désertes ou habitées de quelques familles. Une eau turquoise, des paysages à la croisée de la baie d'Halong et de l'île de Robinson Crusoé. N'hésitez pas à vous offrir cette expédition. Attention toutefois ! Si le cadre semble sorti d'une carte postale, les conditions de voyage sont celles de Robinson en goguette (pas de douche ou de climatisation) !

GO PARADISE TRAVEL & TOURS

Anchorage Building Calle Real Corner Calle Rizal
✆ +63 995 4656 500
http://goparadise.org/

Gérée par une équipe jeune et dynamique, c'est une agence sympa pour explorer l'archipel de Bacuit ! Go Paradise Travel & Tours est situé dans le centre-ville d'El Nido et c'est l'une des agences pionnières pour les *island hopping*. L'équipe propose également une assistance pour les réservations et les voyages sur la côte de Palawan, ses villages de pêcheurs, le labyrinthe des îles inhabitées et également à l'extérieur d'El Nido, jusqu'à Coron et au-delà.

TRIBE BANUA

✆ +63 936 102 5206
https://tribebanua.wixsite.com
Expédition 3 jours/2 nuits El Nido-Coron : 20 000 PHP.

Tribe Banua organise des expéditions en banca entre El Nido et Coron (vice-versa) en 3 jours et 2 nuits. En comparaison aux grosses agences, Tribe Banua propose une expérience plus authentique, en petits groupes (10 personnes max.). L'encadrement est professionnel, les repas sont excellents, l'équipage est dynamique et le guide (Lorex) prend soin de ses clients. Nuit en tente et dans une cabane, snorkeling avec des tortues, exploration d'îles désertes, couchers de soleil et feu sur la plage... Une aventure si exceptionnelle qu'on oublie vite le manque de confort.

CHISLYK COTTAGES €

Hama street
✆ +63 928 504 0728
Bungalow autour de 1 800 PHP. Wifi. Réservations via facebook ou téléphone.

Ce sont des petits bungalows en bambou, tout ce qu'il y a de plus basique en termes de confort mais ils ont l'avantage d'être situés sur la plage. Le point fort : sa situation assez centrale, à la fois à quelques minutes du centre du village, à la fois un peu à l'écart et donc au calme. On aime aussi les petites terrasses privées qui permettent d'apprécier les couchers de soleil. Les prix sont abordables, les propriétaires disponibles et arrangeants. Ce n'est pas le meilleur rapport qualité-prix d'El Nido mais ça reste un endroit correct et pratique.

© DIEGO

© DIEGO

© DIEGO

MAREMEGMEG BEACH HOTEL & BAR €€

Sitio Maremegmeg
✆ +63 999 724 3965
Réservations via email ou facebook.

Ce boutique hotel, à la superbe architecture contemporaine et assez récent, est installé sur la plage de Marimegmeg, à quinze minutes à pied du centre d'El Nido. Les spacieuses chambres possèdent toutes un balcon qui donne sur la baie. Leur décoration mêle éléments modernes, textures artisanales et couleurs douces, ce qui donne beaucoup de cachet. En prime, une longue piscine horizontale à quelques pas de la plage. Ambiance détente et chic à la fois. Une adresse de charme.

© DIEGO

© DIEGO

COCO RESORT EL NIDO €€

Barangay Corong Corong
✆ +639195877569
www.elnido-hotels.com/coco-resort-en
Chambre double à partir de 5 350 PHP ; Villa Deluxe pour 3 dès 13 400 PHP. Petit-déjeuner inclus.

Idéalement situé à 30 mètres de la plage de Corong-Corong, l'établissement El Nido Coco Resort propose des hébergements paisibles entourés d'une végétation luxuriante et rafraichissante. Sur place, tout ce qu'il faut pour passer un séjour en toute détente et dans un confort optimal. Un bar sur la plage et un restaurant où est servie une bonne cuisine internationale et philippine. Une grande piscine trône également au cœur du jardin tropical. Enfin, les chambres ou villas sont décorées avec goût et sobriété, certaines possèdent une mini-piscine privée.

© N

© ERIC

ISLAND FRONT COTTAGES & RESTAURANT €

Sitio Lugada
✆ +63 921 569 9772
Chambres doubles à partir de 1 500 PHP.

Dans un jardin luxuriant, au bord de la très belle plage de Corong-Corong, des chambres un peu les unes sur les autres, mais colorées et locales, rustiques (pas mal d'artisanat local) et relativement confortables. Toutes les chambres ne se ressemblent pas : l'une à l'étage conviendra aux petits budgets, celle sur la plage aux couples romantiques. Conviendra aux petits budgets qui recherchent plus un emplacement idéal que des prestations de qualité.

OUTPOST BEACH HOSTEL €

Sitio Lugadia
✆ +63 927 363 4588
https://outposthostels.com/
Chambre double à partir de 5 600 PHP. Lit en dortoir à partir de 1 200 PHP.

Idéalement située sur la plage de Corong-Corong, à quelques minutes du centre d'El Nido, Outspot est une auberge de jeunesse dans l'air du temps. Moderne, conviviale et accueillante. C'est l'endroit idéal pour les backpackers qui sont à la recherche d'un endroit où faire des rencontres dans une ambiance festive et amicale. Le personnel est lui aussi très sympa. Ils organisent leurs propres excursions à El Nido et le restaurant-bar sert des petits-déjeuners, des plats et des boissons très correctes et à des prix abordables. Une bonne auberge.

SPIN DESIGNER HOSTEL €

El Nido Balinsasayaw road corner Calle Real El Nido ✆ +63 917 625 7846
http://spinhostel.com
Lit en dortoir à partir de 1 000 PHP, chambres doubles à partir de 3 000 PHP. Petit-déjeuner inclus.

Voyager à petits prix avec style ? C'est possible au Spin designer hostel ! Cette auberge de jeunesse *design* n'a pas fait l'impasse sur la décoration à la fois audacieuse, moderne et colorée. On aime le fait qu'il y ait des dortoirs réservés aux femmes et que les sanitaires en commun soient tout à fait propres et bien entretenus. Les petits-déjeuners (pancakes et omelettes cuisinés sous nos yeux) sont au top et l'équipe est tout sourire, super sympa. Le wifi est performant, et l'ambiance est idéale pour rencontrer d'autres voyageurs tout en étant assez calme.

BULSKAMP INN €€

Osmeña Street
✆ +63 95 6648 2901
www.bulskampinn.com
Chambres doubles à partir de 3 900 PHP.

Idéalement situé au cœur de la petite ville d'El Nido à côté des restaurants, des boutiques... L'hôtel est composé de 9 chambres de gammes différentes mais toutes équipées de la climatisation, d'un coffre-fort et de l'eau chaude. L'hôtel dispose d'une charmante cour intérieure au milieu de plantes tropicales où l'on peut prendre son petit déjeuner. L'équipe de l'hôtel est très serviable et peut s'occuper d'organiser toutes vos activités et tous vos transports. Le petit-déjeuner (en supplément) est très bon et l'hôtel est à quelques minutes de la plage.

DULI BEACH RESORT €€

Duli Beach
✆ +63 947 9698 210
https://www.dulibeach.com/
Chambre double à partir de 4 900 PHP. Petit-déjeuner inclus.

En termes de cadre paradisiaque, qu'on se le dise, on peut difficilement faire mieux. Situé sur la magnifique plage de Duli, à 25 km de El Nido, au bout d'un chemin un peu cabossé (le paradis se mérite !), quelques bungalows, simples mais jolis et confortables, trônent fièrement entre forêt, falaises et plage de sable blanc. Quel bonheur de se réveiller avec le bruit des vagues et une vue si grandiose. Au programme, surf et farniente. Un petit-déjeuner et un restaurant très bons. Un rêve éveillé pour tous les amoureux de nature.

LAST FRONTIER €€

Corong-Corong
✆ +63 9 999 926 281
www.lastfrontierbeachresort.com
Chambre double à partir de 7 000 PHP. Petit-déjeuner inclus.

Situé sur la célèbre plage de Corong-Corong, dans un environnement privilégié tout en étant à proximité du village d'El Nido, cet établissement propose quelques charmants cottages, alliant décoration soignée au confort moderne, dont certains ont une vue sur la mer. Il y a une jolie piscine face à la mer ainsi qu'un bar et restaurant raffiné qui sert une cuisine excellente. Bel endroit et belles prestations. Les enfants de moins de 15 ans ne sont pas admis pour être sûr de préserver un environnement calme. Pour les couples qui cherchent un endroit romantique.

MORINGA RESORT €€

Corong Corong Beach
✆ +63 999 5373 006
Chambre double à partir de 8 900 PHP. Petit-déjeuner inclus.

Le Moringa resort propose des chambres confortables, au design alliant modernité et tradition. Certaines possèdent leur propre balcon, d'autres un patio privatif voire un bain à remous. À 200 mètres de la plage, l'établissement cherche à offrir à ses clients une expérience de luxe autant par le logement que dans les activités proposées. Ainsi, on trouve sur place une immense piscine bordée d'un bar à cocktails et d'un restaurant de spécialités italiennes, un salon de massage et une boutique d'artisanat local mais aussi une agence pour organiser des excursions.

© MAX

© MAX

MIMAROPA

ORA BEACH RESORT €€

Corong Corong
✆ +63 985 497 8029
Chambre double à partir de 10 000 PHP. Petit-déjeuner inclus.

Situé à El Nido, à 200 mètres de la plage de Corong Corong, l'Ora Beach Resort dispose d'une piscine extérieure, d'un parking privé gratuit, d'une salle de sport et d'un jardin. Les chambres sont spacieuses et propres. Elles sont équipées d'une télévision, d'un sèche-cheveux et de la climatisation. Certaines ont même leur propre terrasse. Le personnel est courtois et l'hôtel est à proximité de nombreuses agences pour organiser vos tours et visites. Le soir, vous profiterez d'un superbe coucher de soleil directement sur la plage.

© DR

© DR

ROSANNA'S PENSION €€

Hama street
✆ +63 920 605 4631
Chambres doubles à partir de 2 500 PHP. Petit-déjeuner inclus.

Un hôtel confortable et moderne, idéalement situé sur la plage d'El Nido. Certaines chambres ont une vue sur la mer et un petit balcon, très agréable. La décoration et le mobilier sont simples mais les chambres sont propres et fonctionnelles. L'hôtel compte quatorze chambres donc en pleine saison il faut s'y prendre bien à l'avance pour réserver. Pratique, agréable et un peu plus confortable que les autres pensions du bord de mer. Le petit-déjeuner est, comme souvent, sommaire mais correct. Un bon rapport qualité-prix pour cette adresse.

SEA COCOON €€

Calle real
✆ +63 917 674 1024
Chambres doubles à partir de 6 500 PHP. Petit-déjeuner inclus.

Construit pour le confort et la commodité de ses clients, Sea Cocoon est un établissement propre et bien tenu, idéal pour se détendre. Les chambres sont confortables, notamment la literie, et sont d'un bon rapport qualité-prix. L'hôtel est situé dans le centre-ville (attention au bruit), à proximité des restaurants, bars et commerces, et à seulement un pâté de maisons de la plage. Le personnel est très serviable et sympathique, ils peuvent vous aider pour vos expéditions. Une base pratique pour profiter de toutes les activités d'El Nido.

BAHALA NA VILLAS €€€

Brgy Villa Libertad
✆ +63 9668 500 365
www.bahalanavillas.com
Villa 4 personnes à partir de 12 000 PHP. Petit-déjeuner inclus.

Loin de l'agitation du centre d'El Nido, niché dans un écrin de nature, Bahala Na Villas est un micro-lotissement de villas de luxe. Chacune possède 2 chambres, une salle de bain et un salon-cuisine qui donnent sur un patio privé avec piscine. Le tout à l'abri des regards, il y règne un calme propice à la détente. Les murs blancs à la chaux et la décoration bohème-chic donne un air d'Ibiza à l'ensemble. Le petit-déjeuner philippin est délicieux et le personnel est dévoué et répondra à toutes vos attentes. Réservation de tricycle et location de scooter. On adore !

MIMAROPA

CADLAO RESORT & RESTAURANT €€€

Sitio Caalan, Barangay Masagana
✆ +63 917 5897 069
https://cadlaoelnido.com/
Bungalow à partir de 7 500 PHP. Petit-déjeuner inclus.

Autour de deux jolies piscines, les bungalows sont dispersés sur une impeccable pelouse. Ambiance détente mais tout de même animée, entre vue grandiose sur l'île de Cadlao et la baie de l'archipel de Bacuit, et cette petite touche de charme indescriptible qui porte la marque des beaux établissements. Le restaurant propose une cuisine raffinée et élégante. On conseille, pour un déjeuner loin de la cohue touristique d'El Nido, d'autant que la vue est particulièrement reposante.

FRANGIPANI €€€

Sitio Lugadia
✆ +63 968 343 7777
www.frangipanielnido.com
Chambres doubles à partir de 10 900 PHP. Petit-déjeuner inclus.

Sur la plage de Corong Corong, ce boutique hotel intimiste dégage un véritable caractère. Les chambres ont des lignes épurées, une esthétique minimaliste, une palette de couleurs apaisantes et des matériaux naturels. Un aménagement pointu. Le restaurant face à la mer sert une cuisine aux accents méditerranéens de qualité et le bar, convivial, dispose d'un riche menu. L'endroit est d'ailleurs parfait pour admirer les fabuleux couchers de soleil sur la baie. On allait oublier : le petit bassin en front de mer est délicieux. L'une des plus belles adresses d'El Nido.

LAS CABANAS BEACH RESORT €€€

Sitio Pacalasada
✆ +63 947 487 9961
Chambres doubles à partir de 7 800 PHP. Petit-déjeuner inclus.

Cet hôtel jouit d'une belle situation sur la plage qui lui confère un beau panorama sur les îles environnantes. Quelques bungalows en matériaux naturels comme le bambou et le rotin sont disséminés dans un vaste jardin. Certaines chambres ont vue sur l'océan. On trouve que le prix est un peu élevé par rapport au standing proposé mais l'hôtel est tout à fait convenable. Il se trouve à 15 minutes en tricycle du village d'El Nido (150 PHP). Il y a une piscine et un restaurant où il est agréable de prendre un verre et de manger face à la mer.

MAHOGANY RESORT & SPA €€€

✆ +63 919 951 7930
www.elnido-mahogany.com
Chambre double à partir de 12 000 PHP. Petit-déjeuner inclus.

Le Mahogany Resort & Spa est idéalement situé sur la plage de Corong Corong au calme. Dans un vaste jardin tropical, entre océan et cocotiers, se lovent huit villas offrant de larges baies vitrées pour un effet dedans-dehors ainsi qu'une alliance réussie de style local et de design moderniste au confort ultime. La piscine en marbre blanc à plusieurs niveaux offre une superbe vue sur la mer. Enfin, le Spa promet un moment de calme et volupté. Ouvert par un Français et géré par Sylvère, qui est français également, vous n'aurez aucun problème de communication !

© ARNAUD

© ARNAUD

MIMAROPA

LION'S SUNSET BEACH BAR & RESTAURANT €€

Sunset Avenue, Pop's District, Corong-corong
✆ +63 919 595 8835
Cocktails environ 300 PHP, plats entre 350 et 700 PHP.

Le Lion's Sunset est l'endroit idéal pour savourer un cocktail aussi beau que bon à la *golden hour* avant d'enchainer avec un dîner, le tout dans un cadre de rêve, confortablement installés face à la mer. Et comme le cadre paradisiaque ne fait pas tout, les plats proposés sont également excellents. Burgers variés, currys, cuisine fusion asiatique, le chef confectionne ses plats avec des ingrédients frais et locaux. Une ambiance familiale, relaxante et un service au top !

© N

© N

QI PALAWAN €€€

San Fernando
✆ +63 935 534 1220
www.qipalawan.com
Cottage à partir de 12 000 PHP. Petit-déjeuner et transfert aéroport inclus. Wifi.

À 50 minutes d'El Nido, sur la côte de San Fernando se situe ce magnifique resort pas comme les autres. Ouvert par des amoureux de la nature (tous les bâtiments sont autonomes en énergie renouvelable) et également grands sportifs (cours de yoga tous les jours et cours de kite surf tous les jours de novembre à mars), ce resort propose de jolis bungalows entre mer et jungle (avec des salles de bain extérieures : un régal !). La cuisine est entièrement concoctée à partir des produits locaux et le menu change tous les jours. On recommande pour un séjour loin de tout.

LA SALANGANE CAALAN BEACH VILLA €€

Caalan Beach
✆ +63 917 596 6903
Chambres doubles à partir de 2 800 PHP. Possibilité de réduction en cas de longue durée (semaine ou mois).

Voici un concept intéressant pour les voyageurs épris de liberté et ne souhaitant pas dépendre des restaurants et autres bars pour se sustenter. En effet, dans ce homestay, on loue des petits bungalows aménagés en appartements incluant une cuisine fonctionnelle et équipée. En plus, cette pension étant située à Caalan Beach – et donc hors du bruit du centre-ville – vous aurez vraiment l'impression d'être en vacances, en train de faire chauffer des poissons sur votre barbecue.

HAPPINESS BEACH BAR €

Serena Street
✆ +63 48 716 2518
Ouvert tous les jours de 7h à 23h. Plats environ 350 PHP. Cocktails à partir de 220 PHP.

En plein cœur d'El Nido, le Happiness Beach Bar est un bar-restaurant à l'ambiance chic-décontractée, avec ses balançoires de comptoir et son mobilier en rotin. On y sert essentiellement des spécialités au confluent de la cuisine israélienne et méditerranéenne à la mode végétarienne et végane. Bon et sain en somme. Falafels, pitas, houmous… tout est délicieux ! Le matin, c'est bols de fruits et granola, beaux et vitaminés, le soir, le choix se porte sur un des innombrables cocktails, sans aucun doute parmi les meilleurs de l'île.

FOCUS

BIENVENUE À LA PLAGE

UN ÉTABLISSEMENT TOUT EN 1 LES PIEDS DANS LE SABLE

La Plage, c'est à l'origine un restaurant familial, ouvert par un couple de Français et situé, bien évidemment, en bord de mer. Ouvert en 2013, l'établissement s'est refait une beauté pour ses dix ans et est toujours plus prisé pour la vue d'exception qu'il offre sur la fameuse baie de Bacuit et ses couchers de soleil d'une beauté inoubliable. Entre 17h et 19h, tous les soirs, on profite de ce spectacle de la nature au rythme d'un *DJ set*, au bord de la piscine, tout en sirotant un cocktail préparé avec soin par un mixologiste expert. Dans l'assiette, on retrouve une cuisine française avec des accents asiatiques mise à l'honneur par un menu qui varie au gré des saisons et des envies du chef. Les poissons et fruits de mer issus de la pêche locale sont bien souvent les stars de l'ardoise. En plus du restaurant et du *beach bar*, La Plage propose également des tours sur mesure en speedboat, avec la promesse de rester à l'écart des hordes de touristes et la garantie de se retrouver en solitaire sur certaines îles et plages de la baie de Bacuit. À bord du bateau, un véritable repas préparé par le restaurant est servi aux vacanciers et un *bartender* est même présent pour préparer des cocktails minute et sur mesure, de quoi vivre une journée de découverte inoubliable.

Riche d'un succès florissant, c'est tout naturellement que fin 2023, La Plage décide de s'agrandir pour devenir également un établissement hôtelier. Toujours dans cet esprit familial, chaleureux et local, l'hôtel a été construit à partir d'une ancienne maison en bois typique qui a été déplacée et remontée intégralement. L'idée est de conserver l'aspect d'une maison de famille philippine avec un mobilier boisé et doté du charme de l'ancien. Les chambres, au nombre de huit, sont toutes dotées d'une grande terrasse d'environ 24 m^2. N'attendez plus pour venir découvrir cette institution superbe et accueillante !

LA PLAGE RESTAURANT, BAR & HOTEL

Corong-Corong
✆ +63 947 068 5272
https://laplageelnido.business.site

© ALEC

© ALEC

© ALEC

CADLAO RESORT & RESTAURANT €€

Sitio Caalan, Barangay Masagana
✆ +63 917 5897 069
https://cadlaoelnido.com/
Chambre double à partir de 12 000 PHP. Restaurant ouvert tous les jours de 10h à 22h. Environ 800 PHP par personne.

Au cœur dudit resort, quelques tables qui proposent une cuisine raffinée à base de produits de la mer. Ainsi, on a adoré le dressage des assiettes, mais plus encore leur contenu : frais et alléchant. Les plats proposés sont soit typiques de la région, soit des créations plus gourmandes les unes que les autres. Et les sauces sont divines ! On conseille, pour un déjeuner loin de la cohue touristique d'El Nido, d'autant que la vue est particulièrement reposante.

© KAYE

© KAYE

KUSINA NI MAYA €

Taytay - El Nido National Hwy
Ouvert tous les jours entre 11h et 22h. Plats entre 200 et 450 PHP.

Sur la route principale, à 15 minutes du centre d'El Nido, Kusina Ni Maya est une très bonne adresse, bien connue des locaux, beaucoup moins des touristes. Traditionnelle cabane en bois, avec salle de restaurant ouverte, le cadre est calme et agréable. Sur la carte, une ribambelle de spécialités philippines, on recommande en entrée les Dynamite, ces longs piments verts enrobés de fromage et frits, en plat le tofu sizzling, le porc sisig ou le lapu-lapu aigre-doux. Les portions sont très généreuses. Le personnel est aux petits soins. Un bon restaurant local.

TASTE €

528 Rizal Street
✆ +63 915 317 6724
Ouvert tous les jours de 6h30 à 21h30. Plats entre 200 et 350 PHP.

Taste est le premier café 100% vegan d'El Nido. Un espace intimiste à l'esprit « loft-chic » où l'on s'attable, autour de tables basses sur un carré d'herbe artificiel à l'étage. Au menu, des petits-déjeuners vivifiants et vitaminés à base d'excellents cafés (essayez les cappuccinos au lait de soja) et de smoothie bowls, mélange coloré de fruits frais, graines et antioxydants en tout genre. Mais aussi des wraps et des pâtes, aussi bons que beaux, en plus d'être sains et pas très chers. Pour faire le plein d'énergie à toute heure de la journée !

BELLA VITA €€

Corong-Corong
✆ +63 905 364 8534
Ouvert tous les jours de 11h à 21h. Pizzas entre 320 et 590 PHP.

Belle trouvaille que cette cabane de plage chic sur deux étages où bambou et béton ciré jouent la complémentarité. Ici, pas de surprises sur le menu, le chef Oli concocte des plats italiens authentiques et surtout de savoureuses pizzas napolitaines que l'on dévore joyeusement. Egalement une large sélection d'antipasti et de cocktails savamment réalisés. Le tout servi avec le sourire. Sur fond d'un superbe coucher de soleil sur la plage de Corong-Corong, de musique *lounge* et les pieds dans le sable, on se dit que la *vita è bella* !

MIMAROPA

CAFÉ ATHENA €€

Serena street

© +63 917 324 4544

Ouvert tous les jours de 7h à 23h30. Plats entre 300 et 550 PHP.

Spécialisé dans la cuisine méditerranéenne, le Café Athena situé à deux pas de la Salangane vous plonge dans une ambiance grecque et décontractée avec son décor bleu et blanc et la vue sur l'archipel de Bacuit. Au menu : des plats grecs comme les gyros, du souvlaki ou de la moussaka, des salades, de la soupe de lentilles et bien sûr des produits de la mer (demandez quelle est la pêche du jour). Pour les végétariens, sachez qu'il y a de nombreuses options. Le tout préparé avec des ingrédients frais. Un endroit agréable, parfait pour un déjeuner.

LA SALANGANE €€

33 Serena Street

© +63 917 514 0882

Ouvert tous les jours de 7h à 23h. Plats environ 450 PHP.

Au cœur d'El Nido, voici un restaurant qui propose une cuisine simple et de qualité aux influences françaises. Idéalement installé sur une large terrasse dominant la petite plage d'El Nido, il se situe pleinement devant la magnifique baie des Bacuit. On y sirote des bières, du vin ou de l'eau tout en attendant son plat après avoir consulté l'ardoise pour connaître les arrivées du jour et surtout les suggestions du chef ! On adore l'ambiance bon enfant et l'œil attentif du personnel. L'endroit peut être victime de son succès : en haute saison, pensez à réserver.

LION'S SUNSET BEACH BAR & RESTAURANT €€

Sunset Avenue, Pop's District, Corong-corong

© +63 919 595 8835

Cocktails environ 300 PHP, plats entre 350 et 700 PHP.

Le Lion's Sunset est l'endroit idéal pour savourer un cocktail aussi beau que bon à la *golden hour* avant d'enchainer avec un diner, le tout dans un cadre de rêve, confortablement installés face à la mer. Et comme le cadre paradisiaque ne fait pas tout, les plats proposés sont également excellents. Burgers variés, currys, cuisine fusion asiatique, le chef confectionne ses plats avec des ingrédients frais et locaux. Une ambiance familiale, relaxante et un service au top !

TRATTORIA ALTROVE €€

Calle Hama

© +63 927 247 5999

Ouvert tous les jours de 11h à 23h. Pizzas à partir de 420 PHP.

Au rez-de-chaussée, un four à pizza (four traditionnel à bois) et à l'étage, une belle salle avec un petit comptoir... Ambiance feu de bois et cuisine du Bel Paese, autour de savoureuses pizzas, pâtes et autres antipasti. Essayez de vous installer sur la petite terrasse (il y a 3 tables) pour jouir de la vue sur les cuistots au travail et sur la rue. Victime de son succès, Altrové a ouvert une antenne à six mètres du restaurant où vous pouvez commander des pizzas à emporter. Service prévenant. On aime bien donc on recommande !

LA PLAGE RESTAURANT, BAR & HOTEL €€

Corong-Corong © +63 947 068 5272

https://laplageelnido.business.site

Ouvert tous les jours de 12h à 23h. Plats entre 400 et 500 PHP. Hôtel ouvert en novembre 2023.

A La Plage, on dîne les pieds dans le sable à la lumière des bougies dans un décor soigné à la mode Robinson branché. Sur l'ardoise, un savant mélange de plats provençaux, français et asiatiques de qualité et aussi souvent que possible biologique. Notre préférence ? Le médaillon de poisson cuit dans une feuille de bananier et le calamar grillé, accompagnés d'un savoureux cocktail concocté avec talent. L'équipe est souriante et efficace. Bref, une très bonne soirée en perspective !

MIMAROPA

TAAS RESTAURANT €€€

Barangay Corong Corong
+63 969 274 0590
Ouvert du mardi au dimanche de 17h30 à 23h. Réservation recommandée.

Enfin un restaurant gastronomique à El Nido ! Aux fourneaux, un chef français qui propose une expérience culinaire très intéressante et inédite à El Nido. Huit plats sont à la carte, avec les vins d'accompagnement et des cocktails dignes d'un vrai mixologue. Le menu varie au fil des envies du chef et des produits de saison. Les assiettes sont de véritables explosions de couleurs et de saveurs, le dressage est finement exécuté, le tout dans un lieu typique. Une excellente adresse pour les fins palais et amateurs de cuisine fusion.

PUNTA PLAYA €€

Lio Beach
+63 938 044 1480
www.puntaplayalio.com
Ouvert tous les jours de midi à 22h. Environ 500 PHP le plat. Réservation recommandée.

Une bonne adresse, avec une belle terrasse, dans les tons de bleu et blanc, située sur l'agréable plage Lio, à 15 minutes de El Nido. Le restaurant Punta Playa est tenu par un Espagnol. On y mange une cuisine fusion méditerranéenne et asiatique d'excellente qualité. On vous conseille les paellas, spécialité de la maison. Egalement plusieurs options végétariennes et de nombreuses tapas, tout est préparé à base de produits frais et de bonne qualité. Le service, à défaut d'être rapide, est sympathique. Le vin est bon. Le cadre idyllique.

GUSTO GELATO

Hama street
+63 939 848 6333
Ouvert tous les jours de 8h à 23h. Glaces à partir de 120 PHP.

En plein cœur d'El Nido, difficile de ne pas s'arrêter devant la petite devanture d'El Gusto pour y déguster une glace faite maison ou une gaufre à l'heure du goûter, en fin de soirée ou carrément un brunch complet puisque quelques plats salés sont également à la carte. Xavier et Maxime (les propriétaires, un Français et un Belge) proposent aussi des boissons originales comme des milkshakes à la glace goût cookie. Il est possible de composer sa crêpe ou sa gaufre avec les toppings de son choix. Une pause gourmande incontournable !

MAMBO BEACH BAR

Lio Beach
+63 939 514 3922
Ouvert tous les jours de 11h à 3h.

Le Mambo Beach Bar, sur la plage de Lio, est le bar de plage par excellence à toute heure du jour et de la nuit ! A midi, pour un lunch ombragé, à base de sushis, paellas et burgers, en fin d'après-midi pour un apéro, les pieds dans le sable (ou dans la piscine !) à siroter un cocktail ou une bière tout en contemplant le coucher du soleil, et enfin la nuit, lors d'une des soirées organisées (souvent aux alentours de la pleine lune par exemple) pour se laisser porter par la musique, électro ou commerciale, et faire la fête avec d'autres voyageurs et Philippins.

PUKKA BAR

Taytay - El Nido National Hwy
+63 487 162 042
Ouvert tous les jours de 16h à 3h. Boissons à partir de 80 PHP.

Situé sur la route principale, près de Corong-Corong. Peut-être pas le plus grand bar d'El Nido, en tout cas, mais peut-être bien l'un des plus sympas. Ici, c'est ambiance reggae sous les tropiques autour de la sympathique équipe du Pukka, entre plage, bières, dreadlocks et tongs. On adore l'endroit, un peu tarabiscoté (sur plusieurs niveaux), et l'ambiance. On recommande pour une soirée festive et conviviale. L'endroit fait également office de restaurant (cuisine internationale relativement correcte). Des soirées à thème sont régulièrement organisées.

SAVA BEACH BAR

Barangay Masagana, C. Hama
+63 928 964 6743
Ouvert tous les jours de 16h à 2h. Cocktails à environ 350 PHP.

Établi depuis quelques années, le Sava Beach Bar s'est rapidement imposé comme l'un des lieux incontournables des nuits à El Nido. Ambiance lounge, terrasse sur la mer et rooftop, c'est l'endroit idéal pour un apéro entre amis au moment de l'happy hour (16h-18h) ou en fin de soirée. Ils organisent régulièrement des soirées à thème (body painting, lanceurs de feu...) et des dj's sets. En outre, les cocktails sont probablement parmi les meilleurs d'El Nido et il y a quelques options pour se sustenter. Un lieu superbe pour des soirées endiablées !

KALYE ARTISANO

Lio Tourism Estate, Villa Libertad
✆ +63 917 533 9719
https://kalyeartisano.com/
Ouvert tous les jours de 9h à 19h.

Situé sur la route qui va vers Lio Beach, ce petit village de créateurs à l'ambiance bohémienne est constitué de quelques boutiques tenues par des artisans locaux qui vendent leurs produits (sacs, bijoux, œuvres d'art, savons naturels, textiles ethniques...) tous faits main avec amour et passion. L'accent est mis sur la communauté et la durabilité. On y trouve également quelques petits restaurants qui servent de la cuisine indienne, mexicaine et philippine et une brasserie de bières artisanales. Un lieu pluriel et étonnant qui vaut le coup d'œil !

THE ORGANIC SPA

Serena Street
✆ +63 926 741 1518
Ouvert tous les jours de 9h à 23h. Massage à partir de 500 PHP.

C'est l'institut de relaxation qu'il manquait à El Nido. Dans un cadre idyllique, avec une vue sur la mer et le bruit des vagues qui apaise, on se laisser aller à une heure ou plus de pure détente et relaxation. Une large sélection de massages et soins est proposée (on recommande le massage philippin aux feuilles de bananiers) à des prix vraiment imbattables et pour des prestations à la hauteur, voire plus élevées, que dans des grands instituts européens. Ce qui est loin d'être toujours le cas aux Philippines. Idéal en fin de journée.

AQUANAUT DIVE CENTER

Hama street
✆ +63 935 532 6827
www.aquanautelnido.com
Journée 3 plongées à 4 800 PHP. Autres tarifs en ligne.

Un des clubs les plus sérieux d'El Nido, situé sur la plage principale. Pendant que l'« aquateam » prépare le bateau, vous pouvez profiter depuis le balcon de la magnifique vue sur l'île de Cadlao. L'équipement du centre est de très bonne qualité, le matériel est entretenu quotidiennement et révisé chaque année. Les cours et plongées sont proposés en français par des instructeurs passionnés. Vous pourrez ici payer par carte de crédit. PADI, plongée récréative, plongée de nuit... nul doute que tout le monde trouvera son bonheur.

BLISS SOCIETY

Pier, Barangay Corong Corong
✆ +63 945 693 7362
www.blisselnido.com
Ouvert tous les jours de 9h à 20h. Prix sur demande.

Bliss El Nido offre l'expérience flottante ultime pour des journées ensoleillées et des soirées insulaires inoubliables. Il s'agit d'une icône d'El Nido reconnue pour créer des moments partagés autour de vues exceptionnelles, de boissons exclusives, de plats de qualité et de bandes sonores émouvantes, de l'aube au crépuscule. Au programme sur le bateau, séance de yoga matinale suivie d'un petit-déjeuner puis croisière en mer, d'île en île. Ensuite, on profite d'une expérience culinaire flottante unique avec un menu composé des meilleures viandes et fruits de mer.

© DR

© DR

MIMAROPA

AMIHAN KITE WINDSURF CAFE

Brgy. Teneguiban
✆ +63 919 996 6978
Ouvert 7j/7. Cours de kitesurf à partir de 6 500 PHP/3h ; cours de windsurf à partir de 2 000 PHP ; paddle 300 PHP/1h.

© JUDITH DISTAL

Véritable lieu de vie, ce café propose des locations et différentes formules de cours de sports aquatiques comme le kitesurf, windsurf, wingfoil, kayak et paddle, entre autres. L'endroit dispose d'un restaurant servant une délicieuse cuisine philippine et internationale, d'un bar où il est agréable de prendre un verre face à la belle plage et il est aussi possible de dormir sur place. Tout est réuni pour y passer un excellent séjour sportif et dépaysant. L'équipe est très sympathique.

DEEP BLUE DIVE SEAFARI

Serena Street
✆ +63 968 297 3433
https://deepbluediveseafari.com
PADI Open Water 23 000 PHP, journée 3 plongées 4 300 PHP. Autres tarifs en ligne.

C'est l'un des clubs référence d' El Nido et de Palawan. Une équipe agréable et professionnelle, du très bon matériel bien entretenu, une des meilleure banca du coin, des prix doux, et une instructrice francophone en prime. Ils proposent tout type de plongée, des baptêmes au dive master en formation PADI, et sont spécialistes des croisières plongée qu'ils organisent sur une durée de 2 à 5 jours. D'ailleurs c'est vraiment ce que nous vous recommandons, très certainement la plus belle manière de découvrir la baie de Bacuit, la tête en l'air et dans l'eau !

EL NIDO VIA FERRATA [CANOPY WALK]

Barangay Maligaya
✆ +63 48 723 3401
Ouvert tous les jours de 8h à 17h. 700 PHP/personne avec un guide.

Via ferrata de 30 minutes en compagnie d'un guide, notamment pour la sécurité. Le départ se fait depuis Rizal street. Il faut s'équiper d'un harnais et d'un casque pour franchir deux petits « ponts » fabriqués en filets et bambou. Certes le trek est court mais il n'en reste pas moins sportif car il faut grimper la falaise de calcaire avant de pouvoir admirer El Nido depuis le sommet. Une petite activité sportive et agréable qui permet de voir El Nido sous une perspective différente.

PALAWAN DIVERS

Hama Street
✆ +63 917 774 3210
www.palawan-divers.org
Package demi-journée (2 plongées) : 4 800 PHP, journée complète (3 plongées) : 5 400 PHP.

Palawan Divers est le seul centre à El Nido qui propose aussi des cours d'apnée. Créé en 2002, ce centre PADI francophone organise des sorties à la journée en banca traditionnelle et en bateaux privés. De plus, grâce à leur speedboat, des demi-journées de plongée sont possibles, ainsi que des plongées au lever du soleil sur des spots peu fréquentés de l'archipel des Bacuit. Ces sorties sont un moyen idéal pour explorer la baie sans croiser personne à part de belles surprises comme des requins de récif ! Réductions pour les plongeurs professionnels.

SUBMARINER DIVING CENTER

Hama street ✆ +639 451 849 072
www.submarinerdiving.com
PADI Open Water (2 jours, 6 plongées) : 23 900 PHP. 3 plongées : 4 900 PHP.

Submariner Diving est un centre de plongée qui allie sérieux et enthousiasme, il figure parmi les pionniers à El Nido, et est l'un des plus renommés. Il affiche une volonté marquée de s'adresser à tous, plongeurs expérimentés à la recherche d'une expérience insolite, débutants souhaitant se perfectionner ou passer le PADI. Le centre se distingue également par son offre de safaris marins depuis El Nido jusqu'à Coron et s'appuie sur une équipe d'instructeurs solides et professionnels. Une adresse de confiance si vous souhaitez pratiquer la plongée.

ARCHIPEL DE BACUIT ★★★★

On accède à ce paradis par le petit village d'El Nido. Lieu d'une incroyable beauté naturelle, cet archipel renferme d'imposantes falaises calcaires et karstiques. Les paysages font penser à Krabi, la baie de Phang Nga et Koh Phi Phi en Thaïlande, avec plus de majesté encore et moins de foule, quoique… On se laisse glisser en banca entre quarante-cinq îles et îlets entourés d'une immensité d'eau qui va du turquoise au bleu profond en passant par le vert émeraude. Ces îles dont les falaises sont parfois impressionnantes abritent d'incroyables lagons, des petites forêts tropicales, des grottes et une abondante vie sous-marine qui fait le bonheur des amateurs de snorkeling. La beauté des plages et petites criques est renversante. Des milliers d'hirondelles de mer (les *salanganes*) logent dans les cavités des falaises ; leurs nids constituent le principal ingrédient d'une soupe fameuse, un mets chinois raffiné. Visiteur en quête de farniente ou hyperactif amateur de kayak, de randonnée ou de spéléologie, le voyageur devrait être comblé par la générosité de dame nature dans ce petit bout du monde. La baie de Bacuit est également très prisée des plongeurs puisqu'elle abrite pas moins de 30 sites de plongée. On peut y observer des dugongs, des raies manta, des tortues et une foule de poissons colorés. Depuis plus de 30 ans, ces eaux appartiennent à la plus grande réserve marine protégée des Philippines (360 km²). Cette « dernière frontière » se découvre principalement lors d'une excursion (*island hopping*) au départ d'El Nido.

Archipel de Bacuit.

LAGEN ISLAND RESORT €€€

✆ +632 902 5980
www.elnidoresorts.com
Chambres doubles à partir de 39 500 PHP (inclus le transfert depuis l'aéroport, les repas et activités).

Cet hôtel très luxueux est la version grand confort du Miniloc. De facture plus moderne, il ne dispose hélas pas de plage mais possède une grande piscine à la place. Les cottages construits en dur, tous climatisés, sont très fonctionnels et certains d'entre eux sont sur pilotis. Le restaurant sert une divine cuisine très variée. De nombreux services sont à la disposition des visiteurs dont l'emploi du temps est totalement pris en charge par un personnel prévenant et très efficace. Les visiteurs ont à leur disposition le même panel d'activités que sur Miniloc.

MINILOC ISLAND RESORT €€€

Miniloc Island ✆ +63 2 7902 5985
www.elnidoresorts.com
Cottage à partir de 30 700 PHP (inclus le transfert en bateau, la pension complète et les excursions et activités).

Situés sur la magnifique île de Miniloc, les bungalows au toit de noix de coco sont éparpillés sur une petite plage ; confortables, ils ont été construits avec des matériaux naturels. L'ensemble est harmonieux, et le lieu charmant. D'innombrables activités sont offertes aux clients : tour des îles, kayak, planche à voile, snorkeling. Le restaurant en bord de plage sert une bonne cuisine. Le personnel est très professionnel et souriant. C'est un endroit idéal pour les vacanciers actifs mais qui souhaitent également profiter du calme dans un cadre d'exception.

PANGULASIAN ISLAND RESORT €€€

Pangulasian Island
✆ +63 917 584 1576
www.elnidoresorts.com
Villa à partir de 49 200 PHP (inclus le transfert en bateau, les repas et les activités).

Très isolé, ce magnifique resort est le dernier en date. Situé sur une île paradisiaque de l'archipel de Bacuit, il se veut très exclusif et offre des prestations en conséquence. Les luxueuses villas, sur la plage ou dans la canopée sont en harmonie totale avec l'environnement tropical. Un décor paradisiaque pour un séjour d'exception. Piscine et sports nautiques à la carte. Dîner romantique sur une île déserte, spa, lever et coucher du soleil splendides… Le luxe à son paroxysme.

LES ÎLES DE BACUIT ★★★★

Frais environnementaux : 200 PHP (+ frais sur certains sites).

Plus de quarante îles sont disséminées dans la baie de Bacuit, toutes plus merveilleuses les unes que les autres, cachant sur leurs terres et dans leurs fonds marins des secrets encore jamais dévoilés, une faune endémique riche et une flore luxuriante. Voici quelques-uns de ces joyaux naturels à découvrir :

▸ **Cadlao Island.** C'est la plus grande et la plus haute île de l'archipel de Bacuit, avec un pic atteignant 640 mètres. Elle cache en son sein un lagon derrière sa végétation luxuriante ; c'est un lieu connu pour le snorkeling et la plongée. Un confetti qui ressemble au paradis.

▸ **Dilumacad Island.** Vue du ciel, elle ressemble à une louche ; elle est une des escales agréables pendant la navigation entre les îles de l'archipel. C'est aussi un spot prisé des plongeurs.

▸ **Entalula Island.** Elle est appelée « l'île de la romance » pour sa plage parfaite, ses levers de soleil idylliques et sa vie marine colorée le long du récif corallien.

▸ **Lagen Island.** Sa riche forêt et sa vue splendide sur les couchers de soleil d'El Nido la caractérisent. L'île de Lagen abrite un sentier qui mène d'un côté à l'autre de l'île : on peut y observer des varans, des macaques et des serpents ! C'est aussi une île où se posent de majestueux calaos.

▸ **Malapacao Island.** Elle est considérée comme un véritable paradis. Deux immenses rochers montent la garde de chaque côté de l'île, couronnée de palmiers et de plantes tropicales qui ornent une belle plage.

▸ **Matinloc Island** (Goddess Island). Elle possède de nombreuses petites baies le long de sa côte bordée de coraux, notamment la baie de Calmung, à l'est. Il y a tout le long de la côte de bons spots pour le snorkeling. On peut aussi s'aventurer sur Secret Beach, plage à laquelle on accède uniquement à la nage en passant par un trou dans la falaise : bien faire attention à la montée des eaux. Très beau point de vue sur El Nido depuis les hauteurs.

▸ **Miniloc Island.** Sa côte profondément dentelée mène à de remarquables lagons intérieurs, souvent accessibles uniquement en bateau. On accède au fameux Small Lagoon uniquement à la nage ou en kayak. On est alors entouré de falaises parsemées de végétation tout en évoluant dans des eaux aux couleurs presque surnaturelles. L'entrée au Big Lagoon est très impressionnante : les eaux y étant très peu profondes, une fois à l'intérieur, la profondeur donne cette fois une couleur vert profond à ce cercle entouré de falaises. C'est un incontournable.

▸ **Pangalusian Island.** Cette île propose au visiteur une courte balade pour atteindre un beau point de vue. On peut y observer des oiseaux de préférence tôt le matin ou en fin de journée. La plage est idéale pour les bains de soleil et c'est une zone propice au snorkeling.

▸ **Pinagbuyutan Island.** Ses jardins coralliens comptent parmi les plus beaux de Palawan et en font une destination privilégiée des plongeurs. Dans la mystérieuse grotte du Palace de Neptune à l'ouest de l'île, stalagmites et stalactites côtoient d'autres formations étranges.

▸ **Pinasil Island.** La principale caractéristique de cette île en forme de champignon réside dans sa grotte, qui se transforme en cathédrale et s'éclaire parfois à travers sa nef percée.

▸ **Tapiutan Island.** Elle présente une plage bien située près d'un récif propice au snorkeling. Au nord-ouest de l'île se trouve la pittoresque baie de Binangculan, avec sa plage bordée de verdure. C'est l'un des meilleurs sites de plongée d'El Nido. Les tortues et les barracudas s'y montrent souvent.

Archipel de Bacuit.

MIMAROPA

BUSUANGA ISLAND ★★★

Véritable paradis entre terre et mer, l'île de Busuanga est le centre économique du groupe des Calamianes. Ce petit archipel ancré à la pointe nord de Palawan se compose de quatre îles – Busuanga, Coron, Culion et Calauit – auxquelles s'ajoutent quatre-vingt-dix îlots. La seule ville est Coron sur la côte est de Busuanga (et pas sur l'île de Coron comme on pourrait s'y attendre). C'est là que se concentrent la plupart des hôtels, auberges, restaurants et agences pour les excursions. C'est également sur l'île de Busuanga que se trouve l'aéroport. Depuis son expansion en 2014, le nombre de vols en provenance de Manille et Cebu, entre autres, s'est multiplié. C'est pourquoi de nombreux projets hôteliers ont ouvert ces dernières années à Coron, attirant de plus en plus de visiteurs dans ce qui était resté jusque-là un véritable paradis naturel préservé du tourisme de masse. L'île de Busuanga renferme également le ranch Yulo qui rassemble sur plus de 40 000 hectares, dit-on, le plus important cheptel bovin d'Asie ; il appartenait au commandant Marcos avant de devenir la propriété du gouvernement philippin. Pêche, agriculture et artisanat sont les principales activités des habitants de l'île. C'est de la ville de Coron que les départs s'organisent pour les *island hopping* et les expéditions sur des sites de plongée remarquables, comme à Apo Reef ou sur les épaves japonaises coulées en 1944 sous les attaques des forces américaines. Les plus terre-à-terre pourront choisir de découvrir l'île en scooter. L'intérieur de l'île notamment est époustouflant et très peu développé. On traverse d'immenses étendues où paissent les bovins ; en fin de journée, des nappes de brume auréolent les montagnes de mystère. Une belle escapade loin de tout.

Pratique

Prévoir d'avoir de l'argent en espèces avant d'arriver à Coron car dès la sortie de l'aéroport il faut payer une taxe environnementale de 200 PHP par personne.

Se loger

À Coron Town, l'offre hôtelière est très large et se développe d'année et année. Cependant il reste difficile de trouver du moyen de gamme, ou un bon rapport qualité-prix. Pour 20 € ou moins par nuit, ce sera une chambre très rustique (avec un manque de confort probable : pas de wifi, d'eau chaude, de climatisation, etc.). Les prix grimpent vite à 100 € la nuit pour avoir une chambre confortable (de standing occidental). On a essayé de proposer des adresses pour tous les types de voyageurs mais c'est difficile de trouver entre les deux. Par ailleurs, prenez-y vous bien à l'avance pour réserver vos hôtels à Coron, la destination étant très touristique.

Autre option, en louant une moto à Coron, il est possible de se rendre à Concepcion pour y passer quelques nuits et organiser une excursion privée dans d'autres îles plus éloignées et moins fréquentées (Black Island).

Transports

Avion. Les vols vers Busuanga depuis Cebu et Manille sont fréquents (Cebu Pacific et Philippine Airlines). Les retards voire annulations de dernière minute sont fréquents, notamment pour des raisons météorologiques, il faut le savoir. Les prix sont assez élevés (s'y prendre à l'avance). L'aéroport se trouve à 45 minutes de la ville de Coron.

Bateau. Le port principal est Talumpay, dans la ville de Coron, à 20 minutes à pied du marché ou à 5 minutes en tricycle.

De/vers El Nido. Plusieurs compagnies proposent des départs quotidiens du port d'El Nido. Le voyage dure 4-5h. Environ 3 000 PHP. Et si vous avez le temps, faites le trajet via une expédition sur plusieurs jours, une expérience exceptionnelle (voir Tao Philippines ou Tribe Banua).

De/vers Culion. Un *public boat* part tous les jours de Coron à 13h30 (200 PHP, 1h30). Dans l'autre sens, tous les jours, départ de Culion à 7h. Ou en bateau privé, environ 3 000 PHP.

À l'arrivée. On arrive via l'aéroport de Busuanga. Pour rejoindre son hôtel, c'est un système de vans, il suffit d'annoncer à quel hôtel vous logez et les chauffeurs vous indiqueront le van dans lequel monter. C'est 250 PHP par personne. Idem pour le retour de votre hôtel à l'aéroport, même prix, et vous annoncez l'heure à laquelle vous partez.

Sur place. Grab ne fonctionne pas ici, ce sont essentiellement des tricycles dans la rue. Ne pas hésiter à négocier et fixer le prix avant la course car dans les lieux touristiques les chauffeurs ont moins de scrupule à gonfler le prix. Sinon le scooter est idéal pour se déplacer sur l'île, il y a de nombreuses agences de locations dans la ville et souvent les hôtels proposent leurs propres scooters (environ 500 PHP/jour).

CORON, SANS PERDRE LE NORD !

Coron Island, Coron Town, Coron... Pas facile de s'y retrouver quand on parle de Coron ! Au nord de Palawan, Coron appartient au magnifique archipel des Calamianes. Il y a Coron Town, appelée souvent Coron ; c'est la ville principale de l'île de Busuanga, où se concentrent les hôtels, restaurants et agences. Il y a Coron Island, l'une des plus belles îles du pays, où l'on ne loge pas. Enfin, il y a la municipalité de Coron qui englobe l'île de Coron et la partie est de l'île de Busuanga.

Donc quand on part à Coron, on arrive via l'aéroport ou le port de Busuanga, on va loger à Coron (Town) et on part de là pour explorer les fabuleux lacs, lagons et plages de Coron Island.

MAQUINIT HOT SPRING ★

Sitio Maquinit

Ouvert tous les jours de 8h à 20h (dernière entrée à 19h). Entrée 200 PHP (réduction seniors et enfants).

C'est un endroit très populaire, surtout en fin de journée, ce qui n'enlève rien au charme de l'expérience. Les voyageurs autant que les locaux viennent se prélasser dans ces sources naturellement chaudes. L'eau, mi-eau de source, mi-eau de mer, atteint par endroits les 40 degrés ! C'est en fait grâce à un volcan sous-marin qui bouillonne (aucun danger sur terre, soyez rassuré). On y vient pour se détendre après une journée d'exploration, profiter du coucher de soleil superbe depuis un cadre des plus sympathiques entre roches calcaires, végétation et baie au loin.

© ARNAUD BONNEFOY

Mangrove à Coron City, Busuanga.

MONT TAPYAS ★

mount Tapyas

Il vous faudra gravir plus de 700 marches pour atteindre le point de vue le plus célèbre de la ville de Coron. Mais le jeu en vaut la chandelle ; en haut, une vue panoramique à couper le souffle s'offrira à vous. Sur la droite, des collines en dômes couvertes de végétation, sur la gauche la silhouette de l'île de Coron, l'une des plus belles de l'archipel, et entre les deux, la magnifique baie de Coron. Pour éviter la chaleur, il est conseillé de faire cette courte (mais intense) randonnée, soit tôt le matin, soit en fin de journée pour le coucher du soleil.

PLONGÉE SUR ÉPAVES ★

Environ 4 500 PHP pour 2 plongées avec équipement. Renseignements auprès des clubs de plongée (Corto Divers, etc.).

La ville de Coron est connue mondialement pour être la porte d'entrée vers de nombreuses épaves sous-marines. En effet, plusieurs navires japonais y ont été coulés par les Américains durant la Seconde Guerre mondiale. Certains atteignent 160 m de longueur et sont parfaitement conservés (comme l'épave *Irako*), ou abritent de superbes coraux et une abondante vie aquatique (épaves *Okikawa Maru*, *Akitsushima*, *Kogyo Maru* ou *Olympia Maru*). Les débutants peuvent plonger autour du *Lusong* (9 m) et de l'*East Tanbgat* (22 m de profondeur). Une expérience exceptionnelle.

CALAMIAN TRAVEL & TOURS

Door #26, Bldg 9, Reclamation Area, Brgy 2

✆ +63961 740 0586

https://www.coron-travel.com/

Coron Super Ultimate tour : 1 850 PHP (en groupe), dès 2 800 PHP (privé). Autres prix en ligne. Réduction sur Klook.com

Une agence professionnelle pour organiser vos excursions. À Coron, on conseille le Super Island Ultimate Tour qui vous emmène à la découverte de sept spots capitaux dont Twin Lagoon, Barracuda et Kanyangan Lake. Le repas (préparé avec brio par le cuistot, pendant la croisière) est dégusté sur une superbe plage. Une excursion clé en main (transfert hôtel inclus). On regrette un peu le côté « bondé ». À chaque lieu, des dizaines de bateaux qui déversent leur flot de touristes. Mais vraiment, ça n'enlève rien à la magie de l'expérience et à la beauté des paysages.

TAO PHILIPPINES

Don Pedro St, Coron Town Proper
✆ +63 908 890 8033
www.taophilippines.com/
Expédition à partir de 23 000 PHP pour 3 jours/2 nuits. Plus d'informations sur le site.

Une expédition en bateau sur plusieurs jours pour faire la traversée entre Coron et El Nido (ou vice-versa), ça vous tente ? C'est l'une des activités les plus populaires d'un voyage à Palawan. Et Tao Philippines est l'une des agences pionnières dans ce domaine depuis 2006. Avec eux, vous bénéficiez de leur professionnalisme et d'une organisation bien rodée (aucun souci à se faire). Tout cela a un coût : environ 400 € pour 3 jours sur un bateau avec 25 personnes. Mais au programme, snorkeling, repas inoubliables, îles désertes... Une aventure de rêve vous attend !

AHRAS PLACE €

Dinagpan Street
✆ +63 905 043 4730
Chambre double à partir de 1080 PHP. Petit-déjeuner inclus. Wifi dans les parties communes.

Ahras Place est situé à l'entrée de Coron Town, au calme en contrebas de la route principale. Cet hôtel sur 3 étages est assez accueillant. Le matin, un petit déjeuner est offert au restaurant ouvert. Les chambres sont rudimentaires et défraichies. La salle de bain est exiguë et il n'y pas d'eau chaude en prime. Mais comme il est difficile de trouver un logement bon marché à Coron, celui-ci est un choix convenable et l'ambiance y est chouette, le personnel très sympa. Si vous cherchez luxe et volupté, il faudra débourser un peu plus pour être mieux loti à Coron.

LE DUGONG EN DANGER !

Le nom de ce mammifère vient d'un mot javanais, *duyong* signifiant « cochon de la mer ». Il se nourrit des algues qui tapissent le fond des océans. Comme ces algues contiennent peu de nutriments, les dugongs ont besoin d'en manger une quantité énorme (40 kg/jour) : ils passent donc la majeure partie de leur temps à se nourrir. Ils peuvent vivre jusqu'à 70 ans, atteindre 4 m de longueur et peser 400 kg. Malgré sa corpulence impressionnante, on surnomme cet animal léthargique la « vache des mers » tant il est paisible ! Il peut rester près des côtes mais ne fait surface que pour respirer. Il a beaucoup été chassé pour sa peau et sa chair considérée comme excellente. Le développement des infrastructures sur les côtes, la pollution et la pêche à la dynamite, notamment, ont détruit beaucoup des sources de nourriture du dugong. Les femelles dugongs ne donnant naissance qu'à un seul petit dans une vie et à aucun si la nourriture vient à manquer, cela explique la raréfaction de l'espèce. En voie d'extinction, ce fut la première espèce animale marine à être déclarée protégée en 1992. Cet herbivore était une espèce encore assez commune dans les eaux de l'archipel jusque dans les années 1970. Aujourd'hui, on ne trouve des dugongs qu'à Palawan et au sud de Mindanao. Des programmes gouvernementaux ont été mis en place pour protéger l'espèce de différents dangers, comme les filets de pêche ou les moteurs des bateaux, du braconnage, et pour tenter de préserver un environnement favorable à la reproduction de l'espèce.

BUSUANGA BACKPACKERS €

Km 36 Coron - Busuanga Rd
✆ +63 917 804 5605
Chambre double à partir de 780 PHP. Petit-déjeuner en supplément.

Probablement l'hébergement le moins cher à la ronde, sur les hauteurs de la mangrove, au cœur de l'île de Busuanga. Les douches communes sont basiques mais spacieuses et bien tenues. Les chambres et le dortoir sont dans des huttes en bois, très typiques. Malgré l'éloignement géographique, il est très simple d'organiser des excursions dans les îles ou de plongée. Et le soir, quel bonheur de retrouver ce coin de paradis si calme et dépaysant. L'ambiance est conviviale, la nourriture très bonne. Un bon choix pour les voyageurs solo par exemple.

SANCTUARIA TREEHOUSES €

National Highway, Kilometer 43
✆ +63 916 388 7938
Cabane pour deux avec vue mer à partir de 1 850 PHP. Sanitaires communs. Restaurant.

Près de Busuanga (pour changer de Coron), voici des cabanes en bois avec balcon dignes de Robinson Crusoé ! On y séjourne pour la vue imprenable sur la baie cernée par la mangrove et des couchers de soleil mémorables. Une cuisine délicieuse compense le choix limité. Le visiteur est invité à veiller à sa consommation d'eau dans cette zone protégée. Brian, le propriétaire des lieux et grand amoureux de la nature, se montre disponible pour ses hôtes et peut organiser des excursions privées vers les îles. Le reste du personnel est également très sympa. À découvrir.

SEA HORSE GUESTHOUSE €

Brgy Poblacion 3

✆ +63 927 497 7559

www.seahorsecoron.com

Lit en dortoir (avec climatisation) à partir de 750 P, chambre double à 2 000 P. Wifi. Petit déjeuner inclus.

L'un des établissements les plus récents dans cette gamme de prix. Il est en plein centre de Coron Town (attention au bruit, il y a un karaoké à côté). Les dortoirs ou chambres qui sont proposées sont nettes et fonctionnelles mais pas toujours très lumineuses. Elles sont très basiques. Il y une fontaine à eau à disposition et le petit-déjeuner basique mais bon est offert. L'un des avantages du Sea Horse c'est aussi son toit-terrasse sur lequel les repas sont servis et d'où l'on profite d'une vue magnifique sur la baie de Coron.

AL FARO COSMIO HOTEL €€

D'Pearl Bay Coron

✆ +63 920 2949 138

www.alfaropalawan.com

Chambres doubles à partir de 3 500 PHP. Petit déjeuner inclus. Wifi.

Tel un phare, la tour blanche surplombe la presqu'île accessible depuis la mer. Le nombre limité de chambres favorise une atmosphère intimiste et familiale. Les murs à la chaux blanche, les draps blancs, l'ouverture panoramique sur le bleu de la mer... C'est paradisiaque. Sans oublier le personnel, aux petits soins. Al Faro propose également de nombreuses activités : plongée, snorkeling, kayak, island hopping, cours de yoga, massages... Et on peut également y passer prendre un verre pour admirer le coucher du soleil, en toute quiétude. Un coup de cœur.

L'ARCHIPEL DES CALAMIANES

Ce petit archipel ancré à la pointe nord de Palawan se compose de quatre îles principales – Busuanga, Coron, Culion et Calauit – auxquelles s'ajoutent 90 îlots, accessibles pour la plupart en banca. La seule ville est Coron sur la côte est de Busuanga (et pas sur l'île de Coron comme on pourrait s'y attendre), un gros bourg de 50 000 habitants où se mêlent indigènes tagbanwas, cuyonens et de nombreux colons venus d'autres îles des Philippines. Ces îles possèdent probablement la vie marine et corallienne la plus diversifiée de Palawan, ainsi que de larges mangroves. Busuanga est la plus grande des îles Calamianes et celle où la plupart des hébergements touristiques se trouvent, à Coron Town ; l'île de Coron est célèbre pour ses lacs intérieurs et ses grandes falaises karstiques de carte postale ; quant à l'île de Calauit, elle renferme une réserve d'animaux sauvages. Ce groupe d'îles est devenu en quelques années l'une des premières destinations touristiques du pays et est un paradis pour les plongeurs. Notamment des amateurs de plongée sur épaves, ces dernières sont parmi les plus courues au monde : pas moins de douze bateaux de guerre japonais ont été coulés ici durant la Seconde Guerre mondiale ! Aventuriers, c'est ici qu'il faut venir poser votre sac à dos pour profiter d'une nature vierge et d'activités sportives dans un cadre de rêve. Les Calamianes sont le trésor – plus vraiment caché mais bien préservé – des Philippines, une destination de prédilection pour l'écotourisme.

CORTO DEL MAR €€

Comiseria Street

✆ +63 2 514 0279

www.cortodelmar.com

Chambres doubles à partir de 5 700 PHP. Petit-déjeuner inclus. Wifi dans les parties communes.

Cet établissement 4-étoiles propose des chambres tout confort avec air conditionné dans un cadre alliant architecture coloniale et mobilier traditionnel en bois. Il possède un restaurant dirigé par un excellent chef et une grande piscine. Alliant tranquillité et un service de premier ordre, ce havre de paix vous permettra de vous détendre dans un cadre de qualité, tout en restant à proximité du centre. Rattaché à l'hôtel, le centre de plongée Corto Divers vous propose des plongées inoubliables sur les épaves ou dans les coraux... Une bonne adresse.

LA ESTANCIA BUSUANGA €€

Sitio Cabilbil, New Busuanga

✆ +63 917 163 2917

www.laestanciabusuanga.com

Chambres doubles à partir de 5 600 PHP/nuit. 2 nuits minimum.

La Estancia Busuanga est située dans une ferme au sein d'un domaine privé, qui se trouve à environ 20 minutes en bateau des barangays de Salvacion, Panlaitan et New Busuanga. C'est une adresse intime, qui se refile du bouche à oreille, un endroit préservé, idéal pour ceux qui souhaitent profiter de ce que Coron a à leur offrir en termes de beautés naturelles tout en restant à l'écart de la cohue de la ville. Des chambres tout confort, avec beaucoup de cachet, un restaurant, une piscine, une plage privée... Que demander de plus ? Une adresse recommandée !

PRINCESS OF CORON €€

6 Nueva Street, Brgy 1

✆ +63 917 550 5187

www.princessofcoron.com

Chambres doubles à partir de 2 300 PHP.

Une adresse correcte dans cette gamme de prix et située à seulement quelques minutes à pied du port de Coron d'où partent les expéditions en bateau. Les chambres sont confortables et assez bien tenues (notamment les salles de bain). Les prestations d'ensemble sont sérieuses et le personnel tout à fait arrangeant ; au-delà de ce qui est attendu d'un hôtel 3-étoiles. La piscine est un atout de taille pour se prélasser en fin de journée, au retour d'une excursion. Enfin, le restaurant sert une bonne cuisine. En résumé, une oasis au cœur de la ville.

BACAU BAY RESORT €€€

Governor's Drive, Sitio Jolo, Poblacion 5

✆ +63 995 7603 444

https://www.bacaubayresortcoron.com/

Chambre double à partir de 6 500 PHP.

Fraichement ouvert en 2019, le Bacau Bay a rejoint le club sélect des hôtels haut de gamme de Coron. Il est vrai qu'une fois les portes passées, on est plongé dans un univers de luxe et de raffinement. Le personnel est courtois, l'accueil chaleureux. Du côté des chambres, elles sont sobres et élégantes, le lit est moelleux et la salle de bain bien équipée. La piscine, le bar à cocktails, le restaurant, tout est à la hauteur de ce qu'on attend d'un établissement de ce standing. Le petit plus : un joli ponton d'où partent directement les bateaux d'excursions.

THE RIVERHOUSE €€

Decalachao

✆ +63 975 292 4485

www.theriverhousecoron.com/en/

Chambre double à partir de 2 800 PHP. Petit-déjeuner inclus. Excursions, massage, restaurant, wifi.

Une adresse que l'on est fier d'avoir dénichée ! Loin de l'agitation de Coron, Judith et son mari ont construit ce paradis en 2015. La Riverhouse est lovée dans les hauteurs de Busuanga, offrant une vue d'exception sur la rivière et les collines : les couleurs changent au fil de la journée tel un tableau vivant. Il y règne un calme assourdissant. Les 7 chambres situées dans des lodges individuels offrent tout le confort nécessaire, celles avec vue sur la rivière sont parfaites. Le personnel est aux petits soins et le restaurant est excellent. Un coup de cœur !

EL RIO Y MAR €€€

Barangay San Jose

✆ +63 915 576 0067

www.elrioymar.com

Chambre double à partir de 7 500 PHP. Petit-déjeuner inclus.

Destination idéale pour les amoureux du calme et de l'isolement ! Sur une plage paradisiaque à l'écart de toute agitation, ce charmant resort 4-étoiles propose des chambres et bungalows tout confort et coquets face à la mer d'un côté et aux mangroves de l'autre. Pour ne rien gâcher, la piscine est spacieuse et le restaurant est bon. Les activités proposées sont nombreuses : plongée (le Dugong Dive Center est sur place), spa, kayak et toutes sortes d'excursions à Busuanga et Coron Island. L'accueil en musique met de bonne humeur !

VELA TERRACES €€

Nueva Street, Poblacion 6

✆ +63 917 858 8352

www.velaterraces.com/

Chambre double à partir de 3 500 PHP.

Situé près du mont Tapyas, le Vela Terraces porte bien son nom puisqu'il est disposé en terrasses accessibles via plusieurs foulées d'escaliers. L'ensemble est moderne, les chambres sont tout confort, avec une décoration contemporaine. Certaines suites offrent une vue superbe sur la baie de Coron. Le restaurant propose une cuisine séduisante, et il est même possible d'essayer un fameux *Boodle fight*, le repas traditionnel disposé sur des feuilles de bananiers (sur réservation). Le petit-déjeuner est extra. Une bonne adresse, au calme, tout en étant proche.

THE FUNNY LION €€€

Sitio Jolo, Poblacion 5

✆ +63 2553 9549

https://www.thefunnylion.com/

Chambres doubles à partir de 9 000 PHP. Petit-déjeuner inclus.

Situé dans les hauteurs de Coron, au cœur d'une nature luxuriante, le Funny Lion est l'une des meilleures adresses haut de gamme de la ville (soyez prévoyants pour vos réservations !). Les chambres sont très élégantes, décorées avec goût et sobriété. Le bain à remous et les deux piscines, dont l'une à débordement, ajoutent un côté chic à l'hôtel. Et que dire du bar où vous dégusterez un formidable cocktail en profitant d'un coucher du soleil inoubliable. Le personnel accueillera chaque client avec soin et de petites attentions qui font la différence. Recommandé.

CAFE SOCORRO €

National highway brgy 5
+63 927 688 4160
Ouvert tous les jours de 8h à 22h. Plats entre 120 et 300 PHP. Cafés et boissons environ 150 PHP.

Idéalement situé dans la ville, c'est une adresse sympathique à toute heure de la journée. Le matin, on y sert des pancakes et des smoothie bowls aussi jolis que bons pour faire le plein d'énergie. À midi, on a le choix entre des sandwichs, pâtes, salades et gaufres salées. Et l'après-midi, on se laissera tenter par une pause goûter. Leur halo-halo, le plus célèbre des desserts philippins (un mélange de glace pilée et de lait concentré sur lequel on ajoute différents toppings), est recommandé par les locaux, ce serait le meilleur de la ville !

RIVERHOUSE RESTAURANT €

Decalachao
+63 918 909 9185
https://www.theriverhousecoron.com/en/
Ouvert tous les jours de 8h à 20h. Plats environ 300 PHP. Boissons dès 50 PHP. Réservation recommandée.

Le restaurant de la Riverhouse jouit d'une terrasse panoramique offrant une vue incroyable sur la rivière. Pas de pollution sonore ou visuelle, juste une légère brise rafraichissante. En cuisine, on prépare des petits plats simples, avec des produits frais. Le velouté potiron lait de coco est préparé minute, c'est un délice. Les viandes et poissons sont un régal, tout comme les crêpes au petit-déjeuner. Judith peut aussi vous organiser des activités originales : tour d'îles désertes, d'un village et de ses coutumes, en banca pour observer les lucioles (magique !).

LEVINE'S EATERY €

Coron-Busuanga Road
+63 939 406 4618
Ouvert tous les jours de 7h à 23h. Plat environ 250 PHP.

C'est l'adresse qui se refile du bouche à oreille. La raison – et pas des moindres ! – ce restaurant familial possède une terrasse en rooftop. En fin de journée, elle offre l'une des meilleures vues sur la baie de Coron, avec le coucher du soleil, c'est superbe. Concernant la nourriture, une carte bien fournie, du petit-déjeuner au dîner, avec une multitude d'options végétariennes et de plats philippins. On recommande le poulet adobo et le poisson grillé au curry. Le service est très lent, mais la terrasse est si agréable. Y aller tôt.

TUPI CAFE €

National Highway Barangay, 5
+63 995 299 1316
Ouvert de 7h à 21h (fermé le dimanche). Plat environ 150 PHP.

Un café très mignon, où l'on a envie de s'attabler. On y sert une cuisine simple mais bonne : des pâtes au pesto délicieuses, des sandwichs toastés, des burgers et des desserts très alléchants. La décoration est moderne et les prix tout à fait raisonnables. Il faut goûter aux choux à la crème faits maison. En début d'après-midi, la famille prépare sur place les desserts, et les préparations embaument le café d'une douce odeur de gourmandise. Les gaufres et les boissons (cafés, frappuccinos, limonades rafraichissantes) sont aussi très bonnes.

OM'S THAI €

Nationa Highway, Brgy 5
+63 926 740 9351
Ouvert tous les jours de 9h à 22h. Plat entre 200 et 400 PHP.

Certainement l'une des meilleures adresses pour manger à Coron. Le service est rapide, les serveurs gentils et efficaces, la nourriture délicieuse. Il y a plein d'options végétariennes (le pad thai au tofu est succulent). On recommande aussi le poulet aux ananas ou aux noix de cajou. Les prix sont un peu au-dessus des standards philippins, mais la qualité est réellement au rendez-vous. Les portions pourraient être un peu plus généreuses (c'est tellement bon, qu'on est jamais rassasiés !). Le soir, il y a des concerts live sur la terrasse sur le toit.

BAM BAR

Real St, Bgy 3
+63 917 792 1008
Ouvert tous les jours de 16h à 1h. Boissons à partir de 80 PHP.

Situé en plein centre de Coron mais en retrait de la route principale. Le Bam Bar partage un grand patio avec les autres cafés et restaurants d'à côté. Cela vous permet de commander une bière ou un cocktail au Bam Bar et de commander à manger (pizzas, cuisine philippine, etc.) dans l'un des autres restaurants. L'ambiance y est plaisante et relaxante en fin d'après-midi, avant de devenir plus festive au fur et à mesure que la soirée avance (il y a des concerts en live). C'est aussi une bonne adresse pour rencontrer d'autres voyageurs.

TRIBU KURIDAS BAR AND TATTOO

Coron-Busuanga Road
© +63 995 3682 455
Ouvert tous les jours de 16h à 2h. Boissons à partir de 80 PHP. Cocktails environ 200 PHP.

Situé sur la route principale, au cœur de la ville, c'est le rendez-vous des noctambules à Coron. Tous les soirs, c'est concert de musique live à 20h (souvent un groupe de reggae ou de musique latine) suivie à 23h d'un dj set. Le lieu est convivial et l'ambiance festive. C'est une valeur sûre pour ceux qui ont encore de l'énergie en soirée et veulent sortir. C'est aussi un salon de tatouage, pour ceux qui veulent garder un souvenir « encré » de leur voyage.

CORTO DIVERS

Coastal Road, Bancuang Baba
© +63 926 727 0076
www.cortodivers.com
Plongée en groupe, découverte ou PADI. 2 plongées + guide + lunch + matériel : dès 4 200 PHP. Tarifs en ligne.

Corto Divers, dirigé avec sérieux et bonne humeur par un Français, est l'un des clubs de plongée les plus réputés de Coron. Partez à la découverte des récifs coralliens, des épaves japonaises, d'un lac mystique voire de l'un des plus beaux récifs du pays, Apo Reef à 3h30 de navigation. Ou passez votre PADI. Le centre est doté d'équipements haut de gamme à la hauteur des plongées proposées. Possibilité de loger sur place au Corto Del Mar. La journée s'achève souvent en partageant un verre avec les instructeurs. On s'y sent presque comme à la maison !

DUGONG DIVE CENTER

El Rio y Mar, San Jose
© +63 9209519100
http://dugongdivecenter.com/
Plongée simple dès 1 500 PHP, sortie « Dugong » dès 2 500 PHP, Apo Reef dès 4 500 PHP. Autres tarifs sur demande.

C'est l'un des clubs de plongée pionniers à Coron. L'excursion signature c'est une journée dans les îles Caluit pour nager avec l'un des animaux emblématiques des Philippines (en danger) : le dugong, ce gros dauphin au drôle de faciès. Ils organisent aussi une journée à Apo Reef ou dans les épaves japonaises. Les instructeurs sont professionnels et enthousiastes, le matériel d'excellente qualité et il est possible de passer son PADI. Le centre a un partenariat avec l'hôtel Riverhouse, ils viennent vous chercher en bateau à 5h du matin directement sur place.

CORON ISLAND ★★★★

Coron Island est assurément l'une des plus belles îles des Philippines. Elle offre un paysage rocheux unique fait de falaises karstiques pouvant atteindre jusqu'à 600 m de hauteur. Environ 2 000 indigènes Tagbanuas vivent ici ; les touristes ne sont autorisés que sur certaines parties de l'île. L'île de Coron cache en son sein des lacs aux eaux émeraude, véritables merveilles. Les voyageurs peuvent accéder à deux de ces lacs : Kayangan (d'après la rumeur générale, le plus pur des Philippines) et Barracuda. La baignade à Kayangan est mémorable (il faut faire abstraction de la foule, ou y aller très tôt le matin) : on est entouré de falaises colonisées par la végétation tout en évoluant dans une eau émeraude. Au lac Barracuda, plongeurs avec bouteille et nageurs avec masque et tuba sont les bienvenus, il est possible de voir des barracudas. Il est curieux de voir les différences de température entre des couches d'eau très froides et très chaudes ; l'eau est assez trouble et est profonde de 20 mètres. Le long de la côte se succèdent de magnifiques petites plages et criques qui invitent au farniente. Coron Island se découvre lors d'une excursion appelée *island hopping*. Il n'y a presque pas d'hôtels sur l'île qui est protégée. La baie de Coron est prisée des plongeurs du monde entier pour ses épaves de navires japonais coulés en 1944 par les Américains. Après 80 ans, elles sont dans un état de conservation remarquable, certaines couvertes de coraux. Incroyable.

ISLAND HOPPING RESPONSABLE

Chaque site est protégé et réglementé. Veillez à respecter quelques règles : ne pas toucher ou marcher sur les coraux, ne pas déranger les poissons lors d'un snorkeling, et emporter vos déchets. Les bateaux utilisés pour les tours, de plus en plus nombreux, font déjà des dégâts en jetant leur ancre toujours au même endroit. De plus, les Philippines sont l'un des pays où le dérèglement climatique, conséquence des activités humaines, se fait déjà le plus ressentir. Lors de sessions de snorkeling vous remarquerez que beaucoup de coraux sont morts (blancs) ; heureusement pas tous. Ceux qui restent sont précieux et abritent une faune riche et fragile, il faut les préserver.

Coron Island.

ISLAND HOPPING À CORON ★★★★

À réserver via l'hôtel ou une agence locale, la veille pour le lendemain.

Si les voyageurs viennent à Coron (Busuanga) c'est principalement pour découvrir les îles alentour comme Coron Island, considérée comme l'une des plus belles îles des Philippines (serait-ce exagéré de dire du monde ? On vous laissera en juger). Entre lagons, lacs, eau turquoise et falaises karstiques, les paysages sont majestueux et d'une beauté rare. Les plus beaux sites ouverts au public sont les Small et Big Lagoon (Twin Lagoon). L'eau est froide en surface mais chaude en profondeur du fait de la présence de nombreuses sources d'eau chaude sous-marines. Les adeptes du snorkeling peuvent jeter leur dévolu sur le spot de Siete Pecados (100 PHP l'entrée). Jolis coraux et pas mal de poissons. L'un des attraits majeurs de la région sont les lacs de Barracuda et Kayangan aux eaux cristallines. Barracuda est un excellent site de plongée avec bouteille mais également en snorkeling – vous pouvez espérer apercevoir des… barracudas bien sûr ! L'entrée coûte 150 PHP. Pour accéder à Kayangan, ça monte un peu mais vous serez récompensés par un panorama à couper le souffle sur la baie de Coron. Et l'eau y est d'une pureté incroyable, ce serait le lac le plus propre du pays. Un site magique. Les autres lacs sont interdits d'accès aux visiteurs pour respecter les tribus autochtones Tagbanua qui vivent sur Coron. Pour pratiquer le snorkeling, on conseille Balinsasayaw Reef, un spot où vous observerez des coraux magnifiques et foule de poissons multicolores comme des poissons-clowns jouant dans leur anémone. Magique.

▶ **Le *island hopping*** (excursion dans les îles) est, comme à El Nido, la meilleure façon de voir le plus de sites en une journée. Tous les hôtels et les agences de Coron les proposent. Ces tours en groupe durent environ 8 heures et incluent le déjeuner, les droits d'entrée aux sites et le transfert de l'hôtel. Les tours sont fixes, en voici quelques-uns à titre d'exemples :

▶ **Le Coron Island Super Ultimate Tour :** le plus complet, on va voir les sept plus beaux sites : Kayangan Lake, Barracuda Lake, Twin Peaks Coral Garden, Beach 91, Balinsasayaw Reef, CYC Beach and Twin Lagoon. Environ 1 800 PHP.

▶ **Le Coron Island Ultimate Tour C** : Siete Pecados, Kayangan Lake, Skeleton Wreck, plage de sable blanc (Banol, Atwayan, Smith ou Beach 91), Twin Lagoon, Coral Garden et Cyc Beac. Environ 1 700 PHP.

▶ **Coron Tour B** : Barracuda Lake, Twin Lagoon, une plage de sable blanc (Banol, Atwayan, Smith ou Beach 91), Skeleton Wreck et Reef Garden. Environ 1 400 PHP.

▶ **Avertissement.** Tous les bateaux partent en même temps le matin et on regrette l'affluence sur les sites, tout en la comprenant (on vient à Coron essentiellement pour les *island hopping*). Toutefois, rassurez-vous, la foule n'enlève absolument rien à la beauté spectaculaire des paysages et à la magie de l'expérience.

▶ **Pour plus de tranquillité**, d'autonomie et de flexibilité dans le choix des sites à visiter, optez pour un tour en bateau privé. Environ 4 000 PHP/personne. Cela vous permet en outre de demander à partir très tôt le matin et ainsi d'éviter la foule sur les sites.

▶ **Conseils futés** : toutes les agences à Coron Town proposent globalement les mêmes prestations, donc ne pas hésiter à négocier un peu les prix. Autre conseil, prendre son masque et tuba (location possible), ainsi qu'une pochette étanche pour transporter son téléphone sur les différents sites. Enfin, on se protège du soleil si on ne veut pas finir écrevisse à la fin de la journée.

MIMAROPA

Coron Island.

DIMAKYA ISLAND

Au nord de Busuanga, Dimakya Island est une superbe petite île de 19 hectares, jouissant d'une plage de sable blanc de 700 m de long qui contraste avec les eaux turquoise et cristallines. Elle est entourée d'un incroyable récif corallien et abrite une grande variété d'espèces animales dont de gros lézards inoffensifs et des tortues qui en saison viennent pondre sur les plages. Dimakyan est la propriété du Club Paradise, l'un des resorts les plus luxueux des Calamianes.

Transports

Depuis l'aéroport de Busuanga, trajet en van de 20 minutes puis en bateau pendant 45 minutes. Organisation via le Club Paradise.

CLUB PARADISE €€€

Dimakya Island
✆ +63 917 827 9852
www.clubparadisepalawan.com

Chambres doubles à partir de 18 000 PHP. Petit-déjeuner inclus. Nombreux packages proposés en ligne.

On vient s'y reposer, plonger, profiter de ce havre de paix. Les bungalows en bord de mer sont beaux et confortables. Il y a un centre de plongée et une piscine. On sert au restaurant des repas sous forme de buffet et des barbecues sont organisés sur la plage. C'est le resort le plus luxueux de l'archipel. Au sommet de l'île, une vue splendide sur la mer et les autres îles. Des activités sont proposées comme le snorkeling ou le kayak. La balade en kayak pour rejoindre une petite île déserte est géniale. Une superbe structure dans un environnement d'exception.

SANGAT ISLAND

Cette île, située à l'extrémité nord de la baie de Coron et à 4 kilomètres de Busuanga, est dotée d'une plage d'un sable éblouissant et d'une belle mangrove. C'est un véritable havre de paix que le propriétaire du Sangat Island Resort s'évertue de protéger. Sangat s'étend sur seulement 700 hectares, avec un paysage marqué par un sommet à 450 mètres, des falaises calcaires abruptes et une jungle dense. Cet écosystème abrite une petite réserve animalière et on peut par exemple y rencontrer des singes et de nombreux varans. Il ne faut pas oublier les fonds marins d'exception qui entourent l'île et abritent des coraux magnifiques, préservés par le resort.

SANGAT ISLAND RESORT €€€

Sangat island
✆ +63 917 100 3064
sangat.com.ph

Chambre double à partir de 13 500 PHP. Trois repas et transfert depuis l'aéroport compris.

Cet établissement est tenu par Andy, qui a aménagé 14 bungalows en bambou et rotin très bien tenus. Construits sur la plage, ils sont tous équipés d'une salle de bain et d'une terrasse. Des sorties et des cours de plongée sont organisés pour les clients. Sangat Island est un paradis pour les amateurs de plongée qui profiteront des environs qui recèlent une douzaine d'épaves japonaises datant de la Seconde Guerre mondiale. En outre, le resort est 100 % autonome grâce à l'énergie solaire qu'il produit. Des prestations de qualité dans un environnement paradisiaque.

CALAUIT ISLAND

Calauit, au nord de Busuanga, abrite le Calauit Safari Park qui couvre 3 700 ha. Ce safari à l'africaine a été créé en 1976 par le dictateur Marcos qui, lors d'un voyage au Kenya, eut l'envie « d'avoir les mêmes animaux ». Ainsi 8 espèces ont été importées d'Afrique : girafes, impalas, zèbres, gazelles, buffles d'eau, tupi, antilopes et boucs. Des espèces se sont déjà éteintes comme les antilopes. Les autres vivotent. Et comme une controverse en cache souvent une autre, le président Marcos avait délogé les membres de la tribu Tagbanwa pour installer ces animaux. Aujourd'hui les Tagbanwa tentent encore de récupérer leurs terres et de cohabiter avec eux.

CUYO ISLANDS

Dans la partie nord de la mer de Sulu, à bonne distance des plus grandes îles de Palawan quoique appartenant toujours à la région, quarante îles forment, au sud, l'ensemble des îles Cuyo et, au nord, celui des îles Quiniluban. Il y a d'excellents sites de snorkeling sur les récifs autour des îles de Manamoc et de Pamalican.

L'ancienne ville de Cuyo, avec son église-forteresse, a su préserver son héritage culturel hispanique. 7 km^2 de récifs coralliens l'entourent, faisant apparaître un lagon sur plus de la moitié de l'île. Les fonds marins de l'île et de ses alentours constituent une réserve protégée, interdisant toute pêche et jetée d'ancre.

MIMAROPA

VISAYAS

L'archipel des Visayas, au centre des Philippines, est formé de centaines d'îles et c'est autour de Cebu, deuxième ville du pays, que s'est principalement développé le tourisme. Un des atouts de l'archipel est la grande diversité de paysages et d'activités qu'il propose aux voyageurs. Des fonds marins d'exception comme Apo Island et Panglao, des îles aux charmes infinis comme Siquijor, l'île mystique, avec ses cascades et ses plages sublimes, ou Bohol, la verdoyante, avec ses rizières, sa rivière et ses Chocolate Hills, ou encore Camotes, l'authentique, hors des circuits touristiques, et bien sûr Boracay, la plus connue des Philippines, pour ses nuits animées… Les possibilités sont infinies, et que l'on soit en quête de calme, d'aventure ou de farniente, les Visayas ont de quoi combler toutes les envies. L'archipel est définitivement la meilleure option pour une première découverte des Philippines.

VERS DONSOL
Romblon
Mansalay
Aroroy
Odiongan
Masbate City
San Fernando
Milagros
CARABAO ISLAND
Balud
BORACAY ISLAND
Maniguin
Malay
Caluya
KALIBO
Ibajay
Roxas
Carles
Sara
Culasi
BANTA
Pontevedra
PANAY
Passi
Lambunao
Pototan
Cadiz
Sagay
Silay
Oton
ILOILO
BACOLOD CITY
Miag-ao
Calatrava
Guimaras
Bago
Détroit
MAMBUCAL
Canlaon
Toledo
Hinigaran
Guihulngan
CARCAR
Mer de Sulu
Cauayan
Kabankalan
MOALBOAL
Argao
NEGROS
SIPALAY
Mabinay
Visayas
Hinoba-an
BAIS
Oslob
BALICASAG ISLAND
Basay
SANTANDER
Bayawan
DUMAGUETE CITY
VALENCIA
SIQUIJOR
BACONG
DAUIN
SIQUIJOR
Siaton
APO ISLAND
50 KM

Bulan
Mer des Philippines
Catarman
San Isidro
Las Navas
Uson
Calbayog
Gandara
Dolores
Cawayan
Placer
Catbalogan
Daram
Borongan
sayan
Naval
Llorente
AND
Daanbantayan
MALAPASCUA
TACLOBAN
ntayan
Palo
Bogo
ORMOC CITY
Guiuan
LEYTE
Golfe de Leyte
CAMOTES ISLANDS
Suluan
Tuburan
Baybay
CEBU
amban
Hinunangan
Hilongos
LAPU-LAPU
SAN JUAN
MAASIN
Ubay
Basilisa
BOHOL
Carmen
CHINE
TAGBILARAN CITY
LOBOC
Jagna
PHILIPPINES
PANGLAO ISLAND
VISAYAS
PAMILACAN ISLAND
INDONÉSIE
Mer de Bohol
Mambajao
Camiguin
AUSTRALIE

PAGES

260 ## ● ● PANAY

À l'extrême ouest des Visayas, l'île de Panay se divise en quatre provinces : Iloilo, Capiz, Antique et Aklan. La partie ouest de l'île est très montagneuse et comprend le plus haut pic de Panay, le mont Madja-as, un volcan endormi qui s'élève à 2 090 m d'altitude. L'agriculture et les industries locales, comme la fabrication des textiles à Iloilo, constituent une part importante de son économie. Les cultures majoritaires sont le riz, le sucre, la banane, l'ananas, la noix de coco et l'exploitation forestière. Parmi les attractions les plus séduisantes de l'île, le fameux festival de Kalibo, Ati-Atihan, qui se déroule le troisième week-end de janvier, est le plus populaire de l'archipel des Philippines. Iloilo, située au confluent des rivières Batiano et de la province du même nom, est le chef-lieu de l'île, divisée en cinq districts. C'est essentiellement Boracay et sa fameuse plage, White Beach, qui attirent les visiteurs ; le reste de l'île, qui mériterait pourtant d'être visité, reste assez inconnu de la plupart des voyageurs.

260 ### KALIBO

260 ### BORACAY ISLAND ★★★

Réputée comme l'une des plus belles îles des Philippines, sans aucun doute la plus touristique, Boracay a un peu perdu de son authenticité, victime de son succès. Toutefois ses plages, ses eaux turquoise et ses couchers de soleil sont toujours splendides.

268 ### CARABAO ISLAND ★

269 ### ILOILO

271 ## ● ● NEGROS

Les natifs de l'île l'avaient appelée Buglas, mais les Espagnols la rebaptisèrent Negros parce qu'ils y découvrirent des Atas, l'un des groupes aborigènes Negritos. Jusqu'en 1836, l'île était une seule région qui avait comme capitale Bacolod. En 1890, la province fut séparée en deux – Negros occidental et Negros oriental – pour mieux résister aux invasions constantes de pirates. Le dialecte du Negros occidental est l'ilonggo, comme à Iloilo sur Panay. Les deux sites majeurs attirant les touristes sont le mont Canlaon et les plages de Sipalay. Le Negros oriental est la province qui fait face à Cebu, bordé par le détroit de Tanon, un passage fréquenté par des dauphins. Dans la partie orientale de Negros, les habitants parlent le cebuano et non plus l'ilonggo.

L'île de Negros, morcelée par les nombreux lacs et sources qui assurent une abondante alimentation en eau, est la quatrième du pays en termes de superficie. La canne à sucre est l'industrie la plus répandue de l'île et fournit plus de la moitié de la production totale de sucre du pays. Ce n'est pas pour rien qu'on surnomme Negros le grenier de canne à sucre des Philippines. Cette culture a pris son essor à la fin du XIXe siècle.

Aujourd'hui, l'île se tourne de plus en plus vers le tourisme. Il s'est essentiellement développé autour de Dumaguete et de la côte sud-est où il est aisé d'organiser des escapades plongée proches de la côte ou vers l'île d'Apo. L'intérieur de l'île reste à découvrir, c'est une réserve naturelle encore vierge entre lacs et montagnes. Traverser l'île en bus ou à moto, c'est se perdre dans les rivières et les champs de canne à sucre à perte de vue, clairsemés de petits villages paisibles, apercevoir la cime du volcan Canlaon, faire une halte au bord d'un lac : une belle idée d'escapade pour sortir des sentiers battus.

271 ### BACOLOD CITY

273 ### MAMBUCAL

274 ### SIPALAY

275 ### BAIS

PAGES

276 **DUMAGUETE ★**

Ville côtière réputée pour sa douceur de vivre, sa vie estudiantine animée et sa proximité avec des sites de plongée d'exception comme celui de Apo Island.

279 **BACONG**

279 **VALENCIA**

280 **DAUIN ★**

APO ISLAND ★★★★

281 Cette île au large de Dauin est un véritablement enchantement. Sur terre, son petit village a des allures de Capri, en mer, ses fonds marins sont parmi les plus renommés du pays. On y nage aisément avec des tortues géantes, entouré de coraux de toute beauté. Un bijou de la nature !

283 ●● SIQUIJOR

Objet de multiples superstitions et légendes, Siquijor (prononcer ***siqui-hore***) intrigue et fascine. Certains Philippins superstitieux jurent ne jamais y mettre les pieds par crainte de ce mysticisme. Est-ce la raison pour laquelle Siquijor est encore relativement préservée du tourisme ? Pourtant, son potentiel est immense car en réalité, cette île de 34 000 hectares et 110 000 habitants est un véritable havre de paix – elle a d'ailleurs le taux de criminalité le plus bas des Visayas. Siquijor City est la capitale de cette province. La population de l'île est très accueillante : une oasis de calme pour les voyageurs qui cherchent un endroit à l'abri des foules. On peut découvrir l'intérieur de l'île à scooter notamment, y faire d'agréables promenades en forêt pour rejoindre de superbes chutes d'eau et des grottes, mais également plonger car les sites d'exception sont ici nombreux. On n'oubliera pas le farniente, sur l'une des nombreuses plages de sable fin qui s'étirent sur les côtes de l'île, avant de finir chaque journée par un coucher de soleil, réputé pour être parmi les plus beaux du pays. L'authenticité, l'atmosphère et les beautés naturelles pourraient bien faire de Siquijor, le coup de cœur de votre séjour dans les Visayas.

283 **SIQUIJOR CITY ★**

LARENA ★

284 Larena abrite le port principal de l'île, par où les voyageurs transitent, mais Larena, c'est aussi et surtout la face authentique et paisible de l'île de Siquijor. Là où rien ne vient perturber la tranquillité des habitants.

Apo island.

PAGES

285 **SAN JUAN** ★★★★

C'est l'épicentre touristique de Siquijor, il y règne une certaine douceur de vivre. Les restaurants en bord de mer, les couchers de soleil sur Paliton Beach et sa superbe route panoramique, en font une merveilleuse destination pour les amateurs de plongée, de cascades et de dépaysement.

291

●● CEBU

L'île de Cebu compte près de cinq millions d'habitants et s'étire sur environ 200 kilomètres, mais sa largeur ne dépasse pas 35 kilomètres. Une chaîne de montagnes traverse l'île du nord au sud, de Santander, à l'extrême sud, jusqu'à Bogo, au nord. Cebu a connu une importante déforestation sous la pression démographique et le développement de la culture du maïs et surtout des plantations de canne à sucre, mais des programmes de reforestation sont en cours, notamment dans le sud. Au nord, l'île est envahie par les champs de canne à sucre. Cebu est le centre du dialecte cebuano, la langue natale de plus de quatre millions de personnes qui résident dans la province, sans compter la population cebuano qui a propagé le dialecte en l'essaimant dans tous les Visayas, à Samar, Leyte et aussi à Mindanao. L'anglais et le tagalog sont parlés par la majorité de la population. Cebu fut aussi l'île sur laquelle débarqua, et périt Magellan, en 1521.

Les plages sont les attractions majeures de l'île, où l'on vient avant tout sur les côtes pour profiter du soleil et des activités aquatiques comme la plongée. Les vacanciers débarquent en nombre pour profiter de cette douceur de vivre. Il est aisé de circuler sur l'île en utilisant le réseau de bus, et les îles satellites de la province de Cebu (Malapascua, Bantayan, Mactan et Camotes) sont reliées à l'île principale par des services de bateaux réguliers. Les plus belles plages s'égrènent au nord de l'île et sur la côte sud-ouest. Moalboal, Mecque de la plongée bon marché, est l'une des destinations les plus en vogue de l'île. Pour les amateurs de tranquillité, il est conseillé de privilégier les petites îles du nord, comme les charmantes îles Camotes, qui échappent aux affres du tourisme.

291 **CEBU** ★★

Avec plus d'un million d'habitants, Cebu est la deuxième ville du pays après Manille. Première capitale des Espagnols en 1565, capitale des Visayas, celle que l'on surnomme « la Reine du Sud » n'est souvent qu'un passage obligé pour se rendre dans les îles alentour ou dans les stations balnéaires de l'île.

298 **LAPU-LAPU**

299 **CARCAR**

300 **SANTANDER**

300 **MOALBOAL** ★

Moalboal, accessible en 3 heures de bus depuis Cebu, est une station balnéaire réputée auprès des plongeurs qui voyagent un budget limité. En effet, l'endroit est réputé pour ses fonds marins magnifiques et ses nombreux clubs à des prix imbattables. La spécialité de Moalboal ? La plongée au milieu de bancs de sardines immenses (plus d'un million !), expérience unique !

305 **BANTAYAN ISLAND** ★★

Au nord de Cebu, Bantayan est une île hors des sentiers battus qui ravira les amateurs de tranquillité, de belles plages et d'eaux turquoise.

307 **MALAPASCUA ISLAND** ★★

Située au nord de Cebu, la toute petite île de Malapascua, avec ses jolies plages et ses eaux turquoise, est un paradis pour les plongeurs qui y viennent pour une raison précise : le *thresher shark* ou requin-renard, une espèce endémique à la région.

PAGES

311 **CAMOTES ISLANDS ★★★**

Au large de Cebu, cet archipel de quatre îles n'a pas encore connu le boom touristique, ici la vie s'écoule paisiblement et la nature est de toute beauté, avec plages paradisiaques, grottes, forêts, îlots... Une escapade idéale pour les voyageurs en quête d'authenticité.

314 ●● BOHOL

L'île de Bohol est l'un des fleurons des Philippines, toujours mise en avant par l'office de tourisme philippin. Célébrée pour ses « collines de chocolat » (curiosité géologique n'ayant rien à voir avec le chocolat, on le rappelle) et le célèbre plus petit primate du monde, appelé tarsier, elle est aussi connue pour ses belles plages et surtout la plongée que l'on pratique depuis la petite île de Panglao à laquelle elle est reliée par deux ponts. C'est également à Bohol que l'on trouve des exemples d'églises espagnoles datant de l'époque coloniale, qui ont été malheureusement bien endommagées lors du tremblement de terre de 2013. L'intérieur de l'île mérite d'être parcouru, pas seulement pour ses fameuses Chocolate Hills, mais aussi pour traverser de belles rizières, des plantations de canne à sucre, découvrir de belles rivières comme celle de Loboc et d'impressionnantes chutes d'eau. Si l'on est en quête d'un séjour nature et authenticité, l'intérieur de l'île de Bohol a beaucoup à offrir, si l'on vient pour la plongée et les plaisirs de l'eau, alors direction Panglao.

314 **TAGBILARAN**

318 **LOBOC ★**

La rivière de Loboc est l'un des sites incontournables de Bohol. Kayak, paddle ou bateau, les possibilités sont multiples pour l'explorer. Son eau est d'un bleu-vert profond et ses rives sont enfouies sous une végétation dense. Une merveille de la nature.

319 **PANGLAO ISLAND ★**

Île au sud-ouest de Bohol, c'est sur la célèbre plage d'Alona que se concentrent la plupart des hôtels et restaurants de Bohol. Cette station balnéaire très populaire est célèbre pour ses beaux sites de plongée.

327 **BALICASAG ISLAND**

327 **PAMILACAN ISLAND**

328 ●● LEYTE

Située dans l'est des Visayas, Leyte compte plus de 2,6 millions d'habitants et est connectée à l'île de Samar par le pont San Juanico qui était, jusqu'en 2022, le plus long pont des Philippines (2,5 km). L'île de Leyte est irrémédiablement associée à la guerre du Pacifique et aux âpres combats engagés par le général MacArthur. Ce fut la première île des Philippines sur laquelle le général et ses troupes débarquèrent en octobre 1944, marquant la fin de l'occupation japonaise. Leyte est également associée à la famille de l'ancien dictateur Marcos et surtout à sa femme, Imelda Marcos, originaire de Tacloban. Aujourd'hui encore un bâtiment et une rue sur deux portent son nom. Enfin, la province fut la première avec Samar à subir de plein fouet le super typhon Haiyan en 2013, l'un des plus puissants et meurtriers au monde. Les villes comme Tacloban et Ormoc ont été totalement détruites, et des milliers de personnes ont perdu la vie. Dix ans après, la vie a repris son cours sur la paisible île de Leyte, connue pour ses paysages de toute beauté, ses belles plages et ses sites de plongée au sud.

328 **TACLOBAN ★**

328 **ORMOC**

329 **MAASIN**

KALIBO

Kalibo, la plus ancienne ville d'Aklan, est aussi la capitale de la province et compte environ 100 000 habitants. Elle se trouve à 160 km au nord-ouest d'Iloilo. Pour les voyageurs, elle constitue avant tout un point d'accès à l'île de Boracay. Pour autant, elle est à voir lors du festival Ati-Atihan, certainement le festival le plus célèbre des Philippines. Il se tient en janvier et plus de 55 tribus défilent en costumes traditionnels et outrageusement colorés. C'est spectaculaire ! Enfin, Kalibo est le cœur de la production de piña aux Philippines. Le tissage de la piña (fibre d'ananas) est une tradition qui remonte au VIIIe siècle. On se sert de ce tissu soyeux pour confectionner des barongs, des sets de table ou des nappes (demandez à l'office de tourisme pour visiter un atelier).

Se loger

Pendant la période du festival, en janvier, il faut s'y prendre à l'avance. Les visiteurs arrivent en masse de toutes les îles, sans compter les touristes internationaux. Les hôtels sont bondés. Les prix des chambres peuvent tripler.

Transports

- **Avion.** Kalibo a un tout petit aéroport qui semble dire « Bienvenue sous les tropiques ». C'est l'un des principaux accès pour rejoindre Boracay. Vols quotidiens depuis Manille.
- **De/vers Boracay.** En bus jusque Caticlan (1h30, 450 PHP) puis de nombreux bateaux font la traversée (15 minutes, 600 PHP).
- **De/vers Iloilo.** En bus, départs toutes les heures (4h).

ATI-ATIHAN FESTIVAL HOTEL €

19 Martyrs Street
+63 925 860 6292
Chambres doubles à partir de 1 520 PHP.

Sans aucun doute le meilleur rapport qualité-prix de la ville, l'Ati-Atihan est une merveille de petite auberge de jeunesse avec de belles chambres (petites certes, mais pour le prix…) tout à fait correctes, propres et fonctionnelles, et un personnel très accueillant et arrangeant. L'établissement est en plus bien placé, dans le centre, à proximité de toutes les commodités, du marché et de restaurants. Il est également possible de prendre son petit-déjeuner sur place.

KUBO BAR GARDEN AND RESTAURANT €

Osmeña Avenue
+63 999 395 7035
Ouvert tous les jours de 8h à minuit. Plats entre 150 et 450 PHP.

Dans une ambiance authentique et très locale, ce restaurant sert une cuisine philippine traditionnelle avec de nombreuses spécialités à base de poissons et fruits de mer. On dévore *al fresco* et dans une ambiance familiale (voire musicale certains soirs, surtout le week-end) de généreuses portions de calamars, gambas, et autres poissons préparés à la façon Kubo ! Les prix sont très raisonnables et le service se fait avec le sourire. Une adresse locale appréciée.

BORACAY ISLAND ★★★

Boracay est une toute petite île, située à l'extrême nord-ouest de Panay, à 216 kilomètres de Manille à vol d'oiseau. Ce petit joyau s'étire sur 8 kilomètres de longueur et un kilomètre de largeur, baigné par la mer de Sulu et la mer de Sibuyan, nichée entre la commune de Caticlan et l'île de Carabao. Cette île paradisiaque de calcaire corallien aux plages de sable blanc immaculé, baignées par des eaux bleues translucides, est sans aucun doute l'île la plus touristique du pays, avec deux millions de visiteurs par an recensés ces dernières années, et ayant accueilli jusqu'à 40 000 touristes en même temps. Arrivant depuis plusieurs années dans le palmarès des plus belles plages du monde, White Beach (la fameuse plage de la côte ouest) est littéralement envahie par des milliers de touristes de toutes nationalités, en haute saison notamment. Cela fait déjà longtemps que les amoureux du lieu regrettent cet afflux de visiteurs qui tend à dénaturer l'île. En effet, les activités touristiques et les infrastructures se sont développées de plus en plus vite, au détriment des espaces naturels, pour le confort des voyageurs qui arrivent du monde entier. De nouvelles routes ont été tracées, des chaînes de fast-food se sont implantées et les hôtels ont poussé comme des champignons. Les constructions se sont multipliées et les charmants bungalows en nipa ont laissé de plus en plus place aux constructions bétonnées plus prisées des touristes asiatiques qui constituent désormais la plus importante clientèle, bénéficiant de vols directs vers Kalibo depuis la Corée notamment. Ce petit coin de paradis est aujourd'hui loin d'être la destination la plus authentique…

Un joyau, victime de son succès. Menacée par la surfréquentation touristique, la pollution galopante et les effets négatifs sur son environnement, l'île qualifiée de « fosse septique » par le président Duterte a fermé ses portes et interdit l'accès aux touristes d'avril à octobre 2018. L'objectif était de nettoyer l'île, de remettre en état le système d'évacuation des eaux et de faire le ménage dans le développement anarchique de l'offre hôtelière. Au-delà de cette opération de grand nettoyage, Boracay a de nouveau été fermée plusieurs mois en 2020 à cause de la pandémie de Covid. Depuis, elle s'est dotée de nouvelles règles : fumer, manger et boire de l'alcool sur les plages est interdit ; le nombre d'hôtels est encadré ; les visiteurs, limités à 19 200 en même temps, doivent obligatoirement montrer leur réservation d'hébergement accrédité pour entrer sur l'île ; et enfin les gigantesques fêtes comme la célèbre LaBoracay font désormais partie du passé. Alors, Boracay vers un tourisme plus responsable ? Affaire à suivre…

Se loger

À Boracay, station balnéaire indémodable, les prix des chambres sont élevés. En plus, ils doublent en haute saison (de novembre à juin) et flambent à Noël, au Nouvel An chrétien, au Nouvel An chinois et durant la semaine sainte. Il peut être plus intéressant de choisir son hôtel à l'extrémité nord (après la Station 1) ou au sud (après la Station 3) car les établissements y sont moins collés les uns aux autres et l'ambiance est donc plus tranquille. Au contraire, pour ceux qui recherchent l'animation, un hôtel près de la Station 2 conviendra mieux. Enfin, au cours de la basse saison (de juin à octobre) les prix baissent à Boracay : de 30 à 50 % au moins. N'hésitez pas à négocier !

Se restaurer

Boracay est une station balnéaire et, de fait, l'offre sur White Beach est pléthorique mais pas toujours de qualité. Toutes les nationalités sont représentées et à tous les prix. De nouveaux établissements font sans cesse leur apparition : n'hésitez pas à flâner… Pour les petits budgets, il est facile de se restaurer pour quelques pesos. Pour les petits encas, quantité d'échoppes peuvent vous régaler d'un bon jus de fruits frais et de petits snacks.

Sortir

Réputée pour sa vie festive et ses nuits débridées, dans les années 2010, les choses ont changé depuis la réouverture de l'île en octobre 2018 et la nouvelle fermeture en 2020 pour cause de Covid. Toutefois, que les fêtards se rassurent, les bars et clubs ne manquent pas et l'animation nocturne a bien repris, plus encadrée dirons-nous. Il y en a pour tous les goûts et pour toutes les heures. Déambulez à la recherche de votre endroit préféré.

Sports / Loisirs

Il est possible de pratiquer toutes les activités nautiques imaginables à Boracay : kayak, jet-ski, kitesurf, planche à voile ou plongée. Toutes ces activités peuvent être organisées depuis votre hôtel ou via les myriades de petites agences sur la plage. Les tarifs sont très similaires chez les unes et les autres. Il convient donc d'en faire plusieurs pour comparer les prix et prestations. À noter pour les amoureux de la plongée qu'il existe des formules « *Bed & Dive* » (hébergement et plongée) qui peuvent s'avérer intéressantes.

Boracay, l'île du farniente.

Transports

Avion. L'aéroport desservant Boracay se situe à Caticlan (à 30 minutes de l'île). Il y a de nombreux vols quotidiens depuis les principales villes des Philippines. Depuis l'aéroport, comptez 150 PHP en tricycle pour rejoindre l'embarcadère et vous rendre à Boracay. De l'aéroport, vous trouverez également des agences vendant des transferts tout compris (bus jusqu'à l'embarcadère, bateau et taxi jusqu'à votre hôtel), cela peut être intéressant et plus simple.

En bateau de Caticlan. Un nombre incroyable de bancas et speedboats assure la navette entre Caticlan et Boracay, toutes les 15 minutes entre 5 et 18h. Comptez 600 PHP (billet comprenant la taxe environnementale à 300 PHP et la taxe portuaire à 150 PHP) pour les quinze à vingt minutes de trajet. De 19 à 22h, les mêmes bateaux sont toujours disponibles mais partent (et facturent !) à la demande. Pensez à ne pas arriver trop tard.

De Manille à Caticlan. Le trajet peut se faire en comptant entre 12 et 16 heures de transport pour environ 1 900 PHP par personne en combinant bus et ferries. Le périple se découpe comme suit : de Manille à Batangas en bus (2 heures), puis ferry jusqu'à Calapan sur Mindoro (entre 2 et 3 heures), puis bus jusqu'à Roxas (entre 2 et 3 heures) et ferry jusqu'à Caticlan (environ 3 heures 30). En général, on part à 21h de Manille pour arriver vers 5h-6h à Roxas, puis on prend le ferry de 8h pour Caticlan. En résumé, cela peut être intéressant, mais reste fatiguant !

En bus de Kalibo à Caticlan. Comptez 1h30 et 450 PHP.

BULABOG BEACH ★

Située à dix minutes à pied depuis le D'Mall, sur la côte est de l'île, Bulabog Beach est la plage favorite des amateurs de planche à voile et de kitesurf, surtout entre octobre et mai quand les vents soufflent bien, et bien sûr de ceux qui aiment les observer. Moins tape-à-l'œil que White Beach, la plage en elle-même n'est pas époustouflante de beauté, surtout à marée haute, et elle peut même parfois être sale. Elle n'est pas adaptée à la baignade. Par contre l'ambiance y est beaucoup plus relax, jeune et sportive, surtout en saison.

PUKA BEACH ★★

Ne pas rater cette sublime plage remplie de coquillages, on l'appelle d'ailleurs Puka Shell, où pas un seul hébergement n'est installé. On compte quelques petits restos quand même et des vendeurs de boissons fraîches. Le site est vraiment magnifique : eau turquoise, pas d'algues, sable blanc... une vraie carte postale ! Idéal pour une journée de total farniente et un pique-nique au calme (pensez à tout ramener avec vous). On s'y rend en banca en longeant les côtes de Boracay, ou en tricycle de White Beach (la route termine à Puka Beach).

WHITE BEACH ★★

White Beach, c'est un peu l'attraction principale de Boracay. La plage s'étend sur quatre kilomètres, en longeant la côte ouest, entre le village d'Angol et celui de Balabag. Considérée comme l'une des plus belles étendues de sable au monde, elle est un trésor géologique national. Le sable, d'une blancheur éclatante, a une texture poudreuse, incroyablement douce ; il semble avoir été passé et repassé indéfiniment au tamis. L'eau est chaude, idéale pour la baignade. Les couchers du soleil y sont d'une beauté sans égale, parmi les plus beaux des Philippines sans aucun doute !

Tout ça est bien vrai mais l'envers du décor est un peu moins sexy : durant les mois les plus chauds, de février à mai environ, des algues vertes envahissent et enlaidissent White Beach. En outre, durant la basse saison, le vent impose aux hôtels de se « barricader » pour éviter d'être ensablés : d'immenses bâches longent la plage et, même si l'on peut aisément passer des hôtels à la plage, celle-ci perd un peu de son charme légendaire. Enfin, comme elle est la plus belle plage de l'île qui est peut-être la plus touristique de l'archipel, il y a du monde. Toutefois, White Beach mérite que l'on s'y arrête, ne serait-ce que pour siroter un jus à l'heure du coucher de soleil.

En pratique, la plage est divisée en trois secteurs : la Station 1 regroupe les plus grands hôtels (la plage y est alors plus large) ; la Station 2 est le cœur de la station balnéaire avec hôtels, bars, restaurants ; la Station 3 est plus paisible (petits hôtels, beaucoup moins de monde).

KOMMONS BY KAMINO HOSTEL €

Main Road, Station 3
✆ +63 906 466 1267
Dortoir à partir de 1 200 PHP. Chambre double à partir de 4 600 PHP. Petit-déjeuner inclus.
Situé un peu à l'écart de l'agitation, à quelques minutes à pied de White Beach et à quinze minutes de marche du centre névralgique avec tous les restaurants et bars, Kommons est une auberge de jeunesse d'assez petite taille. Les chambres, les dortoirs et les sanitaires sont récents, tout est propre (nettoyage quotidien) et bien pensé, on apprécie les rideaux individuels dans les dortoirs. Le personnel très sympathique délivre un service de grande qualité (jus de bienvenue, serviettes fournies...) et avec le sourire. Une très bonne adresse économique !

BABOSAM HOTEL - C LA VIE €€

Bulabog Rd, Station 2 ✆ +63 97 7255 5927
Chambres doubles à partir de 2 300 PHP.
À quelque 500 mètres de la fameuse *White Beach*, à trois minutes de D'mall et à une minute de la plage de Bulabog, ce nouvel hôtel, tenu par Bastien et Samuel, deux expatriés français, propose huit chambres qui, sans être sublimes, sont spacieuses, modernes, confortables et au calme. Les propriétaires, amoureux du coin, conseillent les voyageurs avec passion et donnent d'utiles conseils. Le personnel est des plus sympathique. Des tours sur mesure hors des sentiers battus en immersion dans la culture locale sont proposés. Bon rapport qualité-prix !

7 STONES €€

Bulabog Beach
✆ +63 927 469 0348
www.7stonesboracay.com
Chambres doubles à partir de 5 650 PHP. Petit-déjeuner inclus.
Situé à quelques minutes à pied de White Beach et avec un accès direct à la plage, voici un bel établissement 4-étoiles qui se démarque surtout avec ses chambres et ses luxueuses villas (qui font entre 40 et 164 m²) qui possèdent toutes un patio ou une terrasse privée, avec une vue directement sur la mer et/ou sur la grande piscine à débordement. Ce gros avantage dans l'aménagement participe à créer un nid douillet de tranquillité et d'intimité convenant à la fois pour les couples et pour les familles grâce aux villas de deux ou trois chambres.

BANS BEACH RESORT €€

Station 1
✆ +63 909 691 1038
www.bansbeachresort.com
Chambres doubles à partir de 2 500 PHP. Petit-déjeuner non inclus.
C'est l'un des hôtels les plus anciens de l'île puisqu'il est installé au bord de White Beach depuis 1985. Autant dire qu'il a eu le temps de se forger une réputation, et bonne nouvelle : elle est excellente ! Le Bans Beach Resort propose des chambres simples, bien tenues et assez confortables disséminées dans un joli jardin commun. L'établissement est malgré tout bien situé, à quelques mètres de la plage mais au calme. Le personnel est de bon conseil, l'accueil très sympathique et l'ambiance décontractée. À coup sûr l'un des meilleurs rapports qualité-prix.

VISAYAS

White Beach.

DEPARIS BEACH RESORT €€

Station 2
✆ +63 36 288 3233
www.deparisresortboracay.com
Chambres doubles à partir de 2 790 PHP. Pas de petit-déjeuner.

L'un des premiers hôtels de Boracay, ouvert il y a plus de 40 ans. Roger Deparis (un Français) regrette ce temps béni où la plage était vierge (la route principale était alors un sentier pour les buffles) et où il n'y avait pas d'électricité. Son hôtel, situé en plein milieu de la plage à proximité de tous les bars et activités, conserve un peu de cette ambiance d'un autre temps. Resto sur la plage, chambres à l'étage et (plus intéressant car plus calme) bungalows sur l'arrière, dans un vaste jardin exubérant. L'ensemble est un peu vieillissant mais correct.

LE SOLEIL DE BORACAY €€

White Beach, Station 2
✆ +63 2 7759 9811
www.lesoleil.com.ph
Chambres doubles à partir de 5 000 PHP. Petit-déjeuner inclus.

Un brin de Méditerranée au cœur de Boracay, voici ce que promet cet établissement 3-étoiles situé directement sur la plage. Les murs couleur sable et autres touches colorées donnent un charme tout particulier à l'endroit, les chambres sont spacieuses et sont organisées autour d'une grande piscine et d'un jardin verdoyant. Elles sont fonctionnelles et confortables. Les suites les plus chères possèdent leur bain bouillonnant privé. Voici un établissement énergisant et fort élégant, accompagné d'un très bon rapport qualité-prix pour sa gamme.

THE LAZY DOG BED & BREAKFAST €€

Bulabog Beach
✆ +63 917 700 8571
www.lazydogboracay.com
Dortoir à partir de 1 100 PHP, chambres doubles à partir de 2 400 PHP. Petit-déjeuner inclus.

L'endroit est un peu à l'écart de la plage, mais il est bien aménagé et tout est fait pour que l'on se sente facilement en phase avec le personnel et les autres locataires. Les chambres et dortoirs sont assez simples mais propres et bien entretenus. Le jardin est aménagé en coin de détente et de restauration ; coussins, petites tables, et quelques plantes. À mi-chemin entre l'auberge et la chambre d'hôtes, cet établissement convivial sera parfait pour des groupes d'amis.

DINIVIEW VILLA RESORT €€€

Diniwid Beach ✆ +63 36 288 1239
www.diniviewboracay.com
Villa à partir de 13 000 PHP. Deux nuits minimum. Wifi.

Le Diniview Villa Resort est élégamment perché sur une colline entre les plages de Diniwid, à cinq minutes à pied et White Beach à dix minutes à pied. Du sommet, la vue et les couchers de soleil sont tout simplement spectaculaires ! Les huit villas aux volumes généreux sont d'un luxe discret et d'une sophistication épurée, leur décoration est à la fois sobre et très raffinée. Pour se rafraîchir, la piscine cachée dans la végétation luxuriante est délicieuse. En quelques mots, c'est un paradis privé loin des foules. Zénitude assurée !

DISCOVERY SHORES €€€

Balabag, Station 1
✆ +63 36 288 9639
www.discoveryshoresboracay.com
Chambres doubles à partir de 20 000 PHP. Petit-déjeuner inclus.

Ce grand complexe 5-étoiles d'un blanc éclatant propose 99 vastes chambres très modernes et design au confort absolu et à la décoration soignée. On retrouve tous les services et prestations attendus dans un établissement aussi luxueux : une très grande piscine, un centre de massage de renom, trois restaurants tous plus excellents les uns que les autres, un personnel professionnel et efficace et une splendide vue sur la mer… De nombreux packages vous proposent bien plus qu'une nuit, une véritable expérience de luxe clé en main.

MÖVENPICK RESORT & SPA BORACAY €€€

Punta Bunga Beach
✆ +63 36 288 2256
https://movenpick.accor.com/
Chambres doubles à partir de 12 400 PHP. Petit-déjeuner inclus.

Le luxueux Mövenpick Resort Boracay a ouvert ses portes en 2017. Au nord-ouest de l'île de Boracay, sur la plage de Punta Bunga, connue pour son fin sable blanc et ses eaux turquoise, l'hôtel possède une immense piscine avec un bar et des espaces lounge tout autour, idéal pour admirer le coucher du soleil. Loin de l'agitation de White Beach, les 312 chambres et suites et la superbe villa sur la plage (avec piscine à débordement privée) sont décorées avec soin et tout confort bien sûr !

SHANGRI-LA'S BORACAY RESORT & SPA €€€

✆ +63 36 288 4988

Chambres doubles à partir de 27 000 PHP. Petit-déjeuner inclus.

Sans doute le plus luxueux de tout Boracay, le Shangri-La est construit entre les arbres des collines, et donne accès à une plage privée. Très confortables, les superbes chambres ont vue sur mer. Quant aux villas, elles dégagent un charme inouï ; elles offrent un mobilier local aux formes modernes et s'ouvrent vers l'extérieur. Quatre restaurants aussi excellents les uns que les autres, trois bars et un personnel aux petits soins. Une merveille ! Pour se faire un énorme plaisir !

THE DISTRICT BORACAY €€€

White Beach, Station 2

✆ +63 36 288 1448

https://thedistrictboracay.com/

Chambres doubles à partir de 8 550 PHP. Petit-déjeuner inclus.

Sur White Beach, cet hôtel contemporain à la façade blanche et bois est l'option parfaite pour ceux qui souhaitent être au cœur de l'effervescence. Les chambres, spacieuses et tout confort, donnent sur la longue piscine horizontale au mur végétal. Le *rooftop* est le spot idéal pour admirer les spectaculaires couchers de soleil, d'autant plus que les cocktails sont réussis ! Pour un moment de détente absolue, courez sans attendre au spa, les masseuses ont de véritables doigts de fée ! Enfin, on apprécie le service irréprochable et avec le sourire.

JAMMERS BEACH SHACK €

White Beach, Station 2

✆ +63 917 145 2788

Ouvert tous les jours de 7h à 2h du matin (4h vendredi et samedi). Plats entre 210 et 590 PHP.

Le Jammers et son propriétaire ont toujours été très populaires et renommés pour proposer les meilleurs burgers de l'île. Quand ce dernier est décédé, il a fallu trouver repreneur. Ce sont ses amis et propriétaires du Aria juste à côté qui ont repris le Jammers, avec le souhait de garder cette identité burger mais en y ajoutant une touche gastronomique, des saveurs originales comme un pain à la patate douce et des options végétariennes. Ainsi que toute une carte pour le petit-déjeuner, moult sandwichs et autres *hot dogs* et jus de fruits frais. Vue sur mer.

SMOKE €

Wet Market, D'Mall, Station 2

✆ +63 36 288 6014

Ouvert tous les jours de 7h à 23h. Plats entre 100 et 330 PHP.

Cette guinguette de marché offre, sans aucun doute, le meilleur rapport qualité-prix de White Beach. La preuve en est qu'ici, le midi et le soir, on fait la queue et on attend de s'attabler pour déguster l'une des nombreuses spécialités philippines, et ce pour à peine plus de 100 pesos le plat. Le choix est vaste, les gens se pressent surtout pour goûter le *bulalo*, un bouillon très riche à base de bœuf, ou le *crispy pata*, des pieds de porc frits... Pour les végétariens, il y a quelques options comme le tofu teriyaki. On recommande.

JONAH'S FRUITS SHAKE €

Station 1

✆ +63 919 630 8728

Ouvert de 9h à 21h. Shake à partir de 150 PHP. Plats entre 200 et 450 PHP.

Installé à Boracay depuis 1983, ce restaurant-bar à jus est une institution sur l'île. Dans une ambiance colorée et bon enfant, il propose, comme son nom l'indique, des *shakes* variés et absolument délicieux : banane-chocolat-vanille, mangue-melon ou encore ananas-rhum... En plus ils utilisent des pailles comestibles ! Quelques plats et en-cas sont en plus au menu. Et pour combler les envies de chacun, Jonah's livre ses *milkshakes* partout à Boracay. Cette petite adresse est très populaire car c'est sans aucun doute les meilleurs *shakes* de l'île !

NONIE'S €

Hue Hotel and Resorts, Station 2

✆ +63 912 394 8948

www.nonies.com.ph

Ouvert tous les jours de 7h à 22h. Plats entre 300 et 450 PHP.

Une addition sur la scène gastronomique de l'île qui manquait un peu : un restaurant au créneau « sain » ! Dans un décor branché aux dalles blanches, au mur végétal et aux ampoules aux filaments apparents, on est ravis de déguster une nourriture saine, locale (les propriétaires travaillent avec des fermiers de la région) et aussi souvent que possible biologique mais aussi et surtout exquise et pleine de saveurs. Sur l'ardoise : salades, *buddha bowl*, curry, jus frais... et un brunch servi toute la journée. Une adresse sympa d'où l'on sort plein de vitalité.

ARIA RESTAURANT €€

White Beach, Station 2
✆ +63 36 288 5573
www.aria.com.ph
Ouvert tous les jours de 10h à 23h. Plats entre 260 et 960 PHP.

Situé en bord de plage, Aria est un restaurant italien très réputé à Boracay depuis plus de 20 ans. Dans un cadre convivial, presque les pieds dans le sable, on vient ici pour déguster des spécialités italiennes toutes plus succulentes les unes que les autres. Dans l'assiette, beaucoup de légumes et de fruits de mer. On recommande les *fettuccini* à l'encre de seiche, ainsi que le vaste choix de pizzas cuites au feu de bois et l'alléchante carte des vins. Les prix sont un peu plus élevés mais les produits sont de qualité et ça se sent. À essayer !

DOS MESTIZOS €€

Station 1
✆ +63 966 672 8077
www.dosmestizos.com
Ouvert tous les jours de 11h à 22h30. Plats entre 390 et 2 000 PHP environ.

Une autre étrangeté au cœur de Boracay, ce restaurant-bar hispanique a déménagé sur la rue principale de Station 1. Il y règne une atmosphère de taverne où le flamenco est parfois à l'honneur. On y sert d'excellentes tapas et des paellas (la spécialité de la maison), mais aussi des viandes, du poisson ou des salades. Accompagnement musical presque tous les soirs. Pour ajouter à la fête : une carte des vins fournie. Pour les grosses fêtes, ou si vous êtes entre amis (il faut être nombreux) : optez pour le cochon de lait ou *cochinillo*, un délice.

FRIDAY'S BORACAY €€

White Beach, Station 1
✆ +63 36 288 6200
www.fridaysboracay.com
En rénovation en 2023.

En plus d'être un excellent hôtel, le Friday's est aussi l'une des meilleures tables de l'île. Chaque jour un menu différent est ainsi proposé. On conseille le buffet barbecue (le vendredi) qui est excellent, et d'un très bon rapport qualité-prix. Ici, on se plaît à venir déguster des plats occidentaux ou asiatiques mitonnés dans un cadre très agréable, en bord de mer, sur la partie de White Beach la moins bondée. L'hôtel et donc son restaurant sont en rénovation pour quelque temps, on a hâte de découvrir leur nouveau visage.

KASBAH RESTAURANT & BAR €€

Station 1 ✆ +63 917 387 2241
Ouvert tous les jours de 11h à 22h. Plats entre 250 et 1 300 PHP.

Voici un restaurant marocain où tout est délicieux : houmous, *kemia*, kefta, salades, soupes, brochettes, tajines à l'agneau notamment, couscous ou baklava… Le décor aux couleurs vibrantes du Maghreb est soutenu par un éclairage d'ambiance et par un délicat parfum d'encens. Il fait bon siroter un thé à la menthe ou un cocktail en admirant le coucher du soleil sur l'océan. Des musiciens de tous les coins du monde se produisent régulièrement : guitare flamenco, gafiera du Brésil, sitar indien. On peut aussi souvent y écouter des célébrités locales. À découvrir !

LOS INDIOS BRAVOS €€

White House Beach resort, Station 1
✆ +63 917 176 4294
Ouvert tous les jours de 11h à 23h. Plats entre 400 et 1 000 PHP.

Le projet est né d'une belle histoire entre Tristan et son épouse canadienne. Le but : offrir une expérience de pub gastro réussie. Le projet est en tout point réussi, la décoration est à dominance boisé ce qui offre un côté très chaleureux. On vient y déguster une cuisine de pub travaillée, à l'intérieur ou sur la terrasse donnant sur une ruelle. On ne saura que vous recommander le délicieux plateau de fruits de mer ou encore le *sausage & mash*.... une adresse à découvrir ! A noter : le restaurant offre aussi une sélection de bières locales artisanales.

PAMANA RESTAURANT €€

Station 1
✆ +63 36 288 2674
Ouvert tous les jours de 10h à 22h. Plats entre 300 et 600 PHP.

Sur la plage un peu à l'écart de l'agitation, ce tout petit restaurant au cadre original (les murs couleur crème sont remplis de photos de famille) propose une cuisine des Philippines, authentique et familiale. Forte de son succès, la propriétaire qui possède également quatre autres restaurants dans le pays a élaboré une vaste carte qui met à l'honneur les recettes de ses grand-mères. C'est l'endroit parfait pour goûter à différents plats typiques. On recommande notamment le *adobo* et le *Tinuktok* servi dans une feuille de taro. Chouette adresse.

SUBO €€

Calle Remedios, Station 3

✆ +63 917 309 0738

Ouvert tous les jours de 11h à 23h. Plats entre 350 et 1 000 PHP.

Nichée dans une discrète rue tout près de la plage à Station 3, voilà une adresse pleine de charme et d'authenticité. Construite dans un style traditionnel philippin, cette jolie maison en bois est élégante avec ses vitraux, ses objets artisanaux, son haut plafond et son parquet foncé, sans parler de la cour extérieure agréablement végétalisée. Dans l'assiette, c'est une cuisine des Philippines revisitée qui est mise à l'honneur et servie avec beaucoup de soin et de raffinement. Ne manquez pas le *kare kare* ou le *ginataang isda*, un curry jaune local.

APLAYA BEACH BAR

White Beach, Station 1

✆ +63 36 288 2851

https://aplayaboracay.business.site

Ouvert tous les jours de 8h à 1h30. Plats entre 300 et 850 PHP. Cocktails environ 400 PHP.

Voici un très joli restaurant de plage, à l'ambiance chic-décontractée et à la décoration bohème. Au petit-déjeuner, c'est omelettes, *fruit bowls* et croissants, à midi et le soir, on y déguste une cuisine aux inspirations italiennes très prononcées, avec focaccia, risotto, pâtes et pizzas. Tout est excellent et le soir le restaurant se transforme en bar d'ambiance où l'on sert les meilleurs cocktails de l'île dit-on... L'endroit est également très prisé pour les couchers de soleil et c'est parfait puisque ça coïncide avec l'heure de l'*happy hour* !

EXIT BAR

White Beach, Station 2

Ouvert tous les jours de 17h jusqu'à 2h.

Situé sur White Beach, à cheval entre la Station 1 et la Station 2, l'Exit Bar est le repaire des backpackers qui apprécient l'atmosphère relax bien qu'animée du bar et ses très nombreuses boissons au tarif inégalé. Et pour accompagner ces bières et cocktails, quelques plats philippins sont proposés. C'est souvent un carton, on y est vite les uns contre les autres. L'ambiance y est assurée quasiment quotidiennement et l'endroit est idéal pour rencontrer d'autres voyageurs et des locaux, surtout en soirée, lors des concerts et DJ's sets.

FISHEYE DIVERS

White Beach, Station 1

✆ +63 995 054 5432

https://fisheyedivers.com

Plongée à partir de 1 700 PHP. Open Water : 25 000 PHP. Autres tarifs en ligne.

Ce club de plongée, installé depuis plus de 25 ans sur Boracay, jouit d'une sérieuse réputation. Il est tenu par trois fans de plongée, Carlos l'Espagnol, Petter l'Allemand et Peter le Suisse, qui ont posé leurs valises il y a de nombreuses années à Boracay. L'avantage bien pratique, le centre a toujours des instructeurs francophones à disposition et l'ambiance y est très conviviale mais aussi professionnelle. À découvrir si vous voulez vous initier aux plaisirs de l'exploration des fonds sous-marins ou pratiquer votre sport.

FREE WILLY DIVING

White Beach, Station 1

✆ +63 998 995 3756

http://freewillydivingboracay.com

Environ 2 000 PHP par plongée et 25 000 PHP pour un Open Water.

Malgré son nom anglophone, le Free Willy est un centre de plongée francophone pour amateurs et professionnels. Installé depuis plus de 23 ans, c'est l'un des pionniers à Boracay. Ici, c'est ambiance familiale avec des instructeurs qui sauront vous mettre en confiance dés le premier contact. Le personnel est très aimable et très professionnel. Les sites explorés sont de toute beauté et le matériel est en très bon état, les ordinateurs de plongée sont inclus dans le prix. C'est l'endroit idéal pour passer un brevet dans la bonne humeur.

MANDALA SPA

White Beach, Station 3

✆ +63 917 622 8538

https://mandalaspaboracay.com/

Package relaxation 3h30 : 9 030 PHP, massage signature 1h30 : 3 920 PHP. Autres tarifs en ligne.

Très reposant, l'endroit est un véritable temple de la zen attitude. Les belles constructions du spa, attenant au resort du même nom, sont en matériaux naturels, dans un magnifique jardin. Des masseuses et thérapeutes professionnelles délivrent des soins, massages et autres gommages d'une qualité rare. Il y a plusieurs packages proposés pour des prestations allant d'1h30 à plusieurs heures, avec un seul objectif : apporter une détente absolue à votre corps et votre esprit. L'établissement a déjà reçu de nombreux prix pour la qualité de ses prestations.

TIRTA SPA

Sitio Malabunot
✆ +63 36 288 6841
www.tirtaspa.com
Ouvert tous les jours de 9h à 21h. Massage de 1h30 dès 3 355 PHP, package pour couple (2h45) à 16 470 PHP.

Perché sur une colline surplombant la mer, le Tirta Spa se situe dans un cadre idyllique, presque enchanté. Le spa lui-même est tout aussi exquis avec une décoration de très bon goût, à la balinaise : matériaux en teck, objets venant des quatre coins d'Asie et statues de Bouddha, tout n'est que calme, tranquillité et détente. Les massages, soins, scrubs et masques sont nombreux et sont tous de grande qualité et tellement relaxants. Le rapport qualité-prix est très bon par rapport aux standards occidentaux. Un petit coin de paradis !

YASURAGI SPA

Station 3
✆ +63 985 347 2962
Ouvert tous les jours de 11h à 22h. Massage à 1 000 et 1 8000 PHP.

Attenant à un resort et à un restaurant (japonais), proche de la plage, ce centre de relaxation est tout à fait charmant et aménagé dans le style local : bois et bambou à l'honneur pour un apaisement instantané. Comme son nom l'indique, ce sont des massages d'inspiration japonaise que l'on trouve ici. Le lieu est d'ailleurs apprécié des touristes du Pays du Soleil-Levant. Ils pratiquent de nombreuses réductions. On recommande le massage signature qui est une combinaison de Shiatsu et de massage suédois, pour un maximum de détente et de bien-être.

SUMMER PLACE

Station 2
✆ +63 36 288 3144
Ouvert tous les jours de 19h30 à 2h (de 19h à 3h le week-end). Entrée le week-end + une boisson : 500 PHP.

Dans une atmosphère fluorescente (pourquoi pas), le Summer est un bar-boite très animé, surtout après minuit, où l'on sert des cocktails relativement bons au son des DJs invités. C'est essentiellement une musique électro qui résonne ici et qui attire son lot de fêtards après les restaurants. L'endroit est surtout populaire auprès des touristes occidentaux et asiatiques. Il paraît bon de faire un peu attention à ses verres et à ses affaires, comme dans n'importe quelle boite. Enfin, à noter que les soirs de week-ends, l'entrée est payante.

CARABAO ISLAND ★

À seulement 10 km de sa célèbre grande sœur Boracay, l'île de Carabao est tout l'inverse. Loin des foules de touristes, des shopping malls et des soirées animées, c'est un petit paradis rural éblouissant encore peu connu des touristes. L'île, connue sous le nom d'Hambil pour les locaux, a conservé sa beauté naturelle, ses plages immaculées et son rythme de vie. Avec 11 000 habitants, 9 écoles, plus de 25 églises, pratiquement pas de voitures et une petite capitale, San Jose, on s'immerge respectueusement dans la vie des communautés locales très accueillantes. Souvent visitée à la journée depuis Boracay, l'île mérite pourtant qu'on s'y attarde plus longtemps : calme, détente et nature sont au rendez-vous. Notre conseil : y passer quelques jours après un séjour à Boracay pour voir une autre facette des Visayas.

Carabao island.

Tourisme

▸ **Plage d'Hambil** (côté est). Cette belle plage de sable blanc et doux, d'où l'on arrive le plus souvent, n'a rien à envier à sa voisine Boracay. Les promenades au coucher du soleil sont splendides.

▸ **Plage de Lanas** (côté ouest). Elle a un charme distinct. C'est là que se trouve la plupart des logements.

▸ **Kuding Kuding.** Les aventureux y viennent surtout pour sauter des falaises (le lieu est aménagé avec des plongeoirs en bois). Sinon, on peut simplement se baigner dans l'eau cristalline à partir du radeau en bambou. À ne pas manquer : la piscine naturelle dans la grotte juste à côté.

▸ **Cathedral cave** (100 PHP l'entrée). C'est un lieu aménagé en matériaux naturels, on y va avec un guide pour plonger des falaises. L'eau y est translucide.

▸ **Point de vue de Tagaytay.** Sur une petite colline, l'air y est frais et la vue sur Boracay et l'île de Panay est incroyable, surtout au coucher du soleil. Le coin a été aménagé pour les visiteurs mais ça reste très calme.

Transports

▸ **De/vers Boracay.** Des bateaux privés proposent de faire le trajet en 45 minutes ou prendre le ferry public depuis Caticlan (départs à 9h et 15h pour 1 heure 30 de navigation).

▸ **De/vers Caticlan.** Un ferry public fait l'aller-retour trois fois par jour (10h, 13h, 15h). Compter 1h et 250 PHP.

▸ **Se déplacer.** On peut facilement louer un scooter (500 PHP) et visiter l'île en une journée.

ILOILO

Iloilo est l'une des entrées de la région d'Aklan et de l'île de Negros. C'est une base idéale pour visiter Panay ou pour se rendre sur l'île de Boracay. Capitale de la province du même nom, elle compte 490 000 habitants et on y parle ilonggo.

Se restaurer

Iloilo est réputée pour sa cuisine locale de qualité. Il faut essayer deux spécialités : la *La Paz batchoy* (une soupe de nouilles avec des intestins de porc et un œuf cru) et la *pancit molo* (une soupe d'intestins de porc mais sans nouilles, malgré son nom). Pour trouver un restaurant digne de ce nom, faites un tour vers Smallville (sur Diversion Road). Pour les amateurs de poissons cuits sur barbecue : rendez-vous dans le village d'Arevalo (à 10 km), des stands bordent la plage. On adore l'ambiance.

Transports

▸ **Avion.** L'aéroport d'Iloilo se situe à 15 km. Pour se rendre en ville, navettes régulières ou taxi (350 PHP).

▸ **Vers/de Manille.** Plusieurs vols quotidiens (1h).

▸ **Vers/de Cebu.** Plusieurs vols quotidiens (1h).

▸ **Vers/de Davao.** Un vol quotidien (1h15).

▸ **En bateau vers/de Bacolod (sur Negros).** Plusieurs traversées par jour (1h30).

▸ **En bus vers/de Caticlan** (port pour Boracay). Départs réguliers jusqu'à 16h. Compter 6h.

▸ **En bus vers/de Kalibo.** Départs réguliers jusqu'à 19h. Compter 3h de trajet.

THE BEACH HOUSE €€

Sinungtan, Lanas Beach
✆ +63 928 339 9086
http://thebeachhouse-carabao.com
Chambres doubles à partir de 2 500 PHP. Petit-déjeuner en supplément.

Notre coup de cœur à Carabao ! Cet hôtel de six chambres sur la plage préservée de Lanas a été dessiné par David, le propriétaire anglais qui partage son temps entre Hong-Kong et les Philippines. Dès qu'on y pose le pied, on ressent une ambiance décontractée, comme à la maison. Les chambres ont toutes une vue sur mer. Le restaurant, dans la coquette véranda à l'étage sert une très bonne cuisine fait-maison. Sinon, on peut déjeuner les pieds dans le sable ou boire un cocktail au bar en bambou. N'hésitez-pas à réserver une excursion pour une journée aventure !

ÉGLISE DE MIAGAO ★

Miagao

Miagao est une petite ville située à 40 kilomètres au sud-ouest d'Iloilo, particulièrement connue pour son église baroque de la fin du XVIIIe siècle, également appelée église de Santo Tomas de Villanueva. Cette église fut construite comme une forteresse en 1786 et sa superbe façade associe des motifs catholiques et indigènes (chinois et philippins). Elle fut déclarée point de repère national en 1973 et enfin, elle fut inscrite sur la liste du patrimoine mondial de l'Unesco. C'est l'une des attractions les plus visitées de la région.

VISAYAS

MUSEO ILOILO

Ouvert du mardi au dimanche de 10h à 16h30. Entrée : 50 PHP.

Le musée d'Iloilo, pas bien grand, est l'un des principaux musées de Panay. On pourrait citer également l'ILOMOCA, le musée d'art contemporain. C'est une visite rapide mais intéressante pour qui souhaite en apprendre davantage sur l'Iloilo, son histoire et son patrimoine culturel. On y trouve des céramiques indigènes, des bijoux, des objets issus du commerce avec les Chinois. Il présente aussi une belle collection sur les Ati et d'intéressants objets récupérés de-ci de-là dans les anciens galions espagnols et des œuvres d'artistes locaux contemporains.

PARC NATIONAL DE BULABOG PUTIAN ★

Dingle

Entrée 80 PHP ; avec guide 180 PHP.

À 40 kilomètres au nord d'Iloilo, ce beau parc de pas moins de 854 hectares abrite de nombreuses espèces menacées : singes, pythons, tarentules, scorpions et autres chauves-souris ; mais surtout de magnifiques orchidées et une forêt primaire. C'est très sympa pour une balade sportive entre les grottes et autres cascades sauvages. Vous devrez louer les services d'un guide pour vous promener librement dans le parc, ce qui sera de toute façon plus intéressant.

HIGHWAY 21 €

General Luna Street

✆ +63 33 335 1220

Chambres doubles à partir de 1 700 PHP.

Une bonne petite adresse pour les budgets serrés, très propre, au personnel très serviable : voici comment caractériser cet établissement en quelques mots. On rajoutera que les chambres sont assez lumineuses, propres et fonctionnelles, qu'il y a un restaurant sur place si besoin, que le personnel est plutôt gentil et que l'établissement jouit d'une bonne situation. Tout cela en fait une adresse idéale pour dépanner, pour une nuit de transition ou si le but est de rayonner dans la région, mais pas pour y rester toute la journée.

RICHMONDE HOTEL €€

Megaworld Boulevard corner Enterprise Road

✆ +63 33 328 7888

https://richmondehoteliloilo.com.ph

Chambres doubles à partir de 5 300 PHP. Petit-déjeuner inclus.

Le Richmonde Hotel est un établissement 4-étoiles installé dans une grande tour moderne dans le style des hôtels business de haut standing que l'on retrouve partout dans le monde. Très bien entretenu, tout confort, élégant et au personnel efficace, aimable et impeccable, c'est un très bon choix pour votre séjour à Iloilo si vous cherchez la modernité et le confort à l'occidentale avant tout. Les chambres sont dans un style contemporain et la literie très confortable. La superbe piscine sur le toit offrant une vue imprenable est un chouette bonus !

BUTO'T BALAT €

Solis Street

✆ +63 909 619 2410

Ouvert tous les jours de 10h à 22h. Plats entre 120 et 450 PHP.

Au cœur du centre-ville, dans un joli jardin avec étang et paillotes en chaume, installez-vous et dégustez les délicieuses saveurs locales, et surtout de nombreuses spécialités de la mer bien fraîches comme des gambas, du poulpe grillé et d'autres poissons de la pêche du jour. Une vraie cuisine des Philippines dans une ambiance joviale et à des prix imbattables. Il y a trois adresses différentes Buto't Balat dans la ville, de quoi en trouver une pour vous accueillir, peu importe l'endroit où vous vous trouvez. On recommande !

HEALTHY KITCHEN ILOILO €

Q. Abeto Street

✆ +63 945 978 6995

Ouvert tous les jours de 10h à 21h. Plats entre 160 et 420 PHP.

L'endroit est un peu comme une oasis de quiétude au cœur de la jungle urbaine. Dans le grand patio, une ribambelle de plantes vertes donnent un côté nature et rafraichissant au lieu. Ce café cosy, à la décoration champêtre et fun à la fois, propose une nourriture saine et fraiche aux influences locales et méditerranéennes. Les menus changent très régulièrement et les assiettes sont aussi jolies que bonnes. Bien sûr, de nombreuses options végétariennes, mais pas que ! Pour commencer la journée avec une bonne dose d'énergie, on conseille leur petit-déjeuner.

BACOLOD CITY

Avant l'arrivée des Espagnols en 1565, il existait un petit village près de la rivière de Magsungay, habité par des Malais appartenant au groupe taga-ilog. Les missionnaires placèrent le village sous la protection de saint Sébastien, ce qui lui valut le nom de San Sebastian de Magsungay. Aujourd'hui, le village est devenu Bacolod City, capitale de l'industrie sucrière du pays et de la province du Negros occidental. Située sur la côte nord-ouest de l'île, Bacolod comprend environ 25 % de la population totale de la province (environ 650 000 habitants), c'est la deuxième plus grande ville des Visayas après Cebu. Outre son activité industrielle tournée vers le sucre, la pêche est très développée. La création de céramiques et la fabrication du textile (hablon) sont les spécialités artisanales de la ville. Bacolod, porte d'entrée de la province, est aussi le point de départ pour l'ascension du superbe volcan Canlaon. Bacolod est surtout un lieu de transit ; on y passe, rarement plus.

Se restaurer

Bacolod compte de nombreux restaurants bon marché. À déguster avec les mains dans le style kamayan, la spécialité de Bacolod se nomme l'*inasal* : un poulet barbecue mariné dans du vinaigre brun avec de la sauce soja, du gingembre et de l'ail.

Shopping

Il faut mentionner le rhum Don Papa, qui est fabriqué à partir des eaux du massif volcanique du mont Kanlaon. On le trouve dans les centres commerciaux des grandes villes. Il y a le rhum 7 ans d'âge et le rhum 10 ans d'âge. Il fait partie du club très fermé des meilleurs rhums du monde.

Transports

- **Avion.** L'aéroport de Bacolod se situe à 15 km du centre-ville, à Silay. Le prix des taxis est fixe (500 PHP). Philippines Airlines et Cebu Pacific assurent des vols quotidiens depuis Manille et Cebu.
- **Bateau. De/vers Iloilo** sur Panay. Plusieurs départs tous les jours de 6h à 17h (1h, 300 PHP).
- **Bus.** Il y a deux terminaux de bus Ceres : à Luzuriaga St pour le sud (Dumaguete via Mabinay, 6h, 380 PHP) et Bayawan (via Sipalay) et à Lacson St pour le nord (Cebu via San Carlos).

CHAPELLE DU BARANGAY SANG VIRGEN ✝

Santa Clara

Elle est plus intéressante que la cathédrale San Sebastian, construite en 1876 et qui est l'un des sites touristiques majeurs de Bacolod. De l'extérieur, la chapelle du barangay Sang Virgen ressemble presque à toutes les autres habitations du lotissement de Santa-Clara, mais cette façade moderne abrite notamment une imposante mosaïque de 2,50 mètres sur 6 mètres, composée de près de cent mille coquillages aux tons colorés. Très jolie vitrine de l'artisanat local du coquillage.

NEGROS MUSEUM

Gatuslao Street

✆ +63 34 4334 764

Ouvert du lundi au samedi de 9h à 16h30. Entrée : 100 PHP (80 PHP étudiants et seniors). Visites guidées.

Situé dans un ancien bâtiment agricole, ce musée agréable exhibe de vieux objets qui rappellent l'épopée de l'industrie de canne à sucre au XIXe siècle dans la région de Bacolod. On y expose aussi une collection internationale de poupées. On peut s'y arrêter boire un petit café. À l'origine le musée s'adresse aux enfants mais il intéressera également tous ceux qui souhaitent en apprendre davantage sur l'histoire et la culture du Negros. Nombreuses activités organisées pour les enfants, ainsi que des visites guidées. Halte culturelle agréable.

LES RUINES

Talisay City

✆ +63 939 298 5657

https://theruins.com.ph/

Ouvert tous les jours de 9h à 20h (sauf exceptions, voir la page Facebook). Entrée 100 PHP.

C'est l'un des sites touristiques majeurs de la ville de Bacolod. Reconnue comme l'ancienne capitale du sucre des Philippines durant l'époque coloniale, Bacolod avait développé toute son industrie autour de cette denrée. Les ruines (*The Ruins*) est l'un des témoins importants de cette époque. Il s'agit des ruines de ce qui fut autrefois le manoir d'un richissime industriel du sucre. Il fut incendié par les Japonais pendant la Seconde Guerre mondiale. Aujourd'hui les ruines de cette immense demeure restent assez intrigantes et très belles surtout à la nuit tombée.

VISAYAS

TALARAK FOUNDATION

South Capital Road
✆ +63 948 572 0993
www.talarak.org
Ouvert du mardi au dimanche de 9h à 17h. Entrée 100 PHP.

Ce parc naturel est un centre de protection de la diversité qui vise à préserver les espèces animales endémiques du Negros, pour la majorité en voie de disparition et à éduquer et sensibiliser la population à ces problématiques. On y trouve plusieurs dizaines d'espèces dont des daims, des chats sauvages, des rapaces et de nombreux autres oiseaux. Ce sanctuaire est dirigé par des bénévoles et est à voir pour ceux qui s'intéressent aux méfaits de l'industrialisation à outrance et aux animaux en général. Ils sont très pédagogues.

BUSINESS INN €

28th South Lacson Street
✆ +63 34 433 8877
www.bacolodbusinessinn.com
Chambres doubles à partir de 1 490 PHP. Petit-déjeuner 305 PHP.

Situé à vingt minutes à pied de l'embarcadère des ferrys, cet hôtel sans prétention est orienté vers une clientèle business mais en réalité il conviendra à tout type de voyageurs. L'offre hôtelière de la ville n'étant pas très attrayante, celui-ci est parmi les meilleurs. Un hôtel simple avec des chambres propres et confortables. Elles disposent de la climatisation, pas toujours de l'eau chaude. Le Café Biz (ouvert à tous) propose un buffet petit-déjeuner continental ainsi que des plats tout au long de la journée. Bon rapport qualité-prix.

GO HOTELS BACOLOD €

Lacson street
✆ +63 998 840 2055
www.gohotels.ph
Chambres doubles à partir de 1 850 PHP. Petit-déjeuner inclus.

Avec sa façade jaune et verte, cet hôtel de 110 chambres ne passe pas inaperçu. Il fait partie d'une chaine d'hôtels économiques des Philippines. L'adresse attire de nombreux voyageurs pour ses chambres propres et son emplacement, à deux kilomètres du Musée Negros et de la cathédrale. Le petit-déjeuner inclus et le service clientèle sont très corrects. À noter que les chambres de catégorie supérieure ont récemment été rénovées et la différence de prix n'est pas énorme (à bon entendeur). Des prestations de qualité pour un établissement économique.

L'FISHER HOTEL €€

14th Lacson Street
✆ +63 34 433 3731
www.lfisherhotelbacolod.com
Chambres doubles à partir de 3 880 PHP. Petit-déjeuner inclus.

Rénové il y a quelques années, c'est l'un des meilleurs hôtels de la ville, avec tout le confort moderne et une piscine en prime. C'est en tout cas celui qui offre le meilleur standing à Bacolod. Les chambres sont spacieuses et la literie confortable. Possibilité, sur demande, de se relaxer le temps d'un massage ou d'un soin. Le buffet du petit-déjeuner est assez varié. L'emplacement est central dans la ville. C'est un bon point de chute si on recherche plus une chambre de confort occidental qu'une expérience plus authentique.

MANOKAN COUNTRY €

Reclamation Area
Ouvert tous les jours de 8h à 23h. Plats environ 100 PHP.

C'est un complexe en plein air, sans fioritures, regroupant une douzaine de restaurants préparant à peu près tous la même chose, c'est-à-dire du poulet grillé. Si vous voulez gouter à la spécialité locale, l'*inasal* (poulet mariné avec du vinaigre, de la sauce soja et du gingembre et grillé au barbecue), c'est définitivement ici que vous devez venir. Pour les plus aventureux, vous pourrez également gouter foie, intestin et cœur de poulet... Attention, ne soyez pas surpris, il n'y a pas de couverts distribués ici pour encourager à manger à la façon *kamayan*.

MUSHU €

20th Lacson Street
✆ +63 922 860 6952
Ouvert tous les jours de 11h à 21h. Plats environ 250-350 PHP.

À MuShu, les possibilités gustatives sont larges, les saveurs asiatiques se mélangent entre elles, rencontrent les cuisines occidentales pour donner un résultat tout à fait original et surtout très bon. On goûtera à la soupe de nouille hongkongaise, ou au MuShu ramen, un ramen revisité spécialement par le chef, au *pritong lechon* (un cochon rôti et frit, enrobé d'une feuille de brique) ou à des spécialités thaïlandaises. Également quelques options végétariennes. C'est un restaurant agréable et très bon, bénéficiant d'un service efficace.

VISAYAS

LE PALA-PALA SEAFOOD MARKET

San Juan Street

Ouvert du lundi au samedi de 10h à 20h. Environ 300-500 PHP par repas.

Le Pala-Pala Market est un immense marché couvert, situé à Bacolod, de produits de la mer tout frais comme des fruits de mer et des poissons. Le petit plus, c'est un concept original : on déambule, on choisit et on achète son poisson et on va le faire cuisiner dans l'un des restaurants attenants. Au programme, dégustation d'huîtres, de crabes, de crevettes, de marlins bleus... Tout cela est très frais et les prix sont tout à fait raisonnables ! On adore.

THE HANDMADE GALLERY

Daniel Ramos Street

✆ +63 34 435 3843

Ouvert du lundi au samedi de 10h à 19h.

Un arrêt bien intéressant, si vous avez un peu de place dans vos bagages pour rapporter un souvenir artisanal ou juste pour découvrir cet artisanat. Cette boutique bien charmante propose plein d'objets en céramique, des tissus et de superbes paniers en feuilles de pandan tressées à la main. Tout est fabriqué par des femmes de la communauté locale. En effet, la boutique est attenante à l'atelier Artisana Island Craft qui a été conçu dans les années 1970 par Anita Feria, une femme d'affaires investie dans la vie locale. La fabrique peut être visitée.

MAMBUCAL

Mambucal est une petite communauté située à 32 km à l'est de Bacolod, qui regroupe seulement 70 habitants et un complexe hôtelier (un peu à l'abandon). Site écotouristique et thérapeutique de la capitale de la province, grâce à ses sources d'eau soufrée, ses piscines et rivières, Mambucal profite des avantages liés à la proximité du mont Kanlaon (2 465 mètres d'altitude). On peut encore y faire de petites randonnées sympathiques dans une nature agréable.

Transports

De Bacolod, prendre une Jeepney au terminal de la Libertad. Sinon, prendre un taxi. Il faut compter 45 minutes de trajet.

RANDONNÉES DE MAMBUKAL

Dans l'enceinte du complexe hôtelier, il est possible de remonter la rivière aux sept cascades, ponctuée de bassins d'eau fraîche, mais il n'est plus autorisé à s'y baigner. Au grand malheur des habitants qui s'évertuent à garder un lieu propre, les abords des bassins sont régulièrement décorés d'emballages de chips et de canettes de Coca. Plusieurs piscines, d'eau chaude ou d'eau froide, sont regroupées dans le bas des rivières. Des descentes en raft et en canoë-kayak étaient autrefois disponibles. Une activité pas vraiment incontournable en somme.

VOLCAN KANLAON ★

Ce volcan en activité a deux cratères et trois hectares de crête. C'est la plus haute montagne de l'île de Negros, avec un sommet culminant à 2 465 m d'altitude. Son parc national abrite diverses espèces d'oiseaux et une flore variée ; on y trouve notamment le fruit dove de Negros, une sorte de pigeon endémique. Etant donné les risques d'éruption, on ne peut pas décider sur un coup de tête de faire l'ascension. Il faut organiser son périple. Le camp Guintubdan est le point de départ pour le trek. Du sommet, la vue sur la province de Bacolod est superbe. Si le temps est au beau fixe, on peut voir toute l'île de Negros, les îles de Panay, Siquijor et Cebu. Le grand lac entre les deux montagnes est quasi surnaturel. L'ascension peut démarrer dès Carlota. De Mambucal, il est préférable de commencer l'aventure en Jeepney. Le volcan est un site de prédilection pour les amateurs d'alpinisme, surtout depuis que le parc a adopté le système universel de balisage de sentiers, rendant l'endroit plus attractif.

En pratique. Pour obtenir le permis d'entrée du volcan (500 PHP), il faut se renseigner à l'office du tourisme de Bacolod. Attention : un nombre limité de marcheurs est autorisé à faire l'ascension chaque année (de mars à mai ou d'octobre à décembre). Les guides qui vous accompagnent pendant deux nuits et trois jours vous font partager leurs connaissances et le camping est très bien organisé. On peut trouver un guide via l'office de tourisme (environ 700 PHP/jour) ou un package global via une agence locale (environ 6 000 PHP).

VISAYAS

MAMBUKAL MOUNTAIN RESORT €

✆ +63 34 473 0610

Droit d'entrée pour y passer la journée : 50 PHP.

Cet établissement se trouve en plein cœur de la forêt. De là, on peut se baigner dans les eaux sulfureuses ou profiter d'un bain de boue. Le lieu est prisé des Philippins qui y viennent en famille, surtout le week-end, pour se détendre. Malheureusement l'endroit ne s'est pas vraiment remis du passage du typhon Odette en 2021 et est presque à l'abandon, il n'y a plus grand-chose à faire ou ouvert sur place. On ne recommande pas de faire des kilomètres et des kilomètres pour venir ici, mais si vous passez à côté, pourquoi pas y faire une halte, l'endroit reste joli.

SIPALAY

Située sur la côte ouest du Negros occidental, Sipalay (73 000 hab.) est à 200 km de Bacolod et Dumaguete. Elle est connue pour ses belles plages, particulièrement le paradis de Sugar Beach et la station de Punta Ballo. Un lieu idéal pour les plongeurs qui souhaitent profiter de sites parmi les plus beaux de Negros tout en jouissant d'un environnement beau et calme. Dépaysement assuré.

Transports

- **De/vers Bacolod :** Bus Ceres très réguliers (4h30, 250 PHP).
- **De/vers Dumaguete :** Quelques bus directs mais les horaires sont irréguliers. Sinon, changer à Hinoba-an puis prendre un bus pour Sipalay (4h30, 300 PHP).

© TRAVELGRETL - SHUTTERSTOCK.COM

La côte de l'île Negros vers Sipalay.

SUGAR BEACH ★

Une plage de rêve au sable doré bordée de cocotiers, c'est le lieu idéal pour jouer les Robinsons, l'endroit parfait pour se retirer du monde quelques jours, lézarder au soleil la journée ou faire quelques plongées et prendre un verre pour admirer les splendides couchers de soleil. Quelques resorts occupent la plage sans trop la dénaturer pour le moment, mais depuis 2021, un pont a été construit, rendant l'accès à la plage bien plus facile (avant elle n'était accessible qu'en bateau). Nul doute que les choses vont donc bientôt changer. Profitez-en avant...

DRIFTWOOD VILLAGE €

Sugar Beach

✆ +63 920 900 36 63

https://driftwood-village-sipalay.com/

Chambres doubles avec salle de bain commune à 700 PHP, chambres doubles avec salle de bain privée à partir de 1 000 PHP.

Une dizaine de cottages construits dans un style *native house* sont dispersés dans un jardin à la végétation rafraichissante. Les bungalows sont assez simples, mais certains sont élevés avec un mur amovible permettant de s'offrir une superbe vue sur la plage et l'horizon. Salle commune avec coin lecture, billard, table de ping-pong très conviviale. Au restaurant, une délicieuse cuisine thaï, philippine et européenne. Le personnel est si accueillant que les clients sont nombreux à revenir d'une année à l'autre. Ambiance familiale et prix tout doux.

SULU SUNSET BEACH RESORT €

Sugar Beach

✆ +63 919 7167 182

www.sulusunset.com

Chambres doubles à partir de 1 000 PHP.

Sur la plage, voici un établissement familial au confort assez sommaire avec onze bungalows bien arrangés, fonctionnels, dont certains sont dotés d'une terrasse privée avec hamac et fauteuils. Tous ont une vue sur la mer. Le restaurant sert une cuisine philippine et allemande. Et le soir les clients se retrouvent à l'espace bar pour boire un verre, profiter du coucher du soleil (souvent magnifique sur Sugar Beach) et pourquoi pas faire une partie de billard ou de fléchettes. Personnel accueillant et bon rapport qualité-prix.

ARTISTIC DIVING BEACH RESORT €€

Punta Ballo
✆ +63 905 220 5594
www.artisticdiving.com/
Chambres doubles à partir de 2 490 PHP. Petit-déjeuner inclus.

Le plus ancien et le plus prisé des établissements sur la charmante plage de Punta Balo. Les bungalows répartis dans un beau jardin sont confortables quoique plus très modernes. Ils surplombent la piscine et un restaurant qui a été rénové pendant la période du Covid et qui d'ailleurs prépare de bons petits plats dont leur pizza qui est un best-seller. Au cœur de ce petit resort également on trouve un centre de plongée avec des instructeurs pros et sérieux. On recommande.

BERMUDA BEACH RESORT €€

Sugar Beach
✆ +63 919 5913 805
www.bermuda-beach-resort.com
Chambres doubles à partir de 1 750 PHP. Frais additionnels possibles.

Situé sur Sugar Beach, le Bermuda Beach Resort est un endroit où l'on se sent bien, en bermuda et en tongs. Décoré selon un concept « ferme et pêche » un peu kitsch, il propose des chambres confortables et des bungalows cosy (sans eau chaude toutefois). Un restaurant propose des plats philippins et italiens, avec un billard, un coin lecture (avec bibliothèque, ce qui peut s'avérer pratique car les soirées ne sont pas endiablées), et quelques objets d'artisanat philippin. Bref, le calme, le confort et la vue sur la belle plage !

BUGANA BEACH AND DIVE RESORT €€

Barangay Maricalum, Campomanes Bay
✆ +63 34 713 0062
www.buganaresorts.com
Chambres et villas de 2 à 14 personnes à partir de 4 850 PHP.

Entre nature et mer, on adore l'architecture de ce resort qui joue sur le style traditionnel philippin, s'intégrant parfaitement à l'environnement, avec des touches modernes et un confort agréable. La vue sur le rivage de la terrasse des chambres et villas (qui ont leur propre bassin) est magique. La piscine à débordement donnant sur l'océan est un délice, encore plus le soir lorsqu'elle est allumée. C'est le spot idéal pour admirer les étoiles en dos crawlé. Beau lieu serein.

TAKATUKA LODGE BEACH & DIVE RESORT €€

Sugar Beach
✆ +63 927 833 3600
www.sipalay.net
Chambres doubles à partir de 2 900 PHP. Petit-déjeuner inclus.

C'est sans aucun doute l'adresse la plus agréable sur la plage. Cet établissement très original ne laisse aucun voyageur indifférent. La démarche des propriétaires fort sympathiques et créatifs (dont une Française) consiste à faire de la récupération pour décorer les bungalows comme le restaurant. Le résultat est étonnant, coloré et un brin déjanté ! L'ensemble est bien tenu, les chambres sont propres et on peut passer son PADI avec leur centre de plongée. Adresse recommandée.

BAIS

En visayan, *bais* signifie « poisson allongé » (sorte d'anguille). Cette espèce aquatique particulière est devenue célèbre grâce à une incompréhension de langage, qui s'est produite quand les colons espagnols décidèrent de s'aventurer en bateau à voile dans les environs. Ils rencontrèrent des pêcheurs de bais et les interrogèrent pour connaître le nom du village. Ces derniers, croyant qu'on leur demandait ce qu'ils pêchaient, répondirent en chœur : « bais ». Cette ville rurale intacte et paisible compte 85 000 habitants. Elle se situe au bord du détroit de Tanon, à 45 kilomètres au nord de Dumaguete. Bais est composée de trente-cinq barangays prospères. Son économie est fondée sur l'agriculture, la culture du sucre (deux usines) et des cocotiers. Les champs de canne à sucre constituent 36 % de ses terres. Les viviers prennent également une place importante, de part et d'autre de la ville. Les terres humides, localisées sur la côte, sont réservées aux cultures de crevettes et de *bangus* dans des bassins artificiels. Bais n'offre pas vraiment de plage ; ce sont plutôt des mangroves et des palétuviers qui envahissent le rivage sur 378 hectares, à travers lesquels une promenade s'impose. Bais est célèbre, car c'est l'un des meilleurs endroits pour aller observer les dauphins, au large du détroit de Tanon.

Transports

- **De/vers Dumaguete.** Départs très réguliers en bus ou jeepney (40 minutes).

VISAYAS

OBSERVATION DES DAUPHINS

Tour tout compris environ 2 400 PHP / personne.

La sortie en mer, pour aller rendre visite aux dauphins en toute liberté, est enthousiasmante. L'expédition dure une journée et combine souvent le tour en bateau avec une halte sur le banc de sable de Manjuyod, les « Maldives des Philippines ». Vous serez accompagné d'un guide qui vous expliquera la vie fascinante de ces êtres et vous savourerez un copieux déjeuner de grillades servi à bord, tout en admirant la magnifique plage. La période la plus propice s'étend de mars à octobre, tôt le matin, car les eaux sont plus calmes.

DUMAGUETE ★

Dumaguete n'a pas volé sa réputation ! C'est bien l'une des villes philippines les plus paisibles, propres et où il fait bon vivre. Ville côtière de 135 000 habitants et capitale du Negros oriental, elle abrite plusieurs écoles et campus dont celui de l'université Silliman, l'une des plus prestigieuses du pays et la deuxième plus grande après Manille. Fondée en 1901, ce fut la première université américaine en Asie, et aujourd'hui sa réputation a dépassé les frontières : de nombreux étudiants japonais, coréens et indiens viennent y étudier. Cet afflux constant d'étudiants confère à la ville une ambiance très agréable, animée et dynamique. Que le voyageur ne se méprenne pas, Dumaguete, au-delà de son charme, conserve bien tous les traits typiques de la ville philippine, les tricycles, les stands de street-food, les câbles électriques apparents, un front de mer pas très bien valorisé, simplement ici c'est un peu moins chaotique et probablement plus prospère. Dumaguete est prisée par les voyageurs sur la route pour Bohol ou Siquijor, mais également par les amoureux de plongée puisqu'il y a des dizaines de spots très réputés au large de la côte de Dumaguete, et de Dauin surtout. En plus, c'est l'une des villes les mieux desservies des Visayas, donc pas d'excuse pour ne pas y faire une halte !

Transports

- **En bateau de/vers Cebu :** plusieurs compagnies effectuent la traversée quotidiennement. Compter 4 heures de trajet (changement à Bohol) pour 2 000 PHP.
- **En bateau de/vers Tagbilaran (Bohol) :** Plusieurs départs par jour. Compter 2h, pour 1 020 PHP en classe business, 700 PHP en classe économique.
- **En bateau de/vers Siquijor :** Plusieurs liaisons par jour. Compter 1h de trajet pour 250 PHP.
- **En bus de/vers Bacolod :** départs réguliers (toutes les heures) avec la compagnie de bus Ceres de 1h à 20h30, compter 350 PHP pour 6 heures.
- **En bus de/vers Dauin :** départs très réguliers avec la compagnie Ceres. Compter 30 minutes.
- **En bus de/vers Sipalay :** prendre un bus de la compagnie Ceres pour Hinoba-an, puis un autre pour Sipalay. Compter 5h pour 290 PHP.
- **Se déplacer.** Le centre-ville de Dumaguete n'est pas très grand : on peut faire le tour à pied. Compter 20 à 50 PHP en tricycle.

CLOCHER DE LA VILLE (BELL TOWER)

Teves Street

Une légende de Dumaguete évoque souvent la fameuse Bell Tower, construite en 1811. Cette tour fut utilisée comme beffroi pour prévenir les habitants de la ville de l'arrivée des pirates et des musulmans. Selon cette légende, les attaques de ces derniers auraient été menées pour enlever les plus belles femmes du pays qui se trouvaient à Dumaguete. Aujourd'hui, l'endroit a toujours une forte connotation religieuse, les habitants viennent y prier et allumer des cierges.

MUSÉE ANTHROPOLOGIQUE

Rizal Boulevard

✆ +63 916 680 5714

Ouvert du lundi au vendredi de 8h30 à 11h30 et de 14h à 16h30. Entrée : 100 PHP (réduction étudiant).

A travers des photographies, des croquis et des objets d'artisanat, le musée relate la vie des premières tribus qui ont peuplé les îles de l'archipel et celle des tribus qui subsistent aujourd'hui. La vie des Atas, dans la forêt de Negros, ou des Bataks, dans la montagne de Palawan, est amplement détaillée ainsi que leur organisation quotidienne, leurs outils et instruments de musique. Une salle est réservée à l'archéologie ; une autre est consacrée à l'utilisation des herbes et des plantes médicinales, dévoilant les croyances des Philippins. A voir absolument.

PARC NATUREL TWIN LAKES

À 20 kilomètres au nord de Dumaguete.

Ouvert tous les jours de 8h à 17h. Entrée : 100 PHP. L'accompagnement d'un guide revient généralement à 400 PHP.

À une heure de route de Dumaguete, ce parc naturel assez particulier offre de superbes randonnées autour des deux lacs (*Twin Lakes*) : Balinsasayao et Danao. Formés il y a plus de 10 000 ans par une éruption volcanique, ces lacs sont en fait des cratères, profonds de 90 mètres, qui se sont remplis d'eau. Ici, la végétation est flamboyante et la faune variée. Pensez à vous munir de jumelles pour essayer d'apercevoir des daims et sangliers ainsi qu'une multitude d'oiseaux. Il est possible de visiter le parc avec un guide ou sans et également de faire du paddle.

OFFICE DU TOURISME DE DUMAGUETE

Quezon Park ✆ +63 35 422 9409

Ouvert du lundi au vendredi de 8h à 17h.

Voici un office du tourisme digne de ce nom ! Le personnel est extrêmement accueillant, disponible et vous fournira plein d'informations sur la ville de Dumaguete, le Negros Oriental et même l'île de Siquijor. Si vous avez des questions sur que faire, que voir, comment organiser une expédition… ils vous diront tout et dans la bonne humeur. Sur leur page Facebook ils publient les évènements culturels de la ville. N'hésitez pas à en franchir la porte lors de votre passage.

ORIENTWIND TRAVEL & TOURS - DUMAGUETE

201 Flores Ave ✆ +63 917 314 1700

https://orientwind.com.ph/

Ouvert de 9h à 18h du lundi au vendredi (samedi 17h). Se renseigner à l'avance. Tour entre 2 100 et 6 550 PHP / pers.

C'est l'agence recommandée par l'office de tourisme pour organiser vos expéditions dans les environs de Dumaguete. Ils sont disponibles par téléphone ou vous pouvez vous rendre directement sur place, à côté du restaurant Hayahay. Parmi les tours proposés : une journée (tout compris) à Apo Island pour faire du snorkeling avec les tortues, les Twin Lakes en kayak et trek, ou les célèbres cascades de Casaroro sous forme de trek aussi. Une agence certifiée et professionnelle.

HAROLD'S MANSION TOURIST INN €

205 Hibbard Avenue

✆ +63 35 522 0144

www.haroldsmansion.com

Chambres doubles à partir de 600 PHP, lit en dortoir 300 PHP. Petit-déjeuner inclus.

Harold propose l'un des meilleurs rapports qualité-prix de la ville, en plus d'innombrables services : consigne à bagages, organisation de tours, journée ou séjour plongée, etc. Demandez et cela vous sera organisé par le personnel d'accueil. L'adresse a un peu perdu de sa superbe mais elle constitue toujours un bon point de chute pour une nuit de transit (située à 10 minutes du port). Différents types de chambres, avec ou sans climatisation, dortoir, à des prix imbattables.

THE FLYING FISH HOSTEL €

32 Hibbard Avenue

✆ +63 995 034 8435

www.flyingfishhostel.com/dumaguete

Dortoir à partir de 600 PHP. Chambre double à partir de 1 300 PHP. Paiement par Paypal.

Une auberge de jeunesse à l'allure résolument contemporaine. L'architecture et le design font penser aux lofts new-yorkais : murs en briques apparentes, ampoules jaunes, finitions noires, un style industriel très original qui donne du cachet. Les douches communes sont propres, il y fait assez calme, le patio et le petit jardin sont très agréables, et il y a un restaurant-bar attenant. Le personnel pourra vous aider à organiser vos activités dans les environs. Un très bon rapport qualité-prix pour cet hostel assez unique aux Philippines.

COCO GRANDE HOTEL €€

Hibbard Avenue

✆ +63 917 701 7152

www.cocograndehotel.com/

Chambres doubles à partir de 2 000 PHP. Petit-déjeuner inclus.

Situé à côté du campus de l'université Silliman et donc pas très loin du centre et du front de mer, tout en étant à l'abri du bruit, le Coco Grande est reconnaissable entre mille avec sa façade en briques rouges et ses auvents bleu électrique. Les chambres sont spacieuses, confortables et la décoration est assez moderne et chaleureuse. Le personnel est fort sympathique et il est possible d'organiser toutes vos excursions dans les environs directement avec lui. Une belle adresse avec un rapport qualité-prix tout à fait correct.

HOTEL DUMAGUETE €€

EJ Blanco Drive, Piapi

✆ +63 917 114 4470

www.hoteldumaguete.com/

Chambre double à partir de 2 900 PHP. Transfert aéroport ou port inclus.

Inauguré début 2023, cet hôtel offre un excellent rapport qualité-prix et un standing de grande qualité, à 200 mètres de la mer. On apprécie sa façade végétalisée, son rooftop-bar et le personnel aux petits soins. Les chambres sont très belles, le choix des matériaux est une réussite, murs en béton ciré, fournitures en liège, literie digne des plus grands hôtels et le parfum qui enivre les chambres est la petite touche ajoutée à la qualité générale. Lors de notre passage fin mars 2023, une magnifique piscine était en construction. Vraiment, on recommande.

ADAMO DUMAGUETE €

Tindalo Street corner Molave

✆ +63 916 552 1626

Ouvert tous les jours de 11h à 21h. Plats entre 240 et 390 PHP.

Un restaurant que les locaux adorent et qui est très animé en soirée. Grande terrasse et salle sur trois espaces répartis en escalier. La décoration est moderne, la musique se mêle au son des conversations. Adamo sert des plats de viande (porc fumé, ribs, bœuf braisé) en version simple ou en version familiale pour 6 personnes. Les *longganisa buns* (des baos fourrés à la viande) sont excellents. Il a aussi quelques options végétariennes et des poissons frais. Tout est bon, le service est rapide et efficace, bref on n'y est jamais déçu !

BUGTAW €

Amigo, Subdivision

✆ +63 999 105 6752

Ouvert du lundi au samedi de 9h à 20h30. Plats environ 220 PHP.

Il règne une ambiance branchée et conviviale dans ce lieu qui est à la fois un café et un restaurant. Le matin d'ailleurs, le café, fraichement moulu, embaume la salle. Pour vous sustenter, vous aurez le choix entre des classiques de la cuisine philippine comme le poulet adobo, des poke bowl – celui au thon est réputé, et il y en a aussi un végétarien – et des plats westerns comme des pâtes. Les plats sont joliment présentés et très colorés et le personnel sympa. Une adresse bien connue de la jeunesse estudiantine de Dumaguete.

CHIA EATERY €

Amigo Subdivision

✆ +63 969 050 2067

Ouvert de 9h à 20h du mardi au samedi. Plats entre 100 et 150 PHP.

Caché dans un quartier résidentiel, dans le jardin très paisible d'une maison simple, on franchit le portail comme si on allait chez des amis. La carte est assez copieuse (comme les assiettes) et originale. On compose son wrap ou *hashbrown* (galette de pommes de terre frites) en y ajoutant toute une série d'ingrédients (avocat, fromage, oignons frits, etc.). Le jus de calamansi est très rafraichissant. Et les prix plus que raisonnables. Sur les murs du restaurant, des œuvres des artistes locaux. Le meilleur végétarien de Dumaguete !

LAB-AS SEAFOOD RESTAURANT €

201 Flores Street

✆ +63 35 225 3536

Ouvert tous les jours de 8h à minuit. Plats environ 250-350 PHP.

Sur le front de mer, ce restaurant attire l'œil par sa structure en bambou sur deux étages et sa terrasse extérieure. Avec le Hayahay (c'est le même endroit, ils partagent leur carte et leur terrasse !), c'est une véritable institution à Dumaguete. Les locaux s'y retrouvent pour déguster d'excellentes spécialités à base de poisson et de fruits de mer frais, le tout au bord de l'eau. Au-delà des poissons, d'autres spécialités philippines sont au menu. Le soir, c'est concert live.

THE PAWNSHOP €€

EJ Blanco Drive, Piapi

www.hoteldumaguete.com/dining

Ouvert tous les jours de 16h à 23h. Vins dès 390 PHP, cocktails dès 290 PHP et tapas dès 290 PHP.

Sur le toit du récent Hôtel Dumaguete, le Pawnshop est un bar à cocktails et restaurant à tapas ouvert à tous. On conseille d'y venir en fin d'après-midi à l'heure où le soleil se couche pour profiter de sa vue à 360 degrés. Au menu, une large sélection de vins et des cocktails signature bien réalisés (avec ou sans alcool). Les tapas sont très bonnes, on recommande la planche de fromage et charcuterie et le trio de houmous. Étant très récent, l'endroit est rarement bondé, il faut en profiter ! Mercredi soir c'est *ladies' night*, deux cocktails pour le prix d'un.

BACONG

Bacong se trouve à seulement dix minutes au sud de Dumaguete. On s'y rend facilement en tricycle ou en jeepney. Celle qui est considérée comme la plus petite ville du Negros oriental (42 000 habitants) s'étend sur la côte, à quelques centaines de mètres de la nationale. Pour l'anecdote, à l'époque des invasions des pirates moros, les habitants de la ville étaient reconnus pour leur bravoure car ils repoussaient les envahisseurs avec un cri resté célèbre « Debout ! Debout, combattez ! ». Depuis, le nom de la ville vient du mot *bacon* qui, en visaya local, signifie « debout ». La ville est aussi réputée pour son artisanat et son mobilier qui s'exportent.

ÉGLISE DE BACONG

Construite à la moitié du XIXe siècle, l'église de San Augustine peut s'enorgueillir de posséder le plus haut clocher du Negros oriental. Il faut reconnaitre qu'elle brille plus par son histoire que par sa beauté. Elle abrite néanmoins un bel autel couvert de feuilles d'or ainsi qu'un orgue très rare (le seul similaire se trouve à Bohol), originaire de Saragosse en Espagne et achevé en 1894. Les habitants sont fiers de leur église, car avec son cimetière et le couvent, elle est bien préservée et est l'une des églises de l'époque coloniale importantes du pays.

SOUTH BEACH GRILL €

San Miguel
✆ +63 945 513 8980
https://southbeachgrill.business.site/
Ouvert de 11h à 21h. Fermé le lundi. Plats entre 200 et 400 PHP.

Ce restaurant de plage est installé face à la mer à San Miguel. Sa terrasse ombragée et la vue en font un endroit très agréable. L'endroit est réputé car le chef prépare de très bonnes pizzas : pâte faite maison et cuisson au feu de bois ! Sur le reste de la carte, on trouve d'autres plats occidentaux comme les burgers, pâtes et salades mais également des plats de viande grillée et de poisson joliment présentés et plutôt raffinés. Chaque soir, une offre spéciale (pizzas, vins, etc.). Une adresse très sympathique sur la route entre Dumaguete et Dauin.

NEGROS ORIENTAL ARTS AND HERITAGE (NOAH) ★

#1 Juan Luna Street, South Poblacion
✆ +63 35 424 0005
www.noahphil.com
Ouvert du lundi au samedi de 8h à 17h.

L'association NOAH organise des visites guidées au cours desquelles vous pourrez admirer l'aisance des tisseuses d'abaca et découvrir l'usine de tailleurs de pierres précieuses, notamment de jade. Des pièces sont à vendre dans le magasin qui jouxte l'atelier. Fossiles, accessoires et bijoux en pierre de jade, un arrêt intéressant pour découvrir l'artisanat du Negros oriental et en profiter pour acheter quelques souvenirs authentiques comme des décorations, sous-verres et tissus.

VALENCIA

La ville de Valencia, d'environ 35 000 habitants, se niche dans la nature environnante. Grâce à la station thermale qui se trouve en dessous de la cascade de Casaroro, les habitants ont l'électricité et l'eau en abondance et gratuitement. Lors d'une balade vers les chutes, vous pouvez vous arrêter devant la relique symbolisant l'amitié philippino-japonaise, qui surplombe la vallée.

Transports

Au départ de Dumaguete, prendre une Jeepney pour le marché de Valencia (10 PHP). Puis, un tricycle (100 PHP) pour atteindre le début du trek vers les chutes. Autre option : passez par votre hôtel ou une agence à Dumaguete.

CHUTES DE CASARORO ★

Entrée : 20 PHP.

Cette cascade de 40 m de haut est impressionnante et la baignade est revigorante. Pour y accéder, il faudra parcourir trois cent cinquante marches (attention, rochers glissants, jungle luxuriante, manque de signalisation) ! Casaroro est le nom du premier habitant de Valencia qui découvrit ces chutes.

Il est possible de poursuivre jusqu'à la chute du nom de Calamason, qui signifie « escalader ». Il y a peu, on ne pouvait l'atteindre qu'à l'aide des lianes et des rochers abrupts. L'endroit est très prisé pour les piques-niques. Un lieu tout simplement sublime !

VISAYAS

DAUIN ★

À trente minutes de Dumaguete, Dauin (prononcer *da-win*) est encore plus paisible que Dumaguete. Le long d'une route, de jolies maisons coloniales aux jardins bien entretenus et des magasins de mobilier, en bambou et en rotin, défilent. Dauin et son satellite Zamboanguita s'étirent le long d'une belle plage de sable noir. C'est avant tout la Mecque des plongeurs. Les hôtels combinés aux centres de plongée sont nombreux sur cette partie de la côte, point d'entrée idéal pour se rendre sur la petite île voisine d'Apo.

Transports

De Dumaguete, des bus (direction Bayawan) partent toutes les 20 minutes du terminal Ceres Liner.

MARCHÉ DE MALATAPAY

Malatapay Road

Ouvert le mercredi de 7h à 16h.

Le marché de Malatapay est un gros marché, agricole entre autres, qui a lieu tous les mercredis. Proche de l'embarcadère des bateaux pour Apo Island. Les coqs et les carabaos prennent la pose devant les éventuels acquéreurs, on peut même parfois assister à des ventes aux enchères. L'artisanat, très populaire à Dauin, est ici évidemment roi : sacs en rotin et nattes à foison, de même que tous les produits frais, fruits ou légumes imaginables. Parfait pour prendre le pouls de la vie locale et pourquoi pas pour goûter à de nouvelles saveurs.

PLAGE DE ZAMBOANGUITA

Sur cette belle plage, vous pourrez gouter à des spécialités culinaires telles que le *sutukil* qui réunit les trois manières de cuisiner le poisson : *sugba* (poisson grillé), *tula* (soupe de poisson) et *kinelaw* (poisson mariné dans une sauce au vinaigre). C'est aussi le seul endroit où l'on peut déguster le *sinakol*, une galette de maïs cuite dans un tube de bambou. L'assiette copieuse ne vous coûtera guère plus de 50 PHP. Du rivage, on aperçoit l'île d'Apo juste en face. De nombreux resorts ont toutefois élu domicile sur cette plage.

LA TORTUE DIVING RESORT €

Masaplod ✆ +63 917 881 0313

Lit en dortoir à partir de 600 PHP et chambre double à partir de 1 060 PHP. Centre PADI.

Située à Dauin, au bord de la mer, cette auberge propose des chambres doubles avec vue sur la plage et des dortoirs de quatre dans des bungalows en bambous absolument adorables. Tout est neuf, propre et charmant. Les sanitaires en commun sont très bien entretenus. Le personnel est d'une gentillesse à toute épreuve et vous font sentir comme à la maison. La nourriture est excellente. Idéal si vous souhaitez passer votre PADI ou simplement plonger, le matériel est de qualité et les instructeurs très pros. Un sans faute pour cette auberge !

PURA VIDA BEACH & DIVE RESORT €€

Washington Street, District III

✆ +63 35 4252 284

www.pura-vida.ph

Chambres doubles à partir de 6 000 PHP. Petit-déjeuner inclus.

Un agréable hôtel affilié au centre de plongée Sea Explorers et situé directement en front de mer. Les bungalows en bambou et nippa, dispersés dans un grand jardin verdoyant, sont décorés simplement mais ils sont confortables et très propres. Les plus luxueux bordent la plage. Il y a une piscine, un centre de massage, un restaurant et bien sûr le centre de plongée. Une bonne adresse pour une retraite entre plongée et relaxation. Bon rapport qualité-prix.

ATLANTIS DIVE RESORT & LIVEABOARDS €€€

Lipayo

✆ +63 35 536 0206

www.atlantishotel.com

Chambres doubles à partir de 12 100 PHP.

Un hôtel haut de gamme très orienté plongée comme son homologue à Puerto Galera. Il est bien entretenu, le personnel est efficace et chaleureux, et les chambres sont tout confort, en plus d'être bien décorées et disséminées dans un jardin sur la plage. Le restaurant sert une cuisine exquise, l'emplacement est idyllique et il n'y a pas moins de vingt sites de plongée d'exception dans les alentours. Un petit paradis où les plongeurs essentiellement seront très bien pris en charge.

ATMOSPHERE RESORTS & SPA €€€

Maayong Tubig - National Road
✆ +63 35 4006 940
www.atmosphereresorts.com
Chambres doubles à partir de 17 000 PHP.

Ouvert en 2008, ce boutique-hôtel offre un service de haut niveau, quelle que soit l'option d'hébergement choisie. Presque la totalité des chambres disposent de salle de bain intérieure et extérieure. Le resort jouit d'un restaurant gastronomique. Les amoureux logeront dans une chambre romantique lovée dans les arbres, avec dîner privé et vue sur l'océan. Les deux grandes piscines disposent d'une trentaine de hamacs et d'une vue sur la plage de sable noir. Gym, yoga, tours en VTT et spa à disposition des clients. Les barbecues sur la plage sont réputés.

ATMOSPHERE RESORTS DIVE CENTER

✆ +63 917 700 2048
www.atmosphereresorts.com
Prix sur demande.

Situé dans le complexe Atmosphere Resorts & Spa, ce centre de plongée propose des sorties sur les fameux spots sous-marins de la côte orientale de l'île de Negros. Staff d'instructeurs diplômés et multilingues (dont le français). Le centre propose des sorties proches du resort (plongée nocturne aussi disponible), jusqu'à la découverte de la côte de Dauin et l'île proche d'Apo Island. Bien entendu l'équipe propose également toutes les formations PADI, du baptême aux niveaux pro.

SEA EXPLORERS

Washington Street District III
✆ +63 32 234 0248
www.sea-explorers.com/dauin/
Ouvert tous les jours de 8h à 17h. 4 plongées : 8 000 PHP, 3 jours avec 4 plongées par jour : 6 300 PHP / jour.

Ce réceptif plongée, créé par des Suisses en 1989, possède plusieurs centres dans la région des Visayas, à Alona Beach, Cabilao, Dauin-Dumaguete et Malapascua. À Dauin, il fait partie de l'hôtel Pura Vida Beach & Dive Resort, directement situé sur la plage. L'accueil y est chaleureux, les sorties plongée s'effectuent en petits groupes avec des guides locaux et internationaux expérimentés. Vous y trouvez toute la gamme de cours et sorties du PADI Open Water débutant jusqu'au certificat d'instructeur en passant par la découverte d'Apo Island.

APO ISLAND ★★★★

Apo Island a des allures de Capri quand on la voit se dessiner peu à peu du bateau qui fait la traversée depuis Dauin. Avec ses falaises et ses eaux turquoise magnifiques, cette île d'à peine 72 hectares et 2 000 habitants – qui sont fiers de dire qu'ils se connaissent tous – a un charme fou. Le village est niché au creux de deux hautes collines couvertes de végétation. La vie, paisible, s'écoule en communion avec la nature sur ce petit paradis préservé. Si vous arrivez tôt le matin avant l'arrivée des bateaux de touristes, seuls quelques bancas de pêcheurs flottent paisiblement devant la plage. L'île est devenue célèbre pour ses sites de plongée parmi les meilleurs des Philippines. On vient ici découvrir le sanctuaire marin, sur 15 000 m^2, qui protège les eaux autour d'Apo jusqu'à 300 m des côtes. On y vient autant pour le snorkeling que pour la plongée, rencontrer les tortues et admirer des coraux de toutes les formes et couleurs. Les habitants vivent essentiellement du tourisme et la période du Covid a été très compliquée. Aujourd'hui l'île renaît et ils sont ravis de voir les voyageurs revenir, vous serez accueilli avec enthousiasme. L'intérieur de l'île est tout aussi charmant et paisible. Pas un tricycle, pas une voiture, pas une moto, seuls le chant des coqs destinés au *sabong*, les conversations des habitants, les éclats de rire des enfants et par-ci par-là le son d'une radio ou des pions d'un jeu de bingo qu'on mélange. Une parenthèse enchantée !

Tourisme

Les habitants ont créé une association de guides (vous les trouverez au bout de la plage où les bateaux accostent), si on veut faire du snorkeling, on est obligés de passer par eux. Ça leur permet de contrôler que les touristes ne touchent pas les coraux ou les tortues, ne prennent pas d'étoiles de mer, etc. Ils sont environ 400 guides et s'organisent par groupes de 100, un groupe par jour, ce qui permet de donner du travail à tout le monde de façon équitable. Ce n'est pas la peine de réserver quoi que ce soit. Pour le matériel c'est eux aussi (300 PHP).

Transports

Il faut compter entre 3 000 et 4 000 PHP pour un tour organisé. Le tour comprend le transfert A/R depuis votre hôtel de Dauin ou Dumaguete, la traversée A/R en bateau certifié, le droit d'entrée sur Apo Island (100 PHP), le guide (obligatoire pour le snorkeling), le matériel (gilet de sauvetage, masque, tuba, palmes) et le lunch. C'est un budget pour les Philippines mais c'est clé en main.

Si vous voulez y aller par vous-même c'est possible et deux fois moins cher. Si vous êtes un groupe, ce sera facile, si vous êtes moins voire seul, c'est un peu plus hasardeux car s'il n'y a pas d'autres voyageurs au terminal de Malatapay (à Dauin) pour la traversée en bateau, il vous faudra payer le prix plein du bateau (3 500 PHP). De Dumaguete, prendre un bus depuis le terminal Ceres jusqu'à la plage de Malatapay. Il est préférable d'être là le matin entre 7h et 9h. De Apo island, il semblerait que le dernier bateau reparte vers 15h (se renseigner à votre arrivée).

WHITE BEACH

On peut apercevoir cette plage, lovée dans une petite crique, depuis le point de vue de l'île. Les tortues y pondent leurs œufs par centaines, en creusant un grand trou dans le sable où elles les déposent, et cela en totale liberté. Ici pas d'association ou de sanctuaire de protection, pas de visite nocturne avec les touristes, elles sont totalement libres. La période d'incubation est de deux mois, et à la saison des naissances, seuls les bébés les plus forts et résistants arriveront jusqu'à la mer et un sur mille deviendra une tortue adulte.

APO ISLAND MARINE SANCTUARY ★★

La réouverture n'est pas encore d'actualité.

Le sanctuaire marin d'Apo Island est fermé depuis le passage du typhon Pablo, qui a ravagé l'île et ses fonds marins en 2012, pour permettre aux coraux de se régénérer – ils grandissent d'à peine 1 cm en 20 mois. Rassurez-vous, cela ne vous empêchera pas de plonger ailleurs autour de l'île et d'en prendre plein la vue. Depuis la plage principale, à quelques mètres vous vous retrouverez en tête à tête avec des tortues géantes et des coraux d'une beauté et d'une variété impressionnantes.

APO ISLAND VIEW DECK ★★

Apo Island

Le début du sentier est indiqué par un panneau. L'aller-retour prend 45 minutes. Vous pouvez y aller par vous-même mais on recommande d'y aller avec un guide (les mêmes que pour le snorkeling, pensez à donner un pourboire, 150-200 PHP à la fin). Ça vous permet de poser des questions sur l'île, et d'être accompagnés car c'est assez vertigineux et escarpé par endroits. Sur le chemin plusieurs points de vue à couper le souffle, jusqu'au sommet et à la pointe de l'île où la vue sur le Negros oriental, la plage et la mer est époustouflante. Pensez à prendre de l'eau.

APO ISLAND BEACH RESORT €€

✆ +63 910 219 3359

www.apoislandresort.com

Lit en dortoir 800 PHP, chambre double 2 700 PHP (en mars 2023, c'était en rénovation depuis le covid).

Situé sur la sublime crique de Kangopi, c'est un vrai petit coin de paradis. Le confort y est sommaire mais le cadre vous fera bien vite oublier l'absence d'eau chaude. La nourriture y est très bonne (compter de 300 à 400 PHP pour un repas) et les chambres sont parfaites pour profiter à 100 % de la magie de l'île d'Apo. Bien entendu ce petit resort peut organiser toutes vos activités nautiques : location de *bancas*, location de matériel de snorkeling et organisation de séjour combinant plongée et farniente. Une excellente adresse, coupée du monde !

LIBERTY'S LODGE €€

✆ +63 920 2385 704

www.apoisland.com

Lits en dortoir à partir de 800 PHP ; chambres doubles à partir de 2 250 PHP. Repas inclus.

Un vrai enchantement que ce petit hôtel, en hauteur, sur la plage, avec des chambres bien aménagées et vue sur la mer. Les propriétaires, un couple anglo-philippin, s'occupent du centre de plongée et les plongeurs ne tarissent pas d'éloges à leur sujet. Le restaurant sert une excellente cuisine. Le paradis sur terre. À noter toutefois, qu'en raison de l'isolement du lieu, le confort reste relatif et le prix un peu élevé par rapport à cette gamme d'hébergement. Cependant, la beauté d'Apo Island vous fera bien vite oublier tout ça.

SIQUIJOR CITY ★

C'est la porte d'entrée de l'île paradisiaque de Siquijor ! La ville en soi n'est pas très animée mais certains des bateaux arrivent et partent de son embarcadère donc elle est au moins un lieu de passage, souvent avant de rejoindre San Juan.

Transports

- **Le port** : taxe environnementale 14 PHP, bagage 100 PHP.
- **De/vers Dumaguete** : liaisons régulières (1h30, 500 PHP).
- **De/vers Tagbilaran (Bohol)** : liaisons régulières (2h, 700 PHP).
- **De/vers Cebu** : OceanJet assure une liaison par jour via Tagbilaran (2 x 2h; 1 200 PHP).
- **Se déplacer.** Le scooter, bien sûr ! Comptez environ 400 PHP/jour. Ou les tricycles.

Siquijor City.

CANTABON CAVE ★

Cantabon

Entrée 20 PHP. Guide obligatoire (avec lampes-torches et casques) pour 500 PHP.

Située au centre de l'île, cette grotte fut découverte en 1985. Elle mesure environ 300 mètres de longueur pour 10 mètres de largeur et possède une impressionnante rivière souterraine où l'on peut faire trempette. La visite est un peu acrobatique mais heureusement un ou deux guides accompagnent obligatoirement chaque visiteur. Une chose est sûre : il faut aimer l'aventure et ne pas être claustrophobe mais ça vaut le coup ! Pensez à prendre de bonnes chaussures (d'eau) et attention, on ressort un peu sale de cette petite escapade.

PARC DU MONT BANDILAAN ★

Cantabon

Le mont Bandilaan, au centre de l'île est le point culminant de Siquijor à 628 mètres. Le bureau du parc se trouve à Cantabon près des grottes du même nom. La vue à 360 degrés de la tour de guet et les paysages alentour valent le déplacement par temps clair. Ce mont abrite le village mystique de San Antonio, célèbre pour accueillir durant la semaine sainte nombre de guérisseurs qui échangent leur savoir pour préparer potions et décoctions variées (moyennant finances bien entendu, compter dans les 500 PHP environ). La cérémonie du vendredi saint vaut le coup d'œil.

INFINITY HEIGHTS RESORT €€

Brgy Pili ✆ +63 920 56 00 416

www.infinityresortssiquijor.com

Chambres doubles à partir de 3 200 PHP.

Christi et Gary, vos hôtes vous accueillent en tant qu'ami dans leur hôtel situé dans les hauteurs de l'île, à 15 minutes des ports de Larena et de Siquijor. Les bungalows disposent d'une vue panoramique sur la végétation luxuriante et l'océan. Une piscine à débordement, des visites guidées, un restaurant et un bar, il y a de quoi vous occuper. Coquettes, les chambres sont confortables et reposantes. Les propriétaires ont également ouvert l'Infinity Sands Resort à San Juan et vous avez accès aux installations des deux. Une belle adresse pour se couper du monde.

VILLA MARMARINE €€

Candanay Sur

✆ +63 35 4809 167

www.marmarine.jp/en/index.html

Chambres doubles à partir de 3 800 PHP. Petit-déjeuner inclus.

Cette belle adresse tenue par un couple japonais se trouve à quelques kilomètres du port de Siquijor et face à la mer. Les cottages sont charmants et bien entretenus, la plage exquise et le service est un véritable sans faute ! Magnifique vue depuis le restaurant japonais pour changer un peu (avec des options philippines et internationales). Excellente cuisine par ailleurs. Pour les plus sportifs, essayez donc le terrain de tennis (le seul de toute l'île) ! Une excellente adresse où les propriétaires vous font sentir comme à la maison.

LARENA ★

Larena, située sur la pointe nord de l'île, compte 15 000 habitants. Comme c'est ici que se trouve le port principal de Siquijor, les voyageurs sont nombreux à y passer ; ils sont beaucoup moins nombreux à y rester. Et pourtant, depuis que l'île s'ouvre de plus en plus au tourisme, Larena est le reflet du Siquijor authentique, paisible, où rien ne semble avoir été façonné pour les voyageurs. La localité en cela mérite au moins qu'on y passe, ne serait-ce que pour aller barboter sur sa longue plage de Sandugan, où quelques hôtels discrets se sont installés pour accueillir celles et ceux qui cherchent à déconnecter de tout.
Comme partout sur l'île, les distributeurs ne fonctionnent pas forcément, prévoyez du liquide.

Transports

- **De/vers Dumaguete.** OceanJet et Montenegro Lines proposent des trajets dans les deux sens par jour. Comptez 1h30 et 500 PHP.
- **De/vers Tagbilaran (Bohol).** OceanJet, Supercat et Apekop proposent des trajets quotidiens dans les deux sens. Comptez 2h et 750 PHP.
- **De/vers Cebu.** La plupart des voyageurs font le trajet avec une escale à Tagbilaran ou Dumaguete, toutefois si vous préférez une traversée directe, Lite Ferries organisent trois traversées directes par semaine (dans les deux sens). Comptez 10h et 770 PHP.
- **De Siquijor City** pour rejoindre Larena, seul le tricycle est disponible. Comptez 15 min de trajet (100 PHP). Le scooter reste la meilleure option pour explorer les environs.

MINALULAN BEACH ★

Brgy Minalulan, Maria

Alerte, plage secrète ! Cette magnifique plage n'est encore occupée par aucun hôtel. L'eau est incroyablement belle (c'est plus agréable à marée haute) et le sable d'une douceur remarquable. Faites comme les locaux qui se tartinent le corps de sable mouillé (*sand massage*), c'est très agréable. Peu de touristes connaissent cet endroit. Au coucher du soleil c'est aussi un régal pour les yeux. Pour y accéder, se rendre dans le baranguay Minalulan et après le terrain de basket, aller au bout de la route, il y a un sari-sari, vous pouvez accéder à la plage par là.

L'ÎLE AUX MILLE LÉGENDES

Siquijor est reconnue partout aux Philippines comme l'île de la magie noire ou l'île aux sorcières. Ce mysticisme ambiant vient des nombreuses légendes qui se chuchotent et circulent sur l'île, au sujet de bateaux fantômes qui passent au large la nuit, de fées dans chaque barangay, de créatures mythologiques et même de son nom.

- **Son nom, *Siqui-hore*.** On raconte que les Espagnols ont découvert l'île parce qu'elle abritait des milliers de lucioles, et en naviguant et en passant devant de nuit, ils ont cru voir une île de feu (ils l'ont surnommée *isla de fuego*). En débarquant, ils rencontrèrent un habitant et lui demandèrent son nom, l'homme répondit « Kihod » et quand les Espagnols rentrèrent en Espagne, ils racontèrent à tout le monde qu'ils avaient découvert une île de feu et que son roi s'appelait King Kihod devenu *Siquijor* par déformation et avec le « r » espagnol.
- **Les sorciers.** Les Siquijodnons entretiennent le mystère qui plane sur leur île, fief de la sorcellerie et des rites vaudous. Certains Philippins superstitieux jurent de n'y jamais mettre les pieds. Il s'y passe trop de choses étranges. Les pouvoirs magiques des *mananambals*, chamans locaux et guérisseurs par les plantes, sont pris très au sérieux. Chaque année, le jour du Vendredi saint, les sorciers se réunissent vers San Antonio, un lieu sacré, au pied du pic central de l'île (le mont Bandilaan). Ils décident alors de la potion magique de l'année. Leurs mixtures secrètes à base d'herbes et d'essences sont dévoilées. Les rituels de la vengeance, toujours d'actualité, effrayent les superstitieux et de nombreux voyageurs se rendent à Siquijor dans le but de rencontrer l'un ou l'une de ces *mananambals*. « Wack wack » est le nom sous lequel se reconnaissent les sorciers. Poupée vaudoue, décoctions en tout genre, sortilèges et vengeance… Leurs pouvoirs n'ont de limite que notre imagination.
- **Envie de vous initier ?** Il existe autant de pratiques que de guérisseurs. À San Antonio se pratique le *hilot*, un massage à base d'une mystérieuse huile de coco pour évacuer une douleur ; à Larena, on pratique la guérison par *bolo-bolo* qui consiste à souffler avec une paille dans un verre rempli d'eau et au fond duquel repose une pierre noire... Que l'on y croie ou pas, toutes ces légendes font partie du patrimoine culturel de l'île et les habitants sont toujours ravis de vous les raconter, créant, à défaut de magie noire, la magie du lien !

CASA DE LA PLAYA €

Sandugan Beach
+63 35 3772 291
www.siquijorcasa.com
Chambre double front de mer à partir de 1 890 PHP.

La Casa de la Playa et ses bungalows sont un peu surélevés par rapport à la plage, ce qui permet d'avoir une jolie vue. Les cottages sont bien décorés, dans les tons de bleu, de blanc et de coquillages, avec un petit côté Cyclades. Cependant l'ensemble n'est pas des plus récents, ne vous attendez pas à un confort ultime, ni à une restauration d'une grande finesse. Il conviendra aux voyageurs qui recherchent davantage un endroit tranquille et proche de la nature pour se ressourcer. Les pris sont corrects et le personnel très gentil.

ISLANDERS PARADISE BEACH RESORT €

Sandugan Beach
+63 935 266 3801
www.islanders-paradise-beach.com
Chambres doubles à partir de 1 000 PHP. Location vélos et scooters.

C'est l'un des premiers resorts à s'être installé sur l'île, en 1988. Ses huit cottages en nippa surplombent la superbe plage de Larena. Les chambres ne sont pas des plus modernes, elles sont relativement simples et le confort est rudimentaire mais l'ensemble est plutôt bien tenu, en bord de mer. Le cadre est paisible et authentique, on se baigne, on se détend avec un livre, on part à la rencontrer des habitants, on flâne sur la plage et on découvre l'île... Bref, on profite.

LARENA TRIAD COFFEE SHOP

Cangbangsa
+63 995 509 5786
Ouvert de 9h à 20h. Boissons de 60 à 250 PHP.

Perché en hauteur sur une colline, ce café est idéal pour une pause gourmande en fin d'après-midi. On y trouve une large sélection de boissons chaudes et froides à base de café, caramel et chocolat, mais aussi des milkshakes aux fruits et le fameux halo-halo, mélange de glace pilée et de lait concentré aux saveurs variées et agrémenté de toppings. C'est aussi un restaurant dans lequel on trouve la gamme habituelle de plats philippins. On y vient avant tout pour profiter de la vue imprenable sur la baie depuis sa terrasse arrondie, abritée sous un dôme imposant.

SAN JUAN ★★★★

San Juan est un petit bourg typique des Visayas. C'est ici que se concentre la majorité des hôtels et restaurants de Siquijor, de part et d'autre d'une route principale, le long de la mer. Hormis les spots de plongée, pour découvrir les charmes de l'île hors de l'eau, louez un scooter et montez au sommet de l'île pour visiter les villages de sorciers, les chutes d'eau, les grottes et les vieilles églises. Ne manquez pas le couvent et l'église de San Isidro à Lazi. Les routes et paysages de Siquijor sont parmi les plus beaux des Philippines. À San Juan, en journée, il règne une ambiance détendue et pleine de langueur. Le soir, les bars et restaurants s'animent, et on profite des couchers de soleil sur Paliton Beach. Nul doute que Siquijor et San Juan en particulier ont de beaux jours devant eux.

Argent

Il y a quelques distributeurs mais c'est préférable de retirer avant d'arriver. Prévoyez des petites coupures car à chaque spot, il faudra payer un droit d'entrée (10-20 PHP), plus d'autres dépenses comme pour sauter d'une cascade, emprunter du matériel de snorkeling, etc.

Pratique

Autant le dire d'emblée, la couverture du réseau téléphonique est très mauvaise sur l'île (dès qu'on quitte les centres-villes)... Un bon prétexte pour déconnecter.

- **Conseil futé.** Vérifiez les marées lorsque vous prévoyez d'aller vous baigner à Siquijor. Il faut y aller à marée haute (ou un peu avant ou après). À marée basse ce n'est pas très agréable, il n'y a pas de fond et souvent beaucoup d'algues. Informations sur www.tidetime.org.

Transports

- **De/vers Siquijor City.** Pour se rendre à San Juan au départ du port de Siquijor City, il faut emprunter un tricycle (30 minutes, 400 PHP). Vous pouvez demander à voir la feuille avec les tarifs officiels selon l'endroit où vous allez. Certains hôtels proposent un transfert en van (prenez contact avec le vôtre).
- **Se déplacer.** L'idéal est de louer un scooter, la majorité des routes de l'île sont en très bon état et il y a peu de trafic, c'est donc agréable, sûr et pratique. Les hôtels proposent un service de location (400-500 PHP/jour). Il y a aussi des tricycles.

VISAYAS

QUELLE CRÈME SOLAIRE CHOISIR ?

Les crèmes solaires sont hautement utilisées par les voyageurs qui se baignent, font du snorkeling ou de la plongée. Des études ont montré que certains composants dans les crèmes solaires traditionnelles, c'est-à-dire les crèmes solaires à filtre chimique, comme l'Oxybenzone et l'Octinoxate, peuvent endommager les récifs coralliens même quand elles sont utilisées à très petites doses. Les filtres chimiques causent le blanchiment des coraux, endommagent l'ADN des coraux et interfèrent donc dans leur reproduction. Alors, pour préserver les coraux et toute la vie aquatique qui en dépend, préférons une crème solaire à filtre minéral, souvent estampillée « *ocean friendly* ».

CAMBUGAHAY FALLS ★★★

Siquijor Circumferential Road, Lazi

Ouvert tous les jours de 8h à 17h. Entrée : 20 PHP (50 PHP par attraction supplémentaire).

© AARON BAGGETT - SHUTTERSTOCK.COM

Les cascades de Cambugahay sont l'une des attractions majeures de l'île, en contrebas de la route entre San Juan et Lazi. Pour éviter la foule, essayez d'y aller tôt le matin, avant 10h. L'eau est d'une couleur irréelle, l'endroit d'une beauté enchanteresse. Des bassins en escaliers, des cascades en arcs de cercle, une eau chaude et turquoise, il est agréable d'y rester une heure ou deux, pour s'y baigner, pique-niquer et pourquoi pas dépenser quelques pesos supplémentaire et tenter l'un des sauts de liane (1, 6 ou 11 mètres). Magnifique !

CENTURY OLD BALETE TREE ★

Siquijor Circumferential Road

Ouvert tous les jours de 6h à 18h. Entrée : 20 PHP.

Ce Balete de 400 ans (sorte de figuier) est le plus vieil arbre de Siquijor. En plus d'être somptueux avec ses immenses racines qui s'entremêlent à ses lianes et branches tombantes, cet arbre est entouré d'une multitude de légendes. À ses pieds, un bassin artificiel est rempli par une source d'eau mystérieuse. Si vous avez besoin d'une pédicure, plongez donc vos pieds dedans, des petits poissons vous mangeront les pieds (enfin les peaux mortes). C'est une expérience amusante (ou désagréable, à vous d'en juger). Les gens rigolent et l'arbre trône majestueux.

KAWASAN FALLS ★★★

Lazi

Parking 10 PHP. Entrée 50 PHP. Pourboire pour le guide 100 PHP.

À proximité des chutes de Cambugahay, celles-ci sont peut-être encore plus belles et surtout beaucoup moins touristiques. En raison de son taux de calcaire, l'eau est d'un bleu cyan époustouflant. Il y a une liane pour faire des sauts et une petite grotte où se baigner. Si vous y allez tôt le matin, vous ne croiserez personne. Contrairement aux autres sites touristiques sous la houlette du gouvernement, Kawasan est dirigée par les villageois, les tarifs sont donc souvent aléatoires. En général un guide est obligatoire pour descendre (il surveillera vos affaires).

LUGNASON FALLS ★

Gratuit. Possibilité de prendre un guide à l'entrée mais pas nécessaire.

Coup de cœur pour celle que l'on appelle aussi Zodiac Falls ! Nichée au creux de rochers et de végétation luxuriante, la cascade de 7 mètres est magnifique, avec ses grottes cachées sous les filets d'eau et ses rochers arrondis et polis. Il est très agréable de s'y baigner et les plus téméraires pourront l'escalader sur le côté pour sauter (les pierres ne sont pas glissantes étonnamment). Pour les autres, il est tout aussi grisant de regarder plus sagement les aventuriers (souvent les locaux) faire des pirouettes impressionnantes. Super ambiance. On recommande !

PLAGE DE PALITON ★★★

Paliton road

Entrée 20 PHP.

Personne ne peut passer par Siquijor sans entendre parler des légendaires couchers de soleil sur Paliton Beach et à raison. À deux kilomètres au nord-ouest de San Juan, cette plage est splendide, baignée par des eaux cristallines. Déserte en journée et sans aucun hébergement pour troubler la quiétude de l'endroit, Paliton Beach prend une autre dimension durant les fins d'après-midi, et surtout le week-end quand les locaux sont nombreux à venir profiter de la vue et de l'ambiance, les voyageurs de passage se mêlant à cette joyeuse effervescence. Une allée de stands de street-food se déploie, c'est l'occasion de tester tous ces mets locaux : goûtez par exemple les *dynamite*, des piments enrobés de fromage et frits, ou les *mango turon*, des morceaux de mangue amère à la sauce soja, accompagnés de jus de fruits frais ou de bière. On s'installe sur les grandes tablées ou sur les balançoires géantes (pour prendre sa photo Instagram !). Et puis bien sûr la plage se remplit dès 16h de petits groupes de gens qui se retrouvent entre amis, viennent jouer de la musique, barboter dans l'eau et attendre impatiemment le clou du spectacle : lentement, le soleil descend dans le ciel, avant de disparaître derrière les montagnes du Negros oriental et commencer à colorer le ciel et la mer de mille et une nuances de bleu, de rose et d'orangé. Siquijor en général et Paliton Beach particulièrement n'ont vraiment pas volé leur réputation de plus beaux couchers de soleil des Philippines. Assurément un spot incontournable de l'île !

TUBOD MARINE SANCTUARY ★★

Entrée 100 PHP, location matériel de snorkeling 100 PHP.

Sur la route principale, à l'une des extrémités de San Juan, le sanctuaire marin de Tubod est une zone de plus de sept hectares protégée depuis plus de trente ans et dans laquelle on peut plonger, nager ou faire du snorkeling. C'est indéniablement le plus beau spot pour admirer les coraux et poissons à Siquijor. Il est possible de louer du matériel de snorkeling (à l'entrée, sur la plage) ou de plongée (au centre de plongée du Coco Grove Beach Resort sur la plage). La plage de sable blanc est magnifique et la mer aux eaux calmes et cristallines aussi. Attention, il est important de vérifier les marées pour y aller quand la marée est haute sinon nager n'est pas très agréable. Sur le chemin qui y mène, une petite cahute propose des jus de fruits et autres boissons. Les fonds marins y sont très jolis puisque protégés, c'est-à-dire que la pêche y est interdite tout comme la dégradation des coraux ou le ramassage des coquillages. Parmi les centaines de poissons que vous pourrez voir, le fameux poisson-clown (Nemo) jouant dans son anémone, le poisson-perroquet, le mérou, le poisson-lion… tous plus colorés les uns que les autres. Et que dire des coraux ? C'est assez exceptionnel de pouvoir accéder à un jardin corallien si riche et éclatant à seulement une vingtaine de mètres de la plage. Le sanctuaire Tubod est également connu pour abriter des palourdes géantes, des mollusques pouvant atteindre un mètre. Avec un peu de chance, vous apercevrez même des tortues de mer. Un incontournable de Siquijor !

SAMBULAWAN UNDERGROUND RIVER

Lazi

Ouvert tous les jours de 9h à 17h. Entrée 250 PHP + pourboire pour le guide (entre 100 et 300 PHP).

Cette rivière souterraine est ouverte au public depuis 2018. Avec un gilet de sauvetage, une frontale, et un guide, on descend le long d'un escalier très incliné avant d'atteindre l'entrée de la grotte dans laquelle on peut facilement rester une heure à se baigner, observer les chauves-souris et les différentes formations rocheuses. C'est amusant à condition d'aimer être sous-terre. Attention, la route qui y mène est assez raide, roulez prudemment si vous êtes en scooter.

FABLE HOSTEL €

Road to Paliton beach

✆ +63 969 520 8888

Lit en dortoir 750 PHP.

Ouverte en 2022, cette auberge est idéalement située sur la route qui mène à Paliton Beach et à côté du bar Wonderland. Il y règne une ambiance détendue et conviviale. Le staff est tout à fait accueillant et aidant. Du thé et du café sont laissés à disposition des clients. Les chambres (dortoirs mixtes ou pour femmes) sont très spacieux, on adore le design qui mixte béton ciré et fournitures en bois, il y a des gros casiers pour les sacs et chaque lit a son rideau. Les sanitaires en commun sont propres et fonctionnels. Bref, un sans-faute pour cet hostel !

HOLA BEACH RESORT €

Lower Cambalaguio, Brgy Cangmunag

✆ +63 926 932 7104

2 500 PHP villa pour deux ; 1 170 PHP chambre avec sanitaire en commun. Petit-déjeuner inclus. Scooter 400 PHP/jour.

Situé à 15 minutes de route de San Juan, Hola Beach est un véritable havre de paix. Trois villas en bambou et rotin donnent directement sur la mer, tandis que cinq cabanes en forme de tipi se trouvent dans un joli jardin, au calme. Regine et le personnel sont très accueillants. Les tipis sont sommaires mais on y dort bien (ne pas oublier d'allumer le petit ventilateur), les sanitaires communs sont très propres et l'endroit est paisible. On recommande pour ceux qui cherchent le dépaysement et le calme. Le soir, le coucher de soleil sur la plage est sublime.

CHARISMA BEACH RESORT & RESTAURANT €€

Chambres doubles à partir de 2 100 PHP. Petit-déjeuner inclus. Jus environ 130 PHP, plats environ 200-300 PHP.

Le restaurant est accessible à tous et propose une cuisine philippine et western classique mais bonne et surtout dans un superbe cadre. Les chambres, certaines avec terrasse et vue sur la mer, sont sommaires mais tout à fait confortables et propres. La propriétaire est reconnue pour sa sympathie. Il y a une piscine mais surtout la plage avec quelques transats et hamacs. L'endroit est une invitation à la détente. Se baigner dans cette eau si calme et chaude est un pur délice.

ROYAL CLIFF RESORT €

Siquijor Circumferential Road

✆ +63 949 162 6537

www.royal-cliff-resort.com

Chambres doubles à partir de 1 200 PHP. Petit-déjeuner 200-250 PHP.

Le Royal Cliff est situé à quelques minutes à pied de la plage de Tubod. C'est un établissement sans prétention comportant cinq bungalows dispersés dans un joli jardin, le tout étant bien entretenu. L'ensemble surplombe la mer et il y a un accès à une petite portion de plage. Le restaurant a une très belle vue, on y mange une cuisine philippine essentiellement, simple mais bonne. Calme et détente au programme ! C'est un excellent rapport qualité-prix, vu l'emplacement, la vue et en prime la gentillesse du personnel. On recommande.

COCO GROVE BEACH RESORT €€

Siquijor Circumferential Road

✆ +63 917 314 1415

www.cocogrovebeachresort.com/

Chambres doubles à partir de 5 800 PHP. Petit-déjeuner inclus. Plongées à partir de 1 250 PHP.

C'est une institution de Siquijor. Un cadre splendide pour ce grand hôtel situé au bord d'une des plus belles plages de l'île, celle du Tubod Sanctuary. Les bungalows ont été construits avec des matériaux locaux. Nombreuses activités à disposition des visiteurs, restaurant les pieds dans le sable (cuisine locale et occidentale) et bar dans une des trois piscines, salle de jeux et club de plongée. Spectacle de danse traditionnelle et barbecue sur la plage. Un espace détente de yoga et massage. Tout est là pour un séjour de luxe 100 % relax.

THE BRUCE RESORT €

Solangon

✆ +63 928 6011 856

www.thebruceresort.com

Chambres doubles à partir de 1 200 PHP ; cabane dans les arbres 950 PHP ; villa pour cinq 6 000 PHP.

Une adresse agréable pour ceux qui veulent profiter de la plage à des prix raisonnables. Les bungalows en bois simples bien que spacieux, sont mignonnets et bien entretenus. Certains ont une kitchenette et d'autres sont carrément des petites cabanes en bambou perchées en hauteur. Le plus ? Sans aucun doute, la petite piscine qui trône au milieu des palmiers et l'emplacement sur la plage. Kayaks à disposition, ainsi que restaurant et bar. Il est agréable de prendre un verre et de diner sur place, surtout à l'heure du coucher du soleil.

CORAL CAY RESORT €€

Brgy Solangon

✆ +63 919 269 1269

https://coralcayresortsiquijor.com/

Chambres doubles à partir de 1 800 PHP. Petit-déjeuner inclus. Plats entre 140 et 330 PHP.

Ce resort est situé sur une très belle portion de plage. Les bungalows et villas sont situés dans un jardin tropical planté de cocotiers. À la disposition des clients, piscine et massages. On aime beaucoup le restaurant, ouvert à tous. Le cadre est magnifique. Il est un peu plus cher que la moyenne mais les plats sont très bien réalisés, mention spéciale pour le chopsuey de légumes et le poulet aux mangues et curry. Une terrasse privée directement sur la plage, un coin intimiste idéal pour une soirée romantique ou du moins au calme et dans un superbe cadre.

FIG SUNSET VIEW RESORT €€

Siquijor Circumferential Road
+63 917 140 5028
https://figsunsetviewresort.com/
Chambre double à partir de 3 000 PHP. Petit-déjeuner inclus.

Cet hôtel, ouvert en 2021, jouit d'un emplacement idéal à 300 mètres du Tubod Marine Sanctuary. Et on a envie de dire : enfin un hôtel de standing européen à un prix pas trop exorbitant. La piscine est immense, les deux plages et la vue sur l'océan sont tout simplement sublimes, les chambres sont grandes, les bungalows avec vue sur piscine et mer possèdent chacun leur petite terrasse. Le restaurant propose une carte variée (pâtes, poissons, viandes) et est très correct. Le personnel est disponible et efficace. Une valeur sûre pour ceux qui ont besoin de confort.

NAKABALO GUESTHOUSE €€

Cang Obao
+63 998 449 5533
www.nakabalo.com
Chambres doubles à partir de 2 900 PHP. Petit-déjeuner inclus. Restaurant ouvert 7j/7 de 7h à 21h.

Dans les hauteurs de San Juan, se cache l'un des meilleurs établissements de l'île. Les chambres du Nakabalo sont sobres et chic, le bois est à l'honneur. Certaines ont une splendide vue mer et même une douche extérieure. Le personnel est aux petits soins et le restaurant sert une excellent cuisine. Le point d'orgue ? Sans hésitation, la magnifique piscine à débordement qui surplombe Siquijor et offre une vue à 180° sur la végétation, la mer et le coucher de soleil à couper le souffle. Le tout sur fond de musique jazz. Le septième ciel !

U.STORY GUESTHOUSE €€

Tag-Ibo
+63 91 73 37 71 51
www.ustory-siquijor.com
En rénovation jusque décembre 2023. Bungalow à partir de 2 950 PHP.

Coup de cœur pour cette adresse tenue par un couple franco-philippin. Située face à la mer, cette guesthouse de charme enchantera tous les voyageurs. Les cinq bungalows en bois, délicatement décorés d'objets asiatiques, et aux lits douillets, invitent à la paresse et au farniente. Des canapés sont installés dans le jardin pour jouir des couchers de soleil. Et des marchent descendent à l'océan pour faire du snorkeling et observer les tortues. Une cuisine raffinée est servie sur place. Scooter à disposition. Le U.Story se refait une beauté en 2023... on a hâte.

BAHA BAR €

Siquijor Circumferential Road
+63 917 154 6628
http://baha-bar.com/
Ouvert tous les jours de 11h à 23h. Plats entre 230 et 330 PHP. Cocktails environ 250 PHP.

Façon maison traditionnelle en bambou sur pilotis, Baha Bar est un endroit prisé des locaux comme des touristes, où l'on se sent tout de suite bien. La décoration, travaillée, mise sur le bois et le végétal avec de belles pièces d'artisanat et c'est réussi ! Pour vos papilles, le choix est large entre plats locaux et internationaux et les cocktails (parmi les meilleurs de l'île) sont inspirés d'ingrédients locaux. Le vendredi soir, un buffet philippin gargantuesque vous attend pour 635 PHP. Il flotte ici un air bon enfant. À ne pas louper.

CHEKESH BAR AND RESTAURANT €

Tubod
+63 975 942 5066
Ouvert tous les jours de 7h à 21h. Plats à partir de 145 PHP.

Si vous cherchez un endroit authentique où manger de bons plats philippins, alors vous devez passer par le Chekesh. Ce restaurant *cosy* est tenu pas une adorable famille de l'île qui propose de bons plats de poissons frais, des salades de légumes du jardin, des viandes bien grillées... Les assiettes sont généreuses et de qualité, pour un prix dérisoire. Le patron, ancien barman du Coral Cay, peut vous donner des bons conseils pour visiter Siquijor. Une adresse bien sympathique.

LUCA LOKO €

Siquijor Circumferential Road
+63 916 472 9082
Ouvert tous les jours de 8h à minuit. Plats entre 330 et 390 PHP.

Dans le restaurant de Luca, le propriétaire italien à la spontanéité et l'accent charmants, situé sur la route principale, on est avant tout très bien accueillis, avec le sourire. La carte est alléchante à souhait et invite à gouter une cuisine fusion qui revisite des plats asiatiques, avec de nombreuses versions végétariennes. Il y a un réel effort dans le dressage des assiettes, très joliment présentées, les portions sont copieuses et surtout on se régale. On recommande les nouilles vietnamiennes à la sauce cacahuète et le Buddha bowl.

TWENTY4 RESTAURANT €

Lazi

✆ +63 975 802 4578

https://www.twenty4.biz/

Ouvert tous les jours de 9h à 20h. Plats environ 200 PHP.

À Lazi, ce restaurant à la jolie façade bleu turquoise, a été ouvert il y a quelques années par un Français, et est déjà devenu un incontournable des voyageurs et des locaux. Du petit-déjeuner au diner, on y déguste des plats philippins et occidentaux (poulet adobo, ramen, pancakes...) pleins de saveurs et présentés avec beaucoup de soin (on adore la touche florale sur les plats). On recommande les falafels dans le pain pita maison. Par contre, il ne faut pas être pressé, le service est très lent, mais bon ce sont les vacances, qui est pressé ?

WONDERLAND €€

Road to Paliton beach

✆ +63 977 168 8675

Plats environ 350 PHP, boissons 150 PHP. Chambres doubles à partir de 1 950 PHP.

À la fois café-restaurant vegan, à la fois auberge de jeunesse, Wonderland est un véritable lieu de vie où sont organisées de nombreuses activités comme des cours de yoga, des feux de camp ou des sessions nettoyage de plage. On aime le côté immense hutte en bambou ouverte sur l'extérieur. Un léger côté japonais donne le ton, à l'entrée on enlève ses chaussures avant de rejoindre un des futons et de s'asseoir autour d'une table à même le sol. Les plats sont originaux, travaillés et à tomber. Paliton Beach et ses couchers de soleil légendaires sont à 300 mètres.

BUCAFE (BUKID CAFE)

Cansayang

Ouvert tous les jours sauf le mercredi de 9h30 à 19h. Boissons environ 110 PHP.

Attention, spot de rêve ! On a déniché une adresse bien cachée pour changer des bars de plage. À 20 minutes de San Juan, dans les hauteurs de l'île, ce café offre l'une des plus belles vues de l'île pour admirer le coucher de soleil. Surplomber la forêt dense, les palmiers, les bananiers, la mer à l'horizon, le tout les pieds suspendus dans le vide... Vous allez en prendre plein la vue. En prime des jus de fruits frais (le concombre-ananas est délicieux) et des boissons très gourmandes comme le Mt Talinis Wafer Coffee qui déborde de chocolat et de chantilly.

FIG CAFE

Siquijor Circumferential Road

✆ +63 035 542 5543

Ouvert tous les jours de 8h à 18h. Boissons entre 60 et 140 PHP. Gâteaux et plats entre 150 et 295 PHP. Wifi.

Ce café tout nouveau est situé au coin de Fig Sunset View Resort. La décoration est moderne, d'inspiration bohème, avec un mobilier en rotin et des banquettes moelleuses couvertes de coussins. L'endroit qui sent bon le café fraichement moulu (il est d'ailleurs très bon), jouit également d'une très bonne connexion wifi, ce qui pourra en dépanner certains. À la carte, cafés frappés, chocolat ou caramel, thés glacés au lychee ou la pêche, matcha, smoothies fraise ou myrtille, plus une sélection de cookies et de gâteaux alléchants. Une adresse gourmande.

REPUBLIKA BEACH

Siquijor Circumferential Road

✆ +63 998 548 8783

http://republika-siquijor.com

Ouvert tous les jours de 7h30 à 22h. Boissons entre 80 et 210 PHP. Plats entre 160 et 350 PHP. Lit en dortoir 500 PHP.

À la mode cabanon en bois moderne, ce bar en bord de mer lové dans une nature luxuriante est l'endroit idéal pour siroter un verre en admirant le coucher de soleil (*happy hours* entre 17h et 19h en plus !). Ici, c'est la *cool attitude* qui règne avec groupes *live*, spectacles de feu et cocktails réussis. Du petit-déjeuner au diner, il est également possible de se sustenter. N'hésitez pas à profiter des hamacs ici et là ! Depuis 2022, le bar est aussi une auberge, moderne et propre, à l'ambiance aussi cool et détendue que son bar.

LAST FRONTIER DIVE

Siquijor Circumferential Road

✆ +63 960 297 1402

https://lastfrontierdive.com/

Ouvert tous les jours de 8h à 17h. PADI Openwater 3 jours : 19 500 PHP. Autres tarifs en ligne.

Ce club de plongée dirigé par Simon, francophone installé aux Philippines depuis plus de vingt ans et à Siquijor depuis plus de dix ans, n'est pas le plus grand des clubs de plongée de l'île, mais bien l'un des plus professionnels. Avec une équipe d'instructeurs locaux et internationaux qualifiés et sérieux, vous pourrez faire des plongées extraordinaires au sein d'un environnement aquatique réputé. Certificat PADI sur plusieurs jours, plongée nocturne, cours à maximum quatre personnes... Nul doute que chacun trouvera son bonheur ici.

CEBU ★★

La ville de Cebu, située à l'est de l'île, sur le détroit de Bohol, est peuplée de plus d'1,2 million d'habitants. C'est la plus ancienne ville des Philippines ; elle fut la première capitale des Espagnols en 1565. Deuxième ville du pays, capitale de la province, centre économique des Visayas, Cebu est surnommée « la Reine du Sud ». Cette grande ville portuaire est le centre d'un trafic maritime national et international intense. Juste en face du port de Cebu se trouve l'île historique de Mactan. Mactan, l'île où se trouve l'aéroport, est aussi le site de la fameuse bataille qui vit le chef Lapu-Lapu repousser les troupes espagnoles dirigées par Magellan. C'est ici que le grand navigateur trouva la mort le 27 avril 1521.

En perpétuel développement, sans réelle harmonie urbanistique et sans charme particulier, Cebu City reste cependant un peu plus agréable à vivre que Manille. Moins grande et moins encombrée que la capitale, Cebu offre pourtant des facilités comparables. Ville pleine de contrastes, elle associe tous les signes d'une métropole moderne aux vestiges anciens, témoignages de la présence espagnole. Elle est surtout une ville de passage quasiment obligatoire pour tout voyageur (vols dans les Visayas, ferries pour les îles alentour, etc.). Et en même temps, pour le voyageur qui veut prendre le temps de l'observer, Cebu trépigne de vie, de saynètes du quotidien, un homme arrosant ses plantes sur le trottoir, l'autre faisant cuire ses brochettes sur son barbecue, des enfants en uniforme qui rigolent en se chamaillant, une adolescente qui se fait couper les cheveux aux ciseaux par son petit copain, des chiens et des chats partout, une effervescence perpétuelle dans laquelle il peut être bon de se laisser embarquer le temps d'une journée.

Quartiers

- **Downtown** (le vieux Cebu) – au cœur duquel s'étire Colon Street – est une longue rue, très animée après la tombée de la nuit, bordée de cinémas, de nombreux restaurants et de magasins. C'est aussi la plus ancienne rue du pays, jadis la rue principale de la ville et du ghetto chinois. Cette partie de la ville comprend la plupart des sites historiques à voir mais est moins bien entretenue et son aspect bien plus « brouillon » que l'autre côté de la ville nommé l'Uptown.

- **Uptown** est un quartier beaucoup plus calme et plus propre, qui s'étend au-dessus de Rodriguez Street, à partir de la place Fuete Osmeña et de General Maxilom Avenue. Les meilleurs hôtels, restaurants et centres commerciaux se concentrent désormais dans cette partie de la ville, et notamment autour de l'Ayala Center. C'est donc le lieu à privilégier pour faire escale.

Se loger

Les possibilités d'hébergement sont légion à Cebu. Toutes les catégories sont représentées bien que les logements petits budgets soient rarement d'un bon rapport qualité-prix. Il est conseillé de choisir son hébergement dans le quartier d'Uptown où les hôtels sont généralement plus récents et mieux entretenus. Il est en outre plus facile d'y circuler et les services sont plus nombreux.

- **Le célèbre Sinulog Festival** a lieu chaque année en janvier à Cebu (le week-end du 20-21 en 2024). Les logements sont alors pris d'assaut, il faut s'y prendre des mois à l'avance.

Se restaurer

On trouve à Cebu des restaurants de toutes nationalités dont la plupart sont situés dans les centres commerciaux, et principalement à Uptown. Une alternative plus locale et économique est de se restaurer sur le pouce auprès des nombreux étals de rue qui proposent des plats honnêtes pour quelques pesos. Le côté nord d'Osmeña Boulevard, en allant vers le Capitole, est plein de stands de barbecues ouverts tard dans la soirée. Les fauchés et les pressés peuvent également se retrouver le samedi et le dimanche, à Mabolo, sur F. Gotchan Street, où la communauté indienne de Cebu offre un déjeuner au temple hindou. Les repas y sont relevés et épicés, délicieux. Enfin, la Food & Entertainment Area du centre commercial Ayala concentre dans son aile nord quantité de petits restaurants bon marché où avaler une pizza ou des fajitas.

Tourisme

Tout comme la capitale, la ville de Cebu offre un intérêt culturel limité et il n'y a pas de sites incontournables. Si vous avez cependant à y passer une journée, quelques curiosités à découvrir, notamment à Downtown, qui témoignent du passé colonial espagnol de la ville.

Cebu n'est la plupart du temps qu'un passage pour les voyageurs se rendant dans les stations balnéaires de l'île telles que Moalboal ou l'île de Malapascua. Il est cependant possible pour les plongeurs d'aller explorer les fonds sous-marins au large de Mactan Island. La plupart des resorts ont leur propre club de plongée qui tourne à plein régime les week-ends.

Transports

Avion. Toutes les compagnies philippines desservent Cebu depuis toutes les villes du pays. De même, sachez qu'il est possible de faire l'impasse sur Manille en atterrissant directement à Cebu depuis de nombreuses villes asiatiques : notamment de Corée du Sud, de Singapour, de Hong Kong, du Japon, du Qatar, de la Malaisie, de Chine et de Taïwan. L'aéroport international de Mactan se situe sur l'île de Lapu-Lapu. Le plus simple pour quitter l'aéroport est de prendre un taxi ou un Grab. Il faut compter 350-450 PHP et 30 à 40 minutes sans embouteillage pour rejoindre Cebu City.

Bateau. Cebu est reliée par d'innombrables ferries à la plupart des îles des Visayas (Negros, Siquijor, Bohol, Leyte, etc.). Les horaires évoluant très souvent et les annulations n'étant pas exceptionnelles, le plus sûr reste de se rendre au port, directement au guichet de la compagnie pour prendre son ticket, en arrivant en avance. Sinon rendez-vous sur le site internet des compagnies ou sur des sites comparateurs comme www.bookaway.com.

Terminal Cebu Pier 1. L'arrivée à Cebu en bateau après avoir connu le calme des îles est assez brutal… Les chauffeurs de taxi plus ou moins honnêtes vont vous sauter dessus. Il est difficile de leur faire mettre le compteur. Nous vous conseillons de marcher 200 mètres pour vous éloigner du port, vous trouverez des taxis moins insistants (et moins chers) ou vous pourrez prendre un Grab (environ 200 PHP pour une course dans la ville, environ 450 PHP pour l'aéroport).

Se déplacer en ville. Il n'est pas facile de circuler à pied, ni très agréable, il y a beaucoup de circulation, pas de trottoir, du bruit et de la pollution. En raison de l'urbanisation de la ville, il y a très, très peu de tricycles à Cebu.

Jeepney. Une course en ville coûte entre 8 et 15 PHP. C'est le moyen le plus commode de circuler en ville. La boucle faite par chaque Jeepney est indiquée sur le côté du véhicule. En cas de doute, ne pas hésiter à s'adresser à la population locale qui connaît bien les différents circuits et n'hésitera pas à renseigner le voyageur égaré.

Taxi/Grab. Les taxis *meter* sont nombreux et la plupart mettent leur compteur en marche sans que vous n'ayez à insister. Le compteur démarre à 40 PHP, puis charge 2,5 PHP tous les 200 m. Une course en ville, selon la distance, peut aller de 80 à 200 PHP. Pas de difficulté à en trouver à n'importe quelle heure du jour et de la nuit.

BASILICA MINORE DEL SANTO NIÑO

Osmeña Boulevard

Ouvert de 6h à 19h tous les jours.

Superbe, à côté de la croix de Magellan, dans le centre-ville. La structure actuelle fut construite en 1602 après avoir été ravagée par le feu. Sa structure originelle (1565) était en bois. La basilique abrite la relique du Santo Niño, le plus ancien trésor chrétien des Philippines, offert par Magellan en 1521 à la reine Juana. Les Philippins font la queue pour venir rendre hommage à cette statue (c'est la cohue les dimanches et lors du festival Sinulog).

CASA GORORDO MUSEUM

35 E. Aboitiz Street

✆ +63 9 959 117 603

www.casagorordomuseum.org

Ouvert du lundi au samedi de 9h à 17h.

Cette demeure construite en 1850 et ayant appartenu à la famille Gorordo témoigne du mode de vie des familles aisées au XIXe siècle durant l'ère espagnole. Il existe peu de témoignages du passé à Cebu car les destructions ont été nombreuses ; il est donc appréciable de pouvoir déambuler au milieu du mobilier, des peintures et de la porcelaine d'époque. On peut boire un café au frais dans la cour intérieure et s'approvisionner en souvenirs à la boutique du musée. Une visite très intéressante et interactive pour mieux saisir les évolutions au fil des époques.

CROIX DE MAGELLAN

Magallanes Street

En face de l'hôtel de ville. Célèbre, elle fut plantée par Magellan, le 4 avril 1521, pour marquer l'endroit où les premiers Philippins chrétiens, Rajah Humabon et la reine Juana, furent baptisés par Fr. Pedro Valderama. Quelque 400 de leurs descendants ont suivi la même voie. La croix est protégée par une basilique datant de 1565, qui est selon certains, la première église chrétienne des Philippines. Toutes les Jeepneys Southern, direction Banawa, Guadalupe, Basak, Labangon, Pardo, etc., mènent à l'église de Santo Niño et à la croix de Magellan.

FORT SAN PEDRO ★

A. Pigafetta Street

Ouvert tous les jours de 8h à 17h. Entrée 30 PHP.

Le plus ancien fort du pays est aussi le plus petit, avec des murs n'excédant pas 6 m de hauteur pour 2,50 m d'épaisseur. Près du port, il fut construit en 1565 par Miguel López de Legazpi pour répondre aux attaques moros et aux révoltes indigènes. Il est converti en collège sous le régime américain, au moment où les Cebuanos reçoivent une éducation classique. Durant la Seconde Guerre mondiale, il servit de fortifications aux soldats japonais. Le fort a conservé intacts ses canons du XVIe siècle. Idéal pour un moment de détente lors d'une visite du centre.

TEMPLE TAOISTE ★

Berverly Hills

✆ +63 32 254 6503

Ouvert tous les jours de 8h à 17h. Entrée libre.

Cet imposant temple témoigne de la présence d'une communauté chinoise importante implantée sur l'île depuis le XVIe siècle. Ces marchands se sont par le passé liés par mariages à l'élite espagnole, et, malgré les vicissitudes de l'Histoire, nombre de leurs descendants sont toujours établis sur l'île. Situé dans le quartier de Beverly Hills – ainsi nommé car la population la plus fortunée de la ville y réside –, on accède au temple en prenant une Jeepney qui indique « Lahu Lahu ». C'est l'un des édifices religieux non-catholiques les plus visités de Cebu.

MUSEO SUGBO

MJ Cuenco Avenue

✆ +63 32 239 5626

Ouvert du lundi au vendredi de 10h à 15h. Entrée : 75 PHP (réduction seniors et étudiants).

Entre 1871 et 2004, ce bâtiment abritait l'une des principales prisons des Visayas. Aujourd'hui, c'est le musée provincial de Cebu qui y a pris ses quartiers. À travers différentes galeries, il présente la riche histoire et la culture de la province de Cebu de l'époque précoloniale à nos jours. En plus d'être très intéressant sur le plan culturel, le lieu est un véritable havre de paix dans la ville. Une halte qui devrait plaire aux amateurs d'art et d'histoire ou tout simplement à ceux qui souhaitent en apprendre davantage sur leur lieu de vacances.

TOPS

Barangay Busay

✆ +63 969 647 5131

www.topsphilippines.com

En rénovation jusque fin 2023 approximativement. Entrée 100 PHP, parking 50 PHP.

L'un des plus beaux points de vue sur la ville ! Situé en haut de la colline Busay, Tops est un excellent point de vue sur la ville de Cebu, la baie, les îles de Mactan et d'Olango. Dans la brume du petit matin, en journée ou pour les lumières du soir, le superbe panorama vaut vraiment le déplacement. L'endroit est apprécié autant des locaux que des visiteurs de passage. Pour information depuis fin 2022 et jusqu'à plus ou moins fin 2023, le site est fermé au public pour cause de rénovation, renseignez-vous donc avant d'y aller pour être sûr que ce soit réouvert.

RIZAL MEMORIAL LIBRARY & MUSEUM

Osmeña Boulevard

✆ +63 32 416 4579

Ouvert du lundi au vendredi de 8h à 17h. Entrée libre.

Ce musée, baptisé en l'honneur du héros national, abrite des œuvres récentes de peintres cebuanos (une centaine), des sculptures, des antiquités et quelques vestiges archéologiques. Des concerts et des pièces de théâtre ont lieu dans le grand hall. Au rez-de-chaussée, la bibliothèque Rizal, récemment rénovée, abrite plus de 14 000 volumes de livres et journaux, des ouvrages intéressants pour en apprendre davantage au sujet de l'histoire et de la culture cebuanos.

OCEAN JET

Pier 1

✆ +63 32 255 7560

www.oceanjet.net

Difficile de programmer un voyage aux Philippines, et surtout dans les Visayas, sans passer par les services d'Ocean Jet. C'est l'une des compagnies de ferrys principales du pays depuis 1998 et assurément l'une des plus fiables et professionnelles. Sur le site internet, vous trouvez tout le détail des itinéraires, les horaires mis à jour et les prix. Il est possible d'effectuer des réservations en ligne ou directement au comptoir du Pier 1 au port de Cebu. Liaisons fréquentes entre Cebu ou Liloan et Camotes (Poro), Bohol (Tagbilaran), Siquijor et Dumaguete.

SM NORTH BUS TERMINAL

corner of Sergio Osmeña Jr. Boulevard and Kaoshiung Street

C'est le terminal nord de la gare routière, en face du mall SM City (les taxis le connaissent). Rien n'est indiqué pour le voyageur néophyte dans cette gare mais pas de panique... il suffit de dire à un chauffeur votre destination et il vous indiquera dans quel bus monter. On paie dans le bus (prévoir de la monnaie). Départs pour Danao (d'où partent les bateaux pour Camotes), Maya (pour Malapascua) et Hagnaya (pour Bantayan), entre autres. Partez très largement en avance si vous devez attraper un bateau, les embouteillages dans Cebu sont parfois monstrueux.

SOUTH BUS TERMINAL

N. Bacalso Avenue

Plus moderne que la gare routière nord, c'est du terminal sud que les bus pour les destinations... au sud de l'île partent. Logique. Ainsi si vous souhaitez vous rendre dans la touristique ville de Moalboal, à Argao (d'où partent des ferrys pour Bohol) ou à l'extrémité sud et dans la ville de Bato (jonction en ferry avec l'île de Negros), c'est ici que ça se passe. Les tarifs varient en fonction du standing des bus. Enfin en taxi, comptez 600 PHP et 45 minutes de/vers l'aéroport de Mactan et 200 PHP et 15 minutes de/vers le terminal nord.

BEVERLY BOUTIQUE HOTEL €

F. Manalo Street

✆ +63 32 254 8570

Chambres doubles à partir de 1 800 PHP.

On est loin des strass et paillettes que son nom laisse imaginer, toutefois le Beverly peut constituer une option intéressante pour une nuit de transit. Bien que ce charmant hôtel, aux allures de motel américain, ait besoin d'un petit rafraîchissement, il jouit d'une position centrale pour sillonner la capitale des Visayas. Les 52 chambres sont dans leur jus mais elles sont assez bien tenues, ont l'air conditionné, une connexion wifi et une salle de bains privée fonctionnelle. Le Beverly propose donc un rapport qualité-prix intéressant.

FRANKFURTER DELUXE INN €

Imus Avenue Barangay Day-As

✆ +63 032 232 0929

www.frankfurterdeluxeinn.com/

Chambre double à partir de 1 350 PHP. Petit-déjeuner inclus. Excursions.

À proximité des *piers* d'embarquement pour les ferrys vers les îles alentour (20 minutes à pied ; 5 minutes en taxi), cet hôtel à la façade jaune est une adresse très pratique si vous avez un départ en bateau tôt. Les chambres sont spacieuses, propres et la literie est confortable. La salle de bain et la douche fonctionnent bien (il y a de l'eau chaude !). Une connexion wifi qui tient la route et en prime chaque chambre dispose d'un balcon. L'endroit est un peu bruyant mais ça reste une adresse simple et efficace qu'on valide. Excellent rapport qualité-prix.

FUENTE PENSION €

175 Don Julio Lorente Street

✆ +63 32 234 5360

https://fuentepensionhouse.com.ph

Chambres doubles à partir de 1 558 PHP.

Pour celles et ceux qui recherchent un logement en plein centre pour profiter au mieux des attractions de la trépidante Cebu, Fuente Pension est l'adresse parfaite. Cet hôtel économique est populaire en raison de son bon rapport qualité-prix et de son emplacement au cœur d'Uptown. Rien de très ostentatoire mais toutes les chambres (de deux à six personnes) sont climatisées et ont une salle de bains avec eau chaude. Il y a un bar sur le toit où l'on peut prendre un verre et manger un snack. Attention, les chambres donnant sur la rue peuvent être un peu bruyantes.

KIWI HOTEL €

1060 G Tudtud Street, Mabolo

✆ +63 908 812 6427

Chambres doubles à partir de 1 200 PHP. Petit-déjeuner inclus.

Cet hôtel familial est très bien situé, à 10 minutes à pied de l'Ayala Center et du SM City. Il propose des chambres simples mais propres et des parties communes plutôt agréables. Le restaurant est populaire et il y règne une ambiance sympathique. Les nostalgiques de nourriture occidentale peuvent venir y déguster un *fish and chips* et profiter des conseils des expats anglo-saxons qui viennent s'y retrouver. Le personnel pourrait être plus arrangeant. C'est surtout l'excellent rapport qualité-prix qu'on retient ici et l'emplacement central bien pratique.

MAD MONKEY €

79 Echavez Street, Lorega
✆ +63 966 991 5886
www.madmonkeyhostels.com/cebu-city/
Lit en dortoir à partir de 450 PHP. Chambres doubles à partir de 1 400 PHP.

Cette auberge de jeunesse est LE rendez-vous des *backpackers* à Cebu ! Si vous cherchez un endroit avec une ambiance jeune et souvent (très) festive, vous allez être comblé : un bar sur le toit toujours animé et une piscine (malheureusement fermée temporairement), des espaces communs décorés dans un style industriel et un restaurant qui sert une cuisine plutôt bonne. Les chambres et dortoirs (mixtes ou pour femmes) sont simples mais corrects et l'équipe est accueillante et dynamique. C'est parfait pour rencontrer d'autres voyageurs.

MURALS HOSTEL €

Villa Aurora Tennis Court, Pres. Roxas Street
✆ +63 998 152 2197
500 PHP en dortoir (mixte ou femmes). Chambre double 1 100 PHP. Sanitaires communs. Wifi. ATM.

Les chambres et dortoirs sont loin d'être design ou modernes mais l'ensemble est propre, tranquille et sécurisé. Il y a un espace de coworking utile si l'on doit travailler ou programmer la suite d'un voyage, les sanitaires sont fonctionnels et le personnel est sympathique. Situé dans un quartier assez calme (ce qui est une bonne chose à Cebu), l'ambiance n'est pas particulièrement festive, plutôt calme. Le Daily Grind, le café-restaurant attenant, a un joli toit terrasse. Une adresse pratique pour une nuit de transition avant un vol, un ferry ou un bus.

SUGBUTEL FAMILY HOTEL €

Sergio Osmeña Jr Blvd
✆ +63 917 629 9961
www.sugbutel.com
Lit en dortoir 435 PHP ; chambres doubles à partir de 1 850 PHP. Petit-déjeuner inclus.

Situé au cœur de l'animation, à proximité du canal de Mactan, ce grand établissement de la chaîne hôtelière Sugbutel ravira les voyageurs à petit budget. Pour les dortoirs : on loue un lit, un point c'est tout. Les dits dortoirs disposent de l'air conditionné et on peut avoir savon, shampoing ou serviette moyennant un supplément modique. On aime bien le penthouse sur le toit avec vue panoramique sur la ville et les chambres doubles simples mais bien tenues. Ça ressemble à un véritable hôtel mais c'est plus une auberge de jeunesse.

CEBU TRIP TOURS

F.E. Zuellig Avenue corner CD Seno St
✆ +63 919 0614 269
www.cebutriptours.com
Ouvert du lundi au vendredi de 9h à 17h et samedi de 8h à 12h. Excursions possibles 7j/7. Visite 3h de Cebu : 1 400 PHP.

Implantée à Cebu, cette agence de voyage propose des circuits à Cebu, Bohol, Boracay, Palawan et Dumaguete à la journée ou sur plusieurs jours avec l'hébergement qui peut être inclus. Au programme, plongée, canyonisme, paddle, randonnée, ou visites urbaines et insulaires. À Cebu, la visite guidée, en groupe ou privée, est idéale pour découvrir les principales facettes culturelles, religieuses et historiques de la ville en une demi-journée. Pour chaque excursion, le transfert est inclus. Les prix sont tout à fait raisonnables.

© CLAIRE ORBETA

© CLAIRE ORBETA

VISAYAS

MONTEBELLO VILLA HOTEL €€

Kasambagan
✆ +63 908 815 3820
www.montebello.ph
Chambres doubles à partir de 3 000 PHP.

Séjour réussi garanti au sein de cette oasis bucolique dans la ville. La belle propriété qui marie avec brio le charme du vieux monde, l'héritage hispanique et la modernité est entourée d'un jardin luxuriant de quatre hectares et de deux piscines. On apprécie l'effort porté à l'aménagement dans les chambres un peu vieillottes (ou kitsch ?) mais à la fois douillettes et tout confort. On apprécie la serviabilité du personnel également. Mention spéciale au buffet du petit-déjeuner qui ravira les plus gourmands ! Une adresse de sérénité au cœur de Cebu l'animée.

RADISSON BLU HOTEL CEBU €€€

Serging Osmena Boulevard, Corner Juan Luna Avenue ✆ +63 32 402 9900
Chambres doubles à partir de 6 800 PHP. Petit-déjeuner inclus.

Situé au cœur de Cebu, avec vue sur le canal de Mactan, cet établissement de haut standing reste fidèle aux prestations de qualité de la chaîne hôtelière Radisson. Tout le confort d'usage et un service professionnel font incontestablement de cette adresse 5-étoiles l'une des meilleures de tout Cebu City, tant pour les hommes et femmes d'affaires que pour les touristes exigeants. Trois restaurants sont présents pour combler toutes les envies (japonais, philippin, indien...). Une pause détente dans un écrin de luxe et de raffinement. On recommande.

SEDA AYALA CENTER CEBU €€€

Cardinal Rosales Avenue ✆ +6332 411 5800
https://ayalacentercebu.sedahotels.com
Chambres doubles à partir de 7 000 PHP. Petit-déjeuner inclus.

Jusqu'à récemment, l'hôtel 4-étoiles de 300 chambres faisait partie du groupe hôtelier de luxe Marriott. Il a su conserver le confort et la qualité de prestations auxquels on peut s'attendre pour un hôtel de ce standing. Il se trouve idéalement situé juste derrière le centre commercial Ayala, au cœur du quartier financier de Cebu. À disposition des clients : un club de remise en forme, un spa, un tennis, un restaurant international (buffets les week-ends) et une piscine avec son propre bar où siroter un cocktail et déguster des tapas. Une excellente adresse.

BINTANA COFFEE HOUSE €

181-K Elizabeth Pond Street
✆ +63 32 324 0004
Ouvert du lundi au samedi de 11h à 20h. Plats entre 130 et 270 PHP.

Voilà un petit secret bien gardé dans la ville. Dans une maison à l'allure un peu rustique, on découvre un chaleureux restaurant-café à l'ambiance arty avec son patio attenant. Les murs sont couverts de peintures d'artistes locaux, les étagères remplies de livres et des petites touches design traînent ici et là. On y déguste des plats philippins traditionnels d'excellente qualité et à petits prix ainsi que des pâtisseries gourmandes et d'excellents cafés qui font la fierté des propriétaires. Une adresse qui vaut le déplacement.

GIUSEPPE PIZZERIA & SICILIAN ROAST €

Paseo Saturnino, Ma Luisa Rd, Banilad
✆ +63 927 475 5593
Ouvert tous les jours de 11h30 à 22h30. Plats entre 280 et 500 PHP.

Ouverte par le Sicilien Giuseppe il y a plusieurs décennies, ce sont maintenant son neveu et sa femme, eux aussi venus de la belle île méditerranéenne, qui gèrent l'affaire. Dans une ambiance décontractée (on peut admirer les pizzaïolos s'affairer joyeusement) qui rappelle beaucoup l'Italie, on savoure une authentique cuisine transalpine (pâtes faites maison, large sélection d'antipasti) et des pizzas goûteuses cuites dans un vrai four à bois. *Delizioso !*

LIGHTHOUSE RESTAURANT €

Gen. Maxilom Avenue, Across Land Bank
✆ +63 32 233 2386
Ouvert tous les jours de 11h à 14h et de 17h à 22h. Plats entre 200 et 680 PHP.

Vous voulez goûter aux grands classiques de la gastronomie philippine ? Alors c'est ici qu'il faut venir, les yeux fermés même ! Les plats sont dressés de façon traditionnelle sur des feuilles de bananiers ou dans des caquelons en terre cuite encore bouillants. Et quels plats ! Le *pochero*, le célèbre *lechon de leche* des grands jours (cochon grillé), ou encore le crabe à la coco et la tête de cochon croustillante (!), présentés joliment et dans une chouette ambiance détendue... Une seconde adresse se trouve au deuxième étage du Gaisano Country Mall.

THE DAILY GRIND €

Pres Roxas Street

✆ +63 919 954 1533

Ouvert tous les jours de 7h30 à 23h (minuit le week-end). Plats entre 60 et 250 PHP.

Il s'agit du café-restaurant situé juste à côté de Murals Hostel, dans un coin tranquille de Cebu. De l'extérieur, notre regard est tout de suite attiré par sa façade végétalisée et sa structure contemporaine et aérienne. Le gros avantage, c'est la terrasse sur le toit qui est ombragée, et très agréable, que ce soit en journée ou en soirée. On y mange une cuisine occidentale et philippine assez simple mais bien réalisée. Les quantités sont toutefois un peu faibles. Côté boissons, en plus du café froid qui est très bon, il y a des jus, bières et cocktails.

THE PANTRY GREEN CAFE €

R. Palma Street, Lungsod ng Cebu

✆ +63 916 258 3444

Ouver de 9h à 21h (16h le vendredi). Fermé le samedi. Environ 160 PHP le plat.

Une adresse surprenante, dans le bon sens du terme ! Situé à 10 minutes à pied du *pier* d'où partent les ferrys pour les îles voisines, la réputation de ce discret restaurant n'est plus à faire. Il se dit même que c'est le meilleur restaurant végétarien de tout Cebu. Alors on n'a pas testé tous les restaurants mais effectivement tout ici est absolument délicieux. Le ramen, les plats de tofu *sizzlig* ou tofu teryaki servis dans des petits pochons en feuilles de bananiers, ou encore le Veefy Burger, tout est un pur régal. À tester avant ou après un ferry !

THE TINDER BOX €€

Gov. M. Cuenco Ave., Banilad

✆ +63 32 234 1683

Ouvert tous les jours de 7h à 22h. Autour de 800 PHP par personne.

Jadis simple distributeur de cigares (Tabacalera et Alhambra notamment), ce grand établissement propose aujourd'hui un cellier, un café, un delicatessen et un restaurant réputé. Il sert l'une des meilleures cuisines de Cebu, où les influences franco-méditerranéennes sont à l'honneur. On y déniche des produits d'importation de toute l'Europe, d'Australie ou des États-Unis. Un plateau de desserts achèvera les plus gourmands. Les prix sont plus élevés qu'à l'accoutumée, mais la qualité est au rendez-vous. Une adresse pour ceux qui ont le mal du pays...

AYALA CENTER

Cebu Business Park

✆ +63 32 888 3777

https://www.ayalamalls.com

Ouvert tous les jours de 10h à 21h.

C'est le fleuron des centres commerciaux de la ville et même de toute l'île de Cebu. Sur neuf hectares, des milliers de boutiques pour s'habiller ou se chausser, des centaines de restaurants pour combler toutes les envies, des cinémas, des instituts de beauté : il y a de quoi s'occuper. C'est l'un des lieux les plus animés et populaires de la ville, les Philippins adorent les centres commerciaux, et celui-ci est particulièrement agréable. Il donne sur des terrasses avec un superbe jardin et des grandes fontaines, rafraîchissantes à souhait.

CARBON MARKET

59 M. C. Briones St

Ouvert tous les jours de 6h à 18h.

À la fois le plus grand marché de Cebu et le plus ancien de toute l'île, le Carbon Market mérite vraiment le détour. Ce marché très populaire se trouve sur MC Briones Street. On trouve de tout dans un dédale anarchique de stands et un amoncellement de bibelots, fruits, légumes et autres curiosités locales : pas un produit qui ne soit représenté, de la nourriture aux vêtements en passant par l'artisanat. L'endroit est idéal pour déambuler, échanger avec les vendeurs et se laisser tenter par les stands de street-food nombreux. Nocturnes parfois le week-end.

SM SEASIDE CITY

Cebu South Coastal Rd, Antuwanga

✆ +63 32 340 8735

www.smsupermalls.com

Ouvert tous les jours de 10h à 21h (jusqu'à 22h le week-end).

C'est l'un des plus grands centres commerciaux du pays, et le plus imposant de Cebu. De forme circulaire, il est situé en bord de mer et une tour d'observation trône en son centre. Du haut de ses 114 mètres, elle offre une vue panoramique à 360 degrés sur Cebu et ses environs, très impressionnante. À l'intérieur du centre commercial, sur quatre étages, des centaines de magasins de vêtements, chaussures et goodies, de marques locales et internationales, des restaurants, des cinémas, un grand jardin sur son toit et un immense bowling.

LAPU-LAPU

Mactan island, rebaptisée Lapu-Lapu en l'honneur du héros national, est l'île sur laquelle vous atterrirez si vous arrivez à Cebu City en avion. Lapu-Lapu n'a pas beaucoup d'attrait mais il peut être pratique d'y passer la nuit en cas de vol le lendemain. Au détour d'une route banale : Mactan Newtown, sorte de quartier futuriste qui semble tout droit sorti de terre. Des immeubles dernier cri, de larges trottoirs, des routes calmes, des lobbys d'hôtels et de résidences flamboyants, des restaurants très propres... on débarque dans un autre monde. Lunaire.

Transports

De l'aéroport jusqu'à Cebu, en Grab ou taxi : 450 PHP, 30-45 minutes.

MACTAN CEBU INTERNATIONAL AIPORT

✆ +63 2 494 7000

www.mactancebuairport.com

C'est l'une des deux portes d'entrée des Philippines depuis l'international, avec l'aéroport de Manille. Le terminal 1 est consacré aux vols domestiques et le terminal 2 aux vols internationaux, essentiellement en Asie. L'aéroport de Cebu se trouve sur l'île de Mactan (Lapu-Lapu). En voiture, il faut compter 30 à 45 minutes sans embouteillage pour rejoindre Cebu City. Le plus simple est de prendre un taxi ou un Grab à la sortie, comptez environ 450 PHP.

Lapu-Lapu.

MACTAN SHRINE

Le sanctuaire de Mactan est situé là où eut lieu la bataille de Mactan en 1521. Ce parc et sa statue commémorent la victoire du chef Lapu-Lapu sur l'explorateur espagnol Magellan et ses hommes le 27 avril 1521. C'est au cours de cette bataille que Magellan fut d'ailleurs mortellement blessé. C'est le site de l'un des événements clés de l'Histoire des Philippines, puisque Magellan a reculé pour la première fois. Encore aujourd'hui, Lapu-Lapu est considéré par les Philippins comme leur premier héros car il fut le premier chef à résister à l'envahisseur espagnol.

BELLAVISTA HOTEL €€

M.L. Quezon National Highway

✆ +63 32 939 904 8145

www.thebellavistahotel.com

Chambres doubles à partir de 2 950 PHP. Petit-déjeuner inclus. Wifi.

Le Bellavista Hotel propose de belles chambres, ensoleillées, propres et globalement fonctionnelles (même si certaines sont un peu vieillottes). Petit plus, l'hôtel a installé son bar sur le toit du bâtiment et il offre donc une magnifique vue. Enfin, il y a un club de remise en forme et la piscine au cinquième étage est agréable. Il jouit d'un emplacement idéal à cinq minutes de l'aéroport, et le transfert fait partie des prestations proposées. Un 3-étoiles très convenable, avec un bon rapport qualité-prix, idéal pour une nuit de transition avant un vol.

BLUEWATER MARIBAGO BEACH RESORT €€

Buyong Maribago

✆ +63 32 402 4100

www.bluewatermaribago.com.ph

Chambres doubles à partir de 7 200 PHP. Petit-déjeuner et transfert inclus. Promotions en ligne.

Très bel hôtel établi en bord de mer qui dispose de trois parties : la partie « Amuma » avec l'espace Spa, à l'entrée du resort, la partie « Premium » située près du restaurant et la partie « Bungalow » en bord de plage. Vous y trouverez en plus du spa, des piscines, une salle de sport ainsi que diverses activités sportives (volley-ball, canoë-kayak et pêche), trois restaurants et deux bars. Les chambres spacieuses et climatisées comprennent une terrasse privée bien appréciable.

SAVOY HOTEL MACTAN NEWTOWN €€

Newtown Blvd
✆ +63 032 494 4000
https://savoyhotelmactan.com.ph
Chambres doubles à partir de 4 000 PHP. Petit-déjeuner inclus. Wifi.

Sur le boulevard de Mactan Newtown, cet étrange quartier futuriste en perpétuel développement, le Savoy Hotel est un 4-étoiles dont les prestations sont conformes à ce que l'on attend d'un établissement de ce standing. Tout est neuf, les 500 chambres sont modernes, la literie douillette, le personnel efficace et professionnel. Il y a une piscine sur le toit, un café et un restaurant qui propose des buffets, un menu à la carte et un service en chambre. La cuisine est de qualité.

WATERFRONT AIRPORT HOTEL & CASINO €€

1 Mactan Airport Rd
✆ +63 32 340 4888
www.waterfronthotels.com.ph
Chambres doubles à partir de 5 000 PHP. Petit-déjeuner inclus.

Le Waterfront est une immense structure peu avenante au premier abord mais qui propose des services de charme : transport en limousine, piscine, bain à remous, club de remise en forme et spa… tout y est. En plus, le tout est agrémenté d'un accueil charmant de la part du personnel. Pour passer une nuit bien sympathique et reposante en attendant l'avion. D'ailleurs, l'hôtel ne pourrait pas être plus pratique, il est littéralement situé à côté de l'aéroport.

PLANTATION BAY RESORT AND SPA €€€

Marigondon
✆ + 63 32 236 9040
https://plantationbay.com/
Chambres doubles à partir de 9 000 PHP. Petit-déjeuner inclus. Wifi.

Il s'agit là réellement d'un endroit de rêve. Avec son architecture coloniale, ses bassins salés et d'eau douce, ses cascades et lagons artificiels, ce domaine est un havre de paix de plusieurs hectares : le luxe absolu ! À recommander aux couples en goguette, d'autant que l'établissement 4-étoiles propose nombre d'activités détente et loisirs. Chambres spacieuses avec balcon, massages, diners gastronomiques, tranquillité, tout est réuni pour passer un séjour ressourçant.

SHANGRI-LA MACTAN ISLAND RESORT €€€

Punta Engano Road
✆ +63 32 231 0288
Chambres doubles à partir de 18 000 PHP. Petit-déjeuner inclus. Wifi.

On entre ici dans un complexe 5-étoiles de luxe international et ostentatoire. Les riches voyageurs asiatiques et occidentaux se pressent ici en lune de miel ou voyage d'affaires. Nichées au cœur de jardins luxuriants et au bord d'une plage de sable blanc superbe, les 530 chambres sont d'un luxe, d'un confort et d'un standing supérieur à tout ce que vous pouvez imaginer. Piscines, centre de bien-être, restaurants raffinés. On savoure un pur moment d'élégance et de détente.

NATURE WELLNESS MASSAGE & SPA

2 & M.L. Quezon National Highway
✆ +917 188 9910
https://naturewellness-massage.com/
Ouvert tous les jours de 13h à minuit. Massages d'une heure à partir de 450 PHP. Tarifs en ligne.

Excellent massage ! Les masseuses sont adorables, on est accueilli avec le sourire, les pièces de massage sont cocooning, propres, la lumière tamisée. C'est le moment de plonger dans une bulle de relaxation pour 1 heure ou plus. Histoire de se détendre avant un long vol et le fatidique retour à la réalité. Le massage est d'excellente qualité, on demande la pression qu'on souhaite et les masseuses ont suivi une réelle formation et ça se ressent. On recommande.

CARCAR

Carcar est sur le passage des bus qui se rendent à Bato ou Moalboal, à 33 km au sud de Cebu. Les Jeepneys s'arrêtent dans ce village niché dans la campagne, aux anciennes maisons à l'architecture espagnole. Pendant le Kabkaban festival, en l'honneur de la sainte patronne Catherine d'Alexandrie (24 et 25 novembre), les résidents invitent leurs familles et amis autour d'un repas de fête qui traîne en longueur. Les visiteurs étrangers sont également les bienvenus. Les repas sont agrémentés de délicieuses spécialités locales. L'église Sainte-Catherine d'Alexandrie, achevée en 1875, est à voir, comme le dispensaire, de style colonial, très bien conservé.

VISAYAS

SANTANDER

Située à la pointe sud, Santander, propre et fleurie, tend les bras vers Dumaguete (à peine 10 kilomètres au large). Cette ville a déjà été couronnée plus belle municipalité de l'île de Cebu. Son charmant barangay de Liloan est certainement l'un des plus beaux endroits de la partie sud. On peut notamment y explorer un magnifique jardin de corail. À noter que des raies mantas et des dauphins nagent souvent dans les eaux entre Cebu et Negros, juste en face de Santander.

Tourisme

Quid de la plongée avec les requins-baleines entre Santander et Oslob ? La ville d'Oslob est de plus en plus réputée pour ses géants qui se laissent approcher par les plongeurs. Malheureusement les pêcheurs ne prennent guère soin de ces magnifiques poissons et n'hésitent pas à les nourrir pour les attirer vers les hordes de touristes, ce qui les affaiblit beaucoup. Préférez les lieux comme Donsol, au sud de Luzon, où la démarche est toute différente (protection, éducation et adaptation) et où la rencontre avec l'animal – si rencontre il doit y avoir – se fait naturellement.

Transports

- **De/vers Dumaguete :** en banca jusque Sibulan (30 minutes) à 5 minutes de Dumaguete.
- **En bus de/vers Cebu :** trajets fréquents. 6 heures, 200 PHP.
- **De/vers Moalboal :** en jeepney, 2 heures, 60 PHP.

MOALBOAL ★

Au sud-ouest de Cebu, avant l'île de Badian, se trouve le village de Moalboal. Les touristes se rendent en réalité trois kilomètres plus loin pour rejoindre la plage de Panagsama très connue pour son récif corallien et pour son sanctuaire marin. Cette localité est très prisée des amateurs de plongée sous-marine qui voyagent avec un budget serré car les tarifs, ici, sont vraiment attractifs. L'industrie de la plongée sous-marine a envahi la plage depuis plusieurs années déjà, longtemps réputée comme étant la moins chère du pays. Des histoires extraordinaires de plongeurs circulent. Dans cet endroit, les autochtones se font plutôt rares ; on y croise presque uniquement des Européens. Une bonne alternative pour aller se baigner et farnienter plus au nord est la plage de White Beach, l'une des plus belles plages du sud de Cebu.

En réalité, c'est souvent pour une raison très précise que les visiteurs entreprennent le périple jusqu'à Moalboal : le phénomène des *Sardines Run*. Il s'agit d'un phénomène très peu répandu dans le monde : des bancs de sardines immenses (plus d'un million quand même !) résident à l'année à quelques mètres de la plage de Pangsama. Nul besoin de partir au large ; au niveau du ponton jaune, on enfile son masque et son tuba pour admirer ce spectacle incroyable. Nager parmi ces poissons qui se meuvent en groupe à toute allure au premier mouvement est une expérience magique !

Sports / Loisirs

Les activités proposées sur Panagsama Beach sont nombreuses. Il est possible dans les environs de faire du canyoning ou de la spéléologie mais l'activité phare reste la plongée sous-marine. Des packages de plusieurs plongées sont possibles. Mieux encore : des packages plongée et hébergement, proposés par presque tous les clubs de plongée ou les hôtels.

Transports

- **En bus de/vers Cebu** : 90 km, environ 3 heures. Départs réguliers de la station Sud des bus de Cebu (compagnie Ceres). Prévenir le conducteur pour qu'il s'arrête juste à la localité de Moalboal. Compter environ 125 PHP.
- **En van de/vers Cebu** : des minibus s'y rendent aussi depuis un arrêt juste à côté du terminal Sud. Un peu plus rapide que le bus, compter 2 heures de trajet (130 PHP).
- **Se déplacer.** Depuis le centre de Moalboal, prendre un tricycle pour Panagsama : compter dans les 150 PHP. Pour White Beach, compter 200 PHP en tricycle environ.

CHUTES DE KAWASAN ★

De Cebu, du terminal des bus Sud, prendre un bus en direction de Bato (via Barili). Compter 3 heures de trajet pour 150 P. On peut aussi louer un scooter pour environ 500 P. Même temps de trajet.

Entrée 45 PHP. Fermé pour réaménagement depuis le passage du typhon fin 2021.

La jolie rivière de Kawasan et ses différentes chutes s'écoulent à Matutinao, à 15 kilomètres avant Moalboal quand on vient de Cebu. Ces trois cascades sont renommées pour leur beauté assez impressionnante et sont un site idéal pour pratiquer le canyonisme. On peut s'y baigner, mais attention durant les week-ends l'endroit est pris d'assaut par les touristes philippins et internationaux. Une pause sportive et photogénique. En juin 2023, le site était toujours fermé temporairement pour réhabilitation après le passage du typhon Odette en décembre 2021.

VISAYAS

EXPLORER L'ÎLE DE CEBU À PARTIR DE LA CAPITALE

Une des parties les plus fameuses de l'île de Cebu commence à la sortie d'Argao en passant par Santander, jusqu'à Moalboal. La route en corniche d'Argao à Santander offre des vues magnifiques, notamment sur l'île de Sumilon. À Boljoon, 30 km plus bas, une église construite par les Espagnols avec son clocher séparé pour résister aux tremblements de terre. C'est la route de la côte ouest qui est la plus empruntée pour rejoindre Moalboal. On se dirige vers le sud à partir de Carcar avant de rejoindre Barili et les îles de Pescador et de Badian. On longe le tombant matérialisé par la différence de couleur entre bleu sombre au large et eaux turquoise le long de la côte.

LOVE'S BEACH & DIVE RESORT €€

Panagsama Beach
✆ +63 966 450 3011
www.loves-beach-resort.com
Chambres doubles à partir de 2 600 PHP. Petit-déjeuner inclus.

À la fois centre de plongée et hôtel, le resort se trouve quelque peu en dehors du plus gros de l'animation, au sud de la plage. L'ambiance est tranquille. L'ensemble, bien charmant avec piscine, restaurant sur la mer et centre de massages, est très bien tenu. C'est une adresse familiale, et les hôtes sont particulièrement attentionnés et disponibles. Le petit-déjeuner est bon, tout comme les plats servis au restaurant qui en prime offre une superbe vue. Idéal pour un séjour plongée.

QUO VADIS DIVE RESORT €€

Panagsama Beach
✆ +63 919 687 9466
https://quovadisresort.com/
Chambres doubles à partir de 3 066 PHP. Petit-déjeuner inclus.

Le Quo Vadis est un établissement réputé à Moalboal, charmant et bien entretenu qui est aussi un centre de plongée. Il s'agit de l'un des meilleurs rapports qualité-prix,] à la fois un peu en retrait de l'agitation, à la fois très proche du centre-ville. Le grand plus ? Sa piscine (et le *pool bar*) avec vue sur la mer, top ! Le restaurant-bar, les pieds dans le sable, est sympathique et animé. La majorité des chambres sont un peu vétustes mais fonctionnelles. Elles offrent d'ailleurs elles aussi, pour la plupart, une jolie vue sur la mer.

TURTLE BAY DIVE RESORT €€

Tongo Basdiot
✆ +63 917 631 4240
www.turtlebaydiveresort.com
Chambres doubles à partir de 5 350 PHP. Deux nuits minimum. Petit-déjeuner inclus.

Ce resort également centre de plongée est justement tenu par des passionnés de plongée. Il propose 28 chambres confortables avec air conditionné et minibar. Le resort est au milieu d'un jardin tropical et comprend une belle piscine, un centre de plongée, un salon de massage, un restaurant exquis, deux bars, et propose pas mal d'activités pour rendre votre séjour remarquable. Le Turtle Bay dispose aussi d'un magnifique *house reef*, idéal pour le snorkeling et la plongée (de jour et de nuit). La vue et le personnel sont également exceptionnels.

© CLIVE

© CLIVE

VISAYAS

THE BLUE ORCHID RESORT €€

Saavedra
✆ +63 929 273 1128
https://blueorchidresort.com
Chambres doubles à partir de 4 900 PHP.

À la fin de White Beach, au calme, se trouve ce charmant resort qui est aussi un centre de plongée, situé entre jungle et mer. Les chambres coquettes et spacieuses ont un charme rustique et jouissent toutes d'une vue sur mer ou piscine. En tout, seize chambres, pouvant accueillir de 2 à 5 personnes. Les deux grands avantages de l'hôtel (en plus de l'incroyable vue sur mer) ? Le professionnalisme de l'équipe, qui connait le coin et les fonds marins comme sa poche, et la nourriture du restaurant sont au top ! L'ambiance est amicale et tranquille.

DOLPHIN HOUSE RESORT €€

White-Beach, Saavedra Basdaku
✆ +63 32 513 2009 - www.dolphin-house.com
Chambres doubles à partir de 5 800 PHP. Chambres triples et suites à partir de 9 000 PHP. Petit-déjeuner inclus.

Voilà un coin de Paradis érigé par Rudy, un Luxembourgeois qui a posé ses valises il y a de nombreuses années à Moalboal. Le resort offre 25 bungalows nichés dans un jardin avec un accès à l'un des plus beaux récifs du pays, où l'on peut enfiler un masque et en profiter à 50 mètres de la plage. Rudy, fervent défenseur de son récif, coopère même avec des biologistes ce qui lui vaut de nombreuses publications. Centre de plongée, piscine, massage face à la mer ainsi qu'un restaurant avec vue : une très belle adresse !

TIPOLO BEACH RESORT €€

Panagsama Beach
✆ +63 32 402 0917
www.tipoloresort.com
Chambres doubles à partir de 2 650 PHP. Attention, minimum de deux nuits.

Voici une bonne adresse idéalement située à 500 mètres de la plage qui propose dix chambres agréables, bien tenues, avec vue sur la mer, et des chambres-villas récentes, sur l'arrière. Les chambres sont tout à fait accueillantes et charmantes, le bambou à l'honneur jusque dans la structure de lit. On apprécie la terrasse privée pour chacune d'entre elles. Pour chipoter un peu, on trouvera dommage qu'il n'y ait pas de piscine mais une piscine naturelle et infinie s'offre devant, on peut même y apercevoir très facilement des tortues et sardines.

LE BISTRO BY FRENCH COFFEE SHOP €

Panagsama Road
✆ +63 915 547 7051
Ouvert tous les jours de 6h à 23h. Plats dans les 200 PHP.

L'ancien French Coffee Shop a fait peau neuve et est maintenant devenu le Bistro. Un endroit parfait pour venir se détendre, faire des rencontres et y trouver des informations de voyage, plongée, excursions dans les environs. Le propriétaire français est fort sympathique et il saura vous recevoir dans ce lieu très bien implanté. *French touch* oblige, on y sert des sandwiches-baguettes, crêpes, croissants et même un plateau de fromage ! Pause café ou déjeuner conseillée.

GARDEN VILLAGE RESORT €€

Panagsama Road
✆ +63 999 929 6856
Chambres doubles à partir de 1 450 PHP.

Garden village Resort propose des chambres doubles classiques et des villas indépendantes pour quatre personnes avec un jardin privatif ainsi qu'un barbecue et tout le nécessaire pour vivre des vacances en autonomie. Chaque villa est composée de deux chambres climatisées avec une salle de bain indépendante. La cuisine est meublée de tous les ustensiles nécessaire, machine à laver à disposition. La piscine est bienvenue en raison de la chaleur, le personnel est disponible. L'emplacement est top et le restaurant très bien. Très bon rapport qualité-prix.

CHIEF MAU €

Panagsama Beach
✆ +63 32 474 0039
Plats environ 150 PHP. Restaurant ouvert toute la journée. Chambres doubles à 1 870 PHP, lit en dortoir à 950 PHP.

Idéalement situé, à deux pas de la plage et du centre-ville, ce restaurant propose une cuisine simple mais très bien réalisée et à des prix très raisonnables, du petit-déjeuner au diner même tardif. Il s'agit en fait du restaurant de l'auberge du même nom, Chief Mau, c'est donc un lieu animé où il est facile de rencontrer d'autres backpackers. Les chambres, dortoirs et sanitaires sont au top. En plus, Chief Mau organise aussi des excursions réputées de canyonisme aux chutes de Kawasan. Une adresse économique avec de la bonne nourriture et une chouette ambiance.

Dolphin-House
Bien-être
Plongée . SPA . Hôtel . Cuisine raffinée
*****
Moalboal île de Cebu, Philippines
Dolphin House
Resort SPA Diving
In Symbiosis with the Reef
Renseignements:
dhinfo@dolphin-house.com
www.dolphin-house.com

LAST FILLING STATION €

Panagsama Beach
✆ +63 32 402 0917
https://restaurant.tipoloresort.com/
Ouvert tous les jours de 7h à 22h. Plats entre 225 et 475 PHP.

Il s'agit du restaurant attenant au resort Tipolo, situé sur la plage principale. Installé depuis 1994, l'endroit a su se faire une réputation à Moalboal et est particulièrement prisé pour ses petits-déjeuners gourmands (crêpes, omelettes, muesli, salade de fruits frais...) et ses pizzas bien garnies et cuites au feu de bois. On peut également y déguster d'autres plats occidentaux (pâtes, burgers) et toute la panoplie de plats philippins et asiatiques habituelle : nouilles, porc adobo, poulet curry, poissons... Une adresse simple et bonne.

VEN'Z KITCHEN €

Panagsama beach
✆ +63 932 199 1492
Ouvert lundi, mardi, jeudi de 17h à 22h et du vendredi au dimanche de 12h à 22h. Plats entre 140 et 320 PHP.

Un restaurant cosy sans prétention, où règne une ambiance sympathique et familiale. On y vient surtout pour sa succulente cuisine philippine mitonnée avec passion. De nombreuses variantes végétariennes et véganes de plats traditionnels sont proposées, ce qui est apprécié. Pour les amateurs de poisson, il faut passer la commande quelques heures à l'avance, voire la veille. Le dessert à la mangue « Mango float » est délicieusement rafraichissant ! Venez tôt car le soir on y fait souvent la queue. Un très bon rapport qualité-prix.

ANDI'S TALISAY

Panagsama Beach
Ouvert tous les jours de 8h à 22h (plus tard le week-end).

Avec ses tables basses les pieds dans le sable et ses guirlandes lumineuses, cette cahute de plage est le rendez-vous des amoureux du coucher du soleil. La vue y est simplement incroyable. Pour ne rien gâcher, la carte des cocktails et des bières est assez riche et bon marché tout comme leur carte de spécialités à base de café. Il est également possible de déguster sur le pouce un burger ou des spécialités philippines. Concerts de musique live les soirées durant le week-end. Une adresse sans prétention et *good vibe* assurée !

CHILI BAR

Panagsama Beach
✆ +63 928 503 3413
Ouvert tous les jours de 10h à 3h.

Sur Panagsama Beach, le Chili est le bar le plus animé du coin, fréquenté autant par les locaux que les touristes de passage. Tables de billard, DJs sets, musique live, il y règne une ambiance bon enfant. On y vient à toute heure du jour et de la nuit, pour siroter un jus de fruit, une bière ou un cocktail et se régaler de l'un des nombreux plats à la carte avant de danser à partir de 23h. Cerise sur le gâteau, le Chili Bar jouit peut-être de la meilleure vue sur la mer, imprenable au coucher du soleil. Une adresse fort sympathique.

FREEDIVING PLANET

Tuble Road
✆ +63 939 524 1269
www.freediving-planet.com
Intro 1/2 jour : 3 500 PHP, 3,5 jours débutant : 18 500 PHP. Autres tarifs en ligne.

Une expérience originale à vivre aux Philippines et adressée à un public de non-initiés comme aux plongeurs les plus férus. Le récif où se déroulent les cours d'apnée est sublime, la faune y est très riche et variée. Une belle manière d'apprendre à observer et découvrir la surprenante biodiversité locale, tout en travaillant sur soi, accepter ses émotions, gérer son stress, ses mouvements et se relaxer. Une bouffée d'air pur ! Le tout en plus avec une équipe francophone conviviale et ultra professionnelle, installée à Moalboal depuis longtemps.

SAVEDRA DIVE CENTER

Panagsama Beach ✆ +63 32 429 0733
www.savedra.com
Plongée avec instructeur à partir de 1 400 PHP. Pack de 5 plongées : 7 600 PHP. Autres tarifs en ligne.

Le Savedra est un centre de plongée PADI 5-étoiles qui offre des cours du baptême jusqu'au niveau professionnel. Des sites de plongée superbes avec des murs impressionnants, des jardins de corail aux couleurs magnifiques, des tortues à chaque plongée, des bancs de sardines et même des requins vous attendent… Savendra peut s'occuper aussi des vols intérieurs, transferts, hébergements et de toute activité de plongée. Également au programme : de superbes croisières sur plusieurs jours qui vous amènent sur les meilleurs spots de plongée des Visayas.

SEAQUEST DIVE CENTER

Panagsama Beach, Basdiot
✆ +63 32 406 5988
www.seaquestdivecenter.net
1 plongée : 1 750 PHP, 10 plongées : 16 250 PHP. 8j/7n (tout inclus + Open Water) : 69 000 PHP/2. Autres prix en ligne.

Centre de plongée et d'apnée réputé, Seaquest est également implanté sur Panglao Island, à Bohol. Ils proposent énormément de packages clé en main, très avantageux comme des séjours tout compris (transferts, nuits, petit-déjeuner, Open Water ou dix plongées, massage, etc.) pour deux personnes. À Moalboal, Cédric et son équipe vous attendent, très professionnels et passionnés par les fonds marins de Moalboal, ils transmettent leur amour avec entrain. Vous pouvez y aller les yeux fermés, à vous les tortues et les bancs de sardines infinis !

BANTAYAN ISLAND ★★

L'île de Bantayan est située au nord-ouest de Cebu et regroupe trois municipalités : Santa Fe avec une belle plage et presque tous les hôtels et restaurants ; Bantayan, la capitale, avec 90 000 habitants et l'une des plus anciennes églises des Philippines ; et Madridejos, petite localité typique au nord. Pendant l'époque coloniale, les Espagnols édifièrent des forts pour se protéger des invasions maures depuis Mindanao : ces forts étaient nommés *Bantayan sa Hari* (tours d'observation du roi d'Espagne), d'où le nom de la ville et de l'île. L'île est aujourd'hui réputée pour sa production d'œufs (vous ne manquerez pas d'observer les poulaillers géants) : elle produirait deux millions d'œufs par jour ! Bantayan est une île tranquille, hors des circuits touristiques. On y vient pour ses belles plages - Kota Beach, Alice Beach, Paradise Beach – et ses eaux translucides, son calme imperturbable et l'accueil de ses habitants.

▶ **Un havre de repos, sauf pendant la Semaine Sainte ?** L'île a longtemps été réputée pour être la capitale du cochon durant la Semaine Sainte. En effet, à cette occasion, l'île était envahie par des milliers de touristes philippins venus y faire bombance de cochon de lait à la broche ! On dit qu'en 1843 le pape Léon XII aurait émis une bulle autorisant les habitants de Bantayan à consommer de la viande lors du Vendredi saint, en raison d'une pêche rendue délicate par les mauvaises conditions climatiques à cette période de l'année. Depuis, « Semaine Sainte » rimait avec « semaine de la viande ». Depuis 2023, un haut représentant de l'île a voulu remettre… l'Église au milieu du village, en affirmant que cette légende n'avait plus lieu d'être et que la Semaine Sainte rimait avec solennité et non fête du cochon à Bantayan : pas plus de viande ici qu'ailleurs.

Argent

Prenez vos précautions, il n'y a qu'un distributeur sur l'île, situé dans la ville de Bantayan et vous n'êtes pas à l'abri d'un problème technique.

Tourisme

Le mieux est de louer un scooter et de partir à l'aventure découvrir les plages paradisiaques.

▶ **Les plages à ne pas manquer** : Kota beach, Alice Beach, Paradise beach (entrée à 50 PHP, ouvert de 9h à 17h) et Maricaban Beach.

▶ **On peut aussi se balader sur l'île en scooter** pour découvrir des villages égarés ou des plages solitaires. Les sites les plus intéressants sont : la superbe mangrove de Barangay Oboob que l'on découvre grâce à des passerelles en bois, l'église St. Peter & Paul de Bantayan City (dont la première construction remonte à 1580, l'église actuelle fut édifiée à partir de 1839), le Kota Park à Madridejos (ruines d'un petit fort espagnol, esplanade pour pique-niquer) et Ogtong cave où l'on peut se baigner dans un petit plan d'eau niché dans une grotte !

Transports

▶ **Depuis Cebu City,** prendre un bus Ceres (terminal Nord) pour Hagnaya (3h30 et 165 PHP). Puis, un ferry pour Santa Fe. Départs réguliers (1h, 180 PHP).

▶ **Se déplacer.** Entre Santa Fe et Bantayan, en scooter ou en Jeepney. Il y a aussi des tricycles.

© ARNAUD BONNEFOY

Balade à moto sur l'île de Bantayan.

VISAYAS

COUCOU BAR HÔTEL & RESTAURANT €€

Batobalonos Street
✆ +63 32 427 6401
https://hotelbantayan.business.site/
Chambres doubles à partir de 1 800 PHP.

Un hôtel de charme, situé au cœur de Santa Fe, dans un beau jardin tropical et à 200 mètres des plages de rêve qui font la réputation de l'île. Les chambres sont confortables et douillettes. Le Coucou a aussi un restaurant-bar qui sert des plats soigneusement préparés. La maison peut vous louer vélos, motos et bateaux. Les hôtes, Denis, un Belge francophone et Riezel, Philippine, sont très accueillants et une vraie mine d'informations sur l'île. Un excellent rapport qualité-prix.

MARLIN'S BEACH RESORT €€

Santa Fe
✆ +63 32 438 9093
www.marlin-bantayan.com
Chambres doubles à partir de 4 300 PHP. Petit-déjeuner et transfert inclus.

Le Marlin est l'une des structures les plus connues de Bantayan, qui peut peut-être décevoir au premier abord (la raison du succès ?) mais qui offre pourtant des prestations d'une grande qualité comme le transfert de et vers le port de Santa Fe, des chambres confortables, un buffet petit-déjeuner très bon et un emplacement de premier choix, à la fois au bord de l'eau, au calme et à la fois très proche des restaurants et magasins. On aime bien aussi le restaurant au bord de la plage. Dans cette catégorie de prix, une adresse sûre.

MAIA'S BEACH RESORT €€

Basawon, Sulangan
✆ +63 917 652 4451
www.maiasbeachresort.de
Chambre double à partir de 2 150 PHP. Petit-déjeuner inclus.

Un beau petit resort mais assez excentré et littéralement hors des sentiers battus ; c'est l'endroit idéal pour être tranquille et se reposer. L'ensemble est bien aménagé sur les rochers, avec piscine, bar panoramique au bord de la mer, restaurant et billard. Des activités sont proposées quotidiennement et il est bien sûr possible de louer des scooters pour s'extraire de temps en temps de cette langueur. Le jardin est superbe, les bungalows sont bien tenus mais un peu vieillissants et les tarifs bien agréables. On aime bien, même si cela manque un peu de plage.

BALIKBAYAN €

A. Batobalonos Street
✆ +63 921 505 5189
Ouvert tous les jours de 7h à 22h. Plats entre 140 et 230 PHP.

Un peu à l'écart des autres restaurants et hôtels, le Balikbayan est un discret restaurant familial ouvert sur la rue qui a, à l'arrière, quelques paillotes exotiques sous lesquelles on s'assoit pour manger. L'ensemble a du cachet et beaucoup de charme. Les plats sont soigneusement préparés, les portions sont gourmandes et il y a même quelques options pour les végétariens. Essentiellement des classiques de la cuisine philippine à base de poulet, porc ou poisson. Une adresse où bien manger pour pas grand-chose et dans un cadre intimiste.

VISAYAS

Église de Bantayan City sur l'île de Bantayan.

HR NATIVE BAR & RESTAURANT €

A. Batobalonos Street
✆ +63 905 351 1504
Ouvert tous les jours de 7h à 1h. Plats entre 100 et 500 PHP.
Une terrasse aérée en bois et bambou, une ambiance relax sans chichi et un menu qui mêle plats asiatiques et occidentaux bons, pas chers et surtout très copieux. À essayer : les coquilles Saint-Jacques au four ! Le soir, surtout le week-end, il y a régulièrement des groupes de musique qui jouent en live et animent l'endroit. Il est également possible de jouer au billard. Le personnel est sympathique et les hôtes savent mettre à l'aise. Une adresse sympathique et conviviale.

TIKI BAR €

A. Batobalonos Street
Ouvert tous les jours de 7h à 23h. Plats entre 190 et 520 PHP.
Décoré à la mode hawaïenne, ce grand restaurant aéré est tenu par un couple de Belges francophones fort sympathiques. Les spécialités sont les burgers mais il y a également d'autres options, notamment végétariennes, philippines et internationales (pizzas, pâtes, sandwichs, omelettes). Le pain, les pâtisseries et la confiture sont faits maison mais également un pâté de campagne à la mode française, étonnant ! On s'attable en matinée autour d'un copieux petit-déjeuner ou fin de soirée autour de bons cocktails à siroter sur fond de musique *lounge*.

KANIMAMBO

Santa Fe Heights Pooc
✆ +63 923 841 2063
Ouvert tous les jours de 17h à 1h (14h du vendredi au dimanche).
Ce bar aux allures de grand cabanon ravira les amateurs de karaoké mais également les visiteurs en quête d'une soirée animée et typique autour d'un cocktail fruité. Certes c'est un peu kitsch mais c'est très rigolo et c'est surtout l'occasion parfaite de passer une soirée 100 % locale en vous adonnant à tue-tête au loisir n° 1 des Philippins en leur compagnie. Convivialité et bonne ambiance au rendez-vous. Quelques plats (calamars, pizzas, porc adobo...) sont au menu en cas de petite faim, et côté boissons : bières, cocktails et softs.

SHAKE ME

MJ Square, Batobalonos Street
✆ +63 927 893 7766
Ouvert tous les jours de 12h à 21h.
Voici une adresse originale, colorée et pleine de pep's ! Shake Me, c'est un charmant bar à jus bariolé couvert des murs au plafond de centaines de post-it multicolores. Pour faire le plein de vitalité et de vitamines, on penchera plus pour leurs délicieux jus de fruits ou milkshakes frais et leurs glaces faites maison. Pour un peu plus de gourmandise, on craquera pour une pâtisserie et un milkshake goût cookies ou chocolat (voire goût Bubble Gum pour les plus audacieux). Une pause fraîcheur et gourmandise ! Ça change, on recommande.

MALAPASCUA ISLAND ★★

Au nord de l'île de Cebu se trouve un petit paradis pour plongeurs, l'île de Malapascua (6 500 habitants). Inexploitée il y a encore vingt ans, elle a connu en quelques années un très rapide développement, freiné par le passage du typhon Yolanda en 2013, qui a ravagé une bonne partie de l'île, mais qui a repris depuis. Ce tout petit confetti aux belles plages de sable blanc n'a pas de routes pavées ; on s'y déplace à pied – l'île a une superficie de 3 kilomètres sur 1 kilomètre – ou en taxi-scooter. On vient essentiellement à Malapascua pour la plongée, et notamment pour observer une espèce de requin endémique à la région, le *thresher shark* (requin-renard) sur le fameux site de Monad Shoal (25 m de profondeur, à 15 minutes en banca). La plongée a lieu au petit matin, vers 5h, meilleur moment de la journée pour avoir des chances de l'apercevoir au moment de sa toilette ! Les récifs les plus proches de la côte ont été endommagés par la pêche à la dynamite, mais certains endroits sont encore préservés, comme les abords de Gato Island. Malgré un intérieur d'île pas très avenant (déchets) et un bord de plage à l'urbanisme un peu chaotique, l'île de Malapascua conserve son charme et sa douceur de vivre, notamment en basse saison.

Argent

Il est impératif de retirer de l'argent avant de quitter Cebu car il n'y a pas de distributeur sur l'île et très peu d'hôtels acceptent le paiement par carte de crédit.

Transports

Depuis Cebu, le moyen le plus économique est le bus (230 PHP, 3h30, départs toutes les heures).

Se rendre au terminal Nord des bus de Cebu City. Prendre un bus pour la ville de Maya. Il est préférable de prendre un bus tôt afin d'arriver vers midi à Maya et prendre un banca qui fait la liaison entre Maya et Malapascua (tous les jours de 6h30 à 16h30, 100 PHP si 15 personnes, sinon 1 500 PHP à diviser). Bien se rendre à la guérite pour acheter un ticket et éviter que des pêcheurs ne vous expliquent qu'il n'y a plus de banca et qu'il faut donc en privatiser un, ce que vous serez toutefois obligé de faire si vous arrivez trop tard à Maya. Il n'y a pas vraiment d'horaires fixes pour les départs : on attend que le banca se remplisse. La traversée dure 40 minutes.

HIPPOCAMPUS BEACH RESORT €€

Bounty Beach ✆ +63 966 238 9610
www.hippo-malapascua.com

Chambres doubles à partir de 1 600 PHP. Petit-déjeuner compris. Centre de plongée PADI.

Implanté depuis près de 20 ans à Malapascua, d'abord comme simple maison d'hôtes, ce resort 3-étoiles est l'une des adresses les plus réputées de l'île, surtout auprès des plongeurs. On y vient pour le confort et la beauté des chambres, le restaurant et bar en bord de mer qui sert une très bonne cuisine locale, pour le personnel et les hôtes qui sont d'une gentillesse et d'une disponibilité sans égales et enfin, pour l'ambiance détendue et conviviale qui y règne (le week-end, il y a même des concerts). En bref, un bon rapport qualité-prix pour cet établissement.

ILE DE KALANGAMAN ★★

Départ 9h du matin sur la plage de votre hôtel et retour vers 16h30. Banca : 800 PHP, entrée : 500 PHP.

À 2 heures en banca depuis Malapascua, Kalangaman est paradisiaque. Son banc de sable à marée basse, ses plages de sable blanc et ses eaux cristallines en font un endroit idyllique. Sur l'île, il n'y a pas grand-chose hormis des cocotiers comme décor. Il est possible de louer un kayak ou de faire du snorkeling pour apercevoir les récifs coralliens au large. À midi, c'est barbecue à l'ombre des cocotiers, l'équipage de votre banca se charge de faire griller le poisson frais. Une excursion idéale pour ceux qui ne font pas de plongée par exemple.

MALAPASCUA EXOTIC ISLAND DIVE RESORT €€

Bounty Beach
✆ +63 917 307 0150
www.malapascua.net

Chambres doubles à partir de 3 900 PHP. Petit-déjeuner inclus.

C'est un peu l'institution de l'île, situé sur la partie la plus tranquille et la plus agréable de la plage, car il abrite le tout premier centre de plongée de l'île, celui-ci jouissant d'une très bonne réputation. Le bar-restaurant sur la plage est agréable et on y mange très bien, tout comme le mini-spa, idéal après une journée de plongée pour se détendre. Un endroit cosy où venir prendre un verre aussi. La clientèle est majoritairement asiatique. Les chambres sont simples.

BLUE WATER MALAPASCUA BEACH & DIVE RESORT €€

Bounty Beach
✆ +63 917 821 3127
www.malapascuabeachresort.com

Chambres doubles à partir de 2 000 PHP. Petit-déjeuner inclus.

Une excellente adresse, également située sur Bounty Beach. Ce resort se veut *budget-friendly* et c'est vrai qu'il propose un très bon rapport qualité-prix. Les chambres sont confortables, les propriétaires et l'ensemble du personnel est avenant et disponible, le restaurant propose une nourriture, plutôt western (pizzas et burgers) très bonne. Le plus, la grande piscine. Et bien sûr le centre de plongée attenant, pour un séjour clé en main depuis votre hôtel. On aime bien.

SLAM'S GARDEN DIVE RESORT €€

Daan Bantayan ✆ +639171534790
www.malapascua-beach-resort.com

Chambres dès 1 800 PHP avec ventilateur et dès 2 800 PHP avec clim et petit-déjeuner. Plongée : prix sur demande.

Situé sur la plage de Logon, le Slam's Garden dispose de trente chambres confortables, d'un restaurant et d'une piscine cachés dans un écrin rafraîchissant de végétation. L'établissement attire avant tout les fans de plongée grâce à son centre de plongée PADI 5-étoiles et de nombreuses formules pour tous les niveaux. Bon plan futé : en réservant directement via le site de l'hôtel, vous obtenez -20 % sur les chambres et -5 ou 10 % sur les plongées. Un resort où l'on se sent bien !

FOCUS

SLAM'S GARDEN DIVE RESORT

UNE ADRESSE FAMILIALE POUR LES FÉRUS DE PLONGÉE

C'est en 2008 que l'histoire du Slam's Garden commence à s'écrire sur la belle plage de Logon. Santiago, le chaleureux propriétaire français, connaissait alors déjà très bien les Philippines puisqu'il y avait vécu et travaillé une dizaine d'années, notamment comme instructeur de plongée, avant de poser ses valises sur l'île paradisiaque de Malapa. L'aventure commence avec huit chambres avant de s'agrandir au fil des années. Aujourd'hui, le Slam's Garden est un beau *resort* de trente chambres bien tenues, avec un restaurant où l'on sert une cuisine locale – mention spéciale pour le poisson frais apporté quotidiennement par les pêcheurs – et une agréable piscine. Depuis le début, c'est la pétillante May qui gère cet hôtel familial et accueille les clients. Passionnée de jardinage, elle a su créer un cocon de végétation foisonnante qui confère à l'ensemble une ambiance des plus relaxantes.

Grâce à son tout nouveau centre de plongée, l'établissement est très prisé des amateurs de fonds marins, que ce soit pour une découverte de quelques jours ou pour un long séjour le temps de passer son monitorat par exemple. En effet, Ocean Passion s'est rapidement imposé comme l'un des meilleurs centres PADI 5-étoiles de l'île. Vous y trouverez du matériel de location neuf et d'excellente qualité, des bateaux sûrs et modernes et des instructeurs qualifiés et expérimentés dont certains parlent français. Que vous soyez novice ou expert, Santiago et son équipe vous promettent de belles découvertes sur les meilleurs spots de plongée aux alentours de l'île : jardins de coraux, tortues et poissons vous attendent, sans oublier l'étonnant tunnel sous-marin qui traverse Gato Island ou encore les requins-renards de Kimud Shoal et les requins-tigres de Monad Shoal. Slam's Garden réunit indéniablement les meilleures conditions pour vous offrir un séjour-plongée dans une ambiance détendue et conviviale !

SLAM'S GARDEN DIVE RESORT
Daan Bantayan
✆ +639171534790
www.malapascua-beach-resort.com

© SANTIAGO

© SANTIAGO

© SANTIAGO

THRESHER SHARK DIVERS

Bounty Beach
✆ +63 917 795 9433
https://malapascua-diving.com/
1 plongée : 2 185 PHP, 5 plongées : 9 000 PHP, PADI Open Water 23 000 PHP. Autres tarifs en ligne.

© SIMON ROGERSON

C'est le centre de plongée (PADI 5-étoiles) le plus réputé de Malapascua car le premier à s'être installé sur l'île et donc le pionnier dans la plongée avec les fameux *thresher sharks* ou requins-renards. On y vient pour le professionnalisme et le sérieux des *dive masters*, la sympathie de l'ensemble du personnel, la qualité du matériel (bateaux et équipements) et les nombreuses options et packages proposés : plongées récréatives, brevets PADI Open Water, etc. En plus le cadre est magnifique, le petit-déjeuner proposé également.

TEPANEE BEACH RESORT €€

Logon, Daanbantayan
✆ +63 966 142 2354
www.tepanee.com
Chambre double à partir de 3 150 PHP. Petit-déjeuner inclus.

Une ravissante propriété composée de bungalows mignons et confortables très bien intégrés dans l'environnement naturel. Le jardin luxuriant, la plage privée, la vue incroyable, le calme et la gentillesse du personnel en font l'une des meilleures options de logement sur l'île. Andrea et Silvia, les hôtes, ont en plus à cœur d'offrir un logement à faible impact environnemental. N'oublions pas de mentionner le restaurant italien (aussi un peu philippin) qui offre une vraie cuisine de qualité les pieds dans l'eau. Un petit coin de paradis à des prix raisonnables !

THE CRAIC HOUSE €

Bounty Beach
✆ +63 917 631 2179
http://evolution.com.ph
Ouvert tous les jours de 7h à 23h.

Au sein du resort Evolution Diving, le Craic House est en quelque sorte un pub irlandais sur une plage philippine, en somme, un excellent endroit pour boire un verre et manger l'un des plats originaux et savoureux que propose l'équipe enthousiaste les pieds dans le sable. Au menu, pas 150 plats car ici on a à cœur de proposer de la qualité plus que de la quantité et avec le plus de produits frais et locaux possibles. Vaste choix de musique pour tous les goûts et plutôt large choix de boissons (vins compris). Une adresse à l'ambiance bon enfant.

ANGELINA'S €€

Logon Beach
✆ +63 966 577 5853
www.angelinabeach.com
Ouvert tous les jours de 8h à 22h30. Plats entre 400 et 600 PHP.

Voici l'une des meilleures adresses de l'île pour se régaler. Ici, point de cuisine philippine, Angelina vous embarque pour une parenthèse gastronomique en Italie. On y mange des plats italiens d'une étonnante qualité vu l'isolement de Malapascua. Pâtes, risotto, produits de la mer, viandes, tout ce qui peut être fait maison l'est, et le soir, à partir de 18 heures, on vient déguster de délicieuses pizzas. Carpaccio et tartare de thon à ne pas manquer. Le restaurant est aussi un resort qui propose également des chambres et toutes les prestations qui vont avec.

FRENCH KISS DIVERS MALAPASCUA

Bounty Beach
✆ +63 995 351 0989
www.malapascua-plongee.com/
Une plongée à partir de 1 500 PHP. Tarifs dégressifs.

Voici une école de plongée francophone. French Kiss Divers propose le meilleur de l'exploration sous-marine que peuvent offrir Malapascua et Coron. Vous serez encadré par des guides certifiés avec un matériel de qualité, tout ça avec café et nourriture sur le bateau pendant les expéditions. Également toutes les formations pour les fédérations SSI (Scuba School International) et cmAS depuis le baptême de plongée jusqu'aux différents niveaux professionnels pour ces deux fédérations.

CAMOTES ISLANDS ★★★

Situé à 60 kilomètres au nord-est de la ville de Cebu, l'archipel de Camotes est composé de trois îles principales (Pacijan – également appelée San Francisco – qui concentre la plupart des sites, Poro et Ponson) et d'un îlot paradisiaque, Tulang Diot. Avec à peine 125 000 habitants pour 230 km², elles offrent un cadre paisible et idéal pour une escapade de quelques jours depuis Cebu. Les îles Camotes sont un véritable paradis sur terre. Des grottes impressionnantes dans lesquelles on se baigne dans une eau d'un bleu profond, des plages de sable blanc désertiques, des eaux cristallines, une nature tropicale foisonnante – palmiers, bananiers, acacias – où se disséminent les habitations et des routes bien entretenues, la silhouette des bancas le long des côtes rocheuses... Les îles Camotes regroupent indéniablement tous les attraits naturels des Philippines. Ajoutez à cela une douce quiétude, un tourisme encore peu développé, et surtout des habitants d'une gentillesse et d'une spontanéité remarquables, vous obtenez la recette du paradis. Un paradis dont vous serez (presque) les seuls à profiter. Ici point de resort ou de piscine à débordement, les îles Camotes se tiennent à disposition des voyageurs qui cherchent à vivre l'expérience des Philippines hors des sentiers battus, au plus près de la population locale et loin de toute cohue. C'est aussi un paradis pour la plongée et le snorkeling. Si vous êtes de ceux-là, Camotes vous accueillera à bras ouverts pour vivre la véritable *slow life* au rythme philippin.

Argent

Il n'y a que trois distributeurs (ATM) sur les îles. Il est donc préférable de prendre vos dispositions avant de débarquer en retirant de l'argent à Cebu ou Danao.

Tourisme

Le tourisme est encore peu développé à Camotes. Ce qui signifie qu'il y a peu de restaurants et de logements. Mais rassurez-vous, les auberges et guesthouses proposent souvent un restaurant sur place. Celui de Camotes Hidden Huts est réputé pour être la meilleure table de Camotes... (et c'est vrai qu'il est délicieux !).

Transports

- **De Cebu City à Pacijan** (port de Consuelo). Depuis 2023, OceanJet a supprimé ses traversées directes entre Cebu City et Camotes. Donc prendre un bus Cérès au SM North Bus terminal de Cebu en direction de Danao. Départs réguliers. 50 PHP jusque Danao Port, à payer dans le bus directement. Entre 2h et 3h de trajet selon le trafic. Au port de Danao, la compagnie c'est Jomalia. Possibilité d'acheter les billets en ligne (les imprimer) ou au comptoir directement (ce sont des gros bateaux donc pas de souci pour acheter sur place). 10 PHP de droits d'entrée au port. Pas d'enregistrement de bagage. Au moins cinq trajets Danao-Consuelo (et vice-versa) par jour. Prix : 320 PHP (réduction seniors, étudiants et enfants).
- **De Liloan** (au sud de l'île de Cebu) à Poro : nouveau trajet en ferry de la compagnie Roro. Départ quotidien à 9h de Liloan, à 14h de Poro.
- **Se déplacer.** Le scooter ou le tricycle sont les principaux moyens de transport dans les îles.

BAKHAW BEACH ★

Bakhaw est divisée en deux plages, celle de gauche est une très belle plage de sable blanc et celle de droite est à certains moments de l'année une plage de roche car pendant quelques mois, le sable se retire dans la mer avant de revenir sur la plage et couvrir les roches. Sur place, un sari-sari pour acheter une boisson ou un snack et quelques locaux qui travaillent ou font la sieste selon l'heure. L'eau est cristalline, chaude et la vue est sublime. Ne manquez pas d'y venir le soir pour le coucher du soleil qui est chaque jour un spectacle magnifique.

BUHO ROCK RESORT

Poro

Accès libre et gratuit.

C'est un resort abandonné qui est entretenu par les locaux. Les Camotiens aiment y venir nager et pique-niquer. L'attraction principale est le Buho Rock, un gros rocher corallien dont la forme fait penser à un navire amarré à la falaise. On y accède par un escalier. Des petits ponts et des sortes de huttes ont été construits. Il est possible de se baigner dans la mer au cœur des falaises. Venez quand la marée est haute, vous pourrez alors vous essayer au *cliff jumping* (saut du rocher) depuis les plongeoirs ou admirer ceux qui s'y adonnent. Sensations garanties.

VISAYAS

BUKILAT CAVE ★

Tudela, Poro

Ouvert tous les jours de 7h30 à 16h30. Entrée 50 PHP.

C'est l'une des huit grottes de Camotes et l'une des plus facilement accessibles, en plus d'être l'une des plus jolies. Seules quelques marches pour y descendre, pas besoin de guide. Un très joli puits de lumière éclaire la grotte et donne à son eau une couleur presque irréelle. Se baigner au milieu de ces stalagmites et stalactites est une véritable expérience. Une légende raconte que la grotte abriterait un trésor, on vous laisse le chercher. Ce qui est avéré c'est que durant la Seconde Guerre mondiale, les habitants l'ont utilisée pour se cacher des Japonais.

SAN FRANCISCO PUBLIC MARKET

San Francisco

Ouvert tous les jours.

Avant de passer de l'île de Pacijan à l'île de Poro, arrêtez-vous donc un instant dans la ville animée de San Francisco. Les touristes ici se comptent sur les doigts d'une main, c'est agréable d'observer, d'échanger et de prendre son temps. Le long de la jetée, une immense halle abrite quotidiennement le marché : fruits, légumes, épices, poissons et viandes, on y trouve de tout. C'est intéressant d'y passer à l'heure du déjeuner, plusieurs échoppes de street-food encerclent le marché.

DANAO LAKE

Ouvert tous les jours de 6h à 18h. Parking 10 PHP. Entrée 15 PHP. Location kayak ou pédalo 50 PHP.

Avec 680 hectares, le lac Danao (ne pas confondre avec celui d'Ormoc) est le plus grand lac des Visayas. On ne peut pas y nager mais il est possible de louer un kayak. L'autre activité phare est une tyrolienne qui survole le lac jusqu'à l'un de ses îlots. Il y a deux restaurants qui servent une cuisine philippine. Honnêtement le complexe est un peu à l'abandon (le resort est abandonné, ce qui est étonnant à voir), il y a peu de chance que vous y passiez plus d'une heure. Toutefois il mérite le détour, le temps d'admirer la vue et d'échanger avec les locaux.

SANTIAGO WHITE BEACH ★

Pacijan

Accès libre et gratuit.

C'est l'une des plages les plus connues des îles Camotes. Sable blanc, eau tempérée et cristalline, encaissée entre des rochers et surplombée par le Santiago Bay Resort sur la droite, elle coche toutes les cases de la plage de carte postale. Des tables de pique-nique sont installées, et quelques restaurants sont sur la droite. Il est possible de se baigner et de faire du snorkeling mais dans ce cas-là vérifiez les marées. À marée basse, la vue est superbe mais il est difficile de se baigner. Le coucher du soleil y est magnifique.

Camotes Islands.

TULANG DIOT ISLAND ★★

Au nord de Pacijan

Prix de la traversée A/R 400 PHP (max. 10 personnes). Snorkeling 1 500 PHP. Tour de l'île 1 000 PHP.

Avis aux chasseurs et chasseuses de spots de rêve, d'îles paradisiaques ou simplement de sites hors des sentiers battus (ou hors des guides et blogs de voyage), Tulang Diot Island est probablement l'une des îles les plus paisibles des Philippines. Depuis la route tout au nord de San Francisco (Pacijan), la silhouette de Tulang Diot interpelle : quel est cet îlot, au large, entouré d'eau turquoise ? Soyez rassuré, l'île est accessible en banca en seulement cinq minutes. Ses fonds marins abritent de nombreux petits poissons colorés et même quelques tortues. Baignade, snorkeling ou bain de soleil, sa large plage de sable poudreux en arc de cercle vous attend. Sur celle-ci, une cahute qui sert à la fois de bar et de sari-sari permet de se rafraichir avec une boisson et se sustenter avec quelques plats locaux. Se balader dans les ruelles du petit village est un pur régal, les habitants sont plus que ravis de voir des voyageurs. Ici, pas d'eau et pas d'électricité, encore moins de véhicules. La vie est restée simple et calme, les coqs chantent et le linge sèche sur les patios des habitations. Il est possible de dormir sous tente (ou sans) sur la plage si vous le souhaitez (pensez à prendre votre matériel dans ce cas) ou d'y passer seulement quelques heures en après-midi. Il se pourrait même que certains habitants après avoir sympathisé, échangé un verre ou l'autre, vous proposent de passer la nuit chez eux. Impression de bout du monde garantie. On repart de Tulang Diot rempli d'une douce sérénité.

CAMOTES BACKPACKERS HOSTEL €

Provincial Road

✆ +63 915 331 8330

Chambre double avec salle de bain 1 020 PHP, lit en dortoir 490 PHP. Petit-déjeuner inclus.

À 10 minutes à pied de la plage de Santiago, voici une auberge de jeunesse comme on les aime. Des chambres doubles disposées dans des huttes traditionnelles en nippa, des dortoirs tout à fait corrects et propres et des sanitaires fonctionnels. C'est surtout l'ambiance qu'on apprécie : les deux hôtes, Rein et Marcel, sont d'une gentillesse à toute épreuve, en journée les quelques voyageurs se rassemblent sous le patio du restaurant (d'ailleurs très bon) pour discuter et jouer avec eux.

CAMOTES HIDDEN HUTS €€

Esperanza/Cogon1 Bakhaw Beach Cogon1

✆ +63 961 598 6932

www.camoteshiddenhuts.com

6 huttes avec salle de bain. 2 000 PHP/nuit. Restaurant. Wifi. Location scooter 350 PHP/jour.

Nichées dans un écrin de verdure, de magnifiques huttes en bambous avec terrasse et salle de bain qui allient charme du logement atypique, confort et fonctionnalité (eau chaude et climatisation). Frank et Dani vous accueillent dans leur paradis caché avec hospitalité. Le restaurant propose des plats philippins et western d'une qualité (et quantité !) remarquable, tout est fait maison et absolument délicieux. En prime, coucher du soleil sur Bakhaw Beach à quelques mètres. Excellent rapport qualité-prix. Coup de cœur pour Hidden Huts !

SANTIAGO BAY RESORT & RESTAURANT €€

Santiago White Beach

✆ +63 917 329 2448

Chambres doubles à partir de 1 800 PHP. Plats entre 250 et 350 PHP.

C'est un peu l'hôtel n°1 de Camotes (surtout pour son cadre paradisiaque). Les chambres sont sommaires mais confortables et certaines ont une vue sur mer. Le personnel est aux petits soins. Et le restaurant est accessible à tous et propose une cuisine philippine et western. Rien de folichon mais les plats sont bons (le *sizzling* gambas par exemple) quoiqu'un peu plus chers qu'ailleurs. On y vient surtout pour profiter du cadre et de la vue superbe sur Santiago White Beach.

CAMOTES FREEDIVING

Barangay Sonog

✆ +63 945 977 6756

https://camotesfreediving.com

Débutants : 2,5 jours, 18 000 PHP. Semaine découverte : 44 000 PHP.

Née en 2022, cette école de plongée en apnée s'est déjà forgé la réputation d'être l'une des meilleures d'Asie. C'est le Français Thibault Guignès (8 records nationaux et 5e meilleur record au monde avec 117 m) qui en est le fondateur. Plusieurs formules pour vous initier à l'art de la plongée en apnée sont proposées, comprenant des cours théoriques et pratiques (exercices de respiration, etc.) qui vous permettront de plonger à 12-20 mètres, le tout dans un cadre de quiétude et de professionnalisme à toute épreuve. Une expérience unique à vivre.

TAGBILARAN

Tagbilaran, mot qui signifie « abri caché » en dialecte visayan, n'est pas une petite ville calme et sage – comme pourrait le laisser supposer son nom – mais bien une agglomération vivante et bruyante. On n'y restera pas pour autant car il n'y a pas grand-chose à faire. Toutefois Tagbilaran est la principale porte d'entrée de la merveilleuse île qu'est Bohol et elle est intéressante pour prendre le pouls de la vie locale avant de partir vers Panglao, où la plupart des hébergements se trouvent, ou pour rayonner dans l'intérieur de l'île, vers les cascades et le charmant village de Baclayon.

Transports

▶ **Avion.** À Bohol, l'aéroport se trouve au nord de la ville de Tagbilaran. Il accueille les vols de Manille (vols quotidiens), ainsi que des vols depuis Cebu. Air Asia, Cebu Pacific et Philippine Airlines proposent plusieurs vols par semaine.

▶ **Bateau.** Des îles environnantes, il est aisé de se rendre à Bohol en bateau, notamment en *fast ferries* (ferries rapides). Des ferries plus lents effectuent aussi les mêmes trajets, mais vu la différence de prix autant privilégier les bateaux rapides.

▶ **De/vers Cebu** : OceanJet propose des trajets quotidiens. 2 heures, à partir de 500 PHP (1 000 PHP en business class).

▶ **De/vers Dumaguete** (Negros) : OceanJet propose deux départs quotidiens. 700 P environ selon le confort, pour 2 heures de trajet.

▶ **De/Vers Siquijor :** plusieurs compagnies proposent des départs quotidiens. À partir de 600 PHP et 2 heures.

▶ **Bus.** Le terminal de bus (Dao Bus Terminal) se situe à 2 km environ du centre-ville au nord-est, derrière le Island City Mall. On peut s'y rendre en Jeepney ou tricycle depuis le terminal maritime (30 PHP).

▶ **Taxi.** 500 PHP de/vers Alona Beach.

La ville aujourd'hui

▶ **Catastrophes naturelles.** Un tremblement de terre de 7,2 sur l'échelle de Richter frappe l'île de Bohol le 15 octobre 2013 et provoque la mort de 200 personnes et de sérieux dégâts sur l'ensemble de l'île ainsi que sa voisine, Cebu. Plusieurs centaines de bâtiments s'effondrent et notamment les anciennes églises espagnoles datant de plusieurs siècles. Un mois plus tard, c'est le super typhon Haiyan qui frappe les Visayas, dont Bohol, entraînant de nouvelles destructions. En décembre 2021, le typhon Odette s'abat sur la région causant à nouveau dégâts et plus de 100 victimes. Depuis, la reconstruction est toujours en cours.

CAMUGAO FALLS ★

San Isidro

Entrée 25 PHP. Parking 20 PHP.

À 20 km de Tagbilaran, les cascades de Camugao sont parmi les plus belles de Bohol. On y accède via une route qui traverse jungle, forêt et rizières, splendide. Sur place, des guides proposent leurs services mais ce n'est ni obligatoire ni nécessaire. Après 15 minutes de marche sur une pente raide et glissante, c'est un spectacle de pure beauté comme seule la nature peut en produire qui se présente à vous : une cascade magistrale s'écoule d'une immense falaise incurvée, au cœur d'une végétation sauvage et foisonnante. Baignade, saut et photos en perspective !

ÉGLISE DE BACLAYON

Ouvert de 8h30 à 16h30 (pause entre 11h30 et 13h30). Fermé le mardi. Entrée du musée à 50 PHP (visite guidée).

L'église de Baclayon ou l'église Notre-Dame de l'Immaculée Conception de son vrai nom est la seconde église catholique en pierres la plus ancienne du pays. Elle fut construite par des prêtres jésuites en 1595, même si certains historiens disent qu'elle a en fait été bâtie en 1717. Pour la petite anecdote, elle a été construite à partir de roches coralliennes qui ont été cimentées avec le blanc de plusieurs milliers (voire millions) d'œufs ! Fortement endommagée par le tremblement de terre de 2013, ce n'est que cinq ans plus tard qu'elle put réouvrir.

SAGBAYAN PEAK

Bacani Road, Sagbayan

Entrée 80 PHP.

Cet endroit offre également une belle vue sur les Chocolate Hills, les rizières et par beau temps sur la mer. La route qui y mène depuis Carmen est très belle (des transports publics font la liaison). Il faut bien se fixer sur la vue pour oublier les atroces constructions qui comprennent restaurants et discothèque à cet endroit. Le week-end, il peut y avoir beaucoup de monde car les Philippins viennent y pique-niquer en masse. Toutefois l'endroit ne s'est pas encore totalement remis du passage du typhon Odette fin 2021, et les dégâts sont encore visibles.

© ARNAUD BONNEFOY

CHOCOLATE HILLS ★★★

Chocolate Hills Complex

Entrée : 100 PHP (parking + navette A/R).

Les collines de chocolat ou l'une des attractions touristiques les plus mises en avant aux Philippines. Ce sont en réalité 1 268 collines de 60 à 120 m de hauteur dont la végétation subissant la sécheresse des mois de décembre à avril donne une teinte chocolat à ces curiosités géologiques, d'où leur nom. En réalité, la saison sèche n'est plus tout à fait sèche et les pluies ne sont pas rares à Bohol entre décembre et avril (désolé de vous l'apprendre). Une légende voudrait que ces collines soient les larmes tombées des yeux d'un géant. Et c'est vrai que ces dômes ont quelque chose de mythologique, on imagine bien des Hobbits y vivre...

▸ **Y aller.** Suivre la route en direction de Carmen. Le trajet à travers routes en serpentins, étendues de rizières et forêts, est très pittoresque. Le passage sur 2 km au travers de la Bilar Man-Made Forest est particulièrement beau.

Il s'agit d'une forêt d'acajous plantés par les habitants dans le cadre d'un projet de reboisement qui a plus de 50 ans, les arbres, longilignes, atteignent des hauteurs vertigineuses. Une fois arrivé, il faut se garer sur le parking, sur la route principale et payer le parking et les frais environnementaux. Des navettes emmènent alors les visiteurs jusqu'au point de vue, à 5 minutes. Il faut grimper 214 marches pour atteindre le point de vue panoramique à 360 degrés et embrasser ces centaines de petites collines.

La vue est bien plus impressionnante évidemment par beau temps. Le tour est vite fait. Combinez donc la visite avec celle des tarsiers et de la Loboc River.

SANCTUAIRE DES TARSIERS ★

Tarsier Sanctuary Road © +63 908 937 8094

Ouvert tous les jours de 9h à 16h. Entrée : 150 PHP (guide inclus).

C'est l'unique endroit où observer les tarsiers sans leur nuire. Accompagnés d'un guide, on les observe dans leur habitat naturel, de loin et en silence. Ce petit primate est très fragile et le bruit ou les flashs lui procurent un grand stress pouvant même entrainer sa mort. C'est une espèce en voie de disparition : il est donc important de la protéger, d'autant qu'elle est endémique de Bohol, Samar et Leyte. Le plus petit primate du monde a des yeux démesurément grands et a la capacité étonnante de pouvoir tourner sa tête sur 360°. Soyez discret et responsable !

TOUR DE GUET DE PUNTA CRUZ

Maribojoc

Ouvert tous les jours de 9h à 20h. Entrée 5 PHP + 10 PHP parking.

Dans la municipalité de Maribojoc, à 14 kilomètres de la capitale, s'élève la tour de guet de Punta Cruz qui domine les mers de Cebu, de Siquijor et de Mindanao. Sa construction fut achevée en 1796. Durant l'époque coloniale espagnole donc, elle servait à surveiller les mers et à prévenir de la venue de pirates. Une légende raconte que chaque fois que les pirates moros tentent de s'approcher, une lumière puissante émane de la croix à côté de la tour pour les éblouir.

VILLAGE DE BACLAYON

Baluarte, Baclayon

© +63 920 894 6883

À six kilomètres de Tagbilaran, c'est une toute autre facette de l'île que l'on découvre ici, loin des foules de touristes. Cette petite ville côtière fut fondée en 1595 par deux prêtres jésuites espagnols. Ces mêmes prêtres construisirent la fameuse église de Baclayon, la plus ancienne église de l'île. En plus de l'église, Baclayon possède un marché typique et a conservé plusieurs demeures ancestrales mêlant style colonial et philippin aux façades en bois qui donnent un réel charme au lieu. C'est donc un Bohol aux couleurs locales que l'on découvre.

BOHOL TROPICS RESORT €€

Graham Avenue

© +63 38 235 5667

Chambres doubles à partir de 2 650 PHP. Petit-déjeuner inclus.

Le Bohol Tropics Resort propose des chambres dont le confort est convenable mais sans charme particulier et l'ensemble est un peu défraichi. Toutefois chacune des chambres possède sa petite terrasse et le complexe a plusieurs piscines, des courts de tennis, un magasin de souvenirs, des services de massage et un excellent restaurant chinois. La clientèle habituelle est plutôt une clientèle locale et d'affaires. Un rapport qualité-prix correct et une bonne adresse pour une nuit de transition puisqu'il se situe à quinze minutes à pied du port.

CABILAO SANCTUARY BEACH & DIVE RESORT €€

Cabilao Island © +63 32 266 0864

https://cabilao-sanctuary.com/

Chambre double à partir de 5 700 PHP (deux nuits min.). Petit-déjeuner inclus. Traversée en banca de Mocpoc : 1 000 PHP.

L'île de Cabilao est accessible en 2h depuis Tagbilaran. Toute petite, Cabilao abrite 5 000 habitants, peu habitués aux touristes et qui vivent très simplement, surtout après que leur île a été touchée par le typhon Odette en 2021. Ce superbe resort est idéal pour les plongeurs qui souhaitent explorer les fonds du sanctuaire marin qui entoure l'île. Les chambres sont belles, la piscine est agréable et le personnel aux petits soins. Un paradis de tranquillité, coupé du monde.

LA CASITA DE BACLAYON €€

Barangay Landican

© +63 917 627 1409

www.lacasitadebaclayon.com

Deux chambres doubles. À partir de 3 400 PHP. 2 nuits minimum. Petit-déjeuner inclus.

Tenue par Sally, la superbe bâtisse réinterprète le style traditionnel philippin tout en garantissant un confort moderne. La décoration est sublime et provient d'artisans de Bohol principalement. Au-delà du cachet du lieu, c'est aussi le côté *green* et social qui nous a séduit. Une partie des profits est reversée aux communautés de Baclayon pour différentes initiatives, entre autres. Du vrai écotourisme en somme ! Cerise sur le gâteau, les petits-déjeuners faits maison sont tout à fait gourmands. Il faut préciser que la famille a 15 chiens. Un coup de cœur !

DAO DIAMOND €€

821 J.A. Clarin Street, Dao
+63 38 411 5568
www.daodiamond.com
Chambres doubles à partir de 3 000 PHP. Petit-déjeuner inclus.

Les chambres comme les dortoirs sont propres, confortables. Il y a en outre une petite piscine et une navette gratuite pour le centre commercial Island City Mall. Dormir dans ce petit hôtel, c'est aussi faire une bonne action car l'établissement est géré par l'International Deaf Education Association : l'ensemble des fonds est utilisé pour l'éducation des enfants sourds de Bohol et l'association fournit aussi du travail aux adultes malentendants puisqu'ils sont une vingtaine à faire partie du personnel, qui est en outre adorable.

MARQIS SUNRISE SUNSET RESORT & SPA €€

Barrio Cambanac, Baclayon
+63 918 570 1033
Chambre double à partir de 5 200 PHP. Petit-déjeuner inclus.

Marqis Sunrise Sunset Resort & Spa propose de magnifiques cottages situés dans les collines de Cambanac, au-dessus du village de Baclayon. L'atmosphère traditionnelle des cottages rend le séjour relaxant et agréable, pour la désintoxication du stress, c'est l'endroit parfait ! Si vous êtes un amoureux de la nature, ce resort vous comblera. Le restaurant sert une excellente nourriture et les piscines à débordement avec vue sur la mer sont superbes.

OCEAN SUITES €€

East Tagbilaran Road, Bool
+63 38 427 1237
www.oceansuitesbohol.com
Chambres doubles à partir de 3 900 PHP. Petit-déjeuner compris.

Un peu excentré, voici l'un des hôtels les plus récents et chics de Tagbilaran. Cette grande bâtisse contemporaine d'un blanc épuré et trônant face à la mer donne le ton. Ce boutique-hôtel propose des hébergements confortables, de qualité et lumineux grâce aux grandes baies vitrées qui offrent une superbe vue sur la mer. Vue dont l'on profite également de la piscine et terrasse. Dommage que les chambres ne soient pas mieux insonorisées et que le personnel et le service ne soient pas toujours à la hauteur du standing que l'on attend.

CHIDO CAFE €

0676 V. P. Inting Ave., Bool
+63 927 641 6625
Ouvert tous les jours de 10h à 20h30. Plats entre 180 et 360 PHP.

Avec une grandiose vue sur Panglao et les mangroves, Emily, la propriétaire néozélandaise (également derrière le superbe bed & breakfast La Casita de Baclayon) a pioché dans ses inspirations culinaires pour mettre sur pied une intéressante carte mêlant spécialités mexicaines, caribéennes et asiatiques. Tout est absolument frais, local et savoureux, en plus d'être original. Le tout servi dans un décor méditerranéen-philippin de grand goût, aussi coloré que le sont les plats. Une charmante adresse, à l'heure du brunch, du lunch ou du goûter !

CRESCENCIA FOOD & COFFEE €

Poblacion, Baclayon
+63 917 304 1084
Ouvert tous les jours de 10h à 21h. Plats entre 250 et 600 PHP.

Décidément le village de Baclayon regorge d'adresses sympathiques ! Crescencia Food & Coffee accueille les visiteurs dans une charmante maison ancestrale en bois, à deux pas de l'église. L'ambiance y est tout simplement unique. Chaque détail est travaillé, les livres, les plantes, les jeux de société, le mobilier vintage... On a l'impression de voyager dans le temps et d'être accueilli chez des amis. On savoure des plats philippins ou occidentaux sur fond de musique jazzy dans un décor coquet. Idéal pour une pause café accompagnée d'une sucrerie.

GENARO'S GRILL €

Baluarte Reclamation Area, Baclayon
+63 910 784 4034
https://genarosgrill.business.site/
Ouvert tous les jours de 8h à 22h (à partir de 14h lundi et jeudi). Environ 500 PHP.

Situé à Baclayon le long du port, Genaro's Grill est un grand restaurant de poissons, flottant et qui ressemble à une grande halle aérée. Il offre une vue superbe sur la mer. Le concept est très sympa, on choisit son poisson ou sa viande à l'entrée qui sont ensuite cuisinés, grillés, assaisonnés selon son envie avant d'être apporté à table par une ou un serveur bien sympathique. Prisé des locaux, c'est un lieu où règne une ambiance villageoise authentique et très vivante ; le week-end des groupes de musique live viennent animer le tout.

PASSIFLORA CAFE €

JJ's Seafood Village, K of C Drive
✆ +63 939 741 2298

Ouvert tous les jours de 8h à 21h (ouvert à 10h le lundi). Cafés environ 80 PHP, plats environ 160 PHP.

Situé à 12 minutes à pied du *pier* de Tagbilaran, c'est l'endroit idéal si on a une heure ou deux à tuer en attendant un bateau. Ce café-restaurant est doté d'une terrasse très agréable et même d'un toit-terrasse. Il est situé dans une sorte de complexe qui ressemble à un resort et est donc à l'abri de l'agitation de la route, c'est une véritable oasis de quiétude. Le café est bon, et la carte est fournie du petit-déjeuner au diner en passant par les cocktails, les jus et les milkshakes. Prix raisonnables et ambiance sympathique.

PAYAG €

0023 S. Matig-a Street
✆ +63 38 412 2527

Ouvert tous les jours de 11h à 22h. Plats entre 175 et 280 PHP.

Situé dans une ancienne demeure de l'époque coloniale, ce restaurant sert une cuisine philippine traditionnelle (sizzling gambas, porc au barbecue, pancit canton, chopsuey, soupe au poulet) à des prix plutôt modestes. La décoration, en bois du sol au plafond en passant par le mobilier, nous plonge directement dans une autre ambiance. La qualité des plats est malheureusement inégale et le service peut être longuet. Le poulet à la braise est très fameux auprès des locaux. Un bon plan à Tagbilaran. Adresse appréciée des habitants.

PRAWN FARM €€

✆ +63 919 079 4785

Ouvert tous les jours de 9h30 à 21h. Plats entre 240 et 850 PHP, buffet à 500 PHP.

Situé dans le Island City Mall, c'est un restaurant spécialisé dans les produits de la mer (mais pas seulement) qui est très apprécié des habitants. Le service est agréable et les produits sont bons. Nous conseillons les gambas et les tilapia délicieux ou le porc à la braise pour les amateurs de viande. Il y a également des plateaux gargantuesques à partager avec crevettes, poulets, nems, chopsuey de légumes et nouilles pancit. Le vendredi, samedi et dimanche à midi, c'est buffet à volonté ! Et pour le prix, ça vaut vraiment le coup.

LOBOC ★

Située à 40 minutes du port de Tagbilaran, Loboc est une municipalité d'à peine 20 000 habitants, surtout connue pour la magnifique rivière qui porte le même nom et qui est l'un des sites touristiques incontournables de l'île de Bohol. La rivière Loboc traverse une jungle exubérante qui sert de décor à des excursions en bateau où l'on sert généralement un buffet à l'heure du déjeuner. Les plus sportifs peuvent flâner sur la rivière en paddle ou en kayak et les plus aventuriers peuvent la survoler en tyrolienne. Loboc peut servir d'étape au retour de la visite des célèbres Chocolate Hills par exemple. À ne pas manquer lors d'un séjour à Bohol.

RIVIÈRE LOBOC ★★

Tours organisés entre 10h et 14h. Adulte 850 PHP (lunch inclus).

La rivière Loboc est l'un des joyaux de l'île de Bohol. Entourée d'une végétation dense, tropicale et luxuriante, on la surnomme l'Amazonie des Philippines. Elle traverse l'île sur presque 60 km avant de rejoindre l'océan à l'embouchure de Loay au nord. En fonction de la météo, ses eaux, paisibles, sont tantôt d'un bleu émeraude lumineux, tantôt vertes avec des nuances de jade. Toujours magnifique. Le long de ses rives, quelques écolodges se sont installés, restant assez discrets et en harmonie avec leur environnement, pour accueillir les voyageurs en quête de tranquillité. La plupart proposent les mêmes activités, à savoir tour en banca le soir pour aller observer les lucioles, massages, cours de cuisine philippine (parfois) et balade sur la rivière en stand-up paddle (500 PHP). C'est la façon la plus sympa de découvrir la rivière, en allant à son rythme, sans bruit de moteur, seul avec un guide qui raconte des histoires, c'est lent et on prend le temps de s'imprégner des paysages, une super expérience ! Si vous préférez être assis, il est possible de remonter la rivière en kayak (comptez 400 PHP). Enfin, on peut embarquer pour une croisière en bateau le long de la rivière Loboc qui dure 1h, accompagnée d'un lunch sous forme de buffet philippin. Sur certains bateaux, on a droit à de la musique et des danses plus ou moins authentiques (pourboires bienvenus : 20-50 PHP). C'est une expérience touristique qui plaira à certains. Dans tous les cas, la rivière Loboc est l'une des merveilles naturelles de Bohol.

NUTS HUTS €

Loboc River
+63 920 846 1559
www.nutshuts.org
Lit en dortoir à 490 PHP. Chambre double avec salle de bain à partir de 990 PHP.

Confort minimum (ventilateur et eau froide) pour ces bungalows en nipa et bambou qui se fondent dans la nature : autant être averti ! Mais c'est un enchantement pour les voyageurs qui souhaitent séjourner en pleine nature et jouir d'une tranquillité absolue. Il se situe le long de la rivière Loboc et offre un grand choix d'activités (randonnées, zipline, location de scooter...). Accueil chaleureux et menus originaux, contribuant ainsi à l'atmosphère conviviale qui règne dans ce lieu. Pas pour tout le monde donc, mais à découvrir pour les plus aventuriers.

WATER TO FOREST ECOLODGE €

Valladolild, Loboc River +63 929 364 0353
www.watertoforest.com
3 cottages ouverts et communs. Sanitaires en commun. Lit simple 700 PHP, lit double 1 300 PHP. Restaurant. Activités.

Au bord de la rivière Loboc, perchée dans les arbres, une superbe *native house* en bambou totalement ouverte, où l'on dort (très bien) sur un matelas au sol face à la nature... Quel bonheur de se réveiller avec le son des oiseaux, des arbres et de la rivière. C'est un couple franco-philippin qui a ouvert ce lodge et on trouve que c'est une belle réussite, les employées sont pleines de joie, le restaurant (délicieux) est aussi un espace de rencontre et la sortie lucioles et paddle sur la rivière est un *must*. Un logement atypique réservé aux amoureux de la nature !

LOBOC ECOTOURISM ADVENTURE PARK

+63 922 543 3664
Ouvert tous les jours de 8h30 à 17h30. Tyrolienne 400 PHP (avec le téléphérique 600 PHP).

Ce parc d'amusement (assez restreint) pourra en divertir certains le temps d'une après-midi. Une tyrolienne permet de rejoindre deux collines en surplombant la rivière Loboc, l'expérience est assez époustouflante ! Elle mesure plus de 500 m et est haute de 120 m, et si vous en voulez encore, sachez qu'elle fonctionne dans les deux sens. Pour les autres, vous pouvez utiliser l'étrange téléphérique qui ressemble à une cage pour rejoindre l'autre côté de la rivière. Sensations garanties !

SUP TOURS PHILIPPINES

Petron Gas Station, Valladolid
+63 917 713 7577
www.suptoursphilippines.com
Excursion de 8h à 3 000 PHP ; 1h sur la rivière : 800 PHP (+ lunch 750 PHP). Autres tarifs en ligne.

C'est l'agence pionnière des excursions de stand-up paddle (SUP) aux Philippines. Au programme : des sorties d'une heure ou d'une journée entière sur la rivière Loboc qui vous emmènent jusqu'aux chutes de Busay et à l'océan (plus challengeant physiquement). Elle organise également des séjours sur plusieurs jours autour du paddle, des cours de yoga sur paddle et des sorties nocturnes. Et contrairement à ce qu'on pourrait croire, ça ne nécessite aucune compétence particulière. Une alternative originale aux croisières en bateau (très touristiques !) sur la rivière.

PANGLAO ISLAND ★

Située au sud-ouest de Bohol, deux ponts relient cette superbe île à Bohol et permettent de profiter de ses belles plages et de superbes fonds sous-marins. C'est en effet l'une des Mecque de la plongée aux Philippines. La plage la plus connue est Alona Beach, qui s'étend sur 1,5 kilomètre. Elle n'est pas très propice à la baignade, mais pour autant le snorkeling y est plaisant. C'est là que se concentrent la majorité des hôtels et restaurants de l'île. Pensez à réserver très tôt, notamment pour la haute saison, car les places sont chères. Malgré la foule qui s'agglutine ici, le soir, dîner à même la plage sous les étoiles est une expérience très agréable, que l'on soit seul, en couple ou entre amis. Pour ceux qui cherchent le calme, sachez qu'il existe bien d'autres plages beaucoup plus tranquilles et épargnées par le flot de touristes. En dehors des activités nautiques, il peut être agréable de découvrir l'intérieur paisible de l'île, à scooter.

Sports / Loisirs

La plupart des resorts ont leur propre club de plongée. Les prix sont tous sensiblement les mêmes. Préférez les petits groupes et surtout, essayez autant que possible de tester le matériel avant de partir en plongée.

▸ **Spots de plongée.** Le récif à l'ouest de Panglao, à quelques minutes de banka d'Alona Beach, est le plus populaire en raison de son corail et de ses petites falaises qui plongent à 50 mètres de profondeur. Doljo Point et Cervical Shoal sont également très courus. Les plus belles plongées se trouvent près de l'île de Balicasag où plusieurs dizaines de tortues viennent brouter les prairies sous-marines.

À Pamilacan, à 22 kilomètres de Panglao, les plongeurs chanceux peuvent observer des raies mantas et des requins-baleines entre janvier et avril. Comptez 6 000 PHP pour une sortie incluant trois plongées, le matériel et les entrées (Doljo, Balicasag, Pamilacan).

Transports

- **De Tagbilaran,** un taxi vous demandera 500 PHP et un tricycle environ 300 PHP. Comptez 30 minutes.
- **Pour vous déplacer,** empruntez un tricycle ou louez vous-même une moto auprès de votre guesthouse. Nous déconseillons de louer un véhicule aux nombreux loueurs à la sauvette présents sur la plage d'Alona.

PEDRO'S RESORT €

Circumferential Road
✆ +63 918 334 4115
Chambre double à partir de 1 130 PHP.

On ne peut parler du Pedro's Resort (anciennement Roberto's) sans présenter ses charmants propriétaires Mélissa et Roberto. Québécois, ils se sont installés à Bohol avec l'intention de prendre le rythme local et ont bâti ce charmant petit resort, avec des chambres articulées autour d'un joli jardin. Simples et propres, elles ont toutes une petite terrasse. Le matin on prend son petit-déjeuner sous le patio planté au milieu du jardin, le soir venu un verre s'impose au bar. Une adresse simple mais chouette à l'écart de l'agitation d'Alona Beach.

HOPE HOMES RESORT €

Daorong, Danao
✆ +63 928 552 3435
Bungalows pour deux à partir de 500 PHP. Location scooter incluse.

Située à une accélération de scooter d'Alona Beach (vers Danao), Hope Homes est une excellente solution pour les petits budgets qui souhaitent profiter de l'île et de ses alentours en toute décontraction. Au cœur d'un jardin, une douzaine de bungalows en nipa est installée autour d'un patio faisant office de restaurant-bar. Le confort est basique mais l'ensemble est bien tenu et l'ambiance est très bonne et le personnel aux petits soins. C'est un peu excentré mais l'utilisation de la moto (comprise dans le prix) remédie idéalement à tout ça.

REGGAE GUESTHOUSE €

Tawala
✆ +63 908 235 9118
Chambres doubles à partir de 1 140 PHP.

La Reggae guesthouse, c'est un établissement hyper convivial de six bungalows individuels et familiaux d'inspiration *native house,* nichés à l'entrée de la plage d'Alona (à sept minutes à pied). Une belle adresse où l'on apprécie le calme, son ambiance rock et bon enfant et surtout son jardin luxuriant. Les petits-déjeuners sont inclus et seront servis en terrasse ou au bungalow. Le bar comme la cuisine sont ouverts de 7h30 à 22h. Bref tout est fait pour qu'il ne vous manque rien. Un coup de cœur que nous recommandons aux voyageurs !

MOON FOOLS HOSTEL €

Ester A. Lim Drive cor. Hontanosas Road, Tawala
✆ +63 963 450 4222
Lit en dortoir à partir de 585 PHP, chambre double privée à partir de 1 250 PHP.

Une auberge de jeunesse à l'esprit écolo située à quelques minutes à pied du sable blanc de la plage d'Alona. La première du genre de la région qui s'adapte aux voyageurs soucieux de contenir leur budget sans renoncer au confort d'un lit propre et agréable après une journée d'aventure. Dortoirs mixtes, pour femmes ou avec rideaux (*pods*). Sur place, petit-déjeuner basique, douches propres, wifi, climatisation et eau potable. Tout cela pour un prix très raisonnable sans équivalence. À proximité des restaurants et bars qui répondront aux goûts de chacun.

ALONA KEW WHITE BEACH €€

Alona Beach
✆ +63 917 182 2923
Chambres doubles à partir de 6 400 PHP. Petit-déjeuner buffet inclus.

Un hôtel bien situé sur le bord de la plage, avec une piscine agréable et de charmants bungalows, quoique un peu vieillots. Le service est correct et le petit-déjeuner est très bon (ce qui est toujours apprécié). Seule petite ombre dans ce tableau idyllique : l'établissement est le plus souvent fréquenté par des groupes de touristes asiatiques, et donc ça y va bon train avec les soirées musique live et karaoké… Si vous n'aimez pas pousser la chansonnette (ou si vous n'aimez pas trop entendre la chansonnette), passez votre chemin !

ALONA VIDA BEACH HILL RESORT €€

Alona Beach © +63 38 422 8726

Chambres doubles à partir de 2 850 PHP.

En bord de plage (les pieds dans l'eau même), l'Alona Vida est un charmant hôtel qui propose de jolies chambres pour un rapport qualité-prix intéressant. Le resort est également réputé pour son bar et restaurant, le Coco Vida. Si l'on souhaite un séjour à la fois animé et à la bonne ambiance, à la fois un peu paresseux et sans bouger dans tous les sens, alors cet établissement qui réunit toutes les commodités, et qui est idéalement situé sur la plage, vous comblera.

VILLA KASADYA €€

Alona beach © +63 947 202 6694

http://villakasadya.com/

Chambre double à partir de 5 000 PHP. Petit-déjeuner inclus.

Villa Kasadya offre quatre charmantes villas nichées dans un joli jardin tropical autour d'une piscine à 3 minutes à pied de la plage. Une adresse de charme dont on apprécie particulièrement le design au style asiatique-chic inimitable. Trois associés français Greg, Fred et Olivier ont œuvré à la réussite de ce projet sorti de terre en 2015. L'influence hexagonale est d'ailleurs présente dans la gastronomie fusion de qualité. Vous pourrez prendre votre petit-déjeuner sous le grand pavillon aux airs de paillote raffinée face à la piscine. Une cachette à découvrir.

AMIHAN RESORT €€

Danao

© +63 38 427 1929

www.amihanresortpanglao.com

Chambres doubles à partir de 4 000 PHP.

Amihan Resort est situé à 4 minutes à pied de la plage d'Alona. Le complexe propose une grande piscine à débordement à côté de son grand restaurant. Les 3 catégories de chambres offrent tout le confort que l'on mérite ! Chaque chambre est équipée de la climatisation, d'un lit king size, d'une télévision, d'une salle de bains moderne avec douche à effet pluie et d'une terrasse privée. Le restaurant propose une variété de plats d'influences asiatique et européenne. L'équipe sur place vous aidera à organiser toutes les visites, activités. Nous recommandons.

ISIS BUNGALOWS €€

Alona Beach

© +63 38 502 9292

www.isisbungalows.com

Chambres doubles à partir de 2 000 PHP.

Isis Bungalows & Seafood Thaï Restaurant est un hôtel planté sur la plage d'Alona. L'hôtel, sous supervision suisse, offre 12 bungalows et chambres avec des terrasses orientées vers la mer. Le restaurant attenant jouit d'une bonne réputation et conjugue joyeusement produits de la mer avec de la cuisine thaïe et *western*. Leur politique de prix modérés et leur emplacement sur la plage font de ce lieu un endroit privilégié pour vos vacances. De très nombreuses possibilités d'excursion, de shopping et de plongée ne manqueront pas d'agrémenter votre séjour.

BIRD OF PARADISE €€

Ester Lim drive, Heartland Road

© +63 917 522 2473

www.birdofparadise.ph/en/

Chambres doubles à partir de 6 000 PHP. Petit-déjeuner inclus.

Situé à l'écart de l'agitation d'Alona Beach tout en étant proche, Bird of Paradise est un réel coin de paradis. Cet hôtel intimiste dispose de huit chambres magnifiquement conçues à la décoration plutôt contemporaine tout en restant chaleureuse. Dans le grand jardin abritant plusieurs espèces de plantes tropicales et de fleurs d'oiseaux du paradis, une grande piscine trône fièrement. Sur place également, un restaurant et un bar, ainsi qu'un espace de réception avec un personnel accueillant et dévoué qui vous aidera à organiser vos visites à Bohol et Panglao.

OASIS RESORT €€

Alona Beach

© +63 907 081 8015

www.oasisresortbohol.com

Chambres doubles à partir de 5 130 PHP. Petit-déjeuner inclus.

Charmant resort donnant sur la plage d'Alona. À dominance boisé, l'établissement offre de coquettes chambres réparties dans un beau jardin avec une piscine. L'endroit est calme et offre un excellent rapport qualité-prix. Le restaurant et le bar sur la plage proposent une cuisine internationale de qualité ainsi qu'un gourmand buffet de petit-déjeuner. Un centre de plongée Seaquest PADI 5-étoiles vient compléter l'offre déjà alléchante. Plusieurs packages avantageux sur son site dont un comprenant huit nuits, dix plongées, un massage, les repas, le transfert, etc.

SCENT OF GREEN PAPAYA €€

Ester A. Lim Drive
✆ +63 917 324 23 99
www.scentofgreenpapaya.com
Chambres doubles à partir de 4 000 PHP. Petit-déjeuner inclus.

Idéalement situé au calme, cet éco-resort moderne, joliment construit et décoré avec les matériaux locaux, compte une grande piscine à débordement ainsi qu'une plus petite avec un bain bouillonnant, le tout tapissé d'herbe. Du bleu, du vert, du local ! Les chambres sont tout confort avec un grand lit, une climatisation moderne et silencieuse, un grand écran HD, une salle de bain spacieuse… Le personnel fait l'unanimité auprès des voyageurs de passage grâce à son hospitalité sans limite. Une navette pour Alona est à disposition des clients. Une adresse paisible.

AMARELA €€€

Lourdes-Libaong Road
✆ +63 917 623 0557 - www.amarelaresort.com
Chambres doubles à partir de 7 600 PHP. Petit-déjeuner et transfert inclus.

Cet établissement écoresponsable est né de la passion du propriétaire philippin pour son île et de sa volonté de faire que les visiteurs se sentent chez eux et c'est réussi. Chaque détail de la décoration a été étudié avec soin, des pièces communes aux salles de bains ; le plancher est en bois et l'ensemble a le cachet des anciennes maisons coloniales. C'est aussi l'occasion de découvrir l'artisanat boholano. En outre, la plage de l'hôtel est magnifique et la piscine jouit d'un cadre splendide. Le personnel prend grand soin des voyageurs. Une très belle adresse.

VILLA FORMOSA €€

Dumaluan Beach Barangay Sapa
✆ +63 918 561 9268
Chambres doubles à partir de 4 200 PHP. Petit-déjeuner inclus.

Avec neuf chambres seulement, cet hôtel est idéal pour un voyage en famille et possède une grande piscine et un bain à remous. Les hôtes, Anita et Salvatore, gèrent une équipe dévouée à votre bien-être, et aux petits soins. Les chambres sont joliment décorées et avec tout le confort nécessaire. Une cuisine variée, simple et savoureuse est préparée tous les jours. Rien de mieux que de déguster ses gambas fraîchement pêchées à la lueur des torches et au bord de la piscine éclairée un soir de nuit d'été. Un écrin de calme, et un excellent rapport qualité-prix.

BLUEWATER PANGLAO RESORT €€€

Danao ✆ +6338 416 0702
www.bluewaterpanglao.com.ph
Chambres doubles à partir de 8 200 PHP. Petit-déjeuner inclus.

Bel hôtel, rénové en juin 2023 et situé sur une plage privée. Il dispose de deux piscines extérieures en forme de lagons et de deux espaces de restauration dont un bar au bord de la piscine et un restaurant qui sert une cuisine associant saveurs locales et asiatiques. Les chambres sont spacieuses, sobres, la literie est d'excellente qualité et la salle de bains est pratique et jolie. L'avantage ? En journée comme les clients sont partis à la plage principale, les transats et les piscines sont à vous. Massages et plongée aussi disponibles. Une adresse de prestige.

AMORITA RESORT €€€

1 Easter A. Lim Drive, Brgy Tawala
✆ + 63 38 502 9003
www.amoritaresort.com
Chambres doubles à partir de 12 000 PHP. Petit-déjeuner inclus.

L'Amorita est un hôtel de charme, luxueux, situé dans les hauteurs, il surplombe la mer de Bohol et offre un panorama éblouissant. Plus de 90 chambres et suites, somptueuses, alliant confort, design contemporain et décoration épurée, la grande classe ! Également des villas avec piscine privée. Et surtout : vue imprenable sur la mer pour tout le monde. L'ambiance est très zen et le personnel promet des prestations à la hauteur du standing. La piscine à débordement est impressionnante, il n'y a plus qu'à commander un jus ou un cocktail et profiter de ce paradis.

ESKAYA BEACH RESORT €€€

Dao, Brgy Tawala
✆ +63 917 109 9830
www.eskayaresort.com
Villa pour deux avec piscine privée à partir de 18 200 PHP. Petit-déjeuner et transfert de l'aéroport inclus. Wifi.

Dans un cadre idyllique, l'Eskaya Beach propose de splendides villas (allant de la jolie villa pour deux à d'impressionnantes villas de 200 m^2) mariant style traditionnel philippin où bois exotique et bambou règnent en maître à un design rustique-chic et un confort maximal. Luxe absolu : chaque villa possède sa piscine privée, un bain à remous et une douche extérieure balinaise. Pour ajouter au plaisir, une piscine à débordement surplombant la mer et une plage privée ! Côté table, le restaurant propose une cuisine locale et internationale de qualité.

INTERVIEW

L'AMARELA RESORT

RENCONTRE AVEC JOAN, MANAGER DE CE LIEU UNIQUE

Comment est né l'Amarela Resort ?

Derrière l'Amarela, il y a avant tout Lucas, le propriétaire philippin. Très sensibilisé aux questions environnementales et féru d'art, Lucas a voulu créer un lieu autour de ces valeurs, dans le but d'offrir une expérience immersive aux voyageurs.

Quelles sont les pratiques écoresponsables de l'hôtel ?

L'Amarela est fier d'avoir remporté trois fois le prestigieux ASEAN Green Hotel Award (le prix de l'hôtel vert de l'Association des nations de l'Asie du Sud-Est). Parmi les pratiques écologiques mises en place, il y le chauffage solaire, la conception et les appareils à haut rendement énergétique, la collecte des eaux de pluie et la gestion des déchets.

D'ailleurs la nature est présente jusque dans l'assiette...

Oui, l'Amarela gère également son propre jardin où sont cultivés, selon des méthodes naturelles, des herbes, des légumes et des fruits qui sont directement utilisés pour la préparation des plats servis au restaurant.

Quelle place occupe l'art dans le resort ?

L'Amarela est un lieu où l'art et le patrimoine de Bohol sont omniprésents et mis en valeur. L'art local est visible de la conception structurelle de l'hôtel à son mobilier et à sa décoration fine et boisée. L'Amarela dispose également d'une galerie d'art où est exposée une superbe collection d'œuvres, d'antiquités et d'objets locaux chinés par le propriétaire.

Enfin, pourquoi est-ce un lieu unique ?

De l'accueil chaleureux au confort des chambres en passant par la décoration soignée, la vue panoramique sur la mer de Bohol, le respect de l'environnement et la mise en valeur du patrimoine local... : tout est réuni pour que les voyageurs passent un séjour extraordinaire dans un lieu qui l'est tout autant.

AMARELA

Lourdes-Libaong Road
✆ +63 917 623 0557
www.amarelaresort.com

© DR

© DR

© DR

HENANN RESORT €€€

Alona Beach
✆ +63 917 317 086
www.henann.com
Chambres doubles à partir de 8 200 PHP. Petit-déjeuner inclus.

Au bout de la plage d'Alona avec un accès direct bien sûr, voici le plus grand complexe hôtelier en bord de mer de l'île ! Les 400 logements (villas privées et chambres deluxe) se partagent l'immense espace avec trois magnifiques piscines, un institut de soins et massages et plusieurs restaurants dont un raffiné et l'autre sous forme de buffet à volonté. Il y a également un bar au bord de la piscine. Le tout est haut de gamme. Personnel attentif et disponible. C'est un peu ostentatoire (certes) mais c'est pas du luxe pour un 5-étoiles !

BOHOL BEACH CLUB €€€

Bo. Bolod ✆ +63 38 502 9221
www.boholbeachclub.com.ph
Chambres doubles entre 11 000 et 20 000 PHP, petit déjeuner inclus. Transfert aéroport, piscine, restaurant, activités.

Le Bohol Beach Club propose des chambres et installations modernes pour répondre aux besoins des voyageurs les plus exigeants. Les clients bénéficient d'une plage privée paradisiaque avec du sable blanc, des eaux cristallines et surtout le répit nécessaire pour se relaxer en toute sérénité. L'équipe en cuisine propose une grande variété de plats philippins traditionnels ainsi qu'une cuisine internationale qui saura satisfaire tous les palais. Très professionnelle, l'équipe du Bohol Beach Club fournit un service impeccable. De quoi passer des vacances de rêve !

SOUTH PALMS RESORT €€€

Barangay Bolod
✆ +63 917 716 7609
www.southpalmsresort.com
Chambres doubles à partir de 13 400 PHP. Petit-déjeuner inclus. Wifi.

Situé à quelques pas de la plage de Bolod, à 10 minutes de la plage d'Alona, ce resort possède un spa, une salle de sport et une piscine extérieure sur lesquels vous pouvez compter pour une remise en forme ou un grand moment de détente. Pour les amoureux de nature, la plongée y est fortement recommandée. Les chambres vous séduiront par leurs espaces et leurs décorations de style tropical. Le restaurant Oceanica sert une cuisine raffinée, essentiellement des plats de fruits de mer locaux et internationaux. Une adresse haut de gamme et de qualité.

BOHOL BEE FARM €€

Dao, Dauis
✆ +63 38 510 1822
www.boholbeefarm.com
Ouvert tous les jours de 8h à 22h. Plats de 370 à 660 PHP. Chambre double à partir de 4 000 PHP.

Ce restaurant caché entre les arbres exotiques vaut le détour. Ici, le concept « de la ferme à l'assiette » s'applique vraiment : les ingrédients proviennent du jardin (on vous conseille d'ailleurs de le visiter). Sans surprise, on y savoure donc une cuisine fraîche et savoureuse. Notre recommandation ? La salade de fleurs, aussi belle que bonne et les Cassava lumpia, tout est raffiné et fait maison. Du côté ambiance, la vue sur la mer est magique tandis que la déco rustique et colorée nous a bien plu. Quelques chambres superbes également. À tester.

SHAKA BOHOL €

Panglao Island Circumferential Road
✆ +63 956 955 6491
www.shakacafes.com
Ouvert tous les jours de 8h à 20h. Plats entre 280 et 420 PHP.

« L'alternative santé » dit le slogan de cette chaîne, déjà implantée à Manille et Siargao, et on acquiesce totalement ! À deux pas de la plage Alona, dans un décor naturel lumineux, ce petit café propose une cuisine végétarienne et végétalienne 100 % gourmande. Des smoothies bowls ultra vitaminés, des burgers végans à faire saliver les carnivores, des bowls (bols remplis de légumes, légumineuses, céréales et protéines végétales) pour faire le plein d'énergie, des jus de fruits minute... Bref, une adresse fraîche et vivifiante à tester !

GIUSEPPE PIZZERIA & SICILIAN ROAST €€

900 meters from Alona Beach Rd
✆ +63 917 625 5582
Ouvert de 11h30 à 22h. Fermé le lundi. Plats entre 330 et 690 PHP.

Un des meilleurs restaurants italiens de Bohol. Chez Giuseppe, on propose des pizzas cuites au four traditionnel, des pâtes et des antipasti délicieux à base de produits importés directement de Sicile. En plus d'une terrasse couverte de feuilles de vigne, la grande salle est très agréable car vous y verrez les cuistots à l'œuvre. On aime beaucoup cette grande cuisine ouverte, et le *staff* prévenant et compétent. On recommande, si vous aimez la nourriture italienne. Une bonne adresse.

FOCUS

LE BOHOL BEACH CLUB

DES PRESTATIONS DE QUALITÉ POUR UN SÉJOUR DE RÊVE

C'est, sans aucun doute, l'un des meilleurs hôtels de Panglao ! Situé à l'écart de la plage principale d'Alona, le Bohol Beach Club jouit de sa propre plage privée, et quelle plage ! Sable blanc, eau turquoise et transparente, tranquillité absolue... : c'est l'une des plus belles de l'île et ce, seulement à dix minutes du centre-ville. Avec ses 80 chambres Deluxe modernes et ses 8 suites élégantes avec vue sur mer, l'hôtel offre tout le confort attendu d'un établissement de ce standing et des prestations excellentes. En plus d'un café et d'un bar proposant une multitude de boissons alcoolisées ou non, on trouve bien sûr un restaurant où sont servis des plats philippins et internationaux de qualité pour répondre à toutes les envies gustatives. Le Bohol Beach Club met aussi à disposition de ses clients un service de voiturier, des massages relaxants sur la plage dans des huttes à ciel ouvert, une immense piscine, un centre de plongée et un bureau d'excursions, le tout dans une ambiance détendue et encadré par un personnel qualifié et accueillant, aux petits soins avec chaque client. Le Bohol Beach Club ravira autant les voyageurs en quête de farniente que les hyperactifs grâce à toutes les activités organisées par le CASI, le club d'aquasports de l'hôtel : expédition sur un bateau à fond de verre, kayak, pédalo, voilier, island hopping, snorkeling dans un sanctuaire marin situé juste en face du complexe et bien sûr de la plongée pour tous les niveaux (PADI, monitorat, amateur, etc.), encadrée par deux instructeurs résidents et avec un matériel dernier cri. Les amateurs de plongée seront ici au paradis pour rayonner sur les plus beaux sites alentour comme Cabilao, Pamilacan, Parco Point, Kalipayan et Puntod, entre autres. Alors, convaincu ? Faites vos bagages et rejoignez le Bohol Beach Club pour un séjour qui restera gravé dans votre mémoire.

BOHOL BEACH CLUB
Bo. Bolod
✆ +63 38 502 9221
www.boholbeachclub.com.ph

© ALLAN

© ALLAN

© ALLAN

FRENCH TOUCH DIVING

Circumferential Rd Purok 6
✆ +63 927 1216 297
https://french-touch-diving.com
Ouvert tous les jours. Open Water SSI en 3 jours : 19 500 PHP.

French Touch Diving c'est le club de plongée 100 % francophone de référence à Panglao. Le club propose un large panel de prestations qui peuvent être adaptées aux besoins de chacun : baptême pour débutant, plongée loisir, excursions à Balicasag island, dans un banc de sardines, à Cabilao ou encore sur une épave, les possibilités sont nombreuses. Les équipements sont de bonne qualité et régulièrement contrôlés. Dans une démarche d'écotourisme, French Touch Diving s'engage pour la préservation des fonds marins en limitant l'impact de chacun dessus.

© DAVID LE BIHAN

© NORI

LINAW BEACH RESORT €€

9999 Daorong, Danao
✆ +63 38 427 2463
www.linawbeachresort.com
Ouvert tous les jours de 6h30 à 22h30. Plats dans les 600 PHP.

Ici, pour résumer c'est sable blanc entre vos orteils, une boisson fraîche dans votre main et une hospitalité chaleureuse qui instantanément va vous faire oublier le stress du quotidien ! Vous est proposée une cuisine internationale qui plaira à tous les palais, jumelée à une collection de vins fins. La spécialité reste le plateau de fruits de mer au bon goût d'iode, à ne pas manquer. Si vous êtes à la recherche d'une escapade romantique (le coucher de soleil est à couper le souffle) ou d'un plaisir en famille, vous avez trouvé. Des chambres sont à disposition.

ALUNA BEACH LOUNGE

59 Alona Beach Rd
Ouvert de 9h à 3h. Plats environ 300 PHP. Boissons à partir de 80 PHP. Shots 180 PHP.

L'un des bars les plus en vogue sur Alona Beach. Ce sympathique bar de plage est installé sous une paillote traditionnelle. On peut se poser sur les canapés directement sur la plage dès les premières heures du matin pour goûter un bon déjeuner dans une ambiance décontractée, à midi pour manger un burger et à l'heure du coucher du soleil pour siroter son cocktail (happy hours disponibles). Sans surprise, l'endroit attire grand monde en soirée ! Et pour cause, l'ambiance est très festive et conviviale et les tapas philippines sont délicieuses.

GETAWAY SPA

Alona Beach Rd
✆ +63 917 672 7272
Ouvert tous les jours de midi à minuit. Massage à partir de 550 PHP/heure.

Après avoir passé la journée à plonger dans les sublimes fonds marins de Panglao, ou à avoir sillonné les routes de Bohol entre cascades, forêts et Chocolate Hills, vous aurez bien mérité un petit moment de détente et de réconfort, non ? Si, c'est le cas, Getaway Spa, à deux pas d'Alona Beach, est une super adresse ! Les masseuses sont gentilles et professionnelles, l'endroit est propre et les prix sont dérisoires en comparaison à la qualité des prestations. Massage thaï, aux pierres chaudes, aux ventouses, du dos ou des pieds... Le plus dur reste de choisir !

SEAQUEST DIVE CENTER

✆ + 63 38 502 9069
www.seaquestdivecenter.com
Packs tout inclus à partir de 35 000 PHP (55 000 PHP pour deux personnes). Offres sur leur site.

Centre de plongée pionnier à Alona Beach. Ouvert en 1990, c'est une véritable institution. Il dispose d'une équipe d'instructeurs locaux et internationaux, tous très expérimentés et proposant des cours PADI pour tous les niveaux. Le centre propose des excursions variées dans toute la région. Plongées de nuit, recommandées. Forfaits « hébergement + plongée » avec Oasis Resort situé juste à côté, où vous trouverez un beach club et un restaurant où vous pourrez passer du temps libre après avoir profité des fonds marins de Panglao et des îles Pamilacan et Balicasag.

BALICASAG ISLAND DIVE RESORT €€

✆ +63 928 217 6810
https://balicasagislanddiveresort.com/
Fermé temporairement depuis le typhon de fin 2021.

C'est le seul hébergement présent sur l'île. Il est un peu vieillot et pas très bien entretenu mais si vous souhaitez passer une nuit sur l'île, vous n'aurez pas le choix. Le passage du typhon Odette en décembre 2021 n'aura rien arrangé. Par contre, tout est d'un calme olympien… et vous serez aux premières loges pour partir explorer les fonds marins réputés de l'île. Vous pourrez vous former ou vous perfectionner directement au centre de plongée attenant.

BALICASAG ISLAND

Cette île est très prisée des plongeurs et s'y rendre est l'une des activités-phares de Bohol. Il faut compter 45 minutes de traversée pour l'atteindre. Et ne vous attendez pas à être seul. L'île et ses alentours ont été déclarés sanctuaire marin pour préserver la biodiversité dont les innombrables tortues, dauphins, bancs de carrangues et barracudas qui y vivent. Les sites de plongée répertoriés sont très réputés et de classe mondiale (tombant de 50 m). On peut donc s'y rendre sans problème, soit dans le cadre d'une session de plongée, soit dans le cadre d'une excursion journalière souvent combinée avec l'iconique banc de sable de Virgin Island.

Tourisme

De nombreux tours sur Balicasag sont proposés depuis Alona Beach, voici quelques conseils avant d'embarquer :

- **Assurez-vous** avant le départ que la location du matériel de snorkling est comprise dans le prix (ou louez-le avant d'être au milieu de nulle part ou il vous sera alors facturé à prix fort).
- **L'entrée du site est payante** (150 PHP) et n'est parfois pas comprise dans le prix ; de même que la taxe pour le stationnement des bateaux (50 PHP). Renseignez-vous pour savoir ce qui est compris ou non.
- **Ne montez dans un bateau** que si ce dernier a effectivement des gilets de sauvetage mis à disposition des clients. Les accidents ne sont pas nombreux, mais ils existent.

PAMILACAN ISLAND

Cette toute petite île et ses environs sont réputés pour l'observation des baleines et des dauphins. Les dauphins sont là toute l'année et les baleines entre mars et juin. 200 familles habitent sur l'île. Ils vivaient essentiellement de la chasse des baleines, dauphins et raies mantas, jusqu'à ce qu'une loi protège ces mammifères. Aujourd'hui ils se sont reconvertis dans le tourisme. Une escapade splendide et authentique.

Transports

On s'y rend avec un tour organisé depuis Alona Beach ou le pier de Baclayon. Il est aussi possible d'aller directement au pier et de demander à embarquer sur une banca (1h, 1 500 PHP), même si ce n'est pas ce que nous recommandons.

PAMILACAN ISLAND WHALE AND DOLPHIN WATCHING TOURS

Villamor Street, Baclayon ✆ +63 917 864 9766
http://whales.bohol.ph
4 000 PHP/pers. (pour 2 ou 3), tarifs dégressifs. Transfert hôtel inclus, départ 5h30.

La meilleure option pour aller observer les dauphins (et des baleines de mars à juin). Jojo le propriétaire est très impliqué dans l'écologie et les guides sont d'anciens chasseurs de dauphins et de rorquals de l'île de Pamilacan qui se sont réincarnés en protecteurs de ces mammifères, et vivent maintenant grâce au tourisme… Une belle histoire. Au programme, départ tôt car les dauphins sont visibles au petit matin, tour du village de Pamilacan, snorkeling et lunch sur la plage.

VISAYAS

TACLOBAN ★

Tacloban est la capitale de Leyte. C'est aussi la ville natale d'Imelda Marcos (influence que vous verrez partout dans le nom des rues et des bâtiments). Tacloban est une ville assez animée, surtout autour du marché. Frappée de plein fouet par le typhon Haiyan (Yolanda) en 2013 – l'un des plus violents au monde à avoir touché terre –, la ville avait été totalement dévastée et plus de 10 000 victimes avaient été recensées... C'est l'une des pires catastrophes naturelles de l'histoire.

Transports

- **Avion.** Liaisons quotidiennes avec Manille et Cebu.
- **Bus.** Toutes les villes de Leyte sont desservies.

© Z. JACOBS - SHUTTERSTOCK.COM

Tacloban.

MACARTHUR LANDING MEMORIAL NATIONAL PARK

Palo

Situé dans la municipalité de Palo, à dix kilomètres au sud de Tacloban, ce mémorial commémore le débarquement du général MacArthur sur Leyte, première île à avoir été libérée de l'occupation japonaise, le 20 octobre 1944. Cet évènement historique avait donné lieu à la plus grosse bataille navale du monde. C'est une photo restée célèbre qui a servi de modèle pour cet énorme ensemble statuaire qui représente des soldats américains débarquant sur la plage, de l'eau jusqu'aux genoux.

SANTO NIÑO SHRINE & HERITAGE MUSEUM

Real Street

✆ + 63 5332 1977

Ouvert tous les jours de 8h à 16h. Entrée (visite guidée) : 200 PHP (pour trois).

Ce gigantesque palais fut construit pour Imelda Marcos et la famille de l'ancien dictateur Marcos. Il est presque aussi ostentatoire que sa collection de chaussures. On relèvera le côté propagandiste puisque chaque pièce présente une province des Philippines et les bonnes actions intentées par Imelda Marcos, originaire de Tacloban. Outre l'architecture démentielle du palais, on prête attention dans les galeries aux œuvres d'artistes locaux et européens. Visite guidée obligatoire.

HOTEL ALEJANDRO €€

P. Paterno Street

✆ +63 917 710 2652

Chambres doubles à partir de 2 100 PHP. Petit-déjeuner inclus.

L'Hotel Alejandro fut construit au début des années 1930. Cette magnifique maison blanche d'avant-guerre fut pendant longtemps la demeure de l'illustre famille du docteur Montejo et le témoin d'une histoire mouvementée, notamment pendant la guerre quand le manoir servit à accueillir des rescapés. Aujourd'hui l'hôtel a su conserver son charme d'antan. Charme rehaussé par la présence d'une belle piscine sur le toit de la nouvelle aile. On aime bien l'ambiance un peu surannée associée au confort et à l'accueil chaleureux. Une adresse qui a du cachet.

ORMOC

Ormoc, sur la côte nord-ouest, nous dévoile tout son charme lorsqu'on s'y rend par bateau : la vue de la baie est en effet à couper le souffle. En dehors de cette vision idyllique, Ormoc est une petite ville portuaire de 240 000 habitants, calme et reposante. Elle aussi fut frappée de plein fouet par le super-typhon Yolanda en 2013. 90 % de ses bâtiments furent détruits.

Transports

- **En bateau de/vers Cebu** : OceanJet et Weesam Express assurent des liaisons quotidiennes (2h30, 650 PHP).
- **En bus de/vers Tacloban** : 2h, environ 150 PHP.
- **De/vers Maasin** : 4h, 250 PHP.

KALANGGAMAN ISLAND ★

Palompon City

Droit d'entrée 150 PHP (225 PHP pour camper).

L'île de Kalanggaman se situe au large de la ville de Palompon que l'on rejoint en 1h30 en van depuis Ormoc (150 PHP). De là des bateaux attendent. C'est l'une des plus belles îles de l'archipel, surtout connue pour son étroit banc de sable blanc et poudreux qui s'avance sur 800 mètres au milieu d'une eau turquoise. Quel plaisir de se promener sur cette fine bande, avec l'impression de marcher au milieu de la mer ! Il est possible de se baigner, de faire du snorkeling et même de pique-niquer et camper sur l'île pour une expérience encore plus immersive.

PARC NATUREL DU LAC DANAO ★

✆ +63 906 286 2484

Ouvert tous les jours de 7h à 17h. Entrée 50 PHP ; frais environnementaux 10 PHP.

Au nord-est d'Ormoc, le lac Danao offre une belle excursion dans les environs. Le lac fut placé sous la protection de l'État en 1972 et avait alors été nommé en l'honneur de la femme du dictateur Marcos, Imelda Lake, avant de devenir Danao Lake en 1998. Danao signifie tout simplement « lac » en tagalog, ce qui explique que d'autres lacs, comme à Camotes Island, se nomment ainsi. On peut faire du kayak ou pique-niquer sur l'une des huttes flottantes. Ambiance grande bouffée d'air pur.

IA LODGE €

Bonifacio Street corner Burgos Street

✆ +63 53 561 0788

http://ialodge.ph/

Chambres doubles à partir de 1 200 PHP.

À proximité du port et du terminal des bus, cet établissement de 110 chambres jouit d'une bonne situation en plein centre-ville avec toutes les commodités d'usage à proximité (attention, la nuit ça peut être un peu bruyant). Les chambres et l'ensemble sont assez modernes mais sans charme et le confort et la sécurité sont présents. Et pour le prix, on ne va pas trop en demander, c'est probablement le meilleur hôtel économique de la ville. Wifi et eau chaude fonctionnels. Une adresse tout à fait correcte pour une nuit de transit.

MAASIN

Maasin est la ville la plus au sud de Leyte. Elle est réputée pour sa cathédrale du XVIIe siècle qui attire de nombreux pèlerins et pour ses fonds marins qui eux attirent les plongeurs du monde entier. Le long de la baie de Sogod, plusieurs resorts assez charmants se sont installés, axant leurs prestations essentiellement sur la plongée.

Transports

- **En bateau de/vers Cebu :** Cockaliong assure 4 liaisons hebdomadaires pour 600 PHP (6 heures).
- **En bus de/vers Ormoc :** nombreux bus quotidiens (4 heures).
- **De/vers Tacloban :** nombreux bus quotidiens (5 heures).

VISAYAS

© RENEAB - SHUTTERSTOCK.COM

Parc Naturel du Lac Danao.

PASSPORT

MINDANAO

L'île de Mindanao, souvent qualifiée de noyau d'insurrections, offre une grande diversité culturelle et géographique. La vie animale sur terre et sous l'eau y est très variée, les sourires y sont chaleureux, les festivals nombreux, les fruits exotiques succulents et les plages superbes. Cette île, la deuxième par sa taille, est un point de rencontre de différentes cultures, ethnies et religions. Certaines tribus originaires de Malaisie y vivent encore, s'enfonçant de plus en plus à l'intérieur des terres, dans les montagnes et les forêts. On y croisera des embarcations appelées *vintas* surmontées de voiles colorées, des champs infinis de cultures (ananas, café, mangues...), des villages de pêcheurs sur pilotis. Les femmes musulmanes portent le sarong et les minarets et les coupoles des mosquées pointent à l'horizon. Mindanao, avec ses paysages extraordinaires comme le mont Apo, plus haut sommet du pays, est un paradis pour les aventuriers.

Cauayan
NEGRO
SIPALAY
Hinoba-an
BAIS
Cagayancillo
Bayawan
Cavili
DAUIN
Siaton
CHINE
PHILIPPINES
MINDANAO
INDONÉSIE
AUSTRALIE
Sindangan
Labason
Ipil
Siocon
Roseller Lim
Sibuco
Tulungatung
Mer de Sulu
Vitali
ZAMBOANGA
Zamboanga City
Golf
Isabela
Lamitan
Maluso
Sumisip
Basilan
Pangutaran
Jolo
Banguingui
Siasi
Bubuan
South Ubian
Bongao
Simunul
Mer de Célèbes
100 KM

MOALBOAL
VERS MAASIN
BOHOL
VERS DINAGAT ISLAND
SIARGAO ISLAND
SURIGAO
TAGBILARAN
LOBOC
BUCAS GRANDE ISLAND
PANGLAO ISLAND
Claver
AG ISLAND
PAMILACAN ISLAND
SANTANDER
DUMAGUETE CITY
Mambajao
LARENA
CAMIGUIN ISLAND
SIQUIJOR
Cabadbaran
Tandag
SAN JUAN
BUTUAN CITY
ND
Bayugan
DIPOLOG CITY
SAN FRANCISCO
BALIANGAO
El Salvador
OROQUIETA
AGUSAN MARSH
CAGAYAN DE ORO
Prosperidad
ILIGAN
Bislig
OZAMIS
MALAYBALAY
Tangub
MARAWI CITY
Valencia
Pagadian
Monkayo
Quezon
Santo Tomas
TAGUM
Panabo
Cotabato City
Manay
DAVAO
Pikit
LAKE SEBU
SAMAL ISLAND
KIDAPAWAN
Mati
MOUNT APO NATIONAL PARK
Digos
Tacurong
Lebak
Koronadal
Malita
Palimbang
Polomolok
GENERAL SANTOS
Glan
Jose Abad Santos
Kiamba
Sarangani
Mindanao
Kawio

PAGES

336 ## NORTHERN MINDANAO

La région du Mindanao septentrional a une superficie de plus de 20 000 km² et se trouve – logiquement – au nord de l'île de Mindanao. Elle compte 5 provinces : le Misamis oriental, Misamis occidental, Camiguin, Bukidnon et Lanao del Norte. C'est une région peu urbanisée en dehors des grandes villes comme Cagayan de Oro. La forêt représente 60 % du territoire et contribue au développement économique de la région qui est grosse productrice de bois de construction. Les réserves d'eau y sont importantes et les cascades permettent l'alimentation des villes en électricité. Les plus de 5 millions de personnes vivant dans la région parlent essentiellement le cebuano et le tagalog, mais on peut entendre certains dialectes encore utilisés par les ethnies et tribus y vivant. Cette région restée très sauvage réjouira les amoureux de la nature et des choses simples. Parmi les joyaux de la région à ne pas manquer : l'île de Siargao, capitale du surf des Philippines et destination de plus en plus en vogue pour ses plages et son ambiance conviviale, et bien sûr l'île de Camiguin, l'île aux sept volcans et paradis de la plongée.

336 **CAGAYAN DE ORO**

339 **MALAYBALAY**

340 **ILIGAN**

341 **MARAWI**

CAMIGUIN ISLAND ★★

342 L'île aux sept volcans, paradis de la plongée, l'île *Come Again*... À la simple évocation de ses surnoms, Camiguin donne envie de la découvrir. Pour sa nature terrestre et sous-marine exceptionnelle et préservée et pour la gentillesse de ses habitants.

348 **BUTUAN CITY**

350 **SAN FRANCISCO**

351 **AGUSAN MARSH**

352 **SURIGAO**

SIARGAO ISLAND ★★★★

355 Capitale du surf aux Philippines, il règne à Siargao une ambiance unique, chill et bohème. L'île que l'on parcourt de préférence à scooter est encore préservée du tourisme de masse. On apprécie ses vagues, ses palmiers à perte de vue et ses plages de sable blanc, bordées de cafés et de paillotes conviviales. Le soir, General Luna s'ambiance et voyageurs et locaux font la fête toute la nuit.

MINDANAO

Siargao Island.

PAGES

360 BUCAS GRANDE ISLAND
360 DINAGAT ISLAND

●● SOUTHERN MINDANAO

361

Southern Mindanao, plus communément appelée « région de Davao », est la région du sud de Mindanao englobant les provinces de Davao, Cotabato et Sarangani qui s'étendent autour du golfe de Davao et de la mer de Célèbes. Les deux villes principales sont Davao et General Santos. La région est considérée comme le garde-manger des Philippines car elle compte énormément de cultures (bananes, café, ananas, durian, etc.) et la pêche y est aussi très développée. Au-delà de cette prospérité agro-industrielle, la région de Davao est le berceau de très nombreuses tribus indigènes comme les T'boli, B'laan et Manobo qui conservent jusqu'à aujourd'hui leurs modes de vie et leur culture. Peu fréquentée par les touristes occidentaux, la région a pourtant une grande richesse naturelle à offrir avec les superbes plages de l'île de Samal et Sarangani, des lacs comme le Sebu ou encore des volcans et montagnes comme le mont Apo, le plus haut sommet des Philippines. Une destination qui ravira les amoureux de nature et de plongée autant que les voyageurs en quête d'authenticité.

DAVAO ★

361

C'est la deuxième plus grande ville du pays. Elle n'a pas d'attrait particulier en soi, si ce n'est une atmosphère particulière liée à son histoire et à ses cultures indigènes. C'est aussi une porte d'entrée pour cette région de Mindanao.

366 SAMAL ISLAND
367 TAGUM
368 MOUNT APO NATIONAL PARK
368 KIDAPAWAN
368 GENERAL SANTOS

LAKE SEBU ★

371

C'est le fief des ethnies T'Bolis et B'laans. Ils vivent sur les îlots au milieu du lac, se déplacent en pirogue et vivent de la pêche essentiellement. Leur culture et leurs tenues traditionnelles sont fascinantes.

●● ZAMBOANGA PENINSULA

372

La péninsule de Zamboanga est la région la plus au sud-ouest de l'île de Mindanao. Elle compte les trois provinces de Zamboanga et la grande ville du même nom : Zamboanga City. La presqu'île est connue pour son riche héritage historique et son visage multiculturel puisqu'elle mêle influences espagnoles et musulmanes. Elle est également la terre-mère de nombreuses tribus indigènes comme les Subanons et les Tausugs, entre autres.

Sécurité. La péninsule de Zamboanga est délaissée des touristes depuis des années en raison de plusieurs conflits armés et série d'enlèvements et d'attentats. Pour celles et ceux qui décident de voyager tout de même ici, la plus grande prudence est de mise.

372 DIPOLOG
373 BALIANGAO
373 OROQUIETA
374 OZAMIS
374 ZAMBOANGA

CAGAYAN DE ORO

Le nom « Cagayan » provient du mot *kagayhaan* qui signifie « lieu de la honte » et qui fut nommé ainsi par les Bukidnons qui avaient eu l'impression d'être trahis quand le chef de leur tribu épousa une princesse de la tribu des Maranaos (que l'on peut rencontrer aujourd'hui encore), qui avait chassé, quelques années plus tôt, les Bukidnons de leurs terres. Le nom « Oro » a pour origine la découverte d'or dans une rivière non loin de la ville par les Espagnols.
Cagayan de Oro (souvent abrégée « CDO ») compte 800 000 habitants et est située au nord de Mindanao, dans la baie de Macajalar. Elle a une activité économique intense en raison de sa proximité avec les fameuses plantations d'ananas de Del Monte, dans la province de Bukidnon, qui s'étendent à perte de vue. CDO est une ville bruyante qui connaît des problèmes d'embouteillage et de pollution. Elle reste cependant un centre culturel et économique, avec son statut de capitale au sein de la province du Misamis oriental. C'est un point de départ stratégique pour rayonner vers de nombreuses destinations de Mindanao.

Shopping

L'artisanat local est assez diversifié. Vous trouverez sans mal de nombreux objets tribaux (le plus souvent réalisés en bois, en cuivre, en noix de coco ou en fibres naturelles tissées), dans les boutiques situées à l'intérieur ou à proximité des malls, mais aussi des spécialités alimentaires comme les noix de cajou ou autres arachides et les fameux chicharons ou le jambon de Cagayan (avec sa couenne).

Transports

- **Avion.** De/vers Cebu et Manille. Plusieurs vols quotidiens. Comptez 1h30 de Manille et 40 minutes de Cebu. De l'aéroport Laguindingan pour rejoindre le centre-ville, comptez 45 km, 500 PHP en taxi et 60 PHP en jeepney.
- **Bateau**. De/vers Cebu. Plusieurs liaisons hebdomadaires (9h30, 1 500 PHP).
- **Bus**. Il y a trois gares routières à CDO. Le terminal ouest (Westbound) regroupe les bus pour Ozamiz, Pagadian et Zamboanga et d'autres villes à l'ouest de Mindanao. Les bus du terminal Market City (Agora) desservent Butuan, Malaybalay, Davao et Caminguin (en bus jusqu'à Balingoan, puis en ferry jusque Camiguin). Enfin, il y a des jeepneys au départ du terminal est (Eastbound) qui desservent les villes à l'est du Misamis oriental comme Bukidnon.
- **De/vers Bukidnon.** Il y a environ un bus par heure (2h30, 200 PHP).
- **De/vers Butuan.** Il y a environ un bus par heure (4h30, 400 PHP).
- **De/vers Surigao**. Passer par Butuan (7h30, 600 PHP).
- **De/vers Davao.** Il y a environ un bus par heure, il faut passer par Butuan ou Bukidnon (7h, 500 PHP).
- **Se déplacer.** Jeepney, tricycle, taxi, Grab... Cagayan de Oro est une grande ville, aucun problème pour se déplacer. Assurez-vous d'avoir de la petite monnaie sur vous. Si vous présentez une grosse coupure au chauffeur, vous risquez de payer plus sous prétexte qu'il n'a pas de monnaie.

CHUTES D'EAU DE CATANICO

A 10 km de Cagayan de Oro.

Situées à seulement trente minutes de route de la ville de Cagayan de Oro, les chutes de Catanico sont l'une des merveilles naturelles de la région. Après des rapides spectaculaires entre des rochers, les eaux tombent en cascade, avec puissance dans une piscine naturelle entourée de gros rochers. Attention, il est fortement déconseillé de s'y baigner en raison de la force des eaux. De plus, il convient d'être prudent quand on se déplace là-bas car les rochers sont toujours mouillés et donc glissants en raison de l'humidité ambiante.

ÉCOVILLAGE DE MALASAG

Malasag Hill, Cugman
✆ +63 917 896 8873
Entrée : 50 PHP.

Ce parc de sept hectares présente des maisons traditionnelles reconstituées et un musée sur les différentes tribus de Mindanao. Lieu culturel mais aussi de détente, les Philippins s'y rendent généralement pour y passer un moment agréable, se rafraîchir dans la piscine, faire un pique-nique ou un camping. Il y a également quelques bungalows où dormir et un restaurant. L'endroit offre une jolie vue sur la baie. Le jardin botanique regroupe une partie de la faune et la flore de Mindanao, avec de nombreuses espèces de plantes et de fleurs, de papillons et d'oiseaux.

MINDANAO

GROTTE DE MACAHAMBUS

Fermé temporairement pour rénovation.

Maca signifie « grotte » et *hambus* veut dire « chuter du haut de la rivière ». C'est à cet endroit que se déroula la bataille de Macahambus Hill. Le 4 juin 1900, un affrontement eut lieu entre la tribu des Kagayanons et des soldats américains. On dit que c'est la première victoire des Philippins face aux Américains au cours de l'insurrection philippine. À l'intérieur, on a une vue sur la rivière de Cagayan, celle où jadis les Espagnols trouvèrent de l'or. En dehors de la saison des pluies, le niveau de l'eau est assez bas et on peut se baigner dans sa piscine.

AVERTISSEMENT

En raison de l'instabilité politique et de problèmes d'attentats (parfois déjoués, parfois non), d'enlèvements ou d'insurrections et d'actes de piraterie maritime, une extrême prudence est de mise si vous souhaitez voyager dans la région de Mindanao (exception faite pour les îles de Siargao et Camiguin et certaines villes comme Davao et General Santos totalement sûres). Les modes de vie diffèrent pas mal par rapport au reste des Philippines, les gens sont assez peu habitués à voir des touristes et l'anglais n'est pas pratiqué partout. Même pour les Philippins venant d'autres régions, il est conseillé de respecter certaines règles pour voyager dans le Mindanao comme si possible être accompagné d'un ou une locale de confiance. Il est impératif de consulter le site du ministère des Affaires étrangères (www.diplomatie.gouv.fr) avant d'entreprendre un voyage dans la région. Des groupes islamistes armés (Abou Sayyaf) sont actifs surtout dans l'ouest de l'île de Mindanao, l'île de Basilian, le sud de l'île de Palawan et les archipels de Sulu et Tawi-Tawi. Pour notre part, nous déconseillons tout déplacement dans la région autonome du Mindanao, qui comprend : les provinces de Basilan et l'archipel de Sulu (îles de Jolo et Tawi-Tawi), Lanao del Sur, Maguindanao, Sharif Kabunsuan, la péninsule de Zamboanga, Saragani, Lanao del Norte, Davao del Sur, Cotabato-Sud, Cotabato-Nord et Sultan Kudarat. Pour ces régions-là, les informations données dans les pages suivantes ont plus une visée informative que touristique.

MUSEO DE ORO DE L'UNIVERSITÉ XAVIER

Corrales Street

✆ +63 8822 723 116

www.xu.edu.ph/museodeoro

Ouvert du mardi au vendredi de 8h à 17h et le samedi de 8h à 12h. Entrée : 70 PHP.

Inauguré le 6 juillet 1986 par la présidente Cory Aquino, ce musée présente une collection de nombreux objets des tribus de Mindanao, essentiellement des Bukidnons et des Manobos, mais aussi des Maranaos, de T'Bolis et Mandayas. D'autres objets issus de découvertes archéologiques y sont exposés, dont un squelette de l'ère néolithique qui provient des grottes d'Huluga. Un lieu de passage conseillé aux visiteurs qui s'intéressent à l'histoire de la ville et de Mindanao.

BED & BREAKFAST BY BUDGETEL €

Lifestyle District, Corrales Extension

✆ +63 917 794 1010

Lits en dortoir à 380 PHP (sans petit-déjeuner). Chambres doubles à partir de 1 400 PHP.

Jouissant d'une position très centrale, cet hôtel est situé dans un lotissement sécurisé et est à proximité des restaurants et des bars. Il propose des chambres simples et propres, récemment rénovées. Idem pour les dortoirs qui sont propres et bien tenus. Ils ne sont pas mixtes. Attention, le quartier étant animé, ça peut être assez bruyant. C'est un bon point de chute qui conviendra essentiellement aux *backpackers* et autres voyageurs à petits budgets.

VIP HOTEL €

Don Apolinar Velez St

✆ +63 977 820 1664

Chambres doubles à partir de 2 430 PHP. Petit-déjeuner inclus.

C'est l'un des tout premiers établissements hôteliers de la ville. Depuis 1970, les clients, hommes et femmes d'affaires ou touristes défilent entre ses murs, aujourd'hui plus par nostalgie car d'autres établissements offrent de meilleures prestations. Fort de plus de cinquante années d'expérience, le VIP Hotel met un point d'honneur à fournir un service efficace et attentif à ses clients. Côté chambres, certaines ont récemment été rénovées, d'autres sont toujours dans leur jus, elles sont toutes climatisées. Un hôtel un peu défraichi mais un prix correct.

N HOTEL €€

National Hwy, Brgy Kauswagan
✆ +63 88 880 1924
www.nhotelcdo.com
Chambres doubles à partir de 3 500 PHP. Petit-déjeuner inclus.

Une option pas si mal à Cagayan. Un hôtel 3-étoiles moderne et propre à la façade blanche construit en 2011, autour d'une piscine et à cinq kilomètres de l'agitation du centre-ville. Les chambres sont toutes spacieuses, confortables et fonctionnelles. Celles de la catégorie supérieure possèdent toutes leur propre balcon donnant sur la piscine. C'est assez rare et donc très appréciable. Le personnel est disponible et efficace et l'hôtel fournit toutes les prestations possibles à savoir transfert de l'aéroport, pressing, room service, etc.

CIRCA EATERY 1850 €€

Claro M. Recto Avenue
✆ +63 88 852 1850
Ouvert tous les jours de 7h à 21h. Plats entre 300 et 950 PHP.

Situé au rez-de-chaussée du Red Planet Hotel, voici un restaurant qui met à l'honneur les produits frais de saison et principalement locaux. Le petit déjeuner est excellent. Vous avez le choix entre des jus et smoothies pour le plein de vitamines, et des gaufres faites maison, accompagnées de bacon et de fruits frais. Côté plats, c'est plutôt une cuisine western avec une sélection de pâtes, de burgers, de fish and chips, mais également de viandes et de produits de la mer. On aime bien l'ambiance *cosy* et l'intérieur assez design.

CUCINA HIGALA €€

222 Capistrano Street
✆ +63 917 794 6118
Ouvert tous les jours de 11h à 22h. Plats entre 260 et 550 PHP.

Dans une romantique maison coloniale à la façade blanche, on est servi dans un intérieur douillet aux influences espagnoles et décoré avec de vieilles pièces d'antiquités qui rappellent les maisons des grands-parents. Du côté des papilles, c'est une cuisine traditionnelle de la région réinterprétée avec une touche de modernité. Ne pas passer à côté de la spécialité de Cagayan, le *Sinuglaw* (plat mélangeant bœuf et ceviche de poisson) ou encore le *Surol* de Caminguin (soupe de poulet au lait de coco). Bel échantillon de la gastronomie du nord de Mindanao.

HIGH RIDGE €€

Bontula Upper Macasandig
✆ +63 917 326 1361
Ouvert du lundi au vendredi de 15h à 21h (22h le vendredi) et le week-end de 11h à 22h. Plats entre 200 et 725 PHP.

Perché en haut d'une colline, le High Ridge est avant tout réputé pour sa grande terrasse panoramique offrant une vue spectaculaire sur tout Cagayan de Oro. Le soir, l'atmosphère y est très charmante, avec les guirlandes lumineuses qui répondent aux lumières de la ville. Et bonne nouvelle, au High Ridge, on mange également très bien ! Des plats à la fois internationaux (burgers, pizzas, pâtes) mais aussi tous les classiques de la cuisine philippine, le tout saupoudré d'une touche mexicaine. Un service de navette est proposé pour atteindre le lieu.

KAGAY-ANON RESTAURANT €€

Rosario Cres
✆ +63 88 856 3688
Ouvert tous les jours de 10h à 14h et de 17h à 22h. Compter dans les 500 PHP.

Réputée pour son authentique cuisine philippine, cette adresse propose de délicieuses spécialités telles que le Kagay Anon, un plateau de fruits de mer et de viandes grillés. Les plats sont joliment présentés dans des feuilles de bananiers et il y a quelques options pour les végétariens. Le service est d'excellente qualité, les serveurs sont souriants et attentifs. Ne manquez pas de goûter les coquilles Saint-Jacques ou les gambas au beurre à l'ail. Un très bon restaurant, apprécié autant des locaux que des visiteurs de passage.

MARCHÉ DE COGON

Capt. Vicente Roa Street corner JR Borja
Ouvert tous les jours de 4h30 à 18h30.

Cogon est le plus grand parmi les marchés publics de la ville (les autres étant Puerto, Carmen, Agora-Lapasan et Bulua). Sur quatre étages, le bâtiment principal court sur quatre pâtés de maisons. C'est un lieu intéressant pour fouiller, chiner et trouver des objets artisanaux et souvenirs authentiques. Le marché étant parfois très animé, il est conseillé de s'y rendre sans bijoux ni autres objets de valeur. C'est aussi l'occasion parfaite de goûter aux spécialités culinaires de la région en s'arrêtant à l'un des nombreux étals de *street-food*.

MALAYBALAY

Situé sur un plateau dominant l'île de Mindanao, à 90 km de Cagayan de Oro, Malaybalay offre un panorama extraordinaire. Cette petite ville d'environ 200 000 habitants est le chef-lieu de la province de Bukidnon. On peut rencontrer des gens de la tribu des Manobo qui viennent en ville pour vendre du miel.

Transports

- **En bus de/vers Cagayan de Oro.** Départs toutes les 30 minutes. Compter 2 heures de trajet pour environ 140 PHP.
- **En taxi de Cagayan de Oro.** Compter dans les 90 minutes de trajet pour environ 1 500 PHP.

BAIE DE MACALAJAR

Située à 15 minutes du centre-ville.

Cette baie est célèbre pour la plage de sable gris présente en son sein. De là, la brise y est fraîche et la vue sur la baie est jolie. On peut demander à des pêcheurs moyennant environ 500 PHP de nous emmener sur des îles de sable et de coraux visibles uniquement à marée basse et qui sont idéales pour la pratique du snorkeling. Au coucher du soleil, on y voit beaucoup de pêcheurs sur de petits bancas. Malheureusement, les eaux de la baie sont de plus en plus polluées à cause des nombreux projets industriels qui se développent sur ses rives.

MONASTÈRE DE LA TRANSFIGURATION

Barangay San Jose
✆ +63 917 510 5585
Il n'y a pas de transport public pour se rendre au monastère. Prendre un tricycle ou marcher (8 km).

Le monastère est connu pour son architecture pyramidale et la vue qu'il offre. Les moines y produisent du café que l'on retrouve dans la glace *coffee crumble* de Selecta et des friandises à base de cacahuètes. Ils développent par ailleurs d'autres types de cultures comme celles du riz, du maïs et du soja. Le profit réalisé est destiné à aider à la scolarisation et aux soins des enfants d'agriculteurs. Il est possible de séjourner au monastère pour une expérience spirituelle totale.

PARC DE KAAMULAN

J Barroso Drive

Ce parc couvert de pins est parfait pour prendre un bon bol d'air frais dans la nature et pour y faire son jogging, une balade à vélo, méditer, faire du camping et même s'essayer à la pratique du rodéo. Le parc est particulièrement apprécié des familles car il y a de nombreuses activités pour occuper les enfants. Après une marche de trente minutes, il est possible d'atteindre un sommet d'où la vue sur Malaybalay et ses environs est vraiment pas mal. Faites un tour à Kaamulan pour découvrir le quotidien des familles philippines de la ville.

PARC NATUREL DE KITANGLAD

Mount Kitanglad Range Natural Park
https://mkrnp.com
Il faut s'acquitter d'un permis pour entrer dans le parc. Se renseigner et s'enregistrer plusieurs jours à l'avance.

Ce parc naturel est situé à Impasugong, dans le centre nord de la province de Bukidnon avec ses douze montagnes, ses plantes et arbres médicinaux et ses variétés impressionnantes d'oiseaux. Le lieu est très plaisant pour les amoureux de la nature et les marcheurs, avec des randonnées allant de quelques heures à une journée. Les plus courageux pourront gravir le mont Kitanglad. Son massif montagneux, 4e plus haut sommet des Philippines, culmine à plus de 2 900 mètres.

ILIGAN

Cette ville de plus de 370 000 âmes est la capitale de la province de Lanao del Norte. Elle est le pôle industriel du sud des Philippines. Surnommée « la ville des cascades majestueuses », Iligan est entourée d'une vingtaine de cascades dont les fameuses chutes de Maria Cristina alimentées par la rivière Agus : c'est le seul cours d'eau provenant du lac Lanao, le deuxième plus grand du pays après le Laguna de Bay, qui fournit la ville et ses environs en électricité.

Transports

- **De/vers Marawi.** 45 minutes en jeepney.
- **De/vers Cagayan de Oro.** 1h30 en bus (150 PHP).

MARIA CRISTINA FALLS ★

Maria Cristina Boundary Rd

Entrée 50 PHP.

À vingt minutes en jeepney d'Iligan, cette cascade est la fierté de la ville et figure sur toutes les brochures touristiques. Avec cent mètres de hauteur, celle que l'on surnomme « les chutes jumelles » est majestueuse. La légende raconte que la cascade représente deux sœurs, Cristina et Maria. Tombées amoureuses du même homme, elles se sont jetées de la cascade pour ne pas devoir choisir. Souvent appelées « la mère de l'industrie », ces chutes représentent un véritable atout au développement de la ville et produit l'électricité nécessaire à 70 % du Mindanao.

CATHEDRAL FALLS

Les Cathedral Falls se trouvent à Kapatagan, à environ 1h30 de route d'Iligan. Ces chutes ont été nommées ainsi en raison de la forme des roches le long desquelles les eaux coulent et qui rappellent étrangement les formes d'une cathédrale. Ce n'est pas l'endroit idéal pour se baigner et l'eau n'a pas toujours une belle couleur mais la vue n'en reste pas moins très belle et le site très naturel, sans aucune infrastructure touristique. Les familles philippines aiment s'y réunir et partager un pique-nique les jours de week-end.

MIMBALUT FALLS

À seulement onze kilomètres de la ville, c'est la chute la plus proche et la plus facilement accessible parmi la vingtaine de chutes que comptent les environs d'Iligan. Elles font moins de trente mètres de hauteur et ne tombent pas dans une piscine naturelle tranquille mais s'écoulent plutôt avec puissance entre d'énormes rochers, créant comme une multitude de petites cascades. Ce tableau offre une vue tout à fait photogénique. Il est toutefois possible de se baigner, dans d'autres bassins. Et il y a des aires de pique-nique.

DODIONGAN FALLS

Barangay Bonbonon

À une quinzaine de kilomètres de la ville, les chutes de Dodiongan s'élèvent à vingt mètres de haut. Les eaux coulent sur des parois rocheuses extrêmement lisses et séparées en deux chutes. On les compare souvent à deux ailes d'ange. Elles viennent se jeter dans une piscine d'eau plus ou moins bleue (en fonction des jours de pluie) et encerclée par la végétation. C'est un lieu parfait pour une baignade rafraichissante et se reposer au calme. Pensez à prendre des bonnes chaussures pour éviter de glisser en vous y rendant (il faut traverser deux fois une rivière).

TINAGO FALLS ★

Ditucalan

Tinago signifie « caché » et c'est bien vrai puisque les chutes sont dissimulées dans un ravin profond que l'on atteint après avoir descendu plus de quatre cents marches assez raides (personnes cardiaques, s'abstenir !). La cascade de plus de soixante-dix mètres de haut se jette dans un lagon calme aux eaux translucides entouré par une forêt tropicale très dense et humide. Il y a une petite grotte dans laquelle on peut se faufiler et également un radeau en bambou pour naviguer dans le bassin. Le spectacle est vraiment grandiose !

MARAWI

Tandis que les petites églises d'Iligan disparaissent au loin, on voit apparaître les mosquées de Marawi, capitale de la province de Lanao del Sur et capitale musulmane des Philippines. Cette ville compte environ 210 000 habitants et se situe entre les montagnes, en bordure du lac Lanao. Ce lac d'origine volcanique est le lac le plus haut des Philippines à plus de 700 mètres au-dessus du niveau de la mer et aussi le deuxième plus grand du pays par sa taille avec ses 340 km².
C'est un tout autre visage des Philippines que l'on découvre en se promenant dans Marawi, le pays des Maranaos – nom donné aux habitants – qui furent les derniers à être convertis à l'islam, mais qui y sont aujourd'hui très dévoués. On raconte que saint François-Xavier, qui tenta de convertir ce peuple au christianisme, perdit une chaussure dans le lac Lanao et, selon la légende, ce n'est que lorsqu'on la retrouvera que les Maranaos deviendront chrétiens. Ils sont la troisième communauté musulmane de l'archipel. Les maisons sont décorées de cet oiseau magique légendaire, le Sarimanok. Il ressemble un peu à un coq et est le symbole du peuple Maranao. Il est un symbole de bonne fortune ; les femmes arpentent les rues vêtues de malongs très colorés qu'elles nouent autour de la taille tandis que les hommes portent le keffieh, ce couvre-chef typiquement musulman qui indique qu'ils ont fait leur pèlerinage à La Mecque.

SÉCURITÉ

Marawi, tout comme l'entière région autonome Bangsamoro – qui, avant 2019, était la région autonome en Mindanao musulmane (ARMM) depuis 1990, seule région autonome des Philippines – connaît régulièrement des tensions politiques et une grande violence. Entre mai et octobre 2017, la tristement célèbre bataille de Marawi a vu s'affronter l'armée gouvernementale philippine et des groupes terroristes et armés islamistes d'une faction locale du groupuscule Abou Sayyaf. La ville fut alors complètement détruite par des frappes aériennes et des combats au sol. 90 % de la population, qui a tout perdu, avait été évacuée (quelques milliers de civils étaient restés coincés dans la ville durant les combats). Depuis, les stigmates sont toujours visibles, Marawi se reconstruit très lentement, la pauvreté est omniprésente et le risque d'attentats, d'agressions ou d'enlèvement reste élevé.

Aujourd'hui, plus de six ans après, le ministère des Affaires étrangères déconseille toujours formellement de s'y rendre. Les informations sur Marawi fournies dans ce guide sont présentées à titre informatif et culturel. Pour les plus intrépides, il est préférable de n'utiliser les transports publics qu'entre 9h et 17h, d'être prudent et d'éviter de se promener seul, voire d'être accompagné d'un local (même les touristes philippins ne s'aventurent pas seuls ici). Il est fortement recommandé de demander la permission avant de prendre des photos. Demander à votre hôtel des informations sur les dernières consignes de sécurités en vigueur.

Lever de soleil sur Marawi City.

MUSÉE AGA KHAN

1st street, MSU Main Campus
Ouvert du lundi au vendredi de 8h à 17h. Entrée libre.
Le musée est situé sur le campus de la MSU, la Mindanao State University, également connue comme l'université de Marawi. Y sont exposés des objets d'art musulman indigènes de Mindanao, de l'archipel Sulu et de celui de Palawan. Une belle collection ethnologique, pour les amateurs, pour découvrir le mode de vie des tribus de Mindanao (armes, bois sculptés, architecture et danses folkloriques). Comme souvent aux Philippines, ce musée public est un peu vieillot mais n'en reste pas moins intéressant pour en apprendre davantage sur l'histoire de la région.

CAMIGUIN ISLAND ★★

Paradis de la plongée sous-marine et des activités terrestres, Camiguin, « l'île aux sept volcans », est une petite île que les habitants appellent aussi « *Come Again* », simplement parce que celui qui y a séjourné n'a qu'une envie : y retourner. La population, très accueillante et souriante, cherche toujours à rendre service aux visiteurs étrangers. Un peu partout, les enfants appellent les visiteurs « *Hi, friend* ! ». Si on mentionne le nom de Camiguin à un Philippin, il parlera sans hésiter des lanzones. En effet, l'île est connue pour avoir les lanzones les plus sucrés de tout l'archipel. Le festival des lanzones a lieu tous les ans à la même période, au moment des moissons, c'est-à-dire la troisième semaine d'octobre. Pendant le festival qui se déroule sur deux jours, on peut se joindre à la population et déguster sans fin ce fruit absolument délicieux, un peu semblable au lychee.
En forme de poire, Camiguin tire son nom d'un arbre de la famille de l'ébène, le kamagong, qui était utilisé par les Manobos. Elle est située dans la mer de Bohol et est à environ 54 km au sud-ouest des Chocolate Hills de Bohol et à 90 km au nord de l'aéroport de Cagayan de Oro. D'autre part, elle se trouve à 10 km au nord du Misamis oriental. Petite – sa superficie est à peine de 238 km² et sa circonférence de 90 km –, et même s'il est possible de parcourir ses 56 km de route en une journée, Camiguin mérite qu'on lui consacre quelques jours.

Argent

Il est plus prudent de changer de l'argent avant d'arriver sur Camiguin. C'est un lieu assez isolé, le taux de change peut être très élevé. En cas d'urgence, il est toujours possible de retirer de l'argent à la banque BPI.

Se restaurer

L'offre culinaire est variée et de qualité sur la petite île, cela vaut le coup de sortir des hôtels et de découvrir les restaurants, ceux que nous listons par exemple. Les spécialités culinaires de l'île sont nombreuses mais ne manquez pas les fameuses *pastel* (des pâtisseries à la crème anglaise), le *kiping* (petit snack sucré à base de patates douces) ou encore les lanzones (petits fruits tropicaux célébrés pour leur douceur).

Tourisme

L'île est composée de cinq municipalités qui sont Catarman, Sagay, Guinsiliban, Mahinog et Mambajao, tout à fait charmante avec ses vieilles maisons pittoresques, qui est la capitale de l'île et représente à elle seule 38 % du territoire. Deux îlots dépendent de Camiguin : White Island (l'île blanche et vierge) et l'île Mantigue appelée aussi Magsaysay.
Son climat y est agréable et la température moyenne est de 27 °C. La saison des pluies court de juin à décembre. La plupart des habitants sont d'origine chinoise ou visayan, et la plupart des anciens, essentiellement vers Sagay et Guinsiliban, communiquent encore en kinamiguin, le langage utilisé par les Manobos, les premiers habitants de l'île, émigrants de Surigao. Parmi les 100 000 habitants de l'île, 40 % de la population vit de l'agriculture ou de la pêche. On appelle aussi Camiguin « l'île aux sept volcans », dont les trois plus connus sont le mont Tempoong, le mont Mambajao et le mont Hibok-Hibok qui est le seul encore en activité et dont la dernière éruption en 1951 asphyxia près de 2 000 Camigueños. Depuis cette dernière éruption, le volcan est resté calme, malgré quelques grondements de temps en temps. La diversité de la faune et de la flore font de Camiguin une destination propice à l'écotourisme. Le rivage de l'île aux contours accidentés est une alternance de plages de sable noir, résidu de coulées de lave, et de sable blanc. On trouvera du sable blanc près de Kabila et sur les îlots de White Island et de Magsaysay. À l'intérieur des terres, le visiteur sera charmé par les paysages montagneux, les forêts luxuriantes, les sources d'eau chaude et froide, les cascades ainsi que les rivières.

Transports

- **Avion.** L'aéroport de Manbajao est desservi depuis Cebu deux fois par jour.
- **De/vers Cagayan de Oro.** Liaisons en ferry quotidiennes très régulières (1h30, 130 PHP).
- **De/vers Jagna (Bohol).** Une liaison en ferry par jour (4h, 450 PHP).
- **Se déplacer.** En arrivant au débarcadère de Benoni, plusieurs options. Pour se rendre à Mambajao, comptez 700 PHP pour une voiture.

ARDENT HOT SPRINGS [SOURCES D'EAU CHAUDE]

Mambajao

Entrée : 30 PHP.

Situées au pied du mont Hibok-Hibok, ces sources sont remplies d'une eau qui ruisselle à une température avoisinant les 40 C° et les 60 °C près de la source. Étant donné la température de l'eau, il est conseillé de ne pas excéder un temps de baignade de 20 minutes. Le mieux est de s'y rendre pour nager en tout début de matinée, juste après le lever du soleil ou tard dans l'après-midi et d'éviter les week-ends. Il y a un petit espace de restauration à côté.

KABILA WHITE BEACH & GIANT CLAMS SANCTUARY

Kibila, Barangay Cantaan, Guinsiliban

Entrée 50 PHP et guide obligatoire à 150 PHP.

Sur Camiguin les plages sont de sable volcanique de couleur noire pour la plupart, et Kabila Beach est une exception, car son sable est blanc et très fin. Kabila (ou Kibila) est le plus petit village de pêcheurs. C'est là également que se trouve le sanctuaire des palourdes géantes où une visite guidée vous apprendra tout sur cette espèce. Le grand plus ? Faire du snorkeling juste en face de la plage pour observer ces palourdes directement dans leur élément.

CHUTES D'EAU DE KATIBAWASAN ★★

Mambajao

Entrée : 50 PHP.

Les chutes de Katibawasan offrent un spectacle à couper le souffle. Leurs eaux claires tombent, telles un voile, de plus de soixante-dix mètres de haut et se jettent dans une piscine naturelle entourée d'une végétation riche : orchidées sauvages, fougères, et autres composantes boisées de la flore tropicale. Ce sont les plus hautes chutes de Camiguin. Baigneurs et piqueniqueurs fréquentent cet endroit, surtout en été, en raison de ses eaux rafraîchissantes.

MANTIGUE ISLAND

750 PHP pour la location d'un bateau (6 personnes). Frais environnementaux 30 PHP + 150 PHP pour faire du snorkeling.

Appelée aussi l'île Magsaysay, on peut la rejoindre depuis le village de San Roque en 20 minutes de bateau. Elle est située au large de la côte est de Camiguin et abrite quelques familles de pêcheurs. Cette petite île a la particularité d'avoir un sable encore plus blanc que celui que l'on peut trouver sur White Island et ses fonds marins sont rocailleux, ce qui en fait un lieu idéal à la pratique du snorkeling. On peut également y déguster du poisson grillé, des coquillages ou de la soupe. Attention, le temps maximal sur l'île est de 4 heures.

CHUTES D'EAU DE TUASAN ★

Catarman, Barangay Bonbon

Ouvert tous les jours de 7h à 17h. Entrée 50 PHP.

Les chutes de Tuasan sont moins prisées des voyageurs que celles de Katibawasan et pourtant elles sont aussi impressionnantes et tout aussi rafraîchissantes. Un maître-nageur surveille le bassin, ce qui permet de se baigner en toute quiétude, bien que l'on ait pied et qu'il n'y ait pas de courant. La cascade s'élève à une vingtaine de mètres et l'eau a de jolies teintes bleues émeraude. On apprécie particulièrement son ambiance boisée et tropicale, la cascade entourée de rochers et d'une faune abondante et verdoyante. Très relaxant et photogénique.

SANTO NIÑO COLD SPRING [SOURCE D'EAU FROIDE]

Sagay

Entrée : 50 PHP.

Appelée Santo Niño Cold Spring, c'est une source d'eau froide qui coule directement du mont Hibok-Hibok et qui est très prisée durant les mois d'été car l'endroit est idéal pour une baignade rafraîchissante. À certains endroits du bassin naturel, la profondeur peut atteindre les deux mètres. Sur place, vous trouverez un espace de restauration, des petites échoppes de type sari-sari et des sanitaires, bien pratique. Parfait pour une après-midi détente.

MINDANAO

SUNKEN CEMETERY [CIMETIÈRE ENGLOUTI]

Catarman, Barangay Bonbon

Ouvert tous les jours de 8h à 16h. Entrée 50 PHP, guide pour snorkeling 150 PHP, location masque et tuba 100 PHP.

Marqué d'une énorme croix blanche qui flotte sur un ponton, c'est l'un des sites les plus touristiques de l'île. Il est visible depuis la surface à marée basse. C'est un tremblement de terre qui, en 1871, a submergé ce cimetière où il est désormais possible de plonger, accompagné d'un guide. L'église située à proximité a été ensevelie par les cendres de l'éruption du volcan Daan qui signifie « vieux volcan ». Seuls le clocher et le château d'eau n'ont pas été entièrement recouverts.

WALKWAY TO OLD VOLCANO [CHEMIN DE CROIX]

Barangay Bonbon

Situé sur l'ancien volcan de Camiguin, ce chemin de croix et de randonnée est facilement accessible et relativement facile (à éviter aux heures les plus chaudes, ça grimpe quand même). Comptez environ une heure de marche. Le long du chemin, quatorze stations, en fait des statues à taille humaine de Jésus lors de son chemin de croix, sont charmantes tandis que la dernière est taillée dans la roche volcanique. La vue du sommet sur la nature environnante est superbe.

VOLCAN HIBOK-HIBOK ★

Situé non loin de Mambajao, le volcan ou mont Hibok-Hibok est le seul volcan, parmi les sept que compte l'île de Camiguin, à être encore en activité. Toutefois, la dernière éruption de ce volcan remonte à 1951, elle avait à l'époque causé énormément de dégâts dans la ville. À la suite de cette catastrophe qui tua près de 500 personnes et causa des pertes animales et végétales importantes, on installa un observatoire national appelé Philvolcs (Institut philippin de volcanologie et de sismologie), situé à 400 mètres sur le versant de la montagne et destiné à surveiller et analyser l'activité du volcan. Il est intéressant de s'attarder à cet observatoire avant de rejoindre le pied du volcan si vous souhaitez en apprendre davantage au sujet des volcans et des séismes. Il est également conseillé de le consulter avant d'envisager de gravir ce volcan, en étant accompagné d'un guide local (votre hôtel ou l'office de tourisme pourra sans aucun doute vous orienter vers l'un d'entre eux). Avec ses 1 300 mètres de hauteur, il faut compter environ huit heures de marche aller-retour. C'est un véritable challenge pour les grimpeurs, mais après cet effort qui débute en douceur par des sentiers aménagés vous ne manquerez pas d'apprécier la vue magnifique sur la mer et la forêt, et plus loin les îles de Bohol, Siquijor, Cebu et Negros. Hibok-Hibok compte quatre cratères dont certains sont devenus des petits lacs. La vue est d'autant plus belle. Une randonnée unique au cœur d'un environnement exceptionnel.

WHITE ISLAND ★

10 minutes de bateau depuis Barangay Yumbing.

Entrée 50 PHP. Environ 500 PHP la location d'un banca A/R depuis Mambajao.

L'« île blanche » est un banc de sable d'une douceur sans égale – blanc immaculé s'il est nécessaire de le préciser – de maximum trois-cents mètres de longueur au plus bas de la marée et qui disparaît totalement à marée haute. White Island se trouve à deux kilomètres entre Agoho et les plages de Yumbing, juste derrière le volcan Hibok-Hibok. C'est l'endroit idéal pour prendre un bain de soleil, faire du snorkeling ou simplement profiter de la vue sur les environs depuis cet îlot paradisiaque. Cependant, il est préférable de s'y rendre tôt le matin ou en fin de journée car il n'y a aucune ombre sur ce banc de sable scintillant dans le bleu turquoise de la mer de Mindanao, et en plus cela vous permettra peut-être d'être les seuls à profiter de l'île le temps d'une heure ou plus.

Sous l'eau. White Beach constitue également une excellente expédition pour les amateurs de snorkeling juste autour de sa plage et de plongée, à quelque trois-cents mètres de l'îlot. Ses fonds marins abrite effectivement un récif en pente qui a une profondeur allant de six à vingt-cinq mètres. Pour l'explorer, il faut tout de même être un plongeur certifié « *advanced* ». Il y a entre autres un magnifique jardin de corail noir et un courant occasionnel offre l'opportunité de voir des plus gros poissons et de se sentir voler quand le courant vous emporte... Uniquement pour les plongeurs expérimentés donc. Les poissons y sont abondants et l'on peut voir, entre autres, des raies pastenagues, des murènes, des poissons scorpions et des crabes.

White Island.

OFFICE DU TOURISME DE CAMIGUIN

Capitol Hills, Pandan, Mambajao
✆ +63 88 387 1052
www.visitcamiguin.ph
Ouvert du lundi au dimanche de 8h à 19h.

Il se trouve dans le Capitole à Mambajao (sur la gauche, après l'hôpital), à la sortie de la ville. Le personnel de l'office de tourisme provincial est très serviable et dynamique. Il peut se révéler être une riche source d'informations sur les activités à pratiquer dans la région et sur les spots à voir. On pourra également vous aider si vous cherchez un guide pour gravir le mont Hibok-Hibok, par exemple. Il peut être intéressant d'y faire un saut à votre arrivée sur l'île.

GV HOTEL €

Burgos Street, Mambajao
✆ +63 88 387 1041
www.gvhotels.com.ph
Chambres doubles à partir de 620 PHP.

Un établissement 1-étoile très bien situé au centre de la capitale de l'île et qui propose une quarantaine de chambres très simples pour ne pas dire rudimentaires mais qui comportent chacune une salle de bains privée. Vu le prix ce serait presque culotté de faire la fine bouche et c'est sans aucun doute le meilleur rapport qualité-prix de l'île. Bon à savoir, GV Hotels est une chaîne d'hôtels économique qui a des établissements dans plusieurs lieux stratégiques tels que Bohol, Cebu et Leyte. C'est toujours une option envisageable pour les petits budgets.

JULY'S HAVEN SEASIDE PENSION €

Sitio Looc, Barangay Yumbing, Mambajao
✆ +63 909 622 3031
Chambres doubles à partir de 1 200 PHP.

Situé le long de la route, à quelques minutes des restaurants, cet établissement est assez prisé par ceux qui voyagent en groupe car il y a des chambres pour dix avec cuisine pour seulement 4 000 PHP la nuit. Les chambres, doubles ou familiales, sont relativement cosy et accueillantes, quoique pas très spacieuses. L'ambiance générale est assez conviviale tout en restant calme et le personnel est très disponible et hospitalier. C'est l'un des meilleurs rapports qualité-prix.

BALAI SA BAIBAI €€

Agoho Beach, Mambajao
✆ +63 956 936 5402
www.balaisabaibai.com/en/
Chambres doubles à partir de 6 900 PHP. Petit-déjeuner inclus.

Une belle propriété constituée d'une villa avec son propre bassin, de charmantes chambres dans le bâtiment principal à l'allure balinaise, ouvertes sur l'extérieur et d'une piscine face à la mer. Esthétique soignée et esprit exotique dans le choix des meubles en matériaux naturels et d' une décoration d'inspiration asiatique. Le *pool bar* est le spot idéal pour admirer le coucher de soleil, un cocktail maison à la main. Le resort peut vous aider à organiser vos activités plongée et découverte de Camiguin grâce à ses partenaires sur l'île.

CAMIGUIN ISLAND GOLDEN SUNSET BEACH CLUB €€

Yumbing, Mambajao
✆ +63 916 377 0468
http://www.camiguinisland.net
Chambres doubles à partir de 2 700 PHP. Petit-déjeuner inclus. Wifi.

Le Camiguin Beach Club (Camiguin Island Golden Sunset Beach Club) est un petit resort tenu par une famille anglo-philippine. Il propose des chambres assez simples mais confortables, toutes dotées de l'air conditionné, d'une douche avec eau chaude et d'un patio. Certaines donnent côté piscine, jardin ou mer. L'établissement met à disposition une jolie et grande piscine avec vue sur la mer et un restaurant où est servi un mélange de plats locaux et internationaux tout à fait corrects.

PARAS BEACH RESORT €€

Rocky Village, Yumbing, Mambajao
✆ +63 917 715 2284
www.parasbeachresortcamiguin.com
Chambre à partir de 6 500 PHP (double, familiale ou groupe).

Ce resort est un intéressant mélange de styles. Les chambres sont assez jolies et bien éclairées. Il y a des chambres de toutes les capacités pour combler les besoins de chaque voyageur (solo, famille, couple, groupe). Quant aux suites, elles sont dans des cottages de forme circulaire avec des baies vitrées. En soirée, on peut pratiquer le karaoké au bord de la piscine, jouer au billard ou au ping-pong. Un large choix de sports nautiques est proposé et la plage est juste devant. De nombreux restaurants se trouvent dans son voisinage immédiat. Une bonne adresse.

SOMEWHERE ELSE BOUTIQUE RESORT €€

Agoho Beach, Mambajao
✆ +63 917 170 7914
Villa à partir de 6 900 PHP/nuit. Deux nuits minimum. Petit-déjeuner inclus.

Trois superbes villas, avec grande terrasse et salle de bain extérieure, décorées dans un style mêlant touches asiatiques et un côté plus contemporain. Les villas, au confort nec plus extra, sont implantées dans un jardin luxuriant face à une longue piscine et avec un accès direct à la plage de sable noir. Accueil 5-étoiles par Jérôme, le propriétaire français qui fera tout pour que votre séjour soit une réussite totale. Le petit-déjeuner est gourmand et extra large. Un coup de cœur !

CASA ROCA INN €

Baring, Naasag
✆ +63 88 387 9500
www.casarocacamiguin.com
Plats entre 200 et 500 PHP.

Installée dans une grande maison en hauteur qui fait la part belle aux matériaux naturels, la Casa Roca propose, en plus de trois chambres d'hôtes bon marché et confortables, un restaurant avec un large menu alliant plats asiatiques et classiques occidentaux. Le menu varie régulièrement en fonction de la pêche et des saisons. En journée, la vue est splendide et le soir l'ambiance devient chaleureuse avec bougies et nappes rouges. Dans cet établissement tenu par un couple de Canadiens, la sélection de vins est assez large et les margaritas à la mangue sont top !

GUERRERA €

Pearl Street, Rocky Village, Yumbing
✆ +63 970 444 1477
http://guerrera.ph
Ouvert tous les jours de midi à 22h. Plats entre 300 et 400 PHP.

L'un de nos coups de cœur ! Au cœur d'une rizière avec vue sur mer, on arrive sur ce restaurant à l'esthétique travaillée et à la décoration éclectique mêlant influences coloniales, carrelage espagnol, lampions vietnamiens et une vaste cuisine ouverte où admirer les chefs en action. Sur l'ardoise, un menu ultra frais qui s'adapte à la pêche du jour et aux produits cultivés à la ferme d'à côté. La cheffe, Carmel, a fait ses armes au sein de la prestigieuse école de cuisine, Le Cordon Bleu, à Bangkok et réinvente avec brio la gastronomie du sud-est asiatique.

HAYAHAY CAFE €

Camiguin Circumferential Road, Mambajao
✆ +63 995 814 7827
Ouvert du mardi au dimanche de 8h à 19h. Plats entre 220 et 400 PHP.

C'est l'une des adresses *healthy* de Camiguin ! Dans ce petit café cosy à l'ambiance relax, l'accent est mis sur une cuisine saine, végétarienne voire végane, il y a aussi quelques plats de poissons. À côté des incontournables du genre, smoothies, granola maison, thé au matcha et l'utilisation de super-aliments (graines d'avoine, de chia...), on retrouve des options israéliennes et méditerranéennes pleines de saveurs et de gourmandise. Tout est bon, joliment présenté et copieux. Pour entamer ou continuer sa journée avec plein d'énergie !

MINDANAO

J&A FISHPEN RESTAURANT €

Guinsiliban

© +63 88 387 4008

Ouvert tous les jours de 8h à 21h. Plats entre 150 et 450 PHP.

Ici, on mange à l'intérieur ou sur des pontons en bois directement posés sur le lagon (il faut payer 150 PHP en plus), à la mode locale ! Restaurant de fruits de mer oblige, ici le poisson est roi. Vous trouverez de tout ou presque en fonction de la pêche du jour (calamars, crabes, gambas, poissons grillés divers), et la fraîcheur des produits est indéniable ! Les plus aventureux pourront faire un tour en tyrolienne en attendant leur plat alors que les autres pourront admirer la vue et siroter un excellent *buko*, la boisson nationale à la noix de coco.

PARADISO HILLSIDE RESTAURANT €

Agoho highway, Mambajao

© +63 966 934 9748

Ouvert tous les jours de 11h à 22h. Plats entre 270 et 500 PHP.

Situé sur une colline, le Paradiso Restaurant offre une superbe vue à 180 degrés sur le célèbre banc de sable de White Island. C'est impressionnant ! Le spot constitue donc déjà un excellent lieu pour admirer le coucher de soleil, et avec un milkshake à la mangue à la main ou un cocktail, c'est encore mieux. Du côté de l'assiette, le propriétaire italien propose les grands classiques transalpins : pizzas au feu de bois et pâtes. Les pizzas sont vraiment excellentes !

PENINSULARE KAPE ART €

Bug-Ong Street, Mambajao

© +63 997 839 1519

Ouvert du mercredi au lundi de 11h à 22h. Plats entre 180 et 500 PHP.

Un petit bout d'Espagne à Camiguin ? C'est ce que Peninsulare Kape Art propose à ses clients depuis déjà quelques années. Au menu, une cuisine de la péninsule Ibérique faite des grands classiques comme des succulentes tapas et des paellas savoureuses à partager. Et on peut dire que c'est une réussite. Dans un grand jardin en bord de mer, le lieu, tenu par une équipe de femmes, dégage une sorte d'énergie positive qui est renforcée par la sympathique musique qui y règne. On ressort de là le ventre bien rempli et imprégné d'une douce joie de vivre.

ALGA

Il vous faudra plus d'une heure et demie en banca pour rejoindre ce site de plongée depuis Camiguin. Le spot est accessible aussi bien aux plongeurs débutants qu'aux plongeurs confirmés. Dans un récif pouvant tomber jusqu'à trente mètres, on évolue au milieu de canyons de différentes tailles qui abritent une grande diversité de poissons, allant de toutes petites espèces très colorées en passant par les tortues géantes et les gros thons. Le tout au milieu de superbes coraux durs et mous. Un spot à inclure lors de votre tournée.

BURIAS SHOAL

Un spot de plongée vraiment excitant mais à réserver aux plongeurs expérimentés en raison des forts courants. Le courant qui peut parfois être puissant donne l'impression de voler sous l'eau. Une forêt de grosses branches de corail noir abritent une multitude de petits poissons colorés, des bancs de thons, de barracudas, d'empereurs et de carangues. Par ailleurs, les poissons globes, les raies pastenagues, les tortues peuplent les environs alors que l'on peut voir passer à l'horizon de gros poissons dans le grand bleu. Fascinant !

CANYONS

Voici un autre spot de plongée réputé, accessible aussi bien aux plongeurs débutants qu'aux plus confirmés. Le plongeur évolue au milieu de « petits sentiers » et de crevasses de lave qui sont des abris fantastiques pour les anguilles, différents types de coquillages, les poissons scorpions et d'autres petites créatures. Même si les espèces de poissons sont moins variées et nombreuses sur ce site, il arrive parfois de croiser une tortue. Les canyons débutent à 5 mètres pour une profondeur maximale de 30 mètres. Nombreux coraux, éponges et gorgones également.

KURMA

Barangay Yumbing, Mambajao
✆ +63 936 980 8395
www.kurmafreedive.com/
Plongée à partir de 1 500 PHP. Yoga 450 PHP/ cours. Chambres doubles à partir de 2 300 PHP. Restaurant environ 300 PHP.

À la fois centre de plongée, studio de yoga, éco-lodge, agence locale et restaurant, il y en a pour tout le monde chez Kurma ! Le tout en bord de mer. Les chambres sont économiques et simples, avec une touche colorée originale et chaleureuse, les instructeurs de plongée sont professionnels et gentils, enfin le restaurant propose probablement la meilleure nourriture végétarienne de Camiguin. On y mange des plats sains et faits maison, d'inspiration philippine avec une touche personnelle : goûtez le burger à la noix de coco sauce teriyaki. Ambiance conviviale !

NUDIBRANCH CITY

C'est un site de plongée calme et facilement accessible aux débutants (la profondeur n'excède pas 14 mètres). Il y a une série de roches qui sont tombées lors de la dernière éruption du volcan Daan. En regardant un peu plus haut, il y a deux grands rochers de 10 mètres de haut qui sont à couper le souffle et qui donnent une idée de la puissance de la dernière éruption qui a déplacé ces rochers. Les raies pastenagues, des vers plats, des poissons porcs-épics, des danseuses espagnoles, des anguilles et des énormes nudibranches peuplent les environs.

OLD VOLCANO

On évolue le long des formations de lave dans une profondeur allant de 5 à 40 mètres. Le site est accessible aux débutants et aux plus confirmés. On entre par un canyon étroit, plus loin, le relief à lui seul est stupéfiant. Les formations de lave et les rochers sont couverts de coraux durs et mous, de palourdes géantes et d'huîtres. Il n'est pas rare de voir passer des espèces plus grosses, comme des tortues. En arrivant au palier de sécurité, on ne s'ennuie pas au milieu des poulpes, des poissons scorpions et autres animaux qui ont élu domicile dans les rochers.

BUTUAN CITY

On dit que Butuan, le chef-lieu de la province d'Agusan del Norte, est le lieu où s'installa la première colonie espagnole aux Philippines et que ce fut dans cette ville qu'eut lieu la première messe catholique en 1521. On y découvrit d'ailleurs, à la fin des années 1970, le plus ancien bateau des Philippines, le *Balangay*, une sorte de grande banca. Butuan est dotée d'un riche passé. À partir du Xe siècle, la population de Butuan avait établi des échanges avec le royaume de Champa, au sud du Viêt Nam. Un siècle plus tard, elle devient le centre des échanges commerciaux des Philippines (trafic de l'or et de la canne à sucre). Plusieurs hypothèses se présentent au sujet de l'origine du nom de la ville. Cette recherche préoccupe en permanence les Philippins. Butuan viendrait du nom d'un fruit aigre ou plutôt du nom d'un *datu*, le premier chef qui aurait réglementé la ville. L'ancien président Fidel V. Ramos choisit la ville de Butuan, en 1995, comme chef-lieu de la région de Caraga.

Tourisme

La visite des attractions principales peut se faire en une journée car elles sont dans une même zone. Joseph, le saint patron de la ville, a donné son nom à la cathédrale qui possède de superbes vitraux, en face du parc Rizal. Le Diocesan Museum du couvent Saint-Joseph abrite une collection d'art religieux et liturgique. La ville de Butuan est riche en musées archéologiques, ce qui lui vaut la réputation de ville-musée du nord de Mindanao.

Transports

- **Avion.** L'aéroport se trouve à 6 km du centre-ville. En taxi, comptez 200 PHP et 100 PHP en tricycle. Plusieurs liaisons quotidiennes avec Manille (1h) et avec Cebu (45 minutes).
- **Bateau de/vers Bohol.** Plusieurs départs par semaine depuis Jagna (8h, 1 200 PHP).
- **Bus de/vers Surigao.** Liaisons très régulières (2h30, 200 PHP).
- **De/vers Cagayan de Oro.** Liaisons très régulières (6h, 400 PHP).
- **De/vers Davao.** départs toutes les heures environ (7h, 500 PHP).
- **Se déplacer.** Jeepneys, tricycles, taxis… tout est possible.

ARBRE CENTENAIRE BITAUG

Le Bitaug *Tree* se trouve à hauteur de Calocan, près de Magallanes. Avec un diamètre de près de 3 mètres, il est âgé de plus de 500 ans et est peut-être l'arbre le plus vieux du pays. Ainsi il a été le témoin de la colonisation espagnole, de la révolution philippine et de la naissance de Caraga en tant que région. Une fois la nuit tombée, il est habité par des milliers de lucioles qui éclairent les pêcheurs. Il est possible de les voir de près (le *Christmas Tree* naturel comme les Philippins aiment dire) : il suffit de demander à un pêcheur de vous y emmener.

BALANGAY SHRINE

À 1,5 km de Libertad.

Ouvert de 8h30 à 16h30, fermé le dimanche. Entrée libre.

Musée fondé en 1979 avec anciens bateaux. Le Balangay Shrine est le superbe vaisseau maritime qui fait partie de la zone de fouilles située à 5 km à l'est de Butuan. Là sont conservés les restes du premier watercraft appelé *balangay* et maintenant plus connu sous le nom de « bateau Butuan ». Ce bateau d'Asie du Sud, tout en bois, ressemble à une grande pirogue à balancier. Il daterait de 320 apr. J.-C. Les pièces qui le constituent sont attachées ensemble à l'aide d'une robuste corde. Les énormes planches de bois mesurent 15 m de longueur et 3 m de largeur.

LAC MAINIT

A environ une heure de Butuan. Pour s'y rendre, le plus facile est de louer un tricycle.

Mainit est un mot cebuano signifiant « chaud ». Le lac Mainit est le quatrième plus grand lac des Philippines, avec 150 km², et également le plus profond du pays. Il dépasse les 220 mètres de profondeur par endroits. Situé entre les provinces d'Agusan del Norte et Surigao del Norte, le lieu est resté assez sauvage mais la qualité de ses eaux baisse en raison de la pollution, ce qui menace sa biodiversité. En été, il est possible de prendre de belles photos des nénuphars et autres fleurs d'eau entre lesquelles nagent des canards.

LA RÉGION DE CARAGA

La région administrative de Caraga couvre la partie nord-est de Mindanao ; elle est bordée par le Pacifique à l'est et la mer de Bohol à l'ouest. Elle est d'autre part encerclée par les provinces du Misamis oriental, de Bukidnon et de Davao del Norte. Avec une superficie de 21 400 km², elle couvre 18 % du territoire de Mindanao. Caraga englobe les provinces d'Agusan del Sur et d'Agusan del Norte (séparées en 1967), Surigao del Norte et Surigao del Sur. Les villes principales comme Butuan, Surigao, Prosperidad et San Francisco ont une activité économique intense. En effet, le sol de cette région est riche en minéraux (or, argent, acier…). Ses vastes forêts, ses rivières, ses montagnes, ses marécages et ses nombreux lacs alimentés par des pluies très abondantes contribuent fortement à son développement. La majeure partie des 2,9 millions d'habitants de la région vit dans les provinces d'Agusan del Norte et Agusan del Sur, et parle le cebuano. On trouve encore des tribus comme les Manobos, les Higaonons et les Mamanuas éparpillés dans toute la région et qui parlent d'autres dialectes indigènes.

- **Agusan del Norte** se trouve au nord-est de Mindanao. La province, à l'embouchure de la baie de Mindanao, est entourée par les provinces de Surigao del Norte à l'est, du Misamis oriental à l'ouest, d'Agusan del Sur au sud-est et la baie de Butuan au nord. Elle compte 390 000 habitants. La rivière d'Agusan se fraye un chemin dans les plaines centrales et va jusqu'à Butuan. Le mont Hilong-Hilong, qui fait partie des chaînes de montagnes de Diwata à la limite entre Surigao del Norte et Surigao del Sur, culmine à 2 012 mètres.
- **Agusan del Sur**, multiethnique, est la province la plus importante de la région de Caraga (800 000 habitants). Elle est située au-dessous de Butuan et s'étend sur 9 989 km². La province est arrosée par la rivière Agusan et ses affluents, et entourée de montagnes et de forêts. Son sol très fertile est riche en ressources naturelles et en matières premières. L'activité principale est l'agriculture. Les cultures de bananes et d'abacas sont abondantes comme la production d'huile de palme et de caoutchouc. Cinq tribus peuplent la province : les Aetas, les Mamanwas, les Bagobos, les Banwaons ou Higaonons (deuxième plus grande communauté culturelle d'Agusan del Sur) et sont regroupés dans la partie ouest d'Agusan, dans la municipalité d'Esperanza. La cinquième tribu est celle des Manobos.

MÉMORIAL DE MAGALLANES

Ce mémorial a été érigé en commémoration de la célébration de la première messe tenue aux Philippines en 1521. Pour la petite histoire, les débats s'éternisent autour de la question (et avaient repris de plus belle en 2021 à l'occasion des 500 ans de la christianisation des Philippines) : où est-ce que la première messe a eu lieu ? Pour Magallanes et Butuan, aucun doute, c'est ici, mais pour Limasawa, au sud de Leyte, c'est sur son territoire... Quoi qu'il en soit en 1521, Ferdinand Magellan débarque aux Philippines et célèbre la première messe le 31 mars 1521.

MUSÉE NATIONAL DE BUTUAN

Barangay Doongan
✆ +63 919 077 9854
www.nationalmuseum.gov.ph
Entrée libre. Ouvert du lundi au samedi de 9h à 16h.

Le musée national du nord et de l'est de Mindanao est en fait une succursale du musée national des Philippines qui a été créée à Butuan dans les années 1970 quand les archéologues se sont rendu compte de l'importance historique de cette ville. Il est composé de deux galeries principales. Les sections préhistoire, archéologie et ethnologie donnent un aperçu intéressant des communautés culturelles de la région, les Manobos, les Mamanwas, les Higaonons et les Butuanons des plaines. Il y a aussi une collection de céramiques, d'ornements d'or et d'arts anciens.

RIVIÈRE AGUSAN

Le département de tourisme peut vous organiser une croisière sur la rivière à la rencontre de la tribu des Manobos qui vit sur des bateaux aménagés en maisons. Sinon, on peut aussi louer un *speedboat* local. La rivière d'Agusan traverse Butuan. C'est d'ailleurs la plus large et la plus longue rivière navigable de Mindanao et la troisième rivière du pays. Striée par les nombreux affluents, elle s'écoule au milieu de la vallée d'Agusan, de Davao del Norte au sud, à Agusan del Norte au nord, où elle se jette dans la baie de Butuan. Elle est au cœur de la vie locale.

HOTEL KARAGA €

Montilla Boulevard
✆ +63 85 342 8387
www.hotelkaraga.com
Chambres doubles à partir de 950 PHP. Chambre simple à 650 PHP. Petit-déjeuner à 150 PHP.

Situé dans le centre de Butuan, à proximité des restaurants et autres commodités, cet établissement propose des chambres confortables et propres, avec air conditionné et douche avec eau chaude. On déguste son petit-déjeuner ou ses autres repas au restaurant attenant, le Café Primavera, qui propose une cuisine philippine et fusion asiatique délicieuse. Pour le prix très économique, les prestations sont largement à la hauteur, le personnel peut vous aider à organiser vos excursions, à réserver vos transports, etc. Un très bon rapport qualité-prix.

MARGIE'S BAKESHOP

Jose C. Aquino Avenue
✆ +63 85 342 1980
Ouvert tous les jours de 11h à 23h. Gâteaux et cafés servis uniquement entre 15h et 17h. Plats entre 180 et 360 PHP.

Avant tout réputée pour ses pâtisseries (les meilleures de la ville), Margie's propose à midi et le soir toute une série de mets philippins et asiatiques pleins de saveurs. Son intérieur est cosy et sa terrasse très agréable. Les spécialités de la maison sont le gâteau au *pandan macapuno* couleur pistache dont les Philippins raffolent, préparé à partir d'un mélange d'herbes aromatiques et de noix de coco, et les *foods for the gods*, sorte de cake au beurre fourré aux noix. Voilà un endroit où l'on aime rester attablé jusqu'au dessert.

SAN FRANCISCO

San Francisco est une petite ville au cœur de la province, qui compte environ 82 000 habitants. Elle s'étend entre Prosperidad, la capitale d'Agusan del Sur, et le village de Bunawan, l'entrée du marais d'Agusan Marsh sur plus de 24 000 hectares. Cette ville n'est pas touristique. Peu de voyageurs s'y arrêtent ; ils la traversent généralement dans le bus qui file tout droit, en direction de Davao. Quelques auberges sont dispersées, plus habituées à voir débarquer quelques touristes locaux. San Francisco est typique, avec son grand marché central entouré de bijouteries informelles où l'or est le matériau précieux principal. Le mont Diwata surplombe la ville. Un programme de reforestation (DENR) entretient l'environnement de la montagne devenue une aire protégée par le gouvernement.

Shopping

Les bijoux de perles, clochettes et vêtements traditionnels de couleur noire, jaune, rouge et blanche sont réalisés par les membres de la tribu Manobo. Les bijoux en or pur, vers le marché, sont à des prix très intéressants.

Transports

San Francisco est à proximité de la route nationale qui va à Davao et se trouve à 83 km au sud de Butuan. Il n'y a ni bateau ni avion se rendant directement à San Francisco : il faut donc utiliser le bus depuis Butuan, Cagayan de Oro ou Davao. Trajets très fréquents.

TOOG TREE

Alegria

Cet arbre est un des derniers géants qui peuplaient autrefois Mindanao et se trouve dans un village voisin de San Francisco, à quinze minutes, à Alegria. Toog Tree, dont le nom scientifique est *Petersianthus quadrialathus*, mesure 80 mètres de hauteur, c'est le plus grand et le plus vieux (300 ans) de la sorte aux Philippines. Il est très curieux, à trôner seul et nu au milieu du village. Il est fréquemment l'objet de débats entre les habitants qui souhaitent qu'il soit abattu pour leur sécurité et des associations qui veulent le préserver.

GOLD PROCESSING

Entrée libre mais donation recommandée. Ouvert uniquement en semaine.

En allant au mont Diwata, il est intéressant de s'arrêter sur la route, à la Gold Processing, l'usine de traitement de l'or. La fabrication de l'or est destinée à la transformation en bijoux vendus sur le marché de San Francisco à des prix raisonnables. Une centaine de sacs de pierres arrivent chaque jour pour en extraire l'or. La pierre est pilée puis est mixée avec de l'eau. Il faut attendre six heures avant de percevoir le mercure. 30 % d'or se trouve dans le mercure, acheminé ensuite vers la raffinerie, puis vers San Francisco à la banque centrale de Davao.

MONT DIWATA

Situé à quinze minutes de San Francisco, le mont Magdiwata, ou Diwata, surnommé la « montagne mystique », s'élève à 600 mètres, la légende raconte qu'une fée enceinte (*diwata*) est décédée ici d'où la forme d'une femme enceinte allongée. À ses pieds, une source d'eau potable alimente les habitants. Cette montagne abrite une forêt luxuriante et de nombreux animaux et végétaux tropicaux comme des orchidées sauvages et des oiseaux rares. Le pic offre une très jolie vue de la vallée d'Agusan. L'ascension ne demande pas trop d'efforts et se fait en une journée.

AGUSAN MARSH

À quelques kilomètres de San Francisco, le village de Bunawan ouvre ses portes sur un fabuleux marais, Agusan Marsh, confiné au centre du bassin de la rivière Agusan, là où se rejoignent les différents affluents. Cette immense étendue de terres humides constitue une destination écotouristique très peu fréquentée (une vingtaine de touristes par an s'y aventurent, essentiellement des amoureux de la nature). La grande plaine inondée sillonnée par de nombreuses rivières et des ruisseaux représente la plus grande et la plus sauvage étendue de Mindanao. Elle est composée de sept lacs et couvre plus de 26 000 hectares dont 19 000 sont déclarés aire protégée. Le lac Diginat veut dire « comme la mer » ; le lac Binahaon signifie « inonder » ; le lac Mihaba est « allongé » ; celui de Mahauan est « de vue claire » ; et enfin, la Dagan signifie « écoulement de l'eau ». La forêt marécageuse (immergée) couvre 49 % de la surface totale ; seulement 10 % de ces terres sont sèches toute l'année. 60 % des 15 000 habitants d'Agusan Marsh sont des minorités ethniques, notamment « les seigneurs des marécages », les Manobos, groupés dans la partie ouest. Ces nomades vivent dans des maisons en bois et en bambou construites sur d'énormes troncs d'arbres qui leur permettent de flotter. Chaque année, à la saison des pluies, quand le lac déborde, ils se déplacent à bord de leurs maisons flottantes. Pendant la saison sèche, elles sont fixes au bord de l'eau. Les radeaux en bambou et demi-troncs d'arbres creusés dans leur longueur sont d'autres moyens de se déplacer et se balader d'un lac à l'autre à travers les immenses eaux de couleur jacinthe.

MINDANAO

Les poissons-chats, les carpes et les coquillages foisonnent. Les Manobos les pêchent à la ligne ou avec des casiers. Ils préparent des poissons séchés, leur spécialité appelée *dalag*, qu'ils vendent au marché. La culture du maïs, des patates douces, appelées *kamutis*, et les arbres fruitiers sont d'autres moyens de survivre.

Se loger

À Bunawan, les habitants ouvrent facilement leur porte aux visiteurs. Il faut se renseigner à l'office de tourisme de Bunawan, de San Francisco ou de Butuan.

Transports

Pour rejoindre Bunawan, au départ de San Francisco, le trajet de 40 km dure environ 1h. Bunawan se trouve à mi-chemin entre Butuan et Davao.

MARAIS D'AGUSAN ★

IPAS Complex, Mambalili, Bunawan

✆ +63 930 804 4113

Organiser sa visite à l'avance (se rendre au Management Office).

Au cours de cette visite, les guides peuvent vous mettre en contact avec des indigènes Manobos, au Sitio Panlabuhan. La meilleure période pour visiter Agusan Marsh (*marsh* signifie marais en anglais) s'étend d'octobre à janvier, pendant la saison des pluies. Les lacs débordent, aussi est-il plus facile de circuler en banca à travers la forêt. La découverte se transforme en safari hors du commun, où l'on peut observer des oiseaux sauvages et des espèces menacées. L'arrivée des oiseaux migrateurs en octobre est un vrai spectacle. Une centaine d'espèces sont répertoriées, du héron pourpre au canard sauvage, en passant par la cigogne et l'aigle de mer. Les papillons multicolores sont aussi au rendez-vous (au total 70 espèces). Les poissons sont abondants : tilapia, haw-an (mudfish), gurami et pantat (catfish ou poisson-chat). Au cours de cette balade, peut-être aurez-vous l'occasion de rencontrer la danata, une espèce aquatique spectaculaire vivant dans l'eau douce, une sorte de tortue géante sans carapace, recouverte d'une peau épaisse et dotée de griffes. D'autres espèces animales peuplent ces marais, comme les rares crocodiles philippins, les lézards monitor, les macaques, le cobra des Philippines ou le python. Agusan Marsh est également le royaume des botanistes. Le dialecte des Manobos est un mélange de dialecte indigène et de langues étrangères, très différent du tagalog et du cebuano. D'autres tribus dérivées des Manobos ont le même dialecte, comme les Dibabaons et les Manguyangans qui peuplent la forêt.

SURIGAO

Surigao City, 172 000 habitants, est peu visitée par les touristes. On peut pourtant y pratiquer de nombreuses activités, comme la spéléologie, les sports nautiques ou bien se promener en bateau dans les mangroves. La ville est la capitale de la province du Surigao del Norte, dont la superficie avoisine les 2 740 km² et qui est située au sud du golfe de Leyte. À l'est, on y trouve l'océan Pacifique, à l'ouest, la province d'Agusan del Norte et enfin, au sud, la province de Surigao del Sur. La province est abondamment arrosée par les pluies de juillet à septembre, mais ne subit pas aussi sévèrement les typhons que le reste du pays. Des centaines d'îles aux alentours font partie de cette province située à l'extrême nord-est de Mindanao.

Transports

- **Avion de/vers Manille.** Vols quotidiens (2 heures).
- **Avion de/vers Cebu.** Vols quotidiens (45 minutes).
- **Bateau de/vers Cebu.** Une liaison quotidienne (environ 9 heures, à partir de 1 320 PHP).
- **Bateau de/vers Siargao Island.** Liaisons quotidiennes (environ 250 PHP et 3 heures).
- **Bus de/vers Cagayan de Oro.** Plusieurs départs par jour (640 PHP, environ 6 heures).
- **Se déplacer.** Un très grand nombre de tricycles sillonnent la ville et il est très facile d'en trouver un. La ville est très petite et la plupart des déplacements peuvent se faire à pied. Depuis l'aéroport, le tricycle vous coûtera environ 80 PHP ; le trajet dure en moyenne 50 minutes.

GROTTE DE SILOP

Silop

Entrée 50 PHP et guide (obligatoire) 200 PHP/ deux personnes.

Située à sept kilomètres de Surigao, il faut compter dans les quinze minutes pour rejoindre la grotte de Silop, également connue sous le nom de Campamento Cave. La grotte est constituée de quatre chambres, dont la centrale a une taille impressionnante. Il y a douze entrées différentes pour y accéder. On peut découvrir des stalagmites et stalactites géantes et différentes espèces de chauves-souris. Durant la Seconde Guerre mondiale, la grotte a servi de garnison aux soldats japonais. Une visite intéressante si on aime les grottes.

LES MANOBOS

IMMERSION DANS LA CULTURE D'UNE TRIBU INDIGÈNE

En 2013, Manuel « Datu Kajugjog » Gardigo, un leader de la tribu Manobo, avait rencontré l'auteur de l'époque de ce guide pour une interview qui reste toujours riche d'enseignement. Quelques mois plus tard, il avait été tué en raison de son engagement contre l'exploitation forestière illégale de sa région. Auteur du dictionnaire manobo-tagalog et du dictionnaire manobo-anglais, il était l'un des spécialistes des tribus de Mindanao. Intégré à la société moderne, comme d'autres Manobos, Manuel Gardigo vivait dans le centre de San Francisco.

Qui sont les Manobos ?

Les Manobos représentent la communauté indigène la plus importante, environ 82 000 personnes, basée sur l'île de Mindanao. Ils sont originaires de la vallée d'Agusan, qui signifie « là où l'eau coule ». Manuba, ou man-suba, est un terme malais qui désigne « l'homme de la rivière ». Ce sont des descendants indo-malais et aborigènes, sous l'empire Sri Visayan aux XIe et XIIe siècles. L'arrivée des Espagnols apporte sa contribution à ce métissage. Manoba est le nom donné aux maisons flottantes, habitations des Manobos, sur la rivière. Les Manobos sont aussi des guerriers qui utilisent des lances, des arcs et des couteaux pour se défendre. Autrefois, les captures de femmes et les bagarres entre les clans étaient fréquentes. Il fallait aussi résister aux musulmans (Moros) qui menaçaient d'enlever les femmes et les enfants. Les activités principales sont la pêche, la chasse (singes, cochons et pigeons sauvages, serpents, aigles et hérons) et l'agriculture (patates douces et maïs). La binaylane est la danse commune à de nombreux rituels, pour remercier les esprits et leur demander de favoriser la chasse et la pêche. Le régime alimentaire se réduit à des patates douces, du poisson séché, des soupes de queues de poissons ou encore des larves trouvées dans les feuilles de palmiers. Le cochon sauvage est la spécialité : sa chair, mélangée à des herbes aromatiques, est cuite dans des tubes de bambou.

Quels sont les rites et les traditions ?

La religion est aujourd'hui catholique mais les rites animistes sont toujours bien ancrés. Les Manobos croient aux esprits. De nombreux rituels sont pratiqués pour les apaiser, dont le tagun. Le paganisam désigne la croyance en la nature qui est prédominante. Le magbabaja est le créateur du paradis et du foyer, l'esprit suprême. Les rites religieux se rapprochent de ceux des Chinois et des Japonais. Ainsi, l'offrande faite aux esprits est une pratique très courante. Quand les herbes médicinales ne peuvent rien pour un membre malade, les Manobos imputent le malheur à un esprit malfaisant. Le sangga est le rituel de circonstance, accompagné d'offrandes, pour supprimer les maladies et les épidémies. Ils déposent alors sur l'autel des betternuts (sortes d'insectes ressemblant aux abeilles), des feuilles aromatiques, du vin, du tabac, des bougies, du riz, des œufs durs, du poulet et de la viande de porc. Le mugnata est la cérémonie au cours de laquelle le chef ou datu de la tribu est élu. Les prêtres et prêtresses manobos célèbrent les mariages. L'union est symbolisée par des échanges de boules de riz et un partage de l'eau. La danse binanong, ou « danse des aigles », est effectuée à cette occasion. Selon la coutume, les invités glissent de l'argent dans les costumes des mariés revêtus des couleurs symboliques. Le noir est le symbole du pouvoir et du surnaturel. Le jaune symbolise la royauté, le rouge la bravoure et le blanc la pureté. Le mariage est possible dès l'âge de 12 ans et la polygamie n'est pas exclue pour les hommes : les Manobos peuvent avoir jusqu'à cinq femmes. Les plus importantes sont les femmes du datu et les prêtresses qui président les rites et dirigent la prière.

Y a-t-il des problèmes d'intégration ?

Les Manobos sont aidés par le gouvernement, qui protège la forêt et l'environnement. Un soutien financier est accordé pour l'agriculture dans le cadre d'une aide au développement du domaine ancestral. Une assistance médicale est mise en place pour vacciner les nouveau-nés. Les enfants ont accès au collège gratuitement, mais la plupart – environ 80 % – ne vont pas à l'école. Les activités quotidiennes, vitales pour la tribu, priment sur le reste. Le taux d'illettrisme est élevé. Le droit de vote est accordé à l'âge de 18 ans. Chaque année, pendant la saison des pluies, les habitants se déplacent et s'éloignent des villes mais la nouvelle génération ne le fait guère aujourd'hui. Le seul moyen de s'intégrer dans la société est finalement de s'installer en ville. C'est un choix de vie de plus en plus courant chez les Manobos.

MUSÉE DE LA BATAILLE DU DÉTROIT DE SURIGAO

Borromeo Street
✆ +63 920 909 0999
Ouvert tous les jours de 9h à 17h. Entrée libre.

De là, le visiteur a une vue panoramique sur le détroit de Surigao, qui est le lieu où se déroula la bataille du détroit de Surigao pendant la Seconde Guerre mondiale. Ce musée retrace l'histoire de cette bataille qui fut l'un des épisodes de la bataille du golfe de Leyte les 24 et 25 octobre 1944, la bataille navale la plus importante de la Seconde Guerre mondiale, voire de l'Histoire. Ce détroit est connu pour être le cimetière de bateaux qui ont sombré pendant cette bataille.

PLAGE D'IPIL

La plage d'Ipil est plus connue localement sous le nom de Mabua Pebble Beach. Mabua est le nom du barangay où elle se situe et Pebble signifie « galet » en anglais. Elle se trouve à proximité du centre de Surigao City et est connue pour ses galets blancs et gris, de toutes formes et à la paroi lisse. En faisant attention à ne pas glisser, il est agréable de marcher pieds nus sur ces galets qui, selon certaines croyances, auraient des vertus réparatrices pour le corps et l'esprit. Il y a peu de monde, c'est calme et ça change du sable !

VILLAGE FLOTTANT DE DAY-ASAN

Barangay Day-Asan
Compter 1 000 PHP pour une visite de 2 heures.

Accessible facilement en scooter, à 30 minutes de Surigao City, le village flottant de Day-Asan est surnommé la « Venise de Surigao ». Ce village regroupe environ 1 800 habitants et 400 maisons. Le visiteur appréciera l'aspect pittoresque des maisonnettes en bambou et nippa sur pilotis, élevées au-dessus d'une eau peu profonde. Les petites embarcations des pêcheurs passent sous les maisons. La population locale vit essentiellement de la pêche de homards et de crabes.

HOTEL TAVERN €€

Borromeo Street
✆ +63 918 963 6182
www.hoteltavern.com
Chambres doubles à partir de 4 800 PHP. Petit-déjeuner inclus.

Le Tavern est né en 1948, c'était à l'époque l'un des premiers hôtels de la ville et véritablement un lieu de vie et de sociabilité. Aujourd'hui, l'établissement a su conserver cette empreinte historique qui fait son charme et sa réputation, tout en évoluant pour rester dans l'air du temps. Le pari est réussi ! Une nouvelle aile a récemment été construite, les chambres sont neuves, propres et confortables et surtout elles ont un balcon et une vue sur la mer. Le restaurant sert une bonne cuisine et, au petit-déjeuner, un buffet philippin.

PHILIPPINES GATEWAY HOTEL €€

26 Asian Highway
✆ +63 919 267 3781
www.philgatewaysurigao.com
Chambres doubles à partir de 2 250 PHP. Petit-déjeuner inclus. Wifi.

Situé à proximité de l'aéroport et du débarcadère, cet hôtel propose des chambres confortables et fonctionnelles, sans grand charme mais tout à fait correctes. Les avantages : une énorme piscine, un bain à remous et un restaurant assez réputé auprès des locaux sont à la disposition des clients. Le personnel est serviable et disponible, le petit-déjeuner bon. Un bon rapport qualité-prix et un établissement qui fait l'affaire pour une nuit de transition.

SIARGAO ISLAND ★★★★

Siargao (prononcer *shar-gao*) est connue pour être la capitale du surf aux Philippines. Cependant, nul besoin de surfer sur la vague pour apprécier les incroyables paysages et la beauté naturelle de l'île encore préservée du tourisme de masse. Entre plages de sable blanc, palmiers à perte de vue, lagons, îlots et mangroves, il y a de quoi faire. Depuis Dapa, la ville principale, une route mène vers le sud-est de l'île à General Luna où la majorité des hébergements touristiques se trouvent, près des belles plages bordées de palmiers. C'est aussi à General Luna que se trouve le mythique Could 9 : un spot de surf très fréquenté où sont organisées des compétitions internationales. Pour ceux qui préfèrent garder les pieds sur terre, l'intérieur de l'île est constitué d'une forêt assez dense avec des cascades, et des mangroves, sur la côte ouest. Les *island hopping* (tours en bateau), sont également très en vogue car plusieurs îlots déserts de toute beauté entourent Siargao. Enfin, l'île est réputée pour sa vie nocturne animée et concentrée autour de General Luna. Souvent comparée à Bali (la foule en moins), Siargao a une ambiance toute particulière et bien à elle qui nous enveloppe dès l'arrivée. Une atmosphère surf et bohème, avec ses nombreux cafés de plage, ses logements typiques, sa foule de tricycles et de scooters, les planches de surf partout, les sourires de jour comme de nuit. On apprécie particulièrement la gentillesse des locaux et l'ouverture des autres voyageurs, le soir tout le monde fait la fête ensemble. C'est l'un de nos coups de cœur aux Philippines !

Argent

Il y a quelques distributeurs de billets (dont au moins un à General Luna) mais il est conseillé de prendre ses précautions avant d'arriver.

Sortir

Tout se passe sur la route principale, à General Luna. Le soir, de nombreux bars proposent des concerts acoustiques. Pour ceux qui veulent danser jusqu'au bout de la nuit, sachez que la vie nocturne de Siargao fonctionne selon le principe « un soir / un bar » : chaque soir, un bar (El Lobo, Siargao Beach Club, Bed & Brew, Harana…) est le « *bar of the night* » et les gens s'y retrouvent. Pour trouver le bar du soir, rien de mieux que de demander autour de soi, l'information circule très facilement ! Sinon rendez-vous sur le compte Instagram @Siargao.Vibes pour avoir les bons plans sorties et activités de la semaine.

Sports / Loisirs

Même s'il y a plein de choses à faire comme le kitesurf, snorkeling, island hopping, yoga, télétravail, expédition en scooter à travers les palmiers, rizières et villages de pêcheurs, l'activité principale, c'est le surf. Il est possible de louer une planche à la journée ou à la semaine (200 PHP/jour). Pensez à la prendre en photo avant de la louer pour avoir une preuve de son état. Sur toutes les plages (Jacking Horse, Secret Beach, Cloud 9, Cemetery…), il y a des instructeurs locaux qui peuvent vous accompagner (500 PHP pour 2h, planche incluse). Si vous n'êtes pas un professionnel du surf, nous vous conseillons de choisir cette option car il y a souvent beaucoup de surfeurs dans l'eau et il est alors difficile de savoir quelle vague prendre sans gêner les autres. Avec un instructeur (qui connaît tout le monde dans l'eau), vous prendrez plus de vagues car c'est lui qui vous lancera. C'est plus drôle ! Pour les pros avides de grosses vagues (Cloud 9), le bon timing est d'août à novembre. Pour les autres, on s'en sort toute l'année. Pour vérifier les marées, rendez-vous sur www.tide-forecast.com.

Tourisme

Attention, la saison des pluies ici est inversée par rapport à la quasi-majorité du pays ! Il pleut donc beaucoup entre décembre et mars. Cela n'enlève rien au charme de Siargao mais vaut mieux être prévenu que déçu. À savoir aussi qu'en décembre 2021, le super-typhon Odette a ravagé l'île de Siargao. Quelques années plus tard, l'île se reconstruit mais les stigmates sont encore visibles de-ci de-là.

Transports

- **De/vers Cebu**, plusieurs vols par jour (1h). Des minibus font la liaison entre l'aéroport (Sayak) et General Luna (45 minutes, 300 PHP).
- **De/vers Surigao**, plusieurs liaisons quotidiennes en ferry (Fastcraft, Roro, Montenegro) de/vers Dapa (entre 1h30 et 3h, 350 PHP). De Dapa à General Luna, compter 20 minutes et 200 PHP en tricycle ou minivan.
- **Se déplacer.** Les tricycles sont nombreux. Le plus pratique reste de louer un scooter, via votre logement ou sur la route principale à General Luna (400 PHP/jour).

Siargao Island.

CLOUD 9 ★★

500 PHP / 1h de surf (planche et instructeur). Frais environnementaux : 50 PHP (ou entrée gratuite par Jacking Horse).

Destination immanquable pour les amoureux du surf, c'est à cet endroit que passe la faille pacifique d'une profondeur excédant les 10 500 mètres et formant des vagues magnifiques et puissantes, surtout à marée haute et entre août et octobre. Ceux qui ne surfent pas auront le loisir d'admirer les surfeurs de loin, en sirotant un jus à l'une des paillotes de plage. Pour les débutants, rendez-vous à Jacking Horse, juste à côté, les vagues sont plus adaptées et de nombreux instructeurs sont sur la plage. Attention, il y a foule ! Et toujours une très bonne ambiance.

ISLAND HOPPING À SIARGAO ★★

Environ 1 400 PHP/personne/journée tout compris.

Un séjour à Siargao ne serait pas complet sans une journée « *Island hopping* ». Au programme ? Une journée de navigation à la découverte de trois îlots, plus beaux les uns que les autres, au large de Siargao pour s'en mettre plein les yeux ! La première île, Naked Island, est un banc de sable blanc totalement nu (d'où son nom), de 90 mètres de long, aux eaux transparentes ; la seconde, Guyam Island est la représentation parfaite de la minuscule île déserte, presque parfaitement circulaire, on en fait le tour en 3 minutes. En son centre un amas de palmiers. Il est possible d'acheter une noix de coco (50 PHP) pour se rafraichir ; la troisième, Daku Island, bien plus grande que ses deux voisines, comprend un petit village de pêcheurs. C'est un lieu paradisiaque avec sa plage de sable immaculé et ses emblématiques palmiers à perte de vue. À vous la journée de rêve : palmiers, snorkeling, coco et sable blanc !

▸ **La majorité des hôtels de Siargao proposent cette excursion** : une journée typique commence à 9h et s'étend jusqu'à 16h. Elle coûte dans les 1 400 PHP par personne. Le prix inclut généralement le transfert de/vers l'hôtel, le bateau, les frais environnementaux, le déjeuner, le matériel de snorkeling et un guide qui parle anglais. Pour plus de flexibilité, il est possible de passer directement par un pêcheur qui vous emmènera en banca sur l'une ou l'autre de ces îles (environ 1 500 PHP). Dans ce cas, le déjeuner n'est pas inclus et pensez à vérifier l'état du banca avant de monter dessus.

LAGON DE SUGBA ★★

Environ 1 500 PHP/personne/journée (déjeuner et transport inclus).

C'est l'un des sites naturels à visiter absolument lors d'un voyage à Siargao, à trente minutes en bateau depuis Del Carmen. Le lagon de Sugba n'a d'équivalent en termes de beauté que les lagons de Coron et El Nido mais... la foule en moins ! Après avoir navigué au travers des mystérieuses mangroves, on tombe sur ce lagon, entouré de collines couvertes de végétaux verdoyants, aux eaux turquoise et célestes absolument incroyables. On peut y louer des kayaks ou des paddles, y nager et y faire des sauts. Il y a une *boathouse* où il est possible de déjeuner.

PISCINE NATURELLE DE MAGPUPUNGKO ★

A environ une heure de route de General Luna.
Entrée à 50 PHP.

À 40 minutes en scooter de General Luna, la route pour s'y rendre est superbe en soi : plantations de palmiers, rizières à perte de vue et forêts tropicales. À gauche de la plage après quelques pas, on tombe sur des formations rocheuses étonnantes formant une piscine naturelle aux eaux turquoises. Attention, la piscine n'est visible qu'à marée basse. Pensez à prendre des chaussons pour vous baigner ou même faire des sauts. Quelques paillotes sur place pour déjeuner. Super spot !

VISITE DES MANGROVES ★

Del Carmen

Au départ de General Luna, comptez 40 minutes en scooter jusqu'à Del Carmen. Juste avant la ville, des pêcheurs peuvent vous emmener sur une banca à la découverte de l'une des plus grandes mangroves du pays, un univers fascinant composé de millions d'arbres et de petites îles isolées. Si ce système complexe de plus de 4 000 hectares s'apprécie mieux vu du ciel (avis aux propriétaires de drone), se balader sur ces eaux paisibles a quelque chose de magique, surtout à l'heure du coucher du soleil. Les chanceux pourraient même observer des crocodiles à l'état sauvage.

FAT LIPS

Tourism Road, Purok 5, General Luna
www.surfsiargao.com
Ouvert tous les jours de 8h à 21h. Scooter/jour : 450 PHP, Surf/jour : 400 PHP. Tarifs des excursions en ligne.

Fat Lips, c'est l'adresse bien utile à Siargao. Tout à la fois magasin de surf et de *goodies*, de location de planches, de scooters et de matériel de snorkeling, cette entreprise familiale est installée sur l'île depuis 2015. Le couple propriétaire est curieux, humain et très impliqué dans l'économie circulaire, ils ne travaillent qu'avec des locaux. Ils ont en parallèle développé leur propre agence My Siargao Guide et organisent des tours sur l'île et et aux alentours : visite de lagon, Stand Up Paddle, snorkeling, island hopping... Meilleur guide en ville !

MAO MAO SURF €€

Sta. Ines, General Luna
✆ +63 908 474 9759
http://maomaosurf.com
Tipi pour deux à partir de 2 850 PHP/nuit. Deux nuits minimum.

Un condensé de tout ce qui fait le charme et la réputation de Siargao, voilà comment l'on pourrait décrire le Mao Mao. Des chambres sous forme de tipis, accueillantes et douillettes. Un personnel hyper amical, toujours souriant, des instructeurs de surf dévoués et professionnels. Un restaurant qui propose des plats sains et vitaminés, colorés et toujours très bons. Dans l'assiette, toasts hyper gourmands, *super bowls* de fruits et de granola, jus détox, pancakes... Et au menu du séjour : du fun, des rencontres et des souvenirs plein la tête !

KERMIT SURF RESORT & RESTAURANT €

Tourism Road, Purok 5, General Luna
✆ +63 975 801 9657
www.kermitsiargao.com
Chambre double dès 3 300 PHP. Petit-déjeuner inclus. Pour le restaurant, réservation recommandée. Pizzas dès 320 PHP.

Situé côté jungle, voilà probablement l'une des meilleures adresses de l'île avec d'excellentes prestations (surf, stand up paddle, yoga, massage). On y dort dans de jolis bungalows en dur et en nippa, chacun agencé et décoré de manière différente et disséminés dans un grand jardin luxuriant bien entretenu. Le restaurant attenant d'inspiration italienne est également très couru par le tout Siargao, surtout pour ses excellentes pizzas. On peut se joindre aux excursions dans les îles.

KALINAW RESORT €€€

Tourism Road, General Luna
✆ +63 93 9904 3554
www.kalinawresort.com
Villa pour deux personnes : 19 900 PHP. 3 nuits minimum. 2 000 PHP/adulte supplémentaire. Petit-déjeuner inclus.

Certainement l'un des resorts les plus chics de l'île. Il est composé de villas à l'allure contemporaine, décorées avec goût, piscine privative et vue sur mer. *Kalinaw* signifie « détente » en visaya et c'est bien ce que cet hôtel 4-étoiles, pensé par deux Français, propose : une expérience totale de tranquillité dans un cadre luxueux. Côté restaurant, dans un intérieur aéré boisé au design asiatique élégant ou sur la plage, on savoure un mélange audacieux de cuisine philippine et européenne avec une touche française qui s'accorde parfaitement à la carte des vins.

BRAVO BEACH RESORT €€

Tourism Road, Barangay 5, General Luna
✆ +63 999 877 8518
www.bravosiargao.com
Chambres doubles à partir de 5 000 PHP.

Situé sur la plage, ce resort propose des chambres et des bungalows individuels de charme mêlant architecture locale et aménagement plus contemporain aux matériaux naturels et aux tons doux. Des packages surf sont proposés. Le restaurant, d'inspiration espagnole, utilise le plus possible des aliments locaux pour proposer un menu varié et gourmand. Il donne sur une petite piscine et la mer, très plate, idéale pour la baignade et le kitesurf. Le soir, le lieu s'anime sur fond de musique *lounge*. Ambiance très cool, plats excellents et emplacement idéal !

KAWAYAN VILLA €€€

Tourism road, Cloud 9 Drive, General Luna
✆ +63 999 409 6252
https://kawayanvillasiargao.com
Villa pour deux ou trois à partir de 18 200 PHP/nuit. 3 nuits minimum. Petit-déjeuner inclus.

Le Kawayan est l'un des resorts les plus exclusifs et élégants de Siargao. Il est composé d'à peine deux superbes villas, avec piscine, pouvant accueillir deux ou trois personnes. Elles sont situées dans un jardin tropical luxuriant, et sont joliment meublées (les douches en extérieur sont des plus relaxantes) et très confortables. Le restaurant propose une délicieuse cuisine à base de produits de la mer, accompagnée de sauces à la française et de sashimis. Il règne ici une ambiance calme, propice à un séjour placé sous le signe de la détente.

HYGGE SIARGAO €€

Bones Lane, Catangnan, General Luna
✆ +63 920 739 2743
Villa à partir de 11 800 PHP/nuit pour deux (4 personnes max.). Minimum deux nuits.

Situées dans un jardin tropical foisonnant, autour d'une petite piscine, ces villas indépendantes, avec leur terrasse privée, où il est agréable de prendre l'apéro le soir, sont absolument charmantes. La décoration est chaleureuse, bohème, un peu dans un style californien. La responsable, Tess, est disponible et gentille, on peut louer des scooters et la villa est nettoyée tous les deux jours. Il n'y a pas de restaurant mais chaque villa a sa cuisine extérieure, c'est donc l'endroit idéal pour un voyage de plus ou moins longue durée, en autonomie. On adore !

BAYANI €

Harana Surf Resort, General Luna
✆ +63 969 400 4675
www.haranasurf.com
Ouvert tous les jours de 7h à 22h (samedi 21h). Plats entre 220 et 420 PHP.

C'est le restaurant du Harana Resort. Dans une large hutte en nippa aérée, on dîne sur des tables basses au son des vagues. C'est l'endroit où courir pour découvrir la gastronomie philippine et plus précisément celle de Mindanao. La carte est large, on peut donc essayer différents plats tous concoctés avec précision et joliment présentés sur des feuilles de bananiers. Les assiettes colorées sont aussi jolies que bonnes. Les serveurs sont d'une grande hospitalité et de nombreuses options végétariennes et même végan sont disponibles. Ambiance cosy et détente.

HAKATA €

Cloud 9 Tourism Road, Brgy Catangnan, General Luna
Ouvert de 11h à 21h du mercredi au lundi. Plats entre 200 et 380 PHP.

Situé sur la route principale, cette hutte traditionnelle sur pilotis propose d'excellents ramens entre autres ! En cuisine, un chef japonais bien sûr, qui confectionne des ramens gourmands pour toutes les envies à base de porc ou de fausse viande végétale. Le bouillon miso est riche en saveurs, le traditionnel œuf mariné Ajitama fait la différence et enfin, le chef confectionne aussi d'excellents gyozas frits et faits maison. Une bonne adresse pour changer des plats philippins ou européens habituels, un service rapide et un lieu agréable.

SHAKA CAFE €

Cloud 9, General Luna
✆ +63 970 059 1841
Ouvert tous les jours de 6h30 à 17h30. Super bowls à 300 PHP.

À Siargao, Shaka Café est situé directement sur Cloud 9. L'enseigne a pris ses quartiers dans une paillote de plage, avec ce supplément de coolitude qu'on adore tant. On recommande d'y aller surtout le matin pour leur petit-déjeuner de champion, beau et bon. Au menu : jus de fruits frais, smoothies, *super bowls* de granola avec yaourt et fruits exotiques. À midi, de fabuleux burgers 100 % végétariens et ultra-gourmands vous attendent. L'endroit est très chill. C'est sain, appétissant et comme souvent aux Philippines, bon marché.

SIARGAO CORNER CAFÈ €

Tourism Road, General Luna
✆ +63 921 095 0788
Ouvert tous les jours de 6h à 22h. Cafés à partir de 100 PHP, gaufres à partir de 90 PHP.

Situé sur la route principale, avec une jolie terrasse en hauteur, Siargao Corner est tout à la fois un café et un restaurant. On y vient pour déguster de délicieuses gaufres – certaines rumeurs disent que c'est ici que l'on mange les meilleures gaufres de l'île – sucrées et salées, que l'on accompagne d'un café. Et quand on voit la longue liste de cafés (frappé vanille, flat white, café glacé vietnamien, latte caramel...), ce serait dommage de se contenter d'un espresso. Côté gaufres, on aime beaucoup la bacon-avocat-œuf et celle avec les fruits. Un régal !

MATA SHALA YOGA

Purok 5, General Luna, Lotus Shores
500 PHP/cours (matelas inclus). Programme des cours sur Instagram. Réservation non nécessaire.

C'est une histoire pleine de philosophie que celle de cette école de yoga. Au départ Mata Shala était le club de yoga du resort Lotus Shores qui comptait également l'excellent restaurant Kali Ma Café. L'ensemble était un véritable temple du bien-être. En décembre 2021, tout a été détruit par le passage du super typhon Odette. Depuis, l'équipe s'est consacrée à la reconstruction des habitations des employés et à l'éducation des enfants. L'avenir du complexe est toujours incertain mais des cours de yoga y sont donnés tous les jours et les profs sont géniales.

MINDANAO

SIARGAO WAKEPARK

Consuelo, Purok 7, General Luna
✆ +63 926 666 5021
www.siargaowakepark.com
Ouvert tous les jours de 8h30 à 17h30. Réservation conseillée. Session 1h pour 1 200 PHP/personne.

C'est Tom, un Belge implanté à Siargao depuis de longues années, qui a lancé ce projet. Un lac artificiel dans lequel on pratique le wake-board tracté par une zip-line. Accessibles à tous, on y va juste pour découvrir de nouvelles sensations, pour s'entraîner en parallèle de cours de kitesurf ou pour essayer les différents sauts. L'équipe est super sympathique. C'est l'idéal pour une après-midi, la route pour y aller est en plus très belle. Pensez à réserver la veille, l'activité a son petit succès. C'est fun, original et convivial !

SIARGAO WATERSPORTS

Tourism Road, Barangay 5, Bravo Beach Resort, General Luna ✆ +63 915 264 6225
www.siargaowatersports.com
Module kitesurf/wing-foil débutant (3x2h) : 16 000 PHP. Location matériel pour 2h : 2 900 PHP. Autres tarifs en ligne.

Installé sur la plage du Bravo Beach Resort, cette école de sports aquatiques a été lancée en 2020 par Rozie et Hendrick, un couple belgo-philippin adorable et très sympathique. Le spot est idéal car ici, les conditions, entre novembre et mars, sont parfaites pour apprendre le kitesurf (pas de vagues, peu de profondeur et lagon très étendu donc de la place pour tout le monde). Les instructeurs sont professionnels, qualifiés et certains comme Vincent parlent français. L'ambiance est très familiale et le matériel est d'excellente qualité. On adore !

SOUL TRIBE

Tourism Road, General Luna
✆ +63 919 490 5531
www.soultribebeachretreat.com
400 PHP / cours. Chambre double à partir de 6 000 PHP.

Après le surf, le yoga est peut-être la deuxième activité phare de Siargao. Les resorts sont nombreux à proposer des packages pour des séjours orientés yoga. Soul Tribe est l'un de ceux-là. On apprécie son cadre naturel propice à la détente et à la méditation, au bord de la mer. Les cours de yoga se donnent au second étage d'une grande hutte traditionnelle, au son des vagues. Ils sont ouverts à tous et tous les jours. Les villas sont sublimes et le restaurant très bon, enfin, que dire des massages ! L'endroit parfait pour ressourcer votre corps et votre âme.

BUCAS GRANDE ISLAND

L'attrayante île de Bucas Grande est située entre Siargao et Mindanao. Elle compte un peu plus de 25 000 habitants. Son lagon Sohoton Cove à l'est de l'île constitue son principal attrait, on navigue en banca dans des eaux d'un bleu perçant, entre des formations rocheuses étonnantes et couvertes de végétation tropicale. Il y a quelques offres de logement sur place mais la plupart des gens préfèrent loger à Siargao.

Transports

La plupart des hôtels de Siargao proposent des packages (2 800 PHP/journée). Vous pouvez aussi partir de Dapa (Siargao) et prendre le ferry jusque Socorro (100 PHP, 1h) puis un banca pour la journée (1 500 PHP).

SOHOTON COVE ★★

Socorro
Bateau A/R Siargao-Socorro à partir de 3 500 PHP (1 à 4 personnes). Frais d'entrée : environ 500 PHP.

Erigé en parc national, Sohoton Cove est très connu pour ses superbes paysages de grottes dispersées dans des lagons d'eau turquoise. Il se trouve à trois heures de General Luna. Ses lagons bleus souterrains où l'on peut voir multitude de poissons et méduses inoffensives et la végétation luxuriante qui entoure les grottes ne vous feront pas regretter d'être venu. Sauts, kayak, snorkeling... Impossible de s'ennuyer. Le meilleur moment pour venir est entre mars et juillet lorsque la mer est calme et les vents faibles. Une excursion incontournable depuis Siargao !

DINAGAT ISLAND

C'est la plus grande île de la province des îles Dinagat. Longue de 50 km, elle offre de belles promenades, surtout sur la côte Est particulièrement pittoresque et ses eaux sont d'une clarté qui fait rêver. Beaucoup de familles de pêcheurs peuplent cette île, par ailleurs appréciée des plongeurs. Des bateaux relient Surigao à Dinagat très régulièrement. Les *boatmen* attendent que le bateau soit plein avant d'entreprendre la traversée. Dans les environs, la grotte de Buenavista (reliée tous les jours par bateau en 1h) sur l'île de Hikdop fait le bonheur des amoureux des grottes, tandis que l'île de Bayagnan est reconnue pour ses mangroves et sa faune.

DAVAO ★

Située au sud-est de Mindanao, bordée par la mer de Célèbes au sud et le golfe de Davao à l'est, Davao est la deuxième plus grande ville du pays par sa superficie. Divisée en huit districts, elle couvre 244 000 hectares (dont près de la moitié sont des terres de culture) et abrite presque 2 millions d'habitants parlant essentiellement le cebuano. La population compte 83 % de catholiques, 2,4 % de musulmans et 2,3 % de partisans d'Iglesia ni Cristo. Ville la plus importante de Mindanao, Davao est célèbre pour son ancien maire, Rodrigo Duterte, devenu président de la République entre 2016 et 2022. À la tête de la ville durant deux décennies, celui-ci se targue d'avoir transformé Davao, ancien bastion rebelle communiste dans les années 1970 en ville la « plus sûre de l'archipel », au prix d'une lutte anti-criminalité sans merci. Très controversé à l'international, il est très populaire à Davao. L'ancien édile est accusé par des ONG internationales d'avoir ordonné l'exécution par des « escadrons de la mort » d'un millier d'individus, pour la plupart des petits délinquants. Rodrigo Duterte avait également été à l'origine de l'interdiction de fumer dans les lieux publics et d'un couvre-feu à 1h du matin pour la vente d'alcool et le karaoké trop bruyant.

Davao présente en outre des avantages naturels et économiques. Elle a à proximité une attraction de taille, le sommet le plus haut des Philippines, le mont Apo. Ville commerciale et industrielle, elle est avant tout agricole. Les plantations d'abacas sont nombreuses, comme celles de maïs, de riz et de café. Réputée pour sa grande variété de fruits exotiques, la ville est surnommée « la corbeille de fruits des Philippines ». C'est la ville du durian, ce fruit dont on dit qu'« il a l'odeur de l'enfer, mais le goût du paradis » et qui est vendu très cher à Manille. Un festival en son honneur est organisé en septembre.

Histoire

Avant l'arrivée des Espagnols en 1528, différentes ethnies peuplaient Davao et sa région : les Manobos, les Tagacaolos, les Guiangans, les Bilaans et les Aetas. Les Bagobos et les Mandayas occupaient toute la partie ouest. Davao vient du mot de la tribu des Bagobos, *daba daba*, qui signifie « le feu destiné aux rituels ». En 1900, les Japonais occupent à leur tour la région et développent la plantation d'abacas, la pêche et le commerce. La ville devient prospère et attire, après la guerre, de nombreux émigrants, spécialement des Visayas, en quête de travail. La ville devient pluriculturelle, réunissant des musulmans, Visayans, Tagalogs, Chinois, Japonais et Espagnols.

Shopping

L'héritage artisanal des tribus de Davao est très varié et représente bien la culture des groupes ethniques de la région. Tissages, vêtements aux couleurs bigarrées, malongs, céramiques, sculptures sur bois et joaillerie. Les couvertures sont réalisées par les Dagmays, les bijoux de perles par les T'Bolis. Les Mandayas perpétuent la tradition du tissage aux figures géométriques. Tout comme les Mansakas et les Bagobos, ils travaillent l'or et l'argent et confectionnent des bijoux et des armes blanches. Les Bagobos sculptent admirablement les armes, les boîtes métalliques et les fameuses clochettes de bronze qui ornent tous les bracelets et les colliers. Les ornements sont faits de perles, de coquillages ou de graines. On trouve à Davao tout l'artisanat des tribus environnantes dans les boutiques spécialisées et les villages tribaux.

Transports

- **Avion.** L'aéroport international de Davao (Francisco Bangoy International Airport) se trouve à 12 km du centre. Il accueille des vols quotidiens en provenance de Manille, Cebu et de nombreuses autres villes.
- **Bateau.** On se rend sans problème à l'île de Samal (en ferry ou en bateau privé).
- **Bus.** Par la route, Davao est reliée à différents points dans l'île via la Philippine-Japan Friendship Highway.
- **De/vers Butuan.** Liaisons très régulières (7h).
- **De/vers San Francisco.** Liaisons très régulières (4h30, 300 PHP).
- **De/vers Cagayan de Oro** via Bukidnon. Liaisons régulières (7h30).
- **De/vers General Santos.** Liaisons régulières (3h30).

MINDANAO

CATHÉDRALE SAN PEDRO ✞

San Pedro Street

Ouverte tous les jours de 8h30 à 18h.

D'un style avant-gardiste, la cathédrale de Davao mélange les styles roman et musulman. Baptisée du même nom que le saint patron de la ville, San Pedro (Saint Pierre en français), cette cathédrale hors du commun voit son histoire débuter au XIXe siècle. En effet, en 1847, une petite église néo-gothique fut construite par le conquérant espagnol don Jose Oyanguren. Dans les années 1960, apparut la volonté de l'agrandir et c'est là qu'elle devint une construction bétonnée avant-gardiste, avec un toit en forme d'arche, assez étonnante.

CENTRE DE PRÉSERVATION DES AIGLES DE PHILIPPINES

Malagos, Baguio District
✆ +63 917 708 9084
www.philippineeaglefoundation.org
Ouvert tous les jours de 9h à 15h. Entrée : 150 PHP.

Le centre de réhabilitation abrite des animaux et des plantes tropicales ainsi que diverses espèces d'oiseaux rares. Le majestueux aigle des Philippines y règne en maître. Ce superbe rapace, haribon (selon son nom local), avec ses ailes de 2 m d'envergure et sa hauteur de 1 m à sa maturité, est l'un des plus grands et des plus puissants aigles du monde. Pour cette raison, il est devenu l'emblème du pays lors de la réélection de Fidel V. Ramos, en 1995.

CHAPELLE DE L'ENFANT JÉSUS DE PRAGUE

Shrine Hills Road, Talomo
Ouvert tous les jours de 7h à 17h.

En haut d'une colline, cette chapelle à ciel ouvert présente des reliques du Saint Enfant Jésus de Prague ainsi que celles de Our Lady of Fatima, comme certains Philippins l'appellent. Depuis ce lieu entouré d'arbres fruitiers, on a une vue panoramique sur la ville ainsi que sur le mont Apo. C'est un haut lieu de pèlerinage, surtout pendant la semaine sainte. Y aller le dimanche pour partager un vrai moment de vie, lorsqu'il y a plus de monde, dont les familles philippines.

EDEN PARK

Barangay Eden, Toril
✆ +63 82 299 2993
www.edennaturepark.com.ph

C'est un immense parc aménagé et bien entretenu où les Philippins aiment beaucoup se rendre en famille pour la journée ou même pour y loger. Il y a comme un petit air de campagne à la ville. Plantes tropicales et fleurs à foison, piscine, balades à cheval, restaurants. Le parc abrite également un resort ou plutôt un lodge pour les clients qui souhaiteraient passer une nuit ou plus : on trouve un camping, des chambres standard et deluxe, mais également des cottages et des villas tout confort. C'est pas le grand luxe mais c'est agréable pour une journée !

LAC LEONARD

Maco

Situé à soixante kilomètres de Davao, c'est un lac d'assez petite taille puisqu'il a une superficie d'à peine six hectares. Il s'agit en fait d'un lac de cratère puisque le mont Leonard est un volcan actif mais endormi. Sur certains côtés du lac, on peut parfois apercevoir des petites fumerolles laissant imaginer qu'un volcan se trouve bien en-dessous du lac. Il est habité par de nombreuses espèces de papillons très colorés et par encore quelques rares spécimens de crocodiles philippins, de plus en plus menacés par la pollution engendrée par les humains.

Lever de soleil sur Davao.

MINDANAO

MALAGOS GARDEN RESORT

Barangay Malagaos, Baguio district
✆ +63 917 624 5727
www.malagos.com
Ouvert tous les jours de 8h à 17h. Entrée libre.

Sorte de grand complexe écotouristique, le Malagos présente plusieurs parcs avec une grande variété d'orchidées. Ce lieu fera le bonheur des amateurs d'horticulture qui ne sauront plus où poser les yeux entre les orchidées traditionnelles et les orchidées hybrides. Il y a un jardin pavillonnaire et une piscine entourée de restaurants. Et comme il s'agit d'un resort, il est bien entendu possible de séjourner sur place dans des chambres pleines de charme. Également un musée et un spa autour du chocolat, pour une expérience sensorielle unique.

MUSÉE D'HISTOIRE ET D'ETHNOGRAPHIE

113 Agusan Circle, Insular Village 1, Lanang
✆ +63 82 233 1734
Ouvert du lundi au samedi de 9h à 17h. Entrée : 100 PHP.

Un peu excentré, ce musée est un centre de préservation et de valorisation du patrimoine de Davao et de Mindanao. Le musée expose l'héritage coloré de la province, sa culture à travers ses différentes ethnies : cartes ethnologiques, photographies, outils traditionnels, costumes et instruments de musique. Au deuxième étage, dans la galerie moderne, sont exposés des artistes contemporains. Une maison traditionnelle mandaya est située juste derrière. Une visite culturelle intéressante.

PARC MAGSAYSAY

5 Ramon Magsaysay Avenue
Ouvert tous les jours de 4h à 22h.

Construit en l'honneur du septième président de la République des Philippines, Ramon Magsaysay (1953-1957), c'est l'un des plus anciens parcs de la ville. Sa superficie est de presque trois hectares et il abrite un amphithéâtre, un espace propice à la pratique du roller et du skate, plusieurs restaurants, bars et boutiques, un espace de jeux pour les enfants, une chapelle. C'est l'idéal pour faire du vélo ou un pique-nique. Enfin, il y a également un village tribal où l'on peut en apprendre davantage sur les coutumes des onze tribus de la région de Davao.

GROUPES REBELLES DU MINDANAO

Avec ses 27 millions d'habitants, l'île de Mindanao, la deuxième île la plus large après Luzon, a une densité relativement faible mais une diversité culturelle très importante. Le christianisme y est la religion principale et il y a plus de musulmans que dans les autres régions des Philippines (25 %). La plupart d'entre eux se situent au sud, dans le centre et dans la partie ouest de l'île, essentiellement dans la région de Zamboanga. La population musulmane a résisté aux tentatives des Espagnols de conversion au christianisme. Depuis quatre siècles, elle se révolte contre le gouvernement de Manille. Au début de XIXe siècle, les Américains essayèrent de pacifier la région et il était même envisagé de séparer Mindanao du reste de l'archipel. Ensuite, depuis les années 1970 et jusqu'à très récemment en 2021, la loi martiale a été déclarée durant des périodes plus ou moins longues, sur l'île. Les groupes rebelles refusent de prêter serment au pouvoir. Très indépendants, ils sont parfois rivaux et dans le sud, vers Sulu, deux clans sont en profond désaccord politique et s'affrontent depuis des années. Sulu est un endroit très délicat à fréquenter. Seule l'autorité des descendants des sultans y est reconnue.

En plus des guerres interfamiliales de clans, plusieurs milices sévissent, comme le *Moro National Liberation Front* (MNLF) ou le *Moro Islamic Liberation Front* (MILF), qui ont été auteurs de pillages et d'enlèvements notables. Le MNLF, fondé en 1969, avait obtenu il y a quelques années l'autonomie et un système politique à part. Le MILF, créé en 1975, est un groupe révolutionnaire armé, auteur de kidnappings dans le nord de Zamboanga. Les cibles du mouvement sont des commerçants chinois ou des prêtres et missionnaires. Toutefois, depuis 2019, un accord de paix a aussi été conclu entre le MILF et le gouvernement philippin, mettant fin à des dizaines d'années de violents affrontements. Il s'agit de la création du Bangsamoro, ou région autonome Bangsamoro du Mindanao musulman, une région autonome aux nombreux pouvoirs. Toutefois la guerre des clans continue. Les membres d'Abou Sayyaf, branche locale de Daech, sèment la terreur, notamment à l'ouest (au nord de la péninsule de Zamboanga) et au sud de l'île. Ce mouvement très dangereux est basé à Sulu. Nous nous limitons donc dans ce guide aux sites considérés comme sécurisés, même s'il n'est pas conseillé de voyager dans les zones concernées.

PUENTESPINA ORCHID GARDEN

Bolcan Street, Agdao
✆ +63 82 226 4446
Ouvert du lundi au samedi de 8h30 à 17h30.

Parmi les nombreux jardins d'orchidées qui se trouvent à Davao, le Puentespina Orchid Garden est tout à la fois jardinerie, magasin et parc. Il abrite une grande variété de plantes tropicales dont des orchidées. Cette fleur étant considérée comme la « fleur nationale », la fleur sacrée. Avant de visiter la serre, vous pourrez rencontrer des artistes qui s'adonnent à la peinture dans l'atelier, à l'entrée du jardin. On peut également acheter d'autres produits artisanaux indigènes.

TEMPLE BOUDDHISTE DE LON WA ★

Avenue Cabaguio

Le temple bouddhiste de Lon Wa, aussi appelé temple Longhua, est le plus grand temple bouddhiste de Mindanao mais aussi l'un des plus grands des Philippines. Les jardins sont très bien entretenus, l'architecture est superbe, tout comme les couleurs, les matériaux, le marbre à l'italienne, le magnifique bouddha en or et bois sculpté. Tout est vraiment très beau. Étant donné que les temples sont assez rares dans le pays, il vaut particulièrement le détour si vous êtes dans les environs.

RIVIÈRE SIBULAN

Darong Santa Cruz
Un guide est obligatoire.

À environ 45 minutes de route du centre de Davao, la rivière Sibulan constitue un excellent terrain de jeu pour les aventuriers de tous niveaux. Les Philippins apprécient tout particulièrement ce site où l'on vient pour pratiquer le *water tubbing* en eaux vives. Accompagné d'un guide local ou carrément en tour organisé de A à Z depuis Davao, on commence par s'équiper puis on prend place sur de drôles d'embarcations qui sont en fait des grosses bouées gonflables, et c'est parti pour une descente de la rivière à toute allure. Sensations garanties !

ALTA PENSION HOUSE €

J.-P. Laurel Avenue
✆ +63 968 854 9657
Chambres doubles à partir de 300 PHP.

En plein centre-ville, l'Alta propose une quarantaine de chambres à des prix défiant toute concurrence. Alors à ce prix-là, il ne faut naturellement pas s'attendre à quelque luxe que ce soit. Les chambres les plus rudimentaires n'ont ni climatisation ni salle de bain privée, d'autres ont les deux, toutes sont basiques, spacieuses, et avec écran de télévision. Elles sont globalement propres et l'endroit est sécurisé. Seul bémol, une literie un peu sommaire. Ne pas hésiter à demander à visiter plusieurs chambres avant de faire son choix.

TAMAYONG TRAIL

On emprunte ce chemin depuis Calinan. Le long du chemin, des grottes, des cascades, des rivières, des lacs..., tous plus beaux les uns que les autres. Des agences proposent des circuits avec guide, il faut compter de trois à cinq jours de marche. On devine la présence des oiseaux et ce serait une chance de rencontrer le tarababoy, un petit animal singulier avec une tête de sanglier, en voie de disparition. On peut atteindre le sommet du mont Apo, il y a plusieurs options selon le niveau. Il est possible d'inclure une rencontre avec les tribus Bagobos.

PONCE SUITES ART HOTEL €

Corner Road 3 & Road 4
✆ +63 906 496 6395
Chambres doubles à partir de 1 300 PHP. Petit-déjeuner inclus.

Voici un établissement assez sympathique et inattendu où l'art est à l'honneur, à voir les sculptures tribales et autres tableaux et photographies qui recouvrent les murs des espaces communs. Avant même d'entrer, la façade ne peut laisser personne indifférent avec son mélange de végétation et de sculptures immenses. Quant à la terrasse... Nous vous réservons la surprise ! Kublai Millan a réussi un pari un peu zinzin, mais qui séduit ! Les chambres sont simples mais fonctionnelles et l'accueil est des plus sympathiques. Une adresse qui sort de l'ordinaire.

APO VIEW HOTEL €€

150 J. Camus Street
✆ +63 998 958 8758
https://apoviewhotel.com/
Chambres doubles à partir de 3 300 PHP. Petit-déjeuner compris.

Situé au cœur de la ville, cet établissement est un véritable village de vacances à part entière, on y trouve un bureau de change, un barbier, une piscine, un bar, un casino, une boutique de souvenirs, une centre de massages, une agence pour organiser directement vos expéditions dans les environs et bien sûr des restaurants. Pour les chambres, diverses catégories pour essayer de répondre aux besoins de chacun. Leur décoration se veut moderne quoique un peu surannée. Enfin le personnel est très professionnel et leur gentillesse est appréciée.

LISPHER INN €€

13 Juna Avenue
✆ +63 82 299 1610
Chambres doubles à partir de 2 100 PHP.

C'est un petit hôtel qui fait l'affaire pour une nuit de transition. Il se situe à trente minutes de l'aéroport et à cinq minutes du terminal de bus de la ville. Les chambres sont sans charme, très rudimentaires et il faut bien l'admettre pas toujours très propres. Le restaurant de l'hôtel est ouvert à tous mais ne propose pas de petit-déjeuner aux clients. Le point positif : le personnel est assez sympathique. Un établissement assez simple en soi qui aurait bien besoin d'un petit coup de rénovation mais efficace et bien situé.

WATERFRONT INSULAR HOTEL €€

Lanang ✆ +63 82 233 2881
www.waterfronthotels.com.ph
Chambres doubles à partir de 4 000 PHP. Petit-déjeuner inclus. Wifi.

Voici une adresse appréciable pour séjourner à Davao. Cet hôtel 4-étoiles est très apprécié des touristes locaux et étrangers. Il se situe quelque peu en dehors de la ville, sur le chemin de l'aéroport, le long de la baie de Davao. Il possède une jolie piscine ainsi qu'une plage privée pour ses clients. Dispersées dans de grands jardins bien entretenus, les chambres, confortables et spacieuses, sont décorées avec un brin d'élégance. Concernant le personnel, il est chaleureux et professionnel, les prestations de service sont de qualité.

FIESTA DABAW €

JP Laurel Street
✆ +63 917 729 0412
Comptez 350 PHP par personne.

Situé au quatrième étage d'un centre commercial, c'est l'un des meilleurs restaurants de la ville. On y mange une cuisine authentique de Mindanao. Il s'agit en fait d'une chaîne de restaurants, celui-ci est sans décoration particulière, il est plus comme un stand dans un *food court*. Ne manquez pas de goûter : la soupe maison, *sabaw ng mandaragat*, avec un crabe bleu, des crevettes, des coquillages et un filet de poisson. Un vrai délice ! Poissons frais, *kinilaw* et calamars à profusion. Des plats authentiques, de qualité et à prix raisonnable.

JACK'S RIDGE RESORT & RESTAURANT €

117 Shrine Hills Road
✆ +63 82 297 8830
www.jacksridgedavao.com
Ouvert tous les jours de 8h à 21h. Plats entre 200 et 500 PHP.

Situé dans les hauteurs, le restaurant du Jack's Ridge est réputé pour la superbe vue qu'il offre sur Davao et son golfe. Ce n'est pas étonnant que le lieu fut la garnison des forces japonaises durant la Seconde Guerre mondiale au moment où les Américains débarquèrent. Le restaurant conserve quelques éléments de cette histoire dans sa décoration. Dans l'assiette, une cuisine philippine variée et délicieuse : thon grillé, *sinigang, lechon*... Idéal aussi pour boire un verre en soirée.

LUZ KINILAW PLACE €

23-c Salmonan Quezon Blvd
✆ +63 946 591 4036
Ouvert du lundi au samedi de 7h à minuit. Plats à partir de 200 PHP.

On vous l'accorde, il ne paie pas de mine, pourtant ce restaurant simple et populaire en bord de route sert une spécialité locale acclamée : le *kinilaw* au thon, sorte de poisson cru ou plus joliment appelé *ceviche* (thon mariné dans une sauce de vinaigre, gingembre, radis et oignons). Pas cher du tout et délicieux ! Essayez aussi le *bagaybay* (gonades de poisson). Pour les amateurs de viande, on sert un très bon poulet à la braise. Ne soyez pas étonné, il n'y a pas de menu, on commande directement au serveur qui vous dira ce qui est disponible !

T'BOLI WEAVING CENTER

Au sein de la réplique d'une maison traditionnelle mandaya, des objets fabriqués par des membres de la tribu des T'Bolis sont mis en vente. Vous verrez peut-être une femme en train de tisser sur place, elle pourra vous expliquer les techniques artisanales. En plus d'exposer et de vendre des vêtements traditionnels en abaca, ornés de clochettes et de graines, on trouve également des sacs, portefeuilles et des objets décoratifs pour la maison comme des céramiques. Ce genre de commerce solidaire est très bénéfique pour cette communauté.

CAP DE SAN AUGUSTIN

Tibanban - Lavigan Road, Governor Generoso - Mati

On quitte Samal Island pour se rendre à trois heures de route de Davao, entre Mati et Governor Generoso, à l'un des points les plus extrêmes des Philippines. Le cap de San Augustin [San Agustin Cape, connu aussi sous le nom de Parola] et son phare offrent une vue panoramique à 360 degrés sur la mer des Célèbes et le golfe de Davao. Les gardiens sur place vous feront un plaisir de vous raconter son histoire. On peut observer les pêcheurs en plein travail sur leurs bancas, contempler l'immensité de la nature et sa beauté amplifiée au moment où le soleil se couche.

SAMAL ISLAND

Surnommée « l'île des resorts » ou encore « l'île des festivals », c'est le lieu le plus connu de la région de Davao del Norte. Son nom complet est Island Garden City of Samal et l'île se trouve dans le golfe de Davao. Elle représente la première destination touristique de Davao et l'on y trouve d'excellents resorts qui attirent ceux qui aiment la plage, la plongée sous-marine, les grottes et les chutes d'eau. Le visiteur y trouvera en effet tout ce dont il a envie : des plages de sable blanc, des fonds marins riches, une végétation luxuriante, des grottes et des cascades, mais aussi des décors pittoresques avec des maisons sur pilotis et des villages de pêcheurs. Même si la plupart des habitants vivent de la pêche, certains cultivent encore la perle.

Transports

- **Avion.** On sera obligé de transiter par Davao et de prendre le bateau.
- **De/vers Manille**, 1h40.
- **De/vers Cebu**, 1h.
- **Bateau de/vers Davao.** Départs réguliers pour le port de Santa Ana Wharf sur l'île de Samal [45 minutes et 60 PHP].

La ville aujourd'hui

À titre d'information, en 2015, trois étrangers et une Philippine furent kidnappés par des terroristes et l'un des otages a été exécuté. À la suite de cet évènement, l'île de Samal a renforcé ses mesures de sécurité et depuis l'île n'a pas recensé d'autre crime.

L'ÎLE DISPARUE [VANISHING ISLAND]

Environ 250 PHP/personne pour le bateau. Pas de frais environnementaux.

L'île disparue se trouve à environ 45 minutes en bateau de Samal. Comme son nom l'indique, cet îlot disparaît et apparaît au gré des marées. Il est préférable de s'y rendre à marée basse pour avoir l'opportunité de fouler son sable immaculé tout en profitant des jolies plages qui l'encerclent. Sur place, quelques maisons traditionnelles sur pilotis sont disponibles pour passer une nuit un peu hors du temps, au rythme des marées. L'endroit est idéal pour pratiquer le snorkeling.

PARADISE ISLAND BEACH RESORT €€

Barangay Caliclic

✆ +63 82 233 0251

Chambres doubles à partir de 3 300 PHP.

C'est un peu le resort *low cost* par excellence mais tout de même, on y est plutôt bien ! Les cottages sont simples et décorés dans un style local, dotés d'une belle vue sur la plage de sable blanc. À ce prix et à cet emplacement, il ne faut pas s'attendre à être seul et au calme, surtout si vous y allez le week-end : l'endroit est très prisé des habitants de la région, des soirées y sont régulièrement organisées. On y sert aussi une cuisine philippine de qualité.

ISLAND HOPPING À SAMAL

Environ 1 200 PHP la journée (lunch et bateau inclus).

Samal jouit d'un environnement naturel assez intéressant, c'est donc sans surprise que le *island hopping*, tour d'îles, est ici l'une des activités phares.

- **Talikud Island.** Adjacente à l'île de Samal, l'île de Talikud est parmi les plus appréciée des environs. Quelques resorts s'y sont installés et on peut aussi venir profiter de sa longue plage de sable blanc en journée. Ses fonds marins sont appréciés des amateurs de snorkeling car ils abritent un jardin de corail de plusieurs hectares. Il est possible de camper sur la plage.
- **Ligid Islands.** Ce sont deux îlots au large de Samal, dont le petit de quatre hectares abrite le resort Buenavista. Si les deux îlots sont superbes, ce sont avant tout leurs fonds marins qui attirent les amateurs de plongée car ils sont riches en gros poissons et coraux.
- **Kaputian Beach**. Ses eaux sont turquoise, son sable est blanc et les coraux non loin de là sont un abri pour un grand nombre de poissons. La plage de Kaputian est aussi réputée pour être un spot agréable où camper et passer la nuit à la belle étoile.
- **Sabang Cliff.** Pour changer des habituelles plages de sable blanc, ici on trouve des falaises rocheuses, plus ou moins hautes, qui sont parfaites pour faire des sauts dans une eau turquoise.
- **Monfort Bat Sanctuary**. Cette grotte abrite des centaines et des centaines de chauves-souris. Comme la visite se passe en journée, il n'y a pas de risque, elles dorment. Toutefois les voir toutes agglutinées et accrochées à leur paroi rocheuse est un spectacle tout à fait unique et impressionnant.

BUENAVISTA ISLAND RESORT €€€

Buenavista (Ligid) © +63 82 299 2992
http://buenavistaislandresort.com

Groupe de 10 personnes minimum. 149 000 PHP/nuit/10 personnes. Tout inclus.

Voici un concept bien original si vous voyagez en groupe. Ce resort, situé sur une île privée au nord-est de Samal Island et au nord de Big Ligid Island, n'ouvre ses portes qu'à un seul groupe (familles ou amis) à la fois. L'occasion parfaite de vivre un rêve éveillé en habitant sur une île rien qu'à vous. Les huttes et bungalows se trouvent en bord de mer et offrent une vue magnifique sur la plage de sable blanc. Les salles de bains sont spacieuses et propres. Cet endroit idyllique est parfait pour les sports nautiques, la plongée et le snorkeling.

PEARL FARM BEACH RESORT €€€

Kaputian Road, Babak © +63 82 235 1234
www.pearlfarmresort.com/

Chambres doubles à partir de 18 900 PHP. Pension complète et transferts inclus.

Il s'agit d'une ancienne ferme perlière rénovée en resort. Le design des bungalows en front de mer est inspiré des habitations des tribus des Samas et des Sulus, ils allient avec beaucoup de réussite charme authentique et confort moderne. Les cottages en bord de plage offrent une vue splendide tout comme la piscine à débordement. L'intérieur est décoré avec des objets d'art des tribus. De nombreuses activités sont proposées comme la plongée sous-marine, le kayak, le stand-up paddle et bien sûr un centre de massage. Un lieu enchanteur pour un séjour clé en main.

TAGUM

À une heure de Davao, Tagum, 300 000 habitants, est peu connue des visiteurs. Il y a néanmoins quelques sites intéressants comme le plus grand chapelet au monde, long de 85 mètres, derrière la cathédrale du Christ-Roi, ou quelques plages. Par ailleurs, Tagum est la capitale de la région de Davao del Norte dont la superficie avoisine les 8 130 km², ce qui en fait la septième province du pays. Cette région est caractérisée par des zones montagneuses à l'est et à l'ouest, et des plaines au centre. Sa trentaine de rivières la traversant la rend propice à l'agriculture. Tagum est elle-même entourée par les plantations de bananes destinées à l'exportation.

VLI HOMETEL TAGUM €

Block 11 lot 26 & 27
© +63 968 855 2085

Chambres doubles à 1 000 PHP.

Un établissement récent et bon marché aux allures de motel américain. Les chambres sont simples, voire rudimentaires, avec quelques touches de coquetterie comme les serviettes pliées ou les murs colorés. Chaque chambre vient avec l'air conditionné et une salle de bains privée. La personne à l'accueil est très gentille et serviable. L'ensemble est propre et bien tenu. Situé dans un lotissement sécurisé, l'hôtel est en plus un peu à l'écart de l'agitation du centre-ville. C'est une bonne adresse pour passer une nuit de transition sans se ruiner.

MOUNT APO NATIONAL PARK

Le mont Apo est certainement l'un des sites les plus excitants du sud de Mindanao. La plus haute montagne des Philippines est un volcan qui culmine à 2 954 mètres d'altitude. Sa dernière éruption remonte au XVIIe siècle. À sa base, on retrouve les provinces de Davao del Sur, Cotabato del Norte, Bukidnon et Agusan del Sur. C'est sans surprise l'un des endroits les plus réputés du pays auprès des randonneurs et alpinistes. La montagne est au cœur du Mount Apo National Park, l'un des plus grands parcs du pays, qui s'étend sur plus de 72 000 hectares. Ce parc national à la beauté enchanteresse possède une faune et une flore merveilleuses et il est jalonné par des rivières de soufre, des cascades et des lacs. Parfois de loin, ces étendues de soufre peuvent être confondues avec de la neige en raison de leur couleur (jusqu'à preuve du contraire, il n'y a encore jamais eu de neige aux Philippines, pays au climat tropical). En raison de sa situation élevée, une grande diversité de plantes abonde, notamment l'orchidée rose *waling-waling* (*Vanda sanderiana*), célèbre dans le monde entier car très utilisée pour la création d'orchidées hybrides à but décoratif. Néanmoins cette fleur originaire des Philippines est en voie de disparition à l'état naturel. Ce parc est l'un des plus riches jardins botaniques du sud de l'Asie. La forêt abrite, entre autres espèces animales, l'emblématique aigle philippin. *Apo* signifie « grand-père de toutes les montagnes ». Ses habitants indigènes la considèrent comme une montagne sacrée. Ils l'appellent « Sandawa » (montagne de soufre). Certains Bagobos vivent encore le long de ses versants.

L'ascension du mont Apo requiert vigueur et endurance. Il faut compter entre deux et cinq jours. Elle ne se pratique que de novembre à mai. Une préparation est proposée par les associations de guides en montagne et les départements touristiques. N'oubliez pas que, là-haut, il faut aussi lutter contre le froid. Prévoyez donc pulls, pantalons, gants, vêtements de pluie et chaussures de marche légères. Enfin, comme les Philippins aiment le rappeler : « Ne rien laisser sauf ses empreintes, ne rien prendre sauf des photos, ne rien tuer sauf le temps. »

Tourisme

Il faut s'acquitter d'un permis et réserver les services d'un guide auprès d'un des deux offices du tourisme du parc.

KIDAPAWAN

Avec 170 000 habitants, Kidapawan est la capitale de la province de Cotabato. Son nom signifie en manobo « le printemps sur la montagne ». Elle est prisée par les touristes qui en ont fait un point de départ pour l'ascension du mont Apo. Un festival y est organisé au mois d'août chaque année pour célébrer les fruits exotiques comme le durian et le lanzones.

Transports

De Davao, pour se rendre à Kidapawan, comptez 2h30 en bus et 200 PHP. Départ d'Ecoland Bus Terminal toutes les heures, ou du SM City Mall de Davao. Des jeepneys effectuent le trajet à un coût inférieur, mais le voyage est plus long.

BUREAU DE TOURISME DE KIDAPAWAN

De Mazenod Street, Poblacion
✆ +63 963 750 9571
Ouvert du lundi au vendredi de 8h à 17h.

Cet office de tourisme est un peu le passage obligé si vous souhaitez vous lancer dans l'ascension du mont Apo. Sur le site internet, sont recensées une dizaine d'agences de guides de montagne assermentées, vous pouvez en choisir une en toute confiance. Pour deux jours d'ascension, il faut compter au minimum 2 900 PHP par personne par groupe de cinq pour un guide et le permis (nourriture et matériel de camping exclus). Le Mandangan Trail est le sentier le plus populaire.

GENERAL SANTOS

General Santos fait partie de la région de Socsksargen qui est l'acronyme de quatre provinces : Soc = South Cotabato, Sk = Sultan Kudarat, Sar = Sarangani et Gen = General Santos. La ville s'étend sur 53 600 hectares, tout à fait au sud de Mindanao, située au cœur de la baie de Sarangani. General Santos, plus communément appelée « Gensan », est une ville agro-industrielle, aux ressources agricoles et marines abondantes. Ses productions prioritaires sont l'ananas (40 % de la production nationale), les asperges (20 %), le thon, les crevettes, les poissons, les bananes, le coprah et le bétail. Ses ressources minérales sont le cuivre, l'or et l'argent. Par son accès aux marchés étrangers, en raison de sa situation stratégique, les exportations sont croissantes : échanges commerciaux avec l'Asie, l'Europe et l'Australie. Par ailleurs la région de General Santos est l'habitat naturel des tribus indigènes B'laans, T'Bolis, Manobos et Tagabilis. Sa population d'environ 800 000 habitants est un melting-pot de peuples indigènes et de populations descendues des autres régions des Philippines, particulièrement des Visayas. La majorité de la population parle le cebuano, mélangé avec le tagalog, l'ilonggo, le maguindanao (des musulmans) et le maranao (des habitants de Maraue).

Histoire

L'histoire de General Santos est intimement liée à celle de Sariph Kabungsuan d'Arabie, qui introduisit la religion musulmane dans la province de Cotabato au XVe siècle. Ses descendants, sultans de Mindanao, ont régné jusqu'à l'arrivée des Américains. En 1914, le premier groupe d'émigrés chrétiens s'installa à Glan, le long de la baie de Sarangani, et établit des liens avec les diverses ethnies peuplant la province, amorçant ainsi un dialogue pacifique. En 1920, les premiers Ilocanos se rendirent à Kiamba, de l'autre côté de la baie. En 1938, les terres fertiles et les abondantes ressources marines attirèrent l'attention du général Paulino Santos, qui voulait aider le président Manuel L. Quezon à mettre en place un programme de justice sociale pour les fermiers philippins.

En 1939, sous la direction du général Santos, 62 pionniers, pour la plupart originaires de Luzon et des Visayas, entreprirent de cultiver industriellement les vastes terres fertiles de Cotabato. Ce premier groupe de pionniers fut suivi par un afflux massif en provenance des îles des Visayas. Même la Seconde Guerre mondiale ne put freiner l'enthousiasme de ces pionniers, qui reconstruisirent patiemment la région. À la fin du siècle, Cotabato devint la province la plus prospère de Mindanao. La ville de General Santos, officiellement créée en 1968, se situe dans le sud de Cotabato. Auparavant reconnue sous le nom de Makar en 1903, en référence à son port actuel (Makar Wharf), la ville connut un essor économique lié au développement rural entre 1955 et 1959, lui permettant d'accéder au marché international. La population augmenta considérablement à partir de 1986 en raison des nombreuses vagues d'immigration dans la région. En 1988, Roselita T. Muñez devint maire de la ville et le demeura jusqu'en 2007. General Santos fut alors déclarée « haute ville urbanisée ». Son économie se dynamisa grâce à l'essor croissant des exportations de produits tropicaux tels que le thon, les crevettes, le coprah et le bois, ainsi qu'avec la mise en place du Programme philippin d'assistance (PAP). Ce programme, fruit d'un partenariat entre le gouvernement philippin et des aides financières étrangères, notamment du Japon et du Canada, permit la réalisation de projets tels qu'un aéroport, un nouveau port de pêche et l'agrandissement du Makar Wharf.

Se restaurer

Il y a de nombreux restaurants. La dégustation des crustacés et des excellents poissons frais est recommandée. Les sashimis et le kinilaw sont délicieux. Le poisson diana est très célèbre ; c'est aussi l'un des plus chers et des meilleurs. C'est également l'occasion de redécouvrir les asperges.

Transports

- **Avion.** L'aéroport est à 12 kilomètres du centre-ville. En taxi, comptez 350 PHP. Vols quotidiens de Manille (2h) et Cebu (1h30).
- **Bus.** General Santos a des liaisons avec la totalité des grandes villes de Mindanao, parfois via Davao City.
- **De/vers Davao.** Départ toutes les 30 minutes du terminal de bus, Buloang Avenue (3h, 400 PHP).

MONT MATUTUM

Tupi

Guide et permis obligatoires.

Il domine la région de Socsksargen (2 293 m), dans le sud de Cotabato, à environ trente kilomètres de General Santos. Étendu sur 13 500 hectares, cet ancien volcan n'est plus actif depuis bien longtemps. Aujourd'hui, il fait le bonheur des randonneurs qui l'apprécient beaucoup. Le point de départ du trail est la municipalité de Tupi, située à trente minutes de General Santos. Il faut compter entre huit et dix heures de marche depuis sa base. On évolue dans une végétation dense et la vue du sommet (s'il n'y a pas de brouillard) est superbe.

MUNICIPALITÉ DE GLAN

Glan, Sarangani

La province de Sarangani regorge de rivières et de lacs. Au sud-ouest de General Santos, à environ 80 kilomètres (soit une heure en bus depuis le KCC Terminal) se trouve la municipalité de Glan, très typique, avec ses maisons coloniales. C'est en effet l'une des villes les plus anciennes de Mindanao. De part et d'autre s'étalent de superbes plages au sable blanc. Elles sont bordées de corail et d'eaux turquoise, où il est très agréable de se baigner. Gumasa Beach est l'une des plus belles, ce qui lui vaut le surnom de « Boracay du Sud ». Elle est peu fréquentée.

PORT DE PÊCHE

Sarangani

Tous les matins dans la baie de Sarangani, les pêcheurs débarquent leurs marchandises. Quelques-uns viennent de passer des semaines à la limite des eaux indonésiennes. Ils transportent sur les épaules des thons et autres poissons de taille spectaculaire. Les meilleurs sont exportés au Japon pour les fameux sashimis. Les commerçants du marché s'activent, ça grouille dans tous les sens. 300 tonnes de poissons par jour, en moyenne, sont débarquées. Plus de 20 000 personnes travaillent dans ce qui est l'un des plus grands ports de pêche au thon du monde.

OLAER SPRING RESORT

Purok Olaer

✆ +63 916 940 6102

Ouvert de 6h à 18h. Entrée 75 PHP. Location de cottage à partir de 300 PHP.

Situé à moins de quinze minutes en voiture du centre-ville de GenSan, le Olaer Spring Resort n'est pas à proprement parler un resort, c'est plutôt une sorte de parc de loisirs dans lequel on trouve un réseau de plusieurs piscines d'eau de source tiède, reliées entre elles par des canaux et dans lesquelles il est agréable de se baigner. Il est conseillé de venir tôt le matin ou en fin d'après-midi, lorsque l'air est plus frais. Autour, des cottages en bambou et nippa que l'on peut louer. Les familles adorent se réunir ici pour partager un pique-nique.

DOLORES HOTEL €€

Santiago Boulevard

✆ +63 83 552 4139

http://doloreshotels.ph

Chambres doubles à partir de 1 450 PHP.

Cet établissement appartient au groupe Dolores Hotel comme le Tropicana Resort au bord de la mer. Contrairement à lui, il s'adresse plutôt à une clientèle business (ou à n'importe quel voyageur cherchant avant tout un endroit où dormir sans se soucier des installations de loisirs). Dans cet établissement bien tenu et bien situé, on a de petites chambres propres et fonctionnelles. Les services proposés sont dignes d'un hôtel confort (services en chambre, ascenseur, laverie, parking et salle de conférence). Bon rapport qualité-prix.

PLANTATION D'ANANAS

Barangay Dole, Polomolok

Visite gratuite.

La région de General Santos est très agricole et compte énormément de cultures. A une vingtaine de kilomètres du centre-ville se trouve la localité de Polomolok, au pied du mont Matutum. C'est l'une des villes les plus prospères de la région et elle abrite la plus grande plantation d'ananas qui s'étale sur 18 000 hectares. Si vous avez toujours cru que les ananas poussaient dans les arbres, cette visite est faite pour vous ! En une heure, vous aurez un aperçu de la culture industrielle (plus de 60 % est destiné à l'exportation) de ce fruit si bon et sucré.

DOLORES TROPICANA RESORT €€

Cabu Tambler ✆ +63 83 553 9350

http://doloreshotels.ph

Chambres doubles à partir de 2 500 PHP.

Le Dolores Resort est un établissement situé en bord de mer avec un accès à la plage. Nichés dans un grand jardin bien entretenu, on trouve des bungalows confortables avec une décoration assez moderne (même si certains auraient besoin d'un petit rafraîchissement), là où le reste du complexe est plutôt d'inspiration locale. Le restaurant, qui fait face à la mer, est sympathique et on y sert une très bonne cuisine. Dans ce grand resort, évidemment il y a une grande piscine et même une boutique de souvenirs. L'hôtel assure les transferts depuis et vers l'aéroport.

EAST ASIA ROYALE HOTEL €€

National Highway Lagao ✆ +63 922 817 9265
https://eastasiaroyalehotel.com/
Chambres doubles à partir de 2 650 PHP. Petit-déjeuner inclus.

Situé le long de la route nationale, en face du centre commercial Gaisano, ce grand hôtel 3-étoiles d'une centaine de chambres est doté d'une belle et imposante façade blanche. C'est l'un des premiers hôtels de la ville, ce qui lui a permis d'acquérir une expérience dans l'art du service et une certaine réputation. Il propose des chambres confortables, à la décoration sobre et élégante, d'un standing équivalent aux standards internationaux. Sur place, à disposition des clients, un café, un restaurant, une piscine et un service de transfert pour l'aéroport.

PHELA GRANDE HOTEL €€

Magsaysay Avenue
✆ +63 83 552 4925
Chambres doubles à partir de 2 000 PHP. Petit-déjeuner inclus.

Le Phela Grande Hotel est idéalement situé à proximité de toutes les commodités, magasins, restaurants, etc. On y trouvera des chambres à la literie confortable malgré une décoration un peu vieillotte. Les employés sont serviables et disponibles, avec un service de chambre 24h/24 efficace. Côté cuisine, il y a un restaurant sur place qui propose un petit-déjeuner avec café et une bonne cuisine philippine spécialisée dans les produits de la mer. Également un service de navette entre l'aéroport et l'hôtel. Pas le grand luxe mais une bonne adresse pour ce prix.

SYDNEY HOTEL €€

Pendatun Avenue corner Pioneer Avenue
✆ +63 917 677 8204
Chambres doubles à partir de 1 200 PHP.

Situé en plein cœur de la ville, à proximité des attractions principales, l'hôtel Sydney, avec sa façade assez jolie, propose des chambres assez simples, à la décoration surannée et sans grand charme, mais bien confortables et spacieuses. L'ensemble est bien tenu et le personnel est efficace. Sur le toit de l'hôtel, une grande terrasse à été aménagée, et on peut y manger des grillades ou boire un verre. Le restaurant sert une cuisine philippine classique et correcte. C'est globalement une bonne adresse dans la ville, le rapport qualité-prix est très correct.

LAKE SEBU ★

Au nord de General Santos, le lac Sebu est le fief de la culture primitive des ethnies B'laans et T'bolis. Il compte huit îlots et près de ses rives flottent des filets pour l'élevage des poissons tilapias. Les maisons flottantes des communautés de pêcheurs se balancent paisiblement sur les eaux du lac. Les enfants T'bolis qui habitent les îlots se rendent à l'école à bord de pirogues que l'on appelle *owung*, des troncs d'arbres évidés. Les T'Bolis, de culture animiste, sont environ 100 000 dans la région du Sud-Cotabato. Ils organisent des combats de chevaux, notamment lors de mariages, sur le même principe que les combats de coqs ailleurs dans le pays : avec paris et dans une ambiance électrique. Les femmes des tribus réalisent des ceintures à grelots et des bracelets de clochettes. Les habits traditionnels sont en tissage t'nalak, confectionnés à la main, à base de fibres d'abaca, et brodés. Les T'bolis sont réputés pour avoir les costumes les plus colorés et raffinés.

Transports

- **Bus de/vers General Santos.** Du terminal de Bulaong, comptez 1h30 et 120 PHP jusqu'à la ville de Marbel. De Marbel, prendre un bus pour Surallah (30 PHP, 30 min). Puis prendre une jeepney pour le lac Sebu (50 PHP, 40 min).
- **Se déplacer.** Pour se déplacer au lac Sebu, le mieux est de négocier avec les conducteurs de habal-habal – sorte de mototaxi – car les sentiers de terre très inclinés sont difficilement praticables.

PUNTA ISLA LAKE RESORT €

Sitio Tokufol Road, Poblacion
✆ +63 905 289 5134
Chambre simple à 900 PHP ; chambre double à 2 500 PHP. Petit-déjeuner inclus. Tour en bateau à partir de 150 PHP pour 2.

Voici un établissement 2-étoiles un peu hors du commun par sa situation. Situé sur les rives du lac, dans un cadre verdoyant et pittoresque, il offre une superbe vue sur le lac Sebu. Le restaurant propose une authentique cuisine qui est à tomber. On savoure des plats de poissons, on ne peut plus frais, sur une maison flottante traditionnelle directement sur le lac. Les chambres sont simples mais bien tenues et de toutes les tailles. Il est également possible de venir au resort pour la journée, faire une balade en bateau par exemple.

MINDANAO

DIPOLOG

Dipolog est la capitale de Zamboanga del Norte et compte 140 000 habitants. Principalement agricole, cette petite ville est connue pour ses cultures de riz et de maïs. L'industrie de bois, de rotin, de céramique et de métal y est aussi importante. Le dialecte subanon est encore utilisé.

Transports

- **Avion.** L'aéroport se situe à 3 km, à Sicayab. Vols quotidiens depuis Manille.
- **Bateau.** Tous les départs se font de Dapitan, à quelques kilomètres de Dipolog.
- **De/vers Zamboanga City.** Liaisons quotidiennes (4h, 300 PHP).
- **De/vers Cebu City.** Liaisons régulières (8h, 800 PHP).

COGON ECO-TOURISM PARK

Entrée gratuite. Ouvert tous les jours de 8h à 17h.

Comme son nom l'indique, le parc se situe dans le barangay Cogon, à environ 25 kilomètres de Dipolog. Cette épaisse forêt tropicale couvre 300 hectares. Elle est classée réserve protégée par le gouvernement pour qu'un équilibre écologique soit maintenu. Le parc est ouvert à tous et il constitue une escapade agréable pour des courtes randonnées au cœur de la forêt mais aussi pour les passionnés de macro-photographie en raison de sa faune et de sa flore assez riches et accessibles. L'endroit est toujours très calme et relaxant.

GOOD TIMES CAFE & ART GALLERY

C. Garcia Street

Entrée 20 PHP.

C'est un lieu pour le moins surprenant. À la fois restaurant, café et galerie d'art. Une table vous est réservée dans un coin très intime du jardin, parmi les plantes tropicales luxuriantes et les sculptures délirantes du propriétaire Eddie Fabancura. Une galerie d'art regroupe des œuvres contemporaines réalisées par de jeunes artistes, originaires de différentes régions du pays. Les lumières du soir créent une ambiance surnaturelle. La cuisine, mijotée, y est excellente.

POINT DE VUE DE LINABO

Pour avoir un aperçu de Dipolog et de ses environs, nous vous recommandons d'escalader les trois milles marches qui mènent au pic Linabo, qui n'est pourtant qu'à 460 mètres d'altitude. La balade n'est pas longue, moins de deux kilomètres, mais assez physique. Un beau point de vue sur Dapitan et Dipolog vous attend. Au sommet, une chapelle dans laquelle certains viennent se recueillir. Au pied du pic, on peut se rafraîchir à la source Balintawak, à côté de laquelle une aire de camping est aménagée (à 5 kilomètres du centre-ville).

VILLAGE DE TULWANAN

Entrée 20 PHP.

C'est le village original des premiers habitants de Dipolog, les Subanons. Il est situé le long de la rivière Dipolog (à 6 kilomètres du centre-ville). Ses habitants transportent leurs marchandises par la rivière, pour les acheminer à la ville. Tous les samedis, ils se rendent au marché. Il est très agréable de louer une barque pour remonter le fleuve, rencontrer les habitants et admirer leurs maisons traditionnelles. On rencontre les travailleurs de la rivière qui plongent et replongent pour récupérer les graviers, au fond, qui vont servir à faire du ciment.

HOTEL CAMILA 2 €€

National Highway, Lower Turno

✆ +63 946 244 3484

Chambres doubles à partir de 1 700 PHP.

Situé sur la route principale, vous ne pouvez pas le manquer avec sa façade vert pomme imposante. Bien que l'ensemble soit un peu vieillot, les prestations restent très bonnes pour des prix vraiment raisonnables. Les chambres, dont certaines ont été rénovées récemment, sont propres et assez confortables. Il y a une piscine. Le personnel est très sympathique et attentionné. Le Camila 2 rencontre son petit succès car il affiche régulièrement complet. Attention, à Dipolog, il y a également l'hôtel Camila 1, un peu plus bas de gamme, pour dépanner.

GRANDMA'S BEST €

Arellano Street corner Mabini Street
✆ +63 65 212 3396
www.grandmasbest.com.ph
Ouvert tous les jours de 8h30 à 20h. Plats entre 80 et 400 PHP.

Tout à la fois boulangerie, salon de thé/café et restaurant, cet établissement est renommé à Dipolog depuis de longues années. Leurs spécialités sont avant toute chose les pâtisseries (gâteaux en trompe-l'œil, gâteau mangue-caramel, carrot cake, halo-halo, glaces et bien sûr une ribambelle de milkshakes). Côté salé, on retrouve tous les plats philippins classiques et également une large sélection de salades, pâtes et sandwichs bien garnis à petits prix. Vous pouvez aussi venir prendre votre petit déjeuner ici. Une adresse sans fioritures et bon marché.

BALIANGAO

La ville de Baliangao compte environ 27 000 habitants. Elle est réputée pour ses fonds marins préservés qui plaisent tant aux plongeurs et pour les belles plages de sable fin qui sont situées dans ses environs. Sunrise Beach, à la pointe, est la plus populaire. C'est une jolie plage de sable blanc, bordée d'arbres et de végétation. L'eau y est très claire, on peut s'y baigner quand ce n'est pas la marée basse. Il y a également le U River View Point, un point de vue qui donne sur la rivière Bigaan à l'endroit où elle serpente en forme de U ou de fer à cheval. Il vous faudra grimper pendant environ une heure mais une fois là-haut, la vue est superbe.

OROQUIETA

Première grande ville libérée pendant la Seconde Guerre mondiale, elle a servi de capitale et hébergea en 1942 le Président Quezon. Construite de manière anarchique, la ville, qui compte environ 73 000 habitants, ne présente pas d'intérêt touristique majeur.

Histoire

Oroquieta est la capitale de la province du Misamis occidental. Selon les locaux, le nom de Misamis a pour origine le mot subano *kuyamis* qui désigne une variété de noix de coco. Le Misamis occidental est une région située sur la pointe nord-ouest de Mindanao, entourée au nord-est par la mer de Mindanao, à l'est par la baie d'Iligan, au sud-est par la baie de Panguil et à l'ouest par Zamboanga del Norte et Zamboanga del Sur. En dehors des zones côtières où le terrain est plat, le reste de la surface est accidenté et montagneux. Les villes principales sont Oroquieta, la capitale qui s'anime en fin d'après-midi avec l'arrivée des pêcheurs, Ozamiz, plus animée qu'Oroquieta, et Baliangao. Parce que cette province est en bord de mer, il n'est pas surprenant d'apprendre que la pêche est la principale source de revenus de ses habitants.

Transports

- **Bateau de/vers Cebu.** Plusieurs départs par semaine. Comptez 12 heures.
- **Bus de/vers Dipolog.** Les bus dont la destination est Pagadian s'arrêtent à Oroquieta.
- **Se déplacer.** Un trajet en transports publics coûte environ 15 PHP.

PLAGE D'EL TRIUNFO

La plage d'El Triunfo est la plage principale de la ville d'Oroquieta, elle peut donc parfois être assez bondée, les jours de week-end notamment. L'eau n'est pas toujours particulièrement belle, parfois même polluée par des plastiques, ça dépend des courants, des marées et de la météo. Toutefois on trouve le long de la plage une enfilade de charmants cottages sur pilotis en matériaux naturels qui rendent les pique-niques assez agréables. Au coucher du soleil, la vue sur la mer et ces maisons sur pilotis est vraiment pas mal.

PONT DE CIRIACO PASTRANO

Barangay Layawan

C'est l'une des attractions phares quand on passe à Oroquieta. Situé dans le barangay de Layawan, le pont suspendu de Ciriaco Pastrano traverse la rivière éponyme sur environ 75 mètres pour rejoindre le barangay de Taboc Norte de l'autre côté. Il est à 6 mètres au-dessus du niveau de la mer et comme il est situé à l'embouchure de la rivière qui se jette dans la mer de Bohol (via la baie d'Iligan), il offre une superbe vue, surtout au coucher du soleil. Si les locaux l'empruntent tous les jours, ça peut être un défi la première fois car il tremble un peu.

OZAMIS

Ozamis (ou Ozamiz) est une petite ville de 140 000 habitants, située dans la province du Misamis occidental. Sans charme particulier, la ville vit essentiellement autour de son port. Elle peut servir de base pour visiter Dolphin Island, un sanctuaire marin qui soigne des dauphins en danger avant de les remettre en liberté et le mont Malindang, un ancien volcan idéal pour des randonnées.

Transports

- **Bateau de/vers Cebu.** Départ hebdomadaire (8h).
- **Bus de/vers Dipolog.** Les bus dont la destination est Pagadian s'arrêtent à Ozamiz (150 PHP).
- **Se déplacer.** Un trajet en ville, en jeepney ou tricycle, coûte environ 15 PHP.

BUKAGAN HILL

Une petite route en spirale (dont l'état laisse de plus en plus à désirer, il faut le signaler) vous emmène à 90 mètres au-dessus du niveau de la mer. Une grande cloche ainsi que quatre autres plus petites se trouvent au sommet. Elles avaient été commandées pour la cathédrale de la ville mais à leur arrivée elles se sont avérées trop grosses et trop lourdes. Elles ont donc été placées ici. De là, on peut admirer une vue panoramique sur la ville d'Ozamis, la baie de Panguil et la province de Lanao del Norte. Il n'y a pas grand-chose à faire à part ça.

MINDANAO

ROYAL GARDEN HOTEL €

Burgos corner Zamora Streets
✆ +63 88 521 2888
www.royalgardenozamiz.com
Chambres doubles standard à partir de 1 800 PHP.
C'est probablement le meilleur hôtel de la ville depuis de longues années. Il est idéalement situé dans le centre, à proximité des restaurants et épiceries. Les chambres sont relativement standard et manquent un peu de cachet mais elles ont l'avantage d'être propres et confortables (n'est-ce pas l'essentiel ?). Le restaurant est réputé pour son excellente cuisine philippine et chinoise et également pour ses différentes options végétariennes. Enfin le personnel est très sympathique et met tout en œuvre pour que vous vous sentiez comme chez vous.

ZAMBOANGA

Bruyante et mouvementée, exotique et exubérante, la ville de Zamboanga dégage une atmosphère très différente des autres villes de Mindanao. L'influence musulmane y est très prononcée et la religion plus présente qu'ailleurs. Le mélange des cultures espagnole et musulmane surprendra agréablement les amateurs d'art et d'histoire. Située au sud-ouest de Mindanao, Zamboanga City est à l'extrémité sud de la péninsule et de la région de Zamboanga del Sur. Elle est bordée à l'est par le golfe de Moro et au sud par l'île de Basilan et la mer de Célèbes. L'origine de son nom est donnée par les Malais : Jambangan signifie « Cité des fleurs ». Plus tard, les Samals et les Badjaos arrivent à bord de leurs *vintas* (bateaux à voile carrée, très colorée, que l'on peut admirer pendant les festivals) et la rebaptisent « Samboangan », car *sabuan* est le nom de la perche qu'ils utilisent à marée basse pour pousser leur bateau.

Zamboanga compte un peu plus d'un million de Zamboangueños, à peu près 50 % de catholiques, 45 % de musulmans et le reste d'autres cultures. Le dialecte chavacano, utilisé dans la région, est très influencé par la langue espagnole. Il est emprunté au castillan à 70 % et aux dialectes indigènes à 30 %. La ville de Zamboanga est la capitale commerciale de la région IX, en raison de sa situation stratégique qui engage le commerce avec le Brunei, l'Indonésie et la Malaisie. Ses industries principales sont tournées vers la fabrication de l'huile de coco et la pêche au thon. La mer tient une place importante. Les rues y mènent presque toutes et la majorité de la population vit de la pêche. Beaucoup vivent au bord de l'eau et même sur l'eau. Cette ville a quelques sites historiques très bien conservés. Sa mairie datant de 1907 est unique, tout en pierre et construite par le gouvernement fédéral des États-Unis.

Transports

Se rendre en bus à Zamboanga est déconseillé à cause des rebelles (Abu Sayyaf) qui sévissent dans la région de Zamboanga del Norte. Le voyage en bateau ou en avion est plus recommandé.

- **De/vers Manille.** Plusieurs vols par semaine (1h40).
- **De/vers Cebu.** Vol quotidien (1h).
- **De/vers Davao.** Deux vols quotidiens (1h10).
- **Bateau.** Zamboanga est l'un des ports principaux du pays.
- **De/vers General Santos.** Une liaison par semaine.
- **De/vers Dumaguete.** Une liaison par semaine.

FORT PILAR

Ouvert du lundi au vendredi de 9h à 17h.

Il se trouve après la mairie. Il fut le centre des investigations espagnoles quand la ville fut colonisée et puis servit de protection aux habitants de la ville et des îles environnantes contre l'invasion des pirates et les attaques moros. Construit en 1635 par les autorités espagnoles, avec l'aide de l'ingénieur et prêtre jésuite Melchor de Vera, il fut abandonné trente ans plus tard avant d'être reconstruit en 1718. Aujourd'hui, le fort Pilar a été déclaré monument national et il abrite une antenne régionale du musée national des Philippines.

PASEO DEL MAR

Situé à proximité du fort Pilar, le Paseo del Mar ressemble un peu à la promenade le long de la baie de Manille. On vient ici pour se balader en toute détente, respirer l'air marin et, le soir tombé, observer de superbes couchers de soleil. Très populaire auprès des habitants et des voyageurs de passage, ce parc est une véritable oasis dans la cohue urbaine. Tout le long, des restaurants, bars et autres établissements de loisirs se sont installés. Et tout au long de l'année de nombreuses animations (fêtes, festivals...) ont lieu ici.

NATIONAL MUSEUM WESTERN-SOUTHERN MINDANAO

Fort Pilar, Valderosa St. Sta Barbara ✆ +63 919 077 9861

www.nationalmuseum.gov.ph

Ouvert de 8h à 17h du lundi au samedi. Entrée libre.

Situé dans l'une des ailes du fort Pilar, le musée national du Mindanao occidental et méridional est une antenne régionale du musée national des Philippines dont les collections principales sont bien sûr à Manille. C'est un passage obligé pour celles et ceux qui sont curieux de l'histoire locale et souhaitent en apprendre davantage sur les modes de vie, les tribus indigènes et bien sûr sur l'art dans la péninsule de Zamboanga. Une visite culturelle intéressante.

VILLAGE DE TALUKSANGAY

Situé à vingt kilomètres de Zamboanga, Taluksangay est un village sama, en partie sur pilotis, qui est surtout connu pour sa mosquée et ses majestueux et pittoresques minarets colorés de rouge surplombant un lagon. Elle fut construite en 1885, ce qui en fait l'une des plus anciennes mosquées de Mindanao. Les habitants vivent essentiellement de la pêche et de la culture d'algues marines. Une ferme de culture de perles se trouve non loin du village sur pilotis. Historiquement, Taluksangay fut le premier lieu de propagation de l'islam dans la péninsule.

Bateau Vintas au large de Zamboanga.

VILLAGE DES TISSERANDS YAKANS

Labuan - Limpapa National Road

Ouvert tous les jours de 8h à 20h.

Les Yakans, originaires de l'île de Basilan, sont considérés comme les plus fins tisserands du pays. Une semaine est le temps moyen pour réaliser un mètre carré de tissu à la main. Ici, on peut les rencontrer, en apprendre davantage sur les techniques et juger de leur aisance à la tâche. Ce type d'artisanat est très cher dans le reste du pays, c'est donc une occasion de faire ses emplettes. D'autres objets traditionnels, des gongs en bronze et gadgets tissés, sont en vente.

VILLAGE FLOTTANT DE RIO HONDO

Barangay Rio Hondo

À moins de trois kilomètres du centre-ville, le village de Rio Hondo est repérable grâce à sa porte et au dôme argenté de la mosquée locale. Rio Hondo signifie « rivière profonde », avancez encore un peu jusqu'à atteindre le village, entièrement bâti sur pilotis, au-dessus de 23 hectares de mangrove. À marée haute, les maisons sont reliées par des passerelles en bois. L'entrée s'effectue par le pont de bois sur le rio Hondo, qui délimite le village.

NOEL ATILANO NEW PENSION HOUSE €

Major Jaldon Street, Canelar

✆ +63 975 640 7574

Chambres doubles à partir de 500 PHP.

À seulement six minutes de l'aéroport, un peu à l'écart de l'agitation de la ville, cette pension propose des chambres à des prix dérisoires. C'est une adresse à l'ambiance familiale, où le personnel est tout à fait sympathique. Rien de remarquable concernant les chambres, certaines ont la climatisation, d'autres un ventilateur et toutes ont leur salle de bain. Le restaurant en bas n'est pas folichon, mais il y a autour quelques restaurants. Une adresse petit-budget recommandable.

LES DIFFÉRENTES ETHNIES

Les ethnies les plus anciennes qui peuplent Zamboanga depuis le XIIIe siècle sont les Samas de Tawi-Tawi, les Subanons de la péninsule de Zamboanga, les Badjaos, les Tausugs et les Yakans de Basilan.

- **Les Tausugs**, réputés pour être d'habiles marins et fins négociateurs, représentent le groupe dominant, le seul à être considéré au niveau politique dans l'archipel de Sulu et l'île de Jolo. Plusieurs communautés de cette ethnie musulmane sont dispersées dans les îles de Tawi-Tawi, de Basilan et du sud de Palawan. Les Tausugs, ou « peuple du courant », conservent une culture fortement enracinée constituée d'un brassage d'influences remontant au XIIIe siècle, du temps où Sulu entretenait des échanges commerciaux avec la Chine, l'Inde, l'Arabie et le Japon. Leur prospérité est répandue dans la région par le commerce du cuivre, des bijoux et des armes. Ils s'adonnent aussi à la pêche et à l'agriculture.
- **Les Subanons** sont considérés comme les aborigènes de Zamboanga. Subanen vient de *suba*, qui signifie « rivière ». Ils ont une culture et un langage propres. La plupart sont des fermiers qui cultivent le riz et les arbres fruitiers.
- **Les Badjaos** vivent sur leur bateau et se déplacent dans tout le sud des Philippines, jusqu'au nord-est de Bornéo et dans les îles de Sulu et de Tawi-Tawi. Aujourd'hui, deux tiers des Badjaos de Tawi-Tawi utilisent leur *lipa* ou *vinta* comme résidence principale : ce sont des bateaux en bois de 12 m recouverts d'un toit amovible. La plupart d'entre eux ont abandonné leur ancien mode de vie et survivent dans des villages isolés sur pilotis.
- **Les Samas** sont regroupés en tribus et habitent les rivages du nord et du sud de Sulu, de Tawi-Tawi, de Basilan et de Zamboanga. Pêcheurs sereins et accueillants, leur nourriture de base est le manioc, appelé *puto*. Leur instrument de musique est le *gabbang*, ou flûte-nez. Sept groupes samas vivent dans la ville de Zamboanga.
- **Les Yakans** vivent dans la province de Basilan. Païens jusqu'à la propagation de l'islam dans l'île, les Yakans sont réputés pour leur talent de tisserands. Leur métier à tisser est similaire à celui des Indonésiens. Un bout est rattaché au mur, l'autre à une corde autour de la taille du tisserand. Les membres de la tribu se reconnaissent à leurs épaisses ceintures, protection de leurs couteaux. Les éléments essentiels qui accompagnent leurs fêtes traditionnelles sont la musique et les combats de buffles dans les rivières.

MINDANAO

GARDEN ORCHID HOTEL €€

Governor Camins Avenue
✆ +63 917 700 2300
www.gardenorchidhotels.com
Chambres doubles à partir de 4 000 PHP. Petit déjeuner inclus.

Idéalement situé à deux pas de l'aéroport et à peine à quelques kilomètres du centre de la ville, cet établissement 3-étoiles assez imposant et moderne propose tous les services nécessaires. On y trouve des chambres sobrement décorées (voire pas du tout), spacieuses et dotées d'une literie confortable. Parmi les services proposés aux clients, un restaurant où l'on mange une cuisine philippine classique, un bar, une très grande piscine, un sauna, une salle de sport ou encore un centre de soins et relaxation. Le personnel est attentionné.

MARCIAN GARDEN HOTEL €€

Governor Camins Avenue
✆ +63 62 991 2519
http://marcian-group.com
Chambres doubles à partir de 4 170 PHP. Petit déjeuner inclus.

Sans aucun doute l'un des meilleurs établissements hôteliers de la ville et de la région. Cet hôtel 4-étoiles offre des prestations dignes des hôtels les plus luxueux pour un prix qui reste tout à fait correct. Le design intérieur, que ce soit des chambres ou des espaces communs comme le lobby ou le restaurant, le jardin avec piscine, est travaillé et soigné. Les chambres sont spacieuses et confortables. Le restaurant propose un buffet petit-déjeuner avec beaucoup de choix et des plats savoureux. Le personnel est particulièrement courtois. Une très bonne adresse.

ALAVAR SEAFOOD RESTAURANT €

Don Alfaro Street
✆ +63 62 981 2483
Ouvert tous les jours de 10h à 21h. Plats entre 100 et 500 PHP.

C'est sans aucun doute l'un des restaurants les plus courus de Zamboanga. L'établissement est réputé pour ses *bagoong* et *curacha* (des crustacés endémiques) ainsi que pour ses plateaux de fruits de mer disposés sur des feuilles de bananiers, à la mode philippine que l'on appelle *boodle fight*. Ils sont aussi beaux visuellement que bons gustativement. On peut dîner *al fresco*, dans le patio ombragé sur l'arrière. Le service peut être un peu lent mais personne n'est pressé, pas vrai ?

HAI-SAN €

60 San Jose Road
✆ +63 917 106 0646
Ouvert tous les jours de 10h30 à 14h30 et de 16h30 à 21h30. Plats entre 100 et 300 PHP.

Ce restaurant de cuisine d'inspiration chinoise fait la part aux produits de la mer. Ici, tout est frais, on vient pour goûter au curacha (une sorte de crabe endémique à la région, dans une sauce à l'ail, un régal !), à la salade de latu (une sorte d'algue), au lapu-lapu (mérou), ou encore à la langouste. Ici pas de menu inscrit dans le marbre, les serveurs présentent les poissons du jour en fonction de la pêche et des arrivages. On choisit son poisson et il est directement préparé en cuisine pour nous. Tout est frais et savoureux, c'est une bonne adresse.

MANO-MANO NA GREENFIELD €

Blue Ridge Lane, Gov. Ramos Avenue
✆ +63 975 930 7006
Ouvert tous les jours de 8h à 22h. Plats entre 100 et 200 PHP.

Implanté depuis de longues années à Zamboanga, Mano-Mano est un très bon restaurant populaire ! Tout en bambou et avec son toit de nippa, il semble toujours bondé. On vient ici essentiellement pour déguster des fruits de mer et du poisson mais l'on trouvera également toutes les spécialités philippines à base de porc et de poulet (adobo, crispy pata, pancit...). Les plats sont servis dans des assiettes en bambou recouvertes de grandes feuilles de bananiers. La véranda *al fresco* laisse passer une petite brise qui n'est pas pour déplaire !

ZAMBOANGA GOLF CLUB & BEACH PARK

Upper Calarian
✆ +63 62 955 4346
Golf à partir de 1 650 PHP. Entrée plage 40 PHP.

À six kilomètres de la ville, à l'écart de l'agitation, ce golf et parc de loisirs est idéal pour une parenthèse de tranquillité. Pour les amateurs de golf, un 18-trous s'étend sur 64 hectares, sur la côte ouest, abrité par les manguiers et les acacias géants. Il a été fondé en 1910, à l'initiative du gouverneur John Pershing. Situé le long de la plage, le parc est également propice aux balades et aux piques-niques dans les cottages posés sur la plage.

PASSPORT

ORGANISER SON SÉJOUR

Quand partir ? Quel budget et papiers prévoir ? Que mettre dans sa valise ? Quel est le coût de la vie et quelles sont les recommandations en termes de santé ? Comme avant chaque départ, les questions pratiques se multiplient. On vous donne plein d'infos utiles pour que le stress lié à l'organisation ne prenne pas le dessus et ne vienne pas ternir le tableau d'un voyage qui s'annonce idyllique. De plus en plus touristiques, les Philippines ont considérablement développé leur sens de l'organisation pour faciliter la vie des voyageurs. Les possibilités pour se déplacer dans l'archipel sont nombreuses – quoique parfois un peu folkloriques –, une foule de circuits et séjours sont proposés par les agences de voyage ou réceptifs, et le niveau de sécurité est très bon, à l'exception de quelques zones dans le sud indiquées dans ce guide. Et tout ça c'est sans compter sur l'accueil souriant et légendaire des Philippins, toujours prêts à aider.

PRATIQUE

ORGANISER SON SÉJOUR

ARGENT

La monnaie en vigueur dans le pays est le peso philippin, abrégé □, P ou PHP. La monnaie se décompose en billets (de 20, 50, 100, 200, 500 et 1 000 PHP) et en pièces (de 1, 5 et 10 PHP, plus les centimes très peu utilisés).

Le taux de change en 2023 est de 1 € = 61,19 PHP ; 100 PHP = 1,63 €.

Paiements. Lors d'un voyage aux Philippines, il est impératif d'avoir toujours des espèces sur vous. En effet, la quasi-totalité de vos dépenses ne pourra s'effectuer que de la sorte. Essayez aussi d'avoir toujours des petits billets ou pièces pour les paiements de tricycle, taxi ou d'*environnemental fee* (10-20 PHP) par exemple, car les vendeurs ou prestataires de services prétexteront souvent ne pas avoir de monnaie à vous rendre. Les cartes bancaires ne sont acceptées que dans les hôtels de haut standing et certains magasins dans les grandes ou moyennes villes.

Banques. Pensez à vérifier systématiquement les plafonds de votre carte bancaire avant de partir, pour éviter les mauvaises surprises. Et pour ne prendre aucun risque, prévenez votre banquier de votre voyage, il y a parfois des options à débloquer pour pouvoir utiliser sa carte à l'étranger. Et en cas de problème, votre banque pourra augmenter à distance votre plafond. En cas de perte ou de vol de votre carte à l'étranger, votre banque vous proposera des solutions adéquates pour que vous poursuiviez votre séjour en toute quiétude. Pour cela, pensez à noter avant de partir le numéro d'assistance indiqué au dos de votre carte bancaire ou disponible sur internet. Ce service est accessible 7j/7 et 24h/24. En cas d'opposition, celle-ci est immédiate et confirmée dès lors que vous pouvez fournir votre numéro de carte bancaire.

Retraits. On ne trouve pas des distributeurs partout, donc prenez vos précautions et faites vos retraits dans les villes et les aéroports. Pour chaque retrait, des frais de 250 PHP s'appliquent et généralement le retrait maximal est de 10 000 PHP (≅170 €). Ajoutez à cela les éventuels frais bancaires selon votre banque (environ 4-5 €). Certaines banques en ligne permettent d'éviter ces frais, comme Revolut ou N26. Voici un lexique qui pourra vous être utile au moment de retirer de l'argent en anglais : « Retrait » se dit « *withdrawal* ». Si l'on vous demande de choisir entre retirer d'un « *checking account* » (compte courant), d'un « *credit account* » (compte crédit) ou d'un « *saving account* » (compte épargne), optez pour « *checking account* ». Entre une opération de débit ou de crédit, sélectionnez « *debit* ». (Si toutefois vous vous trompez dans ces différentes options, pas d'inquiétude, le seul risque est que la transaction soit refusée). Indiquez le montant (« *amount* »), souvent limité à 10 000 PHP, et validez en cliquant sur « *enter* ». À la question « *Would you like a receipt?* », répondez « *Yes* » et conservez votre reçu.

Baie de Bacuit.

BUDGET / BONS PLANS

Coût de la vie. Le coût de la vie est peu élevé en comparaison des pays européens, mais il ne faut pas systématiquement le comparer à celui de son pays d'origine, sinon on se retrouve vite à faire des dépenses inconsidérées. Par ailleurs, les touristes font bien souvent appel à des services coûteux : location de véhicules, circuits organisés par les agences de voyages et hôtels au confort équivalent à ceux des pays occidentaux. Dans ce cas, la note grimpe vite ! Pour les voyageurs sacs au dos qui se déplacent en transports locaux et désirent vivre comme les Philippins, ce pays reste une destination peu onéreuse. De manière générale, il faut savoir que tout site touristique ou constituant un attrait touristique a des prix plus élevés qu'ailleurs (notamment Boracay).

Budget par jour. C'est une destination globalement bon marché par rapport à la France bien sûr, mais par rapport à d'autres pays d'Asie du Sud-Est, c'est plutôt cher. Ce sont notamment les transports qui font grimper la note : compter entre 30 et 100 euros pour un vol interne, et entre 10 et 40 euros pour un trajet en ferry, ou les activités spéciales comme la plongée (entre 50 et 400 euros) et les tours organisés. Le budget moyen par jour dépend des attentes de chaque voyageur, de la période et des lieux visités.

- **Petit budget** (moins de 2 000 PHP/jour) : dortoir en auberge (moins de 10 €/nuit), nourriture de rue (moins de 5 €/jour), transports en commun et activités gratuites.
- **Budget moyen** (entre 2 500 et 4 000 PHP/jour) : guesthouse ou hôtel moyen de gamme (15-30 €/nuit), restaurants (10-15 €/jour), taxis ou tricycles, activités payantes.
- **Gros budget** (entre 8 000 et 15 000 PHP ou plus/jour) : hôtels de standing européen (min. 40-50 €/nuit) ou resorts de luxe (+ de 150 €/nuit), restaurants haut de gamme (min. 1 000 PHP/jour), activités privées et exclusives, transports privés.
- **Pour la location d'un scooter**, comptez entre 300 et 500 PHP/jour selon l'endroit et pour l'essence, 20 PHP/jour.

Bons plans pour faire des économies : réservez vos vols et ferries à l'avance, préconisez les transports en commun ou le scooter pour vos déplacements, préférez les îles moins touristiques et les restaurants locaux. Et puis évitez la haute saison touristique (décembre-avril) ou les grands festivals. En basse saison, il pleut mais les hôtels bradent leurs prix de façon très intéressante.

Pourboires. La pratique est un peu floue. Il n'est pas particulièrement de mise et les Philippins vous diront qu'il y a deux types de pourboires : celui que l'on donne quand le service pour lequel on paie est plus qu'à la hauteur de ce qu'on en attendait, dans ce cas vous pouvez donner environ 10-15 %, et celui que l'on donne par pitié. Certains petits cafés et restaurants ont sur leur comptoir une *tip box* dans laquelle vous pouvez laisser un pourboire. Et globalement dans la pratique vous pouvez toujours arrondir et laisser la monnaie quand vous payez. En résumé, le pourboire n'est pas obligatoire mais apprécié et laissé à votre bon vouloir.

Taxes. Dans les restaurants ou cafés, le service (12 %) n'est pas toujours inclus dans le prix affiché et est ajouté au moment de l'addition. Il y a aussi souvent une taxe de 12 % qui n'est pas toujours indiquée clairement lors de la réservation d'une chambre.

Marchandage. Il est quasi inexistant aux Philippines. Dans les grands magasins, restaurants et agences d'excursions, les prix sont affichés. Dans les plus petites boutiques, les sari-sari, les stands de street-food ou les marchés, les prix ne sont pas affichés mais les Philippins gonflent rarement leurs prix pour les touristes et si c'est le cas (parfois dans les lieux très touristiques), vous vous en rendrez vite compte et après quelques jours sur place, vous aurez une idée des justes prix. Dans ce cas, vous pouvez négocier calmement et raisonnablement.

PASSEPORT ET VISAS

Exception faite des personnes dont le pays d'origine n'a pas de relations diplomatiques avec les Philippines, tous les visiteurs munis d'un passeport en cours de validité (valable 6 mois encore après la date de retour) et d'un titre de voyage pour l'étape suivante (billet de sortie) peuvent séjourner 30 jours dans le pays sans visa. Sur place, si vous souhaitez prolonger votre séjour, c'est possible d'obtenir 29 jours supplémentaires (donc au total 59 jours). Il faudra payer 3 030 PHP et la démarche s'effectue au Bureau de l'Immigration à Manille intra-muros ou auprès d'une antenne régionale (Cebu, Davao et autres villes).
Pour un séjour de plus de deux mois, il est nécessaire d'obtenir un visa avant le départ. Faire la demande à l'ambassade des Philippines de votre pays, à Paris, Bruxelles ou Berne.

Etravel. Depuis le Covid, toute personne arrivant aux Philippines doit remplir une Etravel Card (https://etravel.gov.ph/). Il est recommandé de remplir le formulaire avant le départ, ce qui vous évitera de perdre du temps à votre sortie de l'avion. La présentation du QR code généré par cette application est exigée par la douane à l'arrivée sur le territoire philippin. Les conditions d'accès au territoire philippin sont différentes selon le statut vaccinal du voyageur.

PERMIS DE CONDUIRE

Pour louer un scooter, il est possible que l'on vous demande votre permis de conduire, donc pensez à le prendre avec vous. Pour un séjour de moins de 3 mois, le permis français ou international peut être utilisé. En fait, en cas de contrôle de police sur les routes, c'est au bon vouloir du policier, mais vous risquez une amende.

Pour louer une voiture, on vous le demandera systématiquement. Il faut en plus être âgé de minimum 21 ans. Pensez à souscrire à une assurance si celle-ci n'est pas prévue dans votre contrat de location.

SANTÉ

Il est très vivement conseillé de prendre une assurance voyage et rapatriement car en cas d'accident ou maladie, les frais médicaux peuvent grimper très vite et si vous ne payez pas vous n'y aurez pas accès.

Avant le départ, consultez votre médecin généraliste qui pourra vous constituer une trousse à pharmacie du voyageur et mettre à jour vos vaccins, ainsi que votre dentiste. Un problème de santé mineur en France peut devenir problématique aux Philippines où l'accès aux soins peut être lent et fastidieux (surtout dans les îles où les infrastructures sont éloignées).

L'eau du robinet est non potable. Pour rappel, l'eau est le principal ennemi du voyageur. Statistiquement, 1 voyageur sur 2 est touché par la turista au cours des 48 premières heures, et 80 % des maladies contractées en voyage sont directement imputables à une eau contaminée. Donc contentez-vous de l'eau en bouteille ou mieux des fontaines à eau dans les hôtels et restaurants. Il existe aussi des comprimés désinfectants à mettre dans votre gourde.

Paludisme. Aussi appelé malaria, le paludisme est une maladie parasitaire potentiellement grave transmise par les piqûres de moustiques, en dessous de 600 mètres d'altitude. En plus des cachets, réduisez les risques de contraction en évitant les piqûres de moustiques (répulsif et vêtements couvrants).

Dengue. Ce virus assez courant dans les pays tropicaux est transmis par les moustiques, le même vecteur du virus Zika et du chikungunya. La dengue se traduit par un syndrome grippal (fièvre, maux de tête, fortes douleurs articulaires et musculaires). Il n'existe pas de traitement préventif. Ne prenez jamais d'aspirine. Cette maladie pouvant être mortelle, il est fortement recommandé de consulter un médecin en cas de fièvre et de boire de l'eau régulièrement.

Encéphalite japonaise. Transmise par un moustique à activité nocturne (pics au crépuscule et à l'aube), principalement en milieu rural. Selon les régions, la transmission est pérenne, ou limitée à la saison des pluies ou à la saison chaude. La plupart des formes de la maladie sont sans symptômes, mais elle peut aussi entraîner des séquelles neurologiques graves, voire la mort. Le Haut Conseil de la Santé Publique (HCSP) recommande la vaccination en cas d'expatriation ou de séjour avec exposition en milieu extérieur en zones rurales (ex. : camping, randonnée, cyclisme, rizières).

Virus Zika et chikungunya. Leur transmission est également possible aux Philippines, il convient donc une fois de plus de se protéger contre les piqûres de moustiques (répulsifs et vêtements couvrants le soir). Une attention particulière doit être accordée aux femmes enceintes.

Rage. Elle est encore présente partout dans l'archipel. Il faut donc éviter tout contact avec les chiens, les chats et autres mammifères pouvant être porteurs du virus. L'apparition des premiers symptômes (phobie de l'air et de l'eau) varie entre 30 et 45 jours après la morsure. Une fois ces symptômes constatés, le décès intervient en quelques jours, dans 100 % des cas. En cas de doute, à la suite d'une morsure ou griffure, il faut donc absolument consulter un médecin, qui vous administrera un vaccin antirabique associé à un traitement adapté. Le vaccin préventif ne dispense pas du traitement curatif en cas de morsure.

VIH et IST. Le virus du sida et les infections sexuellement transmissibles comme l'hépatite B sont très présents aux Philippines, donc évitez les comportements à risque.

VACCINS OBLIGATOIRES

Il n'y a pas de vaccins obligatoires pour séjourner aux Philippines mais comme pour tout voyage, quelques recommandations. Les vaccins conseillés sont ceux pour la diphtérie-tétanos-poliomyélite (DTP), la rubéole, oreillons et rougeole chez l'enfant et la vaccination antituberculeuse. Selon les conditions de voyage, il peut aussi être conseillé de se faire vacciner contre la fièvre typhoïde, la rage et les hépatites virales A et B et pour ceux qui prévoient des séjours prolongés en Asie et en zones rurales, la vaccination contre l'encéphalite japonaise peut être utile. Demander conseil à votre médecin ou à un centre de vaccinations internationales (https://www.vaccinations-airfrance.fr/).

SÉCURITÉ

Zones formellement déconseillées : au sud, presque tout le Mindanao (à l'exception de General Santos ou Davao), les archipels de Sulu et Tawi-Tawi. En vous rendant à Mindanao, vous devez savoir que vous prenez des risques car certaines zones comme Zamboanga sont considérées comme le fief de certains groupes armés qui n'hésitent pas à kidnapper les Européens tout comme les Philippins pour exiger des rançons contre la libération de leurs otages ; en plus du risque de terrorisme présent. Le sud de Palawan est également déconseillé.

Le reste des Philippines ne pose pas de problème particulier pour les voyageurs même si à Manille, il est préférable de rester dans les zones touristiques, surtout à la nuit tombée. Vous pourriez aussi être surpris de voir des gardiens armés devant chaque building, magasin et banque. Il s'agit d'une politique mise en place il y a quelques années pour contrer les braquages qui avaient lieu fréquemment et la politique semble porter ses fruits puisque les braquages dans les banques et magasins sont en forte baisse.

Règles de sécurité de base. Certaines règles peuvent être appliquées pour éviter tout problème : éviter les rassemblements politiques, ne pas laisser ses effets personnels sans surveillance, se déplacer avec le minimum, utiliser des taxis ou VTC officiels (Grab ou taxi), n'accepter des verres que s'ils sont servis devant vous, éviter tout contact ou consommation de drogue. Par ailleurs, en cas de typhon, séisme ou risque volcanique, l'annonce est faite plusieurs jours à l'avance et il vous faudra suivre les recommandations locales.

Pour connaître les dernières informations sur la sécurité sur place, consultez la rubrique « Conseils aux voyageurs » du site du ministère des Affaires étrangères (www.diplomatie.gouv.fr/voyageurs). Sachez cependant que le site dresse une liste exhaustive des dangers potentiels et que cela donne parfois une image un peu alarmiste de la situation réelle du pays.

DÉCALAGE HORAIRE

Il faut compter + 6 heures en été et + 7 heures en hiver entre Manille et Paris. Quand il est midi à Paris (en été), il est 18 heures à Manille.

LANGUES PARLÉES

Le pays a deux langues officielles : le tagalog (ou filipino) et l'anglais. Bonne nouvelle pour les voyageurs, les Philippines sont certainement l'un des pays d'Asie où l'anglais est le mieux parlé et par une très large majorité de la population, résultat de cinquante années de tutelle américaine. Il est plus ou moins bien parlé dans toutes les régions et par toutes les couches de la population. Ce langage administratif est appris dès l'école primaire. L'espagnol, jadis la langue de l'élite, n'est plus pratiqué aujourd'hui. On le trouve sous forme de dialecte chavacano dans le sud, vers Zamboanga. En plus des deux langues officielles, les Philippins parlent, dans leur vie du quotidien, au moins l'un de 170 dialectes, comme le visayan, parlé par 25 % des Philippins (et qui comprend le cebuano) ou l'ilocano (au nord de Luzon).

COMMUNIQUER

La couverture du réseau n'est pas très bonne ; dans les villes pas de problème mais sur les îles, dès qu'on se retrouve dans un endroit un peu reculé, il n'est pas rare de n'avoir aucun réseau. Il faut en avoir conscience, en cas de randonnée en pleine nature ou de trajet en pleine mer, par exemple. Dans la plupart des hôtels ou guesthouses, une connexion wifi est annoncée, mais dans les faits, il n'est pas rare qu'elle soit défectueuse… Bref, oubliez la 5G aux Philippines, il faudra vous contenter de 3G voire de H+ et encore pas partout.
Nous conseillons vivement d'acheter une carte SIM (1 000 PHP, moins de 20 €) à l'arrivée à l'aéroport auprès de l'un des deux opérateurs téléphoniques, Smart ou Globe.

ELECTRICITÉ ET MESURES

Électricité. 220-240 V, 60 Hz. Il n'est pas nécessaire de se munir d'un adaptateur, la majorité des prises prennent en charge les appareils français et belges. Les coupures d'électricité, appelées *brown out*, ne sont pas exceptionnelles surtout en province. Une lampe électrique et une batterie portable peuvent s'avérer utiles.

Poids et mesures. Les Philippins utilisent le système métrique.

BAGAGES

Papiers : originaux et copies du passeport et permis de conduire, Etravel card, assurance voyage et visa si besoin.

Électronique : chargeurs, batterie portable, écouteurs, lampe torche, et au cas où un adaptateur pour les fiches plates américaines.

Vêtements : il fait chaud toute l'année, donc prévoir des vêtements légers qui sèchent vite (lin, coton ou de sport), couvrants pour le soleil et les moustiques (pantalons, t-shirts manches longues), un k-way pour la pluie, un ou deux pulls si vous allez en altitude ou pour les trajets en bus de nuit ou avion.

Chaussures : des chaussures d'eau pour ne pas se blesser avec le corail ou les oursins (conseil : prévoir un sac en plastique pour les transporter quand elles ne sont pas sèches), des chaussures de randonnées, des sandales.

Accessoires : lunettes de soleil, casquette, maillot de bain, sac de couchage léger et serviette de bain/plage en microfibre, une gourde et/ou poche à eau, cendrier portable pour les fumeurs, quelques snacks et s'il vous reste de la place, masque et tuba pour être autonome et faire du snorkeling quand bon vous semble. Conseil à prendre ou à laisser : retirer ses bijoux avant de partir permet de voyager l'esprit plus léger. Pour rappel, on est dans un pays pauvre, rien ne sert d'attirer les convoitises.

Trousse de pharmacie/toilette : crème solaire à indice élevé et à filtre minéral (*ocean-friendly*), répulsif anti-moustique, désinfectant, pansements, lingettes nettoyantes, savon/shampoing, dentifrice, stick à lèvres protecteur, mouchoirs en papier. Et demandez conseil à votre médecin.

L'ASSURANCE VOYAGE, LE MEILLEUR MOYEN POUR PROTÉGER SA SANTÉ À L'ÉTRANGER

avec le DR CÉDRIC RAMAUT, directeur médical d'Allianz Travel

En cas de souci de santé sur place, que faut-il faire ?

Si l'on se trouve dans une situation urgente (accident grave, morsure d'animaux...), il est conseillé d'appeler les numéros d'urgence locaux. Une fois à l'hôpital, appeler son assisteur pour déclencher les procédures de prise en charge.

Est-il possible d'entrer en contact avec un professionnel de santé en cas de besoin ?

Allianz Travel dispose d'un service de téléconsultation médicale accessible en visio qui permet de s'entretenir avec un médecin 24h/24, 7 jours sur 7. La consultation se fait en français et des conseils sont donnés sur les démarches à effectuer. Une ordonnance peut également être délivrée.

S'agissant des frais médicaux, est-on forcément couvert par son assurance maladie et sa mutuelle à l'étranger ?

La sécurité sociale fonctionne uniquement dans les pays avec lesquels la France a passé des accords. Il faut pour cela demander sa carte européenne d'assurance maladie (CEAM). La sécurité sociale et la mutuelle couvriront alors les frais médicaux à l'étranger à hauteur de leur propre barème sous certaines conditions. Il est malgré tout conseillé de souscrire une assurance voyage, car la prise en charge des frais ne sera pas la même qu'en France.

Quel est le meilleur moyen de voir ses frais médicaux pris en charge ?

Dans les pays hors Europe, il est recommandé de souscrire à un contrat d'assistance avec un bon niveau de couverture des frais médicaux. Il est également important de choisir un assureur disposant d'un important réseau international dans le domaine médical.

En cas de problème médical, le rapatriement est-il prévu dans le contrat d'assurance ?

Oui, la majorité des contrats d'assurance voyage prévoit le rapatriement mais il n'est toutefois pas systématique. L'état de santé du patient peut nécessiter une hospitalisation / une immobilisation sur le lieu de séjour. Si le patient peut être traité sur place, l'assisteur l'orientera vers un médecin ou une structure médicale adaptée localement, et ce jusqu'à ce qu'il puisse à nouveau de voyager et rentrer chez lui.

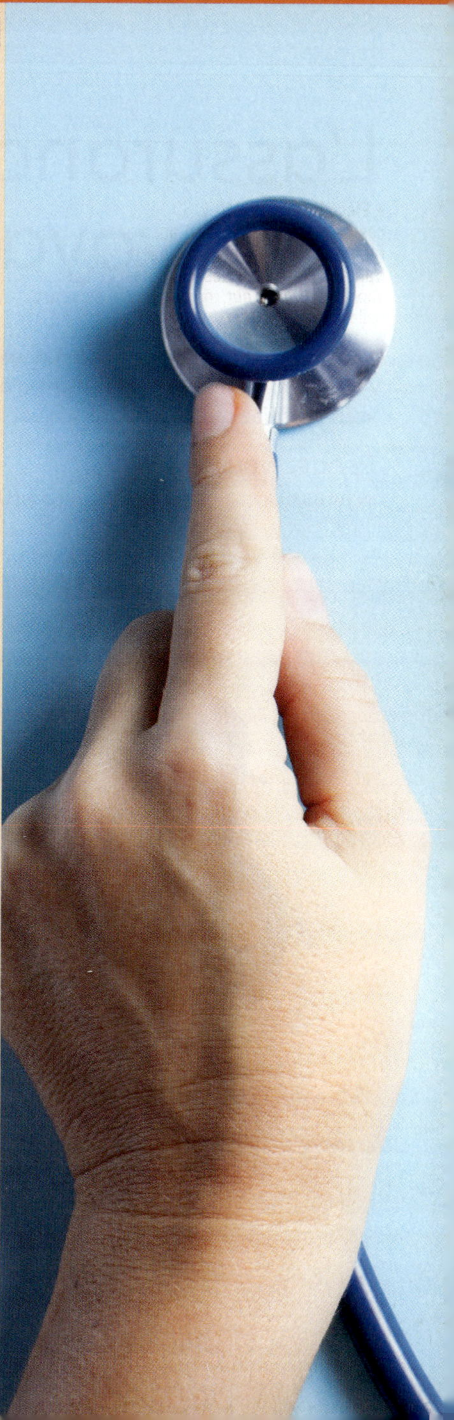
© NEIRFY

S'Y RENDRE

Entre 15 et 25 heures de trajet séparent Paris de Manille : eh oui, le paradis lointain des Philippines se mérite ! À savoir qu'il n'y a pour l'instant pas de vol direct entre l'Europe et Manille, porte d'entrée de l'archipel. Le prix d'un billet d'avion aller-retour est de l'ordre de 500 à 1 500 euros. Au départ de la France, il faudra faire une escale à Bangkok, Kuala Lumpur, Hong Kong, Istanbul ou Dubaï, entre autres. La variation de prix dépend de la compagnie empruntée mais surtout du délai de réservation et de la saison : durant les pics touristiques entre décembre et avril, *grosso modo* entre Noël et la Semaine Sainte, les prix sont plus élevés. Pour obtenir des tarifs intéressants, le mot d'ordre est : s'y prendre à l'avance. Certains sites comparent pour vous les options par compagnies et dates pour vous aider à trouver des vols secs (transport aérien vendu seul, sans autres prestations) au meilleur prix.

BUREAU OF IMMIGRATION

Magallanes Drive
MANILLE
✆ +63 28 524 3769
https://immigration.gov.ph
Ouvert du lundi au vendredi de 8h à 17h30.

Pour proroger son visa, il suffit en général d'une ou deux heures. L'attente peut toutefois être (beaucoup) plus longue mais dans ce cas on vous indique l'heure à laquelle revenir pour récupérer votre passeport. Le bureau de l'immigration d'Intramuros est le bureau principal mais il existe de nombreuses antennes régionales, à Cebu et dans les îles. Pour rappel, il est possible de voyager aux Philippines pour 1 mois sans visa et de faire sur place une demande de prorogation de 29 jours pour 3 000 PHP. Pour un séjour au-delà de 2 mois, il faut un visa avant départ.

ALLIANZ TRAVEL

SAINT-OUEN
✆ +33 01 42 99 82 82
www.allianz-assistance.fr

Allianz Travel, qui commercialise désormais les offres voyage de Mondial Assistance, intervient partout dans le monde 24 heures sur 24, 7 jours sur 7, pour garantir la protection des voyageurs grâce à des solutions d'assistance et d'assurance voyage. Que vous voyagiez seul ou en famille, pendant quelques jours ou plusieurs mois, à titre privé ou professionnel, Allianz Travel propose des couvertures optimales grâce à une combinaison unique d'un savoir-faire en matière d'assistance médicale et d'une expertise assurance, mais aussi d'une expérience de plus de 70 ans.

AIR FRANCE

✆ +33 9 69 39 36 54
wwws.airfrance.fr
Réservez en ligne ou par téléphone.

La compagnie nationale, qui existe depuis 1933, est synonyme de qualité, de service et de confort. Sa flotte est majoritairement constituée d'Airbus âgés d'une dizaine d'années. Pour les Philippines, Air France ne propose pas de vol direct, mais plusieurs vols quotidiens entre Paris Charles-de-Gaulle et l'aéroport de Manille avec une escale à Amsterdam, Kuala Lumpur, Taipei ou Singapour, entre autres options. Également quelques possibilités pour Cebu avec deux escales. Comptez entre 20 et 25 heures de voyage (selon la durée des escales).

CATHAY PACIFIC

www.cathaypacific.com/fr

Cathay Pacific est la compagnie aérienne principale basée à Hong Kong. Elle dessert près de 200 destinations sur tous les continents à partir de Hong Kong. Entre la France et les Philippines, la compagnie assure plusieurs vols quotidiens de Paris à Manille ou Cebu, via son hub hongkongais. Comptez environ 11 heures de trajet jusqu'à Hong Kong, puis 2h30 de Hong Kong à Manille ou Cebu. Cette option peut être idéale si l'on souhaite éviter un passage par la capitale philippine et se rendre directement dans les environs de Cebu, dans les Visayas.

KLM ROYAL DUTCH AIRLINES

✆ +33 96 936 86 05

KLM est la compagnie principale des Pays-Bas. Créée en 1919, elle est en fait la plus ancienne compagnie aérienne encore en activité, au monde. Selon Skytrax, l'organisation internationale de notation du transport aérien, KLM est notée 4 étoiles (le maximum étant cinq) pour ses prestations durant le vol, la qualité des repas offerts et de son personnel. En partage avec son partenaire Air France, KLM assure plusieurs vols quotidiens en direction de Manille. Depuis la France ou la Belgique, la liaison se fait via Amsterdam et Taipei.

GOOGLE FLIGHTS

www.google.com/flights

Le comparateur de vols de Google est l'un des meilleurs sur le marché car il compare votre vol aller et votre vol retour séparément. Cela signifie qu'il vous trouvera le meilleur prix sur chacun de deux trajets en comparant toutes les offres disponibles, vous n'aurez donc peut-être pas la même compagnie à l'aller qu'au retour. Google Flights vous redirige sur les deux sites marchands, et vous faites vos réservations séparément. Très utiles également, la carte interactive et le calendrier des prix qui vous donnent les meilleurs prix par destinations et par dates.

QATAR AIRWAYS

64, rue la Boétie

PARIS (8e)

✆ +33 4 88 91 07 26

www.qatarairways.com

Centre d'appels joignable du lundi au samedi de 9 à 18h et le dimanche de 10h à 18h.

En 2022 et pour la deuxième année consécutive, Qatar Airways était élue meilleure compagnie aérienne au monde selon Skytrax (l'organisation internationale de notation du transport aérien). Fiabilité, confort, ponctualité, l'entreprise excelle sous tous rapports : elle a également reçu le prix de meilleure classe affaires au monde et de meilleure restauration à bord au monde. Pour les Philippines depuis l'Europe, elle dessert les aéroports internationaux de Manille, Cebu et Clark (sur Luzon, au nord-ouest de Manille) via une escale.

MISTERFLY

www.misterfly.com

Ouvert du lundi au vendredi de 9h à 21h. Le samedi de 10h à 20h.

MisterFly.com est le nouveau-né de la toile pour la réservation de billets d'avion. Son concept innovant repose sur un credo : transparence tarifaire ! Cela se concrétise par un prix affiché dès la première page de la recherche, c'est-à-dire qu'aucun frais de dossier ou frais bancaire ne viendront alourdir la facture finale. Idem pour le prix des bagages ! L'accès à cette information se fait dès l'affichage des vols correspondant à la recherche. La possibilité d'ajouter des bagages en supplément à l'aller, au retour ou aux deux… tout est flexible !

EASY VOLS

✆ 08 99 19 98 79

www.easyvols.fr

Pour voyager malin, il faut faire ses recherches en toute efficacité, sans perdre trop de temps à jongler d'un site à un autre. Pour trouver le bon vol au bon prix, l'idéal est la plateforme comparatrice de vols. Easyvols permet de comparer en temps réel les prix des billets d'avion chez plus de 700 compagnies aériennes et pas seulement des compagnies low-cost. Vous pouvez économiser jusqu'à 70 % du prix si vous êtes prêts à saisir au vol les meilleures offres. Des avis avisés de clients sont aussi consultables sur le site Internet.

OPTION WAY

✆ 04 22 46 05 23

www.optionway.com

Option Way est l'agence de voyages en ligne au service des voyageurs. L'objectif est de rendre la réservation de billets d'avion facile en vous faisant économiser. 3 bonnes raisons de choisir Option Way :

- la transparence comme mot d'ordre. Finies les mauvaises surprises, les prix sont tout compris, sans frais cachés ;
- des solutions exclusives qui vous permettent d'acheter vos vols au meilleur prix ;
- le service client, basé en France, joignable gratuitement, composé de véritables experts de l'aérien. Ils sont là pour vous, n'hésitez pas à les contacter.

SÉJOURS ET CIRCUITS

Si certaines et certains se sentent l'âme d'aventuriers et préfèrent partir explorer l'archipel sans rien prévoir à l'avance : aucun problème, la destination s'y prête plutôt bien ! Pour celles et ceux qui voyagent avec des enfants, n'ont pas le temps ou tout simplement préfèrent voyager l'esprit léger, une foule de possibilités s'offre à vous. Sur internet, un vaste choix de sites comparateurs vous aident à trouver les meilleurs prix et les offres de dernières minutes pour vos vols et logements. En France, Belgique ou Suisse, de nombreuses agences, généralistes ou spécialistes de l'Asie, voire des Philippines, sont à votre service pour vous aider à créer un voyage clé en main qui réponde à toutes vos attentes, envies et budget. Enfin, les agences réceptives, aux Philippines, sont probablement celles qui offrent les meilleurs prix et qui connaissent le mieux le terrain puisqu'elles parcourent l'archipel en temps réel.

ADEO

68, boulevard Diderot
PARIS (12e)
© 01 43 72 80 20
adeo-voyages.com
Lundi-vendredi 9h30-18h30.

Adeo signifie « je vais vers » en latin... Vers d'autres horizons, d'autres pays, et surtout vers les autres. Adeo est un tour-opérateur indépendant qui propose des expériences de voyage centrées sur l'authenticité et les rencontres. Aux Philippines, l'agence vous propose deux circuits clé en main : un de 22 jours intitulé « Les Visayas d'île en île » qui vous emmène à la découverte de Cebu, Bohol et Siquijor et un autre de 24 jours « De Luzon à Palawan » pour découvrir ces régions aux caractères si différents, entre rizières et plages de rêve.

ANN - NOSTALASIE - NOSTALATINA

19, rue Damesme - **PARIS** (13e)
© 01 43 13 29 29
ann.fr
Ouvert du lundi au vendredi de 10h à 13h et de 14h à 18h et le samedi sur rendez-vous.

NostalAsie œuvre en Asie et NostaLatina en Amérique latine. Les deux sont des agences spécialisées dans le voyage sur mesure. Connaissant l'Asie comme son propre jardin, ce spécialiste conçoit des voyages sur mesure de manière astucieuse : l'itinéraire est toujours la version optimale entre vos desiderata, votre budget et la réalité du pays. Vous découvrirez sereinement les 7 000 îles philippines : Manille, Malapascua, Boracay, Bohol, Cebu, Davao, Palawan... à chacun son île !

LES ATELIERS DU VOYAGE

54-56, avenue Bosquet
PARIS (7e)
© 01 40 62 16 79
www.ateliersduvoyage.com
Ouvert du lundi au jeudi de 10h à 18h.

Spécialistes du voyage sur mesure, Les Ateliers du Voyage vous emmènent en Afrique, en Amérique latine, en Asie et en Inde. Leurs conseillers voyages, experts de leur zone géographique, sont à votre écoute pour construire le voyage de vos rêves. Sur les Philippines, l'équipe saura aussi bien vous suggérer les sites incontournables que les dernières adresses tendance. Douze propositions sont disponibles sur leur site : Philippines et Japon atypique, volcan Taal, culture ifugao et plages exotiques... De quoi vous inspirer pour créer votre propre voyage.

COMPTOIRS DU MONDE

19, avenue d'Italie
PARIS (13e)
© 09 80 08 02 25
www.comptoirsdumonde.fr

Les Comptoirs du Monde est depuis plus de 30 ans l'un des spécialistes du voyage sur mesure pour les voyageurs solo, en famille, entre amis ou en plus grand groupe (mariage, entreprise, etc.). Cette agence propose des voyages à la carte à destination des Philippines : transferts, hôtels, location de voitures, réservation de billets de bus et de ferries sur place... Egalement la possibilité de circuits sur mesure entre 7 et 20 jours ou de circuits accompagnés comme « Trésors lointains » de Baguio à l'ascension du volcan Taal en 13 jours.

ESPACE MANDARIN

29, rue de Clichy
PARIS (9e)
✆ 01 53 68 90 77
www.espacemandarin.com
Autres agences à Lyon, Marseille, Nantes et Genève.

Espace Mandarin est spécialiste du voyage à la carte. Le tour-opérateur propose également des itinéraires guidés, à vivre à deux ou en petits groupes d'amis. Les circuits en véhicule privé pour découvrir en profondeur plusieurs régions d'un pays avec chauffeur et guide particulier sont disponibles au choix en base petits déjeuners, demi-pension ou pension complète. Aux Philippines, trois circuits sont disponibles : « Collines et archipel » (9 jours), « Découverte de Palawan » (7 jours), et « Rizières et Ifugaos » (10 jours).

MONDE AUTHENTIQUE

5, rue Thorel - **PARIS** (2e)
✆ 01 53 34 92 71
www.monde-authentique.com
Conseillers disponibles du lundi au vendredi de 9h à 19h.

Monde Authentique vous permet de construire votre voyage sur mesure, selon vos envies et votre budget, un voyage qui vous ressemble, répondant à la moindre de vos exigences, se rapprochant au plus près de votre imaginaire. L'équipe de créateurs vous propose également des idées pour agrémenter votre voyage, des exemples de circuits découverte, mais aussi une sélection d'hébergements pour concevoir ensemble votre itinéraire. Monde Authentique s'adresse à des voyageurs initiés, dotés d'une profonde culture du voyage, et qui ont le goût des expériences nouvelles.

NOMADE AVENTURE

40, rue de la Montagne-Sainte-Geneviève
PARIS (5e)
✆ 01 46 33 71 71
www.nomade-aventure.com
Lundi-samedi 10h-18h30.

Nomade Aventure, comme son nom l'indique doublement, est une agence qui vous change de vos habitudes sédentaires. Avec ses voyages placés sous le thème de la nature, de la culture et de la rencontre, elle vous propulse vers de nouvelles aventures. Loin des meutes de touristes, vous mettrez à profit les bonnes connaissances des agents sur la région en profitant à la fois de circuits originaux et de spots incontournables. Nomade Aventure fait de votre voyage de véritables vacances en vous permettant de vous détendre, ils prévoient tout !

SPOTS D'ÉVASION

9, rue Marcel Sembat
NANTES
✆ +33 2 40 35 22 00
https://spots-evasion.com

Spots d'Évasion est une agence spécialisée dans les séjours dédiés aux sports nautiques depuis 1996. Elle sélectionne les meilleurs spots dans le monde pour pratiquer la plongée, le windsurf, le kite et le snorkeling. À destination des Philippines, elle propose des croisières et safaris « plongée » dont ce très alléchant « Séjour Aquanature sur Negros Island ». D'autres séjours sont entièrement dédiés à la pratique du palme-masque-tuba, toujours en mode croisière. Spots d'Évasion est une des rares agences à offrir des séjours originaux.

TERRE ET NATURE VOYAGES

23, rue d'Ouessant
PARIS (15e)
✆ 01 45 67 60 60
www.nature-plongee.com
Ouvert du lundi au vendredi de 9h30 à 19h. Sur rendez-vous en dehors de ces horaires.

Terre et Nature Voyages (ou Nature Plongée) est une agence spécialisée destinée à tous les amoureux de la mer. Animée par une équipe de passionnés, l'agence offre son expertise pour proposer des séjours uniques. Que ce soit pour le kitesurf, le windsurf ou la plongée, ce tour-opérateur parcourt les océans pour débusquer les meilleurs spots. Terre et Nature propose aventure, découverte et culture. Trek, randonnée, canoë, voile, VTT, trail, raids multisports, croisières… vous attendent ! Pas moins de sept voyages sont proposés aux Philippines.

TERRES DE CHARME

14, place Denfert-Rochereau - **PARIS** (14e)
✆ 01 55 42 74 10
www.terresdecharme.com
Ouvert du lundi au vendredi de 9h30 à 13h et de 14h à 18h.

L'agence de voyage de luxe Terres de Charme et Îles du Monde organise aux Philippines par exemple un circuit de 10 jours « Jungle et eaux limpides dans l'archipel sauvage des Palawan ». Mais vous pouvez aussi choisir de composer votre séjour à la carte pour voyager selon vos envies ! Pour cela une gamme d'hébergements, du bungalow à l'hôtel de luxe est à votre disposition. Vous avez aussi la possibilité de décider du type de séjour souhaité : circuit culture ou nature, croisière, combiné d'îles, séjour farniente et également safari plongée. Service haut de gamme.

ASIAVENTURE

Padre Faura corner J Bocobo Streets
MANILLE
✆ +63 2 8526 6929
www.asiaventureservices.com

Ce réceptif franco-philippin est un partenaire privilégié pour organiser votre séjour partout aux Philippines… et en français s'il vous plait ! Voyages d'aventure, d'entreprise ou à la carte : trekking dans le nord de Luzon, kayak, plongée, tours à la rencontre des tribus indigènes… Asiaventure fait aussi bureau de réservations pour quelques hôtels ou villas de grand confort. L'équipe est en place à Manille depuis de nombreuses années et connaît très bien le pays où elle a pu nouer des relations fortes avec des partenaires locaux.

BICOL BEYOND

P&B Residences Building, Block 3 Lot 6
LEGAZPI
✆ +63 917 882 0042
https://bicolbeyond.com/

Une agence de voyage locale et sérieuse pour vous aider à organiser toutes vos excursions dans les environs de Legazpi et dans la région de Bicol. Ils proposent des expéditions à la journée comme un trek au volcan Mayon (quand la météo le permet) ou une visite de Legazpi ainsi que des formules sur plusieurs jours pour aller voir les requins-baleines à Donsol, plonger à Ticao ou explorer les îles Caramoan. Les tarifs sont dégressifs en fonction du nombre de personnes et ils sont assez réactifs par email. Pensez à vous y prendre à l'avance.

CALAMIAN TRAVEL & TOURS

Door #26, Bldg 9, Reclamation Area, Brgy 2
BUSUANGA ISLAND ✆ +63961 740 0586
https://www.coron-travel.com/

Coron Super Ultimate tour : 1 850 PHP (en groupe), dès 2 800 PHP (privé). Autres prix en ligne. Réduction sur Klook.com

Une agence professionnelle pour organiser vos excursions. À Coron, on conseille le Super Island Ultimate Tour qui vous emmène à la découverte de sept spots capitaux dont Twin Lagoon, Barracuda et Kanyangan Lake. Le repas (préparé avec brio par le cuistot, pendant la croisière) est dégusté sur une superbe plage. Une excursion clé en main (transfert hôtel inclus). On regrette un peu le côté « bondé ». À chaque lieu, des dizaines de bateaux qui déversent leur flot de touristes. Mais vraiment, ça n'enlève rien à la magie de l'expérience et à la beauté des paysages.

FILIPINO TRAVEL & TOURS

Barangay Viga
✆ +63 915 881 2136
www.filipinotravel.com.ph

Réservations de vols, de bus, de ferries ou de voitures avec chauffeur mais également de chambres d'hôtels de toutes les gammes. On peut également passer par eux pour organiser des excursions dans toutes les Philippines. Accrédités par le département du tourisme des Philippines, ils sont spécialistes des voyages à petit budget et possèdent plusieurs bureaux dans le pays, à Mindoro, Boracay, Angeles et Bohol. Visite de Manille, tours inter-îles, voyages de groupes, vacances *all-inclusive* ou sur mesure… Il y en a pour tous les types de voyageurs.

© HANS

© HANS

CORAZON TRAVEL & TOURS

Junction 1, Bgy. San Miguel
PUERTO PRINCESA
✆ +63 998 970 8790
www.travelwithcorazonph.com

Située au cœur de Puerto Princesa, l'agence Corazon travel & tours propose plus de 15 excursions et de nombreux services tous situés sur l'île de Palawan. Plutôt flexible, vous y trouverez des chauffeurs et des guides, sur terre en en mer, en privé ou en groupe, et à des prix compétitifs. L'équipe est professionnelle et disponible pour répondre à toutes vos attentes. Parmi les tours à ne pas manquer : la balade aux lucioles nocturne et la rivière souterraine en kayak ou encore la journée d'excursion dans les îles de la baie Honda.

FAT LIPS

Tourism Road, Purok 5, General Luna
SIARGAO ISLAND
www.surfsiargao.com
Ouvert tous les jours de 8h à 21h. Scooter/jour : 450 PHP. Surf/jour : 400 PHP. Tarifs des excursions en ligne.

Fat Lips, c'est l'adresse bien utile à Siargao. Tout à la fois magasin de surf et de *goodies*, de location de planches, de scooters et de matériel de snorkeling, cette entreprise familiale est installée sur l'île depuis 2015. Le couple propriétaire est curieux, humain et très impliqué dans l'économie circulaire, ils ne travaillent qu'avec des locaux. Ils ont en parallèle développé leur propre agence My Siargao Guide et organisent des tours sur l'île et et aux alentours : visite de lagon, Stand Up Paddle, snorkeling, island hopping... Meilleur guide en ville !

DESTINATION PHILIPPINES

4F/2C Ocean Drive
MANILLE
✆ +63 917 159 0264
www.destination-philippines.fr
Ouvert du lundi au samedi de 8h à 14h (heure française).

Destination Philippines est une agence réceptive franco-philippine, établie à Manille. Depuis 2012, sous l'impulsion de Jean-Luc et Tez, l'agence propose des itinéraires découverte et des séjours à thème dans tout l'archipel, des rizières de Banaue à la baie d'El Nido, en passant par les îles des Visayas. Le service et l'accueil sont personnalisés : circuit à la carte, guides francophones, départs à date fixe, plongée, randonnée, etc. Les conseillers ainsi que les propriétaires seront ravis de vous aider à faire de votre voyage un séjour inoubliable.

ILES PHILIPPINES

805 Cityland Megaplaza, ADB Avenue Ortigas Center
MANILLE
✆ +63 2865 1381
www.ilesphilippines.com

Îles philippines est gérée par Anaïs, une Française mariée à un Philippin et tous deux basés à Manille. Ils proposent de nombreux circuits à travers tout le pays en créant manuellement chacun des itinéraires sur mesure pour répondre aux attentes et aux envies de chaque voyageur tout en continuant à découvrir de nouvelles destinations, des excursions uniques, et des régions authentiques. Sur leur site vous trouverez des idées de tours organisés et déjà testés ainsi que des destinations pour vous inspirer et créer votre voyage sur mesure.

DISCOVERY FLEET

2155 Chino Roces Ave (Pasong Tamo)
MANILLE
✆ +63 28 519 5674
www.discoveryfleet.com
En anglais.

L'agence, propriétaire de deux navires, propose de véritables aventures plongée, avec la découverte de sites incroyables tout au long de l'année. Discovery Fleet offre une expérience totale avec un programme complet d'immersions et d'activités. C'est après avoir sillonné les Caraïbes qu'en 2013 le bateau a été complètement rénové pour faire coque neuve et proposer les installations les plus modernes. Des croisières de 7 ou 8 jours naviguent vers Coron, Apo, Cebu, Malapascua et bien sûr Tubbataha entre mars et juin... À bord, on trouve tout le confort nécessaire.

PHILIPPINES À LA CARTE

EL NIDO
✆ +33 6 51 38 70 91
www.philippinesalacarte.com
Tous les services sont à la carte. Devis sur demande.

Voici une jeune agence créée par des Français qui ont eu envie de partager l'amour qu'ils portent pour leur nouveau pays de résidence. Avec des bureaux basés El Nido et des partenaires dans les Visayas et le Nord de Luzon, l'Agence assure sa présence sur l'Archipel. Cette agence vous propose de sortir des sentiers battus, en garantissant un service client de qualité et fiable, dans un pays où ces notions sont parfois abstraites. En quelques mots assurer un service *à la française*, avec une immersion complète dans la culture et la nature à des prix compétitifs.

LXV

2 Lapu Lapu street - **MANILLE**
✆ +63 995 378 4200
www.lxv.ph

Prix en ligne. Ex. croisière de 7 jours sur la côte ouest de Palawan pour 8 personnes : 33 000 € tout compris.

LXV est le premier spécialiste du luxe aux Philippines. Actifs partout dans le pays depuis 2014, ils proposent des services de conciergerie, de voyage et d'événements de luxe. Les voyages et nuitées de luxe ne se limitent pas à des hébergements luxueux et à des vols de première classe ; il s'agit de proposer de véritables expériences, souvenirs et histoires. Une semaine en groupe à bord d'un catamaran à arpenter les îles de Palawan, un diner sur un yacht dans la baie de Manille, ou simplement la location d'une voiture de luxe, tout est possible.

PHILIPPINES AUTREMENT

Kauswagan Road
CEBU
✆ +63 9 777 613 208
www.philippinesautrement.com
Renseignements et réservation par internet, par téléphone ou en agence.

Installés sur les îles de Cebu et Negros depuis 20 ans, deux amis français, Bruno et Rodolphe, vous proposent de découvrir les Philippines en circuit privatif, avec un ou une guide-accompagnateur local. De Luzon à Camiguin, de Palawan à Siargao en passant par les îles des Visayas, rejoignez-les ! Entre balades et randonnées terrestre, tours en *banca*, snorkeling, plongée, kitesurf, surf, de nombreuses activités variées vous attendent. Vous ne manquerez pas d'apprécier aussi les fruits de mer et les différents plats cuisinés philippins !

TRIPINAS TRAVEL AND TOURS

Eisenhower Street, Greenhills, San Juan City
MANILLE
✆ +63 917 903 7672
http://tripinas.com.ph/index.html

Cette agence, dont certains guides sont francophones, organise des circuits à la journée dans Manille (Intramuros, Rizal Park, Quiapo, Chinatown) et Cebu mais aussi ailleurs dans le pays, vers les chutes de Pagsanjan ou les volcans comme le mont Pinatubo ou le volcan Taal. Ils proposent aussi des périples de quelques jours de Manille vers Sagada et Batad. Pour connaître les dates d'excursions et les tarifs, voyez leur site internet. Un bon moyen de se balader en toute sécurité.

TAO PHILIPPINES

Don Pedro St, Coron Town Proper
BUSUANGA ISLAND
✆ +63 908 890 8033
www.taophilippines.com/
Expédition à partir de 23 000 PHP pour 3 jours/2 nuits. Plus d'informations sur le site.

Une expédition en bateau sur plusieurs jours pour faire la traversée entre Coron et El Nido (ou vice-versa), ça vous tente ? C'est l'une des activités les plus populaires d'un voyage à Palawan. Et Tao Philippines est l'une des agences pionnières dans ce domaine depuis 2006. Avec eux, vous bénéficiez de leur professionnalisme et d'une organisation bien rodée (aucun souci à se faire). Tout cela a un coût : environ 400 € pour 3 jours sur un bateau avec 25 personnes. Mais au programme, snorkeling, repas inoubliables, îles désertes... Une aventure de rêve vous attend !

UMI TRAVEL AND TOURS

Hama Street
EL NIDO
✆ +63 999 713 4480
Ouvert tous les jours de 7h30 à 22h.

UMI Travel and Tours est une agence de voyages agréée située à El Nido et spécialisée dans la région et les autres destinations de Palawan de votre choix. Elle propose des packages à prix fixes mais également l'hébergement, les transferts et les transports selon vos besoins. Les guides sont professionnels et enthousiastes, ils feront de votre expédition une aventure hors pair, les repas préparés sur le banca sont frais et délicieux, et ils fournissent tout le matériel nécessaire (masque, tuba, chaussures d'eau, gilet). Une bonne agence locale.

TRIBE BANUA

EL NIDO
✆ +63 936 102 5206
https://tribebanua.wixsite.com
Expédition 3 jours/2 nuits El Nido-Coron : 20 000 PHP.

Tribe Banua organise des expéditions en banca entre El Nido et Coron (vice-versa) en 3 jours et 2 nuits. En comparaison aux grosses agences, Tribe Banua propose une expérience plus authentique, en petits groupes (10 personnes max.). L'encadrement est professionnel, les repas sont excellents, l'équipage est dynamique et le guide (Lorex) prend soin de ses clients. Nuit en tente et dans une cabane, snorkeling avec des tortues, exploration d'îles désertes, couchers de soleil et feu sur la plage... Une aventure si exceptionnelle qu'on oublie vite le manque de confort.

QUOTATRIP

www.quotatrip.com
Tarifs : devis sur demande en ligne.

QuotaTrip est une nouvelle plateforme de réservation de voyage en ligne qui met en relation des voyageurs à la recherche d'expériences authentiques et uniques, et des agences de voyages locales sélectionnées pour leurs compétences et leur sérieux. Le réseau de QuotaTrip couvre près de 200 destinations dans le monde entier. Le but de ce rapprochement est simple : proposer un séjour entièrement personnalisé aux utilisateurs. QuotaTrip promet ainsi l'assurance d'un voyage serein, sur mesure, sans intermédiaires et sans frais supplémentaires.

INTERVIEW

LE VOYAGE-SUR-MESURE

AVEC STEVEN LE CHEVALIER ET MATHIEU VALLY DE QUOTATRIP

Quel est le concept de l'agence QuotaTrip ?

Quotatrip est la première plateforme de mise en relation entre voyageurs et agences locales. Grâce à elle, les voyageurs peuvent enfin échanger en direct avec des agences qui sont sur place et concevoir un voyage unique, au meilleur prix et 100% personnalisé.

Pourquoi voyager avec des agences locales ?

À l'inverse des agences traditionnelles, les agences locales sont des expertes de la destination choisie. Ce sont aussi les mieux placées pour concevoir des séjours qui sortent des sentiers battus. Elles sont ainsi en mesure de répondre à l'ensemble des envies, le voyageur rentre dans l'univers de l'equi-tourisme = le tourisme sans intermédiaire.

Quels sont les autres avantages pour les voyageurs ?

Il y a une multitude d'avantages. Cela permet notamment de ne pas voyager comme tout le monde, d'organiser de manière simple et rapide un séjour sur mesure et au meilleur prix. Fini les mauvaises surprises, les voyageurs posent toutes les questions qu'ils souhaitent et bénéficient d'un accompagnement sur mesure, de la conception du projet jusqu'à sa réalisation en toute sécurité car les agences référencées sont sélectionnées et recommandées par les journalistes des guides du Petitfute en toute impartialité.

Les démarches sont-elle simples à effectuer ?

Les sites de voyage en ligne font perdre beaucoup de temps aux internautes sans pour autant répondre entièrement à leurs désirs. QuotaTrip propose un formulaire simple et rapide qui permet de décrire les souhaits, les envies et les besoins. L'internaute reçoit aussitôt gratuitement et sans engagement les offres de trois ou quatre agences locales avec qui il peut ensuite échanger afin de personnaliser son projet grâce à la messagerie mise en place.

Quelles sont les destinations proposées ?

Notre plateforme propose plus de 21 000 projets de voyage sur plus de 100 destinations à travers le monde. De l'Amérique latine en passant par l'Asie et l'Afrique, nos mille agences partenaires sont là pour répondre à vos projets de voyage.

Décrivez votre projet de voyage. Echangez en direct avec les agences locales et partez au meilleur prix.

Plus d'informations : *quotatrip.com*

© D.R

© D.R

© D.R

SE LOGER

L'offre hôtelière aux Philippines est très large. Cependant, même s'il y en a pour tous les budgets, l'offre est assez clivante : de la même façon que l'on trouve très facilement des petits hôtels, guesthouses ou auberges au confort rudimentaire – pour ne pas dire miteux parfois – pour des prix très bas (moins de 10 euros/nuit), si l'on voyage avec un budget illimité, on aura aucun mal à trouver des resorts et hôtels haut de gamme somptueux. Ce qui est plus difficile, c'est de trouver des logements moyen de gamme et décents (eau chaude, wifi, literie confortable) pour un prix raisonnable. Difficile mais pas impossible ! Les plateformes de réservation comme Agoda, Booking et Airbnb sont le moyen le plus pratique pour choisir un hébergement (avis d'anciens clients, photos, équipements et paiement sécurisé par carte de crédit). Enfin, les prix varient fortement selon la saison, la fréquentation touristique et les festivités locales.

AGODA €€

www.agoda.com

Avec plus de 2 millions d'établissements référencés, Agoda est l'une des références en ligne pour trouver des hébergements à tarifs réduits dans le monde entier. La plateforme fonctionne particulièrement bien en Asie. On tape simplement le nom de la ville où l'on souhaite séjourner dans le moteur de recherche, on entre ses dates de séjour, et Agoda nous déniche tous les établissements avec encore des disponibilités, à des prix parfois très avantageux. Ça vaut toujours le coup de faire un tour sur la plateforme avant de se décider pour tel ou tel établissement !

HOSTELWORLD €

www.hostelworld.com

Depuis 2005, cette centrale de réservation en ligne permet de planifier son séjour à prix corrects dans le monde entier. Afrique, Asie, Europe, Amérique… Hostelworld est spécialisé dans les logements peu onéreux (auberges de jeunesse ou hostels…) mais proposant des services et un cadre plutôt soignés. Pour chaque grande ville, le site propose une sélection pointue d'enseignes partenaires et vous n'aurez plus qu'à choisir l'adresse la plus pratique, la mieux située, ou tout simplement la moins chère. Une plateforme bien pratique pour les baroudeurs.

BOOKING €€

www.booking.com

L'un des meilleurs sites de réservation d'hôtels, mais aussi de chambres d'hôte ou d'appartements en ligne où les frais d'annulation sont gratuits la plupart du temps suivant certaines conditions. La sélection est fiable et en cas de pépin, le service clientèle est efficace et rapide. Cependant, regardez bien les photos et lisez attentivement les commentaires pour les logements aux petits prix, cela vous permettra d'éviter les pièges côté tarifs. Les prix peuvent parfois être alléchants, mais le confort moins bon qu'annoncé…

AIRBNB €€

www.airbnb.fr

Réservations en ligne uniquement, sur l'application mobile ou sur le web.

Doit-on encore présenter Airbnb, une des plateformes les plus importantes de la location entre particuliers dans le monde ? Vous y trouverez toutes sortes de logements disponibles aux Philippines, que ce soit pour une nuit de transition à Manille ou pour une semaine de surf à Siargao, en passant par un séjour de télétravail, jusqu'au logement entier à louer en totalité pour un prix hallucinant pour certains, mais qui trouveront preneur ! L'avantage de passer par Airbnb, c'est que votre paiement est sécurisé, vous mettant ainsi à l'abri de mauvaises surprises.

SE DÉPLACER

Se déplacer aux Philippines ? Toute une histoire ! Et la meilleure façon de l'écrire est de prendre ces trajets – inévitables dans un archipel de 7 000 îles – avec philosophie. Ils font partie intégrante du voyage et les aléas qui peuvent en découler aussi (retard, annulation, horaire imprécis…). Dès l'atterrissage, le périple commence : dans les grosses villes, on préconise les taxis ou VTC (Grab). Pour se déplacer sur les îles principales comme Luzon, le réseau de bus est très pratique (Coda Lines, Ceres, Victory…). Pour les liaisons inter-îles, on privilégie le bateau (Ocean Jet, Fast Craft, Supercat…) à l'avion, c'est moins polluant et moins cher. En général, il n'est pas obligatoire de s'y prendre à l'avance pour l'achat de billets de bus et ferrys. Enfin, pour bouger au quotidien, votre meilleur ami sera le scooter (sentiment de liberté garanti) même si les tricycles et jeepneys font eux aussi partie de l'esprit des Philippines.

AIR SWIFT

EL NIDO
✆ +63 2318 5941
www.air-swift.com

Air Swift est une compagnie aérienne privée qui appartient au groupe immobilier et d'investissement Ayala. Régionale, elle opère essentiellement depuis et vers l'aéroport d'El Nido, destination iconique et très touristique de l'archipel. Aujourd'hui, Air Swift compte 24 vols quotidiens qui relient El Nido aux aéroports de Manille, Clark, Coron, Caticlan (Boracay), Cebu et Panglao. Également quelques vols hebdomadaires entre Manille et Busuanga. C'est la seule compagnie à opérer des vols directs entre El Nido et les autres pôles touristiques comme Boracay ou Coron.

AIRASIA PHILIPPINES

✆ +63 2742 2742
www.airasia.com

Créée en 2010, AirAsia Philippines est la filière locale de la compagnie *low-cost* malaisienne opérant depuis 1993. Assez critiquée pour son service client qui laisse parfois à désirer, la compagnie propose néanmoins une multitude de destinations en Asie. Aux Philippines, elle dessert entre autres Manille, Cebu, Davao, Kalibo (Boracay), Puerto Princesa (Palawan), Tacloban, Tagbilaran (Bohol), San Fernando, La Union, Busuanga (Coron), Legazpi, Virac et d'autres villes en Asie. Les prix sont très intéressants si l'on réserve au plus tôt.

CEBU PACIFIC

Domestic Airport Road - **MANILLE**
✆ +63 2702 0888
https://www.cebupacificair.com/

Pour contacter rapidement leur service clients, passer par leur messagerie sur Facebook.

C'est la plus grande compagnie aérienne low cost des Philippines. Elle dessert de nombreuses destinations en vols internes comme Manille et Cebu évidemment mais aussi Legazpi, Caticlan (pour rejoindre Boracay), Busuanga (Coron), Siargao, Davao, Dumaguete, etc. Mais également une trentaine de destinations en Asie comme Hong Kong, Macau, Bangkok, Séoul, Shanghai, Beijing, Guangzhou, Ho Chi Minh, Taipei, Singapour, Kuala Lumpur, Jakarta et Osaka. Si les tarifs sont avantageux, les retards (voire annulations) sur les vols internes ne sont pas rares.

PHILIPPINE AIRLINES

MANILLE
✆ +63 919 056 2255
www.philippineairlines.com

C'est la compagnie nationale des Philippines. Pour l'anecdote, elle a été fondée en 1941, ce qui en fait la plus ancienne compagnie aérienne commerciale d'Asie. Philippine Airlines (PAL) dessert la majorité des aéroports du pays (Manille, Cebu, Legazpi, Davao, Dumaguete, Siargao, Busuanga, etc.) et opère également de nombreux vols internationaux. Avec Cebu Pacific c'est la compagnie la plus employée par les voyageurs. Tout comme chez sa concurrente *low cost*, les retards et annulations sont monnaie courante mais disons que leur service client est un peu meilleur.

BOOKAWAY.COM

www.bookaway.com/fr

Bookaway.com est un site comparateur très utilisé dans de nombreux pays, en Asie notamment, et qui peut être bien pratique pour réserver des billets de bus et de bateau aux Philippines ou juste pour consulter des horaires. Le site donne un bon aperçu des trajets et des distances à parcourir, des différentes catégories de prix et les billets sont généralement envoyés par email sous forme de QR code ou de billet électronique (pas nécessaire d'imprimer quoi que ce soit). C'est une plateforme facile d'utilisation, sécurisée et fiable.

GRAB

www.grab.com/ph/transport/taxi/

GRAB est une application mobile très populaire dans les pays d'Asie du Sud-Est dont les Philippines. Nous vous conseillons de l'installer sur votre portable dès votre arrivée à l'aéroport. Elle est surtout utilisée comme application de transport VTC sur le même modèle que Uber. L'avantage par rapport à un taxi classique c'est que vous connaissez le montant de la course à l'avance, que vous pouvez entrer une adresse précise et que vous êtes certain, dans les grandes villes comme Manille et Cebu, de trouver un chauffeur à toute heure du jour et de la nuit. Un *must*.

OCEAN JET

Pier 1

CEBU

✆ +63 32 255 7560

www.oceanjet.net

Difficile de programmer un voyage aux Philippines, et surtout dans les Visayas, sans passer par les services d'Ocean Jet. C'est l'une des compagnies de ferrys principales du pays depuis 1998 et assurément l'une des plus fiables et professionnelles. Sur le site internet, vous trouvez tout le détail des itinéraires, les horaires mis à jour et les prix. Il est possible d'effectuer des réservations en ligne ou directement au comptoir du Pier 1 au port de Cebu. Liaisons fréquentes entre Cebu ou Liloan et Camotes (Poro), Bohol (Tagbilaran), Siquijor et Dumaguete.

TAXIS DE MANILLE

MANILLE

Environ 40 PHP de prise en charge puis 3,50 PHP tous les 300 mètres.

C'est le moyen de transport le plus utilisé par les voyageurs dans la capitale. Il est indispensable de n'utiliser que les taxis de compagnies officielles (ils sont en général jaunes ou blancs) et de demander au chauffeur de mettre le compteur (*metered*) en route avant la course pour éviter les mauvaises surprises. Si le chauffeur refuse de mettre le compteur ou d'annoncer le prix à l'avance, on n'hésite pas à sortir de la voiture ou à prendre en photo la plaque et le numéro du taxi. Le règlement s'effectue en espèces et il est de bon ton de laisser sa monnaie.

ALAMO RENT A CAR

✆ 08 05 54 25 10

www.alamo.fr

Outre plus de 40 ans d'expérience, Alamo possède aujourd'hui une flotte de plus d'1 million de véhicules répartis dans 1 248 agences implantées dans plus de 40 pays. Chaque année, 15 millions de voyageurs louent un véhicule auprès d'Alamo pour effectuer leurs déplacements. Alamo met tout en œuvre pour que leur location de voiture s'effectue sans souci, d'un bout à l'autre de la planète. Une dizaine d'agences Alamo sont à votre service aux Philippines. Elles sont notamment présentes aux aéroports principaux comme Manille et Cebu.

S'INFORMER

S'informer pour s'inspirer, se faire rêver, s'organiser et se rassurer. S'informer pour faire son choix parmi les milliers d'îles aux Philippines en fonction d'envies personnelles (plongée, surf, randonnées, îles hors des sentiers battus, fêtes, festival...), s'informer sur les réglementations en vigueur ou encore sur les conditions d'entrée. Les raisons de s'informer sont nombreuses, les supports d'information aussi : blogs d'expatriés sur place, comptes Instagram de voyageurs, sites d'offices de tourisme et de l'ambassade, émissions de radio ou de télévision, journaux, livres, associations... Bien sûr, le guide que vous tenez entre les mains se veut le plus complet possible mais les Philippines sont un pays en perpétuel mouvement, alors rien ne vaut de multiplier les supports pour partir le plus renseigné possible sur la destination, ses us et coutumes, et profiter à 100 % de son voyage de façon responsable et sereine.

ALLIANCE FRANÇAISE

209 Nicanor Garcia Street
MANILLE
✆ + 63 939 902 4688
www.alliance.ph

L'Alliance française de Manille est l'une des plus anciennes du célèbre réseau mondial. Fondée en 1920, elle poursuit depuis plus de 100 ans le même but : promouvoir la culture française aux Philippines et créer du lien et des échanges entre les deux pays. L'Alliance française organise des événements culturels, des cours pour adultes et enfants et de l'aide pour les démarches administratives, elle abrite une bibliothèque et diffuse des films francophones le mercredi. Le restaurant, Le Coude Rouge, son partenaire, diffuse, quant à lui, la gastronomie française.

DÉPARTEMENT DU TOURISME DES PHILIPPINES

https://philippines.travel/

Le site Philippines.travel est le site du département du tourisme des Philippines. Très généraliste, il est une première porte d'entrée vers le réseau tentaculaire des nombreux sites d'offices de tourisme spécifiques à chaque région, îles et villes du pays. Vous y trouvez une multitude d'informations sur les destinations, les activités (plongées, treks, sports nautiques), l'agenda des festivités, des conseils comme : que faut-il éviter dans le pays, que mettre dans sa valise, etc.

AMBASSADE DE FRANCE AUX PHILIPPINES

angle Senator Gil Puyat Extension et Makati Avenue
✆ +63 2 8857 6900
https://ph.ambafrance.org/

Il s'agit du site de l'ambassade de France aux Philippines, qui a ses bureaux à Manille. On y trouve des informations sur les formalités d'entrée et de voyage et d'autres conseils aussi bien pour les voyageurs sur place, que pour les expatriés permanents et celles et ceux qui souhaitent se renseigner en vue d'un futur voyage. Une revue mensuelle avec toutes les actualités concernant la France aux Philippines peut être téléchargée sur le site. Une source fiable de toute évidence.

OUIPHILIPPINES.COM

www.ouiphilippines.com

OuiPhilippines.com c'est une véritable mine d'informations avant et pendant un voyage aux Philippines. Lancé par Joe, un francophone expatrié dans l'archipel depuis plus de 20 ans, ce blog indépendant contient foule d'informations pratiques (à jour, presque en temps réel !) telles que les horaires de bus et de ferrys, les nouvelles liaisons mais également des conseils de destinations selon les envies de chacun, toujours avec une petite touche d'humour. Conseil futé : abonnez-vous à la newsletter de Joe pour avoir ses nouveaux articles en temps réel. On adore !

RESTER

Expatriation professionnelle à Manille, projet de *guesthouse*, de restaurant ou de club de sports dans les îles, travailleurs indépendants en quête d'un cadre de vie paradisiaque, étudiants en recherche d'un stage de quelques mois ou encore volonté de s'engager dans un projet humanitaire ou solidaire en tant que bénévole… Les raisons de s'installer aux Philippines sont nombreuses. Quelques milliers de Français vivent de façon continue dans l'archipel, environ deux tiers à Manille et les autres répartis dans les Visayas. Comme c'est souvent le cas, la communauté d'expatriés français est très solidaire : en cas de projet de départ, le plus pratique est de rentrer en contact avec l'une ou l'autre de ces personnes via les réseaux sociaux pour obtenir des informations pratiques. L'Ambassade constitue également une excellente première porte d'entrée pour connaître les démarches de visas et d'installation.

ACTION CONTRE LA FAIM

102, rue de Paris - **MONTREUIL**
✆ 01 70 84 70 84
www.actioncontrelafaim.org
Par téléphone de 9h à 13h et de 14h à 18h.

ONG internationale spécialisée dans la lutte contre la faim dans le monde, active dans les domaines de la nutrition, santé, sécurité alimentaire, de l'eau, de l'assainissement. L'association intervient dans des situations de crise. Le but étant de rendre les populations autonomes d'un point de vue de la nutrition, en apportant une aide concrète et en formant les intervenants locaux qui prendront le relais. Ses missions de volontariat durent de trois mois à un an en Afrique, Asie, Amérique, Europe centrale, dans le Caucase, au Moyen-Orient et dans les Caraïbes.

ASSOCIATION CAMELEON

32, rue Robert Lindet
PARIS (15e)
✆ +33 1 43 22 35 92
www.cameleon-association.org

Créée en 1997, Caméléon est une association humanitaire francophone qui protège et réinsère des enfants aux Philippines victimes de violences sexuelles et de maltraitance. Elle gère plusieurs maisons d'accueil sur place. Caméléon permet aussi aux enfants défavorisés de poursuivre des études grâce à un programme de parrainage scolaire avec suivi médical auquel nous pouvons tous participer. L'association recherche constamment des bénévoles en France ou aux Philippines. Rendez-vous sur leur site pour avoir les détails des offres.

ENFANTS DU MÉKONG

5, rue de la Comète
ASNIÈRES-SUR-SEINE
✆ 01 47 91 00 84
www.enfantsdumekong.com

Depuis 1958, l'association Enfants du Mékong, 3e ONG de parrainage en France, éduque, forme et accompagne les enfants et les jeunes en situation d'extrême pauvreté en Asie du Sud-Est afin de leur permettre de se construire, intellectuellement, affectivement et moralement à travers le parrainage scolaire. Acteur majeur du développement et de l'accès à l'éducation en Asie du Sud-est, Enfants du Mékong développe ses activités dans 7 pays : ce sont près de 22 000 enfants parrainés et 60 000 enfants soutenus qui peuvent ainsi accéder à l'éducation.

INDEX

3BU HOSTEL........ 147
7 STONES........ 263
7TH HEAVEN'S CAFE & LODGE........ 160

A

ABRAHAM MANILA........ 120
ACACIA TREE GARDEN HOTEL........ 213
ACTION CONTRE LA FAIM........ 400
ACTION DIVERS........ 204
ADAMO DUMAGUETE........ 278
ADEO........ 389
ADVENTURE CAMP BEACH RESORT........ 207
AGIMAT AT UGAT FORAGING BAR AND KITCHEN........ 131
AGODA........ 396
AGUSAN MARSH........ 351
AHRAS PLACE........ 245
AIR FRANCE........ 387
AIR SWIFT........ 397
AIRASIA PHILIPPINES........ 397
AIRBNB........ 396
AL FARO COSMIO HOTEL........ 246
ALAMINOS........ 173
ALAMO RENT A CAR........ 398
ALAVAR SEAFOOD RESTAURANT........ 377
ALGA........ 347
ALLIANCE FRANÇAISE........ 399
ALLIANZ TRAVEL........ 387
ALONA KEW WHITE BEACH........ 320
ALONA VIDA BEACH HILL RESORT........ 321
ALTA PENSION HOUSE........ 364
ALUNA BEACH LOUNGE........ 326
AMARELA........ 322, 323
AMBASSADE DE FRANCE AUX PHILIPPINES........ 399
AMIHAN KITE WINDSURF CAFE........ 240
AMIHAN RESORT........ 321
AMOR FARM BEACH RESORT........ 192
AMORITA RESORT........ 322
ANDI'S TALISAY........ 304
ANGELES BEACH CLUB HOTEL (ABC)........ 140
ANGELES........ 140
ANGELINA'S........ 310
ANGONO........ 177
ANILAO AWARI BAY........ 182
ANN - NOSTALASIE - NOSTALATINA........ 389
ANNIVERSAIRE DE L'EXIL DE JOSE RIZAL........ 6, 94
ANTIPOLO........ 176
ANTONIO'S........ 179
APLAYA BEACH BAR........ 267
APO ISLAND BEACH RESORT........ 282
APO ISLAND MARINE SANCTUARY........ 282
APO ISLAND VIEW DECK........ 282
APO ISLAND ★★★★........ 281
APO VIEW HOTEL........ 365
AQUANAUT DIVE CENTER........ 239
AQUAVENTURE REEF CLUB........ 182
ARBRE CENTENAIRE BITAUG........ 349
ARCHIPEL DE BACUIT ★★★★........ 241
ARDENT HOT SPRINGS (SOURCES D'EAU CHAUDE)........ 343
ARIA RESTAURANT........ 266
ARISTOCRAT........ 127
ARIZONA SUBIC DIVE SHOP........ 143
ART FAIR PHILIPPINES........ 91
ART IN ISLAND........ 137
ARTISTIC DIVING BEACH RESORT........ 275
ASIANO GOURMET CUISINE........ 219
ASIAVENTURE........ 391
ASSOCIATION CAMELEON........ 400
AT HOME........ 213
ATI-ATIHAN FESTIVAL HOTEL........ 260
ATLANTIS DIVE RESORT & LIVEABOARDS........ 280
ATLANTIS DIVE RESORT........ 203
ATMOSPHERE RESORTS & SPA........ 281
ATMOSPHERE RESORTS DIVE CENTER........ 281
ATREMARU JUNGLE RETREAT & SPA........ 213
AUSAN BEACH FRONT COTTAGES........ 221
AYALA CENTER........ 297
AYALA MUSEUM........ 119
AYETTE'S BAMBOO BALAI BALAI........ 222
AZUTHAI........ 129

B

BABOSAM HOTEL - C LA VIE........ 263
BACAU BAY RESORT........ 247
BACOLOD CITY........ 271
BACONG........ 279
BADLADZ BEACH & DIVE RESORT........ 202
BAGUIO CRAFT BREWERY........ 149
BAGUIO MUSEUM........ 144
BAGUIO ★........ 144
BAHA BAR........ 289
BAHALA NA VILLAS........ 232
BAIE DE AGNAEM........ 142
BAIE DE HONDA........ 210
BAIE DE MACALAJAR........ 339
BAIE DE MANILLE........ 114
BAIS........ 275
BAKHAW BEACH........ 311
BALAI SA BAIBAI........ 345
BALANGAY SHRINE........ 349
BALAW-BALAW RESTAURANT & ART GALLERY........ 177
BALAY TUKO GARDEN INN........ 214
BALIANGAO........ 373
BALICASAG ISLAND DIVE RESORT........ 327
BALICASAG ISLAND........ 327
BALIKBAYAN HANDICRAFTS SHOP........ 134
BALIKBAYAN........ 306
BALINSASAYAW CHICKEN GRILL........ 216
BALUARTE DE SAN DIEGO........ 114
BAM BAR........ 248
BAMBIKE ECOTOURS........ 135
BAMBOO HOUSE BEACH LODGE........ 202
BAMBUA NATURE PARK RESORT........ 218
BANA'S COFFEE........ 154
BANAUE VIEW CAFE........ 160
BANAUE VIEWPOINT........ 157
BANAUE ★★★........ 156
BANGAAN........ 164
BANS BEACH RESORT........ 263
BANTAYAN ISLAND ★★........ 305
BARACUDA BAR & RESTAURANT........ 193
BARBARA'S COFFEE SHOP........ 131
BARBARA'S HERITAGE RESTAURANT........ 127
BARRIO BARRETTO........ 142
BASILICA MINORE DEL SANTO NIÑO........ 292
BATAD PENSION AND RESTAURANT........ 162
BATAD VILLAGE HOMESTAY........ 162
BATAD ★★★★........ 161
BATAN ISLAND ★........ 165
BATANES RESORT........ 166
BATANES SEASIDE LODGE & RESTAURANT........ 166
BATANGAS........ 181
BAYANI........ 359
BAYVIEW PARK HOTEL........ 121
BED & BREAKFAST BY BUDGETEL........ 337
BEDROCK BAR & GRILL........ 131
BELL CHURCH........ 144
BELLA VITA........ 236
BELLAVISTA HOTEL........ 298
BENCAB MUSEUM........ 144
BENI'S FALAFEL........ 129
BERMUDA BEACH RESORT........ 275
BESAGA BEACHFRONT BED & BREAKFAST........ 222
BEVERLY BOUTIQUE HOTEL........ 294
BICOL BEYOND........ 187, 391
BIG APPLE DIVE RESORT........ 202
BINTANA COFFEE HOUSE........ 296
BINURONG POINT........ 193
BIRD OF PARADISE........ 321
BISTROT REMEDIOS........ 127
BLACK SCOOP CAFÉ........ 190
BLISS SOCIETY........ 239
BLUE WATER MALAPASCUA BEACH & DIVE RESORT........ 308
BLUEWATER MARIBAGO BEACH RESORT........ 298
BLUEWATER PANGLAO RESORT........ 322
BOGAH LODGE (HOMESTAY)........ 159
BOHOL BEACH CLUB........ 324, 325
BOHOL BEE FARM........ 324
BOHOL TROPICS RESORT........ 316
BOKLAN FOOD CENTER........ 189
BON BON BEACH........ 208
BONTOC........ 150
BOOKAWAY.COM........ 398
BOOKING........ 396
BORACAY ISLAND ★★★........ 260
BRAVO BEACH RESORT........ 358
BUBBLES ET SECRET BAY........ 181
BUCAFE (BUKID CAFE)........ 290
BUCAS GRANDE ISLAND........ 360
BUENAVISTA ISLAND RESORT........ 367
BUGANA BEACH AND DIVE RESORT........ 275
BUGTAW........ 278
BUHO ROCK RESORT........ 311
BUKAGAN HILL........ 374
BUKILAT CAVE........ 312
BULABOG BEACH........ 262
BULALACAO........ 204
BULSKAMP INN........ 231
BUREAU DE TOURISME DE KIDAPAWAN........ 368
BUREAU OF IMMIGRATION........ 387
BURIAS SHOAL........ 347
BURNHAM PARK........ 145
BURNHAM SUITES........ 147
BUSCALAN TATTOO VILLAGE........ 150
BUSINESS INN........ 272
BUSUANGA BACKPACKERS........ 245
BUSUANGA ISLAND ★★★........ 243
BUTO'T BALAT........ 270
BUTUAN CITY........ 348
BUYOGAN FESTIVAL........ 6, 94

C

CABILAO SANCTUARY BEACH & DIVE RESORT........ 316
CABINS BY ECO HOTEL........ 178
CABLE CAFE AND RESTAURANT........ 151
CACNIPA ISLAND ★★★........ 222
CADLAO RESORT & RESTAURANT........ 233, 236
CAFE ADRIATICO........ 127
CAFÉ ATHENA........ 237
CAFÉ BRETON ARMORICA........ 131
CAFE BY THE RUINS........ 149
CAFE ILANG-ILANG........ 127
CAFE LEONA........ 170

CAFE SABANG 218
CAFE SOCORRO 248
CAGAYAN DE ORO 336
CAJA PIZZA 151
CALAMIAN TRAVEL & TOURS 244, 391
CALAUIT ISLAND 252
CALLE ARCO 183
CALLE BREWERY 171
CAMBUGAHAY FALLS 286
CAMBULO 164
CAMIGUIN ISLAND GOLDEN SUNSET BEACH CLUB 346
CAMIGUIN ISLAND ★★ 342
CAMOTES BACKPACKERS HOSTEL 313
CAMOTES FREEDIVING 313
CAMOTES HIDDEN HUTS 313
CAMOTES ISLANDS ★★★ 311
CAMP JOHN HAY 145
CAMUGAO FALLS 314
CANTABON CAVE 283
CANYONS 347
CAP DE SAN AUGUSTIN 366
CAPONES ISLAND 142
CAPONES VISTA BEACH RESORT 143
CAPT'N GREGGS 203
CAPTAIN RIBS 216
CARABAO ISLAND ★ 268
CARBON MARKET 297
CARCAR 299
CASA ARMAS 127
CASA DE LA PLAYA 285
CASA GORORDO MUSEUM 292
CASA MANILA 114
CASA MARINA BED & BREAKFAST 183
CASA ROCA INN 346
CASA ROSA SEAVIEW INN & RESTAURANT 224
CASA VALLEJO 148
CASCADES DE BUSAY (MALILIPOT) 186
CASINO CITY OF DREAMS 136
CASITA AURORA B&B 188
CATANDUANES ISLAND ★ 193
CATHAY PACIFIC 387
CATHEDRAL FALLS 340
CATHÉDRALE DE MANILLE 114
CATHÉDRALE DE SAINT-PAUL 169
CATHÉDRALE SAN PEDRO 361
CEBU PACIFIC 397
CEBU TRIP TOURS 295
CEBU ★★ 291
CENTRE DE PRÉSERVATION DES AIGLES DE PHILIPPINES 362
CENTURY OLD BALETE TREE 286
CENTURY PARK HOTEL 124
CERCUEILS SUSPENDUS D'ECHO VALLEY 152
CHAPELLE DE L'ENFANT JÉSUS DE PRAGUE 362
CHAPELLE DU BARANGAY SANG VIRGEN 271
CHARISMA BEACH RESORT & RESTAURANT 288
CHEF IAN'S CAFÉ 189
CHEKESH BAR AND RESTAURANT 289
CHERRY MIDTOWN HOTEL OLONGAPO 142
CHEZ ROSE BEACH BAR 217
CHIA EATERY 278
CHIDO CAFE 317
CHIEF MAU 302
CHILI BAR 304
CHISLYK COTTAGES 228
CHOCO-LATE DE BATIROL 149
CHOCOLATE HILLS 315
CHUTES D'EAU DE CATANICO 336
CHUTES D'EAU DE DARANAK ET BATLAG 176
CHUTES D'EAU DE KATIBAWASAN 343
CHUTES D'EAU DE MALINAO (VERA FALLS) 186
CHUTES D'EAU DE PAMUAYAN 220
CHUTES D'EAU DE TUASAN 343
CHUTES DE CASARORO 279
CHUTES DE KAWASAN 300
CHUTES DE PAGSANJAN 183
CIMETIÈRE AMÉRICAIN 119
CIMETIÈRE CHINOIS 115
CIRCA EATERY 1850 338
CITY GARDEN HOTEL MAKATI 122
CITY OF SPRINGS & SPLASH MOUNTAIN RESORTS 183
CITYSTATE ASTURIAS HOTEL 214
CLARK AIRPORT 140
CLOCHER DE LA VILLE (BELL TOWER) 276
CLOUD 9 357
CLUB BALAI ISABEL HOTEL 179
CLUB MABUHAY 202
CLUB PARADISE 252
COCO GRANDE HOTEL 277
COCO GROVE BEACH RESORT 288
COCO RESORT EL NIDO 230
COCONUT GARDEN ISLAND RESORT 222
COCORICO HOSTEL 220
CODA LINES BUS 137
COGON ECO-TOURISM PARK 372
COMPTOIRS DU MONDE 389
CORAL CAY RESORT 288
CORAZON TRAVEL & TOURS 211, 392
CORNER TREE CAFE 129
CORON ISLAND ★★★★ 249
CORREGIDOR FOUNDATION INC. 180
CORREGIDOR ISLAND 180
CORTO DEL MAR 246
CORTO DIVERS 249
COSMIC VEGAN RESTAURANT & CAFE 129
COUCOU BAR HÔTEL & RESTAURANT 306
COWBOY GRILL 132
CRESCENCIA FOOD & COFFEE 317
CRISTY'S LOOMWEAVING (ATELIER DE TISSAGE) 171
CROIX DE MAGELLAN 292
CROSSROADS HOSTEL MANILA 120
CUCINA HIGALA 338
CULTURAL CENTER OF THE PHILIPPINES (CCP) 136
CUTUD LENTEN RITES 92
CUYO ISLANDS 252

D

DABDAB TOURIST INN 219
DADS SAISAKI KAMAYAN 128
DALUYON BEACH & MOUNTAIN RESORT 219
DANAO LAKE 312
DAO DIAMOND 317
DAUIN ★ 280
DAVAO ★ 361
DAYUNAN TOURIST INN 219
DEEP BLUE DIVE SEAFARI 240
DEEP FOREST GARDEN INN 214
DEPARIS BEACH RESORT 264
DÉPARTEMENT DU TOURISME DES PHILIPPINES 399
DESTINATION PHILIPPINES 392
DETROIT DE MALAMPAYA 223
DIAMOND HOTEL 124
DIMAKYA ISLAND 252
DINAGAT ISLAND 360
DINAGYANG 91
DINIVIEW VILLA RESORT 264
DIPOLOG 372
DISCOVERY FLEET 392
DISCOVERY SHORES 264
DIVE BATANES 166
DODIONGAN FALLS 340
DOLOMITE BEACH 115
DOLORES HOTEL 370
DOLORES TROPICANA RESORT 370
DOLPHIN HOUSE RESORT 302
DONSOL TOURISM OFFICE 191
DONSOL ★★ 191
DOS MESTIZOS 266
DRIFTWOOD VILLAGE 274
DUGONG DIVE CENTER 249
DULI BEACH RESORT 231
DUMAGUETE ★ 276
DUNES DE SUBA 171

E

EAST ASIA ROYALE HOTEL 371
EASTER WEAVING ROOM, INC. 145
EASY VOLS 388
ÉCOVILLAGE DE MALASAG 336
EDEN PARK 362
ÉGLISE DE BACLAYON 314
ÉGLISE DE BACONG 279
ÉGLISE DE BANTAY 169
ÉGLISE DE BINONDO 115
ÉGLISE DE DARAGA 186
ÉGLISE DE MALATE 115
ÉGLISE DE MIAGAO 269
ÉGLISE DE PAOAY 172
ÉGLISE DE QUIAPO 115
ÉGLISE DE SANTA MARIA 169
ÉGLISE ET FORT DE SANTA ISABEL 223
ÉGLISE SAINT-AUGUSTIN 116
ÉGLISE SAINT-JOSEPH 139
ÉGLISE SAN JOSE DE IVANA 165
ÉGLISE SANTA MONICA 172
EL NIDO BOUTIQUE & ARTCAFE 227
EL NIDO VIA FERRATA (CANOPY WALK) 240
EL NIDO ★★★ 225
EL RIO Y MAR 247
EL UNION COFFEE 175
ELEMENT BOUTIQUE HOTEL 122
ELYSIA BEACH RESORT 193
EMILY HOTEL AND RESTAURANT 207
EMMALYN PARADISE RESORT 193
ENCARAMADA ROOFTOP BAR 132
ENFANTS DU MÉKONG 400
ESKAYA BEACH RESORT 322
ESPACE MANDARIN 390
EXIT BAR 267
EXPLORE MANILA TOURS 113

F

FABLE HOSTEL 287
FARMER'S DAUGHTER 148
FARMER'S MARKET 138
FARMPLATE 186
FAT LIPS 358, 392
FERME-PRISON DE SABLAYAN 206
FESTIVAL ATI-ATIHAN 6, 91
FESTIVAL DE BINABAYANI 7, 96
FESTIVAL DE BINUHAT 6, 94
FESTIVAL DE HUNGDUAN 7, 92
FESTIVAL DE KAAMULAN 6, 92
FESTIVAL DE PENAFRANCIA 6, 94
FESTIVAL DES LANTERNES GÉANTES 7, 96
FESTIVAL MASSKARA 7, 96
FESTIVAL SINULOG 6, 91
FÊTE NATIONALE DES PHILIPPINES 7, 94
FIESTA DABAW 365
FIG CAFE 290
FIG SUNSET VIEW RESORT 289
FILIPINO TRAVEL & TOURS 391
FISHEYE DIVERS 267
FLORES DE MAYO 7, 92
FLOUR JAR MANILA 139
FLOWER ISLAND BEACH RESORT 224
FLOWER ISLAND ★★★ 224
FORT ILOCANDIA RESORT 172

FORT PILAR 375
FORT SAN PEDRO 293
FORT SANTIAGO 116
FORTS DE SAN ANDRES ET SANTIAGO 208
FRANGIPANI 233
FRANKFURTER DELUXE INN 294
FREE WILLY DIVING 267
FREEDIVING PLANET 304
FRENCH KISS DIVERS MALAPASCUA 310
FRENCH TOUCH DIVING 326
FRIDAY'S BORACAY 266
FUENTE PENSION 294
FUNDACION PACITA 166

G

GACAYAN RESTAURANT 222
GAIA CAFE 155
GARDEN ORCHID HOTEL 377
GARDEN VILLAGE RESORT 302
GATEWAY MALL 138
GENARO'S GRILL 317
GENERAL SANTOS 368
GEORGE GUESTHOUSE & RESTAURANT 152
GETAWAY SPA 326
GIDDY'S PLACE DIVE RESORT 192
GIUSEPPE PIZZERIA & SICILIAN ROAST 296, 324
GO HOTELS BACOLOD 272
GO PARADISE TRAVEL & TOURS 228
GOLD PROCESSING 351
GOOD TIMES CAFE & ART GALLERY 372
GOOGLE FLIGHTS 388
GRAB 109, 398
GRAND CENTRAL TERMINAL 188
GRAND MARCHÉ DE DIVISORIA 134
GRANDMA'S BEST 373
GRANDPA'S INN 170
GRAVURES RUPESTRES D'ALAB 150
GREEN TURTLE BACKPACKERS GUESTHOUSE 212
GREENBELT 133
GREENVIEWS RESORT 221
GROTTE DE BALANGAGAN 152
GROTTE DE HOYOP-HOYOPAN 186
GROTTE DE MACAHAMBUS 337
GROTTE DE SILOP 352
GROTTE DE SUMAGUING (BIG CAVE) 153
GUBAT QC 138
GUERRERA 346
GUSTO GELATO 238
GV HOTEL 345

H

HAI-SAN 377
HAKATA 359
HALIKA TOURS 213
HAPAO HOT SPRING 158
HAPPINESS BEACH BAR 234
HARBOR VIEW RESTAURANT 128
HAROLD'S MANSION TOURIST INN 277
HAYAHAY CAFE 346
HEALTHY KITCHEN ILOILO 270
HENANN RESORT 324
HERALD SUITES 122
HERITAGE MUSEUM 116
HIBISCUS GARDEN INN 215
HIDDEN GARDEN 171
HIGH RIDGE 338
HIGHWAY 21 270
HILL STATION 149
HILLSIDE INN AND RESTAURANT 164
HINULUGANG TAKTAK 176
HIPPOCAMPUS BEACH RESORT 308
HIWANG NATIVE HOUSE INN & VIEWDECK 159
HOLA BEACH RESORT 288
HOPE HOMES RESORT 320
HORIZON SUN CHARTERS 215
HOSTELWORLD 396
HOTEL 45 147
HOTEL ALEJANDRO 328
HOTEL CAMILA 2 372
HOTEL CENTRO 215
HOTEL DUMAGUETE 278
HOTEL FLEURIS 215
HOTEL KARAGA 350
HOTEL LUNA 170
HOTEL TAVERN 354
HOTEL VENEZIA 188
HR NATIVE BAR & RESTAURANT 307
HYGGE SIARGAO 359

I

I'M HOTEL 122
I'M ONSEN SPA 135
IA LODGE 329
ILE DE KALANGAMAN 308
ILES PHILIPPINES 392
ILIGAN 340
ILLE CAVE 225
ILOILO 269
ILUSTRADO 128
INFINITY HEIGHTS RESORT 283
ISIS BUNGALOWS 321
ISLAND FRONT COTTAGES & RESTAURANT 230
ISLAND HOPPING À CORON 251
ISLAND HOPPING À EL NIDO 226
ISLAND HOPPING À PORT BARTON 220
ISLAND HOPPING À SAMAL 367
ISLAND HOPPING À SIARGAO 357
ISLAND HOPPING À TAYTAY 223
ISLAND TROPIC HOTEL 173
ISLANDERS PARADISE BEACH RESORT 285
ITBAYAT ISLAND 167
ITOY'S COFFEE HAUS 217
IWAHIG PRISON AND PENAL FARM 211

J

J&A FISHPEN RESTAURANT 347
JACK'S RIDGE RESORT & RESTAURANT 365
JAMMERS BEACH SHACK 265
JAPONESA 129
JARDIN DE PAPILLONS 211
JDL RESIDENCES HOSTEL 188
JONAH'S FRUITS SHAKE 265
JULY'S HAVEN SEASIDE PENSION 345
JUNGLE TRAIL 218

K

KA INATÔ 216
KABILA WHITE BEACH & GIANT CLAMS SANCTUARY 343
KAGAY-ANON RESTAURANT 338
KALANGGAMAN ISLAND 329
KALIBO 260
KALINAW RESORT 358
KALUI RESTAURANT 216
KALYE ARTISANO 239
KANIMAMBO 307
KANTO FREESTYLE BREAKFAST 128
KASBAH RESTAURANT & BAR 266
KAWASAN FALLS 286
KAWAYAN CAFE 209
KAWAYAN VILLA 358
KAWIT 177
KERMIT SURF RESORT & RESTAURANT 358
KIDAPAWAN 368
KINABUCHS GRILL & BAR 216
KIWI HOTEL 294
KLM ROYAL DUTCH AIRLINES 388
KOMMONS BY KAMINO HOSTEL 263
KOREA GARDEN 129
KOREEN GUESTHOUSE 159
KUBO BAR GARDEN AND RESTAURANT 260
KURMA 348
KUSINA NI MAYA 236
KUYAWYAW FALLS 223

L

L'FISHER HOTEL 272
L'ÎLE DISPARUE (VANISHING ISLAND) 366
LA CASITA DE BACLAYON 316
LA ESTANCIA BUSUANGA 246
LA PLAGE RESTAURANT, BAR & HOTEL 237, 235
LA PRECIOSA 173
LA SALANGANE CAALAN BEACH VILLA 234
LA SALANGANE 237
LA TORTUE DIVING RESORT 280
LAB-AS SEAFOOD RESTAURANT 278
LAC DANAO 224
LAC LEONARD 362
LAC MAINIT 349
LAC TAAL ET SON VOLCAN 178
LAGEN ISLAND RESORT 241
LAGON DE SUGBA 357
LAKE SEBU ★ 371
LAKSHMI FOOD HOUSE 189
LAOAG 171
LAPU-LAPU 298
LARENA TRIAD COFFEE SHOP 285
LARENA ★ 284
LAS CABANAS BEACH RESORT 233
LAS FLORES 130
LAS PIÑAS 139
LAS VEGAS LODGE & RESTAURANT 160
LAST FILLING STATION 304
LAST FRONTIER DIVE 290
LAST FRONTIER 231
LE BISTRO BY FRENCH COFFEE SHOP 302
LE PALA-PALA SEAFOOD MARKET 273
LE SOLEIL DE BORACAY 264
LEGAZPI BOULEVARD 186
LEGAZPI TOURIST INN 188
LEGAZPI 185
LES ATELIERS DU VOYAGE 389
LES ÎLES DE BACUIT 242
LES QUATRE LACS DE KABAYAN 147
LES RUINES 271
LEVINE'S EATERY 248
LIBERTY'S LODGE 282
LIBINGAN NG MGA BAYANI (LE CIMETIÈRE DES HÉROS) 119
LIGHTHOUSE RESTAURANT 296
LINAW BEACH RESORT 326
LIO BEACH 227
LION'S SUNSET BEACH BAR & RESTAURANT 234, 237
LISPHER INN 365
LOBOC ECOTOURISM ADVENTURE PARK 319
LOBOC ★ 318
LOG CABIN 155
LORELAND FARM RESORT 176
LOS BAÑOS 182
LOS INDIOS BRAVOS 266
LOUMARS CAFE 180
LOVE'S BEACH & DIVE RESORT 301

LUB D HOSTEL MAKATI........ 120
LUCA'S CUCINA ITALIANA........ 203
LUCA LOKO........ 289
LUGNASON FALLS........ 286
LUZ KINILAW PLACE........ 365
LXV........ 393

M

MAASIN........ 329
MABINI SHRINE (MÉMORIAL MABINI)........ 181
MACARTHUR LANDING MEMORIAL NATIONAL PARK........ 328
MACTAN CEBU INTERNATIONAL AIPORT........ 298
MACTAN SHRINE........ 298
MAD MONKEY........ 295
MAHARLIKA LIVELIHOOD CENTER........ 149
MAHOGANY RESORT & SPA........ 233
MAIA'S BEACH RESORT........ 306
MAISON D'EMILIO AGUINALDO........ 178
MAJESTIC MOUNT PINATUBO TOUR & HOMESTAY........ 141
MAKATI APARTELLE........ 120
MAKATI SHANGRI-LA........ 124
MALAGOS GARDEN RESORT........ 363
MALAPASCUA EXOTIC ISLAND DIVE RESORT........ 308
MALAPASCUA ISLAND ★★........ 307
MALATE PENSIONNE........ 121
MALAYBALAY........ 339
MAMBO BEACH BAR........ 238
MAMBUCAL........ 273
MAMBUKAL MOUNTAIN RESORT........ 274
MANALO'S LODGE & RESTAURANT........ 203
MANDALA SPA........ 267
MANILA LOTUS HOTEL........ 122
MANILENOS SIZZLING HOUSE........ 128
MANILLE ★★........ 105
MANO-MANO NA GREENFIELD........ 377
MANOKAN COUNTRY........ 272
MANTIGUE ISLAND........ 343
MAO MAO SURF........ 358
MAQUINIT HOT SPRING........ 244
MARAIS D'AGUSAN........ 352
MARAWI........ 341
MARCHÉ DE BAGUIO........ 145
MARCHÉ DE COGON........ 338
MARCHÉ DE DARAGA........ 190
MARCHÉ DE MALATAPAY........ 280
MARCIAN GARDEN HOTEL........ 377
MAREMEGMEG BEACH HOTEL & BAR........ 229
MARGIE'S BAKESHOP........ 350
MARIA CRISTINA FALLS........ 340
MARIO'S RESTAURANT........ 149
MARLBORO COUNTRY (RACUH A PAYAMAN)........ 165
MARLIN'S BEACH RESORT........ 306
MARQIS SUNRISE SUNSET RESORT & SPA........ 317
MATA SHALA YOGA........ 359
MAXINE BY THE SEA........ 174
MAYON VOLCANO NATURAL PARK ★★. 190
MAYOYAO........ 160
MÉMORIAL DE LA GUERRE DU PACIFIQUE........ 180
MÉMORIAL DE MAGALLANES........ 350
METROPOLITAN MUSEUM OF MANILA........ 119
MICROTEL BY WYNDHAM BAGUIO........ 148
MIMBALUT FALLS........ 340
MINALULAN BEACH........ 284
MINES DE BALATOC........ 146
MINES VIEW PARK OBSERVATION DECK........ 146
MINILOC ISLAND RESORT........ 241
MIRAMAR HOTEL........ 122
MISTERFLY........ 388
MOALBOAL ★........ 300
MOMIES DE KABAYAN........ 146
MONASTÈRE DE LA TRANSFIGURATION........ 339
MONDE AUTHENTIQUE........ 390
MONT BONTOC........ 208
MONT DIWATA........ 351
MONT GUITING-GUITING........ 209
MONT HALCON........ 201
MONT IRAYA........ 165
MONT IRIGA ET LAC BUHI........ 184
MONT MAKILING........ 182
MONT MATUTUM........ 369
MONT PINATUBO ★★........ 141
MONT PULAG........ 146
MONT SANTO TOMAS........ 146
MONT TAPYAS........ 244
MONTEBELLO VILLA HOTEL........ 296
MOON FOOLS HOSTEL........ 320
MORINGA RESORT........ 231
MOUNT APO NATIONAL PARK........ 368
MOUNT PURRO NATURE RESERVE........ 176
MÖVENPICK RESORT & SPA BORACAY........ 264
MUNICIPALITÉ DE GLAN........ 370
MURALS HOSTEL........ 295
MUSÉE AGA KHAN........ 342
MUSÉE ANTHROPOLOGIQUE........ 276
MUSÉE D'HISTOIRE ET D'ETHNOGRAPHIE........ 363
MUSÉE DE BONTOC........ 150
MUSÉE DE LA BATAILLE DU DÉTROIT DE SURIGAO........ 354
MUSÉE DE LA FAMILLE BLANCO........ 177
MUSÉE DE PALAWAN........ 211
MUSÉE DU PADRE BURGOS........ 169
MUSÉE NATIONAL DE BUTUAN........ 350
MUSEE NATIONAL DES PHILIPPINES........ 117
MUSEO DE LEGAZPI........ 187
MUSEO DE ORO DE L'UNIVERSITÉ XAVIER........ 337
MUSEO ILOILO........ 270
MUSEO NI JOSÉ RIZAL........ 117
MUSEO PAMBATA........ 117
MUSEO SUGBO........ 293
MUSHU........ 272
MUSIC 21 PLAZA FAMILY KTV ROOM........ 136
MYSTAY HOTELS........ 121

N

N HOTEL........ 338
NAGA LAND HOTEL........ 184
NAGA........ 184
NAKABALO GUESTHOUSE........ 289
NARRA HILL BED & BREAKFAST........ 179
NATIONAL MUSEUM WESTERN-SOUTHERN MINDANAO........ 375
NATIV' EXPLORATION PALAWAN........ 228
NATIVE VILLAGE INN........ 160
NATURE WELLNESS MASSAGE & SPA........ 299
NEGROS MUSEUM........ 271
NEGROS ORIENTAL ARTS AND HERITAGE (NOAH)........ 279
NEMIRANDA ARTHOUSE........ 177
NEW COAST HOTEL........ 124
NINOY AQUINO INTERNATIONAL AIRPORT........ 109
NINOY AQUINO PARKS AND WILDLIFE CENTER........ 137
NOEL ATILANO NEW PENSION HOUSE........ 376
NOMADE AVENTURE........ 390
NONIE'S........ 265
NORTH PARK NOODLES MAKATI........ 130
NUDIBRANCH CITY........ 348
NUTS HUTS........ 319

O

OASIS RESORT........ 321
OBSERVATION DES DAUPHINS........ 276
OCEAN JET........ 293, 398
OCEAN SUITES........ 317
OFFICE DE TOURISME DE SAGADA........ 152
OFFICE DE TOURISME........ 158
OFFICE DU TOURISME DE CAMIGUIN........ 345
OFFICE DU TOURISME DE DUMAGUETE........ 277
OFFICE DU TOURISME........ 113
OH MY GULAY........ 148
OKADA MANILA........ 125
OLA ! HOSTEL........ 121
OLAER SPRING RESORT........ 370
OLD MANILA WALKS........ 113
OLD VOLCANO........ 348
OLONGAPO CITY........ 141
OM'S THAI........ 248
OPTION WAY........ 388
ORA BEACH RESORT........ 232
ORCHID GARDEN SUITES........ 123
ORIENTWIND TRAVEL & TOURS - DUMAGUETE........ 277
ORMOC........ 328
OROQUIETA........ 373
OUIPHILIPPINES.COM........ 399
OUR LADY OF ANTIPOLO MEMORIAL........ 176
OUT OF THE BLUE........ 202
OUTPOST BEACH HOSTEL........ 230
OZAMIS........ 374

P

PACIFIC DIVERS........ 204
PAGSANJAN........ 183
PAGUDPUD........ 172
PAHIYAS FESTIVAL........ 92
PALAIS DE MALACANANG........ 117
PALAWAN DIVERS........ 240
PAMANA RESTAURANT........ 266
PAMILACAN ISLAND WHALE AND DOLPHIN WATCHING TOURS........ 327
PAMILACAN ISLAND........ 327
PANAGBENGA FESTIVAL (FESTIVAL DES FLEURS)........ 6, 92
PANDAN ISLAND RESORT........ 207
PANDAN ISLAND........ 207
PANGLAO ISLAND ★........ 319
PANGULASIAN ISLAND RESORT........ 241
PAPAKAPE........ 132
PARADISE ISLAND BEACH RESORT........ 366
PARADISO HILLSIDE RESTAURANT........ 347
PARAS BEACH RESORT........ 346
PARC DE KAAMULAN........ 339
PARC DU MONT BANDILAAN........ 283
PARC MAGSAYSAY........ 363
PARC NATIONAL DE BULABOG PUTIAN........ 270
PARC NATIONAL DE CARAMOAN........ 184
PARC NATIONAL DES HUNDRED ISLANDS........ 173
PARC NATIONAL DES MONTS IGLIT-BACO........ 206
PARC NATUREL D'APO REEF........ 207
PARC NATUREL DE KITANGLAD........ 339
PARC NATUREL DU LAC DANAO........ 329
PARC NATUREL TWIN LAKES........ 277
PARC PACO........ 117
PARC RIZAL........ 118
PARROTS BOUTIQUE RESORT........ 221
PASEO DEL MAR........ 375
PASSIFLORA CAFE........ 318
PAWIKAN RESTAURANT........ 219
PAYAG........ 318
PEARL FARM BEACH RESORT........ 367
PEARL GARDEN HOTEL........ 123
PEDRO'S RESORT........ 320
PEM'S PENSION AND RESTAURANT........ 224
PENINSULARE KAPE ART........ 347
PEOPLE'S PALACE........ 130
PEOPLE'S PARK IN THE SKY........ 178

PHARE DE BASCO 166
PHELA GRANDE HOTEL 371
PHILIPPINE AIRLINES 397
PHILIPPINE ARENA 135
PHILIPPINES À LA CARTE 113, 392
PHILIPPINES AUTREMENT 394
PHILIPPINES GATEWAY HOTEL 354
PINTADOS-KASADYAAN FESTIVAL 94
PISCINE NATURELLE DE MAGPUPUNGKO 357
PLAGE D'EL TRIUNFO 373
PLAGE D'IPIL 354
PLAGE DE CORONG CORONG 227
PLAGE DE MAREMEGMEG (LAS CABANAS) 227
PLAGE DE NAGTABON 212
PLAGE DE PALITON 287
PLAGE DE PUTSAN 187
PLAGE DE ZAMBOANGUITA 280
PLAGES DE NACTAN ET DULI 227
PLAGES DE PUERTO GALERA 201
PLANTATION BAY RESORT AND SPA 299
PLANTATION D'ANANAS 370
PLAZA SAN LUIS COMPLEX 117
PLONGÉE SUR ÉPAVES 244
POINT DE VUE DE LINABO 372
PONCE SUITES ART HOTEL 364
PONDEROSA GOLF CLUB 204
PONT DE CIRIACO PASTRANO 373
PORT BARTON EASY DIVING 222
PORT BARTON ★★ 220
PORT DE PÊCHE 370
PRAWN FARM 318
PRIME ASIA HOTEL 140
PRINCESS OF CORON 247
PUENTESPINA ORCHID GARDEN 364
PUERTO GALERA ★ 200
PUERTO PENSION INN 216
PUERTO PRINCESA ★ 210
PUKA BEACH 262
PUKKA BAR 238
PUNTA ISLA LAKE RESORT 371
PUNTA PLAYA 238
PURA VIDA BEACH & DIVE RESORT 280
PURA VIDA 132

Q

QATAR AIRWAYS 388
QI PALAWAN 234
QUENTO 190
QUEZON CITY 137
QUEZON MEMORIAL CIRCLE 137
QUO VADIS DIVE RESORT 301
QUOTATRIP 394

R

RADISSON BLU HOTEL CEBU 296
RAFFLES MAKATI 125
RAMON'S NATIVE HOMESTAY 164
RANDONNÉES DE MAMBUKAL 273
RED CLAY PAGDAMILIAN 175
RED LABUYO RESTAURANT 189
RED PLANET MANILA BAY 123
RED PLANET MANILA MABINI 121
REGGAE GUESTHOUSE 320
REPUBLIKA BEACH 290
RESTO VERANDA 204
RG JAR FACTORY 170
RICE HOMESTAY BANAUE 159
RICHMONDE HOTEL 270
RIVERHOUSE RESTAURANT 248
RIVIÈRE AGUSAN 350
RIVIÈRE LOBOC 318
RIVIÈRE SIBULAN 364
RIVIÈRE SOUTERRAINE 218
RIZAL MEMORIAL LIBRARY & MUSEUM 293
RIZIÈRES DE BATAD 162
RIZIÈRES DE HAPAO 158
RIZIÈRES DE MALIGCONG 151
ROBINSONS PLACE MALL 133
ROCK INN AND CAFE 154
ROMBLON ISLAND 208
ROSANNA'S PENSION 232
ROSARIO (EX JOSEPHINE) 179
ROSE BOWL 148
ROXAS 223
ROYAL CLIFF RESORT 288
ROYAL GARDEN HOTEL 374
RUBIN 221
RUINES DE CAGSAWA 187
RUSTIQUE RUE 181

S

SABANG ★★ 217
SABLAYAN 206
SABTANG ISLAND 167
SAGADA CELLAR DOOR 155
SAGADA HOMESTAY 154
SAGADA WEAVING 1968 155
SAGADA ★★★ 151
SAGBAYAN PEAK 314
SAINT ILLIAN'S INN 123
SAINT JOSEPH RESTHOUSE 154
SAMAL ISLAND 366
SAMBULAWAN UNDERGROUND RIVER 287
SAN FERNANDO 140, 174
SAN FRANCISCO PUBLIC MARKET 312
SAN FRANCISCO 350
SAN JOSE 206
SAN JUAN SURF RESORT 175
SAN JUAN ★★★★ 285
SAN PEDRO BEACH RESORT 208
SAN RAFAEL ★ 219
SAN SALVADOR ISLAND 143
SANCTUAIRE DES TARSIERS 316
SANCTUARIA TREEHOUSES 245
SANGAT ISLAND RESORT 252
SANGAT ISLAND 252
SANTANDER 300
SANTIAGO BAY RESORT & RESTAURANT 313
SANTIAGO WHITE BEACH 312
SANTO NIÑO COLD SPRING (SOURCE D'EAU FROIDE) 343
SANTO NIÑO SHRINE & HERITAGE MUSEUM 328
SARAO MOTORS 139
SAVA BEACH BAR 238
SAVEDRA DIVE CENTER 304
SAVIDUG ET CHAVAYAN 167
SAVOY HOTEL MACTAN NEWTOWN 299
SCANDI DIVERS 202
SCENT OF GREEN PAPAYA 322
SEA COCOON 232
SEA EXPLORERS 281
SEA HORSE GUESTHOUSE 246
SEAQUEST DIVE CENTER 305, 327
SEBAY SURF CENTRAL RESORT 175
SEDA AYALA CENTER CEBU 296
SEDA VERTIS NORTH HOTEL 138
SENTRO 1771 130
SHAKA BOHOL 324
SHAKA CAFE 359
SHAKE ME 307
SHANEDEL'S INN & CAFE 166
SHANGRI-LA'S BORACAY RESORT & SPA 265
SHANGRI-LA MACTAN ISLAND RESORT 299
SHAWARMA SNACK CENTER 128
SHOE MUSEUM OF MARIKINA 137
SIARGAO CORNER CAFÈ 359
SIARGAO ISLAND ★★★★ 355
SIARGAO WAKEPARK 360
SIARGAO WATERSPORTS 360
SIBUYAN ISLAND ★★ 209
SILAHIS ARTS AND ARTIFACTS 134
SINKING BELLTOWER 172
SIPALAY 274
SIQUIJOR CITY ★ 283
SIT-N-BULL BAR & GRILL RESTAURANT 143
SLAM'S GARDEN DIVE RESORT 308, 309
SM MALL OF ASIA 133
SM MEGAMALL 133
SM NORTH BUS TERMINAL 294
SM SEASIDE CITY 297
SMALL TALK CAFÉ 189
SMOKE 265
SOFITEL PHILIPPINE PLAZA MANILA 125
SOHOTON COVE 360
SOLONG ECO-PARK 187
SOMBRERO 181
SOMEWHERE ELSE BOUTIQUE RESORT 346
SONYA'S GARDEN RESTAURANT 179
SOUL TRIBE 360
SOURCES D'EAU CHAUDE DE MAINIT 151
SOUTH BEACH GRILL 279
SOUTH BUS TERMINAL 294
SOUTH PALMS RESORT 324
SPIN DESIGNER HOSTEL 230
SPOTS D'ÉVASION 390
STELLAR GROUNDS 212
STRAWBERRY CAFÉ 155
SUBMARINER DIVING CENTER 240
SUBO 267
SUGAR BEACH 274
SUGBUTEL FAMILY HOTEL 295
SULU SUNSET BEACH RESORT 274
SUMMER HOMES BEACH RESORT 221
SUMMER PLACE 268
SUNKEN CEMETERY (CIMETIÈRE ENGLOUTI) 344
SUNSET AT ANINUAN BEACH RESORT 203
SUP TOURS PHILIPPINES 319
SURIGAO 352
SYDNEY HOTEL 371

T

T'BOLI WEAVING CENTER 366
TAAL LAKE YACHT CLUB 180
TAAL VISTA HOTEL 179
TAAS RESTAURANT 238
TACLOBAN ★ 328
TAGAYTAY ★ 178
TAGBILARAN 314
TAGUM 367
TAKATUKA LODGE BEACH & DIVE RESORT 275
TALARAK FOUNDATION 272
TAM-AWAN VILLAGE 147
TAMARAW FALLS 201
TAMAYONG TRAIL 364
TAO PHILIPPINES 245, 394
TAPPIYA WATERFALL 162
TARAWIS EL NIDO ISLAND TOURS 228
TASTE 236
TAXIS DE MANILLE 109, 398
TAYTAY ★★ 223
TEMPLE BOUDDHISTE DE LON WA 364
TEMPLE MA-CHO 174
TEMPLE TAOISTE 293
TEPANEE BEACH RESORT 310
TERRE ET NATURE VOYAGES 390
TERRES DE CHARME 390

TESOROS ... 134
THE BAYLEAF INTRAMUROS ... 123
THE BEACH HOUSE ... 269
THE BLUE ORCHID RESORT ... 302
THE BRUCE RESORT ... 288
THE CATHEDRAL ... 181
THE CIRCLE HOSTEL LA UNION ... 175
THE COCOON BOUTIQUE HOTEL ... 138
THE CRAIC HOUSE ... 310
THE DAILY GRIND ... 297
THE DISTRICT BORACAY ... 265
THE FLYING FISH HOSTEL ... 277
THE FUNNY LION ... 247
THE GUEST HOUSE LAOAG ... 172
THE HANDMADE GALLERY ... 273
THE HENRY HOTEL ... 125
THE HERITAGE HOTEL MANILA ... 124
THE ISLAND AT THE PALACE ... 136
THE LAZY DOG BED & BREAKFAST ... 264
THE MANILA COLLECTIBLE CO. ... 134
THE MANILA HOTEL ... 125
THE MANOR HOTEL AT CAMP JOHN HAY ... 148
THE MANSION HOUSE ... 147
THE MARISON HOTEL ... 188
THE ORGANIC SPA ... 239
THE PANTRY GREEN CAFE ... 297
THE PAPIER TOLE SHOP ... 134
THE PAWNSHOP ... 278
THE PENINSULA MANILA ... 125
THE RIVERHOUSE ... 247
THE ROYAL CAFE MANILA ... 132
THE SOCIAL ... 132
THE SPA ... 135
THE THREE P BEACH RESORT & DIVE CENTER ... 209
THE TINDER BOX ... 297
THRESHER SHARK DIVERS ... 310
TIKI BAR ... 307
TIKI RESTO BAR ... 217
TINAGO FALLS ... 340
TIPOLO BEACH RESORT ... 302
TIRTA SPA ... 268
TOKO'S RESTAURANT ... 204
TOMATITO SEXY TAPAS BAR ... 130
TOOG TREE ... 351
TOPS ... 293
TOUR DANS LA MANGROVE ... 218
TOUR DE GUET DE PUNTA CRUZ ... 316
TRATTORIA ALTROVE ... 237
TRIBE BANUA ... 228, 394
TRIBU KURIDAS BAR AND TATTOO ... 249
TRICYCLES DE MANILLE ... 109
TRIPINAS TRAVEL AND TOURS ... 394
TUBBATAHA REEFS NATURAL PARK ... 212
TUBOD MARINE SANCTUARY ... 287
TULANG DIOT ISLAND ... 313
TUNNEL DE MALINTA ... 180
TUPI CAFE ... 248
TURTLE BAY DIVE RESORT ... 301
TWENTY4 RESTAURANT ... 290

U

U.STORY GUESTHOUSE ... 289
UMI TRAVEL AND TOURS ... 228, 394
UNWND BOUTIQUE HOTEL ... 123
URBIZTONDO BEACH ... 175
UYAMI'S GREENVIEW LODGE & RESTAURANT ... 159

V

VALENCIA ... 279
VELA TERRACES ... 247
VEN'Z KITCHEN ... 304
VIGAN PLAZA HOTEL ... 170
VIGAN ★★ ... 168
VILLA ANGELA HERITAGE HOUSE ... 170
VILLA CACERES ... 185
VILLA ESCUDERO PLANTATIONS & RESORTS ... 182
VILLA ESCUDERO ... 182
VILLA FORMOSA ... 322
VILLA KASADYA ... 321
VILLA MARMARINE ... 283
VILLAGE DE BACLAYON ... 316
VILLAGE DE TALUKSANGAY ... 375
VILLAGE DE TULWANAN ... 372
VILLAGE DES TISSERANDS YAKANS ... 376
VILLAGE FLOTTANT DE DAY-ASAN ... 354
VILLAGE FLOTTANT DE RIO HONDO ... 376
VILLAGE HANUNOO ... 206
VILLAGES IFUGAOS ... 161
VIP HOTEL ... 337
VISITE DES MANGROVES ... 357
VLI HOMETEL TAGUM ... 367
VOLCAN HIBOK-HIBOK ... 344
VOLCAN KANLAON ... 273

W

WALKWAY TO OLD VOLCANO (CHEMIN DE CROIX) ... 344
WATER TO FOREST ECOLODGE ... 319
WATERFRONT AIRPORT HOTEL & CASINO ... 299
WATERFRONT INSULAR HOTEL ... 365
WHALE SHARK INTERACTION ... 192
WHITE BEACH RESORT ... 203
WHITE BEACH ... 220, 262, 282
WHITE ISLAND ... 344
WHITE KNIGHT ... 124
WONDERLAND ... 290

Y

YASURAGI SPA ... 268
YOGHURT HOUSE ... 155
YUCHENGCO MUSEUM ... 119

Z

ZAMBOANGA GOLF CLUB & BEACH PARK ... 377
ZAMBOANGA ... 374
ZIGGURAT ... 130
ZOE'S KITCHEN ... 189

EDITION

Directeurs de collection et auteurs : Dominique AUZIAS et Jean-Paul LABOURDETTE
Auteurs : Laureen DUCHESNE, Nicolas ANTONIOTTI, Mathias DESHOURS, Amandine GLEVAREC, Baptiste THARREAU, Juliette COURTOIS, Adélaide SAUTER, Kevin GIRAUD, Sylvie DEL COTTO, Romain RISSO, Pauline VALLI, Cléo REMOND, Marianne ARDARD, Abdesslam BENZITOUNI, Antoine RICHARD, Jean-Paul LABOURDETTE, Dominique AUZIAS et alter
Directeur Editorial : Stéphan SZEREMETA
Rédaction Monde : Laure CHATAIGNON, Morgane VESLIN, Pierre-Yves SOUCHET, Natalia COLLIER
Rédaction France : Briséis TEMPLE-BOYER, Désirée DEBANT, Emilie SAINT-PASTOU, Nicolas WODARCZAK

FABRICATION

Maquette et Montage : Romain AUDREN, Julie BORDES, Delphine PAGANO
Iconographie et Cartographie : Anne DIOT, Julien DOUCET

WEB ET NUMERIQUE

Directeur Web : Louis GENEAU de LAMARLIERE
Technical Project Manager : Hervé MARION
Développeurs : Guillaume BARBET, Adeline CAUX, Bastien MOINET
Intégrateur Web : Mickael LATTES, Antoine DION
Webdesigner : Caroline LAFFAITEUR
Responsable Communication Digital WEB : Alice BARBIER
Community Traffic Manager : Shirley NDEMA-KINGUE, Camille LE PROVOST
Content Manager : Aliénor de PERIER

DIRECTION COMMERCIALE

Directeur commercial : Guillaume VORBURGER
Coordinatrice des Régies commerciales : Manon GUERIN
Responsable Régies locales : Michel GRANSEIGNE
Responsables Développement régie inter : Jean-Marc FARAGUET, Guillaume LABOUREUR et Camille ESMIEU
Assistante commerciale Régie internationale : Leila ANTRI-BOUZAR
Chefs de Publicité Régie nationale : Caroline AUDRY, François BRIANCON-MARJOLLET, Perrine DE CARNE MARCEIN, Jonathan TOUTOUX, Fouzia CHAOUI
Régie PHILIPPINES : Victor LALLEMENT

DIFFUSION ET PROMOTION

Directrice des Ventes : Bénédicte MOULET assistée d'Aissatou DIOP
Responsable des ventes : Jean-Pierre GHEZ assisté de Nelly BRION

ADMINISTRATION

Président : Jean-Paul LABOURDETTE
Directeur général : Louis AUZIAS
Directrice des Ressources Humaines : Dina BOURDEAU assistée de Sandra DOS REIS et Eva BAELEN
Directrice Administrative et Financière : Valérie DECOTTIGNIES
Comptabilité : Guillaume PETIT, Aminata BAGAYOKO et Adama DIABY
Recouvrement : Fabien BONNAN assisté de Sandra BRIJLALL
Responsable informatique : Elie NZUZI-LEBA

PETIT FUTÉ PHILIPPINES

LES NOUVELLES EDITIONS DE L'UNIVERSITE
18, rue des Volontaires - 75015 Paris.
✆ 01 53 69 70 00 - Fax 01 42 73 15 24
Internet : www.petitfute.com
SAS au capital de 1 000 000 € - RC PARIS B 309 769 966
Couverture : Pont suspendu pour piétons en bambou au-dessus de la rivière dans la forêt tropicale, Bohol © 12ee12 - iStockPhoto.com
Impression : CORLET IMPRIMEUR - 14110 Condé-en-Normandie
Achevé d'imprimer : décembre 2023
Dépôt légal : 30/01/2024
ISBN : 9782305070018

Pour nous contacter par email, indiquez le nom de famille en minuscule suivi de @petitfute.com
Pour le courrier des lecteurs : info@petitfute.com

FABRIQUÉ EN FRANCE